# 执行实务

## 疑难问题梳理与解析

施磊◎著

ENFORCEMENT PRACTICE

—— Identifying and Analyzing ——

on Difficult Issues

人民法院出版社

People's Court Press

**图书在版编目（CIP）数据**

执行实务：疑难问题梳理与解析 / 施磊著. -- 北京：人民法院出版社，2020. 1

ISBN 978 - 7 - 5109 - 2766 - 9

Ⅰ. ①执… Ⅱ. ①施… Ⅲ. ①执行（法律）- 法律解释 - 中国 Ⅳ. ①D925. 05

中国版本图书馆 CIP 数据核字（2020）第 009417 号

**执行实务：疑难问题梳理与解析**

*施　磊　著*



| | |
|---|---|
| **责任编辑** | 张　奎 |
| **出版发行** | 人民法院出版社 |
| **地　　址** | 北京市东城区东交民巷 27 号（100745） |
| **电　　话** | （010）67550673（责任编辑）　67550558（发行部查询）<br>65223677（读者服务部） |
| **网　　址** | http：//www. courtbook. com. cn |
| **E - mail** | courtpress@ sohu. com |
| **印　　刷** | 上海宝联电脑印刷有限公司 |
| **经　　销** | 新华书店 |

| | |
|---|---|
| **开　　本** | 787 毫米 × 1092 毫米　16 开 |
| **字　　数** | 725 千字 |
| **印　　张** | 40. 25 |
| **版　　次** | 2020 年 1 月第 1 版　2020 年 1 月第 1 次印刷 |
| **书　　号** | ISBN 978 - 7 - 5109 - 2766 - 9 |
| **定　　价** | 88. 00 元 |

# 序

自2016年最高人民法院周强院长在十二届全国人大四次会议上提出“用两到三年时间，基本解决执行难问题”至今，时隔四年，我国的司法环境不断优化。在这四年间，本书作者也从一名法官成功转型为一名律师。得知他将十五年从事司法实务的工作经验和研究心得整理成《执行实务：疑难问题梳理与解析》一书，我感到非常高兴。

我从事多年的地方立法协调工作，深知立法不易，司法和执法更难。执行难问题的成因有很多，社会诚信体系不健全、执行规则冲突有待解决、多部门联动和协同机制有待加强等因素，均可能导致执行难问题的产生。执行难问题的解决，则需要从实践中发现问题，再借助理论分析问题，然后通过制度解决问题，最后仍然通过实践来实现良法善治。本书的架构和文章体例，暗合了这一思路。

本书第一编由三十六篇专题文章组成，每篇文章分别针对不同的疑难问题，按照“问题提出”“问题解析”“法律建议”的体例，先从真实案例中归纳问题，再从学术理论和实务操作两个角度进行分析论证，最终基于分析结论提出相应的法律建议。三十六篇文章想解决的问题，涵盖执行处置、执行惩戒、执行救济等方面，贯穿于查冻扣和评估、拍卖、折价、抵债全流程，涉及被执行人、协助执行人、异议人等相关主体，同时关注房产、税务、出入境管理等管理部门所涉事项，还包括内地判决在港执行等跨法域执行实务。

可以看出，作者不拘巨细，力求以点带面。

本书第二编汇编了与执行相关的现行有效之法律法规、司法解释和指导意见以及其他相关司法政策文件，同时加入最高人民法院的指导案例，以执行环节和重要程序为内在的编排逻辑。找法是用法的基础，本书对于执行规范的汇编具有重要的工具书价值。

《执行实务：疑难问题梳理与解析》一书，体现了“问题导向”和“实务导向”的一种法学研究导向。上海作为法学研究的重镇，产学研结合的氛围十分浓烈，法律实务工作者著书立说是一种值得鼓励的风尚。当然，任何的理论研究和实践总结都需要漫长而复杂的过程，本书的创作亦是如此。虽然作者已经十分用心去思考、总结，并充分发挥其实务经验优势，但有些问题尚需作者继续去探索和完善。我希望同时也相信，本书是作者理论联系实际的良好开端，他将与我国法律共同体中诸多的有志青年一道，继续汲取实务精华、迸发思维火花，繁荣我国司法制度的理论和实务研究，与中国法治共同进步！

丁伟*

2019.12.8.

---

* 上海市人大常委会法制工作委员会主任、中共上海市委法律顾问，上海市立法研究所所长，华东政法大学教授、博士生导师。兼任中国国际私法学会副会长，上海市法学会副会长，司法部法治建设与法学理论研究部级科研项目专家咨询委员会委员，司法部国家司法考试命题委员会委员，教育部国家公派留学评议专家，国内及欧美多所高校兼职教授、客座教授。主持并完成多项省、部级重点科研项目，独立及合作出版学术专著20余部，主编全国统编教材、21世纪法学规划教材多部，在海内外专业报刊杂志上发表学术论文百余篇。曾获省部级科研成果一等奖三项、二等奖五项。享受国务院政府特殊津贴。曾获第三届中国杰出中青年法学家提名奖，首届上海市优秀中青年法学家等学术称号。

# 目录
Contents

## 第一编　执行实务疑难问题解析

## 第二编 执行法律法规链接

# 第一编 执行实务疑难问题解析

# 一、执行依据与执行启动

## 浅议民事执行程序中协议管辖制度的适用

### 问题的提出

《中华人民共和国民事诉讼法》（以下简称民事诉讼法）第 34 条赋予当事人协议选择管辖法院的权利，《最高人民法院关于适用〈中华人民共和国民事诉讼法〉的解释》（以下简称《民诉法解释》）第 29 条和第 30 条对该权利进一步细化和肯定。根据以上规定，合同或者其他财产权益纠纷的当事人，可以书面选择特定的管辖法院。问题在于，以上规定并未明示其确立的协议管辖制度适用的场景是否包括执行阶段，并且在司法实务中，确实存在当事人直接协议约定执行管辖法院或者原本无执行管辖权的法院因一方当事人未提管辖权异议而获得执行管辖权的情形。所以问题是，当事人的管辖协议能否适用于执行程序中？例如，某金融机构在放贷时，为了避免在争议发生后耗费大量精力诉讼、执行，通常会对法律关系相对清晰、抵押物充足的贷款合同、担保合同约定强制执行公证，并约定以合同签署地作为执行管辖地，上述约定是否有效？下文就此及其所引申的相关问题进行探讨论述。

### 问题解析

#### 一、民事执行程序中能否适用协议管辖

##### （一）明示的协议管辖

民事诉讼法第 34 条规定："合同或者其他财产权益纠纷的当事人可以书面协议选择被告住所地、合同履行地、合同签订地、原告住所地、标的物所在地等与争议有实际联系的地点的人民法院管辖，但不得违反本法对级别管

辖和专属管辖的规定。”第 224 条规定：“发生法律效力的民事判决、裁定，以及刑事判决、裁定中的财产部分，由第一审人民法院或者与第一审人民法院同级的被执行的财产所在地人民法院执行。法律规定由人民法院执行的其他法律文书，由被执行人住所地或者被执行的财产所在地人民法院执行。”第 224 条是关于执行程序的一般性规定，该规定并未明示当事人可以协议约定执行法院，也未作兜底性条款的规定。不同于民商事实体法“法无禁止即可为”的原则，民事诉讼法系针对程序问题的强制性规定，诉讼当事人仅可在不违反其明确规定的情形下从事民事诉讼活动。因此当事人之间约定执行法院时，仅限于在法律规定的情形下作相关约定，并不允许当事人协议选择本无管辖权的法院作为执行法院。

最高人民法院在（2017）最高法执复 6 号裁定书中认为，法律关于执行管辖权的规定具有强制约束力，当事人只能依法向有管辖权连接点的人民法院提出执行申请，不得以任何方式改变法定的执行管辖法院。民事诉讼法第 34 条是对于当事人协议约定诉讼管辖法院的相关规定，执行管辖不同于诉讼管辖，执行管辖排除当事人自行约定向无管辖权法院申请执行，因此，协议管辖的相关规定并不适用于执行管辖权。

### （二）默示的协议管辖

民事诉讼法第 127 条第 2 款规定：“当事人未提出管辖异议，并应诉答辩的，视为受诉人民法院有管辖权，但违反级别管辖和专属管辖规定的除外。”《民诉法解释》第 223 条第 2 款规定：“当事人未提出管辖异议，就案件实体内容进行答辩、陈述或者反诉的，可以认定为民事诉讼法第 127 条第 2 款规定的应诉答辩。”民事诉讼法中有关应诉管辖的规定只适用于一审诉讼程序，在立法的体例上，也是规定在“第一审普通程序”中，并未将其作为一般原则予以规定。因此，在执行程序中适用应诉管辖缺乏法律依据。因此，当事人通过不提管辖异议、放弃管辖异议等默认方式来确定无执行管辖权的法院享有管辖权，亦不符合法律的规定。

最高人民法院在（2015）执申字第 42 号民事裁定书中认为：“民事诉讼法属于公法性的法律规范，法律没有赋予的权力就是属于禁止。虽然民事诉讼法没有明文禁止当事人可协商执行管辖法院，但法律对当事人就执行案件管辖权的选择限定于上述两个连接点之间，当事人只能依法选择其中的一个有管辖权的法院提出执行申请，不得以任何方式改变法律规定的执行管辖法院。民事诉讼法有关应诉管辖的规定适用于诉讼程序，在执行程序中适用没有法律依据、法理依据。因此，当事人通过协议方式选择，或通过不提管辖异议、放弃管辖异议等默认方式来确定无执行管辖权的法院享有管辖权，均不符合法律的规定。”

民事诉讼法、《民诉法解释》等属于公法的范畴，其关于执行管辖的规定一般为强制性规定，不允许当事人通过意思自治排除有关法律规定的适用。若法律允许当事人通过意思自治自由选择执行管辖法院，则应当有允许当事人选择的明确授权规定。以民事诉讼法关于合同纠纷案件的管辖规则为例，民事诉讼法第 23 条规定，因合同纠纷提起的诉讼，由被告住所地或者合同履行地人民法院管辖。在该条款中，法律规定的确定合同纠纷案件管辖法院的连结点只有被告住所地和合同履行地两个。但是该法在第 34 条还规定，合同或者其他财产权益纠纷的当事人可以书面协议选择被告住所地、合同履行地、合同签订地、原告住所地、标的物所在地等与争议有实际联系的地点的人民法院管辖，但不得违反本法对级别管辖和专属管辖的规定。也即，民事诉讼法在合同纠纷案件的管辖法院问题上，在诉讼阶段最大限度地尊重当事人的意思自治，只要当事人的选择符合“与争议有实际联系的地点”和“不违反本法对级别管辖和专属管辖的规定”的要求，该管辖协议即为有效。因此，法律允许当事人对于管辖法院进行约定时，会对这种允许作出明确的表示。然而，必须指出的是，诉讼阶段和执行阶段系两个不同的阶段，不能因为民事诉讼法在诉讼阶段允许当事人通过意思自治选择管辖法院而得出在执行阶段当事人也享有相同权利的结论。

综上所述，诉讼管辖制度并不能作为一般性规则当然适用于执行程序之中，当事人只能向法律规定有执行管辖权的法院提出执行申请，不得以任何方式改变法律规定的执行管辖法院。也即，不论是明示的协议管辖还是应诉管辖，均不能产生使无执行管辖权的法院获得执行管辖权的效果。

## 二、执行管辖协议的适用空间

通过以上论证可知，法律禁止当事人协议约定执行管辖法院，问题是此处的禁止是绝对禁止还是相对禁止？换言之，如果当事人所约定的执行管辖法院系被执行人住所地法院或被执行人的财产所在地法院的其中一个，那么当事人之间的此种约定是否有效？如果有效，一方当事人是否可以据此排除约定之外的另一个原本有执行管辖权法院的执行管辖权？

### （一）执行管辖协议的有效性

笔者倾向于认为最高人民法院对于执行管辖协议的禁止应属相对禁止，也即，在当事人协议选择被执行财产所在地法院执行，或者对法律规定由人民法院执行的其他法律文书协议选择被执行人住所地法院或被执行财产所在地法院执行管辖的情形下，若此类约定同时也符合执行中关于级别管辖的规定，则应当承认该约定的有效性。因为该种约定并未排除民事诉讼法、《民诉法解释》等法律和司法解释的强制性规定的适用。最高人民法院在（2017）最高法执复6号裁定书中认为，“法律关于执行管辖权的规定具有强制约束力，当事人只能依法向有管辖权连接点的人民法院提出执行申请，不得以任何方式改变法定的执行管辖法院”。按照该裁定书的思路亦可反推，只要当事人的约定未改变法定的执行管辖法院，该约定即为有效。回到本文起始部分的案例，金融机构约定以合同签署地作为执行管辖地，本身并不符合法律规定，除非该合同签署地恰好同被执行人财产所在地等管辖地重合，否则该约定应属无效。

### （二）有效的执行管辖协议能否排除另一有权管辖法院的管辖权

如果双方当事人约定以第一审人民法院作为执行法院，执行申请人在执行阶段向与第一审人民法院同级的被执行财产所在地法院提出强制执行申请，与第一审人民法院同级的被执行财产所在地法院能否受理该执行申请？如果受理，被执行人以执行管辖协议为依据对受理法院的执行管辖提出异议，该异议能否成立？

该问题与执行申请人能否最终实现财产权益干系重大，但目前尚无相关规则予以规制，本文亦未检索到司法实践中对该问题的明确裁判观点。就民事判决、裁定的执行而言，如果当事人之间没有关于执行管辖的约定，则两个连接点的法院均有执行管辖权。在此基础上，从现有判例来看，法院允许当事人协议约定有执行管辖权的法院中的其一作为执行管辖法院。因此，在当事人对管辖法院作出有效约定的情形下，执行法院的确定是法定与约定的结果，其权重大于当事人没有约定而仅根据法律规定确定执行法院的情形。因此，回归一开始的问题，如果双方当事人约定以第一审人民法院作为执行法院，执行申请人向与第一审人民法院同级的被执行财产所在地法院提出强制执行申请，如果与第一审人民法院同级的被执行财产所在地法院不知道执行管辖协议的存在，则其立案管辖并无不当；且如果此时被执行人未提异议，属于对管辖协议中约定利益的放弃，立案受理法院有权在立案管辖的基础上予以执行。如果与第一审人民法院同级的被执行财产所在地法院立案后，被执行人以执行管辖协议为依据提出管辖权异议，笔者认为，立案受理法院应当对当事人之间在法定基础上的约定予以尊重，支持被执行人的管辖权异议。

以上均为笔者基于相关法律规定及相近法院判例的推论，实践中法院对于该问题的处理方式，有待司法实践检验。

## 引申探讨

### 一、管辖协议中被执行人住所地和被执行财产所在地的判断标准

民事诉讼法第224条规定：“发生法律效力的民事判决、裁定，以及刑事判决、裁定中的财产部分，由第一审人民法院或者与第一审人民法院同级的被执行的财产所在地人民法院执行。”“法律规定由人民法院执行的其他法律文书，由被执行人住所地或者被执行的财产所在地人民法院执行。”该规定中的第一审人民法院是确定的，而被执行人住所地或者被执行财产所在地的人民法院尚需进一步明确。此外，虽然该规定第二款仅规定了地域管辖而未涉及级别管辖，但是根据《最高人民法院关于人民法院执行工作若干问题的规定（试行）》第10条的规定，在执行管辖中同样适用级别管辖的规定。执行程序中确定级别管辖的依据与审判程序中级别管辖的标准相同，即参照各地法院受理诉讼案件的级别管辖的规定，根据案件的性质、影响的大小以及标的的高低等因素确定级别管辖。比如在（2017）最高法执复6号裁定书中，最高人民法院认为，在公证债权文书的强制执行中，被执行财产所在地为云南，且执行标的本金达1.5亿元，因此云南省高级人民法院依法具有执行管辖权。在符合级别管辖约定的情况下，如何判断管辖约定中所涉及的“被执行人住所地”及“被执行财产所在地”呢？

#### （一）被执行人住所地的判断标准

《民诉法解释》第3条规定，公民的住所地是指公民的户籍所在地，法人或者其他组织的住所地是指法人或者其他组织的主要办事机构所在地；法人或者其他组织的主要办事机构所在地不能确定的，法人或者其他组织的注册地或者登记地为住所地。

在司法实务中，对于自然人，法院即按照户籍所在地确认被执行人的住所地，如在（2017）沪0107执2413号、（2017）沪0107执532号执行裁定书中，法院将作为自然人的被申请人的户籍所在地认定为住所地。对于法人或者其他组织，《中华人民共和国民法总则》（以下简称民法总则）第63条以及《民诉法解释》第3条规定法人的住所地是其主要办事机构所在地，并且民法总则进一步规定，依法需要办理法人登记的，应当将主要办事机构所在

地登记为住所。上海市高级人民法院在《关于〈中华人民共和国民法总则〉施行后立案、管辖程序中法人住所地的把握》中表示，民法总则新设的法人住所登记公示制度，强化了法人登记注册地址的公信力，并要求上海市各法院在立案、管辖等程序中，认定法人住所地的口径统一到法人的登记注册地址，即将法人登记注册地址作为确认法人住所最有效的证据，进而作为立案及处理管辖争议的依据。同时，《〈中华人民共和国民法总则〉条文理解与适用》一书进一步阐释，法人登记具有公示公信力，法人应当依照本条规定，将主要办事机构所在地登记为住所，法人依法登记后又以其登记的住所与其主要办事机构所在地不一致为由，提出管辖权异议或者主张人民法院相关法律文书送达地址有误的，不予支持。在司法实务中，上海市高级人民法院在（2017）沪民终214号裁定书中认为，“法人住所具有特定法律含义且具有唯一性，不能将法人实际办公地点、生产经营地点、销售地点、联系地点等场所与之混淆，应采用注册登记地标准来认定法人住所地”。西安市中级人民法院在2018陕01民辖终905号民事裁定书中认为，当事人主张主要办事机构所在地与注册登记地不一致的，应提供相关工商登记材料等予以证明，但是不能仅依据营业场所照片、租赁合同、物业缴费证明等证据材料对主要办事机构所在地作出认定。

综合以上分析，在司法实务中，法院倾向于首先将登记注册地认定为住所地，其次综合主要经营场所、主要财产所在地等因素确认主要办事机构所在地。例如在（2016）京04协外认1号、（2016）苏执复120号、（2017）川民辖69号裁定书中，法院均首先将注册地或者登记地作为住所地，在注册地或者登记地因诸多原因不能作为住所地时，综合法人或者其他组织主要经营场所、主要财产所在地等因素确认其主要办事机构所在地。

### （二）被执行财产所在地的判断标准

在执行阶段，可能存在多个被执行人和多处被执行财产。因此每个被执行人的财产都是被执行财产，不论是主债务人的财产还是担保债务人的财产，都可以作为确定执行管辖的依据；同时，法条的表述是“被执行的财产”，而非“被执行的主要财产”，因此，即便被执行的财产有多处，占比较小的财产所在地法院也有执行管辖权。例如在（2017）最高法执复12号裁定书中，最高人民法院认为，即使主要的被执行人住所地以及主要的被执行财产所在地均不在四川境内，但是并不影响四川省高级人民法院取得案件的执行管辖权。根据（2017）最高法执复12号、（2014）最高法执监字第303号、（2016）沪02执异64号、（2015）沪二中执异字第31号等裁定书可知，被执行人银行账户开户行所在地、房产所在地等均可作为判断被执行财产所在地的考量因素。

在（2017）最高法执复12号裁定书中，最高人民法院认为："虽然杨某是某信托公司员工，且该信托公司与杨某签订保证合同的时间是在其与债务人及其他担保人签订合同的时间之后单独签订，但上述因素并不足以否定担保关系的存在，不能排除据此对杨灿进行执行的可能。故应当认定四川是被执行人住所地之一。"在该案例中，最高人民法院认为保证人的财产与债务人的财产同样属于被执行财产，因此保证人的财产所在地同样属于被执行财产所在地。本案中申请执行人通过与保证人签订保证合同的方式确立了对其有利的法定管辖权连接点，对于申请执行人的权利保障具有较大启发意义。

在确认被执行财产所在地时，如果被执行财产为上市公司股权的，股权所在地应如何确定？依据证监会的监管规定，上市公司的股票均应当由中国证券登记结算有限公司托管，因此有人认为，股票所在地是其托管地。另有人认为股票所在地应当为发行公司的住所地。针对该问题，最高人民法院在《最高人民法院执行局关于法院能否以公司证券登记结算地为财产所在地获得管辖权问题的复函》中明确表示，"证券登记结算机构是为证券交易提供集中登记、存管与结算服务的机构，但证券登记结算机构存管的仅是股权凭证，不能将股权凭证所在地视为股权所在地。由于股权与其发行公司具有最密切的联系，因此，应当将股权的发行公司住所地认定为该类财产所在地"。在司法实务中，法院针对该问题的态度均与最高人民法院的复函保持一致，如长沙市中级人民法院（2018）湘01执异31号裁定书、珠海市中级人民法院（2014）珠中法执异字第19号裁定书等均持该种观点。

## 二、虚假约定的执行管辖协议的效力

如果当事人在执行管辖协议中将虚构的住所地或者虚构的财产所在地法院约定为执行管辖法院，例如当事人在合同中载明，债务人在A地拥有财产，并将A地约定为执行管辖地，则该约定是否有效？

根据最高人民法院在（2015）执申字第42号裁定书中的观点，民事诉讼法属于公法性的法律规范，法律没有赋予的权力即属于禁止。法律对当事人就执行案件管辖权的选择限定于特定连接点之间，当事人只能依法选择其中有管辖权的法院提出执行申请，不得以任何方式改变法律规定的执行管辖法院。因此如果当事人将虚构的住所地或者虚构的财产所在地法院约定为执行管辖法院，该约定改变了法律关于执行管辖的强制性规定，当然无效。因此，回到上文的问题，A地法院在执行立案审查时，一般仍会要求执行申请人提供被执行人财产在A地的依据，即便A地法院在立案阶段根据形式审查对执行案件予以立案，但当被执行人提出执行管辖异议时，法院仍会对此作审查和纠正。

## 三、协议约定的地点变更后协议的效力

双方当事人按照实际住所地或财产所在地约定执行管辖后，住所地或财产情况变化的，原约定管辖法院是否还具有管辖权？（2017）鲁 09 执复 94 号裁定书中，执行法院认为，“《最高人民法院关于适用〈中华人民共和国民事诉讼法〉的解释》第 37 条规定，案件受理后，受诉人民法院的管辖权不受当事人住所地、经常居住地变更的影响，该规定确立了管辖恒定原则，执行管辖权的确定也应当遵循这一原则，应当以申请执行时为准”。尽管目前未有相关规则对管辖权恒定原则是否适用于执行阶段予以明确，但是从管辖权恒定确立的法理分析，管辖权恒定的出发点是提高效率，节约司法资源，没有充分理由表明执行阶段不需要遵循上述考量，因此管辖权恒定原则应当适用于执行阶段。

诉讼阶段的管辖恒定原则以“案件受理”作为时间基点，（2017）鲁 09 执复 94 号裁定书将管辖权恒定原则类推适用于执行阶段，以“申请执行”作为时间基点。诉讼阶段的“案件受理”和执行阶段的“申请执行”都是法院受理案件的时间节点，如果将该时间节点提前，管辖恒定原则能否继续适用于执行阶段？举例而言，某金融机构在向借款人出借资金时约定，如果事后产生纠纷，执行阶段由 A 地人民法院管辖（借款人有重要生产设备位于 A 地）。在金融机构放款后、案件进入执行阶段之前，借款人的生产设备由 A 地转移到他处，则之前的执行管辖协议能否继续适用？将管辖恒定原则适用于执行阶段属于类推适用，如果没有特别充足的理由，不应当对原有制度作出改变，因此执行阶段确立管辖权的时间基点应当为执行案件受理之时。（2017）鲁 09 执复 94 号裁定书认为时间基点是“申请执行”，但是无论如何解释，也无法将该时间基点提前到金融机构放款之时。因此，若金融机构在放款之时即与借款人约定执行管辖法院，在案件进入执行之前约定地点发生改变的，执行管辖协议可能无法继续适用。该种情形目前实务中鲜有判例涉及，法院在实务中的具体操作方式尚有待观察。

## 四、法院受理执行案件后发现无管辖权时的处理方式

人民法院受理执行案件后发现无执行管辖权，如果申请执行人申请撤回执行，人民法院可以裁定准许申请执行人撤回执行申请，终结执行。如果申请执行人并未申请撤回执行，上级人民法院因当事人的复议申请而发现下级

人民法院无执行管辖权的，应当裁定撤销下级人民法院的执行裁定书；如果是立案执行的人民法院自己发现其无执行管辖权的，实践中有两种做法：一种是立案执行的法院裁定终结执行，另一种是立案执行的法院将案件移送给有执行管辖权的法院。比如在（2016）沪 0116 执 2481 号裁定书中，上海市金山区人民法院在立案后发现其没有执行管辖权，鉴于当事人申请撤回执行申请，金山区法院裁定终结执行。在（2018）皖 04 执复 1 号裁定书中，淮南市中级人民法院认为，淮南市田家庵区人民法院对案件无执行管辖权，遂裁定撤销淮南市田家庵区人民法院作出的执行裁定书。在（2015）鄂嘉鱼法执字第 00155 号裁定书中，湖北省嘉鱼县人民法院认为，其在受理执行案件之后发现自身无执行管辖权，因此依据民事诉讼法第 257 条第 1 款第 6 项之规定，裁定终结执行。在（2014）晋市法执字第 11 －3 号裁定书中，山西省阳城县人民法院在立案后发现其无执行管辖权，遂将案件移送晋城市中级人民法院，后晋城市中级人民法院依法立案执行。法院在实务中的操作方式如图 1 －1所示：

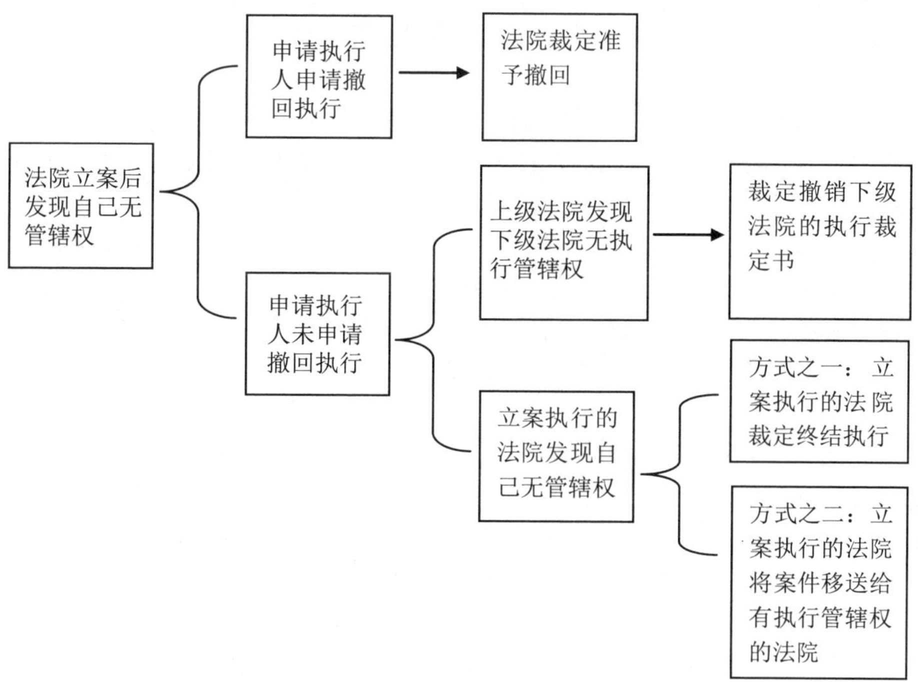


**图 1 －1　法院立案后发现无管辖权时的处理流程图**

## 法律建议

为了避免约定不明或约定无效后丧失管辖权，进而发生被解除执行查封措施等不利状况，在约定执行管辖法院时需谨慎选择有效的管辖连接点。因此在将某地约定为管辖权连接点时，有必要谨慎通过尽职调查等方式确认该连接点是否真实有效，以免因虚假的约定地点而被法院认定无效。

1. 为使申请执行人能在执行程序中充分实现自身权益，应当在法律规定的两个连接点中，协议选择其中对自身最有利的法院作为执行管辖法院。鉴于执行阶段法院确立管辖权的时间点为申请立案时，而在当事人约定执行管辖法院后、申请执行前，财产位置可能发生变动，导致约定的执行法院无效。因此，如果将被执行财产所在地作为管辖权连接点，需要谨慎考虑财产的空间变动情况。

2. 鉴于任何一个被执行人所在地法院以及任何一处被执行财产所在地法院均有执行管辖权，因此尽量选择被执行人尽量集中的所在地法院以及被执行财产所占份额较大的地区的法院作为执行管辖法院，以最大化实现自身权益。

3. 申请执行人在纠纷发生后若与第三方补充签订担保协议，可将该保证人的住所地或者财产所在地创设成对己方有利的管辖权连接点。该种方式下，申请执行人可以在一定程度上选择管辖权连接点。

4. 从现有判例来看，非主要财产所在地的法院同样拥有执行管辖权，但是如果被执行财产价值极小（如银行账户中只有几十元），该财产所在地的法院是否依然享有执行管辖权，现有判例未予明示，故应当尽量避免将该类价值较小的财产所在地约定为执行管辖法院。

5. 通过约定管辖的方式确定执行管辖法院，在不同的地域应关注是否有特别的规定，个别地区对于执行约定管辖有所限制。例如上海市高级人民法院《关于选择财产所在地法院作为执行管辖法院有关问题的解答》即规定，鉴于上海地域相对较小，选择财产所在地法院作为执行管辖法院的作用不甚明显，由第一审法院作为执行管辖法院一般不会造成执行不便，反而更有利于在案件的执行过程中与第一审法院的审判部门等共同化解矛盾，因此上海法院作出的生效法律文书在上海法院辖区内原则上不适用选择财产所在地法院作为执行管辖法院的规定。申请执行人坚持选择第一审法院之外的上海法院辖区内的财产所在地法院作为执行管辖法院的，经审查符合其他立案条件的应予立案受理。

# 不予执行仲裁裁决的审查

## 问题的提出

不予执行仲裁裁决是法院对仲裁活动进行司法监督的形式之一，我国民事诉讼法规定了执行阶段对生效的仲裁裁决法院根据某些情形可以裁定不予执行，也即仲裁裁决虽然有效但无法执行，实质上相当于否定了生效裁决书的法律效力。本文将主要根据当前法定的不予执行仲裁裁决情形，延伸探讨不予执行仲裁裁决与仲裁裁决的撤销的区别，法院对不予执行仲裁裁决的程序、裁定不予执行仲裁裁决的审查标准；最后从申请执行人角度获取一定的启示与建议。另外，由于涉外仲裁裁决的审查有其特殊性，本文研究不包括涉外仲裁。

## 问题解析

### 一、不予执行仲裁裁决的情形

#### （一）法律规定

根据民事诉讼法第 237 条的规定，申请人申请执行仲裁裁决后，被申请人提出证据证明仲裁裁决有下列情形之一的，经人民法院组成合议庭审查核实，裁定不予执行：（1）当事人在合同中没有订有仲裁条款或者事后没有达成书面仲裁协议的；（2）裁决的事项不属于仲裁协议的范围或者仲裁机构无权仲裁的；（3）仲裁庭的组成或者仲裁的程序违反法定程序的；（4）裁决所根据的证据是伪造的；（5）对方当事人向仲裁机构隐瞒了足以影响公正裁决的证据的；（6）仲裁员在仲裁该案时有贪污受贿，徇私舞弊，枉法裁决行为的；（7）执行该裁决违背社会公共利益的。

民事诉讼法对上述情形的规定是人民法院在审查仲裁裁决案件的主要依据，但是上述具体情形的规定在实务中较为原则和笼统，实践中容易引起理解适用尺度不一。因此，2018 年《最高人民法院关于人民法院办理仲裁裁决执行案件若干问题的规定》（以下简称《仲裁裁决执行规定》）对上述第（2）（3）（4）（5）四种情形进一步细化，实践中可操作性更强。

通过法定上述情形可知，第（1）项至第（3）项属于程序性问题，第（4）和（5）项属于实体性问题，第（6）项是针对仲裁员的行为准则，第（7）项是关于社会公共利益。由此可见，在审查仲裁裁决时，法院的审查范围是非常广泛的，不仅包括程序问题，还包括实体问题。

### （二）仲裁裁决的撤销与不予执行的关系

1. 撤销与不予执行的区分（见表 1 – 1）

**表 1 – 1　撤销与不予执行的异同对照表**

| | | 不予执行仲裁裁决 | 撤销仲裁裁决 |
|---|---|---|---|
| 不同点 | 申请主体 | 被执行人、案外人 | 双方当事人 |
| | 执行期限 | 被执行人是执行通知书送达之日起十五日内；案外人是知道或者应当知道对该标的采取执行措施之日起三十日内 | 收到仲裁裁决书之日起六个月内 |
| | 管辖法院 | 负责执行的中级人民法院 | 仲裁委员会所在地的中级人民法院 |
| 相同点 | 1. 都体现了人民法院对仲裁裁决的司法监督；<br>2. 法定情形基本相同；<br>3. 法律结果均是对仲裁裁决的否定。 | | |

2. 同时申请撤销与不予执行仲裁裁决的运行规则

申请撤销或不予执行仲裁裁决，是法律赋予仲裁当事人的两种救济程序。两种程序并存，体现了法律对当事人权益的周密保护。但是，实践中可能存在被执行人滥用这种救济措施而逃避或者拖延执行的情况，因此在《仲裁裁决执行规定》第 20 条对两种救济方式的运行规则作了规定：第一，在前一救济申请被驳回后，以相同的事由申请启动另一救济程序的，人民法院不予支持。第二，当两个救济程序同时启动时，应以撤销仲裁的诉讼审查程序优先。

仲裁裁决被撤销或决定重新仲裁，则终止不予执行申请的审查；撤销仲裁裁决申请被驳回或申请执行人撤回申请，才继续审查不予执行的申请。第三，如果被执行人同时启动了两个审查程序，又撤回撤销仲裁裁决申请的，终止不予执行申请的审查，但是案外人提出不予执行的申请的应继续审查。

## 二、不予执行仲裁裁决案件的审查

仲裁裁决不予执行是根据我国仲裁法、民事诉讼法等相关规定赋予人民法院通过对仲裁裁决进行司法审查的结果，因此人民法院对申请的不予执行仲裁裁决案件的审查标准是裁决是否有执行力的关键，也是执行程序中当事人关注的重点。

### （一）审查程序

2015 年 1 月施行的《最高人民法院关于执行案件立案、结案若干问题的意见》第 9 条规定："下列案件，人民法院应当按照执行异议案件予以立案：……（六）被执行人对仲裁裁决或者公证机关赋予强制执行效力的公证债权文书申请不予执行的。"同时，根据《仲裁裁决执行规定》第 2 条第 3 款规定，被执行人、案外人对仲裁裁决执行案件申请不予执行的，负责执行的中级人民法院应当另行立案审查处理。

因此，法院审查程序以负责执行的法院另行立案的形式启动。

### （二）审查标准

1. 审查标准的变化——从民事诉讼法的修订角度

**表 1－2 民事诉讼法对不予执行情形的修改**

| 2007 年民事诉讼法 | 2012 年民事诉讼法 | 2017 年民事诉讼法 |
|---|---|---|
| 第二百一十三条 | 第二百三十七条 | 第二百三十七条 |
| （3）认定事实的主要证据不足的；<br>（4）适用法律确有错误的。 | （3）裁决所根据的证据是伪造的；<br>（4）对方当事人向仲裁机构隐瞒了足以影响公正裁决的证据的。 | （4）裁决所根据的证据是伪造的；<br>（5）对方当事人向仲裁机构隐瞒了足以影响公正裁决的证据的。 |

如表 1－2 所示，以上修改可见，2007 年与 2017 年民事诉讼法的规定相同，对 2007 年民事诉讼法第 3 项、第 4 项进行了修改，由"认定事实主要证

据不足”“适用法律错误”改为“证据伪造”“隐瞒证据”。根据修改前的法律规定，人民法院对仲裁裁决进行实体审查，也即审查证据事实与法律适用均审查，而修改后的法律规定只对证据进行审查。事实上从最新的民事诉讼法与《仲裁裁决执行规定》的相关规定来看，法院的审查标准主要从程序、证据、公益性等客观标准审查仲裁裁决是否存在不予执行的情形。这一修改，使得法院不能再以实体上的事实及法律问题裁定不予执行，进而推翻生效仲裁裁决；而仅能以程序、证据等客观标准，作为对生效仲裁裁决最后的监督。这一修改，极大地限制了法院对生效仲裁裁决的干预，改变了过去将法院作为仲裁委事实上二审机构的状态。

2. 不予执行仲裁裁决的审查标准

目前，人民法院对不予执行仲裁裁决申请的审查依据主要是民事诉讼法第237条第2款、第3款，也即法院审查的启动有当事人申请或者法院依职权进行。但是人民法院审查认定的标准过于原则和笼统，实践中容易引起理解不同，法律适用不统一。《仲裁裁决执行规定》对这些需要人民法院审查认定的原则性标准作了限定性规定，明确无权仲裁、违反法定程序、伪造证据、隐瞒证据等审查认定标准。

综合当前的法律规定，法院对当事人申请的不予执行的审查主要有以下方面：

（1）仲裁裁决的事项

裁决的事项不属于仲裁协议的范围或者仲裁机构无权仲裁是裁定不予执行的法定情形。理解这一情形需要结合我国仲裁机构仲裁范围，根据我国仲裁法，合同纠纷和其他财产权益纠纷，可以仲裁，婚姻、收养、监护、扶养、继承纠纷以及依法应当由行政机关处理的行政争议不可以仲裁。当存在法律禁止的仲裁事项，则该裁决的执行申请会被驳回或者被裁定不予执行。同时根据《仲裁裁决执行规定》，下列情形亦符合不予执行的法定情形：①裁决的事项超出仲裁协议约定的范围；②裁决的事项属于依照法律规定或者当事人选择的仲裁规则规定的不可仲裁事项；③裁决内容超出当事人仲裁请求的范围；④作出裁决的仲裁机构非仲裁协议所约定。

（2）仲裁裁决的证据

证据方面，审查的标准主要是仲裁裁决所依据的证据是否为伪造的或者仲裁中对方当事人是否向仲裁机构隐瞒了足以影响公正裁决的证据。首先，伪造证据的认定上主要是指：①该证据已被仲裁裁决采信；②该证据属于认定案件基本事实的主要证据；③该证据经查明确属通过捏造、变造、提供虚假证明等非法方式形成或者获取，违反证据的客观性、关联性、合法性要求。

其次，隐瞒的证据主要是指：①该证据属于认定案件基本事实的主要证据；②该证据仅为对方当事人掌握，但未向仲裁庭提交；③仲裁过程中知悉存在该证据，且要求对方当事人出示或者请求仲裁庭责令其提交，但对方当事人无正当理由未予出示或者提交。如江苏省高级人民法院认为[①]被执行人提出的“仲裁裁决认定的主要事实错误”“仲裁裁决认定的利息计算依据不足”等主张，不属于民事诉讼法第二百三十七条规定的人民法院裁定不予执行仲裁裁决的法定情形。

（3）仲裁的程序

民事诉讼法规定的“违反法定程序”指违反仲裁法规定的仲裁程序和当事人选择的仲裁规则可能影响案件正确裁决的情形。《仲裁裁决执行规定》第14条增加了违反“当事人对仲裁程序的特别约定”的情形，同时该条也具体规定了回避与送达违反程序的情形，也即当事人主张未按照仲裁法或仲裁规则规定的方式送达法律文书导致其未能参与仲裁，或者仲裁员根据仲裁法或仲裁规则的规定应当回避而未回避，可能影响公正裁决的，也属于违反法定程序。

实践中仲裁违反法定程序的具体情形较多，主要包括以下十余种[②]：①违反仲裁法、仲裁规则关于仲裁庭人数或者组成的规定，以及当事人关于仲裁庭人数或者组成的其他特别约定；②未给当事人选定或者共同选定仲裁员的机会；③仲裁员应当回避而没有回避；④向被申请人送达仲裁申请书副本、仲裁规则和仲裁员名册，违反仲裁法、仲裁规则或者当事人约定的期限、方式等内容；⑤未按照仲裁规则的规定，给予被申请人相应的答辩期；⑥当事人约定开庭审理而未开庭审理；⑦未按照仲裁规则或者当事约定的方式通知当事人参加庭审；⑧当事人有正当理由申请延期开庭而未予准许，该当事人未能出庭；⑨证据未出示且未经对方当事人质证；⑩未给予当事人陈述和辩论的机会；⑪仲裁庭未形成多数意见时，为按照首席仲裁员的意见裁决；⑫除依照仲裁法第54条的规定可不签名的情形外，仲裁员未在仲裁裁决上签名；⑬仲裁中未进行调解，也未达成和解协议，即作出调解书或者基于调解协议、和解协议的仲裁裁决。对上述情形，《仲裁裁决执行规定》没有一一列举，只是针对实践中争议比较集中的送达和回避两个程序中的常见情形作了具体解释，以统一适用。

---

① 参见江苏省高级人民法院（2015）苏执复字第00065号执行裁定书。

② 刘贵祥、孟祥、何东宁、林莹：《〈最高人民法院关于人民法院办理仲裁裁决执行案件若干问题的规定〉理解与适用》，载《人民司法》2018年第13期。

（4）仲裁员行为

根据我国仲裁法第38条的规定，仲裁员私自会见当事人、代理人或接受其请客送礼，情节严重，或者索贿受贿、徇私舞弊、枉法裁决，应承担法律责任，被仲裁机构除名。根据该条可知，仲裁员应当承担“法律责任”的行为应当包括两种，即仲裁员私自会见当事人、代理人或接受其请客送礼，情节严重的行为和或者索贿受贿、徇私舞弊、枉法裁决行为。民事诉讼法中不予执行仲裁裁决审查事由中包含了仲裁员贪污受贿，徇私舞弊，枉法裁决的情形。北京市第二中级人民法院针对被执行人提出“仲裁员对于‘履约奖励金’的性质和成就条件的裁决有失公平，严重影响了当事人的利益，存在枉法裁决”的事由时，该院认为①，被执行人提出的仲裁员枉法裁决的理由，实质上是对仲裁裁决的实体处理不服，不属于不予执行仲裁裁决的审查范围，人民法院不予支持。

因此，对于这一事由的审查，法院以法定情形为准，在以该情形为由提出不予执行时，应当提供直接的证据予以证明，而不能以存在事实错误等主张枉法裁判，否则法院不予支持。

（5）公共利益

违背社会公共利益是指违背以社会公众为利益主体的，涉及整个社会最根本的法律、道德的一般利益，其表现形式应当是违背我国法律的基本制度与准则、违背社会和经济生活的基本价值取向、违背中国的基本道德标准。对于以公共利益为标准的审查，法律明确规定人民法院认定执行仲裁裁决违背社会公共利益的，裁定不予执行。但是应当明确的是这一标准不应当被广泛适用。

实务中有案例认为②：“仲裁应当根据事实，符合法律规定，公平合理地解决纠纷，贵港仲裁委员会作出（2018）贵仲字第55号裁决由被申请人广西贵港市国旺房地产开发有限公司承担70%逾期办证的违约责任显失公平。”最终对贵港仲裁委员会的（2018）贵仲字第55号裁决作出不予执行的裁定。也有法院认为，被执行人“如果执行该仲裁裁决，必然导致无法避免和无法弥补的重大不公平”的主张，不属于民事诉讼法第237条规定的人民法院裁定不予执行仲裁裁决的法定情形。但是我们认为，仲裁裁决通常只涉及当事人之间权利、义务纠纷的解决，其本身并不涉及社会公共利益问题。③ 如广东省高级人民法院在佛山市南海富营投资有限公司（下称富营公司）租赁合同纠

① 参见北京市第二中级人民法院（2014）二中执异字第00109号执行裁定书。

② 参见广西壮族自治区贵港市中级人民法院（2019）桂08执6号执行裁定书。

③ 参见北京市第一中级人民法院（2016）京01执异185号执行裁定书。

纷执行裁定书①中认为：对于申请人提出的认为执行上述仲裁裁决明显违背社会公共利益，由于本案佛山仲裁委员会是对申诉人与被申诉人之间的租赁合同纠纷作出裁决，并未涉及社会公共利益，该院对申请人依据该理由提出的不予执行请求不予支持亦无不当。因此关于公平原则的违反是否会被认为是有违背公共利益还存在争议。

3. 申请不予执行的事由原则上应当一次性全部提出

为提高审查效率，节约司法资源，《仲裁裁决执行规定》第 10 条规定了不予执行的一次性申请原则，明确“不予执行仲裁裁决申请被裁定驳回后，再次提出申请的，人民法院不予审查，但有新证据证明存在民事诉讼法第 237 条第 2 款第 4、6 项规定情形的除外”。实践中，对依据该条不予审查的案件，如在（2018）川 01 执异 1761 号案中，法院认为申请人再次申请属于重复申请，裁定不予审查；而在（2018）苏 03 民特 31 号案中，法院也认为申请人再次申请不予执行不属于依法应当审查之情形，裁定驳回其申请。因此，除了前述法定的两种情形被执行人可以重复申请，其他情形的法院不会再次审查。

## 法律建议

1. 仲裁协议约定阶段

首先，签署仲裁协议时，同意仲裁的意思表示须明确，对于不同意仲裁的事项应当一一罗列，避免争议。其次，仲裁条款中，对仲裁机构的名称应完整、准确，不能以简称等代替，在指向不明的情况下，即使仲裁机构受理并裁决的，若对方持有异议，在执行阶段法院仍可能不予执行。最后，仲裁条款中可能会附有仲裁程序、仲裁规则等格式条款，在签署此类条款时不仅己方应当充分注意，建议还应向对方作特别提示。

2. 仲裁阶段

申请执行的文书必须具有明确可执行的内容，在仲裁申请时，明确权利义务主体、履行的标准、对象、范围，方式、期限、给付数额以及计算方法等，有利于仲裁员出具有执行效力的仲裁结论。同时，在发现仲裁裁决中有计算错误，文字错误或者遗漏的事项时，应当及时向仲裁机构申请补正或者改正，以免申请执行时被法院驳回或者影响后续执行的进度。

3. 法院审查阶段

在法院审查阶段，依据《仲裁裁决执行规定》第 7 条规定，执行法院会

---

① 参见广东省高级人民法院（2017）粤执监 101 号执行裁定书。

对执行案件裁定中止执行。但是在中止执行期间，申请执行人提供充分、有效的担保要求继续执行的，人民法院仍会继续处分性措施。此外，执行标的查封、扣押、冻结期限届满前，申请执行人可以申请办理续行查封、扣押、冻结手续，以此保障申请执行人的执行利益。

4. 审查结果作出阶段

人民法院裁定不予执行仲裁裁决后，申请执行人如对该裁定不服的，只能根据双方达成的书面仲裁协议重新申请仲裁或向人民法院起诉，而不可向法院提出执行异议或者申请复议。

# 公证债权文书不予执行的相关情形

## 问题的提出

实践中，为避免诉讼/仲裁程序的冗长，债权人已经开始广泛采用办理具有强制执行效力的公证债权文书，以提高催收效率。

但并非所有赋予强制执行效力的公证债权文书均可顺利执行，若债权人申请强制执行的公证债权文书具有民事诉讼法第238条第2款、《最高人民法院关于公证债权文书执行若干问题的规定》（以下简称《公证债权文书执行规定》）第5条所列情形的，法院可裁定不予受理、驳回申请执行或不予执行。此时，债权人仅能选择就不予受理或驳回申请执行的裁定申请复议或就公证债权文书所涉争议事项另案起诉，但这样一来不仅未能提高催收效率，反而浪费更多时间。

为此，本文拟结合民事诉讼法、《民诉法解释》及《公证债权文书执行规定》的规定，归纳整理法院可能不予受理、驳回执行申请或不予执行公证债权文书的情形。

## 问题解析

### 一、公证债权文书的概念

判断何种情形下法院可能不予执行公证债权文书，首先必须明确公证债权文书的概念。民事诉讼法虽采用了“公证债权文书”的叫法，但并没对其进行定义。

《公证债权文书执行规定》第1条规定，本规定所称公证债权文书，是指根据公证法第37条第1款规定经公证赋予强制执行效力的债权文书——对经公证的以给付为内容并载明债务人愿意接受强制执行承诺的债权文书。

然而，并非所有的债权文书都可以被赋予强制执行效力。《公证程序规则》第 39 条规定了“具有强制执行效力的债权文书的公证”应当符合的条件，包括：（1）债权文书以给付货币、物品或者有价证券为内容；（2）债权债务关系明确，债权人和债务人对债权文书有关给付内容无疑义；（3）债权文书中载明当债务人不履行或者不适当履行义务时，债务人愿意接受强制执行的承诺；（4）公证法规定的其他条件。

《最高人民法院、司法部关于公证机关赋予强制执行效力的债权文书执行有关问题的联合通知》（以下简称《联合通知》）亦规定公证机关赋予强制执行效力的债权文书的范围：“（一）借款合同、借用合同、无财产担保的租赁合同；（二）赊欠货物的债权文书；（三）各种借据、欠单；（四）还款（物）协议；（五）以给付赡养费、扶养费、抚育费、学费、赔（补）偿金为内容的协议；（六）符合赋予强制执行效力条件的其他债权文书。”

据此，笔者认为，公证债权文书应当包括以下几部分内容：首先，债权文书应当是以给付为内容的，具体的给付内容包括货币、物品或有价证券，且债权人、债务人对债权文书有关给付内容无疑义。实践中，此类债权文书的形式多为金融借款合同、抵押合同、质押合同、保证合同等债权文书。其次，债权文书中应当载明当债务人不履行义务时自愿接受强制执行的承诺。再次，对该债权文书赋予强制执行效力应当依法定程序办理公证，并出具公证书。

## 二、公证债权文书确有错误而不予执行的情形

民事诉讼法第 238 条第 2 款规定，“公证债权文书确有错误的，人民法院裁定不予执行”。《民诉法解释》第 480 条则进通过列举的方式进一步明确了认定“债权文书确有错误”的法定情形。但该规定仍显得较为笼统，操作性不强。在审判实践中往往需要依赖于审理案件法官的自由裁量，法律解释的空间非常之大。故相关条款应如何加以适用仍有值得探讨的地方。下面，对公证债权文书不予执行的情形作简要归纳。

### （一）公证债权文书属于不得赋予强制执行效力的债权文书的

如前所述，《公证程序规则》第 39 条规定“具有强制执行效力的债权文书”应当满足四个条件，即如不满足前述四个条件的，即不得赋予债权文书强制执行效力。

对于哪些属于不得赋予强制执行效力的债权文书，目前实践中争议比较大的主要是近几年金融市场新出现的债权文书，比如融资租赁合同、保理合同、票据融资合同等。笔者认为，判断这些新类型的债权文书是否属于不得

赋予强制执行效力的债权文书，需要根据协议约定的权利义务情况，并结合《公证程序规则》第 39 条之规定进行判断，值得进一步探讨。

有的法院认为，赋予公证强执效力的债权文书的法律关系应当是简单的，法律关系复杂的债权文书不可赋予强制执行效力。例如在“中航国际租赁有限公司、江苏聚能硅业有限公司等执行异议案”中，① 上海市第二中级人民法院认为：“可赋予强制执行效力的公证债权文书应具备以给付货币、物品或有价证券为内容和债务人明示放弃诉权，接受强制执行的条件。同时，公证只是一种证明活动，并非解决争议，故可赋予强制执行效力的公证债权文书还应同时具备债权债务关系简单、事实清楚的条件，比如借款合同、保证合同、抵押合同、质押合同等。本案中，黄浦公证处对融资租赁合同、回购保证合同和保证合同均赋予强制执行效力。根据融资租赁合同和回购保证合同的约定，中航公司享有受偿合同价款或取回租赁物的权利，但在受偿全部价款后，还负有将租赁物的所有权移转给付款方的义务。对聚能公司和汉虹公司来说，既负有返还租赁物或付款的义务，也享有付清款项后，取得租赁物所有权的权利。因此，本案的融资租赁合同及相关从合同约定的债权债务关系复杂，不属于可赋予强制执行效力的债权文书的范围。”

近年来，随着各类金融业务的发展，很多此前被认为相对复杂的法律关系已成为较为常见的交易方式。在此情况下，判断债权文书能否被赋予强制执行效力的标准应当是债权文书所载明的法律关系应当明确。如果融资租赁合同、保理合同、票据融资合同等约定的法律关系是清晰、明确的，应当赋予其强制执行效力。对此，《最高人民法院、司法部、中国银监会关于充分发挥公证书的强制执行效力服务银行金融债权风险防控的通知》（司发通〔2017〕76 号）也认可赋予相关融资合同债权文书强制执行效力。②

---

① 参见上海市第二中级人民法院（2017）沪 02 执异 72 号执行裁定书。

② 《最高人民法院、司法部、中国银监会关于充分发挥公证书的强制执行效力服务银行金融债权风险防控的通知》第一、二条规定：“一、公证机构可以对银行业金融机构运营中所签署的符合《公证法》第 37 条规定的以下债权文书赋予强制执行效力：（一）各类融资合同，包括各类授信合同，借款合同、委托贷款合同、信托贷款合同等各类贷款合同，票据承兑协议等各类票据融资合同，融资租赁合同，保理合同，开立信用证合同，信用卡融资合同（包括信用卡合约及各类分期付款合同）等；（二）债务重组合同、还款合同、还款承诺等；（三）各类担保合同、保函；（四）符合本通知第二条规定条件的其他债权文书。”“二、公证机构对银行业金融机构运营中所签署的合同赋予强制执行效力应当具备以下条件：（一）债权文书具有给付货币、物品、有价证券的内容；（二）债权债务关系明确，债权人和债务人对债权文书有关给付内容无疑义；（三）债权文书中载明债务人不履行义务或不完全履行义务时，债务人愿意接受依法强制执行的承诺。该项承诺也可以通过承诺书或者补充协议等方式在债权文书的附件中载明。”

（二）被执行人一方未亲自或者未委托代理人到场公证等严重违反法律规定的公证程序的

公证是一种准司法程序，也应当遵循程序正当性的要求。我国公证法、《公证程序规则》对办理具有强制执行效力的公证债权文书的程序作出了具体、明确的规定。公证活动要严格按照法律规定的条件、范围、程序办理，严重违反法律规定的公证程序作出的公证债权文书应当裁定不予执行。因具有强制执行效力的公正债权文书还必须有被执行人的自愿接受执行的承诺的要求，如被执行人未亲自或未委托代理人到场公证，则无法确定被执行人自愿接受公证及强制执行的意思表示，而侵害被执行人的合法权益，故一旦发生，则应当裁定不予执行。

值得注意的时，该条款并非确认“被执行人一方未亲自或者未委托代理人到场公证”系唯一严重违反程序规定而需要被裁定不予执行的情形。如果依据公证法、公证程序规则等规定，存在其他严重违反程序要求的，例如公证员并未当场公证等情形，也应当裁定不予执行。

（三）公证债权文书的内容与事实不符或者违反法律强制性规定的

具有强制执行效力的公证债权文书程序简便、快捷高效，可以方便快捷地预决纠纷，使当事人免受讼累、减轻法院的审判压力并能规范民商事交易活动、维护正常的交易秩序，保护当事人的合法权益。然而，正因其程序简便，公证债权文书的作出没有经过缜密的审判程序，有可能存在错误，损害当事人合法权益。因此，法院对公证债权文书有必要进行实体审查，确保公证债权文书内容符合事实且不违反法律的强制性规定，如果发现公证债权文书的内容与事实不符，例如文书所记载的事实不存在，或者文书所载债权与权利人实际享有的权利，范围、内容等不一致，或者文书内容违反法律的强制性规定，都属于文书有错误的情形，应当裁定不予执行。

值得注意的是，法院对于人民法院在实质审查不予执行公证债权文书时，原则上限定于被赋予强制执行效力的公证债权文书本身，而不涉及公证债权文书形成的基础事实。如最高人民法院在“重庆德艺房地产开发有限公司与重庆华信资产管理有限公司、重庆恒通房地产发展有限公司执行复议案”中认定：“人民法院在执行程序中，因被执行人提出不予执行抗辩的，应当对公证债权文书的内容是否确有错误进行审查，该审查应当包括公证债权文书的程序和实体问题。重庆高院的裁定内容表明其实际上已对公证债权文书即还款协议的内容进行了实体审查，本院确认其审查意见正确。至于该院将实体审查的范围限于本案所公证的债权文书还款协议，而未涉及还款协议的基础事实借款合同是否存在违法高息等问题，本院认为，除非涉及明显违背当事人真实意愿以及损害社会公共利益或第三人利益的问题，执行程序中将实体审查的对象限定于被赋予强制执行效力的债权文书本身是适当的。”①

### （四）公证债权文书未载明被执行人不履行义务或者不完全履行义务时同意接受强制执行的

本文认为，根据《公证程序规定》第39条之规定，公证债权文书具有强制执行效力的前提即为债务人同意在其不履行债务时自愿接受强制执行的。因此，当公证债权文书未载明被执行人不履行义务或者不完全履行义务时同意接受强制执行的，则该等债权文书并不符合公证机关可赋予其强制执行效力的条件，故该等债权文书亦属于不得赋予强制执行效力的债权文书范畴，法院不应对其予以强制执行。

### （五）人民法院认定执行该公证债权文书违背社会公共利益的，裁定不予执行

笔者认为，社会公共利益并非一个确定的概念，故相较于前四项不予执行的情形，法院在适用本条款时拥有更大的自由裁量权。故法院应当慎用该条款裁定不予执行，即便法院基于社会公共利益而不予执行公证债权文书时也应当对“社会公共利益”这一概念进行严格解释，不能扩大为包括特定第三人的利益。实践中，因绝大多数公证债权文书一般不涉及社会公共利益，因此人民法院在审查债权人依据公证债权文书向法院申请执行的案件中，较少适用该款的规定。

例如，在上海市第二中级人民法院执行申请执行人华宝信托有限责任公司（以下简称华宝信托）与被执行人上海富控文化传媒有限公司（以下简称富控公司）、上海中技企业集团有限公司公证债权文书一案中，富控公司请求不予执行上海市长宁公证处作出的具有强制执行效力的（2017）沪长证经字第856、857、858号债权文书公证书及（2018）沪长证执行字第8号执行证书。其中的理由之一即为公证债权文书损害社会公共利益。其认为富控公司为上海富控互动娱乐股份有限公司（以下简称富控互动）的第一大股东，富控公司与华宝信托将富控公司持有的7000万股流通股收益权予以公证并强制执行，将损害股民、国家等利益。上海市高级人民法院经终审作出（2019）

① 最高人民法院（2011）执复字第2号执行裁定书。

沪执复44号执行裁定，认为关于富控公司提出公证债权文书执行违背社会公共利益，应当由富控公司就此主张提供证据予以证明，但富控公司未提交相关证据证明其主张，故对该理由不予采纳。

## 三、公证债权文书执行规定的细化规定

民事诉讼法、《民诉法解释》规定了法院裁定不予执行的情形，2018年10月1日实施的《公证债权文书执行规定》则从公证债权文书裁定不予受理、驳回执行申请及不予执行的情形三个方面作了细化规定。

### （一）关于公证债权文书不予受理或驳回执行申请

《公证债权文书执行规定》第5条规定债权人申请执行公证债权文书，有下列情形之一的，人民法院应当裁定不予受理；已经受理的，裁定驳回执行申请：“（一）债权文书属于不得经公证赋予强制执行效力的文书；（二）公证债权文书未载明债务人接受强制执行的承诺；（三）公证证词载明的权利义务主体或者给付内容不明确；（四）债权人未提交执行证书；（五）其他不符合受理条件的情形。”

相较于《民诉法解释》所规定的情形，《公证债权文书执行规定》主要增加了以下几个方面（其中上述第5项为兜底条款，不再赘述）：

1. 公证证词载明的权利义务主体或者给付内容不明确

相对于权利义务主体不明确而言，实践中更多的争议在于给付内容是否明确。但比较遗憾的是，公证债权文书执行规定中并没有就给付内容明确进一步细化，可能引发争议。实践中，各地法院对于何为“给付内容不明确”有不同的认定方式，例如，《北京市法院执行局局长座谈会（第七次会议）纪要—关于公证债权文书执行与不予执行若干问题的意见》第3条规定，“执行证书载明由债务人给付‘律师费’‘实现债权的必要费用’等，但未明确其金额或计算方式等内容的，属于给付内容不明确、不具体”。

此外，对于部分给付内容不明确的，是一并不予受理或驳回申请，还是可部分执行的问题，参考《公证债权文书执行规定》第18条第2款规定，“应当不予执行部分与其他部分可分的，人民法院应当裁定对该部分不予执行”。

2. 债权人未提交执行证书

《公证债权文书执行规定》第3条规定申请执行债权文书的，还应当提交证明履行情况内容的执行证书。可见，执行证书系申请执行公证债权文书的法定条件之一，如申请人未提供该执行证书的，法院当然裁定不予受理或驳

回执行申请。

## （二）关于公证债权文书不予执行

《公证债权文书执行规定》进一步区分了债务人在执行过程中申请不予执行债权文书及债务人起诉请求不予执行债权文书两种方式。

1. 债务人在执行过程中申请不予执行——程序上的争议

《公证债权文书执行规定》第 12 条规定了五种违反法定公证程序的情形（其中第 5 种为兜底条款，不予赘述），① 债务人可据此依据民事诉讼法第 238 条规定申请不予执行。

当然，实践中比较常见的争议是：债务人辩称公证处在核查债务履行情况存在瑕疵，如未核查债务履行情况或未按照合同约定的方式核查债务，是否违反法定公证程序。笔者认为根据《联合通知》第 5 条规定的“公证机关签发执行证书应当审查不履行或不完全履行的事实确实发生、债务人依照债权文书已经部分履行的事实以及债务人对债权文书规定的履行义务有无疑义”，如公证处未审查或未按照合同约定的方式审查的，法院倾向性认定违反公证程序。如中国对外经济贸易信托有限公司与陈超、项晓春其他执行裁定案件中，上海市浦东新区人民法院认为，“上海市闸北公证处在合同相应条款约定不明的情况下，仅通过发送核实信函的方式对债务履行的情况及债务人对债权文书规定的履行义务有无疑义，显然不当。上海市闸北公证处核查债务履行情况不规范”。

2. 债务人通过诉讼请求不予执行——实体上的争议

（1）《公证债权文书执行规定》第 11 条、第 12 条第 2 款、第 22 条第 1 款规定了债务人可通过诉讼请求不予执行的具体事由。实践中，比较大争议的是债务人对于债权数额存有争议的是否构成不予执行的事由。

（2）根据《联合通知》的规定，公证处应当对债务履行情况进行审查，并在公证债权文书中记载债权数额。如债权数额不准确的，按最高人民法院的态度进行处理，即“执行证书是否多计算债权数额，不能构成人民法院不

① 《最高人民法院关于公证债权文书执行若干问题的规定》第 12 条：“有下列情形之一的，被执行人可以依照民事诉讼法第二百三十八条第二款规定申请不予执行公证债权文书：（一）被执行人未到场且未委托代理人到场办理公证的；（二）无民事行为能力人或者限制民事行为能力人没有监护人代为办理公证的；（三）公证员为本人、近亲属办理公证，或者办理与本人、近亲属有利害关系的公证的；（四）公证员办理该项公证有贪污受贿、徇私舞弊行为，已经由生效刑事法律文书等确认的；（五）其他严重违反法定公证程序的情形。”

予执行的理由，如确实存在多计算债权数额的问题，人民法院查实后在执行程序中可以进行核减”。①

（3）《公证债权文书执行规定》实施后，对于债权数额有异议的，如债务人认为实际借款利率高于24%的，可向法院起诉不予执行公证债权文书。如借款利率高于24%的，则对于超过24%的部分裁定不予执行。

（4）另一种特殊情况：如果债权数额低于实际金额而债权人仍向法院申请执行，且债权人明确放弃剩余债权的，人民法院应当尊重当事人意思自治，不应认定债权文书确有错误而不予执行。

## 法律建议

强制执行效力的公证虽有诸多优点，但亦存在一定的法律风险，如果顺利，可以提高效率。反之，则仍然需要另案提起诉讼，不仅达不到提高效率的目的，反而可能因此而浪费时间与经济成本。正因为如此，债权人应充分注意公证债权文书可能被法院裁定不予受理、驳回执行申请以及不予执行的风险，并在实践中预防并降低该风险。我们建议，针对不同类型的业务应当差别化处理，选取合适的项目办理强制执行效力公证。

1. 可办理强制执行效力公证的业务类型

同时满足以下两个条件，一般可办理强制执行效力公证：第一是借贷关系明确。借贷关系明确，不仅指债权、债务关系清晰，符合典型的借贷合同类型，还包括付款及收款日期约定明确、利息计算方式简单明了、合同条款无歧义。第二是担保物价值充足。不同于诉讼方式可在起诉时对债务人及担保人进行财产保全，直接申请强制执行过程中债务人或担保人有一定的时间可转移财产，但对于已办理过抵押、质押的财产是无法进行转移的，因此担保物的实际价值足以覆盖债权金额对于最终的债权兑现至关重要。

2. 不适合办理强制执行效力公证的业务

具有以下情形之一的金融借款业务，一般不建议办理强制执行效力的公证：第一是为规避监管而创设的融资类业务。此类业务即使由公证处出具了执行证书，仍有被法院裁定不予执行的可能，反而会影响债权追索的效率。第二是违约金、罚息过高的合同。违约金、罚息过高系实践中公证机关不予出具执行证书的理由之一。在办理强制执行效力公证业务之初，该问题往往未能被公证机关注意到，但在申请出具执行证书阶段系公证机关重点审查的

---

① 详见最高人民法院（2011）执监字第180号执行裁定书。

内容。第三是债务人及担保人住所、财产分布较广的业务。债务人与担保人的住所地及财产所在地均不相同的情况下，对于强制执行案件的管辖确定存有争议。在该项争议未有明确司法解释的情况下，不建议办理强制执行效力的公证。

3. 作为债权人应着重注意的几个方面

（1）在办理债权文书强制执行公证阶段：应当确认涉及的债权文书是否属于可以办理强制公证的范围，并确认债务人或债务人的委托代理人亲自办理强制执行公证事宜。

（2）在赋予强制执行效力债权文书中应当载明：①执行人不履行义务或者不完全履行义务时同意接受强制执行的；②明确约定公证处核查债权的方式；③明确载明债务人的联系方式及地址。

（3）在申请执行证书时，应当督促公证处按债权文书的约定审核债权，并载明执行的债权金额或计算方式。

# 先予执行的适用情形

## 问题的提出

甲公司有一批产品原料存放于乙公司的仓库中，后因甲公司资金周转困难，拖欠乙公司仓储费，双方发生纠纷，诉至法院，乙公司扣留甲公司原料，并声称该原料为乙公司所有，拒绝返还甲公司该批原料。甲公司则主张其有一批到期订单急需该批原料进行生产销售，否则将面临高额违约金，使公司资金情况雪上加霜，如果能完成这批订单，则能解公司燃眉之急，并支付乙公司仓储费，因此甲公司申请法院先予执行，先行返还该批原料。

请问法院能否支持甲公司请求，先解甲公司燃眉之急呢？

## 问题解析

### 一、先予执行制度

先予执行，是指人民法院在受理案件后、终审判决作出之前，根据一方当事人的申请，裁定对方当事人向申请一方当事人给付一定数额的金钱或其他财物，或者实施或停止某种行为，并立即付诸执行的一种程序。这一制度本质上是在生效判决作出之前就依原告申请对被告采取执行措施，之所以设立这一制度，主要是考虑到一般的民事诉讼案件从起诉到作出生效判决，需要经过比较长的时间，而当事人获得救济的需要比较迫切，如不先予执行，当事人可能会遭受重大损失，当事人“等不起”或者“等不到”生效判决。而在法院作出生效判决之后，如果先予执行申请人取得的财产多于法院判决支持的财产，先予执行申请人应当返还。我国法上的先予执行制度在制度设计上近似于域外“假执行”制度，即对未经确定的终局判决赋予强制执行力，来确保权利人的利益得以及时地实现，遏制败诉的义务人恶意上诉、拖延诉讼、转移隐藏财产等行为。

## 二、先予执行的适用条件

目前先予执行主要适用于“三费一金”、医疗费、保险费、劳动报酬等案件。民事诉讼法第 106 条规定：“人民法院对下列案件，根据当事人的申请，可以裁定先予执行：（一）追索赡养费、扶养费、抚育费、抚恤金、医疗费用的；（二）追索劳动报酬的；（三）因情况紧急需要先予执行的。”对于民事诉讼法第 106 条第 3 项所列的“紧急情况”，最高人民法院在《民诉法解释》第 170 条进一步明确：民事诉讼法第 106 条第 3 项规定的情况紧急，包括：“（一）需要立即停止侵害、排除妨碍的；（二）需要立即制止某项行为的；（三）追索恢复生产、经营急需的保险理赔费的；（四）需要立即返还社会保险金、社会救助资金的；（五）不立即返还款项，将严重影响权利人生活和生产经营的。”

以上五点，可以归纳为两大类诉的先予执行——行为给付之诉的先予执行（1—2 项）与金钱给付之诉的先予执行（3—5 项）。在实务中，金钱给付之诉的先予执行较难得到法院的支持，行为给付之诉的先予执行较易得到法院的支持。为什么二者会有这样的差异呢？这要从法院办案角度予以考虑问题，法院作先予执行的裁定，明面上看是为了救济处于弱势的急需救济的当事人，但实际上法院还有一层隐忧——如果判决和先予执行裁定不一致如何处理？民事诉讼法第 233 条规定：“执行完毕后，据以执行的判决、裁定和其他法律文书确有错误，被人民法院撤销的，对已被执行的财产，人民法院应当作出裁定，责令取得财产的人返还；拒不返还的，强制执行。”

所以金钱给付的先予执行万一裁定有误，还得执行回转，给法院徒增麻烦，但是行为给付之诉的先予执行，一般以“禁令”形式体现，比如知识产权法上的“诉前禁令”，婚姻家庭法上为了保护女方免受家暴的“禁止令”，此种先予执行，只是禁止被执行人作出某种行为，即便裁定有误，事后无需返还，法院解除禁令即可，相对于金钱给付之诉的先予执行而言，少有后顾之忧。

那么，在金钱给付之诉的先予执行中，法院有何具体的裁量标准呢？民事诉讼法第 107 第 1 款规定：“人民法院裁定先予执行的，应当符合下列条件：（一）当事人之间权利义务关系明确，不先予执行将严重影响申请人的生活或者生产经营的；（二）被申请人有履行能力。”

从案例总结来看，目前实际审判过程中，法院考虑因素主要有两点：首先是权利义务关系明确；其次为申请人急需。

例如，在“南京梦金园珠宝首饰公司诉江苏紫金茂业珠宝公司因经营需要情况紧急申请先予执行案”中，原告南京梦金园珠宝首饰公司（以下简称梦金园公司）将其原料黄金存放于江苏紫金茂业珠宝公司（以下简称紫金茂业公司）的金库中，后双方就租赁事宜发生纠纷，紫金茂业便扣留了梦金园的黄金，并声称该批黄金为其所有，后梦金园起诉要求紫金茂业返还，在开庭审理之前，梦金园向法院申请先予执行，请求先将涉案黄金交给梦金园。理由有二：其一，该批黄金虽存放于紫金茂业金库中，但在存放黄金的保险箱上有“梦金园珠宝”字样，且梦金园公司握有该保险箱的钥匙，但紫金茂业并没有保险箱的钥匙；其二，该批梦金园公司急需该批黄金作为生产原料。①

在该案中，梦金园公司举出了其掌握黄金保险箱钥匙这一关键证据，这在很大程度上帮助法官确信该批黄金属于梦金园公司，加之公司生产急需，因此南京市中级人民法院最终支持了梦金园公司的先予执行申请。

而在“叶斌、奉新县沿河建设投资开发有限公司借款纠纷案”中，原告叶斌以股权转让为名借款给沿河建设投资开发有限公司，且双方签有多份协议，在开庭审理前，原告叶斌申请先予执行部分欠款，江西省高级人民法院认为，当事人之间存在多份协议，同时涉及股权转让问题，因此借款的性质、具体数额等问题需要开庭审理后才能确定，双方债权债务关系并不明确，驳回了叶斌的先予执行申请。②

在“合肥恒发置业有限责任公司、安徽白帝集团有限公司追索劳动报酬纠纷案”中，合肥恒发置业有限责任公司（以下简称恒发公司）为安徽白帝集团有限公司（以下简称白帝集团）承建项目工程，但白帝集团拖欠工程款，后恒发公司起诉白帝集团，在法院开庭审理前，恒发公司以其公司急需资金开建新的项目工程为由，申请先予执行白帝公司3000万元。在该案中，双方权利义务关系比较明确，但安徽省高级人民法院认为，恒发公司现无证据证明其公司股东会对公司开发建设新的项目工程形成决议，亦即无法证明恒发公司现在急需开工建设，所以并不急需工程款，因此驳回了恒发公司的先予执行申请。③

在实践中，如果是自然人追索“三费一金”、医疗费、劳动报酬的，出于保护弱者的考虑，法院通常会支持当事人的先予执行申请，但对于其他涉及商事主体的纠纷，一方面，此类案件权利义务关系相比赡养义务纠纷、劳动

① 参见江苏省南京市中级人民法院（2016）苏01民终7941号民事裁定书。

② 参见江西省高级人民法院（2017）赣民初66号民事裁定书。

③ 参见安徽省高级人民法院（2015）皖民一初字第00001-4号民事裁定书。

报酬纠纷，往往没有那么清晰。另一方面，此类案件的当事人往往不是急需医疗费、劳动报酬的“弱者”，法官难以基于衡平的考虑对其予以保护。另外，与保全不同的是，先予执行一般不涉及法院自身利益。如果法院需要确保判决后能够顺利执行，作出保全就可以了，并无尽快执行的需要，因此不会依职权作出先予执行裁定，需要当事人自己申请，而且，法院贸然裁定先予执行，反而可能会留下执行回转困难的后患。因此，除非确有必要，法院一般不倾向于支持金钱给付之诉的先予执行申请。

### 三、裁定先予执行的救济

当事人对先予执行的裁定不服的，可以向作出执行裁定的法院申请复议一次，但是复议期间不会停止裁定的执行。

生效判决作出后，如果依据生效判决，不应当支持先予执行申请人请求的，对已被执行的财产，人民法院应当裁定申请人返还，申请人拒不返还的，人民法院应当强制执行。

## 引申探讨

### 一、先予执行可否由二审法院执行

先来看一个与此问题相关的案情简介：

广东省罗定市某建筑工程公司（以下简称建筑公司）中标了南雄市小型水库加固工程第五标段，并成立了工程项目部负责工程施工。黄某平在该项目部从事技术员工作，工作期间发生交通事故受伤，完全丧失劳动能力，被认定为工伤，劳动功能障碍残疾等级为三级。之后，黄某平申请劳动仲裁，南雄市人事劳动争议仲裁委员会裁决工程项目部支付黄某平各种工伤补偿费38万余元。项目部不服裁决，向南雄市人民法院提起诉讼，请求判决不承担该裁决确定的赔偿责任。南雄市人民法院通知建筑公司作为第三人参加诉讼，并于2011年9月30日作出（2011）韶雄法民一初字第391号民事判决书，判决项目部和建筑公司支付黄某平各种工伤补偿费用共38万余元。

项目部和建筑公司不服一审判决，向韶关市中级人民法院提起上诉。

二审诉讼期间，项目部和建筑公司以其已向广东省劳动能力鉴定委员会申请重新对黄某平的劳动能力进行鉴定，尚未作出结论为由，要求中止诉讼。2012年3月6日，韶关市中级人民法院裁定中止诉讼。中止诉讼期间，黄某平以其目前仍需治疗而缺乏医疗费且生活困难为由，要求先予执行5万元医疗费和生活费。

先予执行常见于一审案件，那么在二审案件中，当事人可否申请先予执行呢?

民事诉讼法及其司法解释并未对先予执行的层级作出直接规定，但从民事诉讼法编纂体例来看，先予执行规定在总则中，其适用应当是贯穿整个一审二审程序的。二审法院理应可以受理先予执行申请。那么二审法院作出先予执行裁定之后，是由二审法院执行还是交由一审法院执行呢？根据民事诉讼法第224条的规定："发生法律效力的民事判决、裁定，以及刑事判决、裁定中的财产部分，由第一审人民法院或者与第一审人民法院同级的被执行的财产所在地人民法院执行。"据此，二审法院的先予执行裁定似乎应交由一审法院执行。但是，《最高人民法院关于人民法院执行工作若干问题的规定（试行)》第3条规定："人民法院在审理民事、行政案件中作出的财产保全和先予执行裁定，由审理案件的审判庭负责执行。"《最高人民法院关于执行权合理配置和科学运行的若干意见》第16条规定："诉中财产保全、先予执行的申请由相关审判机构审查并作出裁定；裁定财产保全或者先予执行的，移交执行局执行。"

根据上述司法解释及司法指导性文件的规定，二审先予执行应由二审法院执行，对于司法解释和法律规定的矛盾，建议将司法解释理解为特别规定，优先适用。更何况，在实践中，最高人民法院的司法解释，显然更具有说服力。实践中还存在一种做法，即二审法院作出先予执行裁定后，为了执行的方便，再指定由一审法院负责执行。①

## 二、先予执行可否重复适用

对此问题，结合下列案情简介作简要分析：

2011年2月22日，代某驾驶大型货车，沿国道210线从綦江县城往三江方向行驶。当车行驶至綦江县古南街道某加油站路段左转弯时，与相对方向驶来的由任某驾驶的两轮摩托车正面碰撞，任某受伤严重，两车受损。交通事故认定书认定：代某承担事故全部责任，任某不承担责任。任某于3月16日向綦江县人民法院提起诉讼要求损害赔偿，由于急需治疗费用，同时要求人民法院先予执行。3月22日，綦江县人民法院经审查作出裁定：被告先行支付任某医疗费25万元，于2011年3月30日将案款25万元执行到位。2011年5月7日，原告再次申请，要求三被告再先行支付15万元。

---

① 参见广东省韶关市中级人民法院（2012）韶中法民终字第47－1号民事裁定书。

法官对该申请是否属于先予执行产生了争议，即对先予执行是否应受次数限制产生分歧。在长期的司法实践中，先予执行一般只有一次，那么如果当事人提起两次先予执行申请，法院也可以支持吗？

民事诉讼法及其司法解释对于先予执行的次数未作说明，但从先予执行制度设立的意图来看，先予执行本就是为了缓解当事人一时之急，对于急需救济的当事人进行救济，而一次先予执行并不能够保证使当事人得到必要的救济，尤其是在追索医疗费这类案件中，因此给予当事人多次先予执行救济是必要的。正如相关案件中的法院裁判理由所述："先予执行是法律为维护特殊主体的迫切利益，缓解其经济困难，维持其正常生产、生活所设定的一项特殊制度。尽管民事诉讼法未对实施先予执行的次数进行规定，但从法律维护公平正义的角度来看，先予执行应可以重复适用。"①

## 三、国际商事仲裁中的"先予执行"

在国际商事仲裁中，为解决当事人的紧急需求，一些国际仲裁机构规则规定了紧急仲裁员程序。即在仲裁案件的初始阶段（仲裁庭正式组庭以前），依据当事人的请求，由仲裁机构任命一位紧急仲裁员审理当事人提出的紧急救济申请，并作出决定、指令或裁决（"紧急决定"）。此种救济方法，近似于国内法上的先予执行制度。

例如，香港国际仲裁中心（HKIAC）于 2018 年 11 月 1 日开始适用的新的《仲裁规则》，其中，紧急仲裁员程序的基本流程为：（1）当事人提交指定紧急仲裁员的申请。申请紧急救济的当事人可以在提交仲裁通知之前、同时或之后（但需在仲裁庭组庭前），向仲裁机构提交指定紧急仲裁员的申请（"紧急仲裁申请"）。如有必要，申请人也可以同时提交其他有助于高效审查紧急仲裁申请的文件或信息。（2）指定紧急仲裁员。如果 HKIAC 决定受理紧急仲裁申请，应当在收到申请和预付款后 24 小时内指定紧急仲裁员。随后，相关案卷材料将被移交给紧急仲裁员。（3）案件审理。紧急仲裁员接手案件后，可以以其认为适当的方式开展程序。比如，紧急仲裁员可以决定双方发表意见、提交证据的期限以及具体的庭审安排等。（4）作出紧急仲裁裁决。紧急仲裁员应当在 HKIAC 向其移交案件之日起 15 日内作出就当事人申请的紧急救济作出裁决，除非当事人另有约定或 HKIAC 决定延长审理期限。

在跨境交易中，一旦发生纠纷，一方急需救济，而双方在相关协议中约定的争议解决方式为国际仲裁，且选定的仲裁机构规则对紧急仲裁员程序作

---

① 见重庆市綦江县人民法院（2011）綦法民初字第 1073 号民事裁定书。

出了规定，即可通过启动紧急仲裁员程序寻求救济。

## 法律建议

1. 在先予执行申请时建议主动提供担保

民事诉讼法第107条第2款规定："人民法院可以责令申请人提供担保，申请人不提供担保的，驳回申请。申请人败诉的，应当赔偿被申请人因先予执行遭受的财产损失。"该款虽然规定担保是由法院"可以""责令"申请人提供，但是不排除当事人在与法官沟通时主动提出，以打消法官对于执行回转的担忧，尽可能换取法官的支持。因此，如果当事人确有先予执行的必要，又掌握重要证据，对案件胜诉有较大把握，不妨主动向法院提供担保，以增加获取法院支持的可能。

2. 在反不正当竞争领域的应用

2010年的"3Q"大战在中国反不正当竞争法史上具有里程碑意义，双方对错与否在此不作过多讨论，值得反思的是，在腾讯起诉360之后，腾讯又发布公告，要求用户在腾讯QQ和360之间"二选一"，此举招徕诸多批评，并且授人以柄，不久后被360以垄断为由告上法庭。其实，腾讯既然已经起诉了360，不如顺势提起先予执行，要求法院裁定360停止不正当竞争行为，减少损失，若简单采用私力救济，要求用户"二选一"，则缺乏相应法律支撑。

3. 在知识产权保护领域的应用

知识产权法上的诉前禁令制度，是先予执行制度在知识产权保护领域的延伸。《民诉法解释》第170条第1项所规定的"需要立即停止侵害、排除妨碍的"具有一定的概括性，许多侵权行为都可以解释进去，尤其是知识产权、商业秘密这类信息，易于复制和传播，而其一旦传播开来，对权利人的损害将难以估量，因此在此类案件中，更应当积极申请先予执行，制止侵权行为，及时止损。

4. 在涉外纠纷中的应用

如果涉外法律纠纷中双方没有约定争议解决适用中国法，则当事人需要详细了解所适用的法律或国际仲裁规则，留意是否有类似于"先予执行"的制度（如前文所述香港国际仲裁中心的"紧急仲裁员"制度），了解其适用范围、构成要件等，以便更好地运用法律维权手段保护自身的合法权益。

# 何种情况下可以启动委托异地法院执行程序

## 问题的提出

在跨区域执行中，采取直接异地执行成本高、效率低，易受地方保护主义影响，执行人员人身安全时常受到威胁，同时会给当事人造成不必要的经济负担。由于当前执行案件增多，司法资源比较紧张，针对跨区域执行案件，直接采取异地执行是不大可取的，运用委托执行是当前跨区域执行的主要方式。但是委托执行这一制度却未完全施展开来，厘清何种情况下可以启动委托异地法院执行程序，以及委托执行过程中的难点，有利于提高委托执行的效率，及时维护当事人的合法权益，提高司法公信力。

## 问题解析

### 一、委托执行的要件

2017 年民事诉讼法第 229 条规定："被执行人或者被执行的财产在外地的，可以委托当地人民法院代为执行。" 2011 年 5 月 16 日最高人民法院颁布了《最高人民法院关于委托执行若干问题的规定》（以下简称《委托执行规定》），对委托执行问题进行了详细的规范。该司法解释施行后，此前其他有关委托执行的司法解释已经不再适用。《委托执行规定》第 1 条、第 4 条、第 5 条规定，委托法院委托执行时需具备实质要件和形式要件。① 但是，在此之前需要对委托执行的前提条件进行说明。

① 参见《关于"全国法院委托执行的情况反映及建议"的答复》，载人民法院网 2019 年 5 月 21 日，http：//www. court. gov. cn/zixun－xiangqing－17222. html#。

### （一）前提条件

1. 委托法院具有案件的执行管辖权

人民法院只有对属于自己主管和管辖的执行案件才能在受理执行申请或接受执行移送后依照法律规定委托外地法院执行。

申请人向没有管辖权的人民法院申请执行的，人民法院应当告知其向有管辖权的法院申请执行。如果已经受理了不属于自己管辖的执行案件的，应将案件移送给有管辖权的法院执行，不是委托其他法院执行。

2. 确有委托执行的必要

对被执行人或被执行财产在外地的案件，执行管辖法院可以委托外地法院执行，也可以自己直接派员执行。在什么情况下委托外地法院执行，什么情况下直接执行，民事诉讼法没有明确规定。首先，管辖法院在审判阶段就已经办理了财产查封、扣押手续的一般直接去执行，而不必委托执行。其次，有无必要委托外地法院执行由委托法院决定，并以委托执行能更便利、更迅速地执行案件为原则。

### （二）实质要件

实质要件是指执行法院经过财产调查程序，发现被执行人在本辖区内无财产可供执行，且在其他省、自治区、直辖市内有可供执行财产的，方可委托执行；如果是非财产类执行案件，被执行人在受托法院辖区的，也可委托执行；如果仅是被执行人的住所地在异地，并未发现有可供执行的财产，则执行法院不得办理委托执行（详见表1－3）。

实质要件要求委托法院依法应对被执行人在本辖区内的财产和人身进行调查。当一个执行案件立案执行后，受理法院应该采取应尽的执行措施，对该案件的被执行人的财产进行详尽仔细的调查，查询被执行人的银行存款、房产、土地、车辆、工商登记、股权、户籍信息、婚姻登记信息等财产情况和人身信息情况。若确实发现被执行人在本辖区内无可动执行的财产，而在其他地区却有可供执行的财产，或者被执行人在异地的，并且有充分的证据材料予以证明的，才可以委托执行。

**表1－3　不同类型执行案件可否委托执行的实质要求对照表**

| 案件类型 | 实质要求 | 可否委托执行 |
| --- | --- | --- |
| 财产类执行案件 | （1）被执行人在本辖区内无财产可供执行<br>（2）被执行人在其他省、自治区、直辖市内有可供执行财产的 | 可委托执行 |
| | （1）被执行人的住所地在异地<br>（2）但是在异地并未发现有可供执行的财产 | 不可委托执行 |
| 非财产类执行案件 | 被执行人在受托法院辖区 | 可委托执行 |

### （三）形式要件

在形式要件上，委托法院依法办理委托执行手续，提供所需要的材料。当对被执行人的财产和人身经过充分的证据调查，发现该案件符合委托执行的要求，便可以启动委托执行程序。

根据《委托执行规定》第4条规定，首先，如果案件全部委托执行，委托法院只需要直接向受托法院办理委托手续，层报所在的高级人民法院备案，如果仅是事项委托，则需要以机要形式送达委托事项相关手续；其次，案件委托执行还需要按本规定第5条载明的内容提供相应委托材料。（详见表1－4）

委托法院提供的材料应当客观、准确、充分，符合委托程序规定的要求，否则，受托法院可以要求委托法院补办或者由于在规定期限内不作出书面说明，退回委托。

表1-4 不同类型委托执行的形式要求对照表

| 委托类型 | 形式要求 | 委托材料 |
| --- | --- | --- |
| 全部委托 | (1) 向受托法院办理委托手续<br>(2) 层报所在的高级人民法院备案 | 案件委托执行时，委托法院应当提供下列材料:①<br>(1) 委托执行函；<br>(2) 申请执行书和委托执行案件审批表；<br>(3) 据以执行的生效法律文书副本；<br>(4) 有关案件情况的材料或者说明，包括本辖区无财产的调查材料、财产保全情况、被执行人财产状况、生效法律文书的履行情况等；<br>(5) 申请执行人地址、联系电话；<br>(6) 被执行人身份证件或者营业执照复印件、地址、联系电话；<br>(7) 委托法院执行员和联系电话；<br>(8) 其他必要的案件材料等。 |
| 事项委托 | (1) 以机要形式送达委托事项相关手续<br>(2) 无需层报所在的高级人民法院备案 | |

2017年《最高人民法院关于严格规范执行事项委托工作的管理办法（试行)》第1条规定："人民法院在执行案件过程中遇有下列事项需赴异地办理的，可以委托相关异地法院代为办理：（一）冻结、续冻、解冻、扣划银行存款、理财产品；（二）公示冻结、续冻、解冻股权及其他投资权益；（三）查封、续封、解封、过户不动产和需要登记的动产；（四）调查被执行人财产情况。（五）其他人民法院执行事项委托系统中列明的事项。"

## 二、委托执行的程序

委托执行应该严格按照法律规定，依照法定的程序来办理。这样既有利于委托执行工作的高效开展，也有利于委托执行的监督和管理。

### （一）委托法院依法对被执行人在本辖区内的财产和人身进行应尽的调查

委托法院依法对被执行人在本辖区内的财产和人身进行应尽调查，当确

① 参见《最高人民法院关于委托执行若干问题的规定》第5条。

实发现被执行人在本辖区内无可供执行的财产，而在其他地区却有可供执行的财产，或者被执行人在异地的，并且有充分的证据材料予以证明的，才可以委托执行。

但是，在实务过程中，有时会发生不同级别的法院相互委托执行的需要，在现有法律框架下，该种情形是否能够委托执行，是委托执行案件的一个难点。我国民事诉讼法规定，被执行人或者被执行的财产在外地的，可以委托当地人民法院代为执行。从文义上来看，只要被执行人或被执行人财产在外地，就可以委托代为执行。而在《委托执行规定》中，对于执行法院本辖区内不存在可供执行的财产，但在其他省、自治区、直辖市内有可供执行的财产之情形的，应当将案件委托异地的同级人民法院执行。由此可见，在满足条件的基础上，应当将案件委托异地的同级人民法院执行，目前该规定仍然有效。

现行法律法规对于委托执行制度的规定存在模糊之处，实务中操作也不统一。但是，从目的来看，委托执行在于便利执行、提高执行效率并且尽最大限度实现债权人的债权。此外，我国民事诉讼法也未限制委托执行的前提条件。因此，为了执行申请人的利益、扩大执行财产范围的效果，承办律师以及相关的法院应充分沟通和说明，必要时可以突破法院级别的限制。

### （二）委托法院依法办理委托执行手续，提供所需要的材料

当满足启动委托执行程序的要求后，委托法院应依《委托执行规定》的规定，区分全面委托还是事项委托，依法办理委托执行手续，提供所需要的材料。

委托法院提供的材料应当客观、准确、充分，符合委托程序规定的要求，如果受托法院发现委托执行的手续、材料不全时该如何处理？此种情形在实践中做法不一。有的受托法院收到委托执行材料后在 7 日内立案，发现委托执行的手续、材料不全后再告知委托法院予以补充提供；有的受托法院发现委托执行的手续、材料不全后直接退回委托法院而不予立案；有的受托法院经审查发现委托执行的手续、材料不全时告知委托法院补充完备后再予以立案。笔者认为，受托法院收到委托执行的材料后，应当先审查委托执行的手续、材料是否完备，发现委托执行的手续、材料不全的，可以要求委托法院补办或退回，受托法院可以先不予立案，待委托法院提供的手续、材料完备后再予以立案执行。

### （三）受托法院依法立案执行，在执行中发现问题应积极与委托法院沟通

受托法院依法立案执行，在执行中发现问题应积极与委托法院沟通。根据《委托执行规定》的要求，收到委托执行函后，受托法院应当在7日内予以立案，并及时将立案通知书，通过委托法院送达申请执行人，同时书面告知委托法院受托法院指定的承办人、联系电话等情况；如发现委托执行的手续、材料不全，受托法院可以要求委托法院补办；在6个月期限内，受托法院未能将受托案件执行的，申请执行人可以向受托法院的上一级人民法院，请求提级执行或者指定执行。

现行民事诉讼法第229条规定："收到委托函件后，受委托人民法院必须在十五日期限内开始执行，不得拒绝。受托法院执行完毕后，应当将执行结果书面告知委托人民法院。在三十日内如果还未执行完毕，也应当将执行情况及时书面告知委托法院。收到委托函件之日起十五日内还不执行的，委托人民法院可以向受委托人民法院的上级法院提出请求，要求上级法院指令受委托法院执行。"

## 引申探讨

## 一、委托执行存在的问题

### （一）委托执行案件执行时间较长，执行标的实际到位率较低

根据民事诉讼法的规定，当出现人民法院自收到申请执行书之日起超过六个月未执行的情况时，此时，申请执行人有权向上一级人民法院申请执行。又根据《委托执行规定》第11条的规定，当出现受托案件未能在六个月内将受托案件执结的情况时，申请执行人可以向受托法院的上一级人民法院提出请求，要求提级执行或者指定执行。这两个法条说明执行案件的执行期限一般是六个月。如有特殊情况需要延长的，需要经过相关程序报请本院院长批准。但是现实情况是委执行的案件大多是和解、中止或者终结本次执行，实际到位率较低。而委托执行的案件，由于受托法院没有将立案回执通过委托法院送达申请执行人，也没有告知委托法院受托法院的具体承办人及其联系方式，往往石沉大海。

最高人民法院借助互联网的力量，大力打造审判流程信息公开、执行信

息公开、裁判文书公开三大信息公开平台，以督促法律的实施和提升司法为民、公正司法的能力和水平。同理，地方法院也可以利用互联网信息的力量，顺应信息科技时代的浪潮，创新网络委托执行机制，提升委托执行的效率。

### （二）委托执行案件未对申请执行人履行告知义务

委托法院在受理执行案件并决定委托时，一般都没有告知申请执行人委托执行的相关规定，往往也没有对申请执行人作出风险提示，提示申请执行人可能会因财产变化导致执行案件的执行权转移，或者也有可能由于无法查找到被执行人的财产而导致案件难以执行的情况。而申请执行人一般都不在受托法院辖区，难以向受托法院提供被执行人及其财产线索，往往导致难以执行。

法院在受理执行案件时，应在立案通知书中告知申请执行人委托执行的相关规定并提示风险，提示申请执行人有可能由于无法查找到被执行人的财产而导致执行不能。作为申请执行人则应当在委托法院将案件移送受托法院前，尽可能多地提供被执行人及其被执行财产线索，以便受托法院能够有效提高执行效率。

### （三）委托执行案件的执行效果差

委托法院委托后，作委托结案处理，受托法院接收案件后，部分法院未能将委托执行案件与本院执行案件同等重视，并录入执行管理系统。受托法院为了本院的执结率，存在不予正式立案的现象，在查明无可供执行财产后，一般就会终结了本次执行。导致部分委托执行的案件得不到实际执行，执行效果较差。

《委托执行规定》第 2 条规定，案件委托执行后，受托法院应当依法立案，委托法院应当在收到受托法院的立案通知书后作委托结案处理。既然委托法院已作结案处理，那么该案的实际执行权就全部由受托法院行使，在案件执行过程中，需采取强制执行措施以及变更追加执行主体等，均应由受托法院行使。但对于据以执行的生效法律文书确有错误、案外人对据以执行的生效法律文书指定交付的财物和票证提出异议的除外。

## 二、委托执行的退回

《委托执行规定》的第 8 条与第 9 条规定了退回委托的要件与程序。《委托执行规定》第 8 条规定：“受托法院如发现委托执行的手续、材料不全，可以要求委托法院补办。委托法院应当在三十日内完成补办事项，在上述期限内未完成的，应当作出书面说明。委托法院既不补办又不说明原因的，视为撤回委托，受托法院可以将委托材料退回委托法院。”第9条规定：“受托法院退回委托的，应当层报所在辖区高级人民法院审批。高级人民法院同意退回后，受托法院应当在十五日内将有关委托手续和案卷材料退回委托法院，并作出书面说明。委托执行案件退回后，受托法院已立案的，应当作销案处理。委托法院在案件退回原因消除之后可以再行委托。确因委托不当被退回的，委托法院应当决定撤销委托并恢复案件执行，报所在的高级人民法院备案。”

2017年《最高人民法院关于严格规范执行事项委托工作的管理办法（试行）》第9条规定，委托办理的事项超出本办法第一条所列范围且受托法院无法办理的，受托法院与委托法院沟通后可予以退回。第10条规定，委托法院提供的法律文书不符合要求或缺少必要文书、收到法院无法办理的，应及时与委托法院沟通告知应当补充的材料。未经沟通，受托法院不得直接退回该委托。委托法院应于3日内通过系统补充材料，补充材料后仍无法办理的，受托法院可说明原因后退回。

## 法律建议

1. 申请执行人应当增强风险防范意识

申请执行人在与被执行人进行民事活动时，缺乏对交易方诚信程度的预判，在对方没有对民事活动提供保障的情况下，发生经济往来。后来，在被执行人不继续履行义务时，申请执行人迫不得已进行诉讼来保护自己的权益，但在后面执行时才发现，被执行人履行能力差，甚至根本无履行能力，导致案件无法执行。尤其是民间借贷案件，申请执行人受高额利息的诱惑，在没有考虑被执行人的经济状况，盲目出借，只见眼前利益，忽视不能收回借款的风险，有的案件即使抵押或质押财产时，也不对抵押或质押财产数量、性质、权属等相关信息进行严格核实，甚至有的申请执行人为了赚取利息差，到别处融资出借款，由于被执行人没有能力履行偿还义务，不仅自己的一生积蓄毁一旦，可能自己还要背负巨额的债务。因此，申请执行人在进行民事活动时，应当增强风险防范意识。应对交易方诚信程度进行预判，并且要求对方提供担保，对抵押或质押财产数量、性质、权属等相关信息进行严格核实。

2. 申请执行人要善于运用保全措施

大部分执行积案是由于无法查找到被执行人的财产或者查到的财产不足

以偿还全部债务，除了被执行人自始至终没有履行能力，还有申请执行人不善于运用保全措施，给被执行人转移财产留有机会。诉讼保全制度设置由来已久，但申请执行人的诉讼财产保全意识不强的，在诉讼时原告应善于运用诉讼保全的措施来保护自己，维护自身的合法权益。

3. 审慎选择执行管辖法院

民事诉讼法第224条规定："发生法律效力的民事判决、裁定，以及刑事判决、裁定中的财产部分，由第一审人民法院或者与第一审人民法院同级的被执行的财产所在地人民法院执行。法律规定由人民法院执行的其他法律文书，由被执行人住所地或者被执行的财产所在地人民法院执行。"实践中，执行申请人一般习惯于向第一审人民法院申请执行，若第一审人民法院辖区内无可供执行的财产，则可能会产生委托执行的问题，由第一审人民法院委托财产所在地法院执行，这样往往耽搁了执行效率。因此，建议在申请执行之初，充分研判被执行人可供执行的财产，向主要财产所在地法院申请执行。

# 已取得生效法律文书但未申请执行时债权转让的受让人能否以自己名义直接申请执行

## 问题的提出

A 公司与 B 公司之间产生借款纠纷，并诉至法院，法院作出判决：A 公司欠 B 公司 1000 万元。后 B 公司将该 1000 万元的金钱债权转让给 C 公司，并通知了 A 公司。后 A 公司未履行生效判决，债权受让人 C 公司遂向法院申请强制执行。

问题：生效法律文书确定的债权转让后，债权受让人能否作为申请执行人直接申请立案执行？

## 法律解析

### 一、法律规范解读

对于已取得生效法律文书但未申请执行时债权转让的，受让人是否有权直接申请执行的问题，我国法律并未直接作出规定。执行上涉及债权转让受让人的规定主要是《最高人民法院关于人民法院执行工作若干问题的规定(试行)》(以下简称《执行规定》)。《执行规定》第 18 条第 2 项规定的申请执行主体范围为："申请执行人是生效法律文书确定的权利人或其继承人、权利承受人。"《执行规定》第 20 条规定："申请执行，应向人民法院提交下列文件和证件：…… (4) 继承人或权利承受人申请执行的，应当提交继承或承受权利的证明文件。"上述规定在申请执行主体范围上不仅包括生效法律文书载明的权利人，还包括"继承人与权利承受人"，同时在申请要求上单项规定"权利承受人"申请执行的证明文件提交义务，但是问题是"权利承受人"的范围，是否包括债权让与中的权利受让人仍存在疑问。

有观点认为从申请执行权的性质上讲，申请执行生效法律文书的权利是权利人要求国家运用强制力实现其私权利的行为，是公法上的权利，因此执行名义人应明确限定在直接确定的权利人。[①] 法律唯一规定的申请执行的主体范围可以扩张的情况就是上述权利人的继承人或者承受人，对此处的“继承人和承受人”不能作扩大的解释，只有发生自然人的死亡或法人的分立、合并等事由，而不包括一般的基于当事人的合议而发生债权的让与中的“受让人”。所以程序法上，债权的受让人申请执行存在障碍。同时认为在执行程序中权利受让人申请变更执行当事人没有法律依据。对此，实践中一般认为取得执行名义的债权人转让债权的，解决办法是债权受让人须提起债权转让确认之诉，取得胜诉判决后方可申请执行或申请变更执行程序中的债权人。或者受让人与原债权人（即债权转让关系中的出让人）达成协议，由原债权人作为受让人的受托人参与执行程序。另有观点认为《执行规定》第 18 条第 2 项中“申请执行人是生效法律文书确定的权利人或其继承人、权利承受人”，可以作为变更申请执行主体的法律依据，并且认为该条中的“权利承受人”，包含通过债权转让的方式承受债权的人。[②]

笔者认为，首先，《执行规定》第 18 条第 2 项是关于人民法院受理执行案件条件中申请执行人的规定，也即明确了申请执行人的主体资格，即生效法律文书确定的权利人或其继承人、权利承受人都可向法院申请强制执行。其次，基于第 18 条申请执行条件的规定，进一步就形式作出规范，并就继承人与权利承受人申请执行所需文件提出要求，也即向人民法院提交承受权利的证明文件，证明其为生效法律文书确定的权利承受人的，即符合受理执行案件的条件。最后，如果认为必须先由原始债权人先申请执行立案，再变更受让人为申请执行人，那么，如果原债权人下落不明或者原债权人不配合申请立案执行，受让人的债权很难顺利通过强制执行程序实现，无疑对债权受让人不公。况且，在债权受让人直接申请执行的情况下，无需要求受让人另行提起确认之诉确权，获取有执行力的判决再去申请执行，减少讼累，节约司法资源。可见，赋予债权受让人直接申请立案执行的资格更合理。

## 二、司法实务观点

关于生效法律文书确定的债权转让但未申请执行时，债权受让人是否有

---

① 周庆海、薛忠勋、喻赤：《确定债权转让之于执行实务探析》，载中国法院网 2019 年 6 月 14 日，https://www.chinacourt.org/article/detail/2013/11/id/1117864.shtml。

② 参见最高人民法院（2009）执他字第 1 号答复；最高人民法院（2010）执监字第 57 号函。

权直接申请执行的问题，司法实务显示出的观点是赋予债权受让人直接申请立案执行的资格。

2014 年 12 月 18 日，最高人民法院发布了第八批指导性案例，其中指导案例 34 号为“李晓玲、李鹏裕申请执行厦门海洋实业（集团）股份有限公司、厦门海洋实业总公司执行复议案”。① 该案中，2012 年 1 月 11 日由最高人民法院生效判决确定的原债权人“2234 公司”在执行开始之前将债权转让给李晓玲、李鹏裕，并未作为申请执行人参加执行程序。2012 年 4 月 19 日，债权受让人李晓玲、李鹏裕依据法院判决和债权转让协议向福建省高级人民法院申请执行。4 月 24 日，福建省高级人民法院向海洋股份公司、海洋实业公司发出（2012）闽执行字第 8 号执行通知。债务人不服该执行通知，以执行通知中直接变更执行主体缺乏法律依据提出执行异议，后该院就关于执行通知中直接变更申请执行主体的问题，认为该院在执行通知中直接将本案受让人作为申请执行主体，未作出裁定变更，程序不当，裁定撤销（2012）闽执行字第 8 号执行通知。债权受让人李晓玲不服，向最高人民法院申请复议，最高人民法院最终认定债权受让人李晓玲、李鹏裕享有直接申请执行的主体资格。

该案中最高人民法院表明以下观点：

第一，变更申请执行主体发生的时间是根据原申请执行人的申请已经启动了的执行程序中，而非执行程序尚未启动前。

第二，根据《执行规定》第 18 条、第 20 条的规定，权利承受人有权以自己的名义申请执行，只要向人民法院提交承受权利的证明文件，证明自己是生效法律文书确定的权利承受人的，即符合受理执行案件的条件。这种情况不属于严格意义上的变更申请执行主体，但二者的法律基础相同，故也可以理解为广义上的申请执行主体变更，即通过立案阶段解决主体变更问题。因此法院肯定债权人合法转让债权的行为，并认定在此前提下权利受让人直接申请执行的资格。

第三，在法院根据债权受让人申请已执行立案后，即债权受让人已成为申请执行人，不需要执行法院再作出变更主体的裁定，后发出执行通知，而应当直接发出执行通知。同时值得注意的是，对实践中这种情况下法院如先以原权利人作为申请执行人，待执行开始后再作出变更主体裁定的处理方式，最高人民法院虽然认为这种做法只是增加了工作量，但是认为这种处理方式对案件并无实质性影响，故不认为程序上存在问题。也即根据指导案例的观

① 参见最高人民法院（2012）执复字第 26 号复议裁定书。

点，即便实务中有法院驳回债权受让人的直接申请，主张债权原权利人申请执行后变更主体，也不能认为违法。

综上所述，该指导案例的裁判要点是：生效法律文书确定的权利人在进入执行程序前合法转让债权的，债权受让人可以作为申请执行人直接申请执行，无需执行法院作出变更申请执行人的裁定。

## 一、债权的可让与性

根据《最高人民法院关于民事执行中变更、追加当事人若干问题的规定》第9条的规定，申请执行人将生效法律文书确定的债权依法转让给第三人，且书面认可第三人取得该债权，该第三人申请变更、追加其为申请执行人的，人民法院应予支持。根据上海市高级人民法院《关于审理涉及债权转让纠纷案件若干问题的解答》第8条的规定：“权利人享有人民法院生效裁判文书确定的债权，并将该债权予以转让，只要该债权不属于合同法第七十九条规定的情形，应当认可该债权转让的效力。经相关人民法院审查后，债权受让人可依生效裁判文书向债务人主张债权。”因此，生效法律文书确定的债权在不违背法律规定时，可以转让。

债权受让人有资格申请执行的前提是享有受让债权，也即债权转让人与受让人之间的债权转让合法有效，那么涉及的核心问题是该转让的债权是否具有可让与性。为此法律从反面规制了不得转让的债权情形。依据合同法第79条规定，“债权人可以将合同的权利全部或者部分转让给第三人，但有下列情形之一的除外：（一）根据合同性质不得转让；（二）按照当事人约定不得转让；（三）依照法律规定不得转让”。

具体而言：（1）以特定身份为基础的债权不可转让，此时债权人发生更换，将导致债的基础不复存在，债权亦不复存在，故不得让与，如扶养费请求权、养老金请求权、工资薪金请求权等均属于以特定身份为基础的债权。（2）以特定债权人为基础的债权，也即债务人仅希望对特定的债权人履行债务，如债权人发生变更，则给付内容或权利的行使将发生重大变化，属于性质上不得让与的债权。雇佣合同、租赁合同、借用合同等合同关系即属此类。（3）有必要与特定人结清的债权，例如应当与特定当事人间互为计算的债权，即当事人约定以其相互间的交易所发生的债权债务为定期计算，互相抵销而仅付其差额的合同。此种债权债务关系，当事人不能因自己一方意志将对方排除在计算之外，故在性质上不可让与。（4）从属于主债权的从权利。如保证债权、抵押权、质权、留置权等从权利，附属于主权利，不能独立存在，如与主债权脱离，将丧失其担保性，不得单独让与。（5）依照法律规定不得转让的债权，如物权法第164条规定的地役权，该法明确地役权不得单独转让，如违法该条规定将地役权单独让与，则债权让与不得发生效力。

因此，在生效法律文书所确定的债权本身不存在前述情形的前提下，应当认可对生效法律文书确定债权的转让效力。

## 二、债权转让的通知程序

合同法第80条的规定，债权人转让权利的，应当通知债务人。未经通知该转让对债务人不发生效力。债权人转让权利的通知不得撤销，但经受让人同意的除外。这一规定要求债权人及时将权利转让的事实通知债务人，是为了避免因债务人对债权转让因不知情而遭受损失。至于通知采取何种形式，法律法规没有具体规定。

对于普通债权而言，债权转让人通知债务人，该转让即对债务人有效，如法院认为，债权受让人在以自己名义向法院申请执行时，已提交其承受权利的证明文件，且该证据足以证明债权转让的事实真实存在，则具有申请执行的资格。对于债权转让合同效力的争议，债权转让人提交其于2016年8月9日通过中国邮政EMS向债务人发出债权转让通知的回单，证明其已履行通知了义务。① 特别的，《最高人民法院关于审理涉及金融资产管理公司收购、管理、处置国有银行不良贷款形成的资产的案件适用法律若干问题的规定》第6条的规定，金融资产管理公司受让国有银行债权后，原债权银行在全国或者省级有影响的报纸上发布债权转让公告或通知的，人民法院可以认定债权人履行了合同法第80条第1款规定的通知义务。如北京市第二中级人民法院审理案件中认为，债权转让人与受让人在进入执行程序之前已签订债权转让协议书，并在公证机关的公证下向债务人发出并张贴了债权转让通知书。债权受让人在提交了债权转让协议书及公证书，证明其系本案据以执行的生效法律文书权利承受人的情形下，向法院申请执行符合司法解释的规定。②

## 三、执行中债权转让协议的审查

司法实务观点可知，执行程序中并不解决当事人间的争议，也即仅作形

---

① 参见江苏省泰州市海陵区人民法院（2016）苏1202执异60号执行裁定书。

② 参见北京市第二中级人民法院（2017）京02执异1161号执行裁定书。

式审查，并不对实体问题进行审查。如最高人民法院认为：权利人应为生效法律文书所确定，而权利承受人应当包含通过债权转让的方式从权利人处取得债权的人。据此，生效法律文书确定的权利人的权利承受人，提交承受权利的证明文件，可以直接申请执行。进入执行程序后，权利承受人申请变更其为申请执行人的，法律并无明确规定。一般来说，应由权利承受人提交承受权利的证明文件，执行法院对该证明文件作形式审查后，可以裁定变更申请执行人。①

关于债权审查的争议，应当另行起诉解决。指导案例34号明确：关于债权转让合同效力争议问题，原则上应当通过另行提起诉讼解决，执行程序不是审查判断和解决该问题的适当程序。在受让人向债务人主张债权的诉讼中，债务人提出不良债权转让合同无效抗辩的，人民法院应告知其向同一人民法院另行提起不良债权转让合同无效的诉讼；债务人不另行起诉的，人民法院对其抗辩不予支持。②

需要注意的是在前述指导性案例中，对债权转让效力提出异议的是被执行人，而另一案件中最高人民法院认为：生效判决确定的权利人已依照生效判决申请强制执行，岳融公司持与井成华签订的债权转让协议书申请替代井成华变更该公司为申请执行人，该争议涉及双方实体权利义务，且未经生效法律文书确定，在执行程序中不宜审查认定。在此情况下，岳融公司仅提交尚有争议的债权转让协议书，不足以证明其系生效法律文书确定的权利人的权利承受人，执行法院不能直接依据双方存在争议的债权转让协议书，否定原申请执行人井成华的主体资格，变更岳融公司为申请执行人。岳融公司主张已受让债权的，可以通过诉讼等途径进行救济。③

综上可知，实务中当事人间对于债权转让协议的效力发生的争议，法院在执行程序中不作处理，由争议当事人另诉解决。

## 法律建议

1. 对债权可转让性的调查

作为债权受让人，在接受转让债权之前应当对转让的债权进行充分的调查，包括对债权可转让性的考察，因为债权转让的前提是合法的，我国法律明确规定了不可转让的债权的情形，所以受让人应当充分把握法律对债权转

① 参见最高人民法院（2016）执复48号复议裁定书。
② 参见最高人民法院（2012）执复字第26号复议裁定书。
③ 参见最高人民法院（2016）执复26号复议裁定书。

让的限制，以防出现债权转让无效的后果。

2. 通知义务的履行

债权通知义务的履行是债权转让对债务人产生效力的条件，在没有通知债务人的情形下，债权受让人无权向债务人直接主张权利。尤其是在债务人未履行债务时的强制执行中，未履行通知义务，债权受让人无论直接以自己名义申请执行还是以在执行立案后申请变更为申请执行人，都可能会因债务人的异议而无法参与。

3. 注意区分立案执行后受让人参与执行的程序

对于原债权人执行立案后，转让债权的，债权受让人是否有权申请裁定变更申请执行人？《最高人民法院关于民事执行中变更、追加当事人若干问题的规定》第 1 条规定："执行过程中，申请执行人或其继承人、权利承受人可以向人民法院申请变更、追加当事人。申请符合法定条件的，人民法院应予支持。"第 9 条规定："申请执行人将生效法律文书确定的债权依法转让给第三人，且书面认可第三人取得该债权，该第三人申请变更、追加其为申请执行人的，人民法院应予支持。"根据前述规定，其适用的诉讼阶段"执行过程中"，也即执行立案之后。债权受让人可以申请变更自己为申请执行人。

4. 债权转让人申请执行义务的约定

尽管司法实务中多数法院基于对法律的解释与个案指导支持债权受让人直接申请执行，但是关于该问题仍属于没有法律的明文规定，故不排除有法院不支持债权人受让人直接申请执行的可能，也即法院可能主张由生效法律文书确认的权利人先申请执行，之后以裁定变更申请执行人。此情况下，债权受让人可在债权转让中约定原债权人的申请执行义务，以应对不同地方法院执行的特别要求。

# 追加出资不实股东作为被执行人的举证责任

## 问题的提出

公司资本是公司维持经营、抵御风险的基本条件，在对外交易中，是交易方根据市场形势判断公司经营实力与自身风险的标准，所以股东负有全面履行出资以及确保公司资本维持的义务。股东出资不实，势必使得公司资本处于不确定和不充实状态，进而危害公司债权人的利益，这种情形下应当对债权人权益进行充分保护，尤其是在实践的执行阶段，是关乎债权人债权能否最终得到实现的关键阶段。如在执行中，债权人依据自身合法权益申请执行作为公司的债务人财产，但是发现实际没有财产或者财产根本不足以清偿债务，而于此同时发现公司股东却存在出资不实情况。此时，为保障债权人权益，法律允许在公司财产不足以清偿债务时，可以申请追加该出资不实的股东一同作为被执行人，在出资不实范围内对公司债务承担责任。

所以，本文主要探讨的问题是，执行阶段申请将出资不实的股东为被执行人的前提条件是什么？申请追加的过程中涉及举证责任关键问题：谁承担举证责任？证明的内容是什么，以及证明的标准又是什么？

## 问题解析

### 一、法律法规解读

作为公司的股东，独立于公司，对公司的债务本不应当承担责任，但是我国相关法律的规定，公司股东未出资或未足额出资，抽逃出资的，实际是对公司财产权利的侵害，有损公司、其他股东以及债权人的利益的行为。所以在执行阶段在公司财产不足以清偿公司债务时，债权人是否有权申请追加未履行出资义务的股东作为被执行人承担责任对债权实现极为关键。追加出资不实股东作为被执行人的最直接的法律依据是《最高人民法院关于人民法院执行工作若干问题的规定（试行)》（以下简称《执行规定》）第80条[①]与《最高人民法院关于民事执行中变更、追加当事人若干问题的规定》（以下简称《执行变更、追加规定》）第17至19条。[②] 以执行变更、追加规定第18条追加抽逃出资股东为例，直观地通过文义可以看出，申请追加的前提条件是“作为被执行人的企业法人，财产不足以清偿生效法律文书确定的债务”，同时，被追加的对象必须是“抽逃出资的股东、出资人”，也即隐含的条件是被执行人的股东或者出资人须符合“抽逃出资”。因此，从条文直观可知，申请追加公司股东的前提条件是公司财产不足以清偿债务且公司股东存在抽逃出资的事实。这些规定为执行中使出资不实股东承担责任提供了最为直接的依据，对债权人债权实现极具实操意义。

但是应当注意的是，这些关于执行程序的法律解释还存在模糊之处，同时也导致实践中债权人申请变更或者追加时产生诸多争议。首先，上述执行规定中并没有明确举证责任的承担问题，如股东抽逃出资的情形，虽然规定了前提是满足公司债务与股东出资两方面条件，但是对此条件的证明应当由谁证明无从得知，同时证明的标准又是怎样的也未可知，也即举证责任规定不明确。

## 二、司法实践的观点

司法实践中，法院对申请追加出资不实股东为执行人的裁决中，实际上

---

① 《最高人民法院关于人民法院执行工作若干问题的规定（试行)》第80条规定：“被执行人无财产清偿债务，如果其开办单位对其开办时投入的注册资金不实或抽逃注册资金，可以裁定变更或追加其开办单位为被执行人，在注册资金不实或抽逃注册资金的范围内，对申请执行人承担责任。”

② 《最高人民法院关于民事执行中执行变更、追加规定若干问题的规定》第17条：“作为被执行人的企业法人，财产不足以清偿生效法律文书确定的债务，申请执行人申请变更、追加未缴纳或未足额缴纳出资的股东、出资人或依公司法规定对该出资承担连带责任的发起人为被执行人，在尚未缴纳出资的范围内依法承担责任的，人民法院应予支持。”

第18条：“作为被执行人的企业法人，财产不足以清偿生效法律文书确定的债务，申请执行人申请变更、追加抽逃出资的股东、出资人为被执行人，在抽逃出资的范围内承担责任的，人民法院应予支持。”

第19条：“作为被执行人的公司，财产不足以清偿生效法律文书确定的债务，其股东未依法履行出资义务即转让股权，申请执行人申请变更、追加该原股东或依公司法规定对该出资承担连带责任的发起人为被执行人，在未依法出资的范围内承担责任的，人民法院应予支持。”

很少明确确定当事人间举证责任的承担，在法院没有明确表述的情况下，我们可从案件过程与法院裁决中分析总结其观点，为执行程序中更好地保障债权人利益提供实践经验。

实践中，对于变更、追加出资不实股东的申请有两种结果，我们通过大量案例的比较、分析，对法院举证责任分配的观点作如下总结：一方面，在检索到的支持申请执行人请求的案件中，① 法院虽然未明确认定股东出资不实是基于申请人提供的证据，但事实认定均基于申请人提供的证据，相反，在这些判决中或者没有股东提供证据表述，或者股东举证，法院也未对举证责任进行表述，这实际上也反映出法院对申请执行人举证的偏重。如在上海市第一中级人民法院作出的上海某电力器材有限公司与上海某电力科技有限公司其他执行裁定书中，法院基于申请人提供的被执行公司登记资料、相关的行政处罚决定等证据材料，确定了足以认定公司股东抽逃出资的事实，进而支持申请人的追加请求。② 另一方面，法院在驳回申请人的追加申请时，多以申请人未提供证据或证据不足以证明股东出资不实为由。其中较为典型的是上海市宝山区人民法院作出的执行裁定书，在裁决中明确表示，“申请执行人申请追加出资不实股东为被执行人应当提供证据”，也即申请执行人证据不足以证明其主张的事实时，将承担不利后果，并驳回其申请。所以，执行中申请执行人实际上承担了举证责任。驳回申请的相关典型实例如表 1－5 所示：

**表 1－5　驳回追加申请典型案例梳理表**

| 审理法院 | 案号 | 驳回追加申请的理由 |
| --- | --- | --- |
| 上海市第二中级人民法院执行裁定书 | （2016）沪 02 执异 32 号 | 本案中，申请执行人仅凭距该公司成立不足一个月时间的资产负债表为据证明发起人股东何志新、王妙法存在出资不实或抽逃资金行为，无其他证据材料进一步予以佐证，故本院难以支持。 |

① 参见上海市宝山区人民法院（2017）沪 0113 执异 174 号执行裁定书；上海市浦东新区人民法院（2017）沪 0115 执异 389 号执行裁定书；无锡市中级人民法院（2017）苏 02 执异 104 号执行裁定书。

② 参见上海市第一中级人民法院（2017）沪 01 执异 15 号执行裁定书。

（续表）

| 审理法院 | 案号 | 驳回追加申请的理由 |
| --- | --- | --- |
| 上海市宝山区人民法院执行裁定书 | （2017）沪 0113 执异 70 号 | 根据有关法律规定，当事人对自己提出的请求所依据的事实或者反驳对方请求所依据的事实有责任提供证据加以证明，没有证据或者证据不足以证明当事人的事实主张的，由负有举证责任的当事人承担不利后果。因此申请执行人认为第三人存在抽逃出资的行为依据不足，对此难以支持。 |
| 上海市松江区人民法院执行裁定书 | （2015）松执异字第 122 号 | 本案中，因被执行人系于 2014 年 11 月 24 日成立，该公司章程规定股东出资额自公司成立之日后 20 年内缴足。申请执行人未能提供相关证据证实本案第三人未按期出资，故在执行程序中请求追加第三人汤林燕、干莹宵为被执行人的申请，不予支持。 |
| 天津市南开区人民法院执行裁定书 | （2017）津 0104 执异 25 号 | 申请执行人申请追加被执行人，应当向人民法院提交相关证据材料。本案中，申请执行人赵国华、赵浩然认为第三人六建公司作为被执行人新城市公司的股东之一存在抽逃出资的情形，但在本院审查过程中并未提交任何证据加以证实。故申请执行人赵国华、赵浩然提出的追加请求，无法支持。 |
| 上海市闵行区人民法院执行裁定书 | （2018）沪 0112 执异 11 号 | 以上事实，由申请执行人提交的联沛公司股东会决议、章程修正案、验资报告，本院调取的（2017）沪 0112 民初 8000 号民事调解书、（2017）沪 0112 执 5831 号执行裁定书以及听证笔录等证据予以证实。<br>该行为是抽逃出资还是公司的正常生产经营行为，根据现有证据难以判断。申请执行人提供的证据不足以证明二人系抽逃资金，不宜追加为被执行人。 |

## 三、举证责任的分配

股东基于各种目的会采取各种方式规避其出资义务，如抽逃出资的行为往往具有隐蔽性，因此证明股东是否出资不实就成为执行中保障债权人权益的关键，实践中债权人在主张权益保护时往往因举证上的困难而无法追究其法律责任。所以，如何分配举证责任、证明的内容以及证明标准都成为现实纠纷难以把握的法律问题

### （一）申请执行人承担举证责任

根据我国举证责任的一般规定，[①] 当事人对自己提出的主张，有责任提供证据，也即“谁主张谁举证”责任规则。同时《最高人民法院关于适用〈中华人民共和国民事诉讼法〉的解释》（以下简称《民诉法解释》）第 90 条进一步规定，[②] 当事人对自己主张的事实应当提供证据，未提供证据或者证据不足时，举证责任人承担不利后果。

而如前所述，执行中申请追加出资不实的股东为被执行人的相关规定中也未明确举证责任的规则，由于法律规范的不清晰，举证责任的分配必然存在争议。所以通过我们对司法实践的研究，从各个执行裁决对追加股东作为执行人的说理中可以得到初步的结论，法院多倾向于采取“谁主张谁举证”的一般责任规则，也即申请执行人申请追加出资不实股东为被执行人，应当提供相关证据材料，否则需承担举证责任的不利后果，得到申请被驳回的裁决。

### （二）股东承担举证责任

虽然依照我国一般举证责任的规则与司法实务体现的观点看，申请执行人应当承担举证责任，但是笔者以为股东承担举证责任似更合理。

首先，举证责任的分配应当充分考虑当事人的举证能力。根据《最高人民法院关于民事诉讼证据的若干规定》（2008 调整）第 7 条的规定，在法律没有具体规定，无法确定举证责任承担时，可以根据公平原则和诚实信用原则，综合当事人举证能力等因素确定举证责任的承担。如前文所述，追加出

---

① 民事诉讼法第 64 条：“当事人对自己提出的主张，有责任提供证据。”

② 《最高人民法院关于适用〈中华人民共和国民事诉讼法〉的解释》第 90 条：“当事人对自己提出的诉讼请求所依据的事实或者反驳对方诉讼请求所依据的事实，应当提供证据加以证明，但法律另有规定的除外。在作出判决前，当事人未能提供证据或者证据不足以证明其事实主张的，由负有举证证明责任的当事人承担不利的后果。”

资不实的股东作为执行人的举证责任在法律与司法解释上都规定不明，举证责任主体不明，此时应当依据公平原则与诚实信用原则，综合当事人的举证能力确定举证责任的主体。例如股东抽逃出资的行为，多是以合法的外表隐藏其抽逃资本的实质，而其主要证据材料如公司的业务往来会计账目、银行账号流水、公司章程等均保存于公司内部或者股东处，导致申请执行人获取争取材料的不易。显然，相对于公司外部的债权人，处于公司内部的股东更容易利用公司的相关材料证明自己的真实出资，仅适用一般的责任分配规则，对举证能力较弱的申请执行人而言显失公平。

其次，股东承担举证责任与公司法的体系更契合。根据《最高人民法院适用〈中华人民共和国公司法〉的若干问题的规定（三）》［以下简称《公司法司法解释（三）》］第20条的规定："当事人之间对是否已经履行出资义务发生争议时，原告提供对股东履行出资义务产生合理怀疑证据时的，被告股东应当就其履行出资义务承担举证责任。"该条表明，当事人之间发生的出资争议，原告仅需提供产生合理怀疑的证据即可，而被诉股东需对承担了出资义务承担举证责任。虽然从该条规定来看，并不能得出其适用执行中追加股东为被执行人时的举证规则，但是笔者以为，无论审判阶段还是执行阶段，均属于对出资股东是否真实出资的争议，那么影响当事人举证的要素是相同的，举证责任的分配也应当相同。

另一角度看，在债权人申请追加一人有限公司的股东作为被执行人时，《执行变更、追加规定》第20条①表明，股东应当证明公司财产独立于自己的财产，否则承担举证不利的后果。所以，同样是关于股东侵害公司财产权利的举证责任，认为出资不实的股东对完成出资义务承担举证责任更契合法律规定。

## 四、举证责任的证明内容

根据《执行变更、追加规定》的相关规定，当事人在申请变更、追加出资不实股东为被执行人的前提条件一是被执行公司财产不足以清偿债务；二是被变更或者追加的股东存在出资不实的事实。因此，申请执行人申请追加出资不实股东为被执行人需要证明的内容为被执行人财产的不足清偿债务以及被执行人的股东存在出资不实的情形。

---

① 《最高人民法院关于民事执行中执行变更、追加规定若干问题的规定》第20条："作为被执行人的一人有限责任公司，财产不足以清偿生效法律文书确定的债务，股东不能证明公司财产独立于自己的财产，申请执行人申请变更、追加该股东为被执行人，对公司债务承担连带责任的，人民法院应予支持。"

被执行公司财产不足以清偿债务是追加股东的前提，股东对公司承担的责任是补充责任，在未充分执行公司财产前，不可能直接让股东承担责任。实务中，在执行中法院通常会将执行的情况告知申请执行人，尤其是在被执行人没有财产可供执行时，法院通常会因无财产可供执行而出具终结本次执行的裁定。因此，申请执行人需要证明被执行人没有财产可供执行实际上并不难，只需将终结裁定作为证据即可完成这一条件的证明。

股东出资不实事实的证明是举证责任的关键。以申请追加抽逃出资的股东为被执行人为例，债权人申请追加该股东为被执行人时，须提交能够证明股东抽逃出资的证据，如将款项转入公司账户验资后又无故转出的，债权人提供公司资产账户流水以证明股东行为导致公司资产的减损。又如提供股东与其控制的公司之间的不正常交易价格或者明显损害公司权益的交易条款等，以证明股东以关联交易方式抽逃出资。总而言之，申请执行人申请追加出资不实股东为被执行人前，须就该主张提供证据。

## 五、举证责任的证明标准

证明的标准主要是指对主张的事实需要达到的证明程度。在《公司法司法解释（三）》第20条的规定①中，债权人主张股东出资不实时，其必须提供初步的证据，这种初步的证据应当达到使法官对被告股东的行为产生合理怀疑的程度，如此才算是完成了举证责任。之后的举证责任则应当由股东承担，由股东提供证据证明已完成出资义务，而一旦该股东无法提供证据，或者所提供证据不足以排除合理怀疑时，应当承担举证不利的法律后果。有观点认为在举证责任分配上，虽然原则上应当由债权人举证，但不宜过于严苛，只要其能举出使人对抽逃出资的行为产生合理怀疑的初步证据或有关线索即可，此时，则可要求股东提供相关证据，以证明其出资义务的完成。如当事人可以申请法院调查该公司开户银行的转账记录、土地、房产、车辆、专利等资产权利证书过户登记记录，证明前述资产过户给公司，之后又由公司过户给第三人的事实证明。

实务中主张追加股东为被执行人的举证责任应当由申请执行人承担，但

① 《最高人民法院关于适用〈中华人民共和国公司法〉的若干问题的规定（三）》第20条：“当事人之间对是否已履行出资义务发生争议，原告提供对股东履行出资义务产生合理怀疑证据的，被告股东应当就其已履行出资义务承担举证责任。”

是即便明确了双方的举证责任，在证明标准的认定上也应有所不同。如下案例[①]：

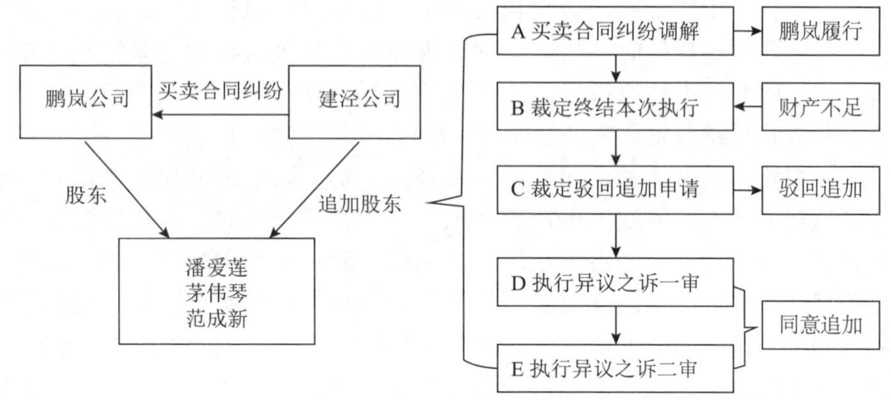


**图 1－2　示例案例案情概要图**

如图 1－2 所示，该案中，债权人建泾公司在鹏岚公司财产不足以承担债务时向法院申请追加三位抽逃出资的股东为被执行人，申请中双方争议的焦点是作为案外人的股东是否抽逃出资。接受申请的法院认为申请执行人未能证明抽逃出资而驳回申请，后续经过执行异议阶段上级法院的审理，同意追加。而执行法院与审理异议的上级法院的认定结果不同的主要原因在于法院对股东出资不实的证明标准认定不同，审理执行异议之诉的法院都认为，对于申请执行人，其对证据的证明程度只需要提供能够引起对股东抽逃出资怀疑的初步证据与线索即可，相反，股东对其不存在抽逃出资的证明中，因为未能达到排除合理怀疑的程度，而认定抽逃出资，最终作出同意申请执行人追加被执行人股东的申请的判决。由此可见，证明标准的不同可能直接影响到追加申请的成功与否，基于我们对实务的考察，如前案中的不同法院之间的认定不同一般，法院对申请执行人的证明标准要求存在差异，有些认为引起合理怀疑即可发生举证责任移转，有些要求达到排除合理怀疑方可认定出资不实，等等。

---

① 参见上海市松江区人民法院（2017）沪 0117 民初 4745 号民事判决书；上海市松江区人民法院（2017）沪 0117 执异 10 号执行裁定书；上海市第一中级人民法院（2017）沪 01 民终 12505 号民事判决书。

## 法律建议

尽管法律规定不明，理论与司法实践也存在差异，但是作为申请执行人，为了保障自身权益，能够在执行程序中成功追加股东作为被执行人，应当在法律规定的基础上重点关注司法实践呈现出的观点，尤其是对申请执行人举证责任的要求。因此，通过研究，申请执行人在申请追加过程中应当注意以下方面：

1. 举证方面

被执行人财产不足以清偿债务是申请执行人申请追加的前提条件，作为执行追加的申请人，必须能够充分证明被执行人（公司）的财产不足以清偿债权人的债务。应当注意的是，在我们对实务案例的研究中，当申请执行人在案件处于执行程序中申请追加股东为被执行人，往往难以得到支持，因为法院认为执行程序中财产是否足够清偿债务并不确定，此时不符合追加条件。因此对执行中的被执行人财产是否足够清偿债务较难证明，在法院没有出具财产不足清偿债务裁定等证明时，为了追加股东所需，获取执行情况说明等能够表明公司财产不足的文件尤为重要。因此，申请执行人在案件执行过程中，要时刻关注被执行人的财产执行状况，同时与法院保持密切联系，一旦法院执行过程中发现被执行公司财产不足，及时获取法院关于财产不足的情况说明或者法院出具基于无财产可供执行而终结本次执行的裁定书等能够证明被执行人无其他财产可供执行的证据，为后续申请追加执行人提供诸如官方文件等证明力高的证据。

关于被执行人的股东出资不实的举证，根据对相关案例的考察，申请执行人必须提供股东出资不实的证据。但是，应当注意的是，对证据证明程度的要求各个法院还存在差异。对于要求申请执行人就所主张事实提供充分证明的法院而言，申请执行人在申请追加时一定要竭尽所能获取所有相关的证据，以达到对待证事实的充分证明。如在前述案例中①，法院之所以认定被执行人股东抽逃出资，因为申请执行人不仅提供了被执行公司登记资料，更关键的是提供了行政部门对该公司股东抽逃出资进行的相关行政处罚决定等证据材料，这些证据使法院确定了足以认定该公司股东抽逃出资的事实，申请人完成了举证责任。另一方面，也应有所注意，也有法院对申请人提供的证据的证明标准要求并不严苛，甚至采取举证责任倒置的规则认定证据与事实，

---

① 上海市第一中级人民法院（2017）沪01执异15号执行裁定书。

也即申请执行人有证据证明股东可能存在出资不实的情形的，举证责任即发生转移，由相关股东承担证明足额出资的责任。如果其举证不能，即应认定出资不实。此时，申请执行人的举证责任相对较轻。如为证明股东虚假出资，申请执行人需要提供初步证据可以包括：股东出资的银行凭证或者出资凭证为虚假、验资报告虚假、企业账户转账存在异常有抽逃出资嫌疑，公司账簿虚假，以及关联交易有侵害公司权益的可能等能够引起股东出资不实的证据即可。

总之，申请执行人在申请追加出资不实股东为被执行人时必须满足法定要求的条件，根据笔者研究，在申请追加出资不实股东作为被执行人时，不提供证据或者证据根本不能引起合理的怀疑时，申请一定会被驳回，而提供了引起合理怀疑的证据，也可能因法院对证明标准的要求更高而存在被驳回申请的可能。所以在对法定条件进行举证过程中，尽管不同法院可能采取不同证明标准，但是在举证时都需要提供证据，且最好提供充分的证据。

2. 程序方面

对股东的追加申请被驳回，可依照法律规定提起救济。参照民事诉讼法第227条的规定，执行过程中，案外人对执行标的提出书面异议的，人民法院应当自收到书面异议之日起十五天内审查，理由成立的裁定中止对该标的执行；理由不成立的，裁定驳回。同时《变更、追加规定》第32条也规定，在申请人对执行法院作出的变更、追加裁定或驳回申请裁定不服的，有权向执行法院提起执行异议之诉。综上可知，在申请执行人的申请被驳回后，申请执行人可以通过提起异议之诉来救济权利。①

3. 实体方面

如前所述，申请执行人在举证上实际上存在诸多不利，申请执行人作为被执行公司的债权人，对公司材料的掌握以及相关证据的掌握显然不如股东，且事实上公司的诸多材料很难获取，在对股东出资不实的举证上，执行程序中对债权人这方面的举证责任要求过于严苛，因此，在实难取证情况下，不妨采取“曲线救国”的策略，维护执行中举证上处于劣势的债权人。

在股东出资不实而损害债权为被执行人利益时，为了避免申请执行人在执行程序中的举证责任带来的劣势，可以“股东损害公司债权人利益”为由另诉，因为根据《公司法司法解释（三）》第20条的规定，“当事人之间对是否已经履行出资义务发生争议时，原告提供对股东履行出资义务产生合理

① 参见江苏省东台市人民法院（2016）苏0981民初6936号民事判决书；江苏盐城市中级人民法院（2017）苏09民终3501号民事判决书。

怀疑证据时的，被告股东应当就其履行出资义务承担举证责任”，也即在这种股东侵害公司权益的诉讼中，股东承担履行出资义务的举证责任，显然，同属于对股东出资不实的证明，此时对申请执行人的证据证明标准要求较低。如果在该诉中能够获取法院确认股东出资不实的结果，则可作为后续申请追加股东的证据，其中上海市第一中级人民法院在其执行裁定书①中就明确将上海市浦东新区人民法院作出的判决②作为证据，认定股东出资不实的事实。但是，应当注意的是，这种方式存在的缺陷是另诉本身需要更多的成本。

① 参见上海市第一中级人民法院（2014）沪一中执复议字第39号执行裁定书。

② 参见上海市浦东新区人民法院（2014）浦民二（商）初字第2057号民事判决书。

# 二、执行财产与执行标的

## 如何执行债务人对第三人到期债权

### 问题的提出

执行中，常有被执行人财产不足以清偿债务，申请执行人债权难以获得清偿的情况，但被执行人对第三人享有债权，申请执行人如何实现自身债权？在执行实践中，当被执行人因为各种原因无法履行债务时，执行被执行人到期债权，无疑是实现申请执行人权益的一个重要手段。但是在执行第三人到期债权的司法程序中，申请执行人如何申请执行第三人到期债权，本文将结合法律规定与司法实务进行探究。

### 问题解析

#### 一、执行第三人到期债权的主要法律依据

我国合同法第 73 条规定了债权人的代位权，也即因债务人怠于行使其到期债权，对债权人造成损害的，债权人可以向人民法院请求以自己的名义代位行使债务人的债权，但该债权专属于债务人自身的除外。同时，明确代位权的行使范围以债权人的债权为限。因此，该条所设立的代位权制度是债权人主张实体权利的请求权基础，同时也是申请执行人在执行中请求法院执行债务人对第三人到期债权的法理依据。

第三人到期债权执行，是指被执行人不能清偿债务，但对案外的第三人享有到期债权的，人民法院可以依申请执行人或被执行人的申请，向第三人发出履行到期债务的通知，第三人在履行通知指定的期限内没有提出异议，而又不履行的，执行法院有权裁定对其强制执行。我国有对第三人到期债权执行的法律依据，首先是《最高人民法院关于适用〈中华人民共和国民事诉

讼法〉的解释》（以下简称《民诉法解释》）第 501 条，该条规定："人民法院执行被执行人对他人的到期债权，可以作出冻结债权的裁定，并通知该他人向申请执行人履行。该他人对到期债权有异议，申请执行人请求对异议部分强制执行的，人民法院不予支持。利害关系人对到期债权有异议的，人民法院应当按照民事诉讼法第二百二十七条规定处理。对生效法律文书确定的到期债权，该他人予以否认的，人民法院不予支持。"据此，执行过程中，法院依申请执行人或被执行人的申请，可以向第三人发出冻结债权裁定及履行到期债务的通知，第三人在收到通知后一定期限内享有异议权，法院再依据具体情形裁定是否予以执行该第三人债权。

《最高人民法院关于人民法院执行工作若干问题的规定（试行）》（以下简称《执行规定》）第 61 至 69 条规定了包括法院执行的通知、第三人的异议以及异议的审查等相关制度进行规定，使法院在执行第三人到期债权的实践程序更明确。

## 二、执行第三人到期债权的法律要件

如前所述，执行被执行人到期债权的理论基础是债的代位权，因此，执行到期债权的条件首先应以债权代位权成立条件为基础，包括：（1）债权人对债务人的债权合法、确定，且必须已届清偿期；（2）债务人怠于行使其到期债权；（3）债务人怠于行使权利的行为已经对债权人造成损害；（4）债权人的债权不是专属于债务人自身的债权；（5）代位权的行使范围应以保全债权的必要为标准。最高人民法院在"无锡市贤顺贸易有限公司与李志军申请承认与执行法院判决、仲裁裁决案件执行裁定书"中明确："对于被执行人到期债权的执行，必须符合三项要件：一是第三人向被执行人负有金钱债务。二是该债务已届履行期限。三是第三人对该债务并未提出异议。"①

具体而言，首先，被执行的债权作为被执行人的一般责任财产用于清偿其债务，因此"申请执行人对被执行人享有债权"系第三人采取执行措施的前提，同时基于我国当前实践，债务人对第三人的债权仅指金钱债权。其次，执行被执行人对第三人的债权仅限于到期债权。② 最后，根据《执行规定》第 63 条规定，第三人在履行通知指定的期间内提出异议的，人民法院不得对第三人强制执行，对提出的异议不进行审查。也即对第三人申请执行，前提是第三人对债务并未提出异议，说明第三人对所欠债务认可，或者第三人与

---

① 最高人民法院（2016）最高法执监 25 号执行裁定书。

② 参见杜万华、胡云腾主编：《最高人民法院民事诉讼法司法解释逐条适用解析》，法律出版社 2015 年版。

被执行人之间的债权债务关系清楚。一旦第三人提出异议，则不得对第三人强制执行，这是现行法律对限缩执行裁量权的制度要求。由此，人民法院在对被执行人到期债权的执行过程中，第三人提出的异议具有排除执行的效力。

关于法院对第三人异议的审查，实践中严格限制执行法院的审查范围，如《最高人民法院关于认真贯彻实施民事诉讼法及相关司法解释有关规定的通知》（法〔2017〕369 号）强调，“在执行程序中适用《民诉法解释》第五百零一条时，应当严格遵守法定条件与程序，兼顾相关各方主体的权利保护。在对到期债权的执行中，应当依法保护次债务人的利益，对于次债务人在法定期限内提出异议的，除到期债权系经生效法律文书确定的外，人民法院对提出的异议不予审查，即应停止对次债务人的执行”。如浙江省高级人民法院在“七台河万博置业房地产开发有限公司与嵊州市佳杰投资管理有限公司案外人执行异议之诉执行裁定书”中明确，在第三人提出异议后，人民法院不需要对该到期债权进行实质性的审查与判断，而应停止对该债权的强制执行。申请执行人可针对该第三人的异议，另行提起代位权诉讼，请求第三人对其进行支付。[①] 因此，司法实践的观点表明，对于第三人提起的异议，无论异议是否成立，执行法院均不应进行实质审查，应释明申请执行人提起代位权诉讼予以救济，而不得予以强制执行。

应当注意的是，对于第三人异议阻却强制执行，司法解释并未赋予其绝对效力，因为根据《民诉法解释》第 501 条第 2 款的规定，“对生效法律文书确定的到期债权，该他人予以否认的，人民法院不予支持”，以及《执行规定》第 64 条的规定，“第三人提出自己无履行能力或其与申请执行人无直接法律关系，不属于本规定所指的异议。第三人对债务部分承认、部分有异议的，可以对其承认的部分强制执行”。显然，在第三人只是提出自己无履行能力或其与申请执行人无直接法律关系，或者是对生效法律文书确定的到期债权的否认，法院不予支持，仍继续执行。

综上所述，法院对第三人异议不进行审查的制度是对审执分离的贯彻，也是对第三人权益的保障，但这种不审查制度也存在一些弊端，因为实践中第三人一般都会提出异议，一旦第三人有异议，人民法院便不予执行，造成了申请执行人的权利保护处于失衡的状态，也使得对第三人到期债权的执行制度失去价值，有违该制度设立的初衷。为此，人民法院对于第三人异议的审查权限问题有待司法部门进一步解决。

---

① 浙江省高级人民法院（2015）浙执异终字第 16 号执行裁定书。

## 一、第三人在诉讼保全阶段未提出异议的处理

《执行规定》明确在执行阶段，人民法院对第三人采取强制措施前，应当首先发出履行到期债务通知书，并告知第三人享有15天的异议权，如未提出异议，则视为放弃该权，法院可作出执行裁定。但存在疑问的是诉讼保全阶段，第三人未就保全措施提出异议，是否对后续执行阶段异议权的行使产生影响？

司法实践中，法院强调对第三人在执行阶段异议权的保护，即便第三人在保全阶段未就到期债权保全裁定提起复议，执行法院不得直接裁定第三人履行。如最高人民法院在对辽宁省高级人民法院的《关于到期债权执行中第三人超过法定期限提出异议等问题如何处理的请示的答复》（〔2005〕执他字第19号）中曾表示，第三人在诉讼保全阶段未在法定期限内提出异议的，并不发生承认债务存在的实体法效力。第三人在法院开始强制执行后仍有异议的，应当得到司法救济。因为“第三人未对法院作出的保全被执行人对其享有的到期债权裁定提起复议，因而在执行阶段对第三人不发出履行到期债务通知告知其异议权利的，实际上就是变相剥夺了第三人的异议权利，该行为明显程序违法。第三人在收到履行到期债务通知书后，未在法定期限内提出异议，并不发生承认债务存在的实体法效力”①。

## 二、对第三人未到期债权的执行

在平衡保护债权人与第三人的利益下，根据现有法律与司法实践，对第三人的债权仅限于已届清偿期的债权，而对于第三人未到期的债权，为防止第三人与被执行人串通的风险，对申请执行人不利，理应允许申请执行人采取保障措施。《最高人民法院关于依法制裁规避执行行为的若干意见》第13条规定：“依法保全被执行人的未到期债权。对被执行人的未到期债权，执行法院可以依法冻结，待债权到期后参照到期债权予以执行。第三人仅以该债务未到期为由提出异议的，不影响该债权的保全。”可见，对被执行人未到期债权，法院可向其债务人发出协助执行通知书予以冻结，并责令其债务人不得向被执行人清偿。该债权到期后，执行法院按执行到期债权程序办理。

---

① 最高人民法院（2015）执复字第15号执行裁定书。

## 法律建议

1. 申请执行人首先应重点调查被执行人财产状况，及时向法院提供被执行人可供执行的财产线索，便于法院及时对被执行人财产采取执行措施。尤其是在被执行人财产不足以清偿其债务时，应重点调查被执行人是否有对第三人享有到期债权的财产线索，如对被执行人公司业务状况、银行交易流水、合作伙伴、家庭背景和相关人员做一些调查，从而获取相关财产线索。

2. 基于对生效法律文书确定的到期债权，第三人予以否认的，人民法院不予支持。因此，对于已经通过法院生效判决、裁定确认的到期债权，可以通过中国裁判文书网、人民法院公告网、中国执行信息公开网、相关法院官方网站等渠道获取有关被执行人的相关裁判文书确认的债权信息，并提供给法院作为相关执行依据。

3. 申请执行人应当认识的是，对于第三人有异议的到期债权，法院一般不会执行。此时申请执行人可以及时提起代位权诉讼先确认债权，然后申请法院强制执行，保障其权益通过执行对第三人债权得到保障。

4. 为了保障债权人实现权利，申请执行人可以在诉讼阶段向法院申请保全债务人对第三人的到期债权，《民诉法解释》第159条明确规定，债务人的财产不能满足保全请求，但对他人有到期债权的，人民法院可以依债权人的申请裁定该他人不得对本案债务人清偿。申请执行人应当尽早对被执行人的债权情况进行调查，并及时向法院申请对该债权的保全。

# 案外人已付大部分房款的房屋能否被执行

## 问题的提出

购房者支付了大部分购房款并实际占有房屋，但产权仍登记在被执行人名下的，该房屋能否被执行？从物权法的角度看，由于我国遵循不动产登记生效要件主义，未经登记，房屋买受人都不取得房屋所有权，在未享有所有权的情况下，买受人似乎并不能被归类为对于不动产享有实体权利，而可以主张执行异议的主体。但事实上，法律规定和司法实践中对此多有突破。本文试就涉及该问题的法律规定进行梳理，并对法院的审查路径进行归纳，希望对于执行申请人遇到类似问题能有所助益。

## 问题解析

### 一、规则的变迁

#### （一）基本规则的确定

物权法出台前，2004 年最高人民法院颁布的《最高人民法院关于人民法院民事执行中查封、扣押、冻结财产的规定》（以下简称《查扣冻规定》）第 17 条规定："被执行人将其所有的需要办理过户登记的财产出卖给第三人，第三人已经支付部分或者全部价款并实际占有该财产的，但尚未办理产权过户登记手续的，人民法院可以查封、扣押、冻结；第三人已经支付全部价款并实际占有，但未办理过户登记手续的，如果第三人对此没有过错，人民法院不得查封、扣押、冻结。"

可见在此类案件的审查过程中，按照上述规定，第三人只要同时符合以下的三个要件，即使未办理产权过户登记手续，人民法院仍不得执行：第一，第三人已经支付全部价款；第二，第三人已经实际占有；第三，未办理过户登记手续的，第三人对此没有过错。上述三个要件在性质上属于权益构成的要件，购房人是否对房屋享有足以排除强制执行的民事权益，如果要件满足，购房人排除执行的权益也就成立了。①

### （二）登记生效要件主义的确立

2007 年物权法颁布，其中第 9 条规定："不动产物权的设立、变更、转让和消灭，经依法登记，发生效力；未经登记，不发生效力，但法律另有规定的除外。"该条文确立了不动产物权变动采登记生效要件主义，未经登记，不发生不动产物权转让、变更的法律效果。同时，2007 年的物权法第 15 条也明确了合同效力与物权效力的区分原则，"当事人之间订立有关设立、变更、转让和消灭不动产物权的合同，除法律另有规定或者合同另有约定外，自合同成立时生效；未办理物权登记的，不影响合同效力"。综合上述两条法律条文，也就是说，即使支付全部价款、实际占有，但未过户的，第三人对不动产仍无法享有物权，只享有对相对人的债权，不动产仍为相对人的财产，相对人因债务纠纷时，对该不动产法院可予查封。由此，《查扣冻规定》与物权法从文义上看，会产生大相径庭的结果。

由于《查扣冻规定》与物权法规定的差异，导致实践中也产生诸多争议，有的认为根据上位法优先原则，应适用物权法；有的认为《查扣冻规定》第 17 条后段仍然有效。上海市高级人民法院的法官观点认为，《查扣冻规定》第 17 条仍然有效，② 主要理由如下：

1.《查扣冻规定》第 17 条适用的语境未变

《查扣冻规定》第 17 条后段，在制定之初时，便产生不少争议。当时，最高人民法院认为，市房地产管理法、土地管理法等已明确规定了不动产登记制度，应坚持不动产物权的设立、移转、变更以登记为准的原则。尽管如此，出于从实际出发，从维护交易秩序和善意一方的利益出发，还是应确认已经支付全部价款并实际占有、无过错的第三人享有相应的民事权利，对抗法院的查封。简而言之，以不动产变动的登记公示为原则，但并不否认一定的未过户特殊情形下，债权人对不动产所享有的一定权利。

可以说，物权法的出台虽然进一步明确了不动产物权变动的登记规则，但物权法的相关规定也只是对之前一贯做法的肯定和制度化固定。也就是说，

---

① 参见上海市高级人民法院（2014）沪高民一（民）终字第 3 号民事判决书。

② 参见张心全、马红：《实际占有但未过户房屋作执行标的物的查封处理》，载中国法院网 2013 年 11 月 25 日。

《查扣冻规定》制定之时的制度语境，与当今的语境也是基本相同，其适用语境仍未发生变化，所具有的人文关怀的司法政策价值，仍具有重要的功能作用和现实意义。

2. 《查扣冻规定》第 17 条能够促进实质正义的实现

任何法律制度的设计，都要考虑各种运作过程中的各种变量，否则仅仅追求形式逻辑上的完美，而放弃实际层面的运行效果，则背离了法律制度维护秩序、促进自由的目的。《查扣冻规定》第 17 条之明确全额付款、实际占有且无过错第三人对抗查封执行的权利，具有重要的现实意义。因为，登记本身难免疏漏或出错，需要对全额付款、实际占有且无过错第三人进行适当保护，实现实质正义。

从全国层面看，虽然我国已建立基本的不动产登记制度，但是在一定程度上还仍存在登记制度较为混乱和不规范的现象，登记的程序和审查制度也尚待改进，并且无论现代登记制度多么独立、完善，仍不能完全避免登记权利内容与实际权利状态不一致的情况发生，故登记中的错漏在所难免。亚里士多德曾经指出，规则的一般性并不是说，每一种个别的情况都能够被预料，或作适当的规定，于是形式上的正义在个别的案例中，就可能丧失。

3. 《查扣冻规定》第 17 条有利于稳定交易秩序和法律关系

现实中，存在不少买房后因各种原因未及时过户的情况，特别是诸如买卖拆迁安置房，往往无法过户，但巨大的市场需求使得交易大量存在，如果在过户前出卖人有被执行案件而使得房屋被查封并强制执行，不利于对第三人合法权益的保护，也不利于交易安全和社会稳定，法院强制执行时，也会遇到巨大阻力。一般来讲，第三人实际占有房屋后，要么会对房屋进行装修装饰，要么对房屋进行再次出租或出卖，很少会对房屋进行空置，在装修自住或出租经营过程中，必然会形成既定的各类事实或法律关系，如果对该类房屋进行查封，定然涉及一系列事实或法律关系的打破与恢复问题，造成交易极不稳定，并且法律关系的恢复成本往往较高。

但实际上，并不意味着支付了全部价款的买受人就对不动产的执行获得了“无限异议权”，在“上海某建设发展有限公司诉被告沈某丽等执行异议之诉”一案中，[①] 两被告只是支付了大部分房款，并未付清全部价款，与法律规定的不得查封被执行人出卖给第三人的不动产的条件不完全相符，因此法院就沈某丽等要求解除对系争房屋查封的意见难以支持，判决许可对系争房

---

① 参见张心全、马红：《实际占有但未过户房屋作执行标的物的查封处理》，载中国法院网 2013 年 11 月 25 日。

屋的执行。

（三）价款要求的放宽

2015 年《最高人民法院关于人民法院办理执行异议和复议案件若干问题的规定》（以下简称《执行异议规定》）颁布，其中对已付大部分房款的执行问题也进行了进一步的规定。① 从各项的具体内容来看，遵循了《查扣冻规定》第 17 条中对于（1）订立在先的、有效的买卖合同；（2）买受人合法占有房屋；（3）买受人对未经登记没有过错的规定，继受了一部分规定，但对于“未付房屋价款”的内涵进行了明确。《查扣冻规定》第 17 条要求，房屋买受人必须付清全部价款，其针对房屋的权益才得以产生阻却执行的法律效果。但执行异议规定放宽了要求，在房屋买受人仅付了部分房款的情形下，也支持房屋买受人享有对抗执行的权益。

具体而言，在《执行异议规定》第 28 条的规定下，虽然当事人仅支付了部分价款，但只要在执行阶段，向法院缴付剩余部分款项，法院就不得执行，这对于买受人支付全部价款的时间进行了变通，也符合目前不动产交易实践中，买卖合同多为分期履行的现状。《执行异议规定》第 29 条更进一步规定，对于房屋买受人直接从房地产开发商处购买房屋，仅需支付超过一半的房款，即可阻却法院对于不动产的执行。该规定充分考虑了目前从开发商处购房可能是买受人的首套房或唯一住房，与其生活居住息息相关，故立法上针对其权益进行了倾斜。

但从条文的内容来看，上海市第一中级人民法院的法官认为，无论是《查扣冻规定》第 17 条，还是《执行异议规定》第 28、29 条，都是对房屋买

---

① 参见《最高人民法院关于人民法院办理执行异议和复议案件若干问题的规定》第 28 条：“金钱债权执行中，买受人对登记在被执行人名下的不动产提出异议，符合下列情形且其权利能够排除执行的，人民法院应予支持：

“（一）在人民法院查封之前已签订合法有效的书面买卖合同；

“（二）在人民法院查封之前已合法占有该不动产；

“（三）已支付全部价款，或者已按照合同约定支付部分价款且将剩余价款按照人民法院的要求交付执行；

“（四）非因买受人自身原因未办理过户登记。”

第 29 条：“金钱债权执行中，买受人对登记在被执行的房地产开发企业名下的商品房提出异议，符合下列情形且其权利能够排除执行的，人民法院应予支持：

“（一）在人民法院查封之前已签订合法有效的书面买卖合同；

“（二）所购商品房系用于居住且买受人名下无其他用于居住的房屋；

“（三）已支付的价款超过合同约定总价款的百分之五十。”

受人保护的条款，属于不动产受让人物权期待权的保护范畴。① 其中买受人物权期待权是指对于已经签订买卖合同的买受人，在已经履行合同部分义务的情况下，虽然尚未取得合同标的物的物权，但赋予其类似物权人的地位，其对物权的期待权具有排除执行的效力，在满足要件的情形下，法院都应当予以确认。

## 二、法院的审查路径

虽然《查扣冻规定》和《执行异议规定》对于购房者支付了购房款并实际占有房屋的，都倾向于认可其阻却执行的效力。但应当注意到，上述条文的适用都是具有严格的前提要件的，且各要件之间是同时适用的关系，这在司法实践中对于执行申请人来说提供了许多实现自身权利、推进执行程序的帮助，厘清法院的审查路径，能够更好地维护执行申请人的执行利益。从司法实践来看，法院在具体案件中的审查，主要是围绕构成房屋买受人阻却执行权益的要件是否成立所展开的。

### （一）有成立在先的买卖合同关系

虽然不动产的物权变动遵循登记生效要件主义，但在“债物二分”的原则下，房屋买卖合同的效力不受是否办理物权登记的效力的影响，故在房屋被查封之前有依法成立的买卖合同就成为房屋买受人要阻却执行最基本的要求。

房屋买受人在签订买卖合同前，具有审慎义务，应当充分了解房屋上是否存在权利限制，如果查封在先，买受人在订立合同之时就知道或者应当知道该权利限制，其购买房屋的行为应当认为其同意接受房屋未来被法院强制执行的风险，故其权益不能对抗强制执行。

### （二）已支付大部分房款

上文已经提到了，法院原则上都是要求房屋的买受人支付全部价款的。实践中，对于第三人未支付全部价款，仅已支付了大部分价款并实际占有的，是否可参照相关规定予以执行，存在两种观点。一种观点认为，不可以参照执行。第二种观点认为，可以根据个案情况参照执行，例如第三人仅有极少部分价款未能支付，对其占有的房屋仍不查封，否则执行中存在困难，也利于保护第三人的居住权益，造成新的社会矛盾。

---

① 参见上海市第一中级人民法院（2016）沪01民申382号民事裁定书。

上海市高级人民法院的法官在《执行异议规定》出台前认为，第三人的付款金额应严格限定于“全部价款”，理由有三点：①

第一，从债权确定性角度看，未付清房款的第三人，其涉关房屋的请求权尚不确定，不能对抗债权已经确定的执行申请人。从一般实践的角度看，房屋买卖双方交易通常约定房款付清后，方就房屋产权进行过户登记，如果作为买受方的第三人未支付全部价款，由于其自身合同义务尚未履行完毕，其要求产权过户的条件还不具备，也就是说，第三人要求转移房屋产权的请求权，其本质亦是一种债权，能否得到支持，还处于不确定状态，一旦第三人拒绝支付余款，对方可以先履行抗辩权为由，拒绝过户登记。然而，与之相反的是，执行申请人对被执行人债权，则经过了法院或仲裁机关的裁判，其债权已经确定。在抉择这两种债权保护的优先顺序时，如果优先保护仅支付部分价款的第三人，使其可以对抗他人的执行申请，则实质上赋予了未确定债权比确定债权更为优先的顺序，这既不符合基本法理，又有违社会群众的基本认知。

第二，从诉讼经济性看，未付清房款的第三人存在违约可能，可能导致执行申请人讼累和风险增加。如果赋予未付清房款的第三人对抗法院查封执行的权利，则存在这样一种可能，即第三人在后续履行过程中，拒绝支付余款而违约，作为出卖方的被执行人会拒绝过户给第三人，此时执行申请人则需要再次提出对房屋的查封和执行申请，无故导致申请人的讼累，造成诉讼的烦冗和不经济；同时，在第三人违约后，还会对执行申请人造成风险窗口期，即在此期间，有可能被其他债权人抢先对房屋提出查封执行申请，从而对原执行申请人造成实质损害。

第三，从文义解释的角度看，未付清房款的第三人不得对抗他人的查封执行申请。《查扣冻规定》第 17 条前段规定：“被执行人将其所有的需要办理过户登记的财产出卖给第三人，第三人已经支付部分或者全部价款并实际占有该财产的，但尚未办理产权过户登记手续的，人民法院可以查封、扣押、冻结。”根据此前段规定，第三人支付部分价款，即使占有的，法院亦可以查封执行；并且第 17 条后段也只是规定了支付全部价款、实际占有且无过错的第三人，才可以对抗法院的查封执行。

实际上《执行异议规定》所采的路径偏向后者，即在个案中具体分析，视情况参照“支付全部价款并占有房屋阻却执行”的观点进行适用。如上文

① 参见张心全、马红：《实际占有但未过户房屋作执行标的物的查封处理》，载中国法院网 2013 年 11 月 25 日。

所分析，《执行异议规定》第 29 条规定："金钱债权执行中，买受人对登记在被执行的房地产开发企业名下的商品房提出异议，符合下列情形且其权利能够排除执行的，人民法院应予支持：（一）在人民法院查封之前已签订合法有效的书面买卖合同；（二）所购商品房系用于居住且买受人名下无其他用于居住的房屋；（三）已支付的价款超过合同约定总价款的百分之五十。"

可见，将"支付了全部购房款"类推适用到"支付了超过一半购房价款"的情形，同时也必须满足"所购商品房系用于居住且买受人名下无其他用于居住的房屋"的要件。也就是说，"支付了超过一半购房价款"的情形产生阻却执行效力仅仅出于社会公共利益的考虑，在交易中保障的是房屋买受人基于房屋所享有的基本的生活权利。在"戴某维、某信托有限责任公司申请执行人执行异议之诉"一案中，最高人民法院就以房屋买受人"以其他债权抵付购房款的方式一次性购买三套房屋，超出一般生活所需"为由驳回了房屋买受人的执行异议。①

### （三）房屋买受人的过错

在司法实践中判断房屋买受人"没有过错"时，可从如下三方面把握：

第一，未过户登记，是否因合同约定的条件尚未成就。实践中，不排除当事人约定在房款支付后，并不立即进行产权过户登记，而以办理大产证等因素，延缓过户时间，如果在此延缓期间，未过户登记并非第三人原因所造成，而是双方约定的过户条件未具备，当然不宜由第三人承担相应的风险责任。相反，如果已具备过户条件，第三人怠于办理的，法院仍可查封执行。

第二，未过户登记，是否由于被执行人的原因导致无法登记。登记过户往往需要出卖人即被执行人的配合，如果其拒绝配合的，第三人往往难以顺利地实现过户登记，由于造成的不利风险，不应由无过错的第三人承担。但是，如果被执行人不配合或者下落不明导致无法在法定期限内办理过户登记，第三人应当依法向人民法院起诉或者向仲裁机构申请仲裁，要求出让人配合办理产权过户手续，主动主张其权利，否则也应属于怠于主张权利，主观具有过错。

第三，未过户登记，或登记错误，是否由于被执行人的原因所导致。如果第三人确实到登记机关进行过户登记，但是因为登记人员非法拒绝办理，或登记错误，误将房屋登记至他人名下，那么相应的责任就不在于第三人，而在于登记机关的过失，相应的责任不宜由第三人承担。

---

① 参见最高人民法院（2019）最高法民终 160 号民事判决书。

### （四）占有

1. 实际占有的含义

已支付全部价款的第三人占有使用房屋，虽然不能发生所有权变动的法律效果，但这种事实上的占有状态，说明买卖合同已得到了近乎全面的履行，如果再因出卖方即被执行人的债务纠纷而对其查封执行，则必然会让涉案房屋逆转到之前未履行的初始状态，从而会增加履行费用和交易成本，不符合效益最大化的经济原则，并影响交易秩序的稳定。

实践中有疑问的是，如何理解“实际占有”，从性质上讲是指居住之用，还是指商业之用？从形式上讲，是直接占有，还是间接占有？

笔者认为，“实际占有”还是应当从宽理解为宜，主要理由有三点：（1）从现实层面分析，至于是自用，还是租赁，《查扣冻规定》未作出明确的排除性规定，且实践中一户家庭拥有多套房屋并非罕见。（2）从制定精神层面分析，无论第三人将房屋自己居住，还是出租或用作商业经营，都会在客观上形成诸多纷繁的法律关系，如果因用途不同而作不同处理，将导致后一情形下现有法律关系的破坏，严重影响稳定的交易秩序，这与《查扣冻规定》第17 条制定“维护交易秩序”的目的明显背离。（3）从文本体系解释的层面分析，在同一规范文件内，在对相同或类似事项作出规定时，条款之间应保持统一性、衔接性，《查扣冻规定》第 5 条在规定八种不得查封的财产时，对于生活必需物品、必需费用、完成义务教育必需品等标的，明确规定以“所必需”为前提；同样在第 6 条，规定对居住房屋只得查封、不得拍卖、变卖或者抵债时，也是明确以“所必需”为必备条件；而反观第 17 条对第三人所购房屋的条款，并没有规定以生活“所必需”为适用基础，这显然不是最高人民法院制定时的遗漏，而是有意为之，其目的应当是平衡“申请执行人和第三人利益的问题”，维护“善意一方的利益”。

2. 合法性

这里的“实际占有”，笔者认为还应当以“合法占有”为基础前提，否则第三人在客观上违法、主观上恶意，如果再对其予以优先保护，明显有悖法律的公平正义。

所谓“合法占有”，首先应当强调买卖双方交付的合意性，即第三人的占有，系基出卖人即被执行人正常交付后占有，并非未经被执行人交付，而强行破门而住的自主占有。其次，应当强调买卖双方交付合意的善意性，即第三人的占有主观不能具有恶意，例如被执行人知晓自己的房屋马上要被法院查封时，便双方串通，提前履行合同中约定的交付义务，阻挠法院查封，这种情形就很难称之为善意的占有。

## 法律建议

在总结上述分析与案例的基础上，可以总结如下要点以供参考：

1. 结合上文分析，案外人已付大部分房款的房屋，实践中一般仍可被执行。因此在房屋交易特别是大型房地产交易时，应当资金监管等方式确保交易价款的安全，避免出现购房款支付给对方后，房屋被法院执行，而购房款也无法追回的情形。

2. 银行等金融机构在向借款人放贷时，应当充分开展调查，确认房屋的所有、占有的状态，确保房屋不属于案外人及并未被他人实际占用。如存在他人占用事实的，则建议要求占有人协助签署在执行阶段自愿放弃其对于房屋相关权利的承诺书。

3. 在房屋执行过程中，遇案外人以其已支付房款所提的执行异议时，应当积极从案外人是否已付清房款，是否实际占用房屋，在未过户过程中是否存在过错等角度积极抗辩，向法院主张自身权益。

# 违法建筑能否作为执行标的进行处置

## 问题的提出

违法建筑在实践当中的称呼不一而足，“违法建筑”“违章建筑”“无证房屋”，等等。法律上一般被认为是违反了法律、行政法规，乃至据此制定的规章、条例的规定，而建造的建筑物、构筑物或其他设施。但是，当该等违法建筑尚未被相关部门行使公权力拆除或自行拆除前，能否作为执行的标的？若可，当案外人主张对于违法建筑享有实体权利时，是否应当对其异议作为执行标的异议进行审查？若需要审查，审查的标准是什么？针对以上一系列的问题，本文拟作简要探究。

## 问题解析

### 一、违法建筑的权属

#### （一）违法建筑之上不存在所谓物权

在行政主管机关确认房屋的性质及责令拆除之前，违法建筑在占有的阶段以物的客观形态存在，且具有一定社会功用性，也成为民事活动的标的，而且违法建筑也未必不可能转化为合法建筑。对违法建筑的权属分析应是研究违法建筑法律问题的前提，在这个待定状态中，能否确认权利以及权利归属？

目前理论上对违法建筑权属性质有多种学说，包括了不动产所有权说、动产所有权说、不完全物权说、占有说。现代民法理论认为，不完整或者不自由的所有权，就不是所有权。严格意义上不存在不完全的所有权或有瑕疵的所有权一说。建造人在建造之前及拆除之后对其投入的建筑材料享有动产所有权，但是拆除之前，客观属性是不可移动地附着于土地的定着物，违法建筑的行为并不能改变其自然属性，所以动产所有权说难于让人信服。

物权法第 7 条也明确规定："物权的取得和行使，应当遵守法律、尊重社会公德，不得损害公共利益和他人合法权益。"第 30 条规定："因合法建造、拆除房屋等事实行为设立或消灭物权的，自事实行为成就时发生效力。"由上述规定可见，我国法律将权利取得限定为通过合法的途径取得，违法建筑不能进行物权登记，违法的事实建造行为在我国不能设立物权。

### （二）违法建筑的占有

但也应该注意到，违法建筑客观存在。自然属性上其与合法建筑一样投入了人力物力，实际成为供人居住和使用的空间。这种意义上的占有构成了权利人对于违法建筑的权属的基础，这也是上述占有说所主张的内容。

我国司法实务及民法理论也向来承认占有制度。物权法第五编第十九章规定了占有制度，未明确占有的性质是权利还是事实。通说认为，占有是指占有人对物的有事实上管领力的事实。这种事实上的支配状态可能源于合法的权利，也可能是通过非法手段而取得对某物的占有，即为有本权的占有与无本权的占有。①

由此，占有人可以对违法建筑进行实际的管理与控制，基于这样的事实状态而受到法律的保护。除执法机关依法处理违法建筑外，建造人自己可以对违法建筑占有、使用和收益，禁止他人侵犯。

这里需要明确的是，对违法建筑的占有保护是在利益发生冲突时消极地承认并给予保护，并非法律上的积极评价。违法建筑虽不能办理登记，但是为了维护既定的社会经济秩序，保障交易安全，而在法律上推定违法建造人对建筑占有的权利。占有物被侵占、占有被妨害，占有人因此受到损害时，占有人也可以请求损害赔偿。执行中法院也倾向予以认可违法建筑具有一定价值，而对当事人对于违法建筑的占有进行一定程度的保护。

## 二、违法建筑是否可以作为执行标的

### （一）"权利人"的占有事实应当保护

对违法建筑是否可以作为执行标的的问题，最高人民法院作出的（2016）最高法执监 161 号裁判文书认为，在违法建筑被相关部门行使公权力拆除或

---

① 参见王利明：《物权法研究》，中国人民大学出版社 2002 年版。

自行拆除前，违法建筑仍具有一定的使用价值，应视为被执行人的具有使用价值的可供执行财产。且执行裁定只对违法建筑占有的事实状态进行了变更，未涉及建筑物所有权的归属，不存在将违法建筑通过协助执行行为合法化的情形，不影响行政机关今后对违法建筑作出处理决定。① 可见，司法实践上认可占有作为一种事实状态。

不可否认的是，违法建筑具有一定的财产价值，建造人对违法建筑具有事实上的管领与控制，享有占有利益，对违法建筑可实际占有、使用和收益。尤其是有的违法建筑可以补救进行合法化追认，有的虽属强制拆除之列，但尚未拆除，有的虽立即拆除，但拆除后还会产生残值等。

该等情形下的违法建筑如不作为执行标的有违公平正义，也不能切实维护债权人的利益。因此，笔者认为，应该本着实事求是物尽其用的思路，同样应采用行政优先的原则，先行由行政机关作出认定与处置。如逾期不认定，执行程序中可作出适当处理，考虑到违法建筑利益仅存在于占有的阶段，执行中可对违法建筑现存的利益适当抵算以补偿价值，从而妥当平衡各方利益。

#### （二）行政诉讼中的相反观点

在另一个最高人民法院审理的行政诉讼中，最高人民法院指出，因案涉房屋属于违法建筑，一审法院和二审法院的裁定书将违法建筑作为执行标的有失妥当，违法建筑的建造者并非房屋的原所有权人，对涉案房屋也不享有合法权益，对于其主张政府承担的赔偿请求应当予以驳回。② 可见，在行政庭的观点中，虽然对于当事人基于违法建筑要求政府承担赔偿责任的观点与前述一致，但法庭明确指出“违法建筑不得作为执行标的”的观点，表明在实践中也存在否认违法建筑作为执行标的的观点，但由于该案系最高人民法院行政庭审理，对民商事案件执行的指导意义较前者尚有欠缺。

### 三、案外人异议是否足以排除强制执行

#### （一）案外人基于违法建筑不享有“合法权益”

在确定了违法建筑可以作为执行标的的基础上，下一个问题就在于案外人是否可以对违法建筑的执行提出异议，并最终产生阻却执行的效果。例如，案外人作为承租人，在租赁期间于承租的土地上自行建造了房屋，未依照法

① 参见最高人民法院（2016）最高法执监161号执行裁定书。

② 参见最高人民法院（2017）最高法行申5482号行政裁定书。

律法规的规定取得相关立项、规划许可等合法建造手续的，该房屋系违法建筑。当法院将该违法建筑作为出租人的财产进行执行的情况下，案外人是否有权提出其才是案涉违法建筑的“权利人”，从而阻却执行。

最高人民法院审理的“十堰某工贸有限公司与十堰市竹山县某小额贷款有限责任公司执行异议之诉”中，最高人民法院明确地排除了案外人基于违法建筑享有的权利，认为：“该涉案厂房未办理立项、规划许可审批等合法建造手续，属违法建筑。因民事权益由法律规范确认和保护，权利主体所享有和获取利益的范围及限度由法律规定，所以法律保护的民事权益以合法为前提。”案外人与出租人签订的房屋租赁合同及政府相关部门对案外人违法搭建的行政处罚书，只能证明案外人实际使用了涉案土地及其上厂房，不能以此认定十堰某工贸有限公司就涉案土地上建造的厂房享有合法的民事权益。①

### （二）案外人享有违法建筑的处置价值

当案外人提出对违法建筑享有合法权益，如果法院予以认可，可能被视为变相确认了违法建筑的所有权权属，与现行的法律法规相抵触，所以案外人想要提出异议，主张确认其对于违法建筑的合法权益以排除执行，法院一般都不予支持。

但法院出于利益平衡的考量，在该等情形下并非采取“一刀切”的解决方法，而是倾向于保护案外人对于违法建筑的处置价值。

在江苏省高级人民法院审理的一起执行异议案件中，江苏省高级人民法院认为：“案涉加盖的第二层无证房屋可以在处置房产时一并处置，案外人不能系其所建为由阻却执行。但执行法院在执行过程中，应对案外人加盖的第二层房屋进行单独评估，并在处置的总价款中扣除相应部分交由案外人。”②笔者认为，江苏省高级人民法院是在充分尊重案外人建造事实的（不属于被执行人建造）的基础上，同时考虑违法建筑的处置价值（案外人享有建筑物价值）作出上述裁决。该模式类似于物权法第200条规定的建设用地使用权抵押后，该土地上新增的建筑物不属于抵押财产，当该建设用地使用权实现抵押权时，应当将该土地上新增的建筑物与建设用地使用权一并处分，但新增建筑物所得的价款，抵押权人无权优先受偿。

---

① 参见最高人民法院（2017）最高法民申886号民事裁定书。

② 参见江苏省高级人民法院（2018）苏民终883号民事判决书。

## 四、对于违法建筑的处置

### （一）“现状处置”的措施

《最高人民法院关于转发住房和城乡建设部〈关于无证房产依据协助执行文书办理产权登记有关问题的函〉的通知》中指出，对于违法建筑，可以进行“现状处置”。处置时应在拍卖公告中披露房屋不具备登记条件的现状及土地性质，买受人或承受人按照房屋现状取得房屋，后续的产权登记事项及将来可能面临的拆除、拆迁及补偿不能等风险由买受人或承受人自行负责。变价不成的，债权人可以接受该房屋抵债。变价或抵债裁定中应载明上述内容和风险。

例如，在“蔡某婷与上海某置业公司、邹某玉等民间借贷纠纷”一案的执行中，执行法院就在对案涉违法建筑进行拍卖的过程中，特别提示“房屋存在违法建筑，现有案外人占有（该案外人与被执行人之间有债务纠纷），按照现状拍卖，法院不承担本标的瑕疵担保责任”等内容。① 可见在司法实践中，对上述的“现状处置”还是予以一定程度上的践行和遵循的。

### （二）案外人需证明其具有案涉违法建筑的实际建造人身份

在前述（2017）最高法民申886号民事裁定书中，② 案外人（次承租人）虽然“提交了两份建设工程承包施工合同及预付账款明细、若干记账凭证及单据等证据”，但最高人民法院认为“该两份施工合同没有设计图纸及具体的工程量，并不能明确指向系涉案5000平方米厂房”。另外，案外人已提供的证据也多有瑕疵：（1）预付账款明细中的支付对象与建设工程承包施工合同中的承包人不同，不符合上述合同中“包工包料”的约定；（2）原始记账凭证中，标明的抬头与部分单据中签字的落款均非案外人本身，并不能直接认定该原始记账凭证系案外人所有。

由此可见，虽然司法实践中或许承认案外人对于其建造并占有的违法建筑就其实际价值享有一定程度上的“权益”，但其同时承担着举证证明违法建筑系由其建造或委托他人建造的事实，对于案外人来说这样的举证责任不可谓不高，在案外人实际主张“权益”的过程中也构成了不小的阻碍。

江西省高级人民法院发布的《关于执行异议之诉案件的审理指南》中对

① 参见上海市第一中级人民法院（2019）沪01执复42号执行裁定书。

② 参见最高人民法院，（2017）最高法民申886号民事裁定书。

上述观点进行了详尽的制度安排："金钱债权执行中，案外人以其对执行标的享有足以排除执行的民事权益为由，提起执行异议之诉，经审查发现该执行标的系未取得建设工程规划许可证或者未按照建设工程规划许可证的规定进行建设的，人民法院不予受理；已经受理的，裁定驳回起诉。但案外人系以其为合法占有人为由对执行法院针对不具备首次登记条件的建筑物进行的'现状处置'提起执行异议之诉的，应依法受理，并对是否许可执行或不予执行该执行标的作出裁判，但不得就违法建筑予以确权或判决案外人对此享有所有权。"

## 引申探讨

### 一、行政机构已经拆违，诉诸行政诉讼解决赔偿责任问题

在最高人民法院审理的一起借款合同纠纷的执行案件中，青海省高级人民法院依据民事调解书查封了作为执行标的的建筑物地上附着物，后人民政府以该建筑物系违法建筑为由，将其拆除，致使申请执行人的执行标的物灭失，执行法院裁定终结执行程序，申请执行人不服，对该终结执行的裁定提起复议。最高人民法院裁定认为：（1）人民政府拆除建筑物的行为系履行其行政职责，不应承担赔偿责任，赔偿责任仍然在于由民事调解书确定义务的被执行人；由于原执行标的灭失，申请执行人与被执行人不能就折价赔偿等事宜达成一致的，青海省高级人民法院裁定终结执行程序并无不当。（2）就人民政府拆除建筑物的行为，"实质上涉及确认祁连县人民政府的具体行政行为是否合法的审查问题。而具体行政行为的合法性问题不属于执行程序审查的范围"，最高人民法院继而示明，就人民政府的拆除行为，当事人可通过另行诉讼主张合法权益。①

### 二、"无证建筑"的特殊性

实践中，经常有无证的房屋被认定是违法建筑，但实际尚无产权证并不等于违法建筑，在法律上仍可能被认定为合法建筑。例如，盐城市中级人民法院评价："案涉房屋系当事人在未经相关政府部门审批的情况下建设的房屋，房屋的合法性尚未得到相关行政机关的确认，亦未办理过权属登记。而不动产物权的设立、变更、转让和消灭，应当按照法律规定进行登记，未经

---

① 参见最高人民法院（2016）最高法执复1号执行裁定书。

登记的不发生效力，法律另有规定的除外。”笔者注意到，未经政府部门批准建造房屋（违法建筑）与未领证房屋（未登记）混淆，违法建造与合法建筑未领房屋产权证，应有所区别。《江苏省高级人民法院关于执行疑难问题的解答》中提到：“依据《最高人民法院关于转发住房和城乡建设部〈关于无证房产依据协助执行文书办理产权登记有关问题的函〉的通知》（法〔2012〕151号），对于国有建设用地上建造的无证房屋可以处置。执行法院应就该房屋是否可转化为有证房屋征求行政机关意见，并作为确定无证房屋价值的参考。”可见，对于无证房屋而言，尚存在经行政机关同意并出具相关证照，从而转化为有证房屋的可能，在实践中应当与严格意义上违反城乡规划和区位划分搭建的“违法房屋”进行区分。

## 法律建议

1. 司法实践中，对于违法建筑仍可通过“现状处置”的方式而实现违法建筑现实价值的兑现。作为执行申请人而言，当遇到被执行人或案外人以执行标的存在“违法建筑”为由要求阻却执行时，可积极抗辩，维护自身权益。同时，在拍卖评估阶段，应当要求法院将违法建筑与合法建筑的价值分开评估，以便在厘清两者关系的情况下顺利处置。

2. 可以预见的是，当法院采取“现实处置”的措施对标的房屋进行处置的过程中，由于公告了房屋具有违法建造部分的瑕疵，势必会减损标的房屋的价值，申请执行人在最初订立涉及被执行人不动产的合同时，应当注意审查房屋的权属，并注意房屋的各个建造部分是否都取得了合法的资质，若无，则应当积极与被执行人沟通，确定是否可以在之后进行补正，补正的方式、期限和救济手段也应当具体约定。

3. 执行法院对违章建筑的执行并不意味着违法建筑合法化，执行法院在处置违章建筑时一般会告知承受人存在于其上的权利瑕疵，由承受人决定是否承受。作为买受人或最终接受以物抵债的执行申请人，应当对于受让违法建筑后，是否被行政部门决定拆除或承担相应行政处罚责任作充分的心理预期。

# 能否执行被执行人和案外人的共有财产

## 问题的提出

在被执行人无其他财产可供执行时，依法及时处分被执行人与案外人的共同共有财产，不仅有利于保护申请执行人利益，而且有利于打击被执行人企图利用共有财产难以处分来规避执行的行为。但是，对于该类案件，必须首先审视的是，共有财产可否执行？共有财产份额如何确定？在份额无法确定时，是否只能通过析产后，才能采取拍卖等处分措施？诸如此类问题，存在疑问，本文拟作简要探讨。

## 问题解析

### 一、被执行人与案外人的共有财产能否执行

人民法院在执行程序中一般应当执行被执行人个人名下的财产，被执行人无个人名下财产或者该财产难以处置的，可以执行被执行人与他人共有的财产。根据《最高人民法院关于人民法院民事执行中查封、扣押、冻结财产的规定》（以下简称《查扣冻规定》）第 14 条第 1 款的规定，人民法院可以查封、扣押、冻结被执行人与其他人共有的财产，并及时通知共有人。

在共有财产执行案件中，若未经案外人同意将共有不动产进行拍卖，将损害案外人的合法权益。因此，法院如需对该共有财产进行处分，则需经共有人同意。在实践中，有的法院对被执行人与案外人共有的财产采取直接裁定拍卖，由案外人对共有财产提出执行异议的做法；也有法院经案外人同意，依法对共有财产进行处分；还有法院中止对其财产的执行措施，要求被执行人或其他共有人分割财产，若不分割的，告知申请人另行代位提起析产诉讼。究竟采取何种方式，笔者认为，应以案外人对各自共有财产的权利是否明晰

作为判断依据。

若案外人对各自共有财产的权利不明晰，可采取法院中止对共有财产的执行措施，要求被执行人或其他共有人分割财产，若不分割的，告知申请人另行代位提起析产诉讼；若案外人对各自共有财产的权利明晰，可采取经案外人同意，依法对共有财产进行处分，因为评估、拍卖过程中，由案外人提出执行异议，乃至于执行异议之诉会增加各方当事人的讼累。

## 二、被执行人与案外人共有财产如何执行

执行共有财产，是否必须先经诉讼明确共有份额才能执行？根据《查扣冻规定》第 14 条第 2 款和第 3 款的规定，共有人协议分割共有财产并经债权人认可的，人民法院可以认定有效；共有人提起析产诉讼或者申请执行人代位提起析产诉讼的，人民法院应当准许。

因此，执行法院在告知共有人有权协议分割共有财产或者提出析产诉讼后，共有人没有协议分割或者诉讼，执行法院不应继续执行。

## 三、执行共有财产的范围与一般程序

生效法律文书仅载明被执行人个人为债务人，对于下列财产，执行法院一般可以执行：①（1）被执行人配偶名下的存款、股权（股份）、金融理财产品等，婚后登记在被执行人配偶单方名下的房产、车辆以及婚后登记在被执行人和其配偶双方名下的房产、车辆等财产；（2）登记在被执行人及其他人名下的共有财产以及登记在案外人名下但案外人承认属于被执行人财产或同意作为被执行人财产接受强制执行的财产；（3）对于被执行人未成年子女名下与其收入明显不相称的较大数额存款，登记在被执行人未成年子女单方名下的房产、车辆或者登记在被执行人和其未成年子女名下的房产等，执行法院可以执行。②

---

① 参见《江苏省高级人民法院关于执行疑难问题的解答》。

② 最高人民法院在（2017）最高法民申 3404 号裁定书中认为，案涉房屋一直由王某权、姚某春夫妻用于经营，明显超出王某轩的基本生活需要。因此，原判决综合分析房屋购买时间、产权登记时间、王某权对贺某珠负债情况及购房款的支付，认定案涉 18 套房屋应为王某权、姚某春、王某轩的家庭共有财产有证据证明。不动产权属证书是权利人享有该不动产物权的证明，一般情况下，登记权利人即推定为实际权利人，但有证据证明购房款实际出资人不是登记权利人时，亦要根据实际出资情况确定房屋的归属。在本案中，王某权、姚某明对王雲轩的赠予是否成立，不影响原判决认定案涉 18 套房屋应为王某权、姚某春、王某轩的家庭共有财产。

共有财产的执行程序一般包括：[①]（1）对共有财产先行采取扣押、查封、冻结等控制性措施，同时将查控情况以书面或者其他确认知悉的方式告知其他共有人；（2）确定被执行人在共有财产中所占的份额；[②]（3）确定分割和变价方案，对共有份额进行强制分割变价；（4）在份额已经确定的情况下，共有财产可以分割，并且分割不会减损共有财产价值的，人民法院可以先行实物分割后再予变现。如不能进行实物分割，或分割后会导致共有财产价值明显减损的，应当整体变价后执行相应的价款。因此，对于共有财产，应当先行实物分割后执行，但不能实物分割或分割会导致财产价值明显减损的，执行法院可以整体处置。

对于处置后变价款的执行，以被执行人在共有财产中所占份额为限。被执行人在共有财产中所占份额，以登记公示为准；没有登记公示的，按照出资额确定；不能确定出资额的，视为等额享有。但对于被执行人配偶单方名下以及被执行人与其配偶双方名下的夫妻共同财产，原则上以1/2份额为限执行。

在人民法院整体处置前，共有人愿意支付被执行人应有份额部分对应的价款申请排除执行，债权人和债务人对此予以认可的，人民法院可以准许。处置时鼓励共有人积极参与竞买，共有人竞买成交后仅需支付被执行人应有份额部分对应的价款即可。

共有人及未成年人子女基于实体权利提出异议的，适用民事诉讼法第227条审查处理。[③]

## 四、共有财产的执行与案外人异议之诉

根据我国物权法第99条的规定，共有人约定不得分割共有的不动产或者动产，以维持共有关系的，应当按照约定，但共有人有重大理由需要分割的，可以请求分割；没有约定或者约定不明确的，按份共有人可以随时请求分割，

---

① 参见《江苏省高级人民法院关于执行疑难问题的解答》。

② 根据物权法第103条、第104条的相关规定确定被执行人在共有财产中所占的份额，有登记公示的，以登记记载为准；未登记但有书面约定的，依其约定；没有约定或约定不明的，按照出资额确定；不能确定出资额的，视为等额享有。

③ 2017年民事诉讼法第227条规定：执行过程中，案外人对执行标的提出书面异议的，人民法院应当自收到书面异议之日起十五日内审查，理由成立的，裁定中止对该标的的执行；理由不成立的，裁定驳回。案外人、当事人对裁定不服，认为原判决、裁定错误的，依照审判监督程序办理；与原判决、裁定无关的，可以自裁定送达之日起十五日内向人民法院提起诉讼。

共同共有人在共有的基础丧失或者有重大理由需要分割时可以请求分割。因分割对其他共有人造成损害的，应当给予赔偿。有人认为，为偿还债务而强制执行共有财产应视为重大理由需要分割，此时其他共有人不得以共同所有为由提起案外人异议之诉。

物权法第 103 条、第 101 条分别规定，共有人对共有的不动产或者动产没有约定为按份共有或者共同共有，或者约定不明确的，除共有人具有家庭关系等外，视为按份共有；按份共有人可以转让其享有的共有的不动产或者动产份额。其他共有人在同等条件下享有优先购买的权利。所以，对属于按份共有的不动产或者动产执行时，应以执行债务人的共有份额为宜，且其他共有人不得提起案外人异议之诉。故此，根据我国法律规定，对共有的财产强制执行时，其他共有人不得以共同所有为由提起案外人异议之诉。

## 引申探讨

### 一、共有财产与共有财产份额

在拍卖过程中，案外人是否可以基于按份共有向法院主张对拍卖标的享有优先购买权?

拍卖共有财产份额和拍卖共有财产是性质不同的两个概念，应当加以区分。拍卖共有财产份额是指法院通过拍卖方式将被执行人享有的共有财产份额转让给竞拍人，从而使被执行人退出共有关系。拍卖共有财产，是指将共有财产整体转让给他人，从而使该财产权属上的共有关系消灭。根据物权法第 101 条的规定，按份共有人可以转让其享有的共有的不动产或者动产份额。其他共有人在同等条件下享有优先购买的权利，按份共有人的优先购买权仅发生于转让共有份额的情形，转让共有物的，不发生共有人优先购买问题。

### 二、在处分共有财产时，如何保护案外人的权利

处分被执行人与案外人共同共有财产应告知进行析产。

共有包括按份共有和共同共有。根据物权法第 94 条、第 95 条的规定，按份共有人对共有的不动产或者动产按照其份额享有所有权；共同共有人对共有的不动产或者动产共同享有所有权。因此，在处分被执行人与案外人共有财产时，应当保护案外人对共有财产的权利。

处分被执行人与案外人共同共有财产时，应告知进行析产。《查扣冻规定》第 14 条第 3 款规定，共有人提起析产诉讼或者申请执行人代位提起析产

诉讼的，人民法院应当准许。在案件执行中，若共同共有人同意法院对该房产进行拍卖，执行人员应告知案外人对该共有财产提起析产诉讼，确定其对该财产的份额，同时亦告知申请执行人如案外人怠于提起析产诉讼，申请执行人可代位提起析产诉讼。

以夫妻共有房屋为例，在执行法院以夫妻一方为被执行人对涉案房屋采取执行措施后，作为被执行人配偶的共有权人在其没有依照法律规定通过协商或诉讼的方式对涉案房屋进行析产分割的情况下，不能仅基于共有人身份排除人民法院强制执行。最高人民法院在（2017）最高法民申3819号民事裁定书中认为，在人民法院对涉案房屋采取执行措施后，刘某英作为共同共有人依法应当通过协商或诉讼方式进行析产分割，以保护其所有的相应份额，并便于人民法院对张某田个人份额部分进行执行。在其没有依照法律规定通过协商或诉讼的方式对涉案房屋进行析产分割的情况下，不能仅基于共有人身份排除人民法院强制执行。

## 三、切实保障案外共有人的异议之诉的权利

共有人提出异议认为，人民法院查控财产非属其与被执行人共有或者对人民法院确定的份额提出异议，人民法院可以依照民事诉讼法第227条的规定进行审查，即人民法院应当自收到书面异议之日起十五日内审查，理由成立的，裁定中止对该标的的执行；理由不成立的，裁定驳回。案外人、当事人对裁定不服，认为原判决、裁定错误的，依照审判监督程序办理；与原判决、裁定无关的，可以自裁定送达之日起十五日内向人民法院提起诉讼。

## 法律建议

1. 申请执行人应尽快与法院沟通处置共有财产。析产诉讼是指当事人对共同财产的分割不能达成一致而提起的诉讼。《查扣冻规定》第14条第3款规定，共有人提起析产诉讼或者申请执行人代位提起析产诉讼的，人民法院应当准许。对于共有财产，当事人无法达成一致的意见时，应尽快提起析产诉讼，以确定自己的份额。

2. 案外人依法行使优先购买权。[①] 在价格相同的情况下，拍卖中的竞买人对于拍卖的共有财产份额只是享有债权期待权，而按份共有人基于共有关

① 参见杜万华主编、最高人民法院民事审判第一庭编著：《最高人民法院物权法司法解释（一）理解与适用》，人民法院出版社2016年版。

系对于共有份额则享有一种物权性的权利，以拍卖否定按份共有人优先购买权与法理不符。承认按份共有人优先购买权在拍卖情况下的行使，虽然在一定程度上对拍卖制度“最高价者得”的原则形成冲击，但这是拍卖和优先购买权两种法律制度竞合的结果，并不能成为否定优先购买权的理由。基于上述，共有财产份额拍卖时，按份共有人可以行使优先购买权。

3. 因破产、实现担保物权或执行法院判决而“转让”共有财产份额，因转让人已不能控制财产，而是由执行机关处置，因此，此种情形中的“转让”具有明显的“被动性”。但无论是因破产、实现担保物权还是执行法院判决等而折价、拍卖、变卖共有财产份额，其均是将共有财产份额变现或折抵一定价值偿债，就其本质而言，均属于有偿转让行为，因此，当然应属于物权法第101条所称的“转让”。对此，合伙企业法第42条第2款即规定，人民法院强制执行合伙人的财产份额时，应当通知全体合伙人，其他合伙人有优先购买权。综上，因破产、实现担保物权或执行法院判决而导致共有财产份额“被动”转让时，按份共有人可以行使优先购买权。

# 不同性质到期债权的执行是否应该区别对待

## 问题的提出

《最高人民法院关于人民法院执行工作若干问题的规定（试行）》（以下简称《执行规定》），对到期债权执行的问题作了较为严格的规定，① 主要体现在第 61 条和第 63 条：首先，可执行的债权限于到期债权；其次，执行前需先向第三人发履行通知，并赋予其 15 日的异议期间；最后，第三人提出合乎执行规定的异议，法院不得对异议本身进行审查，也不得再对第三人强制执行。

这一严格限制，在到期债权的执行方面有效地遏制了对到期债权的乱执行，有力地保护了第三人的合法权利。但是，该规定没有针对不同问题区别对待，统一要求对到期债权的执行需发履行通知，并给第三人 15 日的异议期间，只要第三人提出异议，执行法院不审查并停止执行，行为模式和法律效果较为绝对，使得该项规范缺乏灵活性，还易为第三人恶意滥用逃避追索，严重妨害了申请执行人正当利益的实现。在实践中，不同性质到期债权的执行是否应区别对待呢？

## 问题解析

### 一、不同性质的到期债权是否应该区别对待

到期债权属于被执行人“其他财产”的范畴。当“债权人发现被执行人

① 在以往司法执行实践过程中，为了保护申请执行人的利益，执行法院不但追及第三人，还追及第三人的债务人；第三人的权利在执行中缺乏严格的程序保障，执行法院滥用执行权，侵害了第三人的权益。在此种背景下，执行规定对到期债权执行的问题作了较为严格的规定。

有其他财产的，可以随时请求人民法院执行”。“到期债权”应当包括未经审理的自然债权，也包括人民法院判决确认的债权。但是，人民法院判决确认的到期债权是否适用《执行规定》第61条和63条的规定？①

《执行规定》第61条和第63条要求，被执行人不能清偿债务，但对本案以外的第三人享有到期债权的，人民法院可以依申请执行人或被执行人的申请，向第三人发出履行到期债务的通知。第三人在履行通知指定的期间内提出异议的，人民法院不得对第三人强制执行，对提出的异议不进行审查。换言之，该第三人对债务没有异议但又在通知指定的期限内不履行的，人民法院可以强制执行。第三人既然能提出异议，说明到期债权不具有强制执行效力，由此可知，《执行规定》第61条所规定的到期债权是指未经人民法院判决确认的债权，而不包括已经人民法院判决确认的债权。其主要原因在于，人民法院的判决已就争议的债权债务作出了终局性的认定（合法性、数额、履行方法、履行期限等方面），人民法院制作的生效法律文书非经法定程序撤销便具有绝对的、排他的证据法的证明力，第三人无权对债权的存在与否提出实质上的异议。②

此外，在目前的经济领域中，存在较多的“债务链”现象，人民法院对此类债权债务予以确认后，当事人依法享有申请执行权和进行执行和解权，这些权利直接涉及债务履行数额、履行期限、履行方式、执行费用等当事人重大利益，当事人对这些利益享有当然的、合法的处分权（但不得违反法律和社会公共利益），如果人民法院将判决确认的债权视为第61条规定的到期债权直接予以执行，该行为将剥夺当事人的民事处分权，损害当事人的合法权益。

---

①《最高人民法院关于人民法院执行工作若干问题的规定（试行）》第61条：“被执行人不能清偿债务，但对本案以外的第三人享有到期债权的，人民法院可以依申请执行人或被执行人的申请，向第三人发出履行到期债务的通知。履行通知必须直接送达第三人。

“履行通知应当包含下列内容：（1）第三人直接向申请执行人履行其对被执行人所负的债务，不得向被执行人清偿；（2）第三人应当在收到履行通知后的十五日内向申请执行人履行债务；（3）第三人对履行到期债权有异议的，应当在收到履行通知后的十五日内向执行法院提出；（4）第三人违背上述义务的法律后果。”

第63条：“第三人在履行通知指定的期间内提出异议的，人民法院不得对第三人强制执行，对提出的异议不进行审查。”

② 最高人民法院在关于北京华油石油公司申请执行辽宁营口华油实业公司对第三人沈阳龙源石油化工有限公司到期债权的复函中指出，该债权已经仲裁确认，第三人沈阳龙源无权对该债权的存在与否提出实质上的异议，因此是否对其事先通知，并不能影响执行结果。

因此，对于不同性质的债权，应当区别对待。[①] 对于判决或者仲裁等确定的债权，其本身就具有可执行性，在对案件的执行上，第三人本来没有对履行通知的异议权，此时，第三人的地位相当于一般的被执行人的地位。对于未经判决或者仲裁等确定的债权，依照《执行规定》对到期债权执行的规定，走对到期债权执行的程序，即：申请执行人或被执行人向人民法院申请执行被执行人对第三人享有到期债权，人民法院依申请向第三人发出履行到期债务的通知，第三人在履行通知指定的期间内提出异议的，人民法院不得对第三人强制执行，对提出的异议不进行审查。

需要注意的是，有观点认为，公证了的债权，即使公证没有赋予其强制执行的效力，但因公证所具有的几乎无可挑剔的证明力（理论上如此），第三人否认公证的债权存在的异议一般不应该被支持，否则，公证将形同虚设。第三人对公证的债权有异议，应由其另行通过否认之诉（消极确认之诉）去解决。[②] 但笔者认为，债权尽管赋予了强制执行的效力，但在公证机构未予核实出具强制执行证书的情况下，债权的金额尚未固定，履行义务尚未确定，在法院拟执行第三人到期债权的情况下，仍应赋予第三人异议权。

## 二、债务人怠于行使申请执行权，如何保护债权人的利益

到期债权经生效法律文书确认之后，且被执行人已申请执行的，申请人可以向被执行人为债权人的执行法院直接申请执行该到期债权，也可以尝试向两个执行法院中的任一个法院申请合并执行，执行中即使第三人提出执行异议也不影响法院执行。

---

① 最高人民法院在对江苏省高级人民法院关于石狮德辉开发建设有限公司对江苏省高级人民法院执行异议一案的复函中认为，法院判决的债权不适用《最离人民法院关于适用〈中华人民共和国民事诉讼法〉若干问题的意见》（以下简称《民诉法意见》）第300条，因为该条规定的到期债权是指未经法院判决的债权，如果把经法院判决的债权视为第300条规定的到期债权去执行，就会使当事人的申请执行权、执行和解权和法院的执行管辖权及执行实施权发生冲突。需要注意的是，目前《民诉法意见》已经被废除，但是《民诉法意见》第300条规定与目前仍有效的《执行规定》第61条和第63条并没有区别。

《民诉法意见》第300条规定："被执行人不能清偿债务，但对第三人享有到期债权的，人民法院可依申请执行人的申请，通知该第三人向申请执行人履行债务。该第三人对债务没有异议但又在通知指定的期限内不履行的，人民法院可以强制执行。"

② 此种做法并非使第三人的权利失去了救济的机会，只是因为公证债权的特殊性，而令该第三人承担救济风险，以免因把救济的风险过多地强加于申请执行人而在立法之始就造成救济权利分配极为不公平的现象。这样安排只是把救济的风险适当地分摊，以不同情况确定不同的救济方式，来追求立法司法中（尤其是立法）在权利分配上的公正。

对于人民法院判决确认的债权，债务人未在法定的申请执行期限内向人民法院申请执行；由于其怠于行使自己的申请执行权，而使人民法院判决确认的债权沦为不受强制执行力保护的自然之债，将会严重损害债权人的合法权益。在此情形下，如何保护债权人合法权益，在司法实践中存有两种意见。

第一种意见认为应该通过代位申请执行，切实保护债权人的合法权益。所谓代位申请执行，是指因债务人怠于行使其申请执行权，其财产又不足以清偿所欠债务，对债权人造成损害的，债权人有权向执行法院请求以自己的名义在其债权范围内代位行使债务人的申请执行权。代位申请执行人同申请执行人具有同等的法律地位，享有法律赋予申请执行人的权利。

第二种意见认为，对于已经生效法律文书确认的到期债权亦应通过诉讼程序解决，不宜设立代位申请执行制度。申请执行权具有专属性，只能专属于法律文书确认的权利人，不能由他人代位行使。

代位申请执行目前属于理论共识，尚未形成法律规定，但最高人民法院在相关法律实践中实际已认可此观点。① 在法学理论上，有债权的保全制度。债权的保全方法之一是债权人的代位权即债权人以自己的名义行使债务人之权利。当债务人享有对第三人的权利而又怠于行使，致其财产本能增加而不得增加，并危害债权实现时，债权人可代位行使属于债务人的权利，以增加债务人的财产，从而使债权得以实现。合同法确立了代位诉讼制度，规定因债务人怠于行使其到期债权，对债权人造成损害的，债权人可以向人民法院请求以自己的名义代位行使债务人的债权。合同法突破“诉权的专属性”设定代位诉讼制度的目的就是为了充分保护债权人的合法权益，同理，代位申请执行也是有充足理由的。此外，因人民法院生效法律文书所确认的民事法律关系是当事人取得权利、承担义务的原始依据，具有绝对的、排他的证明力；若要求申请执行人按照合同法的规定向人民法院提起代位诉讼，实际上是受理法院对已经其他法院判决确认的法律关系进行重新审理；不仅违反了民事诉讼程序，而且又增加了当事人的讼累。

因此，到期债权已经生效法律文书确认，但被执行人怠于申请执行的，

---

① 参见“北京华油石油公司申请执行辽宁营口华油实业公司对第三人沈阳龙源石油化工有限公司到期债权案”。该案中，最高人民法院认为，由于被执行人天衡公司怠于行使该判决书确定的其对德辉公司享有的债权，未向执行法院福建省高级人民法院申请执行，损害了债权人针棉公司的利益，故针棉公司可代位向福建省高级人民法院申请执行天衡公司对德辉公司享存的债权。代位申请执行的标的范围以针棉公司对天衡公司的债权为限，并不得超过天衡公司对德辉公司享有的债权数额。代位申请执行的期限与民事诉讼法第219条规定的申请执行期限一致。

申请人可以在法定期限内代位申请执行。如果第三人提出执行异议的，法院停止执行并可以对异议进行审查。经审查异议成立的，予以支持，不得对第三人采取执行措施；异议不成立的，予以驳回并依法进入执行程序。

## 一、到期债权与收入的区别

（一）从收入和到期债权本身来看，其存在以下区别：

1. 从特点来看，收入具有经常性、连续性，而到期债权大多表现为一次性。

2. 从基础法律关系来看，就债务人对外享有的收入而言，债务人和第三人之间的法律关系特定，一般为劳动合同关系、储蓄合同关系、投资合同关系、租赁合同关系等，双方权利义务关系简单明了。到期债权可能是基于合同、侵权、不当得利、无因管理等所产生的债权，基础法律关系十分宽泛，也较为复杂。

3. 在义务主体方面收入给付的义务主体为单位，一般有健全的会计账目，容易查询被执行人的收入。而到期债权的债务人包括一切民事义务主体。

（二）除了收入和到期债权本身的不同外，涉及执行过程中所采取的直接措施也不相同，对被执行人收入进行提取与被执行人到期债权的执行，存在以下区别：

1. 第三人所处的地位不同。收入提取程序中，第三人处于协助执行人的地位。在到期债权执行程序中，若次债务人未提出异议的，则次债务人处于类似于被执行人的地位；

2. 执行程序不同。根据我国民事诉讼法第 243 条规定，人民法院决定扣留、提取收入时，应当作出裁定，并发出协助执行通知书。对被执行人的到期债权执行，根据《执行规定》第 61、63 条的规定，应由申请执行人或被执行人提出申请，人民法院向第三人发出履行到期债务通知书，第三人在规定期限内没有提出异议，又不履行的，执行法院可裁定对其强制执行；

3. 对执行异议的审查不同。提取收入时，收到协助执行通知书的单位必须按照通知书的要求采取协助执行措施，否则要承担相应的法律责任；提出执行异议的，人民法院应当进行审查。执行被执行人到期债权时，根据《执行规定》第 63 条的规定，第三人在规定期间内提出异议的，人民法院不得对第三人强制执行，对提出的异议不进行审查。

## 二、第三人过期提出异议的处理

执行到期债权过程中，关于第三人过期提出异议的情况，现行法律和司法解释没有明确规定。但是，从理论上来看，到期债权执行程序只是一种基于程序上的便利设置的程序，没有及时提出异议并没有确定实体权利义务关系上的既判力。因此，完整的到期债权执行程序应当有必要的诉讼程序予以配合，以确定到期债权是否确实存在。

在实践过程中，申请执行的依据可能是双方出具的认定书（A 欠 B 1000 万元），但是认定书本身并没有不容置疑的法律效力，虽然可以作为到期债权执行程序开始的基础，但并没有确定债权债务关系的最终效力，本身并非执行依据。一旦有争议，必须有相应的证据支持，也可以由相反的证据予以推翻。遇到争议的情况，执行法院应当提供相应的救济渠道。①

对于救济渠道，第三人可以提起异议之诉，或者普通诉讼程序。我国台湾地区“强制执行法”对此问题在第 119 条规定：“第三人在法定期限内未声明异议，亦未依执行法院命令履行的，执行法院可以根据债权人的声请，对该第三人为强制执行。但第三人可以对执行提起异议之诉。”台湾地区学者认为，第三人虽未于接受执行法院命令后 10 日内向执行法院声明异议，并不发生承认债务人之权利存在之效力，仍得于债权人声请向其为强制执行后，依据该项事由，提起第三人异议之诉，以求救济。第三人请求为正当时，应撤销执行程序。

此外，在（2016）最高法执监 234 号执行裁定书中，最高人民法院认为关于某公司超过法定期限后又向执行法院提出被执行人对其到期债权不存在的异议应当如何救济的问题，第三人在收到履行到期债务通知后，未在法定期限内提出异议，并不发生承认债务存在的实体法效力。因此，第三人在法定期限之后，又提出到期债务不存在的异议，人民法院应当对该债务是否存在进行实质审查。某公司提出该到期债务不存在，认为人民法院直接执行某公司违反法律规定，侵犯其合法权益，对该异议人民法院应当参照民事诉讼法第 225 条之规定进行审查。

---

① 在《最高人民法院执行工作办公室关于到期债权执行中第三人超过法定期限提出异议等问题如何处理的请示的答复》〔2005〕执他字第 19 号中，最高人民法院认为，第三人未在法定期限内提出异议，并不发生承认债务存在的实体法效力。在法院开始强制执行后仍有异议的，应当得到司法救济。

## 法律建议

1. 对于被执行人的到期债权，申请执行人及时采取保全措施。债权的保全方法之一是债权人的代位权，即债权人以自己的名义行使债务人之权利。若债务人怠于行使其到期债权，对债权人造成损害的，债权人可以向人民法院请求以自己的名义代位行使债务人的债权。

在司法实践过程中，对于不同性质的到期债权是区别对待的。尤其需要注意的是，对于判决或者仲裁等确定的债权，其本身就具有可执行性，在对案件的执行过程中，第三人对履行通知不应享有异议权，第三人的地位相当于一般的被执行人的地位，有利于到期债权的执行。

2. 必要时，申请执行人可尝试代为申请执行。对于人民法院判决确认的到期债权，若被执行人怠于行使自己的申请执行权，将会严重损害申请执行人的合法权益，在此情形下，申请执行人应及时在法定期限内尝试向法院代位申请执行，最大限度地维护自己的利益。

3. 相关第三人对到期债权的履行通知有异议的，应及时向法院提出异议。实务中，相关第三人在接到法院的履行通知，要求其履行到期债权时，应在法定期限及时向法院提出异议。例如，法院向保险公司发出履行通知，要求执行其对被执行人所负的保险理赔款，若保险公司经初步核实，已作出拒赔决定的，应当及时向法院提出异议，以免承担相应的法律责任。

# 被执行人名下的唯一住房能否执行

## 问题的提出

被执行人名下唯一住房的执行一直是司法实践中的疑难问题，许多“老赖”以此作为挡箭牌拒绝执行，而法院在执行过程中也往往陷入两难的境地：既要考虑确保执行申请人一方的合法权利得以实现，又要考虑到保障被执行人的基本生活需求，以至于案件久拖未决。申请执行人对此往往会不予理解，会质疑明明有可供执行的财产，为何迟迟未能得以受偿，进而也影响了司法的权威。那么，被执行人名下若存在唯一住房，究竟可否执行？如果能够执行，那么在实践中如何执行，需要注意些什么问题？本文将围绕唯一住房可否执行以及如何执行两个核心问题展开具体的论述，并对相关问题作一些引申探讨。

## 问题解析

### 一、唯一住房可否执行

关于唯一住房的执行，最高人民法院最早在 2004 年发布的《最高人民法院关于人民法院民事执行中查封、扣押、冻结财产的规定》（以下简称《查扣冻规定》）第 6 条中规定：“对被执行人及其所扶养家属生活所必需的居住房屋，人民法院可以查封，但不得拍卖、变卖或者抵债。”从文义角度出发，该条款只规定了对“生活所必需的居住房屋”可以查封，不得变价处分，并未明确规定被执行人名下的唯一住房不得处分。然而，被执行人的唯一住房往往就是其“生活所必需的居住房屋”，因此，很多社会群众乃至部分司法人员都误以为只要是被执行人名下的唯一住房，就无法强制执行，这种误解曾经给了很多“老赖”可乘之机。实际上，唯一住房和“生活所必需住房”存在很大差别，只拥有一套住房并不一定是生活所必需的，哪怕拥有两套房屋，其中一套也有可能是生活所必需的居住用房；而即使只拥有一套房屋，假如是一套豪华别墅，则也有可能不是生活所必需的。法院通常不强制执行唯一住房的目的在于保障被执行人的基本生存权，因此判断唯一住房是否可以执行，首先应当区分唯一住房和“生活所必需住房”。具体而言，主要有以下几个判断标准。

首先，房屋的基本状况。房屋的面积大小、房间数量等是否超出了社会一般民众的居住水平，如果被执行人的唯一住房是一套“豪宅”，自然不属于生活所必需的居住房屋。其次，房屋的使用情况。被执行人是否实际使用该房屋，以及房屋的主要用途是否为家庭自住，若房屋长期处于空置状态，或者被用于出租经营使用，说明被执行人肯定存在其他住处，对其名下唯一住房的执行并不会有任何影响。再次，被执行人的能力。鉴于被执行人的学历、工作、收入、年龄等，不同的被执行人的生活自理能力也不一样，假如被执行人已经无劳动能力，无固定收入来源，执行唯一住房时就必须慎重。最后，被执行人的家庭情况。被执行人是否与家庭成员共同居住，其他家庭成员是否拥有住房，被执行人的赡养抚养义务等因素也是法院执行时必须注意的事项。

区分了唯一住房和“生活所必需住房”后，根据《查扣冻规定》第7条，“对于超过被执行人及其所扶养家属生活所必需的房屋和生活用品，人民法院根据申请执行人的申请，在保障被执行人及其所扶养家属最低生活标准所必需的居住房屋和普通生活必需品后，可予以执行”。

最高人民法院在2015年发布的《最高人民法院关于人民法院办理执行异议和复议案件若干问题的规定》（以下简称《执行异议复议规定》）第20条进一步列举了何种情形下，即便是唯一住房也可以执行。

第一，对被执行人有抚养义务的人名下有其他能够维持生活的必需的居住房屋的。比如被执行人是一位老人，虽然被执行人名下仅有一套房，但被执行人的儿子名下有许多房，足以保障被执行人的生存。

第二，执行依据生效之后，被执行人为逃避债务而转让其名下的其他房产的。被执行人原本名下就有房产，甚至有多套房产，在执行依据生效之后，被执行人为了逃避债务，通过房屋买卖转让、转移自己名下的房产，造成了名下只有“唯一住房”的假象。这类情形就属于“唯一住房”可以执行的情形，因为被执行人的上述行为目的是逃避债务的履行。

第三，申请执行人按照当地廉租住房保障的面积、标准，为被执行人以及所抚养家属提供了可供居住的房屋。比如按照当地廉租住房保障面积标准提供临时的周转房。同时，该规定还提供了一个选择性的方案，或者是申请执行人同意按照当地房屋租赁市场平均的租金标准，从该房屋的变价款中扣除五至八年租金的。这实际上是建立了一个激励配合执行的机制。

第四，如果执行依据本身就是交付居住的房屋，那么法院必须按照执行依据所确定的内容执行。但是考虑到被执行人需要另外租房子，可能要有一个周转期，所以给予三个月的宽限期，在强力打击失信行为的同时仍然维护了被执行人及其家属基本权利，不至于其无家可归。

可以说，司法实践中，基于上述认定标准，人民法院处理了大量唯一住房的执行案例。下面，我们分析两则相关案例：

在江苏省连云港市中级人民法院（2018）苏 07 执复 6 号执行复议案中，申请复议人苏某虎提出，涉案房屋为被执行人苏某伟夫妻及其两个幼年子女和复议申请人夫妻以及复议申请人岳母等七个人唯一的居住房屋，假设该唯一住房被无条件的拍卖，将直接导致被执行人苏某伟及其所扶养家属老少四代七口无家可归、损害一家老少四代的基本生存权益。法院应依照上述法律规定，对涉案房屋不予拍卖。法院经审理认为，本案中，被执行人苏某伟未按规定履行生效法律文书确定的义务，申请执行人胡某芹申请拍卖其涉案房产，并在执行过程中同意按照上述法律规定提供住房或者五至八年租金。故一审法院对该房屋进行处置并无不当。苏某虎提出的复议申请理由不能成立，对此不予以支持。

四川省高级人民法院审理的（2019）川执复 287 号执行复议案，复议申请人王某霞主张，其位于成都市成华区站北东街某办公房屋（以下简称涉案房屋）系其婚前购买，同时该房屋为唯一住房，请求法院不要拍卖涉案房屋。原审法院四川省成都市中级人民法院认为，王某霞作为生效判决确定的共同偿还责任人，在未履行判决义务的情况下，执行法院依法拍卖其所有的房屋符合法律规定，其主张涉案房屋系婚前购买不应执行的理由不能成立。同时，涉案房屋目前由王某霞出租给他人居住，其主张该房屋系唯一住房的理由不能成立。四川省高级人民法院经进一步审理认为，涉案房屋已出租，证明王某霞可能还有其他房屋，但不能证明王某霞必然还有其他房屋。涉案房屋如系其唯一住房，在执行时应按规定保障其基本的生存权利。本案在保障其居住权并给予执行宽限期的情况下，王某霞以涉案住房系其唯一住房主张不得拍卖的理由于法无据，不能成立。

综合上述两则案例，我们可以看到，司法实践中，拟处置的被执行人房屋是否为其唯一住房已经不是执行所考虑的主要因素，只要符合相关法律精神，例如在房款中扣除被执行人今后租住房屋的租金，给予一定的执行宽限期，在此情况下，完全可以执行其唯一住房。此外，如果拟执行处置的房屋属于在裁判主文中所直接确定的交付标的物，或者该房屋系抵押物，债权人有权就此优先受偿的，也属于可以执行的范围。

## 二、唯一住房如何执行

虽然被执行人名下唯一住房在理论上是可以执行的，但在具体操作过程中还是存在很多困难。比方说，唯一住房的执行往往涉及一个大家庭，被执行人可能上有老下有小，一旦强制执行会有不可控的风险，甚至可能引起社会的不稳定。对此，笔者认为，法院应当完善执行前的评估、加强执行中的力度、落实执行后的安置，建立健全唯一住房的执行规范。

### （一）完善执行前的评估

第一，要严格认定“唯一住房”。要认识到，唯一住房是指被执行人及其所扶养家属生活的唯一居住房屋。对于唯一住房的认定务必严格。在实践中，有些情形不宜认定为法律意义上的“唯一住房”，比如：进入诉讼程序后，被执行人因转让其他住房而形成一处住房的；被执行人在城镇虽只有一处住房，但在当地农村有宅基地并自建住房的；被执行人的一处住房用于出租、出借的；等等。

针对在执行过程中“唯一住房”的定义，浙江省高级人民法院于2014年专门出台《关于执行程序中执行“一处住房”相关问题的解答》明确，所谓“一处住房”，是指被执行人及其所扶养家属生活的唯一居住房屋；“一处住房”的执行仅限于城镇房屋，农村房屋涉及农村集体土地，小产权房涉及国家政策，应按相关规定执行，不属该解答范畴。同时，人民法院在执行程序中查明有下列情形之一的，不能认定被执行人仅有“一处住房”，应当予以执行：（1）一审诉讼、仲裁案件立案受理后，被执行人因转让其他住房而形成一处住房的；（2）被执行人在城镇虽只有一处住房，但在当地（县级的市、县、区）农村有宅基地并自建住房的；（3）被执行人的一处住房用于出租、出借的；（4）被执行人及其所扶养家属连续一年以上未居住的；（5）一处住房系执行案件债务所指向的标的物的；（6）其他不宜认定为“一处住房”的情形。而江苏省高级人民法院亦于2015年下发《关于执行唯一住房若干问题的通知》，其中对于虽然名义上只拥有一套住房，但不构成法律意义上的“唯一住房”作了规定。该通知第一条即规定，登记在被执行人名下虽只有一套住房，但有下列情形之一的，人民法院对登记在其名下的“唯一住房”仍可执行：（1）对被执行人有赡养、扶养、抚养义务的人名下有其他能够维持生活必需的居住房屋的；（2）一审诉讼或仲裁立案后，被执行人为逃避债务转让其名下其他房屋的；（3）被执行人在其户籍所在地或拟执行的“唯一住房”所在地农村享有宅基地并自建住房或被执行人享有小产权房等权属上有瑕疵而无法自由流转的住房的；（4）被执行人将其“唯一住房”用于出租、出借或虽未出租、出借，但超过一年无人居住的；（5）被执行人的“唯一住房”系执行依据确定的被执行人应当交付的房屋的；（6）申请执行人按照当地廉租住房保障面积标准为被执行人及所扶养家属提供居住房屋，或者同意参照当地（县级市、县、区范围）房屋租赁市场平均租金标准从该房屋的变价款中扣除五至八年房屋租金的；（7）其他可以执行的情形。

第二，确定“生活所必需的居住房屋”标准。各个地区的经济发展、生活水平各不相同，如何统一确定生活必需的标准？实践中，很多时候是以唯一住房是否超过当地廉租住房保障面积作为判断是否超过生活必需的标准，笔者认为这是一种比较客观的方法。在计算面积时应以实际居住且被执行人负有赡养、扶养、抚养义务的家属人数为基数。此外，对于处于好地段、高品质的住房即使面积在廉租住房保障面积标准以内，但其市场价值在清偿债权及执行费用后，余额足以按当地平均市场价格购置一套廉租住房保障标准面积住房的，也应视为超过生活所必需。

司法实践中，针对“生活必需住房”的概念，浙江省高级人民法院的相关司法解答认为，下列情形虽属于“一处住房”，但应认为超出“生活所必需”，人民法院可以执行：（1）住房面积超过 80 平方米，或住房面积虽然不到 80 平方米，但超过被执行人及其所扶养家属维持最低生活标准所必需（按当地廉租住房保障相关规定）的住房面积 50% 以上的；（2）被执行人及其所扶养的家属共同居住的住房面积超过 60 平方米，且房屋单价高于当地住房均价的 50% 以上的。江苏省高级人民法院的相关司法解答认为，是否超过“生活所必需”由各地法院根据经济发展水平自行确定，原则上参照以下标准：（1）面积过大。住房建筑面积达到当地住房和城乡建设部门公布的廉租住房保障面积的 150% 的；（2）市场价值过高。住房建筑面积达到当地住房和城乡建设部门公布的廉租住房保障面积且房屋单价达到当地（县级市、县、区范围）住房均价的 150% 的。

### （二）加强执行中的力度

第一，不惧“老赖”，集中力量强制清退，树立司法权威。部分被执行人原本拥有房产，甚至有多套房产，执行依据生效之后，为逃避债务而转让、转移自己名下的房产，营造“唯一住房”的假象，利用法律规定本身存在的漏洞，以名下只有一套因生活必需的住房为由，为规避执行披上“合法”外衣。在查明事实的情况下，法院可以采取集中清场等强制措施，对被执行人的“唯一住房”进行腾退，保障申请人债权兑现。

第二，加强宣传，执法透明，提升威慑力。对部分重大疑难的“唯一住房”执行案件，可以邀请电视台等媒体现场跟踪报道，实时直播执行画面，并邀请人大代表、政协委员到场见证；执行完毕后，对执行案件进行梳理总结，编写典型案例，对法律和裁判结果进行释明，通过报纸杂志、门户网站以及微信微博等进行宣传，威慑其他心存侥幸的被执行人。

### （三）落实对被执行人及所扶养家属的安置

关于“唯一住房”的执行安置，关键在于保障被执行人及所扶养家属在合理期限的居住权，主要可采取两种方式：一种方式是参照当地房屋租赁市场平均租金标准从该房屋的变价款中扣除五至八年租金，提供该租金给被执行人用以解决其居住问题；另一种是为其提供一定期限的租赁用房。

1. 关于在房屋变价款中扣除相关租金

司法实践中，关于“扣除的五至八年租金”如何确定，参考上海市高级人民法院2018年所作的《上海市高级人民法院执行局、执行裁判庭联席会议纪要（二）》，执行法院应当组成合议庭，并经评议确定“五至八年”的具体年限。同时，应参照当地房屋租赁管理部门提供的信息及市场行情并结合案件具体情况，进行充分评议，确定“当地房屋租赁市场平均租金标准”。此外，该会议纪要还列出了具体的计算公式：申请执行人同意参照当地房屋租赁市场平均租金标准从房屋变价款中扣除五至八年租金的，计算租金时应当分别确定被执行人及所扶养家属的人数、当地廉租住房保障面积标准以及当地房屋租赁市场的平均租金标准，即计算公式为：租金（元）=被执行人及所扶养家属的人数（人）×当地廉租住房保障人均面积（平方米/人）×当地房屋租赁市场的平均租金（元/平方米）。

2. 关于为被执行人及所扶养家属提供一定期限的住房

执行唯一住房案件时，拍卖变卖前宜先妥善解决好被执行人及所扶养家属的临时住房问题。提供的临时住房面积应不低于当地廉租住房保障规定所确定的人均标准。实践中，建议可采取以下方式：一是由申请执行人提供临时住房，使用期限不低于六个月；二是由被执行人自行租房，申请执行人先行垫付不低于一年的租房费用。上述两种方式产生的租金或费用从房产拍卖款中优先提取。

目前，很多地区法院都各自摸索出了一套行之有效的执行策略。比如，上海市闵行区人民法院为此设立了“周转房”制度，该制度是闵行区法院为破解唯一住房执行难所引入的新概念，其内容包含三点：一是房屋产权属于法院及当事人之外的第三人，且该第三人具备随时订立民事合同的主体资格，通常情况下该第三人为组织；二是周转房在建筑结构上具有面积小、功能比较齐全、能够满足一个家庭基本生活需要的特点；三是周转房的租金一般尽可能低廉，交通尽可能便利，且房源供应比较及时充分。通过为被执行人提供周转房的方式，在尽可能减少其心理抵触情绪的同时，也能照顾到被执行人的基本人权。

## 法律建议

被执行人所拥有的房产，作为较有价值的财产，其能否变现后偿还执行申请人的债权，很多时候意味着执行案件能否取得较好的效果。当被执行人仅有一套房屋的情况下，如何做到既保护执行申请人的合法权益，又兼顾到被执行人及所扶养家属的生存权利，是实践中所值得探讨的一个问题，具体而言有如下建议：

1. 开展法制宣传，形成社会共识

可以选取具有代表意义的“唯一住房”执行案件，通过电视台等媒体，就执行过程跟踪报道，并邀请法官现场说法，让全社会对于“唯一住房”可以执行、如何执行有普遍的共识，打消“老赖”想钻法律空子的念头。同时，可编写典型案例，通过传统纸质媒体、互联网媒体等进行宣传，营造全社会知法守法的良好氛围。

2. 加强执行引导，督促被执行人积极配合

应由执行法官对被执行人加强制度宣传，对于积极配合的被执行人在制度内予以鼓励。2019 年 11 月 5 日，北京市高级人民法院执行局局长座谈会就“唯一住房”的执行就谈到，被执行人只有一处住房的，不构成豁免执行的事由，执行法院应当积极推进处置工作。处置中，告知被执行人将视其配合腾退的态度和进展，决定为被执行人及其所扶养家属保留租金的年限，以督促其自动履行。

3. 摸清被执行人状况，有效采取执行措施

如果被执行人还有其他可供执行的财产，一般应当优先处置其他财产。只有当被执行人仅有“唯一住房”可供执行的，才应当对此采取执行措施。在执行前，应当了解清楚被执行人及所扶养家属的生活状况，如是否有生活不便的老人、长期卧床的病人等居住在内等。如果执行其唯一住房确实可能

造成其生活不利影响的，则应当进行妥善处置。在制订好详细执行方案后，如果在清场过程中遇到阻碍的，则法院应对阻挠人员进行司法惩戒，树立司法权威，保障执行申请人的债权兑现。

4. 合理安置房屋，保障被执行人后续生活

被执行人及所扶养家属的生活若得不到有效安置，则极易引发社会问题，这也是一直以来“唯一住房”执行难的关键。虽然相关司法解释规定，在房屋变价款中直接扣除一定年限的租金，即可对“唯一住房”进行执行，但笔者认为，还是应当为被执行人及所扶养家属找到合适的居住用房为宜。若简单地将预扣的房屋租金发放给被执行人，仍然无法解决其现实的生活问题。因此，应当在执行前，预先设计好下一步的过渡居住方案，切实保障被执行人的生存权利。

# 信托财产和信托受益权能否作为执行标的

## 问题的提出

信托是一种就特定的目的予以管理信托财产从而实现委托人目的的制度。在信托财产被委托人转给受托人之后，受托人基于和委托人的约定，可以充分对信托财产进行管理和处分，而在信托财产管理和处分过程之中，受托人会和信托关系人以外的其他人发生或这或那的法律上或事实上的行为，而在受托财产转移给受托人之前，亦有可能因为委托人利用信托财产而与其他人发生各种法律关系。所以，信托财产也会不可避免地面临物权法或者债权法上的问题，甚至被法院强制执行。但是基于信托财产具有的独立性，[①] 信托财产在大部分情况下是闭合的，受到信托法的保护。

信托财产既是信托法律关系赖以建立和存续的物质载体，也是信托目的得以实现的物质前提。按照信托法律关系的构造，信托一旦有效设立，信托财产就形成一个独立的、闭合的财产体，它既独立于委托人的财产，也独立于受托人的固有财产，又独立于受益人的财产。除法律规定外，人民法院不得对信托财产强制执行。[②]

如果绝对化地规定禁止对信托财产强制执行，就会导致有些人利用该法律规定逃避债务的履行。众所周知，执行程序本身有严格的程序性要求，需

---

① 信托财产的独立性主要体现在以下几个方面：(1) 独立于受托人固有财产，彼此不同的信托财产之间也互相独立；(2) 强制执行的限制，非因法定事由不得强制执行；(3) 抵销的禁止，信托财产不得与非因执行信托事务的债务抵销；(4) 混同的禁止。

② 信托法第17条规定，除因下列情形之一外，对信托财产不得强制执行：(一) 设立信托前债权人已对该信托财产享有优先受偿的权利，并依法行使该权利的；(二) 受托人处理信托事务所产生债务，债权人要求清偿该债务的；(三) 信托财产本身应担负的税款；(四) 法律规定的其他情形。对于违反前款规定而强制执行信托财产，委托人、受托人或者受益人有权向人民法院提出异议。

要一定的周期。这就意味着，债务人无论在执行程序开始前还是开始后都有充分的时间就其财产设立信托。信托的设立等于执行程序中被执行人责任财产的减少，它增加了债权人权利不能实现的风险，而且可能导致生效法律文书确定的内容落空。而就被执行人来说，信托的设立意味着本应被执行的财产可得保全，更易诱发被执行人以信托制度来规避执行的冲突。因此，厘清何种情况下债权人可以对信托财产申请强制执行，以及信托财产与信托受益权是否应区别对待，在实务中具有重大意义。

## 一、信托财产申请执行主体

### （一）委托人的债权人申请强制执行

1. 信托前信托财产上存在权利

信托法第 17 条第 1 项规定，设立信托前债权人已对该信托财产享有优先受偿的权利，并依法行使该权利的，信托财产可得强制执行。由此可见，信托财产能否强制执行，应以信托成立时间与债权发生时间为界限。信托设立前，信托财产属于委托人合法所有，委托人作为所有权人可以有效设定抵押权或者其他权利。因此，如果委托人在信托设立之前，已对信托财产设定负担权利，其债权人可以例外地对信托财产申请强制执行。

需要注意的是，是债权人享有的权利为对物权的效力，如果信托财产并不存在上述权利，债权人之债权仅为普通债权，自然不可以强制执行该信托财产。但是，根据信托法第 12 条的规定，“委托人设立信托损害债权人的合法权益的，受到损害的债权人有权利向法院申请撤销信托，该撤销权的行使期限为一年的除斥期间。但是依照该条规定，不影响善意受益人所取得的信托利益”。委托人的债权人可以依照该规定向法院提起撤销信托诉讼，待信托撤销之后，再行申请强制执行该财产。

2. 信托后信托财产存在的权利

信托设立后，信托财产所有权人已变更为信托计划。因此，委托人的债权人不可以对该财产申请强制执行。例如最高人民法院在（2008）最高法执裁字第 187 号执行裁定书中认为，陕西省高级人民法院在执行交通银行与必康制药、易融公司借款担保纠纷两案中，向中融信托送达协助执行通知书，要求中融信托协助执行易融公司在其处的信托资金及受益权。法院向证券登记结算机构送达协助执行通知书，冻结了登记在中融信托名下、受益人为易融公司的中孚实业的股票，并对其中的部分股权强制处置变现。易融公司作为收益权人，已将收益权转让给般诺公司，般诺公司故以案外人身份提起执行异议之诉。最高人民法院认为，本案的执行标的物中孚实业股票是登记在信托公司名下的信托财产，信托法已经确认了信托财产的独立性，除该法第17条规定的四种情形外，人民法院不得对信托财产强制执行。在本案中，易融公司与中融信托签订的信托合同合法有效，登记在中融信托名下、受益人为易融公司的标的股票应为信托财产，不能予以强制执行。因此，陕西省高级人民法院和商洛市中级人民法院强制执行标的股票错误，依法应予纠正。

但是，信托设立后，受托人有可能以信托财产为委托人设立担保，在这种情况下应当分别对待：首先，自益信托情况下，信托法并未禁止受托人以信托财产为委托人设定担保，但是确实有违信托宗旨的实现，从理论上来讲，为了平衡债权人的利益，债权人可以就该担保申请强制执行。其次，他益信托情况下，受托人以信托财产为委托人提供担保，存在损害信托利益的嫌疑。因此，受益人可以依照信托法规定实施其撤销权或者在信托财产受到强制执行时，提出异议或提起异议之诉。

### （二）受托人的债权人申请强制执行

信托法第17条第2项规定，受托人处理信托事务产生债务，债权人可以信托财产为执行标的申请强制执行。根据该条规定，受托人如果不是基于处理信托事务而是处理自己事务或是违背信托宗旨进行管理信托财产所产生债务，受托人的债权人自然不能以信托财产为执行标的申请强制执行。

从外观上来看，受托人其承担着信托财产的处分、管理。在这里，有必要将受托人的债权人分为两类：（1）受托人为了受益人的利益，遵照信托文件的约定执行信托事务时所发生的债务的债权人；（2）非基于处理信托事务，而是受托人处理自己事务或者违背信托文件约定所生债务的债权人。到底能否对信托财产强制执行，应当具体分析：

#### 1. 非处理信托事务所发生债务

按照信托法规定，受托人处理自己事务所产生的债务属于自己的债务，必须由受托人自己的财产承担清偿责任，而不得以信托财产清偿债务。

#### 2. 处理信托事务所发生债务

处理信托事务发生的债务，是指受托人因为管理处分信托财产，而发生的对他人应当承担的债务，比如为达成信托宗旨而借款、设定抵押等。从形式上看，其属于受托人以自己名义进行法律行为，为了信托财产的稳定，受托人原则上仍须以自有财产负责债务清偿，受托人处理信托事务所发生债务的债权人，只有在符合下列情形之一时方可向信托财产求偿：（1）合法处理信托事务所发生的债务，且受托人无法清偿。包括两种情形：一是受托人合法处理信托事务，因此而产生债务，但是受托人无法清偿；二是受托人在处理信托事务时，明确与第三人约定，免除其个人责任。在这两种情况下，因为受托人为合法处理信托事务，债权人无法从受托人处求偿，只能以信托财产作为执行标的满足其债权。（2）信托财产利益得到增加，且受托人无法清偿相对人。因为债权人与受托人的法律行为，而使信托财产利益受到增加，且因此产生的债权无法从受托人处获得清偿，在信托财产收益的范围内，债权人可以以信托财产为执行标的申请强制执行。（3）信托文件约定。如果委托人和受托人在信托文件中已有约定，债权人可以向信托财产求偿，这并不违背信托宗旨，信托财产当然可以作为强制执行的标的。（4）其他符合诚实信用原则的情形。不符合前述三种情况，但是如果符合诚实信用原则，信托财产可以强制执行。

### （三）受托人作为债权人申请强制执行

受托人依据信托文件的约定，管理处分信托财产，为了自己应有之利益而以信托财产为自己设定负担，是否有效？学理上认为，因为信托财产名义上所有人为受托人，担保物权和所有权因混同而消灭，因而不能以自己为权利人设定负担，即使设定负担也不能取得实质上的负担权利。依据信托法第37条规定："受托人因处理信托事务所支出的费用、对第三人所负债务，以信托财产承担。受托人以其固有财产先行支付的，对信托财产享有优先受偿的权利。受托人违背管理职责或者处理信托事务不当对第三人所负债务或者自己所受到的损失，以其固有财产承担。"如果受托人以其固有财产已经承担了应该由信托财产所承担的费用，其可以以信托财产为自己设定负担或主张优先受偿权，并且可以对信托财产强制执行。

## 二、信托受益权申请执行主体

依据信托文件的约定受益人享有信托财产收益取得权，该权利作为一项独立的民事权利并且具有财产价值，应当可以作为强制执行标的承担对债权人清偿责任。信托受益权作为一项财产权，受益人可以放弃、转让受益权。

在金钱债权执行案件中，执行的标的或对象是被执行人的财产。对于被执行人财产的形态，法律并无明确要求，只要具有金钱价值之物或权利，且未被法律规定不得强制执行或者基于权利本身的性质而不能执行，原则上都可以成为执行标的。信托受益权作为一种财产权，当其受益人成为执行程序中的被执行人时，信托受益权理应成为金钱债权执行程序的标的和被执行人的财产，并可以强制执行以实现申请人的债权。此外，我国信托法第 47 条规定，受益人不能清偿到期债务的，其信托受益权可以用于清偿债务，但法律、行政法规以及信托文件有限制性规定的除外。该条规定了信托受益权原则上可以用来清偿受益人所负债务，自然可以用来清偿生效法律文书确定的债务。当信托受益人不履行生效法律文书确定的义务时，执行法院通过强制措施对其信托受益权进行限制和处分并无不妥。然而，信托种类具有多样性，在此基础上的信托受益权是否都可以进行强制执行，我国并没有进行区分。信托的种类，以信托受益人是否为委托人可以将信托分为自益信托和他益信托。在美国信托法理上，他益信托又包括节省信托、扶助信托和自由裁量信托等种类。

### （一）委托人的债权人申请对受益权的执行

信托受益权作为受益人之财产权利，仅在自益信托情况下，委托人也即受益人的债权人才可以申请对信托受益权强制执行。所谓自益信托，是指委托人为受益人的信托。根据信托法 48 规定，受益人的信托受益权可以依法转让和继承，但信托文件有限制性规定的除外。如果自益信托的委托人在信托文件中没有约定不可以终止信托，依照规定其可以随时终止信托，所以委托人的债权人也可以依照民法有关规定向法院尝试提起代位终止信托，而后再依执行程序执行委托人的信托财产；如果信托文件并无明确约定禁止转让受益权，委托人之债权人可以申请强制执行。

### （二）受益人的债权人申请对受益权的执行

从理论上来看，他益信托又包括节省信托、扶助信托和自由裁量信托等种类，我国立法并未进行规定。我国台湾地区学者认为，自益信托下的受益权都可以强制执行，但是在他益信托情况下的受益权，应当根据交易安全等条件，衡量利益得失，参照美国信托法理，承认节省信托、扶助信托、自由裁量信托的有效性和特殊的功能。①

节省信托，是指为了避免受益人挥霍而限制受益权转让的信托。该类信托不能以委托人自己为受益人设立。② 信托文件禁止受益人在实际未受分配前

---

① 参见谢哲胜：《信托法总论》，台湾地区元照出版有限公司 2003 年版。

② 参见唐义虎：《信托财产权利研究》，中国政法大学出版社 2005 年版。

对信托利益的自愿转让和非自愿转让，因此信托受益人之债权人不得申请强制执行。

扶助信托，又称为扶养信托，是指受托人仅能将信托财产的收益给予受益人，供其教育或生活需要的信托。扶助信托受益人之受益权具有人身专属性质，扶助信托设立的目的是使受益人能够得到教育或者生活所需要，受益人不能进行处分，受益人之债权人亦不得对其进行强制执行。

自由裁量信托，是指对于信托财产收益的分配，由受托人依照其意志自由裁量支付给予受益人的信托。设立自由裁量信托的前提之一就是信托受益人不能向受托人主张分配信托利益，该项信托下的信托受益权属于期待的权利。因此受益人的债权人在受托人对信托利益向受益人分配之前不得申请强制执行以清偿其债务。

## 法律建议

1. 信托财产受到强制执行时的救济

如果委托人、受托人或者受益人认为被申请执行的信托财产不属于可以例外地进行强制执行的信托财产，可以依照信托法第 17 条最后 1 款的规定，向执行法院提出异议。而根据执行理论，提出异议的理由可以包括对于强制执行的决定、强制执行的方法、实施强制执行时应当遵守的程序以及其他利益受到侵害等。

所以，信托当事人如果认为有符合上述规定的理由，不应当仅限于依据信托法才能提出异议。但值得注意的是，提出异议应当在执行程序开始后、终结前以书面的方式提出。在提出异议期间，强制执行程序原则上不停止，只有被执行人提出确实的担保，法院才可以裁定是否中止执行程序。

2. 信托受益权被强制执行时的救济

如果执行法院裁定对受益权进行查封后，受托人首先应当辨别该查封决定的执行名义为何，是否为受益人的债权人申请对受益权进行强制执行，如果是其他人，则可以提起异议。然后，辨别法院的查封决定针对的执行标的是否为受益权，如果针对的是信托财产，说明法院裁定错误，应当提起异议。受托人亦应当辨别查封决定所记载的受益权是否已能由受益人向受托人所行使，是否存在期限未届至或者期限未成就，是否存在本文所说的节省信托、扶助信托、自由裁量信托几种情况，如果存在以上理由，受托人应当及时向法院申明或者告知，避免法院进入变价程序，危及受益人的权利。

其次，如果信托关系当事人在收到查封命令之后存在异议，应依法提起异议或者异议之诉，如果在法定的期间内未提出异议，法院可以依据执行名义径行强制执行。

在受益权被强制执行的过程中，能提起债务人异议之诉的主体是受益人，能提起第三人异议之诉的主体是受托人。至于具体的原因，虽然在受益权被强制执行的时候，执行效力依然扩张到受托人，受托人应当在该受益权的强制执行过程中被执行法院追加为被执行人或者取代原被执行人成为被执行人。但是实际上在对受益权执行中，被执行人仍然是受益人，受托人仅仅在受益人请求的范围内，根据执行法院的法律文书履行相应的义务，对执行债权人进行清偿，其本身不能取代受益人成为被执行人。①

3. 信托公司在法院强制执行时的协助执行义务

如上文所述，在信托设立后，信托财产并非完全隔离无法被法院执行。因此，作为信托公司而言，在接到法院协助执行的通知后，有义务配合法院完成工作。《最高人民法院关于人民法院执行工作若干问题的规定（试行）》第37条规定：“有关单位收到人民法院协助执行被执行人收入的通知后，擅自向被执行人或其他人支付的，人民法院有权责令其限期追回；逾期未追回的，应当裁定其在支付的数额内向申请执行人承担责任。”因此，除非信托公司认为法院协助执行通知所载明的标的并不存在等法定拒绝履行的情形，否则均应当配合法院予以冻结或扣划相应的财产。

信托公司作为受托人，负有善良管理义务，在接到法院的协助执行决定后，在配合法院工作的前提下，也应当及时向相关权利人反馈执行情况，以便相关权利人在法定期限内通过及时提出执行异议等方式行使自身权利。

① 江必新、刘璐：《民事执行重大疑难问题研究》，人民法院出版社2010年版。

# 三、执行异议与权利救济

## 民事执行中的评估异议

### 问题的提出

民事执行中的评估对当事人及利害关系人的利益影响甚巨。根据2005年1月1日生效的《最高人民法院关于人民法院民事执行中拍卖、变卖财产的规定》(法释〔2004〕16号),第一次拍卖的保留价不得低于评估价的80%,[①]《最高人民法院关于人民法院网络司法拍卖若干问题的规定》亦规定了拍卖的保留价应当参考相应的评估价。[②] 而若出现流拍,保留价又作为确定以物抵债的金额;[③] 无市价但价值较大、价格不易确定的变卖财产应当首先按照评估价格进行变卖,且最低的变卖价不得低于评估价的二分之一。[④]

---

① 《最高人民法院关于人民法院民事执行中拍卖、变卖财产的规定》第8条第3款规定:"人民法院确定的保留价,第一次拍卖时,不得低于评估价或者市价的百分之八十;如果出现流拍,再行拍卖时,可以酌情降低保留价,但每次降低的数额不得超过前次保留价的百分之二十。"

② 《最高人民法院关于人民法院网络司法拍卖若干问题的规定》第10条规定:"网络司法拍卖应当确定保留价,拍卖保留价即为起拍价。起拍价由人民法院参照评估价确定;未作评估的,参照市价确定,并征询当事人意见。起拍价不得低于评估价或者市价的百分之七十。"

③ 《最高人民法院关于人民法院民事执行中拍卖、变卖财产的规定》第19条第1款规定:"拍卖时无人竞买或者竞买人的最高应价低于保留价,到场的申请执行人或者其他执行债权人申请或者同意以该次拍卖所定的保留价接受拍卖财产的,应当将该财产交其抵债。"

④ 《最高人民法院关于人民法院民事执行中拍卖、变卖财产的规定》第35条第1款规定:"当事人双方及有关权利人对变卖财产的价格有约定的,按照其约定价格变卖;无约定价格但有市价的,变卖价格不得低于市价;无市价但价值较大、价格不易确定的,应当委托评估机构进行评估,并按照评估价格进行变卖。按照评估价格变卖不成的,可以降低价格变卖,但最低的变卖价不得低于评估价的二分之一。"

那么，当事人及利害关系人可以对民事执行中的评估提出哪些异议、采取哪些救济措施呢？以下笔者将结合我国现时有效的法律规定和司法判例对此问题进行探讨。

## 问题解析

### 一、异议情形

《最高人民法院关于人民法院民事执行中拍卖、变卖财产的规定》第6条第2款规定："当事人或者其他利害关系人有证据证明评估机构、评估人员不具备相应的评估资质或者评估程序严重违法而申请重新评估的，人民法院应当准许。"由于该规定颁布较早，其规定的异议情形较少。随着司法实践经验的积累，2018年9月1日生效的《最高人民法院关于人民法院确定财产处置参考价若干问题的规定》（法释〔2018〕15号）增加了当事人、利害关系人可以提出异议的情形。根据该规定第22条和第23条的规定，若评估财产基本信息错误，评估财产超出执行财产范围或者遗漏执行财产，或者参照标准、计算方法或者评估结果等错误，当事人及利害关系人亦有权提出异议。[①] 以下笔者就该等异议情形逐一分析。

#### （一）评估财产基本信息错误

评估财产基本信息包括财产的权属状况、占有使用情况等，该等情况通常会对评估结果造成较大影响，因此应当允许当事人及利害关系人提出异议。

#### （二）评估财产超出执行财产范围或者遗漏执行财产

评估财产的范围出现错误，无论是评估了不属于执行财产的财产还是遗漏了执行财产，均会对评估结果造成较大影响，因此应当允许当事人及利害关系人提出异议。

---

① 《最高人民法院关于人民法院确定财产处置参考价若干问题的规定》第22条第1款规定："当事人、利害关系人认为网络询价报告或者评估报告具有下列情形之一的，可以在收到报告后五日内提出书面异议：（一）财产基本信息错误；（二）超出财产范围或者遗漏财产；（三）评估机构或者评估人员不具备相应评估资质；（四）评估程序严重违法。"第23条第2款规定："当事人、利害关系人收到评估报告后五日内对评估报告的参照标准、计算方法或者评估结果等提出书面异议的，人民法院应当在三日内交评估机构予以书面说明。"

### （三）评估机构或者评估人员不具备相应评估资质

根据资产评估法规定，我国对评估机构和评估人员进行资质管理，评估机构和评估人员应当将相关资质证书复印件附于评估报告。为规范民事执行中的评估工作，最高人民法院根据全国性评估行业协会推荐的评估机构名单建立人民法院司法评估机构名单库。按评估专业领域和评估机构的执业范围建立名单分库，在分库下根据行政区划设省、市两级名单子库。①

值得探讨的是，当事人及其他利害关系人能否以评估机构接受委托后被除名对评估报告提出异议。根据2018年12月10日生效的《人民法院委托评估工作规范》（法办〔2018〕273号），已入库的评估机构出现下列情形之一将被除名："（一）被纳入失信被执行人名单的；（二）因违反资产评估法或者评估行业监督管理办法被有关部门处罚的；（三）已办理企业注销登记的；（四）已被市场监管部门吊销营业执照的；（五）违反所属行业协会自律管理规定，受到严重惩戒的；（六）无正当理由拒绝进行司法评估的；（七）存在弄虚作假情形的；（八）未按照在所属全国性评估行业协会报备的收费标准计算评估费用的。"② 笔者认为，鉴于评估结果关系当事人及利害关系人的切身利益，除上述第（六）项和第（八）项以外的情形均可能影响该评估机构出具评估报告的专业性、公正性，因此在此情形下，应当赋予当事人及利害关系人提出异议的权利。

### （四）评估程序严重违法

根据《最高人民法院关于人民法院确定财产处置参考价若干问题的规定》第16条至第21条的规定，在确定以评估方式确定财产处置参考价后，民事

---

① 《最高人民法院关于人民法院确定财产处置参考价若干问题的规定》第15条规定："最高人民法院根据全国性评估行业协会推荐的评估机构名单建立人民法院司法评估机构名单库。按评估专业领域和评估机构的执业范围建立名单分库，在分库下根据行政区划设省、市两级名单子库。"

② 《人民法院委托评估工作规范》第4条规定："**（第一款）**已入选名单库的评估机构具有下列情形之一的，该评估机构所属全国性评估行业协会应当及时函告最高人民法院，将其除名：（一）被纳入失信被执行人名单的；（二）因违反资产评估法或者评估行业监督管理办法被有关部门处罚的；（三）已办理企业注销登记的；（四）已被市场监管部门吊销营业执照的；（五）违反所属行业协会自律管理规定，受到严重惩戒的。**（第二款）**最高人民法院应当根据各全国性评估行业协会的建议，将相关评估机构从名单库中除名，并函告全国性评估行业协会，同时建议全国性评估行业协会五年内不得再推荐该评估机构入选名单库。"

执行的评估将经历以下主要程序。

1. 确定评估机构

法院应当通知双方当事人在指定期限内从名单分库中协商确定三家评估机构以及顺序；无法协商确定的，采取摇号方式在名单分库或者财产所在地的名单子库中随机确定三家评估机构以及顺序。双方当事人一致要求在同一名单子库中随机确定的，人民法院应当准许。

2. 委托评估

人民法院应当向顺序在先的评估机构出具评估委托书，评估委托书应当载明财产名称、物理特征、规格数量、目的要求、完成期限以及其他需要明确的内容等，同时应当将查明的财产情况及相关材料一并移交给评估机构。

3. 现场勘查

评估需要进行现场勘验的，人民法院应当通知当事人到场；当事人不到场的，应当有见证人见证。

4. 出具评估报告

评估机构应当在三十日内（不含法院决定暂缓或者裁定中止执行的期间）出具评估报告，最多延期两次，每次不超过十五日，且应于期限届满前五日书面向法院申请延期，否则法院有权委托下一顺序的评估机构重新进行评估。

5. 法院审查评估报告

法院应先行对评估报告进行审查。出现评估财产信息错误、评估财产超出财产范围或者遗漏财产、选定的评估机构与评估报告上签章的评估机构不符等情形时，法院应责令评估机构在三日内书面说明或补正，否则法院有权委托下一顺序的评估机构重新进行评估。

但是，关于法院审查是否存在时间限制，即自收到评估报告多少日内应当完成审查，《最高人民法院关于人民法院确定财产处置参考价若干问题的规定》并未明确规定。笔者认为，虽然《最高人民法院关于人民法院民事执行中拍卖、变卖财产的规定》规定法院应当在收到评估报告后五日内发送给当事人及其他利害关系人，但是由于该规定并未明确法院有审查义务，因此笔者倾向于认为该条规定并不适用于限制法院审查的时间。但由于法院采用形式审查而非实质审查，因此，实践中法院收到评估报告后审查的时间不宜过长，可以参考五日的时间限制。

6. 发送评估报告

法院应当在收到委托评估、说明补正等报告后三日内发送给当事人及利害关系人。

需要特别注意的是，目前各地法院就执行评估并未完全按照《最高人民法院关于人民法院确定财产处置参考价若干问题的规定》操作，如湖南省高级人民法院于 2018 年 11 月 5 日颁布的《湖南省人民法院对外委托工作规定》，其规定评估机构的选择方法、选择数量、评估期限等就与《最高人民法院关于人民法院确定财产处置参考价若干问题的规定》具有较大差异。

违反评估程序并不都会被认定为"严重违法"，只有在违反评估程序可能会影响评估结果的情况下，才会被认定为"严重违法"。而是否属于"严重违法"，法院具有一定的自由裁量权。如最高人民法院在一执行裁定中认为，法院未通知当事人到现场选择评估机构或告知评估机构选择情况，仅是程序上的瑕疵，并未严重侵害当事人的诉讼权利，不构成严重违法，因此未支持当事人的执行异议。①

### （五）参照标准、计算方法或者评估结果错误

评估报告的参照标准、计算方法错误属于评估技术层面的错误，该等错误将直接影响评估结果的正确性。而如笔者在本文"问题的提出"所述，评估结果的错误将影响当事人、利害关系人的利益。需要说明的是，评估方法错误是否属于可以提出异议的情形。笔者认为，虽然《最高人民法院关于人民法院确定财产处置参考价若干问题的规定》没有明确约定评估方法错误属于异议情形，但是不同的评估方法产生的评估结果通常相差较大。若评估方法错误导致评估结果错误，当事人、利害关系人有权以评估结果错误提出异议。

实践中，当事人、利害关系人会以评估价格过低为由提起异议，但是如果无法证明存在上述异议情形，即系因该等情形导致评估结果过低，法院一般不予支持。②

## 二、异议期限

根据《最高人民法院关于人民法院民事执行中拍卖、变卖财产的规定》第 6 条第 1 款的规定，当事人、利害关系人对评估报告提出异议的期限为收到评估报告后十日内。但是《最高人民法院关于人民法院确定财产处置参考价若干问题的规定》规定的异议期限为收到评估报告后五日内。该规定第 35 条同时规定，最高人民法院此前公布的司法解释及规范性文件与本规定不一致的，以该规定为准。因此，自 2018 年 9 月 1 日《最高人民法院关于人民法

---

① 参见最高人民法院（2015）执申字第 36 号执行裁定书。

② 参见最高人民法院（2019）最高法执复 4 号执行裁定书。

院确定财产处置参考价若干问题的规定》生效之日起，当事人、利害关系人对评估报告的异议期限应为收到评估报告后五日内。

## 三、救济方式

在《最高人民法院关于人民法院确定财产处置参考价若干问题的规定》生效之前，就评估异议的救济方式，司法裁判中存在不同的观点：一种观点是：评估结论并非法院的执行行为，因此不属于执行异议、复议案件受理的范围。[①] 另一种观点是：评估报告本质上是基于法院职权作出并对当事人、利害关系人权利义务产生影响的执行行为，对评估报告的程序性事项及实体性事项的异议，应纳入执行异议程序由执行裁决部门进行审查。[②]

《最高人民法院关于人民法院确定财产处置参考价若干问题的规定》对此予以了明确规定。该规定第 22 条第 2 款规定，若出现财产基本信息错误、超出财产范围或者遗漏财产、评估机构或者评估人员不具备相应评估资质或评估程序严重违法，法院应当按照民事诉讼法第 225 条处理，即法院应当自收到书面异议之日起十五日内审查，理由成立的，裁定撤销或者改正；理由不成立的，裁定驳回。当事人、利害关系人对裁定不服的，可以自裁定送达之日起十日内向上一级人民法院申请复议。

而对参照标准、计算方法或者评估结果等提出异议的情形，该规定第 23 条规定，法院应当在三日内交评估机构予以书面说明。评估机构在五日内未作说明或者当事人、利害关系人对作出的说明仍有异议的，法院应当交由相关行业协会在指定期限内组织专业技术评审，并根据专业技术评审出具的结论认定评估结果或者责令原评估机构予以补正。

需要注意的是，若当事人、利害关系人对参照标准、计算方法或者评估结果等提出异议的同时，认为财产基本信息错误、超出财产范围或者遗漏财产，则按照《最高人民法院关于人民法院确定财产处置参考价若干问题的规定》第 23 条的规定进行处理；若当事人、利害关系人对参照标准、计算方法或者评估结果等提出异议的同时，认为评估机构或者评估人员不具备相应评估资质、评估程序严重违法，则优先适用《最高人民法院关于人民法院确定财产处置参考价若干问题的规定》第 23 条的规定，若异议不成立，再适用《最高人民法院关于人民法院确定财产处置参考价若干问题的规定》第 22 条的规定。（详见图 3－1）

---

① 上海法院多采此观点，参见上海市第二中级人民法院（2017）沪 02 执复 60 号执行裁定书、上海市第二中级人民法院（2018）沪 02 执异 93 号执行裁定书，等等。

② 参见江苏省苏州市中级人民法院（2017）苏 05 执异 5 号执行裁定书。

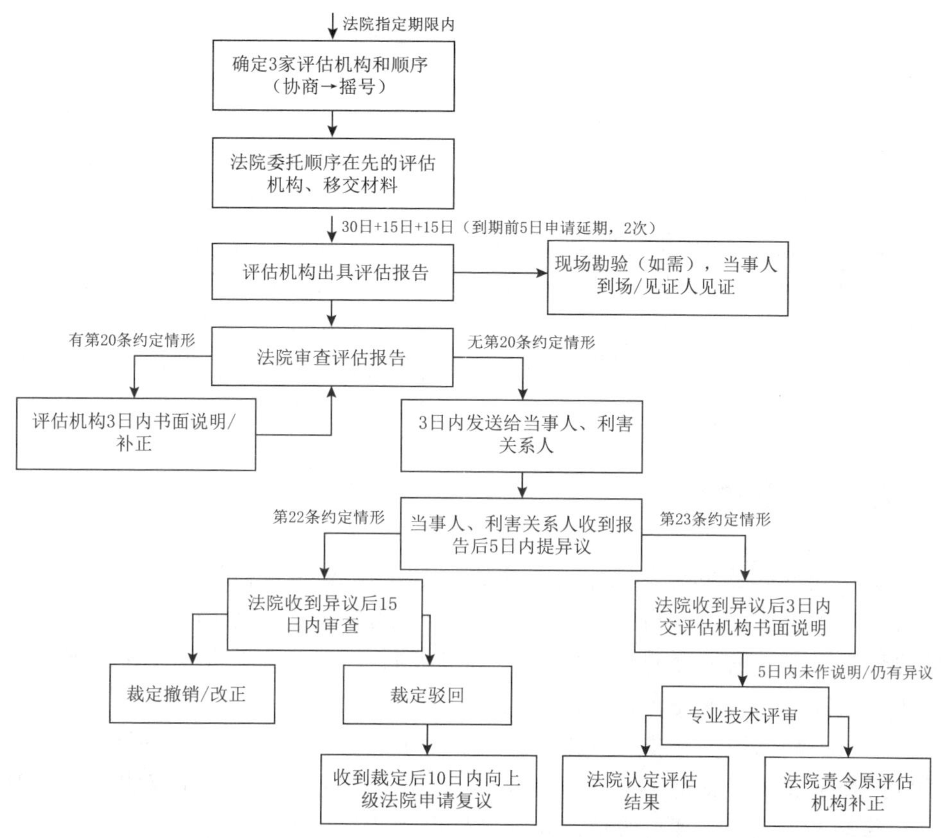


**图3－1　评估异议基本流程图**

（注：本图中的法律条文均为《最高人民法院关于人民法院确定财产处置参考价若干问题的规定》中的法条。）

## 引申探讨

若当事人、利害关系人未能在法定异议期限内提出异议，而评估报告确实存在评估机构或者评估人员不具备相应资质、评估程序严重违法等异议情形时，应当如何处理？现行法律对此没有明确约定。根据《青海昊源矿业有限公司、秦靠政合同纠纷执行审查类执行裁定书》［（2017）最高法执复25号］，最高人民法院认为，被执行人提出的评估拍卖的范围错误、评估人员的资质不合法、评估方法侵害其合法权益等问题，可能影响流拍后以该次评估报告为依据进行以物抵债的价格，涉及被执行人的实体权益，执行法院应通过执行监督程序予以审查。因此，若当事人、利害关系人未能在法定异议期限内提出异议，可以申请法院对其异议适用执行监督程序予以审查。

同时，鉴于《最高人民法院关于人民法院确定财产处置参考价若干问题的规定》第25条规定："当事人、利害关系人有证据证明具有下列情形之一，且在发布一拍拍卖公告或者直接进入变卖程序之前提出异议的，人民法院应当按照执行监督程序进行审查处理：（一）议价中存在欺诈、胁迫情形；（二）恶意串通损害第三人利益；（三）有关机构出具虚假定向询价结果；（四）依照本规定第二十二条、第二十三条作出的处理结果确有错误。"笔者认为，通过举重以明轻的解释方法，当事人、利害关系人申请适用执行监督程序也存在时间限制，即必须是在发布一拍拍卖公告之前。

## 法律建议

1. 民事执行中的评估结果与当事人、利害关系人的利益密切相关，因此应当重视在评估程序中自己享有的权利，包括选择评估机构的权利、陪同现场勘查的权利，最重要的是在收到评估报告后及时核查评估报告并最晚于收到评估报告后五日内提出异议的权利。

2. 《最高人民法院关于人民法院确定财产处置参考价若干问题的规定》虽然已经生效，但是地方法院可能未完全按照此规定执行，建议当事人、利害关系人关注就执行评估等情况执行法院是否存在特殊规定。

3. 若当事人、利害关系人不慎未在法定异议期内提出异议，但有证据证明存在异议情形，应当重新评估的，可以在发布一拍拍卖公告之前，申请法院对其异议适用执行监督程序予以审查。

# 协助执行义务人的异议权

## 问题的提出

执行过程中，法院可以依据执行申请人或被执行人的申请，发出《协助执行通知书》，相对人依法享有异议权。对于协助执行义务人而言，及时提出异议，可以防止财产被法院强制执行；对于执行申请人而言，合理应对执行义务人的异议，可以为债权的实现创设有利条件。由此，本文试厘清协助执行人义务人异议权的内容、如何提出异议、提出异议后的审查和法律效果等。

## 问题解析

### 一、协助执行的情形

在执行过程中，需要协助执行的情形不在少数。因为很多时候作为被执行标的的债权属于案外债权，或者案涉的不动产的执行有赖于不动产登记部门的变更登记行为等，法院的执行部门不能独立地完成对执行标的的执行，也不具有执行所必要的民事权利或行政权力。具体的情形，依据相关法律条文的规定，可以被大致分为以下三类：

（一）《最高人民法院关于人民法院执行工作若干问题的规定（试行）》（以下简称《执行规定》）第35—56条规定了对于金钱给付的执行，法院可以裁定相关单位和个人对执行予以协助，协助执行义务人主要是：金融机构（存款）、用人单位（未支取收入）、登记部门（登记的动产、不动产）、知识产权登记机关（登记的知识产权）、其他有关单位（有权查封、扣押其他财产的单位等）。

（二）《执行规定》第57—60条规定了交付财产和完成行为的执行，有关单位或公民依据生效的法律文书需要交付财产或完成一定行为的，法院对其也可以签发《协助执行通知书》。该类情形中，协助执行义务人是持有法律文书所指向的财务或票证的主体，一般都是物的占有人，而被执行人是物的所有权人。

（三）《执行规定》第61—69条规定了对被执行人到期债权的执行，法院可以裁定到期债权第三人不得清偿、向申请执行人履行等。理论上，这种情况下，为了与金钱给付的执行相区分，法条中称之为“履行通知”，但实践中一般也是签发《协助执行通知书》，故到期债权第三人也可以被归类为协助执行义务人，也有权提出异议。

由此，协助执行义务人不是原判决的当事人，也不是执行申请的被申请人，义务人协助执行，实际上也不会直接损害其本身固有的权利。但由于对于被执行人的执行行为需要借助其拥有的公权力、占有的财产或负担的债务等才能予以完成，法院签发的《协助执行通知书》一经送达义务人，义务人即受到该通知书的约束，有义务协助法院实施相关执行行为。

## 二、异议权的内容和行使

不论是作为协助执行义务人，还是执行申请人，在遇到上述需要法院签发《协助执行通知书》的情景时，都需要对协助执行义务人的异议权有所了解，才能正确地进行应对并及时明确下一步需要采取的措施，以下两个部分着重介绍具体异议的内容、提出异议的条件、法院对于异议的审查和提出协助执行异议之后产生的法律后果。

### （一）异议的内容

1. 执行行为异议

执行行为异议又称为“声请或声明异议”，系对违法执行的救济手段，实践中常见的作为协助执行异议提出的主张有：执行的程序违反相关法律规定、要求解除执行措施等。

2. 执行标的异议

执行标的异议相对于执行行为异议来说，由于基于的是实体权利而提出的，内容就会随着执行标的的不同而大相径庭，可能遇到的主要有：不存在债权债务关系、要求协助执行的未支取收入与实际不符、协助执行的内容已经实际履行等。

3. 同时提出执行行为异议和执行标的异议

由上述简单的对比可见，执行行为异议和执行标的异议两者本具有截然不同的内容和功能，前者是程序救济手段，而后者针对的则是当事人或案外人的实体权利。但是在协助执行的情景中，协助执行义务人往往会同时就执行程序瑕疵和自己的实体权利同时提出异议，例如“唐山某实业公司与某银行、彭某等民间借贷纠纷”一案中，作为协助执行义务人的某银行提出异议的主张之一是认为执行法院要求其协助执行的款项属于保证金，请求解除对案涉账户的冻结，既涉及了对于案涉款项享有的实体权利，又有请求法院终止执行行为的内容。① 根据《最高人民法院关于人民法院办理执行异议和复议案件若干问题的规定》（以下简称《执行异议和复议规定》）关于“案外人基于实体权利既对执行标的提出排除执行异议又作为利害关系人提出执行行为异议的，人民法院应当依照民事诉讼法第二百二十七条规定进行审查”的规定，法院在该等执行行为异议和执行标的异议竞合的情况下，适用执行标的异议的处理方法。

这种规定一方面是考虑到，在同一协助执行的案件中不可能适用两种审查路径，不仅可能由于两种程序处理时间长短的不同拖延争议解决的时间，更是考虑到了对于执行标的异议的救济方式是向法院提起执行异议之诉，相比于通过复议的途径进行救济，显然诉讼的方式更能保护当事人的相关权利。故而在两者竞合的情形下，对异议一并适用执行标的异议的处理方法在提高审理效率的同时，又充分考虑到了公平的因素。

4. 协助执行异议的外延

虽然协助执行异议可以从程序正当和权利救济两个角度向法院提出主张，但《执行规定》第 64 条还规定了一些特殊的异议内容：“第三人提出自己无履行能力或其与申请执行人无直接法律关系，不属于本规定所指的异议。”可见，虽然异议的外延相对而言比较宽泛，协助执行义务人可以根据具体情形提出具有针对性、合理性更强的理由提出异议，但是仍然要求异议的内容是与执行内容有密切联系的，且是具体的（可能需要提交相应证据予以证明）；协助执行义务人的行为能力、合同相对性等理由，由于法院强制力的介入，不被采纳。

### （二）异议的基本要件

1. 形式

《执行规定》第 62 条规定：“第三人对履行通知的异议一般应当以书面形式提出，口头提出的，执行人员应记入笔录，并由第三人签字或盖章。”

2. 期限

《执行异议复议规定》第 6 条规定：“当事人、利害关系人依照民事诉讼

---

① 参见最高人民法院（2016）最高法执监 107 号执行裁定书。

法第二百二十五条规定提出异议的，应当在执行程序终结之前提出，但对终结执行措施提出异议的除外。案外人依照民事诉讼法第二百二十七条规定提出异议的，应当在异议指向的执行标的执行终结之前提出；执行标的由当事人受让的，应当在执行程序终结之前提出。”

《执行规定》第61条第2款第3项规定：“第三人对履行到期债权有异议的，应当在收到履行通知后的十五日内向执行法院提出。”

但除了到期债权第三人作为协助执行义务人外，现行法对其他协助执行的情形并没有明确的异议期限规定，一般都是在法院“规定的履行期限”内，可见实践中该期限有赖于《协助执行通知书》的具体界定。但考虑到执行的时效利益，提出协助执行的异议一般不会太久。

3. 协助执行义务人仅以行为对抗，不视为提出异议

如果协助执行义务人以实际履行行为对抗法院的协助执行要求的，不视为提出了异议，并应当承担相应法律后果。由于协助执行涉及案外的第三人或其他机构，该协助执行义务人的立场对于申请执行人和执行机关是未知的，存在其帮助被执行人通过采取超出《协助执行通知书》所要求的方式处置执行标的的可能，损害被执行人的合法权益。在这种情况下，虽然义务人以其他方式处置执行标的，该等处置行为不被视为义务人提出的异议。相反，由于无异议或未及时提出异议的执行义务人要受到《协助执行通知书》的约束，其擅自处置执行标的的行为除了要在相应的范围内承担连带清偿责任外，还可能被法院追究妨害执行的法律责任。

4. 公开和通知

根据《最高人民法院关于人民法院执行公开的若干规定》的有关规定，对于执行过程中对协助执行义务人发出的协助请求及结果，应当及时向申请执行人公开，明示其享有的权利，并保障其能依法行使权利。该规定在一定程度上保障了申请执行人的知情权，在收到了法院公开的信息之后，对于协助执行义务人提出的异议的处理意见可以另行决定是否要收集并提交其他执行线索或着重监督协助执行义务人履行义务。

但对于协助执行义务人而言，法律并没有进行具体规定保护其知情权，协助执行义务人一旦提出了异议，法院一般不会通知其具体的处理结果。这对于协助执行义务人来说无疑会造成一定的困扰，有待后续法律法规的进一步完善和改进。

## 三、异议审查和法律效果

### （一）异议成立

如果协助执行义务人提出的异议成立，协助执行义务人不必再有协助执行的义务。

### （二）异议被驳回

如果协助执行义务人提出的异议被法院驳回，《协助执行通知书》对协助执行义务人产生约束力，义务人需要按照通知履行；同时，义务人有权根据提出异议的类型，视情况提出复议或案外人执行异议之诉。

### （三）法院对于到期债权第三人提出异议较谨慎

《执行规定》第63条规定，第三人在履行通知指定的期间内提出异议的，人民法院不得对第三人强制执行，对提出的异议不进行审查。可见，在到期债权第三人作为协助执行义务人的情形中，法院对异议采取非常谨慎的态度。可能的原因在于：（1）对于被执行人对案外人享有的到期债权，其本身与执行申请依据的法院判决、裁决几无关联性，缺乏相关的审理，难以证明其真实性；（2）考虑到执行的时效利益和司法资源的合理配置，也不可能对于花太多时间和精力对案外人提出的异议进行全面的、实质性的审查。

### （四）不履行协助执行义务的法律责任

在协助执行过程中，协助执行义务人违反协助执行义务的行为既侵犯了司法机关正常的执法秩序，又侵害了申请执行人的民事利益，在某些情况下，协助执行义务人拒不协助的行为，有可能导致申请执行人利益难以实现的法律后果。协助执行义务人提出了异议，虽然在大多数的情况下意味着相关执行的终止，但异议的提出并不绝对导向该结果，协助执行义务人需要尤其注意。

《执行规定》第33条对金融机构擅自解冻被人民法院冻结的款项，致使款项无法追回的，规定“法院应当裁定该金融机构在转移的款项范围内以自己的财产向申请执行人承担责任”；民事诉讼法第114条规定了对拒不履行协助义务的单位，人民法院有权进行罚款、拘留相关责任人员以及提出司法建议的措施；《执行规定》第100条则规定了对于自然人不执行法院裁判的制裁。虽然对于协助执行义务人不履行或不按要求履行协助执行义务的主体各有规定，但这些规定大多还浮于表面，没有对于相关当事人权利义务的明确划分，也缺乏充分的学理支撑，这一部分内容也有待于未来的进一步界定和区分。

## 法律建议

1. 对于协助执行义务人而言

（1）在确定了法院协助执行的请求后，在规定的期间内提出异议，积极行使异议权。

（2）如果异议被法院所驳回，或未在规定的期间内提出异议，为了避免承担妨害执行的法律责任，也应该严格按照《协助执行通知书》中的要求，协助法院执行被执行人的财务。

2. 对于执行申请人，可能遇有义务人提出异议

（1）在前期进行法律调查的时候，就通过法院的帮助，多方验证，确保提供的执行线索的真实性、有效性，以便顺利开展协助执行的过程。

（2）不要把协助执行视为万能的钥匙，一旦协助执行义务人向法院提出了异议，只要其形式上属于与执行相关的异议，不属于法律规定所排除的异议范畴，执行法院大概率会采纳异议，而不再对相应的标的进行执行。所以，作为执行申请人，在最初构建法律关系的时候，就应当考虑将相关的义务人都直接纳入进来，使其在执行阶段作为被执行人，通过强制执行程序直接执行相关标的。

# 执行过程中如何甄别和应对不动产承租人关于阻却执行的异议

## 问题的提出

在对不动产进行执行的过程中，承租人往往会出于阻却执行的目的而提出执行异议。一方面，执行异议可能冲击既定判决的执行效力；另一方面，执行异议也可能使之前债权人实现权利的期待落空。如何正确认识和甄别承租人提出的执行异议，并对执行异议进行有效的应对成为横亘在债权人实现债权途中迫切需要解决的课题。本文试对实务中出现的情况予以归纳，分析并提出应对的路径。

## 问题解析

### 一、承租人执行异议的甄别

依据我国《中华人民共和国民事诉讼法》（以下简称民事诉讼法）及相关司法解释，执行异议分为执行行为异议与执行标的异议。① 前者主要由当事

① 民事诉讼法第225条："当事人、利害关系人认为执行行为违反法律规定的，可以向负责执行的人民法院提出书面异议。当事人、利害关系人提出书面异议的，人民法院应当自收到书面异议之日起十五日内审查，理由成立的，裁定撤销或者改正；理由不成立的，裁定驳回。当事人、利害关系人对裁定不服的，可以自裁定送达之日起十日内向上一级人民法院申请复议。"第227条："执行过程中，案外人对执行标的提出书面异议的，人民法院应当自收到书面异议之日起十五日内审查，理由成立的，裁定中止对该标的的执行；理由不成立的，裁定驳回。案外人、当事人对裁定不服，认为原判决、裁定错误的，依照审判监督程序办理；与原判决、裁定无关的，可以自裁定送达之日起十五日内向人民法院提起诉讼。"

人或利害关系人提出，旨在审查执行法院作出的执行行为是否违反法律规定，审查的结果是维持、撤销或改正原执行行为，异议被驳回后可以另行提起复议；后者主要由案外人提起，侧重对于案外人对于执行标的的实体权利的保护，审查的结果为是否应当中止对执行标的的执行，异议被驳回后可能导致案外人执行异议之诉。两种执行异议类型在主体、目的和程序适用等问题上的区别决定了在案件执行阶段，首先应当对于承租人提出的执行异议作严格的性质区分。

在《最高人民法院关于人民法院办理执行异议和复议案件若干问题的规定》（以下简称《执行异议复议规定》）列举了几种执行行为异议和执行标的异议的内容①，在实践中，常见的承租人执行异议的类型主要有：执行内容不合法、排除强制搬迁、排除强制措施、排除拍卖、带租拍卖、以租抵债、优先购买权等。

### （一）执行行为异议的常见类型

对于执行内容的异议主要包括执行内容不特定，不具有可执行性，或者执行标的并不属于被执行人责任财产的范围等，该等主张属于《执行异议复议规定》第5条第4款所规定的“要求协助执行的事项超出其协助范围或者违反法律规定的”，当事人对此提出的异议属于执行行为异议。

排除强制搬迁的异议主要指房屋的承租人对于法院在作出依法查封并处分被执行人名下该房产的决定后，发出的责令被执行人及居住在案涉房产内的人员在指定日期内迁出，逾期不迁出则进行强制搬迁的通知所提出的异议。该类执行异议的对象是法院的执行行为，故属于执行行为异议，当事人不服执行法院对异议的审查意见，可以向上一级法院提起复议。在“某银行股份有限公司深圳分行与芦某借款合同纠纷”一案中，承租人对于法院发出的强

---

① 《最高人民法院关于人民法院办理执行异议和复议案件若干问题的规定》第5条：“有下列情形之一的，当事人以外的公民、法人和其他组织，可以作为利害关系人提出执行行为异议：（一）认为人民法院的执行行为违法，妨碍其轮候查封、扣押、冻结的债权受偿的；（二）认为人民法院的拍卖措施违法，妨碍其参与公平竞价的；（三）认为人民法院的拍卖、变卖或者以物抵债措施违法，侵害其对执行标的的优先购买权的；（四）认为人民法院要求协助执行的事项超出其协助范围或者违反法律规定的；（五）认为其他合法权益受到人民法院违法执行行为侵害的。”第8条：“案外人基于实体权利既对执行标的提出排除执行异议又作为利害关系人提出执行行为异议的，人民法院应当依照民事诉讼法第二百二十七条规定进行审查。案外人既基于实体权利对执行标的提出排除执行异议又作为利害关系人提出与实体权利无关的执行行为异议的，人民法院应当分别依照民事诉讼法第二百二十七条和第二百二十五条规定进行审查。”

制搬迁的公告向深圳市福田区人民法院提出异议，该院认为强制搬迁公告并非执行行为本身，具体的执行行为（强制搬迁）还未发生，不符合执行异议的受理条件。但深圳市中级人民法院驳回了该种观点，深圳市中级人民法院认为执行法院发出的强制执行的公告明确了迁出的期限，并明示了逾期不迁的后果，内容明确、具体，应当属于民事诉讼法第225条所涉及的客观存在的“执行行为”。[①] 由此可见，承租人对于强制搬迁提出的异议，虽然一般发生在强制搬迁行为之前，且一般以公告、通知等形式到达承租人，仍然应当被认定为执行法院作出了具体的执行行为，承租人可以对此提出执行行为异议。

排除强制执行措施的异议主要指承租人为了排除对于其主张享有租赁权的物上的查封、扣押和冻结等行为而向执行法院提出的异议。该类异议相较于针对强制搬迁公告的异议更加具体，虽然是针对执行标的提出的，申请人依据租赁法律关系，主张排除对租赁物占有状态的恢复，同时也可能达到阻却执行的效果。在这类情况中，申请人主张的对租赁物的占有，属于一种状态，其法律基础并非完整的权利。《执行异议复议规定》将这类执行过程中或者执行保全、先予执行裁定过程中的强制措施，划归为执行行为异议进行审查。

承租人优先购买权来源于《中华人民共和国合同法》（以下简称合同法）及《最高人民法院关于审理城镇房屋租赁合同纠纷案件具体应用法律若干问题的解释》（以下简称《房屋租赁司法解释》），出租人出卖租赁房屋的、出租人与抵押权人协议折价、变卖租赁房屋偿还债务的，应当在合理期限内通知承租人，承租人享有以同等条件优先购买的权利。在“某银行与某公司等金融借款合同纠纷”[②] 中，承租人认为法院在拍卖程序中没有尽到适当的调查、通知职责，从而导致承租人的优先购买权无法行使，违反了执行程序。就承租人主张的理由而言，承租人优先购买权的执行异议应当属于执行行为异议。

### （二）执行标的异议的常见类型

排除拍卖的异议主要指承租人仅依据其对于标的物享有的租赁权，主张法院执行标的物会减损其合法享有的租赁权，从而请求法院终止执行程序。该异议的主张是基于其实体权利所提出的，与排除强制执行措施的异议类似，属于对执行标的的异议。但在实践过程中，该异议的主张受到的限制较大，

---

① 参见深圳市中级人民法院（2015）深中法执复字第132号民事裁定书。

② 某银行股份有限公司南京分行与常州某材料科技有限公司、江苏某材料有限公司等金融借款合同纠纷案件，参见江苏省高级人民法院（2017）苏执复29号民事裁定书。

具体内容将在后文展开。

“带租拍卖”的异议主要指法院对不动产进行拍卖过程中，承租人提出要在确认和公示租赁事实的基础上进行拍卖，买受人要受租赁法律关系的约束。其本质是房屋的承租人在租赁期内为阻止执行程序中移交标的房屋而使受让人取得占有提出的异议。在“李某某、赵某某借款合同纠纷执行审查”一案中，最高人民法院认为“案外人于案件执行过程中对涉案房产主张租赁权，本质是阻却房产的交付，属案外人针对执行标的提出的异议，执行法院应对此进行立案审查，并作出裁定”。① 由此，承租人提出的“带租拍卖”的异议当属于执行标的异议。

以租抵债的异议在实务中是“带租拍卖”异议的一种交易模式和法律关系上的衍生，主要指的是承租人主张其与债务人之间存在在先的债权债务关系，房屋租赁只是作为债务人清偿债务的一种担保方式，租金用来适当抵扣债务。在该种模式下，一般“房租”都会一次性付清。例如在“上海某投资管理服务有限公司诉上海某银行闵行支行案外人执行异议之诉”一案中，双方就在《房屋租赁协议》中决定：（债务人）用三套房屋租赁 20 年、钱款一次性支付的方式来抵偿债务。② 该种特殊的交易模式下的执行异议，由于是对执行标的不动产上实体权利提出的，也属于执行标的异议。

## 二、租赁关系的成立时间对能否带租拍卖的影响

### （一）租赁关系成立在后，租赁关系无法约束买受人

承租人提起更多的是执行标的异议，也即案外人异议。合同法第 229 条“租赁物在租赁期间发生所有权变动的，不影响租赁合同的效力”的规定确立了“买卖不破租赁”的原则，该原则也同样适用于拍卖中租赁物的买卖。但在实践中，为了确保执行的强制效力，对于该原则进行了突破和限定。

依据《房屋租赁司法解释》的相关规定，③ 当承租人的租赁权与执行程序出现冲突的情形下，原则上遵循买卖不破租赁的原则，但抵押权设立在租

---

① 参见最高人民法院（2017）最高法执监 335 号民事裁定书。

② 参见上海市第一中级人民法院（2019）沪 01 民终 529 号民事判决书。

③ 《最高人民法院关于审理城镇房屋租赁合同纠纷案件具体应用法律若干问题的解释》第 20 条：“租赁房屋在租赁期间发生所有权变动，承租人请求房屋受让人继续履行原租赁合同的，人民法院应予支持。但租赁房屋具有下列情形或者当事人另有约定的除外：（一）房屋在出租前已设立抵押权，因抵押权人实现抵押权发生所有权变动的；（二）房屋在出租前已被人民法院依法查现现行法律框架下租赁权保护的现状封的。”

赁权之前或查封行为发生在租赁事实之前的，拍卖中的买受人可以突破买卖不破租赁的约束。该项规定重申了《最高人民法院关于适用〈中华人民共和国担保法〉若干问题的解释》（以下简称《担保法解释》）的立场，[①] 在先抵后租的情形下，抵押物的受让人可以基于自己的意思表示，选择终止或者继续维持租赁关系。

在“某银行、某企业发展总公司与某门业有限公司案外人执行异议之诉”一案中，最高人民法院引用《担保法解释》第66条，认为无论承租人与原权利人之间的租赁合同是否存在或是否有效，因其签订在后，故不能产生阻却人民法院对案涉土地使用权及房屋予以执行的效果。[②]

### （二）租赁关系在先，买卖不破租赁，但不必然发生排除执行的效果

如果确有证据证明，租赁关系先于执行所依据的基础关系之前的，法律会确认买受人应当受到原租赁关系的约束。例如，《执行异议复议规定》和最高人民法院执行局法官在《〈关于人民法院办理执行异议和复议案件若干问题的规定〉的理解与适用》中的观点认为，对于查封前已经签订合法有效的书面租赁合同并占有使用不动产，且不存在恶意串通进行虚假诉讼的，法院对于承租人的主张应予支持。

然而，应当注意的是法院在该种情况下支持的主张主要是承租人“带租拍卖”的异议，也即拍卖应当在确认和公示租赁事实的基础上进行，买受人要受租赁法律关系的约束，不能任意解除租赁关系。换言之，虽然由合同法确立了“买卖不破租赁”这一原则，但“买卖不破租赁”的适用仅限于执行程序中买受人应当受成立在先的租赁权的约束，也即需要接受承租人继续占有和使用租赁物的状态，但并不必然取得阻却拍卖的法律效果。

## 三、承租人执行异议的审查

### （一）承租人执行异议的一般审查内容

从最高人民法院的《执行异议复议规定》来看，承租人主张的租赁关系成立在先，请求“带租拍卖”的异议，因为“带租拍卖”本身会对拍卖的标的产生价值上的减损从而可能影响债权人债务的实现，实践中对承租人附加

---

① 《最高人民法院关于适用〈中华人民共和国担保法〉若干问题的解释》第66条第1款：“抵押人将已抵押的财产出租的，抵押权实现后，租赁合同对受让人不具有约束力。”

② 参见最高人民法院（2015）民申字第16号民事裁定书。

了较高的举证义务，要求承租人证明的要件主要有：（1）租赁关系真实、有效；（2）租赁合同成立在先；（3）租赁事实发生在先，包括占有和使用；（4）价款的支付情况等。

上海市高级人民法院《关于在执行程序中审查和处理房屋租赁权有关问题的解答（试行）》中也列举了包括租赁合同、占有房屋凭证和租金支付凭证等承租人主张租赁权所需要出示的证据，基本沿袭了《执行异议复议规定》的规定，以支撑其作为权利人的主张。

### （二）涉及“租金一次性支付”的审查

实践中，承租人在提出执行异议过程中，经常会提出租金已一次性支付的说法，此类付费方式不同于租金周期性支付的规律，给法院认定租赁关系造成了一定障碍。在这类案件中，法院并不会一刀切地认为此种租金支付的方式是否能够说明租赁关系真实与否、存在与否。一般而言，法院除了依据银行的转账流水等确认了交易行为真实存在之外，为了防止当事人之间通过虚构租赁关系阻却或拖延执行程序的进行，还会就约定的金额折合到每月的租金来考察该租赁关系的真实性，如果出现明显低于当期的租金市场标准，法院亦会作出驳回异议的决定。①

此外，抵押人还可以与承租人在执行程序前进行另外的约定，以应对承租人在执行阶段可能提出的阻却执行的异议。例如，上海市浦东新区人民法院确认抵押人与承租人事先签订的、合法有效的《放弃承租权承诺书》所约定的“需要依法处置系争房产时无条件放弃承租权”在执行阶段完全能够排除承租人提出的执行异议。②

（举证、质证建议详见表3－1）

**表3－1 举证、质证建议表**

| 法律事实 | 举证建议 |
|---|---|
| 租赁法律关系真实存在 | 《租赁合同》 |
| 当事人实际履行了租赁合同 | 租金支付凭证，银行流水，收据等 |
| 承租人实际占有了不动产 | 房屋交接清单，物业发票等 |

① 参见上海市第一中级人民法院（2019）沪01民终529号民事判决书。

② 参见上海市浦东新区人民法院（2018）沪0115执异232号民事裁定书。

（续表）

| 法律事实 | 举证建议 |
| --- | --- |
| 承租人实际使用了不动产 | 缴纳水、电费的凭证等 |
| 担保的设立时点问题 | 《担保合同》 |
| 不动产保全的时点问题 | 《法院财产保全告知书》 |
| 承租人放弃执行中实现抵押权 | 《放弃承租权承诺书》 |

### （三）担保物权执行的利益平衡

除了上述围绕“买卖不破租赁”所展开的普遍性的适用规则，《最高人民法院关于人民法院民事执行中拍卖、变卖财产的规定》（以下简称《拍变卖规定》）中提到，法院的强制拍卖不会导致拍卖财产上租赁权和其他用益物权等权利负担消灭，除非该等权利的继续存续会影响担保物权或其他优先受偿权的实现。① 这一规则突破了上述普遍性规范中从证明责任的划分来进行裁判的原则，强调基于对抵押权人和承租人的利益衡量，在具体案件中视租赁权的实现是否对抵押权的行使构成实质上的障碍来决定是否对抵押权人和买受人无效。从实务案例来看，法院对于该规则的适用，一般参考承租人所主张的租赁期限。以“带租拍卖”为例，租赁期限越长，越可能影响不动产在拍卖、变卖过程中的可转换的价值，从而可能直接影响抵押权人可以通过执行程序实现的抵押权，清偿债务的可能性也越低。所以在该种情况下，法院就有可能认定保护承租人的利益会严重贬损抵押权人的利益，由此驳回承租人的执行异议。上海市浦东新区人民法院就有相关判例认为，“案外人（承租人）主张的租赁期限较长（总共 20 年，至 2031 年止），若负担该租赁关系进行评估、拍卖，势必将会响申请执行人抵押权的实现”，由此驳回了承租人“在租赁期内向受让人移交占有被执行的不动产”的请求。② 无独有偶，该院在同年的另一个判决中又再次确认：“案外人主张的租赁关系期限长达 15 年，不

① 《最高人民法院关于人民法院民事执行中拍卖、变卖财产的规定》第 31 条第 2 款：“拍卖财产上原有的租赁权及其他用益物权，不因拍卖而消灭，但该权利继续存在于拍卖财产上，对在先的担保物权或者其他优先受偿权的实现有影响的，人民法院应当依法将其除去后进行拍卖。”

② 参见上海市浦东新区人民法院（2018）沪 0115 执异 386 号民事裁定书。

符合常理，若负担该租赁关系进行评估、拍卖，势必将会影响申请执行人抵押权的实现”，并驳回了案外人的异议。①

此外，对该等特殊性的规定，最高人民法院执行局法官在《〈关于人民法院办理执行异议和复议案件若干问题的规定〉的理解与适用》一文中认为：最高人民法院执行局认为执行过程中买卖不破租赁仍是基本原则，对担保物权实现构成影响的，依照《拍变卖规定》第31条执行。利益权衡的法律精神，固然在我国民商事司法领域多有出现，由于其赋予了法官的自由裁量权，将增加诉讼的不确定性，但显然是增加了债权人的权利保护途径。②

因此，对于执行申请人而言，不必对该等规则过于介意，在处理承租人异议的过程中，还是应当把工作的重心放在对于租赁关系真实性、合法性的质疑和对于租赁关系阻却执行效力的抗辩上。

## 法律建议

根据上述法律分析和相关实务案例来看，对于执行申请人而言主要有以下几点建议和启示。

1. 重视事前法律调查和风险控制

对于以不动产作为担保的情况下，除了对相对方背景的调查，并通过登记机关核实不动产上是否有设立在先的抵押、查封、网签或预告登记等在先权利或优先权利，还应通过实地走访等方式确定不动产是否已经有承租人，承租人是否已经实际占有和使用该不动产。

2. 通过各种形式进行证据的固定

一旦发现有承租人的，需要通过书面材料、谈话、电子数据、邮件往来等与当事人核实不动产租赁的基本情况，例如租赁期限、租金金额、支付方式、不动产使用情况等。最优的情况是能够取得当事人的书面合同、凭证等文件，根据法院的审查思路严格评估未来执行不动产的难度。如果在无法获取相关文件又必须就不动产设立担保的，可以要求承租人签订协议，让承租人承诺进入执行程序自动放弃权利。

3. 积极与法院沟通

某些情况下，承租人提起异议，仅出于推迟执行进度、阻碍执行推进的目的，其本身的异议可能欠缺合理性和合法性。对于执行申请人而言，案件

① 参见上海市浦东新区人民法院（2018）沪0115执异437号执行裁定书。

② 参见刘贵祥、范向阳：《〈执行异议和复议规定〉的理解与适用》，载《人民司法》2015年第11期。

一旦进入了执行程序，说明在最初法院判决生效以后，债务人已经拖延了一段履行期，能够尽早走完执行程序、获得款项实现权利无疑是最为核心的利益所在。在此类情况下，执行申请人或其代理人与执行法院积极沟通，跟进执行异议的审查、诉讼程序，积极主动地了解情况，整理、提供足以让法院驳回异议的证据就显得尤为重要。

# 离婚协议中关于房产权属的约定能否排除法院的强制执行

## 问题的提出

实践中，通过离婚协议对夫妻共有房屋进行分割后，因未及时办理产权变更登记而被法院查封的情况较为常见。如果夫妻双方已经离婚，离婚协议约定某套房产归属一方配偶所有。在尚未办理房屋过户登记之前，另一方配偶因其所负个人债务导致法院查封上述房屋。未负债方配偶基于离婚协议中对房屋权属的约定提起案外人执行异议之诉。此时，离婚协议中对未过户房产的约定能否排除强制执行？

## 问题解析

针对上述问题，一种意见认为，根据物权法的规定，不动产物权经登记发生效力，未经登记的不发生效力，法律另有规定的除外，故对于房屋产权的认定应以登记为准。婚姻法等法律并未对夫妻离婚财产分割的物权变动作出特别规定，因此，夫妻离婚对于房屋所有权的约定，未办理物权登记亦不具有物权变动的效力。而且，物权具有公示公信力，当事人之间的内部约定也不具有对外效力，不应对抗外部的当事人。另一种意见认为，婚姻法对于不动产的处分区别于一般的物权变动，只要不是双方恶意串通逃债，虽然房屋所有权转移未作变更登记，但对于实际享有房屋所有权的一方的利益应当予以保护。实践中，离婚协议关于房产权属的约定能否排除法院的强制执行，应当结合多种因素加以考虑和区分。

### 一、案外人执行异议之诉中对于未登记过户房产是否足以排除执行的认定前提

《最高人民法院关于适用〈中华人民共和国民事诉讼法〉的解释》（以下

简称《民诉法解释》）第311条对案外人执行异议之诉的实体审查标准进行了规定，即“案外人应当就其对执行标的享有足以排除强制执行的民事权益承担举证证明责任”。①“足以排除”这一表述中，“足以”是对证明程度的要求，“排除”是对权利优先性的判断。判断案外人依据离婚协议的约定对案涉房屋享有的权利是否足以排除强制执行，需对以下几方面问题予以充分关注。

### （一）明确不动产物权的权利来源

明确不动产物权的权利来源是判断案外人依据离婚协议的约定对案涉房屋享有的权利是否足以排除强制执行的前提。根据物权法第6条和第9条的规定，除法律另有规定外，不动产物权的设立、变更、转让和消灭，应当依照法律规定登记，未经登记的不发生法律效力。② 上述规则确立的登记生效主义易使人产生一种错觉，即物权系通过行政机关的登记行为被赋予产权人，抑或登记行为是行政机关对产权人享有物权的一种确认。而物权法第15条和《最高人民法院关于适用〈中华人民共和国物权法〉若干问题的解释（一）》［以下简称《物权法解释（一）》］第1条的规定，③ 则厘清了不动产物权变动的原因行为和登记行为的区别与联系，进而明确了不动产物权的权利来源。也即，买卖、赠与、抵押等基础法律行为是不动产物权的权利来源，是导致不动产物权变更登记的原因行为。可见，尽管我国物权法对不动产物权采取的是登记生效主义，但物权登记仅是不动产物权变动的其中一个条件而非原因，因此登记本身并非绝对不可推翻。

一般而言，设立、变更、转让、消灭不动产物权的基础法律关系发生变化，不动产物权的登记也将随之变化。然而，基础法律关系的变化与登记情

---

① 《最高人民法院关于适用〈中华人民共和国民事诉讼法〉的解释》第311条：“案外人或者申请执行人提起执行异议之诉的，案外人应当就其对执行标的享有足以排除强制执行的民事权益承担举证证明责任。”

② 物权法第6条：“不动产物权的设立、变更、转让和消灭，应当依照法律规定登记。动产物权的设立和转让，应当依照法律规定交付。”

第9条：“不动产物权的设立、变更、转让和消灭，经依法登记，发生效力；未经登记，不发生效力，但法律另有规定的除外。”

③ 物权法第15条：“当事人之间订立有关设立、变更、转让和消灭不动产物权的合同，除法律另有规定或者合同另有约定外，自合同成立时生效；未办理物权登记的，不影响合同效力。”

《最高人民法院关于适用〈中华人民共和国物权法〉若干问题的解释（一）》第1条：“因不动产物权的归属，以及作为不动产物权登记基础的买卖、赠与、抵押等产生争议，当事人提起民事诉讼的，应当依法受理。当事人已经在行政诉讼中申请一并解决上述民事争议，且人民法院一并审理的除外。”

况的变化在实践中往往并不同步，导致当事人在利用未办理产权变更登记的不动产从事法律行为时，常因登记权利主体与实际权利主体不一致而引发纠纷。正因如此，物权法第 17 条、第 19 条才规定在有证据证明不动产登记簿确有错误的情况下，权利人、利害关系人可以申请更正登记。法院在面对当事人因案涉房产未办理产权变更登记产生的纠纷时，也需首先对当事人之间的基础法律关系进行审查，从而明确不动产物权的真正归属。在案外人执行异议之诉案件中，绝大部分案外人在起诉时会提出确权的诉讼请求，法院当然不可回避地应对设立、变更、转让、消灭不动产物权的基础法律关系进行审查，在确认基础法律行为合法有效的情况下，才能正确划分责任，明确权属，最终认定不动产登记簿是否确有错误，并作出确权判决。①

### （二）未经登记的不动产物权在强制执行程序中的法律适用

《最高人民法院关于人民法院办理执行异议和复议案件若干问题的规定》（以下简称为《执行异议复议规定》）第25条明确规定了人民法院在实施强制执行过程中判断物权归属的依据，即“已登记的不动产，按照不动产登记簿判断”。如前所述，即使与不动产相关的基础法律关系发生了变动，当事人由于种种原因未能及时办理产权变更登记，从而出现了权利登记和权利归属不一致的情况。此时如果要求当事人另行提起确权之诉，将会极大增加当事人诉累且影响执行效率。为回应这一现实需求，最高人民法院又在其司法解释和司法文件中对未办理变更登记不动产的强制执行问题进行了特别规定。如《最高人民法院关于人民法院民事执行中查封、扣押、冻结财产的规定》（以下简称《查扣冻规定》）第 17 条规定：“被执行人将其所有的需要办理过户登记的财产出卖给第三人，第三人已经支付部分或者全部价款并实际占有该财产，但尚未办理产权过户登记手续的，人民法院可以查封、扣押、冻结；第三人已经支付全部价款并实际占有，但未办理过户登记手续的，如果第三人对此没有过错，人民法院不得查封、扣押、冻结。”此外，《执行异议复议规定》第 28 条也作了类似规定。② 这些规定体现了最高人民法院在商品房买卖

---

① 程媛媛：《离婚协议对未过户房产的约定可阻却强制执行》，载《人民司法·案例》2019 年第 11 期。

② 《最高人民法院关于人民法院办理执行异议和复议案件若干问题的规定》第 28 条：“金钱债权执行中，买受人对登记在被执行人名下的不动产提出异议，符合下列情形且其权利能够排除执行的，人民法院应予支持：（一）在人民法院查封之前已签订合法有效的书面买卖合同；（二）在人民法院查封之前已合法占有该不动产；（三）已支付全部价款，或者已按照合同约定支付部分价款且将剩余价款按照人民法院的要求交付执行；（四）非因买受人自身原因未办理过户登记。”

案件的强制执行中，基于占有和善意的考虑，一定程度上认可了未经登记的产权人所享有的权利。

山东省高级人民法院民一庭对这一裁判思路进行了拓展，其出台的《执行异议之诉案件审判观点综述》中指出："金钱债权执行中，夫妻一方依据离婚协议的约定对登记在夫妻另一方名下的房产提起执行异议之诉，请求排除执行，经审查夫妻一方在人民法院查封前已实际占有使用该房产，且对未办理过户登记没有过错的，可予支持。但双方恶意串通，逃避债务的除外。"

可见，最高人民法院及各地法院已经在强制执行程序中探索有条件地、例外地承认未经登记的权利人对不动产所享有的权利。

## 二、案外人执行异议之诉中对于未登记过户房产是否足以排除执行的具体认定标准

### （一）判断债权性质

涉案债权的性质直接关系到具体的法律适用及法益权衡，故区分涉案债权的性质是判断离婚协议关于房屋产权的约定能否排除强制执行的前提。

1. 判断涉案债权是否为金钱债权

当案外人依据离婚协议关于房屋权属的约定而排除强制执行时，应当对申请执行人所享有债权的性质进行判断，即申请执行人享有的债权是否为金钱债权。如果申请执行人享有的是非金钱债权，比如是讼争房产的买受人，其享有的是对讼争房产的物权期待权，离婚协议中关于讼争房产权属的约定未经公示，难以与之对抗。反之，如果申请执行人仅是普通金钱债权人，其只有对债务人责任财产的一般期待，并不能产生对特定财产的信赖利益，且申请执行人也应当预料到特定责任财产的不确定性和随时变化的可能性。① 在申请执行人仅是普通金钱债权人的情形下，申请执行人在寻找被执行人责任财产时发现并保全了讼争房产，其对讼争房产仅享有一定的信赖利益，如果将其金钱债权优先于实际权利人享有的物权期待权予以保护，缺乏合理性基础。②

2. 判断涉案债权是否为普通债权

当案外人依据离婚协议关于房屋产权的约定对抗申请执行人时，应当对

---

① 马向伟：《隐名权利能否阻却法院执行：权利性质与对抗效力的法理证成》，载《人民司法·案例》2017 年第 31 期。

② 王毓莹：《离婚协议关于房屋产权的约定能否对抗申请执行人》，载《人民法院报》2017 年 11 月 22 日。

申请执行人所享有的金钱债权的性质作进一步判断，区分申请执行人是否为普通债权人。依据《执行异议复议规定》第27条的规定，当申请执行人对执行标的享有抵押权等担保物权时，其作为优先债权人，债权因登记而具有公示对抗效力，可对抗案外人对执行标的所主张的权利。可见，如果涉案债权为已登记公示的优先债权，则离婚协议作为未经公示的财产权属约定，不能排除执行。

### （二）申请执行人利益的考量

1. 判断申请执行人是否为交易中的第三人

物权的公示公信制度保护的是交易中的第三人，立法初衷是维护市场交易安全和交易中的善意第三人，申请执行人如果并非通过市场交易而购买讼争房产的第三人，仅是对讼争房产的登记所有权人享有一般金钱债权，则其并不属于未经公示而不得对抗的善意第三人的范畴，不属于物权公示公信制度的保护对象。虽然离婚协议中的约定涉及讼争房产所有权的转移，但讼争房产并未实际进入市场交易流转，不涉及交易秩序和流转安全，则夫妻一方依据离婚协议而主张对讼争房产的所有权，并未侵害社会公共利益及第三人的合法权益，此时无绝对坚持物权公示公信原则之必要。从法律适应社会需求、维护公平的角度看，有必要对未登记的当事人提供适当救济。①

2. 判断申请执行人的利益是否实际受损

讼争房产是否被强制执行，直接关系到申请执行人的债权能否完全实现，与其债权利益密切相关，因此，离婚协议是否能对抗申请执行人，应当以申请执行人的债权利益是否实际被侵害为审查重点。如果离婚协议对共有财产的分割相对均等，债务人的责任财产并未因离婚对共有财产的分割而明显减少，则可视为申请执行人可实现的债权利益并未实际受到损害，此时应当本着追求实质正义的精神，尊重夫妻之间的真实意思表示，按照约定保护实际权利人。

### （三）案外人过错的判定

1. 判断案外人与债务人是否具有恶意串通的故意

实践中，讼争房产在离婚前通常为夫妻共同财产，案外人与债务人恶意串通，通过离婚行为转移财产逃避债务的情形并不鲜见。

离婚行为以及离婚财产分割协议中关于讼争房屋产权变更的约定是否具

---

① 赵晋山、王赫：《“排除执行”动产权益》，载《法律适用》2017年第21期。

有恶意串通的故意，法院在案件审理中一般从以下几个方面进行审查：(1) 离婚行为是否确属双方真实意思表示。如果案外人与债务人存在长期分居、曾起诉离婚等能证明夫妻感情确已破裂等情况，一般认定离婚行为是双方真实意思表示，无恶意串通的故意。(2) 案外人与债务人离婚的时间是否早于债务人与申请执行人债务关系发生的时间。如果离婚协议签订的时间早于债务发生的时间，则涉案债务属于债务人的个人债务，与案外人无关，法院一般认定为无恶意逃债的故意。

2. 判断案外人对未办理房屋过户登记是否具有过错

根据《执行异议复议规定》第28条的规定，明确非因买受人自身原因未办理过户登记是保护案外人物权期待权的必要条件之一。执行异议的审查中，如果无其他客观原因，案外人未通过诉讼或其他可证明的方式催促办理过户登记的，即认定案外人对讼争房屋未办理过户登记具有过错，不得排除执行。但执行异议之诉如果依然依据“表面权利规则”保护名义权利人，则执行异议之诉就失去了存在的意义。因此，执行异议之诉对案外人未办理过户登记存在过错的判断标准应当低于执行异议审查中的过错标准，即当案外人对未办理过户登记存在重大过失时，才不得排除执行。例如，案外人存在为了避税而故意不办理讼争房产变更登记、经催促仍拒绝办理变更登记等故意拖延办理变更登记的情况，才应当认定案外人对未办理过户登记存在重大过失。

### (四) 价值的冲突与权衡

1. 物权期待权与普通金钱债权的权衡

离婚协议关于夫妻共同财产的分割应当属于夫妻在婚姻中的意思自治，民法中的法律行为制度就是意思自治的工具或手段。① 意思自治应当包括行为自由与效果自主。② 案外人与债务人经自愿协商达成离婚协议，如果案外人已经实际占有使用讼争房产，并对于讼争房产未及时办理变更登记没有重大过失，其对讼争房产即产生了直接的支配关系，其距离完整法律意义的所有权人仅有一步之遥，与讼争房产的关联更为密切，故案外人因离婚协议的约定对讼争房产享有物权期待权。如果申请执行人仅为一般金钱债权人，并未办理抵押登记等公示行为，其债权未经公示不具有优先效力，根据权利的优先性比较，其对债务人的债权难以对抗实际权利人对讼争房产享有的物权期待权。

---

① 王泽鉴：《民法总则》，中国政法大学出版社2001年版。

② 朱庆育：《民法总论》，北京大学出版社2013年版。

2. 生存权益与信赖利益的权衡

房产与一般财产的主要区别在于，其除了具有一定财产价值外，还具有给居住人提供生存保障的功能，故判断案外人对讼争房屋的权利能否排除执行，还需判定讼争房屋是否涉及案外人的生存权益。如果案外人能举证证明其除了讼争房屋外名下无其他房屋，且一直居住于讼争房屋内，则应当认定讼争房屋涉及案外人的生存权益。一般债权人基于对债务人所享有财产的情况而产生一定信任，而与其发生债权债务关系，或在诉讼或执行程序中保全了讼争房屋，如果债务人名下财产的实际权利人与登记权利人不符，即侵害了一般债权人的信赖利益。但毕竟对一般债权人的债权保护还可通过执行债务人的其他责任财产来实现，而对居住于讼争房产的案外人来说，对讼争房产的执行会影响其生存保障，故在伦理上，对案外人生存权益的保护应当优于对一般债权人信赖利益的保护。

## 法律建议

1. 既然在司法实践中，通过离婚协议的约定仍可在一定范围或程度上排除法院对夫妻一方名下房产的执行，则在债务形成时，应当尽量对债务人名下的房产办理抵押手续，以取得优先权。

2. 在债务人尚未离婚前，针对夫妻一方所负债务，债权人可以要求债务人的配偶方提供保证担保，或者承诺对夫妻一方所负债务在另一方的夫妻共同财产范围内予以清偿。如此，无论夫妻双方在离婚协议中就财产分割作出何种约定，均可列入可供执行的财产范围。

3. 执行申请人在查找到登记在被执行人名下的房产后，由于作为实际产权人的案外人可能提起案外人执行异议之诉导致执行过程可能被阻断，一方面申请执行人应当尽量查找更多的被执行人的财产线索，以谋求债权的最大化实现；另一方面应当积极搜集债务人是否同配偶恶意串通，拟通过该方式转移财产的证据，在执行异议之诉中赢得主动。

# 有限责任公司的股权代持人能否以其非实际股东为由对抗该股权的执行

## 问题的提出

B代A持有某有限责任公司的股权，后B与C因其他事项发生纠纷，C向法院提出申请，法院因此冻结了登记在B名下的某公司的股权，A向法院提出执行异议，请求停止对该股权的执行。在该类案件中，是否应当支持A的诉请，不同法院存在着不同的判决结果。

实践中，代持股现象广泛存在，由此产生了不少的法律纠纷。在股权代持中，公司登记股东与实际出资人不一致，登记股东被称为显名股东，实际出资人被认为是隐名股东。实际出资人所拥有的权利能否排除强制执行，一直是司法实务中审理的重点及难点，由于对相关法条及制度存在不同的理解，对该问题的处理存在着较大的差异。本文主要探讨在执行中，申请执行人请求执行显名股东股权，该股权代持人能否以其非实际股权所有人而阻碍执行？

## 法律解析

### 一、法律并未禁止有限责任公司的股权代持

依据《最高人民法院关于适用〈中华人民共和国公司法〉若干问题的规定（三）》［以下简称《公司法解释（三）》］第24条规定：“有限责任公司的实际出资人与名义出资人订立合同，约定由实际出资人出资并享有投资权益，以名义出资人为名义股东，实际出资人与名义股东对该合同效力发生争议的，如无合同法第五十二条规定的情形，人民法院应当认定该合同有效。”

根据该司法解释可以知悉，有限责任公司股权代持协议并未受到法律的禁止，也即当事人间的股权代持协议如果不存在合同法第52条所规定的无效

事由，股权代持协议当属有效。

## 二、基于股权代持产生的争议

公司法第32条2款规定："公司应当将股东的姓名或者名称向公司登记机关登记；登记事项发生变更的，应当办理变更登记。未经登记或者变更登记的，不得对抗第三人。"

根据该条款的规定，公司股东在公司登记机关的登记是公司对外表明股东的方式，未经登记或者变更登记的股东，不得对抗第三人。但是，对于该规定的理解与适用存在争议。该条所指的"第三人"是所有的对外第三人还是仅指与该股权处分有关联的第三人？同时依据《公司法解释（三）》第25条的规定，名义股东将登记于其名下的股权转让、质押或者以其他方式处分，实际出资人以其对于股权享有实际权利为由，请求认定处分股权行为无效的，人民法院可以参照物权法第106条的规定处理。也即当存在显名股东处分股权的情形下，是否对抗第三人将取决于第三人是否构成善意取得。

因此，正是存在上述理解上的争议，对于申请执行人向法院申请执行显名股东代持的股权，显名股东是否能以其非实际股东为由对抗该股权的执行，或者隐名股东是否能以股权为其所有阻碍执行值得探讨。

## 三、代持股权执行中的阻碍

根据《最高人民法院关于适用〈中华人民共和国民事诉讼法〉的解释》第312条第2款规定的："对案外人提起的执行异议之诉，人民法院经审理，按照下列情形分别处理：案外人就执行标的享有足以排除强制执行的民事权益的，判决不得执行该执行标的；案外人就执行标的不享有足以排除强制执行的民事权益的，判决驳回诉讼请求。案外人同时提出确认其权利的诉讼请求的，人民法院可以在判决中一并作出裁判。"根据该规定，案外人执行异议之诉的审理程序为特殊性规则，有别于两个不同的法律关系不能在一个案件中合并审理的民事案件审理之一般性规则。根据民事诉讼法相关司法解释规定，案外人提起执行异议之诉，同时提出确认其权利的诉讼请求的，人民法院可以在判决中一并作出裁判。故隐名股东可在执行异议之诉中同时请求确认其股东资格，人民法院可以一并作出裁判。

## 四、司法实务观点

司法实务中，对于代持的股权是否可依申请执行人的申请而被强制执行存在争议。

### （一）观点一：代持股权能被强制执行

如前所述，对于公司法第 32 条第 3 款的规定的“第三人”存在不同的理解，实践中，诸多法院认为，该第三人并不仅限于对股权处分有关联的债权人，而是包括与股权持有人产生债权债务关系的所有债权人。

如最高人民法院在其案件中明确表示，工商登记是对股权情况的公示，与公司交易的善意第三人及登记股东之债权人有权信赖工商机关登记的股权情况并据此作出判断。股权代持协议仅具有内部效力，对于外部第三人而言，股权登记具有公信力，隐名股东对外不具有公示股东的法律地位，不得以内部股权代持协议有效为由对抗外部债权人对显名股东的正当权利。① 上海市第二中级人民法院在相关裁判观点中也认为，现无法律规定公司法第 32 条第 3 款的第三人仅限于商事交易领域，申请执行人依据工商登记的股权归属，有权申请对显名股东持有股权的强制执行。

重庆市高级人民法院②在解释该条规定时认为，依据该条规定，隐名股东在公司对外关系上不具有公示股东的法律地位，不能以其与名义股东之间的约定为由对抗外部债权人对名义股东主张的正当权利。因此，对于是否有实际出资人，不影响债权人实现其请求对登记在显名股东名下的股权进行强制执行的权利主张。

综上所述，上述法院首先为股权代持协议仅仅具有内部效力，不对抗不知该代持情形的外部第三人。另外，对于公司法第 32 条第 3 款所称的“第三人”的解释，上述法院也认为该第三人并不限缩于与显名股东存在股权交易关系的债权人，显名股东的非基于股权处分的债权人亦应属于法律保护的“第三人”范畴。因此，最终认为对于股权代持人的股权执行，应当被支持。

### （二）观点二：代持股权不可被强制执行

主张代持股权不可强制执行的理由，主要在于法院认为隐名股东所享有的实际权利值得保护。同时，与前述对公司法第 32 条第 3 款的“第三人”解释相反，这种观点认为商事外观主义所应保护的信赖利益债权人的范围并不包括名义股东的非基于股权处分的债权人，申请执行人不能适用商事外观主义原则主张对股权进行强制执行。

具体而言，如最高人民法院的裁定书中，法官认为商事外观主义原则的

---

① 参见最高人民法院（2016）最高法民申 3132 号民事裁定书。

② 参见重庆市高级人民法院（2016）渝民终第 2 号民事判决书。

适用范围不包括非交易的第三人。案涉执行案件代持人的债权人并非针对代持人名下的股权从事交易，仅仅因为债务纠纷而寻查代持人的财产还债，并无信赖利益保护的需要。若适用商事外观主义原则，将实质权利属于被代持人的股权用以清偿代持人的债务，将严重侵犯被代持人的合法权利。①

地方法院中，山东省高级人民法院民二庭在《关于审理公司纠纷案件若干问题的解答中》中认为："商事外观主义原则的适用范围不包括非股权交易第三人。在外观权利与实际权利不一致的情况下，根据权利外观理论，善意第三人基于对权利外观的信赖而与名义权利人进行民事法律行为的，该民事法律行为效力受法律的优先保护。但，如果名义股东债权人申请执行的是其与名义股东因借款关系等而形成的一般债权，债权人并没有与名义股东从事涉及股权交易的民事法律行为，从权利外观原则来看，此时的债权人不是基于信赖权利外观而需要保护的民事法律行为之善意第三人，故其债权请求不能受到优先于实际权利人的保护。"

四川省宜宾市中级人民法院明确表明，公司法第 32 条第 3 款关于"不得对抗第三人"是为了维护商事交易安全，其适用范围应当围绕商事交易展开，限于交易的进程中，并且交易主体对标的物权属应尽合理的注意义务。在该案中，申请执行人并非就股权进行交易，而是要执行股权代持人的股权来满足其债权的实现。此时的股权，仅是"强制执行"的标的，而不是"商事交易"的标的，工商登记的外观主义原则不适用于非交易的第三人。②

综上，司法中另一种观点更注重保护隐名股东的实质权利，对于非基于股权处分的第三人并不适用商事外观主义的信赖保护原则，股权代持人或者有异议的案外人在证明确实存在股权代持事实的情况下，法院不予执行隐名股东的股权。

### （三）小结

从上述所列相关典型案例可知，司法实践中相关法院、甚至同一法院的不同法官并未在代持股权的执行问题上形成统一观点。一些法官主张，隐名股东作为实际出资人的权利应予保护，另一些法官则否认代持关系的对外效力。在隐名股东和显名股东的债权人之间，在保护实际权利人和为维护交易安全而保护债权人之间存在争议。笔者认为，依法进行登记的股东，理应具有对外公示效力，隐名股东不能以其与显名股东之间的约定为由对抗第三人。

---

① 参见最高人民法院（2015）民申字第 2381 号民事裁定书。

② 参见四川省宜宾市中级人民法院（2016）川 15 民终 140 号民事判决书。

在此不区分第三人的性质，只要公司显名股东因未能清偿到期债务而成为被执行人，法院依据债权人的申请对其在工商登记中记载的股权强制执行，该执行行为合法，隐名股东提起执行异议之诉，请求停止执行的，不能获得支持。

### 商事外观主义

商事外观主义是指，名义权利人的行为或者有关权利公示所显示的表象构成某种法律关系的外观，导致第三人对于该种法律关系产生信赖，并出于此种信赖而为某种民事法律行为时，即使有关法律关系的真实状况与第三人主观信赖的状况不符，只要该第三人的主观信赖合理，其据以作出的民事法律行为的效力就应受到优先保护。

因此，根据商事外观主义原则，对公示体现出来的权利外观，导致第三人对该权利外观产生信赖，即使真实状况与第三人的信赖不符，只要第三人的信赖合理，第三人的民事法律行为效力即应受到法律的优先保护。就股权代持的情形，笔者认为，当事人所签订的“股权代持协议”“委托投资协议”等均只在当事人之间有效，如显名股东的“股权所有者”身份，擅自处分股权，实际出资人不得对抗善意第三人。

## 法律建议

1. 股权代持风险的提前预防

申请执行人在交易初期应当对交易相对方进行充分的尽职调查，对于交易相对方的持股情况需要进行谨慎研究，为规避风险，在可能存在风险时，可与相对方在交易前签署关于股票实际持有的相关保证承诺，如“本人持有的公司股权为本人实际合法拥有，不存在权属纠纷，不存在委托持股或者类似安排，不存在禁止转让、限制转让的承诺或安排，亦不存在质押、冻结、查封、财产保全或其他权利限制。本人若违反上述承诺，将承担因此造成的一切损失或违约责任”。

2. 股权处分下注意把握善意取得

若申请执行人作为股权处分的债权人申请执行，此时依据法律的规定，在显名股东无权处分时，只有符合善意取得时，申请执行人才有权利基础申请强制执行。故申请执行人在交易中如不符合善意取得要件，则法院可能会不予支持。

3. 不予执行股权的程序救济

根据法律规定，申请执行人对法院不予执行的裁定不服，可以通过提起执行异议之诉的方式进行救济。

4. 注意不同地区法院的态度

司法实践中相关法院、甚至同一法院的不同法官并未在代持股权的执行问题上形成统一观点，但是为保证申请执行人成功主张权利，应提前了解各个地区法院对于该类案件的审理态度，进而在约定争议解决地时选择有利于权利主张的法院。

# 超额查封的认定

## 问题的提出

甲借款500万元给乙，乙到期未还，后甲起诉乙，在诉讼过程中，债权人甲提起财产保全，法院依申请查封了乙与其妻子丙名下的一套价值1000万元的房产，乙提出保全行为复议，认为法院构成超额查封。

那么，法院能否查封乙丙夫妻共同财产呢？查封这一价值1000万元的房产是否构成超额查封呢？

## 问题解析

《最高人民法院关于人民法院民事执行中查封、扣押、冻结财产的规定》第21条规定："查封、扣押、冻结被执行人的财产，以其价额足以清偿法律文书确定的债权额及执行费用为限，不得明显超标的额查封、扣押、冻结。发现超标的额查封、扣押、冻结的，人民法院应当根据被执行人的申请或者依职权，及时解除对超标的额部分财产的查封、扣押、冻结，但该财产为不可分物且被执行人无其他可供执行的财产或者其他财产不足以清偿债务的除外。"该条规定明确禁止了超额查封以及对超额查封的救济，但是对于超额查封如何认定，法律及司法解释均无更明确规定，在最高人民法院有关超额查封的一系列判决中，也没有解释哪些情形属于超额查封，超额查封有何计算标准，但是，这一系列判决界定了哪些情形不属于超额查封，通过梳理这些判决，也能帮助我们反向认定超额查封。

### 一、是否超额不能单纯依据标的物价格

在"广厦某集团有限责任公司与宁夏某餐饮娱乐有限公司建设工程施工合同纠纷案"中，宁夏某餐饮娱乐有限公司拖欠广厦某集团工程款3000万

元，因宁夏某餐饮娱乐有限公司不履行，广厦某集团向重庆市高级人民法院申请强制执行，重庆市高级人民法院查封了宁夏某餐饮娱乐有限公司名下的“某大酒店”及其土地使用权，经法院资产评估，该笔资产总价值8000余万元。宁夏某餐饮娱乐有限公司认为该查封明显超标的额，申请解除查封，重庆市高级人民法院经审查驳回申请，宁夏某餐饮娱乐有限公司遂向最高人民法院提起复议。最高人民法院在审理中认为，本案单纯从标的物的评估价格看，确实超过执行标的数额，但是否应解除超过部分的查封，还应结合案件具体情况来确定。在本案中，综合考虑迟延履行利息、被执行人欠缴的土地使用权出让金、各种税费和执行费用、拍卖佣金、拍卖标的物过户费，以及在确定拍卖保留价时依法可以下浮的比例等因素。① 法院查封不构成超标的额查封。最终，最高人民法院驳回了宁夏某餐饮娱乐有限公司的复议请求。②

在“孟某某与南通某房地产投资发展有限公司、上海某房地产开发经营有限公司等合资、合作开发房地产合同纠纷案”中，经江苏省高级人民法院调解，南通公司等同意向孟某某赔偿损失1.4亿元，但南通公司资金迟迟不到位，故孟某某申请强制执行，江苏省高级人民法院查封了南通公司名下多处房产，南通公司主张被查封财产总价值4.7亿元，法院已超额查封，要求法院解除超额查封部分。最高人民法院在审理中认为，对于司法解释规定的“明显超标的额”的限制，应当适当从宽掌握。江苏省高级人民法院依法查封的标的物是不动产，而非存款等具有明确价额的财产。而且案涉不动产未经评估，无法精确计算其价值，因此法院可以综合各种因素估算查封财产的价值。考虑到债权数额仍在持续增加，查封的不动产上还设有抵押权，结合司法拍卖的不确定因素以及市场波动等情况，因此，从目前查封的财产看，江苏省高级人民法院并未明显超标的额查封财产。被执行人虽然主张查封财产的价值达47928.6万元，但未提交相应证据予以证明，因此也不能作为超额查封的认定标准。③

在“王某某与陈某某、云南某房地产开发经营有限公司、云南某房地产开发经营有限公司借贷纠纷案”中，王某某申请强制执行其对三被告1.6亿元的债权，云南省高级人民法院为此查封了两公司2.4亿元的财产，被执行

---

① 《最高人民法院关于人民法院民事执行中拍卖、变卖财产的规定》第8条第2款：“人民法院确定的保留价，第一次拍卖时，不得低于评估价或者市价的百分之八十；如果出现流拍，再行拍卖时，可以酌情降低保留价，但每次降低的数额不得超过前次保留价的百分之二十。”

② 参见最高人民法院（2013）执复字第6号执行裁定书。

③ 参见最高人民法院（2015）执复字第28号执行裁定书。

人认为云南省高级人民法院超额查封。最高人民法院在审理中认为，首次拍卖以评估价的80%作为保留价，每次拍卖可再降低20%，如果对查封标的物实行三次拍卖，变现价值可低至1.6亿元左右。而王嘉庸的债权本金1亿元及利息、迟延履行利息的总额，与查封的房地产、冻结的100万元股权价值基本相当，因此，本案不存在明显超标的查封、冻结。对于陈某某、两公司认为对部分查封、冻结财产应予以解封的主张，不予支持。①

通过梳理最高人民法院关于超额查封问题的裁定，可以发现，在认定是否构成超额查封时，法院不会单纯根据执行标的物的价格进行判断，而是要综合考虑标的物上的权利负担，司法拍卖过程中因为多次流拍导致的标的物价值的贬损，以及迟延履行的利息在最终执行前仍在增长等因素。

## 二、价格评估不是查封阶段的必要程序

根据《最高人民法院关于人民法院民事执行中拍卖、变卖财产的规定》第3条的规定，“对拟拍卖的财产，人民法院应当委托具有相应资质的评估机构进行价格评估。对于财产价值较低或者价格依照通常方法容易确定的，可以不进行评估”。上述规定只要求进入拍卖程序的财产需要进行评估，但是对于法院查封财产时是否需要进行价格评估以防止超额查封未作规定，从最高人民法院的判例来看，对此原则上是不作要求的。比如在前述“王某某与陈某某、云南某房地产开发经营有限公司、云南某房地产开发经营有限公司借贷纠纷案”中，最高人民法院裁定中载明：“关于查封标的物价值的判断，如果没有进行评估，可以参照相应的市场价格以及兼顾司法拍卖变现过程中的降价因素等综合认定，如果进行了评估，评估报告可以作为认定标的物价值的主要依据。”在“孟某某与南通某房地产投资发展有限公司、上海某房地产开发经营有限公司等合资合作开发房地产合同纠纷案”中，最高人民法院裁定载明：“因案涉不动产未经评估，无法精确计算其价值，江苏高院仅能综合估算查封财产的价值。因此，对于司法解释规定的‘明显超标的额’的限制，应当适当从宽掌握。”唯一一个例外是在“姚某与海南某书店有限公司借贷纠纷案”中，最高人民法院认为海南省高级人民法院“未委托评估，……即认定本案不存在超标的查封，亦构成认定事实不清”②，遂将该案发回重审。为何该案特别要求进行委托评估？笔者通过与其他案件比较后认为，该案中申请执行人和被执行人均提出资产评估申请，且被执行人认为法院构成超标的

① 王某某与陈某某、云南某房地产开发经营有限公司、云南某房地产开发经营有限公司借贷纠纷案，参见最高人民法院（2015）执复字第12号裁定书。

② 参见最高人民法院（2015）执复字第47号民事裁定书。

查封，在此种情况下，海南省高级人民法院仍不进行评估，最高人民法院认为这样是不恰当的。而在其他案件中，或者当事人并未提出评估申请，或者当事人提出异议但未举出足够证据证明超额查封，总之不影响法院的自由裁量权的行使，所以最高人民法院也未作要求。

总的来看，被执行人为了最大限度维护自身利益，往往会虚高其财产价值，忽略其财产上权利负担带来的财产贬值；而申请执行人，同样是为了最大限度维护自身利益，更倾向于计算各种贬值因素，尽可能将被执行人财产的价值压低。而后者，由于充分考虑了财产上的各项负担，其计算结果相较于前者往往更接近于财产的实际价值，因而也就更容易为法院所采纳。

另外，值得注意的是，在公开检索到的最高人民法院审理的最近几年 16 起与超额查封有关的案件中，有 14 起案件中被执行人关于超额查封的复议均被最高人民法院驳回，可以说，司法实践中超额查封申请最终被支持的概率较小，这从一方面也说明，保全法官在进行财产保全之初，一般基于内心判断，已对被保全标的物的价值作了合理判断。

## 引申探讨

### 一、不可分割财产的超额查封问题

在实践中会出现这样的情形：丈夫负有个人债务 100 万元，但其仅有一份财产，即其与其妻子共有的一套价值 1000 万元的房屋，此时法院查封该房屋是否构成超额查封呢?

根据《最高人民法院、国土资源部、建设部关于依法规范人民法院执行和国土资源房地产管理部门协助执行若干问题的通知》第 10 条的规定，“人民法院对可以分割处分的房屋应当在执行标的额的范围内分割查封，不可分割的房屋可以整体查封”。上海市高级人民法院、上海市房屋土地管理局在《房地产执行座谈会纪要》中明确表示，“人民法院查明被执行人在其他房地产权利登记人名下的房地产中拥有权益，被执行人也无其他房地产可查封的，可以要求该房地产权利登记人协助，并查封该房地产登记人名下的房地产……对不可分割的房地产，应当整体查封”。

因此，为了保障法院执行可以顺利落实，如果被执行人仅有不可分割的财产，无其他替代财产可供查封，那么，即便该财产明显超过执行标的额，法院仍然可以查封，而且，即便该财产还有其他所有人，法院依然可以查封。此种情形下的查封，不构成超额查封。

## 二、轮候查封不计入查封标的额

实践中，法院往往不能一次性查封完被执行人所有可供执行的财产，如果一部分财产已经被法院另案查封，那么法院只能先对该部分财产做轮候查封。那么，该部分轮候查封的财产需要和其他正式查封的财产一起计入查封额度里去吗?

在“兰州某小额贷款有限责任公司诉兰州某机器制造有限公司、四川某重工机械有限公司、四川某投资有限公司借款合同纠纷案”中，甘肃省高级人民法院在审理过程中，裁定冻结三被告的银行存款 2687. 3416 万元或查封、扣押其等值财产。甘肃省高级人民法院作出上述裁定后，对兰州公司名下的部分银行存款账户进行了查封，并就其名下两宗土地使用权采取了轮候查封的保全措施。兰州公司对甘肃省高级人民法院的冻结、查封行为不服，向甘肃省高级人民法院提出书面异议，认为甘肃省高级人民法院超标的保全其财产，但被驳回，后又向最高人民法院进行复议。最高人民法院认为，轮候查封在性质上不属于正式查封，并不产生正式查封的效力。轮候查封产生的仅是一种预期效力，类似于效力待定的行为。甘肃省高级人民法院对兰州公司名下土地使用权实施的轮候查封属于诉讼保全措施，在性质和效力上属于临时性措施，主要目的是防止兰州公司转移财产，在客观上并未对保全的标的进行处置。退一步讲，即便本案将来进入执行程序，且甘肃省高级人民法院在本案中对兰州公司名下土地使用权实施的轮候查封转变为正式查封，进而发生正式查封的法律效力，所查封的两宗土地使用权变现所得价款究竟还有多少可用于实现本案债权，尚取决于在先查封案件的执行情况。

鉴于此，甘肃省高级人民法院冻结兰州公司名下三个银行账户存款合计 1. 819058 万元的措施不构成重复保全，兰州公司关于甘肃省高级人民法院对其实施了超标的保全的理由与事实不符，且于法无据，不予支持。①

## 三、诉讼保全期间可以参考被执行人单方委托的评估鉴定意见

在查封过程中，不可避免地要涉及对所要查封的财产的估值问题，一般而言，法院可以委托第三方评估机构评估，也可以由双方当事人共同指定评估机构评估，法院也可以自行估值。而在诉前财产保全中，考虑到法院尚未作出生效判决，具体需要执行的债权额尚不确定，为了尽量减小查封、冻结措施给被执行人财产带来的影响，资产评估的天平倾向于被执行人一方。

---

① 参见最高人民法院（2014）执复字第 25 号执行裁定书。

在“熊某某建设工程施工合同纠纷案”中，青海省高级人民法院依据被执行人贵州某公司单方面提供的资产评估报告，认为其先前的诉前保全存在超额查封的问题，于是解除了超标的额部分的查封，申请执行人熊某不服向最高人民法院申请复议。

最高人民法院认为，诉讼财产保全限于请求的范围，或者与本案有关的财物。本案属诉讼财产保全裁定的执行，查封、扣押、冻结担保人贵州某公司财产，一般应以诉讼财产保全裁定确定的财产价值为限。对于诉讼财产保全裁定执行中，确定查封、冻结财产的价值数额问题，是否需双方共同委托或由人民法院指定的司法鉴定机构来进行评估，目前法律、司法解释并无明确规定。因此，当事人自行委托有资质的司法鉴定机构对案涉房产价格进行评估，并将鉴定意见用于佐证其主张，执行法院经审查予以采纳并认定超额查封的，并不违反法律规定。①

## 四、对在建工程保全价值的确定

对于正在建设中的工程项目，其价值似乎不能按照已建成的工程项目的价格进行计算，那么，该如何计算呢?

在“李某某与甘肃某房地产开发有限公司民间借贷纠纷案”中，李某某因就其对公司2亿元借款，向甘肃省高级人民法院提起诉讼并申请诉讼保全。甘肃省高级人民法院随后冻结被申请人公司的银行存款2亿元并查封了被申请人公司名下合计36703.83平方米建筑面积的在建商品房，该在建商品房估价7000万元。公司认为，其在建商品房已取得商品房预售许可证，应按已建成商品房价格估算，该地段位于城市黄金地段，平均房价为每平2万元，因此，法院的查封已明显超过标的额。甘肃省高级人民法院认为，被查封的商品房系在建工程，其价值不能等同于已建成的商品房，驳回了公司的异议。公司不服，向最高人民法院申请复议。最高人民法院在审理中认为，被查封的案涉房产虽为在建工程，但已取得商品房预售许可证，可以对外销售，结合周边商铺销售价格，被查封的36703.83平方米房产价值已明显超过申请保全的金额2亿元。因此，对于明显超标的部分应解除查封。②

① 参见最高人民法院（2017）最高法执复14号执行裁定书。

② 参见最高人民法院（2016）最高法执复3号执行裁定书。

## 法律建议

1. 事先做好资产估价工作

尽管资产评估工作在查封时并非必经程序，法院也会有其自己的估价方法，但若对希望保全的财产能事先准备好一份对自身有利的评估报告或估价依据，对于法院的查封或多或少也能起到一定的作用，尽可能维护自身利益。例如：对于房地产，可以搜集一些同地段房地产的司法拍卖信息或房产中介的询价信息；对于上市公司股权，可以搜集一些近一年中价值波段较低时的市值信息；等等。

2. 在财产保全中对保全标的物的选择

简单来说，要做到“三先三后原则”，即：

（1）债务人易于转移的财产先保全。一旦财产保全开始，就等于吹响了进攻的号角，债务人听到风声必定会设法转移资产，所以最先应当保全的必然是最容易转移的资产。

（2）未查封过的财产先保全。如前文分析，轮候查封既没发生查封的效力，也不必然可轮候受偿，所以不用将精力放在轮候查封上，而是应当将重心放在“干净”的保全物上。

（3）他人无优先权的财产先保全。他人有优先权的财产，即使保全了，在执行过程中也无法直接变价受偿，要待优先权的债权人获得清偿后才能受偿，优先权人根据司法解释还可以要求移送执行权，因此即使保全了也很可能“为他人作嫁衣”。

（4）申请保全人有优先权的财产后保全。申请保全人有优先权的财产，即使被他人查封了，最多也是影响执行处置权，最终的清偿顺序还是优先的，所以可以先去保全其他有效财产，再来保全有优先权的财产。

（5）不易变现的财产后保全。有些财产看起来挺值钱，但实际上不易变现，例如非上市公司股权，注册资本虽有几千万，但可能负债累累，或存在或有负债，变现价值不大，若将保全重心放在这些财产上面，不仅最终执行受偿的可能性较小，还会影响保全标的额度。

（6）自然人财产相对于有价值的公司财产后保全。公司相对于自然人，在执行受偿时的债权人的顺位是有所区别的，如果是自然人不足以清偿其全部债务的，各债权人可以申请参与分配，按照比例来受偿。所以，即使没有抢封到自然人的财产，但只要在执行程序中申请参与分配，还是有机会能取得受偿效果的。

3. 财产保全物的搜集

若对可供选择的财产保全物类型作一个概况，简要可分以下几类：

（1）传统的动产。例如机器设备、生产资料、车辆等。

（2）不动产。例如土地使用权、房产、在建工程等。

（3）类不动产。例如航空器、船舶等。

（4）财产权。例如股权红利、到期债权、收入、投资收益、基金份额、专利权、商标权、采矿权等。

（5）电子信息财产权。例如支付宝账户、微信账户、网络域名、网络游戏装备等。

一般而言，自行搜集的途径包括利用企业信息查询系统、裁判文书网、企业年报、工商内档信息、企业网站主页等查询被保全主体的财产情况。除此以外，根据《最高人民法院关于人民法院办理财产保全案件若干问题的规定》11 条的规定，“……申请保全人可以向已经建立网络执行查控系统的执行法院，书面申请通过该系统查询被保全人的财产，申请保全人提出查询申请的，执行法院可以利用网络执行查控系统，对裁定保全的财产或者保全数额范围内的财产进行查询，并采取相应的查封、扣押、冻结措施……”保全申请人还可书面要求保全法院对被保全主体名下的存款、互联网银行、车辆、证券、工商、不动产等进行网络查控。当然，若案件尚未进入执行，在诉前或诉中保全过程中能否由法院通过网络查控方式进行财产保全，各地法院的做法不一。据笔者了解到的情况，法院一般还是以申请人主动提供的财产线索为限进行财产保全。

# 抵押权预告登记能否阻却法院的强制执行

## 问题的提出

在商品房预售中，银行向购房者发放了贷款，在房屋不满足办理初始登记和抵押登记的情况下，银行先行办理了抵押权预告登记。其后，购房者因负担其他债务而被法院强制执行，所购房屋被法院查封甚至采取拍卖等变价措施，此时银行是否有权基于抵押权预告登记排除法院的强制执行?

## 问题解析

### 一、抵押权预告登记的性质

要判断抵押权预告登记能否阻却强制执行，必须首先厘清抵押权预告登记的性质。因预告登记具有一定物权效力，兼跨物权、债权两大领域，所以对其性质，理论界观点纷呈，目前有关预告登记性质的学说，主要有特殊债权说、物权说、债权物权化说、债权担保手段说等。上述各学说从不同的角度描述了预告登记的性质。其中的债权担保手段说为德国的通说，被德国的判例普遍支持。按照该学说，预告登记并非一项物权，而是一种临时性的担保手段。

通过对比抵押权登记与抵押权预告登记的法条措辞可以发现，我国物权法的立法考量与德国通说相同。物权法第 20 条第 1 款规定，“当事人签订买卖房屋或者其他不动产物权的协议，为保障将来实现物权，按照约定可以向登记机构申请预告登记。预告登记后，未经预告登记的权利人同意，处分该不动产的，不发生物权效力”；第 191 条第 2 款规定，“抵押期间，抵押人未经抵押权人同意，不得转让抵押财产，但受让人代为清偿债务消灭抵押权的除外”。抵押权设立后，未经抵押权人同意，在满足特定条件下，抵押人仍然可以转让抵押财产；而抵押权预告登记设立后，法律并未规定可以处分的例外情形，也即一律不得对设立预告登记的不动产进行处分。立法在此区别对待的原因在于，两种制度的性质和立法目的存在差别。

预告登记作出后，并不导致不动产物权的设立或变动，而只是使登记申请人取得一种请求将来发生物权变动的权利，预告登记的实质是保障一种债权请求权，而抵押权的目的在于通过设立一项担保物权保障债权的实现。关于抵押权或者预告登记指向的标的物的处分，在已经设立抵押权的情形下，即使未经抵押权人同意而处分抵押物，抵押权人享有的优先受偿权使得抵押权人的债权利益并未受损。而在设立预告登记的情形下，如果允许对已经设立预告登记的财产进行处分，则权利人未来将抵押权预告登记转为本登记的目的将终局性地无法实现。因此，立法上将以上两种制度予以区分，并作了不同的规定。

一言以蔽之，抵押权是典型的物权，而预告登记并非一项物权，而是对将来的行使会产生物权变动并且现在应当通过预告登记进行保护的一项债权请求权。通过这种制度安排，预告登记可以被赋予一定的物权效力，从而对第三人产生一定的对抗效力，使其保全的债权请求权具有优先于其他债权请求权的效力，具有了物权的特征。因此，预告登记虽具备物权的特征，但它本质上却绝非一项物权。

在司法实践中，尽管在物权法施行之初，很多法院将预告登记作为一项物权看待，① 但是近年来，法院对于预告登记的性质的认定已经达成共识，即预告登记并非一项物权。例如在“光大银行上海青浦支行诉上海东鹤房地产公司、陈思绮保证合同纠纷”一案中，② 上海市第二中级人民法院认为：“预售商品房抵押贷款中，虽然银行与借款人（购房人）对预售商品房做了抵押预告登记，但该预告登记并未使银行获得现实的抵押权，而是待房屋建成交付借款人后银行就该房屋设立抵押权的一种预先的排他性保全。”

## 二、抵押权预告登记能否阻却法院的强制执行

通过以上论述可知，抵押权预告登记与抵押权不同，根据物权法第 20 条的规定，“预告登记后，未经预告登记的权利人同意，处分该不动产的，不发

---

① 参见张雅芬：《预售期房设定〈抵押合同〉效力的认定》，载曹建明主编：《民事审判指导与参考》，法律出版社 2002 年第 4 卷。该文章载明的判决为“上海方信房地产开发有限公司与华东三峡经济发展公司、中国光大银行上海分行、中国农业银行上海市虹口支行抵押合同纠纷案”［最高人民法院（2002）民一终字第 38 号判决书］，判决书中确认光大银行上海分行对系争房屋有优先受偿的权利。

② 参见《最高人民法院公报》2014 年第 9 期（总第 215 期）。

生物权效力”。因此，预告登记具有保全效力，预告登记后，未经预告登记的权利人同意，处分该不动产的，不发生物权效力。在强制执行的场合，如果法院对设定有抵押权预告登记的房屋进行拍卖或者以物抵债，实际上是对不动产进行处分的行为，违反了物权法第 20 条的规定，预告登记权利人可提出停止处分的异议。

在“姜志云与陈永祥民间借贷纠纷执行”一案中，江苏省高级人民法院认为，“依据《最高人民法院关于适用〈中华人民共和国物权法〉若干问题的解释（一）》第四条‘未经预告登记的权利人同意，转移不动产所有权，或者设定建设用地使用权、地权、抵押权等其他物权的，应当依照物权法第二十条第一款的规定，认定其不发生物权效力’的规定，交行扬州分行有权在未经其同意的情况下，依据其拥有的对案涉 16 套房产抵押权预告登记，主张阻却对上述案涉房产所有权全部或者部分的转移……综上，扬州中院在保留交通银行股份有限公司扬州分行 14247464 元（债权数额计算至第三次拍卖结束之日）的房地产价值后，将其余 5 套房产裁定给另案申请执行人姜志云，没有事实与法律依据，其裁定应予撤销”。①

通过以上判例可知，江苏省高级人民法院认为抵押权预告登记能够阻却法院的强制执行，该观点与笔者前述分析一致。但在司法实践中，亦有对此持相反观点的案例。

最高人民法院在（2019）最高法民申 1049 号民事裁定书中认为：“《最高人民法院关于人民法院执行工作若干问题的规定（试行）》第 40 条规定：‘人民法院对被执行人所有的其他人享有抵押权、质押权或留置权的财产，可以采取查封、扣押措施。财产拍卖、变卖后所得价款，应当在抵押权人、质押权人或留置权人优先受偿后，其余额部分用于清偿申请执行人的债权。’《最高人民法院关于适用〈中华人民共和国民事诉讼法〉的解释》第五百零八条第二款规定：‘对人民法院查封、扣押、冻结的财产有优先权、担保物权的债权人，可以直接申请参与分配，主张优先受偿权。’根据前述规定，对于其他人享有抵押权的被执行人财产，人民法院可以采取强制执行措施，抵押权人则可以通过对拍卖变卖的价款参与分配、主张优先受偿维护自己的合法权益，但不能排除强制执行。本案中，公积金中心对案涉房屋仅办理了抵押权预告登记，尚未享有抵押权，根据前述司法解释的规定，人民法院显然可以采取强制执行措施。即被执行财产上的抵押权预告登记并不具有阻却人民法院强制执行的效力。”

---

① 参见江苏省高级人民法院（2017）苏执复 73 号民事裁定书。

上述观点采用了“举重以明轻”的解释方法，认为即便抵押权亦无法排除强制执行，故尚未设立物权的抵押权预告登记更不能对抗强制执行。不过，该观点未作进一步探讨的是，抵押权作为担保物权，在抵押物处置后，对拍卖、变卖后的价款享有优先权；而抵押权预告登记并不直接设立担保物权，在财产变价后，优先受偿并无直接法律依据。从这一角度而言，赋予其阻却法院强制执行的效果，待正式设立抵押权后再接受强制执行处置，似乎更为合理。

## 引申探讨

### 一、抵押权预告登记与抵押权之对比

上文已经论述，抵押权预告登记与抵押权登记立法考量不同，通过对物权法第20条第1款和第191条第2款的对比可知，抵押权预告登记应具有阻却强制执行的效力，而抵押权登记并不具有阻却强制执行的效力，抵押权人只能主张优先受偿。① 民事诉讼法第227条所指的案外人对执行标的提出的异议，② 其目的是排除对执行标的的强制执行。抵押权人可以从执行标的的变价款中优先受偿，并不需要排除对抵押物的执行，强制执行程序可以保障抵押权人优先受偿权的实现。抵押权人对抵押物的支配仅指对抵押物变价所得的支配，而非对抵押物本身的直接支配。因此，抵押权人无法对涉及抵押物本

---

① 在最高人民法院（2016）最高法执监204号民事裁定书中，最高人民法院认为：“首先，从泉州中行的异议申请书中可以看出，其请求厦门海事法院撤销将拍卖款划拨给该院处置的执行行为，这是对厦门海事法院的具体执行行为提出异议，符合民事诉讼法第二百二十五条的规定。其次，《最高人民法院关于适用〈中华人民共和国民事诉讼法〉的解释》第四百六十五条规定：‘案外人对执行标的提出的异议，经审查，按照下列情形分别处理：（一）案外人对执行标的不享有足以排除强制执行的权益的，裁定驳回其异议；（二）案外人对执行标的享有足以排除强制执行的权益的，裁定中止执行。’根据该规定的精神，民事诉讼法第二百二十七条所指的案外人对执行标的提出的异议，其目的是排除对执行标的的强制执行。抵押权人可以从执行标的的变价款中优先受偿，并不需要排除对抵押物的执行，强制执行程序可以保障抵押权人优先受偿权的实现。本案中，泉州中行提出异议的目的亦非排除对土地使用权的强制执行，故本案不应当适用民事诉讼法第二百二十七条的规定。”

② 参见民事诉讼法第227条：“执行过程中，案外人对执行标的提出书面异议的，人民法院应当自收到书面异议之日起十五日内审查，理由成立的，裁定中止对该标的的执行；理由不成立的，裁定驳回。案外人、当事人对裁定不服，认为原判决、裁定错误的，依照审判监督程序办理；与原判决、裁定无关的，可以自裁定送达之日起十五日内向人民法院提起诉讼。”

身的强制执行行为提出执行异议（即抵押权人无权提出案外人执行异议），而只能就分配、处置抵押物变价所得的执行行为提出执行异议。

## 二、抵押权预告登记权利人是否享有优先受偿权

### （一）实务界观点

经检索相关案例，发现大部分法院（包括最高人民法院的个案观点）认为，在商品房预购的情境下，预告登记并未使银行获得现实的抵押权，抵押权预告登记的目的是债权人为了保全其请求权、排除第三人的请求权所设置的一项法律制度，债权人不享有担保物权，因此银行不能仅依据预告登记对该预售商品房主张优先受偿权。但同时，亦有个别判例观点认定抵押权预告登记权利人对抵押物享有优先受偿权。

首先，关于认定抵押权预告登记权利人对抵押物不享有优先受偿权的判例。在“中国光大银行股份有限公司上海青浦支行诉上海东鹤房地产有限公司、陈思绮保证合同纠纷案”中，上海市第二中级人民法院认为，“根据物权法第 20 条的规定，‘抵押权预告登记所登记的并非现实的抵押权，而是将来发生抵押权变动的请求权’。也即，虽然光大银行已经取得了对抵押物的抵押权预告登记，但该登记并非抵押权登记本身，光大银行不能基于抵押权预告登记主张对抵押物享有抵押权，进而主张对抵押物享有优先受偿权。”① 另外，陕西省高级人民法院（2014）陕民二终字第 00100 号民事判决书、江苏省高级人民法院（2015）苏商再提字第 00001 号民事判决书、安徽省高级人民法院（2015）皖民二终字第 00891 号民事判决书对此亦有相同论述。

其次，关于认定抵押权预告登记权利人对抵押物享有优先受偿权的判例。在浙江省高级人民法院（2016）浙民申 1180 号民事裁定中，浙江省高级人民法院认为：“本案中，正国公司为金健向建行瑞安支行的借款提供阶段性保证。阶段性保证的设立初衷在于降低因正式产权登记未完备导致的债权清偿风险，促使开发商及时完成项目开发建设、积极协助办理产权登记手续。现正国公司已完成涉案房屋的开发建设，并已完成产权初始登记，不存在怠于建设、办理产权过户等情形，应当认定正国公司的阶段性保证责任已经免除。至于预购商品房抵押权预告登记的效力问题，尽管金健与建行瑞安支行就涉案房产抵押仅办理了抵押权预告登记，由于该预告登记使得被登记的请求权具有了物权的效力，可以对抗普通债权人，且建行瑞安支行对抵押权预告登

① 参见《最高人民法院公报》2014 年第 9 期（总第 215 期）。

记无法转为正式抵押登记并无过错，故一、二审判决据此认定建行瑞安支行在抵押担保范围内对涉案房产享有优先受偿权，亦无不可。”

由此可知，关于抵押权预告登记权利人对抵押物是否享有优先受偿权，司法实践中各地法院观点不一，具体到个案需要针对特定管辖法院进行专门的法律研究。

### （二）本文观点

理论界关于抵押权预告登记权利人对抵押物是否享有优先受偿权同样观点不一，笔者认为，在债权届至而债务人不履行债务的情形下，是否享有优先受偿权关系到抵押权预告登记权利人的切身利益。在讨论抵押权预告登记权利人是否享有优先受偿权时，首先应当区分不同类型的抵押权预告登记。

依据物权法以及《不动产登记暂行条例实施细则》（国土资源部令第63号，以下简称《细则》），我国现行法确立的不动产抵押权的预告登记主要有两种：一是不动产抵押权预告登记，即《细则》第88条规定的，[①] 当事人以不动产抵押时办理的预告登记，如当事人以现房或已经取得的国有建设用地使用权设立抵押而办理的预告登记。由于不动产抵押权预告登记主要的目的是保全将来作为本登记的抵押权登记的顺位，如果发生债权届至而债务人就不履行债务的情形，抵押权预告登记权利人可以在将预告登记转为本登记后再行使抵押权。二是预售商品房抵押的预告登记，即《细则》第78条规定的预购商品房抵押的预告登记。[②] 第二种预购商品房抵押权预告登记与第一种不动产抵押权预告登记的最大的差别就在于抵押财产不同。不动产抵押权预告登记中的被预告登记的不动产是已经存在并且被纳入不动产登记体系中的不动产。而预购商品房抵押权预告登记则不同，预购商品房是尚不存在或正在建造中的房屋。由于房屋尚未合法建造完毕，当然不可能办理房屋所有权的首次登记，因此必须等到房屋合法建造完毕并且办理了房屋所有权首次登记后，才能相应地办理房屋所有权转移登记或抵押权首次登记。

正是由于预购商品房抵押权预告登记所针对的不动产是尚不存在的不动

---

① 《不动产登记暂行条例实施细则》第88条：“抵押不动产，申请预告登记的，当事人应当提交下列材料：（一）抵押合同与主债权合同；（二）不动产权属证书；（三）当事人关于预告登记的约定；（四）其他必要材料。”

② 《不动产登记暂行条例实施细则》第78条：“申请预购商品房抵押登记，应当提交下列材料：（一）抵押合同与主债权合同；（二）预购商品房预告登记材料；（三）其他必要材料。预购商品房办理房屋所有权登记后，当事人应当申请将预购商品房抵押预告登记转为商品房抵押权首次登记。”

产这一特点，导致了预购商品房抵押权预告登记权利人要承受巨大的风险。比如房屋建设过程中的不确定性因素导致房屋所有权首次登记无法办理或被拖延办理；再比如预告登记转为本登记之前，预购人违约拒不偿还贷款、预购人因其他债务被法院强制执行；等等。因此，在预购商品房抵押权预告登记权利人面临如此巨大风险的情况下，不能参考按照目前大部分法院的观点，否定预购商品房抵押权预告登记权利人的优先受偿权。① 因为，物权法之所以确立预告登记制度，目的就在于保障将来实现物权。与其他不动产物权预告登记以债权人最终取得物权即为目的不同的是，预购商品房抵押权预告登记不仅仅是要确保债权人能够如约将抵押权预告登记转为本登记，还需要确保在此之前债权人债权的安全。毕竟，在预购商品房抵押权预告登记转为本登记之前，债权已经成立，而债务人不履行的风险已经发生。如果此时否认预告登记优先受偿的效力，债权人只能坐视债权遭受损害，那么预购商品房抵押权预告登记制度的意义将大打折扣。

因此，笔者认为，在银行已经将购房款支付给房地产开发企业，预购人违约不偿还贷款，应当赋予预告登记权利人优先受偿权，即其有权将预购商品房变价并优先受偿。

## 法律建议

1. 多数法院认为，抵押权预告登记具有保全效力，可阻却对预告登记不动产的强制执行。但是鉴于仍有部分法院对此持反对观点，因此在抵押权预告登记符合转让正式登记的情况下，权利人应当尽快办理抵押权登记，设立抵押权。如此，即便在法院强制执行时，亦有优先受偿权保障，避免权利受损。

2. 当法院决定强制执行时，司法实践中，尽管大部分法院认为抵押权预告登记的权利人对预告登记的不动产不享有优先受偿的效力，但鉴于仍有部分法院对此持不同观点，因此权利人除了应当对强制执行行为提出异议，还可与法院积极沟通，争取获得优先受偿的效果。

3. 抵押权预告登记与抵押权登记，两者权利性质不同，故在权利受到侵害时所提异议的性质亦应不同。抵押权预告登记的权利人可针对法院的强制执行行为直接提出异议，要求阻却执行；而抵押权人则无法对涉及抵押物本身的强制执行行为提出执行异议，而只能就分配、处置抵押物变价所得的执行行为提出执行异议。

---

① 参见程啸：《论抵押财产的转让》，载《中外法学》2014 年第 5 期。

# 四、执行惩戒措施

## 限制出境的适用条件及方式

### 问题的提出

为了督促生效裁判文书所确认的义务人尽快履行自己的义务，解决执行难问题，我国民事诉讼法对拒不履行生效裁判文书所确定义务的失信被执行人，规定了限制出境、限制高消费等一系列措施。

那么，限制出境可以由谁提起？哪些情况能够采用限制出境措施？限制出境决定该如何落实？被限制出境人又该如何申请解除限制措施？本文将对这些问题一一探讨。

### 问题解析

民事诉讼法第 255 条规定："被执行人不履行法律文书确定的义务的，人民法院可以对其采取或者通知有关单位协助采取限制出境，在征信系统记录、通过媒体公布不履行义务信息以及法律规定的其他措施。"

#### 一、限制出境的启动

《最高人民法院关于适用〈中华人民共和国民事诉讼法〉执行程序若干问题的解释》（以下简称《执行解释》）第 36 条规定："依照《中华人民共和国民事诉讼法》第 231 条①规定对被执行人限制出境的，应当由申请执行人向执行法院提出书面申请；必要时，执行法院可以依职权决定。"

---

① 2017 年民事诉讼法第 255 条："被执行人不履行法律文书确定的义务的，人民法院可以对其采取或者通知有关单位协助采取限制出境，在征信系统记录、通过媒体公布不履行义务信息以及法律规定的其他措施。"

因此，限制出境的启动主体有两种情形，一是由申请执行人提出书面申请，人民法院作出决定；二是由人民法院直接作出决定，限制被执行人出境。生效法律文书中的利害关系人（例如无独立请求权的第三人）原则上无法作为申请被执行人限制出境的主体。

## 二、限制出境的对象

被限制出境人通常为不履行生效法律文书所确定的债务人，即所谓的“老赖”，但在案件审理过程中，尤其是在涉外民事案件审理过程中，为了保障审理工作的顺利开展，其他相关当事人也有可能被限制出境。

### （一）执行过程中的限制出境

《执行解释》第 37 条规定：“被执行人为单位的，可以对其法定代表人、主要负责人或者影响债务履行的直接责任人员限制出境。被执行人为无民事行为能力人或者限制民事行为能力人的，可以对其法定代理人限制出境。”

实践中，公司的法定代表人、主要负责人一般较为明确，对此类人作出限制出境决定较为简便，较为复杂的是，“影响债务履行的直接责任人员”该如何认定？

从最高人民法院和上海市高级人民法院的有关判例来看，公司的大股东、案涉争议项目的经办人，均有可能被认定为“影响债务履行的直接责任人员”。在“侯某某申请复议案”中，复议申请人侯某某以其不再担任公司法定代表人为由，请求解除对其的出境限制，但最高人民法院认为，侯某某曾作为案涉贸易项目的经办人，在本案执行中也曾协调清偿本案债务，并实际负责与申请执行人沟通债务偿还方案，因此其对公司的债务清偿安排能够产生直接影响，因此仍然支持了对其限制出境决定。① 在“任某申请复议案”中，复议申请人任某主张其只是公司股东，不负责公司的主要业务，也不实际参与公司的管理，请求法院解除对其出境限制，但上海市高级人民法院认为，任某认缴出资额占公司注册资本的 50%，属于影响公司债务履行的直接责任人员，仍需限制其出境。②

### （二）诉讼过程中的限制出境

根据我国出境入境管理法第 12 条、第 28 条之规定，中国公民或者外国

---

① 参见最高人民法院（2017）最高法执复 73 号执行决定书。

② 参见上海市高级人民法院（2017）沪执复 5 号复议决定书。

人有“未了结的民事案件”的，人民法院也可决定限制出境。最高人民法院《第二次全国涉外商事海事审判工作会议纪要》（法发〔2005〕26号），对涉外商事纠纷案件中当事人的限制出境要求更加具体：当事人在境内有未了结的商事纠纷案件，或者是未了结案件的法定代表人、负责人，或者有逃避诉讼或者其出境可能造成案件难以审理、无法执行的，人民法院均可对其限制出境。例如在“张某某与唐某、深圳市某货运代理有限公司江苏分公司民间借贷纠纷案”中，张某某在案件审理期间便申请对被告公司江苏分公司法定代表人唐某（持有美国护照）限制出境，江苏省高级人民法院最终支持了原告的请求。

因此，限制出境措施不仅可以在执行过程中对“老赖”适用，也可以在诉讼过程中就对准“老赖”适用，尤其是对有可能在诉讼期间就前往境外逃避法律责任的准“老赖”。

## 三、限制出境的执行

限制出境的执行通常是由人民法院作出限制出境决定，由执行法院报所属省、自治区、直辖市高院批复，并由高院向省级公安机关发送协助执行通知，由公安机关出入境管理部门具体负责落实。对于持有出入境证件的被执行人，由出入境管理部门宣布被执行人出入境证件作废；对于没有出入境证件的被执行人，由出入境管理部门采取其他边控措施。

## 四、限制出境的期限

实践中，对失信被执行人的限制出境期限一般为三个月至六个月，最长的可限制出境三年。[①] 但是，考虑到申请执行人可以在限制出境到期向法院申请继续限制被执行人出境，因此，申请执行人一次性申请限制失信被执行人出境多长时间并无实质性差别，只要被执行人未履行生效法律文书确定的义务，申请执行人就可以一直申请限制下去。当然，在司法实践中，由于限制出境需要通过高院进行，程序较为繁杂，在系统录入时还可能还需要提供被限制对象的清晰照片，故法院对于准许限制出境的审查还是较为严格的。

另外，对于申请执行人应当在限制出境到期前多久向法院申请续期，不同地方法院要求不一。比如，有些地方法院要求于到期前十五日续期，[②] 有些法院则要求于到期前一个月续期，[③] 但法院通常会在限制出境决定书中告知申

① 参见陕西省白河县人民法院（2018）陕0929执恢259号执行决定书。

② 参见江苏省常州市中级人民法院（2010）常执字第138号民事裁定书。

③ 参见江苏省海门市人民法院（2018）苏0684民初2616号民事通知书。

请执行人应当于到期前多少日向法院申请续期，所以即便各地标准不同，对申请执行人影响也不大。

## 五、限制出境的救济

### （一）申请复议

被限制出境的人认为对其限制出境错误的，可以自收到限制出境决定之日起十日内向上一级人民法院申请复议。上一级人民法院应当自收到复议申请之日起十五日内作出决定。但是在复议期间，不停止限制出境的执行。①

### （二）提供担保

在诉讼期间被限制出境的当事人，可以通过提供有效经济担保的方式申请解除出境限制。根据《最高人民法院、最高人民检察院、公安部、国家安全部关于依法限制外国人和中国公民出境问题的若干规定》第 3 条第 2 款规定："人民法院、人民检察院、公安机关和国家安全机关在限制外国人和中国公民出境时，可以分别采取以下办法：……2. 根据案件性质及当事人的具体情况，分别采取监视居住或取保候审的办法，或令其提供财产担保或交付一定数量保证金后准予出境。"

对于保证金的数额，最高人民法院《第二次全国涉外商事海事审判工作会议纪要》（法发〔2005〕26 号）第 95 条进一步规定："限制出境采取扣留有效出境证件方式的，被扣证人或者其担保人向人民法院提供有效担保（提供担保的数额应相当于诉讼请求的数额）或者履行了法定义务后，人民法院应立即口头通知解除限制……"即被限制出境人应当提供与诉讼请求相当的数额，以确保在其败诉之后，即便其不在境内，也有相应的财产可供执行。

## 六、限制出境的解除

《执行解释》第 38 条规定："在限制出境期间，被执行人履行法律文书确定的全部债务的，执行法院应当及时解除限制出境措施；被执行人提供充分、有效的担保或者申请执行人同意的，可以解除限制出境措施。"因此，人民法院解除限制出境措施的最佳理由只能是被执行人全部债务履行完毕，即便是被执行人提供担保或者申请执行人同意解除，人民法院也只是"可以"解除

---

① 参见《最高人民法院关于人民法院办理执行异议和复议案件若干问题的规定》（法释〔2015〕10 号）。

限制而非“应当解除”。

（关于限制出境的流程见图4－1）

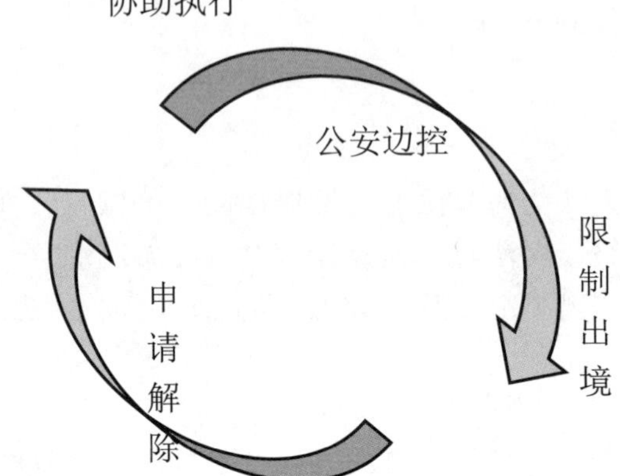


图4－1 限制出境流程图

## 引申探讨

### 一、被执行人的法定代表人变更的，能否解除限制出境

被执行人的法定代表人变更存在两种情形，一是在被执行人涉诉后，出于逃避法律责任或者其他目的而变更法定代表人；二是在被执行人涉诉前，就已经变更了法定代表人。这两种情形，由于发生的时间不同，可能会影响法院对于法定代表人对被执行人影响力、控制力的判断，从而影响法院决定是否限制原法定代表人出境。

#### （一）诉讼发生后变更法定代表人

实务中，存在这样的做法，即被执行人在被起诉或者一审败诉后，变更其法定代表人，变更前的法定代表人由此主张其在执行立案前已不是公司法定代表人，因此不应成为被限制出境的对象。但是，从最高人民法院及各地高院的判例来看，此种做法，不论真实目的为何，最终一般不会得到法院认可。比如，在“王某执行异议案”中，被告茂全公司在诉讼期间向登记机关办理了法定代表人、执行董事和股东变更手续，法定代表人、执行董事由王某变更为马海燕，股东由王某和王某变更为马某某。后茂全公司败诉，原告申请限制王某、马某某出境，王某以“已将股权全部转让给马某某，且辞去该公司执行董事和法定代表人职务，已不是公司员工，与公司没有任何关系，对公司履行债务行为不再负有责任”为由主张不应对其限制出境，但上海市高级人民法院认为，王某变更茂全公司法定代表人和转让公司股权的行为发生在案件诉讼过程中，此时本案债务已经形成，王某系影响债务履行的直接责任人员，并且茂全公司名下未发现可供执行财产，未能提供担保，也未获得申请执行人同意，因此应当对其采取限制出境措施。① 类似案件，还可见“吴某某、江苏某文化产业有限公司、江苏某酒店管理有限公司等房屋租赁合同纠纷案”，在该案中，吴某某系被执行人某公司法定代表人，在被限制出境后，该公司办理变更登记，吴某某不再担任法定代表人，吴某某以此为由申请解除限制出境，未能得到最高人民法院支持。②

在此类案件中，即便法定代表人变更，原法定代表人往往还保留着公司董事长职位或者控股股东地位，仍然可以纳入“主要负责人或者影响债务履行的直接责任人”的范围，从而限制其出境。况且，此种临时变更法定代表人的做法，更容易被理解为是为了避免其法定代表人、主要负责人被限制出境，帮助其逃脱责任，因而也难以得到法院支持。

#### （二）诉讼发生前变更法定代表人

对于被执行人在诉讼发生前就已变更法定代表人，在执行程序启动后，该原法定代表人是否仍可被限制出境，未检索到有价值的判例。笔者认为，限制被执行人的法定代表人，主要是因为法定代表人对公司的运作有较大影响力，对法定代表人采取限制出境、限制高消费等措施，有利于督促被执行人尽快履行生效法律文书所确定的义务。如果被执行人在诉讼期间或者执行立案后变更法定代表人，则法官在内心大概率仍然确信原法定代表人能够直接影响被执行人履行债务，但如果在诉讼发生前就变更法定代表人，特别是在双方法律争议产生前即已变更，并且该法定代表人不再担任公司董事或者持有公司相当比例的股票，则较难证明原法定代表人对公司履行债务仍有影响。此时，对原法定代表人采取限制出境等措施可能不会被法院所接受。

### 二、被执行人股东的法定代表人是否会被限制出境

在“某有限责任公司与洪某某、海口某实业有限公司其他执行申诉案”中，有限责任公司申请限制海口某实业有限公司的法定代表人洪某某和该公

---

① 参见上海市高级人民法院（2017）沪执复9号决定书。

② 参见最高人民法院（2015）执申字第97号民事裁定书。

司股东海南某房地产开发公司的法定代表人洪某某出境。海南省高级人民法院以洪某某为海口某实业有限公司的投资股东海南某房地产开发公司法定代表人为由，限制海口某实业有限公司出境，最高人民法院认为该理由不充分。但最高人民法院同时指出，从海口某实业有限公司与海南某房地产开发公司的投资关系以及洪某某担任投资人的法定代表人的事实来看，如果能够证明洪某某系海口某实业有限公司实际控制人，则对其限制出境并无不当。鉴于海南省高级人民法院对相关案件事实认定不清，该案发回重审。①

因此，最高人民法院的态度是，不能仅以当事人系被执行人股东的法定代表人为由对其限制出境，但是，如果认定当事人同时也是被执行人的实际控制人，则当事人属于《执行解释》第 37 条第 1 款所规定的“影响债务履行的直接责任人员”，对其限制出境应该没有问题。

## 三、限制出境是否属于国家赔偿范围

国家赔偿法第 38 条规定：“人民法院在民事诉讼、行政诉讼过程中，违法采取对妨害诉讼的强制措施、保全措施或者对判决、裁定及其他生效法律文书执行错误，造成损害的，赔偿请求人要求赔偿的程序，适用本法刑事赔偿程序的规定。”

在《最高人民法院关于限制出境是否属于国家赔偿范围的复函》（2012）赔他字第 1 号中，最高人民法院明确了人民法院在民事诉讼过程中违法采取限制出境措施的，属于国家赔偿范围。对于因违法采取限制出境措施造成当事人财产权的直接损失，可以给予赔偿。

## 四、被执行人的法定代表人能否以需出境从事经营活动获取利润为由请求解除限制出境

实践中，有被限制出境人以需出境从事经营活动获取利润为由申请解除出境限制，这一理由听起来似乎对被执行人更好地履行债务有积极作用，但被执行人的法定代表人究竟是出境开展经营活动还是趁机逃之夭夭，实在是难以证实，法院面对此类说辞，也不会给当事人一丝可乘之机。

在“黄某某与中国某银行股份有限公司海口海甸支行等执行复议案”中，被限制出境人黄某某称其“出境洽谈外贸合同是经营业务所需，否则无法获得经营利润以偿还债务”，但最高人民法院认为，解除限制出境的法定条件仅为《执行解释》第 38 条所规定的三种情形：（1）被执行人履行法律文书确定

---

① 参见最高人民法院（2016）最高法执监 149 号民事裁定书。

的全部债务；(2) 被执行人提供充分、有效的担保；(3) 申请执行人同意解除。除此之外，其他各种理由均不构成解除限制出境措施的合法理由。[①]

## 法律建议

1. 充分运用各种手段施压“老赖”

目前，最高人民法院在全国范围内推动解决“执行难”问题，对所谓“老赖”保持高压态势。当事人面对拒不履行生效法律文书确定的义务的被执行人及相关人员，应该积极申请采取包括但不限于限制出境、限制高消费等措施，尽最大可能向被执行人施压，促使被执行人积极履行义务。

2. 尽早提出限制出境申请

在义务人履行期限届满后，仍不履行相关债务的，当事人应当及时向法院提出限制失信被执行人出境申请，以防止被执行人及相关责任人出境逃避法律责任。同时，根据我国出境入境管理法，对于处在案件审理过程中的当事人，也可以申请限制出境，以防止其在诉讼期间就逃离出境。

3. 尽可能多地申请限制相关责任人

对于被执行人是公司的，应当尽可能多地限制公司有关责任人出境，包括但不限于公司的法定代表人、董事会成员、经理以及案涉项目的负责人、公司的实际控制人等。这一方面可以考虑由律师介入，深入调查公司的投资结构，挖掘公司背后的责任主体。至于法院是否准许，可由法院审核后予以决定。

① 参见最高人民法院（2016）最高法执复68号民事裁定书。

# 追究被执行义务主体拒不执行判决、裁定罪的若干问题研究

## 问题的提出

生效法律文书的执行，是整个司法程序中的关键一环，事关人民群众合法权益的及时实现，事关经济社会发展的诚信基础，事关司法权威和司法公信力的有效提升，事关全面依法治国基本方略的贯彻落实。长期以来，执行难不仅成为困扰人民法院的突出问题，也成为人民群众反映强烈、社会各界极为关注的热点问题。[①] 近年来，我国生效裁判文书的自动履行率逐年虽有提升，但仍有大量案件无法履行，为了震慑被执行人，构建司法公信力，除了在民事诉讼法层面构建一系列执行惩戒措施外，刑法还规定了"拒不执行判决、裁定罪"。那么实践中出现哪些情形可能构成犯罪，尤其是如何认定"有能力执行而拒不执行"，实践中存在探讨空间，笔者拟借此机会结合司法判例进行初步梳理。

## 问题解析

### 一、关于拒不执行判决、裁定罪的规范性文件构成

刑法（2017 年）第 313 条规定："对人民法院的判决、裁定有能力执行而拒不执行，情节严重的，处三年以下有期徒刑、拘役或者罚金；情节特别严重的，处三年以上七年以下有期徒刑，并处罚金。单位犯前款罪的，对单位判处罚金，并对其直接负责的主管人员和其他直接责任人员，依照前款的

① 周强：《最高人民法院关于人民法院解决"执行难"工作情况的报告》，载中华人民共和国最高人民法院官网，2018 年 10 月 24 日，http：//www. court. gov. cn/zixun – xiangqing – 124841. html。

规定处罚。”

2002 年，全国人大常委会作出立法解释，发布了《全国人大常委会关于刑法第三百一十三条的解释》（以下简称《2002 年立法解释》），对“人民法院的判决、裁定”和“有能力执行而拒不执行，情节严重”进行初步解释。

2015 年，最高人民法院发布了《关于审理拒不执行判决、裁定刑事案件适用法律若干问题的解释》（以下简称《2015 年司法解释》）细化了本罪的理解与适用；2015 年，上海市高级人民法院发布了《上海法院打击拒不执行判决、裁定等犯罪十个典型案例》；2016 年，最高人民法院发布了《指导案例 71 号：毛建文拒不执行判决、裁定案》；2018 年，最高人民法院发布了《关于拒不执行判决、裁定罪自诉案件受理工作有关问题的通知》，细化了自诉立案的具体适用问题；2018 年，最高人民法院通过“院长信箱”的形式，对网友提出的罪名修改意见进行反馈。

## 二、犯罪要件简介

1997 年《最高人民法院关于执行〈中华人民共和国刑法〉确定罪名的规定》将该条罪名定为“拒不执行判决、裁定罪”。

本罪的主体为应当执行人民法院判决、裁定的人。需要注意根据《2015 年司法解释》的规定，协助执行义务人也可以构成本罪主体，本罪也可以是单位犯罪。[①] 根据《2002 年立法解释》，本罪的判决、裁定既包括刑事判决与裁定，也包括人民法院为依法执行支付令、生效的调解书、仲裁裁决、公证债权文书等所作的裁定。

还需要讨论的是，犯罪行为的发生时间应当以何者为限？是以确定给付义务的裁判文书生效之日为限，还是以相关执行立案之日为限？通说认为，在确定给付义务的裁判文书生效之前隐藏、转移财产等行为的，不应以本罪论处；[②] 在执行立案之前实施隐藏、转移财产等行为的，构成本罪。[③]

---

① 参见张明楷：《刑法学》，法律出版社 2016 年版。

② 持相同观点的裁判文书，可参见上海市第二中级人民法院（2018）沪 02 刑终 989 号刑事裁定书。该判决载明，自诉人上诉人认为“被上诉人在二审判决之前转移名下房屋，且购房款去向不明，主观上存在隐藏、转移财产的故意，该行为导致其案件无法执行，应构成拒不执行判决、裁定罪”，二审法院认为根据目前两上诉人所提供的证据，并不能证明存在拒不执行判决、裁定的犯罪事实。

③ 参见张明楷：《刑法学》，法律出版社 2016 年版，“指导案例 71 号：毛建文拒不执行判决、裁定案”。

## 三、与近似罪名之比较

实践中，本罪与“非法处置查封、扣押、冻结的财产罪”（刑法第314条）之间存在关联。刑法第314条规定：“隐藏、转移、变卖、故意毁损已被司法机关查封、扣押、冻结的财产，情节严重的，处三年以下有期徒刑、拘役或者罚金。”《最高人民法院关于执行〈中华人民共和国刑法〉确定罪名的规定》（1997年）将该条罪名定为“非法处置查封、扣押、冻结的财产罪”。《最高人民法院关于审理拒不执行判决、裁定案件具体应用法律若干问题的解释》第3条规定：“负有执行人民法院判决、裁定义务的人具有下列情形之一的，应当认定为拒不执行人民法院判决、裁定的行为‘情节严重’：（一）在人民法院发出执行通知以后，隐藏、转移、变卖、毁损已被依法查封、扣押或者已被清点并责令其保管的财产，转移已被冻结的财产，致使判决、裁定无法执行的……”从上述规定看，拒不执行判决、裁定罪的客观方面要大于非法处置查封、扣押、冻结的财产罪的客观方面，也就是说，同样是“隐藏、转移、变卖、毁损已被依法查封、扣押、冻结的财产”，被规定在了拒不执行判决、裁定罪和非法处置查封、扣押、冻结的财产罪两个罪中。① 因此笔者认为实施同一行为可能构成法条竞合。在同时构成两罪的情况下，司法实践中一般择一重罪处罚。例如，遵义县人民法院审理的（2015）遵县法刑初字第362号周恩华等拒不执行判决、裁定一案，法院认为，行为人收到法院判决书和执行通知书后，拒绝履行，先后将抵押的财产及查封的财产进行出售，且将款项另作他用，分别触犯了非法处置查封的财产罪及拒不执行判决、裁定罪，属于牵连关系，应择一重罪，即以拒不执行判决、裁定罪论处。

关于两罪的区别，首先，从主体方面，拒不执行判决、裁定罪的犯罪主体应是对生效法律文书附有履行义务的特殊主体，而非法处置查封、扣押、冻结的财产罪的犯罪主体既可以是对生效法律文书附有履行义务的主体，也可以是其他一般主体。从犯罪行为方面，非法处置查封、扣押、冻结的财产罪仅限于非法隐藏、转移、变卖、故意毁损已被司法机关查封、扣押、冻结的财产，而拒不执行判决、裁定罪涵盖有能力执行而拒不履行的任何行为。非法处置查封、扣押、冻结的财产罪并不要求其具有特殊的主观目的，只要未经法院准许非法处置了已采取财产保全措施的财产，即有可能构成犯罪，而拒不执行判决、裁定罪一般要求有拒不执行生效法律文书的故意。

---

① 参见程永杰、郭选让：《拒不执行判决罪与非法处置查封的财产罪的异同》，载中国法院网，2007年9月21日，https://www.chinacourt.org/article/detail/2007/09/id/266852.shtml。

## 四、犯罪情节的构成标准

### （一）何谓拒不执行判决、裁定罪中的“情节严重”

根据《2002 年立法解释》，“情节严重”包括：被执行人隐藏、转移、故意毁损财产或者无偿转让财产、以明显不合理的低价转让财产，致使判决、裁定无法执行的；担保人或者被执行人隐藏、转移、故意毁损或者转让已向人民法院提供担保的财产，致使判决、裁定无法执行的；协助执行义务人接到人民法院协助执行通知书后，拒不协助执行，致使判决、裁定无法执行的；被执行人、担保人、协助执行义务人与国家机关工作人员通谋，利用国家机关工作人员的职权妨害执行，致使判决、裁定无法执行的。以上四种情形根据不同义务主体进行界定，且较为容易理解。

在《2002 年立法解释》基础之上，《2015 年司法解释》又进一步补充说明了其他情节严重的情况，具体包括：具有拒绝报告或者虚假报告财产情况、违反人民法院限制高消费及有关消费令等拒不执行行为，经采取罚款或者拘留等强制措施后仍拒不执行的；伪造、毁灭有关被执行人履行能力的重要证据，以暴力、威胁、贿买方法阻止他人作证或者指使、贿买、胁迫他人作伪证，妨碍人民法院查明被执行人财产情况，致使判决、裁定无法执行的；拒不交付法律文书指定交付的财物、票证或者拒不迁出房屋、退出土地，致使判决、裁定无法执行的；与他人串通，通过虚假诉讼、虚假仲裁、虚假和解等方式妨害执行，致使判决、裁定无法执行的；以暴力、威胁方法阻碍执行人员进入执行现场或者聚众哄闹、冲击执行现场，致使执行工作无法进行的；对执行人员进行侮辱、围攻、扣押、殴打，致使执行工作无法进行的；毁损、抢夺执行案件材料、执行公务车辆和其他执行器械、执行人员服装以及执行公务证件，致使执行工作无法进行的；拒不执行法院判决、裁定，致使债权人遭受重大损失的。

### （二）何谓“有能力履行拒不履行”？

前述共十二种“情节严重”并未释明何谓“有能力履行而不履行”。结合本文检索的案例，司法实践中认定的情形包括有：在交通事故人身损害赔偿纠纷中，犯罪嫌疑人以从保险公司获赔依然拒付；[①] 在拍卖过程中将房屋出

---

① 参见上海市第一中级人民法院（2009）沪一中刑终字第 454 号刑事裁定书。

租导致长期无法交付给买受人，被执行人的法定代表人[①]或被执行人[②]因此获刑；在某房屋买卖合同纠纷的执行过程中，被执行人将标的物进行抵押，导致人民法院无法强制变更所有权至执行申请人名下；[③] 房屋拆迁安置补偿合同纠纷执行过程中，执行申请人是某国家机关，被执行人赖着不走；[④] 在执行立案后，变卖自身房产获得巨额款项但坚持不予偿还、在承租人收到协助执行通知书后依然强制收取租金；[⑤] 在执行过程中与他人进行虚假诉讼取得其他法院出具的民事调解书，阻碍执行；[⑥] 被执行人取得款项后向亲属转移；[⑦] 将责任财产变卖给他人后跑路；[⑧] 故意隐瞒作为责任财产的机动车的位置[⑨]或故意不申报有机动车[⑩]；逃避执行，拒不履行抚养子女义务。[⑪]

## 五、追究被执行人拒不执行判决、裁定罪的启动方式

第一，人民法院在案件的执行过程中，若发现被执行人等负有执行义务的人的行为符合拒不执行判决、裁定罪的犯罪特征的，可以将案件线索移交案件所在地的公安机关立案侦查。

第二，申请执行人可以向公安机关举报控告被执行人等负有执行义务的人对人民法院的判决、裁定有能力执行而拒不执行的行为，要求追究其刑事责任。

第三，申请执行人在搜集被执行人等负有执行义务的人拒不执行犯罪证据后，符合以下情形的，可以直接向人民法院提起刑事自诉。一般需要同时具备如下情形：（1）负有执行义务的人拒不执行判决、裁定，侵犯了申请执行人的人身、财产权利，应当依法追究刑事责任的；（2）申请执行人曾经提出控告，而公安机关或者人民检察院对负有执行义务的人不予追究刑事责任的。

---

① 参见上海市第一中级人民法院（2018）沪01刑终639号刑事裁定书。

② 参见上海市第一中级人民法院（2017）沪01刑终1932号刑事裁定书。

③ 参见上海市第二中级人民法院（2018）沪02刑终180号刑事裁定书。

④ 参见上海市第一中级人民法院（2017）沪01刑终1758号刑事裁定书。

⑤ 参见上海市闵行区人民法院（2017）沪0112刑初1027号刑事判决书，被告撤回上诉。

⑥ 参见上海市第一中级人民法院（2017）沪01刑终141号刑事裁定书。

⑦ 参见上海市第二中级人民法院（2017）沪02刑终15号刑事裁定书。

⑧ 参见上海市第二中级人民法院（2009）沪二中刑终字第623号刑事裁定书。

⑨ 参见上海市第二中级人民法院（2012）沪二中刑终字第312号刑事判决书。

⑩ 参见上海市第二中级人民法院（2011）沪二中刑终字第595号刑事裁定书。

⑪ 参见上海市第二中级人民法院（2010）沪二中刑终字第687号刑事裁定书。

需要指出的是，本罪的刑事自诉难度较大。笔者在 2019 年 7 月 28 日以“拒不执行判决、裁定罪”为案由检索上海地区的二审裁判文书，绝大多数均为驳回自诉人上诉，维持原不予受理的裁定。[①] 笔者在裁判文书网公开的上海地区裁判文书中并未发现自诉成功且被告人被依法判处刑法的裁判文书。笔者特别注意到，自诉人除了常见的自然人外，还有律师事务所，但最终结果依然是不予受理且二审维持原裁判。[②] 同时，实践中亦存在刑事自诉之后被执行人乖乖履行债务的情形，自诉人撤诉，人民法院准许。[③] 这一做法符合《2015 年司法解释》第 4 条的规定。

## 法律建议

1. 从被执行人角度

目前，从最高人民法院到各级人民法院，一直在大力推进解决“执行难”问题。如何维护债权人的合法权益、惩戒“老赖”的失信行为，一直是人民法院工作的难点，也是全社会关注的热点。对此，最高人民法院建立了“总对总”网络查控系统，与公安部、民政部、自然资源部、交通运输部、人民银行、中国银行保险监督管理委员会等多家单位和众多银行业金融机构联网，可以查询被执行人全国范围内的不动产、存款、金融理财产品、船舶、车辆、证券、网络资金等财产信息，提升了执行效率。尽管如此，很多被执行人仍然抱有侥幸心理，面对法院要求如实申报财产的要求置若罔闻，非法转移、处置可供执行的财产，长期在外躲债，甚至举家搬迁，无法查找下落。

在不少被执行人的传统观念里认为，既然是民事案件，那么不履行人民法院生效法律文书确定的义务顶多是会被法院列入失信被执行人、训诫、罚款，最多也就是被拘留十五天，而且拘留一次就“终身解放”，不会再被追究责任了。在这种观念下，很多被执行人明明有履行能力却拒绝履行，甚至有很多被执行人面对司法人员暴力抗法，严重扰乱了司法秩序，损害了司法权

① 典型者可参见上海市第二中级人民法院（2019）沪 02 刑终 408 号二审刑事裁定书。对于不予受理的裁判文书，一审会裁判“对 ××× 的起诉，本院不予受理”，二审若维持一般会认为上诉人所举的证据“不足以作为 ××× 犯拒不执行判决、裁定罪的证据。上诉人 ××× 的控告，缺乏罪证，不符合人民法院刑事自诉案件受理条件”，故裁定“驳回上诉，维持原裁定”。

② 参见上海市第一中级人民法院（2017）沪 01 刑终 58 号刑事裁定书。

③ 参见上海市浦东新区人民法院（2018）沪 0115 刑初 1069 号刑事裁定书；上海市浦东新区人民法院（2018）沪 0115 刑初 1068 号刑事裁定书。

威。然而，从本文大量的案例可以看到，拒不执行生效的法律文书，完全可以对此处以刑事责任，而且，对于情形特别严重的，可以处以最高 7 年的有期徒刑。作为被执行人，一定要积极配合法院工作，履行法律义务，避免承担刑事责任。

同时，如果被执行义务主体是单位，则亦不能抱有不追究个人刑事责任的侥幸心理。对被执行人单位直接负责的主管人员和其他直接责任人员，若因本单位的利益而拒不执行人民法院生效裁判，造成严重后果的，也可构成拒执罪的犯罪主体。另外，若与被执行人共同实施妨碍执行和拒不执行的行为人，例如教唆被执行人或与被执行人事先通谋策划，事后共同参与并实施了拒不执行法院裁判的行为的，亦应认定为拒执罪的共犯。因此，面对法院的执行决定，任何公民和单位均应当积极配合。

此外，还需要提醒的是，仅从文意来看，很多被执行义务主体会简单理解为，拒不执行判决、裁定罪只限于不履行法院出具的判决书和裁定书，对于仲裁裁决书、公证机关的执行证书或者对于法院的支付令、调解书，如果拒不履行是不会产生刑事责任的。对此，全国人大常委会通过了《2002 年立法解释》，该解释明确："刑法第三百一十三条规定的'人民法院的判决、裁定'是指人民法院依法作出的具有执行内容并已发生法律效力的判决、裁定。人民法院为依法执行支付令、生效的调解书、仲裁书、公证债权文书等所作的裁定属于该条规定的裁定。"因此，拒不执行人民法院裁判文书的定义是比较广的，这亦将有利于更有利于树立司法权威，打击"老赖"的不诚信行为。

2. 从申请执行人角度

执行案件的申请人，实际上初衷都是希望自己的合法权益能得到保障，相关债权能得到有效清偿，在申请执行之初并不希望一定要追究被执行人的刑事责任。然而，执行的进程中往往事与愿违，有些被执行人不仅拒不配合法院执行，甚至还采取各种方法转移财产，逃避执行。如何用法律手段让这些被执行人得到有效惩戒、绳之以法，是执行申请人最关心的问题。

在执行过程中，除了可以向法院申请对被执行人及相关负责人限制高消费、限值出境等传统惩戒措施外，如果发现被执行义务主体有能力执行而不执行，情节严重的，可以要求追究上述主体的刑事责任。执行申请人一方面可以向执行法院提出申请，由执行法院审查后移送公安机关；也可以直接向案件所在地的公安机关提出举报和控告；若经控告，公安机关和检察机关未追究相关责任人刑事责任的，执行申请人还可以直接向人民法院提出自诉。自诉案件，是公诉案件的对称，即由被害人或者他的法定代理人不经过公安或者检察机关而直接到人民法院起诉。拒不执行判决、裁定刑事案件，一般由执行法院所在地人民法院管辖，故执行申请人可在执行法院直接提起刑事自诉。

根据《2015 年司法解释》第 3 条规定，涉嫌拒不执行判决、裁定罪自诉案件由申请执行人负责举证。因此，在执行过程中，申请执行人应当注意搜集相关证据，固定被执行义务主体拒不履行人民法院生效裁判文书的行为及具体情节。要时刻关注被执行人的财产情况，比如其名下的存款、不动产以及车辆登记记录等是否有恶意转移的情况；积极监督被执行人是否在被法院列入失信人员名单以及限制高消费后是否仍然实施了高消费行为；密切留意对法院生效裁判文书附有协助履行义务的主体是否恶意阻挠法院执行或帮助有履行能力的被执行义务主体拒不执行法院裁判文书。通过有效固定证据，可以为后续追究相关责任主体的法律责任起到有效的作用。但同时需要注意的是，在搜集拒执罪的证据时要采用合法的手段，不得采用侵犯他人隐私权等方式非法搜集证据，避免因自身行为失当反而陷入被动。

当然，作为执行申请人也应当意识到，在执行不能时，希望通过刑事方式来追究被执行义务主体的法律责任，需要满足充分的条件，被执行义务主体或许确实未能履行法律义务，但承担刑事责任的前提是其有履行能力而拒不履行。同时，该情形还必须通过相关证据加以固定。作为执行申请人，除了极个别是刑事附带民事的执行，与被执行人之间大部分还是民事法律关系，如果是合同之债，则尽量在交易之初就注意交易风险之防范，维护自身的合法权益。

# 五、执行分配与执行受偿

## 参与分配时点的确定标准

### 问题的提出

在民事强制执行过程中，被执行人的财产被人民法院采取诉讼或强制执行措施，但因多个执行申请人对同一被执行人申请执行，且被执行人可供执行的财产不足以清偿全部债务，因此在被执行财产分配完毕前，执行申请人向采取扣押等强制措施的法院提出参与分配的申请，由该法院以被执行人可供执行的财产对各申请执行人按照一定比例进行清偿。

确定参与分配的时点，意味着确定了被执行财产的受偿人的范围，尤其在被执行人财产不足以清偿全部债务的情况下，每增加一个参与分配的债权人，都会直接影响到其他债权人的受偿情况，故在确定参与分配时点的问题上，应当力求清晰明确、具有较强的可操作性。但遗憾的是，目前的司法实践中还存在较多争议。

### 问题解析

#### 一、法律规定并未明确参与分配的具体时点

对于参与分配的时点，现行法下的规定主要在《最高人民法院关于适用〈中华人民共和国民事诉讼法〉的解释》（以下简称《民诉法解释》）和《最高人民法院关于人民法院执行工作若干问题的规定（试行）》（以下简称《执行规定》）中。

《民诉法解释》第509条第2款规定："参与分配申请应当在执行程序开始后，被执行人的财产执行终结前提出。"《执行规定》第90条规定："被执行人为公民或其他组织，其全部或主要财产已被一个人民法院因执行确定金

钱给付的生效法律文书而查封、扣押或冻结，无其他财产可供执行或其他财产不足清偿全部债务的，在被执行的财产被执行完毕前，对该被执行人已经取得金钱债权执行依据的其他债权人可以申请对被执行人的财产参与分配。”

从直观的文义来看，在法院作出终结本次执行的裁定[①]之前都应当符合“执行终结前”的时点标准，但参与分配制度的意义在于让债权人就被执行人的财产获偿，仅以法院作出终结本次执行裁定作为认定参与分配时点的标准过于模糊，显然在实践中没有实际意义。无论是“在被执行的财产被执行完毕前”还是“被执行人的财产执行终结前”的表述，均存在一定的模糊性，适用上存在不同的理解，也导致执行实践中尺度把握不一、各地意见不同的问题。

## 二、江苏省高级人民法院的“前一日”标准

针对上述法律条文中模糊、不确定的语义，2013 年 12 月 18 日，江苏省高级人民法院对下级法院的指导意见中，针对如何确定参与分配的时间节点，分三种情形进行了细化：[②]

（一）拍卖、变卖被执行人财产的，参与分配的时点为拍卖、变卖成交之日的前一日，不因以后因买受人不缴价款而再拍卖或变卖而变动。

（二）依法交债权人以物抵债的，参与分配的时点为送达债权人以物抵债裁定之日的前一日。

（三）上述两种处置方式以外的被执行财产，参与分配的时点为当次分配表已送达任一债权人之日的前一日，不因以后因债权人提出异议而重作分配表而变动。在上述时点以后提出参与分配申请的债权人，只能参与分配剩余财产。

简言之，以上方案（本文简称江苏模式）确立了参与分配的“前一日”标准：拍卖变卖的，截止到成交之日前一日；以物抵债的，截止到抵债裁定送达之日前一日；除此之外，截止到参与分配方案最早送达任一债权人之日前一日。

---

① 此处仅可能出现“终结本次执行的裁定”，因为适用参与分配制度的前提是执行当时被执行人财产无法清偿全部债务，所以本次执行完成后，必然还会存在债权人的债权无法全部清偿的情形，所以不可能出现“执行完毕”的情形。

② 参见江苏省高级人民法院《关于执行疑难若干问题的解答》（苏高法电〔2013〕901 号）。

## 三、江苏模式的扬弃

### （一）针对拍卖、变卖标的物的执行

在上海市第一中级人民法院作出的（2019）沪01执复111号执行裁定中，法院认为在对房屋进行拍卖的执行过程中，长宁区人民法院仅以“法院作出分配方案时，分配程序完成……异议人在法院完成分配程序时提出参与分配申请，该请求，难以支持”就驳回了申请人平安银行台州分行的执行异议，其时对被执行人财产的执行尚未终结，平安银行台州分行通过发送《参与分配函》的方式要求参与分配的方式并无不当，应予支持。

可见，对于通过拍卖、变卖标的物，尔后将拍卖、变卖的标的物所得的价款在债权人之间进行分配的情形，《民诉法解释》第509条所规定的“被执行人的财产执行终结前”，不能仅理解为“法院作出分配方案”，但具体参与分配的时点标准并未在该判决中予以明示，上海市第一中级人民法院也未在裁定中体现类似“拍卖、变卖成交之日的前一日”的明确用语，可见对拍卖、变卖标的物的执行当中适用“前一日标准”的主要在江苏省范围内，例如“（2019）苏12执复17号”“（2018）苏1283执异54号”等案件，将拍卖、变卖之日的前一日作为确定参与分配时点确定的标准，并未被其他地区的法院所完全采纳，全国范围中仅有广东和福建的两个判例涉及“前一日”的判定标准。广东法院的判决中并未反驳“前一日”的判断标准，但该案并非关于异议人能否参与分配的问题，主要的争点与本文主旨无关；福建法院的判决则是直接表示反对这一判断标准，福建法院认为，“虽然异议人申请参与案涉房产执行分配的时间晚于被执行人的案涉房产拍卖成交的时间，但异议人提出参与分配申请时，案涉房产拍卖所得的价款尚未进行分配，被执行人的财产尚未执行终结”，所以异议人仍然有资格参与分配。

### （二）以物抵债的执行

在“马某昆、李某海借款合同纠纷执行审查”一案中，用于拍卖的房产两次流拍，申请执行人同意以物抵债，且经云南普洱市中级人民法院召开债权人会议，当时的各债权人也均同意法院作出的以物抵债的分配方案，并将分配方案送达了各债权人，后异议人向法院提出参与分配的申请。普洱市中级人民法院认为“如依异议人之主张，执行案件未予结案之前，人民法院已作出执行财产分配方案的情况下，亦应撤销后重新制作，如此则人民法院的执行财产分配方案效力将一直处于不确定的状态，这既不符合客观事实，亦

对先前已申请参与分配的债权人不公”。从法院执行的可操作性层面来说，该种观点较合理，笔者也认为，不应当泛泛地适用“执行终结之前”的标准来判定参与分配的时点。但普洱市中级人民法院在裁定中，对于应该适用的具体标准未发表意见，在具体操作中仍留下了空白。

从普洱市中级人民法院该案例的案情看，法院主动作出以物抵债的分配方案，并送达当事人作为以物抵债的执行中参与分配时点的确定标准。法院主要的考量在于，若在分配方案被当时已知的各债权人所同意的情况下，因其他债权人提出申请而擅自准许重新进行分配方案的制作，会让执行的程序处于混乱的状态，也不利于当事人权力的权利的保护。

反观江苏省高级人民法院的标准：以物抵债裁定之日的前一日，与普洱市中级人民法院的意见都具有较强的可操作性，但从执行程序的整个进程来看，江苏省高级人民法院的标准拟定的时点更加靠后。两相对比，普洱市中级人民法院以当事人的合意作为基础，江苏省高级人民法院的意见则是以法院裁定的既判例作为基础。但笔者认为，在法院制作了分配方案的情形下，法院作出以物抵债的裁定，实际上仅是对债权人之间达成一致的分配方案在司法上的确认，如果适用江苏省高级人民法院的“前一日标准”，就像普洱市中级人民法院认为的，是对于先前参与分配的各债权人意思的侵害，对其也是不公平的。从整体上看江苏省高级人民法院的“前一日标准”，区分了以物抵债的执行和以其他形式执行，但从参与分配制度的实践当中，“以其他形式执行”实则适用面较窄，笔者认为没有必要划分以物抵债的执行和其他形式的执行，参照普洱市中级人民法院的做法，直接一并适用分配方案送达当事人即可。

## 引申探讨

### 一、由提出异议而重新分配的困境

在上海市普陀区人民法院审理的“陈某宇与郑某等”的执行案件中①，自2016年7月25日执行程序开始到2016年11月21日终结本此执行期间都没有提出任何参与分配的申请，但由于2016年12月23日，作为标的物拍卖的房屋成交，普陀区人民法院遂于2016年12月28日裁定恢复执行，由此执行程序得以继续进行。2017年1月13日，异议人通过静安区人民法院寄送

---

① 参见（2017）沪0107执异74号执行裁定书。

《参与分配函》的方式向普陀区人民法院申请参与分配。其时，普陀区人民法院已经作出关于确认涉案房屋拍卖成交并解除查封、撤销抵押及办理涉案房屋产权过户至买受人名下的执行裁定，并于同日送达了买受人，但此种情形不同于将房屋以物抵债转让给债权人的执行行为，在拍卖、变卖标的物的执行行为中，分配得以实现的时点在于法院将拍卖款从法院代管账户按照分配方案发还给债权人。由此普陀区人民法院认为该种情形符合《民诉法解释》第508条的法律规定，最终裁定对上述房屋拍卖款进行重新分配。但是在法院决定重新分配之前，房屋拍卖款已经于2017年3月2日完成了发还工作，作为标的物的房屋也已经完成了过户手续，法院要如何追回转账的款项，在实际操作中可能会成为一个难题。

## 二、参与分配时点确定的破产法功能

从制度的设计上，参与分配制度的目的在于保障被执行人在不具备破产资格情形下债权的平等受偿，本质上是为了实现破产制度的功能，属于还没有确立个人或其他组织破产立法情形之下的破产功能替代。[①] 破产程序和参与分配程序，两者都是为了平等实现债权，坚持平等受偿原则，具有类似性。

《最高人民法院关于执行案件移送破产审查若干问题的指导意见》第16条规定："执行法院收到受移送法院受理裁定后，应当于七日内将已经扣划到账的银行存款、实际扣押的动产、有价证券等被执行人财产移交给受理破产案件的法院或管理人。"第17条规定："执行法院收到受移送法院受理裁定时，已通过拍卖程序处置且成交裁定已送达买受人的拍卖财产，通过以物抵债偿还债务且抵债裁定已送达债权人的抵债财产，已完成转账、汇款、现金交付的执行款，因财产所有权已经发生变动，不属于被执行人的财产，不再移交。"

对上述第17条反面解释可知，未完成转账、汇款、现金交付的执行款应当移交破产法院或者管理人，结合上述第16条规定扣划在账的款项应当移交，可得出结论：只要没有发放的执行款项（包括变价款和扣划款）都要移交破产以概括受偿。

这一意见的精神，在参与分配程序中可以参考借鉴，只要扣划款项或者变价款项还没有发放完毕，就属于可供分配的财产，其他债权人可以申请参与分配。

---

① 参见仲璐：《浅析执行程序中的参与分配制度》，载中国法院网，2016年8月24日。

## 法律建议

1. 对于需要提出申请参与分配的当事人而言，最重要的问题是如何及时提出参与分配申请。法谚云：法律不保护躺在权力上睡觉的人。但实际上申请人难以知道债务人的财产不能清偿所有债权，更不必说知道针对该债务人的执行程序已经开始。依我国法律规定，一般的民事主体并不负有公开其财务状况的义务。而且，执行程序开始后，执行法院、申请执行人及被执行人都没有通知其他债权人的义务，其他债权人是很难得知被执行人“资不抵债”，已被提起执行程序的。因此，参与分配制度对符合条件但未能参与到执行程序中的债权人的保护是远远不够的。作为还未提出参与分配的债权人而言，一般只能持续追踪债务人的涉诉状况和被执行情况，尽可能多地掌握债务人可供执行的财产线索，保持与保全或执行法院的密切沟通，及时了解执行处置状况，才能有效避免自身权利受到减损。

2. 对于已经提交申请等待分配的债权人，如何避免在执行过程中出现其他债权人参与分配，对于已经提交申请的债权人是不可控的。已经提交申请的债权人所能做的是尽快推进执行法院的执行进程，积极与现有的债权人协商达成分配方案，并敦促法院尽快签发裁定等，着力让执行程序尽快终结，以就现有的被执行人财产“优先”受偿。

# 执行程序中建设工程优先权范围是否包含土地使用权价值

## 问题的提出

合同法第286条及《最高人民法院关于建设工程价款优先受偿权问题的批复》（法释〔2002〕16号，以下简称《建设工程价款批复》）第1条①明确了建设工程价款的优先受偿权。由于上述规定对建设工程价款优先受偿权的客体范围表述不够明确，并未阐明是否包含土地使用权的价值，导致实践中可能出现对优先受偿权客体产生争议。在实践中可能产生建设工程价款优先受偿权与其他优先债权（比如建筑物所占用的土地抵押权）产生冲突。如果建筑物所占用的土地使用权在先设置抵押权，之后产生的建设工程价款优先权是否与土地抵押权相冲突？

如果建设工程价款优先受偿权的客体不包括建设用地使用权的价值，则建设工程价款的优先性不及于建设用地使用权，如果此时建设用地使用权上负担了抵押权，建设工程价款不能针对建设用地使用权的价款优先受偿；如果建设工程价款优先受偿权的客体包括建设用地使用权的价值，那么当建设工程价款优先受偿权与土地抵押权冲突时，前者优先。本文对司法实务中各法院的不同观点进行整理，试图厘清该问题。

---

① 合同法第286条："发包人未按照约定支付价款的，承包人可以催告发包人在合理期限内支付价款。发包人逾期不支付的，除按照建设工程的性质不宜折价、拍卖的以外，承包人可以与发包人协议将该工程折价，也可以申请人民法院将该工程依法拍卖。建设工程的价款就该工程折价或者拍卖的价款优先受偿。"

《最高人民法院关于建设工程价款优先受偿权问题的批复》第1条："人民法院在审理房地产纠纷案件和办理执行案件中，应当依照《中华人民共和国合同法》第二百八十六条的规定，认定建筑工程的承包人的优先受偿权优于抵押权和其他债权。"

## 问题解析

### 一、司法实务观点之一：建设工程价款优先受偿权的客体及于建设工程的土地使用权部分，即当建设工程价款优先受偿权与建设用地使用权上的抵押权冲突时，前者优先后者

#### （一）该观点的主要理由

第一，建设工程价款优先权为法定抵押权，根据物权法第 182 条“以建筑物抵押的，该建筑物占用范围内的建设用地使用权一并抵押”之规定，建设工程价款优先权一并及于建筑物和其所占用的建设用地使用权的价值。此外，建设工程是在建设用地使用权上所建造，根据“房地一体”原则，二者很难区分彼此的价值。

第二，建设工程价款批复已经明确“建筑工程的承包人的优先受偿权优于抵押权和其他债权”，因此建设工程价款优先权优先于建设用地使用权上设立的抵押权。

#### （二）持该观点的判例

上海市第二中级人民法院在“杭州银行股份有限公司上海虹口支行与浙江宝业建设集团有限公司、上海金巢实业有限公司仲裁裁决执行异议纠纷”执行裁定书中认为：“在建工程是在建设用地使用权上所建造，不能脱离建设用地而独立存在。基于房地一体的原则，二者不能区分彼此的价值，且在拍卖时亦很难区分彼此的价值，故在建工程价款优先受偿权的范围包括在建工程和其所占用土地的使用权。”① 当事人对该执行裁定不服，向上海市高级人民法院提起复议，上海市高级人民法院对上海市第二中级人民法院的裁定予以维持。②

---

① 参见上海市第二中级人民法院（2017）沪 02 执异 110 号执行裁定书。

② 梁慧星教授认为，合同法第 286 条的“建设工程”不仅包括承包人施工所完成的、属于发包人所有的建设工程，还应当包括该工程的基地使用权，以及组装或者固定在不动产上的动产。但不包括建设工程中配套使用并未组装或固定在不动产上的动产。参见梁慧星：《合同法第 286 条的权利性质与适用》，载《民商法论丛》总第 19 卷，法律出版社 2001 年版。

## 二、司法实务观点之二：建设工程价款优先受偿权的客体不及于建设工程的土地使用权部分，即建设工程价款优先受偿权与土地抵押权不存在冲突

### （一）该观点的主要理由

一方面，担保法第55条第1款规定："城市房地产抵押合同签订后，土地上新增的房屋不属于抵押物。需要拍卖该抵押的房地产时，可以依法将该土地上新增的房屋与抵押物一同拍卖，但对拍卖新增房屋所得，抵押权人无权优先受偿。"根据该规定，在具体拍卖抵押物时，建设用地使用权价值和建筑物价值的份额可以区分。

另一方面，合同法第286条规定的建设工程并不包括建设工程用地使用权价值，只包括基于承包人的劳动和投入的材料而形成的建筑部分价值。所以，这里的工程折价或者拍卖的价款应该理解为扣除了土地价值部分的价款。

### （二）持该观点的判例

最高人民法院在"王春霖与辽宁万泰房地产开发有限公司、盛京银行股份有限公司沈阳市泰山支行申请再审"民事裁定书中认为，"鉴于建设工程价款优先受偿权系法定优先权，因其具有优于普通债权和抵押权的权利属性，故对其权利的享有和行使必须具有明确的法律依据，实践中亦应加以严格限制。……法律赋予承包人对其施工的凝聚其劳动和投入的建设工程折价或者拍卖所得价款的优先受偿权。"① 根据最高人民法院在该判例中的措辞，建设用地使用权的价值明显不会凝聚承包人的劳动和投入，因此建设工程优先权的范围不能及于建设用地使用权。

广东省高级人民法院在"广东龙飞建筑集团有限公司与清远市经济开发区永利小额贷款有限公司、清远市长龙房地产开发有限公司第三人撤销之诉纠纷"民事判决书中认为，"建设工程施工合同的标的物是建设工程，虽然建设工程与所占用的建设用地是一体的，但按照我国物权法的规定，土地和地上建筑物、构筑物属于不同的物，承包人优先受偿权的范围应限于土地上的建筑物、构筑物，与土地本身的价值没有直接联系，且在将建筑物价值变现时，亦要区分建筑物的价值和建设用地使用权的价值，建设工程价款优先受偿权仅仅对建筑物的价值部分有优先受偿的效力，因此，承包人只能对其所

① 参见最高人民法院（2015）最高法民申第2311号民事裁定书。

承建的建设工程主张工程价款优先受偿权”。①

福建省高级人民法院在“锦宸集团有限公司、厦门海投经济贸易有限公司与中国工商银行股份有限公司厦门开元支行、福建省闽建工程造价咨询有限公司、郭仁谦执行分配方案异议纠纷”民事判决书中认为，“建设工程价款优先受偿权是法定优先权，合同法第二百八十六条规定建设工程的价款就该工程折价或者拍卖的价款优先受偿，主要目的在于保护因垫资、工人工资等而附加在建设工程的部分，土地只是建设工程的载体，即便锦宸公司对讼争地块实施了‘土地平整’和‘地基毛石混凝土换填’工程，其建筑材料和劳动力价值最终也是物化在建设工程上，故土地不应作为建设工程价款优先受偿权的客体”。②

上海市松江区人民法院在“平湖市新仓镇腾辉装璜经营部与上海敦富坊实业有限公司建设工程施工合同纠纷”一审民事判决书中认为，“承包人能享有优先权的只能在建筑物因该工程而增加价值的范围内优先受偿”。该判决书虽未明确表示建设工程价款优先受偿权的客体是否包括土地使用权，但是按照松江区人民法院“只能在建筑物因该工程而增加价值的范围内优先受偿”的观点，承包方的建设工程显然不能使得土地价值增加，因此建设工程价款优先受偿权的客体不包括土地使用权。③

除此以外，持相同观点的判例还有江苏省高级人民法院（2016）苏执异4号执行裁定书、广东省高院级人民法院（2015）粤高法民撤终字第7号民事裁定书、芜湖市中级人民法院（2017）皖02民终1989号民事判决书、吴川市人民法院（2017）粤0883民初189号民事判决书、台州市中级人民法院（2017）浙10民终731号民事判决书；等等。

## 三、司法实务的相关规定

最高人民法院民一庭在《〈合同法〉第286条规定的建设工程价款优先权的客体不及于建筑物所占用的建设用地使用权》一文④中，论述了建设工程价款优先受偿权的客体不及于建设用地使用权价值的观点，主要理由有三点：

首先，“房地一体”的目的在于避免房地因拍卖的买主不同而出现不同的权利人，并非在于使抵押权人对于非设定抵押部分亦取得担保物权的效力；

---

① 参见广东省高级人民法院（2015）粤高法民撤终字第7号民事判决书。

② 参见福建省高级人民法院（2016）闽民终960号民事判决书。

③ 参见上海市松江区人民法院（2018）沪0117民初16295号民事判决书。

④ 最高人民法院民一庭编：《民事审判指导与参考》总第44辑，法律出版社2011年版。

其次，建设工程价款对建设工程的法定抵押权起源于承揽人对承揽物的添附和劳动价值，主要目的在于保护因垫资、工人工资等而附加在建设工程的部分，而垫资、工人工资等对建设用地使用权部分并无增值贡献；最后，实践中建筑物的价值和建设用地使用权的价值是可区分的。

除此以外，最高人民法院在“民事审判信箱”栏目中回答“土地是否为建设工程优先受偿权的客体”这个问题时,① 亦明确表示“土地不是优先受偿权的客体”，原因在于：承包方在整个建设的过程当中，承包人的建筑材料和劳动力已经物化在建工程当中，其所有投入转化为在建工程，在物的所有权的转化中转化为在建工程，已经和在建工程不可分离。所以，承包方基于所有权的转化方式对在建工程享有优先受偿的权利。作为土地来讲，是建设工程当中的载体，对于土地这一载体而言，承包方没有任何投入，或者说承包方的建筑材料、劳动力等并没有物化在土地上。从该角度而言，土地不应当作为建设工程优先受偿权的客体。

《浙江省高级人民法院执行局执行中处理建设工程价款优先受偿权有关问题的解答》（浙高法执〔2012〕2 号，以下简称《浙江高院解答》）第 4 条针对“建设工程承包人对工程占用范围内的土地使用权的拍卖价款是否享有优先受偿权”进行了解答，明确“建设工程承包人只能在其承建工程拍卖价款的范围内行使优先受偿权，对该工程占用范围内的土地使用权的拍卖价款不能主张优先受偿”。

此外，《浙江高院解答》明确要求：“实际操作中可对建设工程和土地使用权分开进行价值评估，确定各大自在总价值中的比例，然后一并拍卖，拍卖成交后再确定建设工程承包人可以优先受偿的金额。”该解答在明确建设工程价款优先受偿权的客体不包括土地使用权的基础上，进一步明确二者在实践中进行区分是切实可行的。并且在司法实务中，也不乏土地使用权价值和在建工程价值分开评估的案例。例如，上海市奉贤区人民法院在处置“上海钱桥养老院在建工程”时委托大雄公司对土地使用权价值进行评估、委托上海四海建设工程造价咨询监理有限公司对该土地范围内的无证建筑物（在建工程）进行评估，并就土地使用权和在建工程合并进行拍卖;② 上海市徐汇区人民法院在处置“上海市中西创新进修学院校区”时亦委托上海科东房地

---

① 最高人民法院民一庭编：《民事审判指导与参考》总第 62 集，法律出版社 2015 年版。

② 参见公拍网，http：//www. gpai. net/sf/item. do? Web_Item_ID = 4917，2019 年 11 月 22 日访问。

产土地估价有限公司在评估时对土地使用权价值和建筑物价值进行区分。①

《广东省高级人民法院关于在审判工作中如何适用〈合同法〉第286条的指导意见》(粤高法发〔2004〕2号)第4条明确表述“承包人只能对其所建设的建设工程主张工程价款优先受偿权”。

综上,我们可以看出,在司法实务中,针对建设工程优先权范围是否包含土地使用权价值是有争议的。笔者认为,建设工程价款优先受偿权的初衷是建设施工方对于其添附的工程付出了劳动等成果,应得以优先保护,但其对于工程附着的土地价值并无贡献,故建设工程优先权不应及于建筑物所占有的建设用地使用权部分。因此,在执行过程中拍卖涉案建设工程时,虽然根据“房地一体处分”原则将建筑物与建设用地使用权一起处分,但处分时仍应当区分建筑物的价值和建设用地使用权的价值,建设工程价款优先受偿权仅应针对建筑物的价值部分具有优先受偿的效力。

## 法律建议

1. 从整体来看,最高人民法院和地方法院对于建设工程价款优先受偿权的客体不包括土地使用权的观点基本一致,个别地区,例如上海市第二中级人民法院有判例认为建设工程价款优先受偿权的客体包括土地使用权,但上海其他法院同样存在观点相反的判例。作为具有抵押权等优先权的权利人,应当积极与法院沟通,尽可能多提供一些对自己观点有利的判例,争取取得法院的认同。

2. 实务中,为避免债务人与建设工程的施工方通过恶意调解等方式扩大建设工程优先权的范围,可积极关注与抵押物有关的建设工程案件,并尝试以第三人身份参与诉讼,提出相关抗辩。例如,根据《最高人民法院关于建设工程价款优先受偿权问题的批复》,建设工程承包人行使优先权的期限为6个月,自建设工程竣工之日或建设工程合同约定的竣工之日起计算,因此,可结合相关材料,例如建设施工合同、竣工验收报告、监理日志等进一步核实建设工程优先权是否成立。

3. 作为抵押权人,在执行阶段处置抵押物时,若该抵押物还涉及建设工程优先权,则应当与执行法院沟通,将土地使用权和建筑物分开评估。以便分别固定两者的价值,在执行分配时作区分处置。

① 参见公拍网,http://www.gpai.net/sf/item.do?Web_Item_ID=4151,2019年11月22日访问。

# 多个债权人对同一债务人申请执行时的债权受偿顺序

## 问题的提出

A对外负债人民币1000万，其中欠甲600万，欠乙300万，欠丙100万。A对前述债务无力偿还，名下仅有一套价值800万的房产。甲在获得胜诉判决后申请执行，并首先对A的房产予以查封，后乙、丙申请参与分配。甲认为其作为首封债权人具有优先受偿权，被查封房产依法拍卖所得价款应当优先清偿自己的债权，因此其乐观地认为自己的债权可以全部实现。

如上述案例中的情形，在执行程序中，如果被执行人负有多笔债务，其中首先对被执行人财产采取保全措施的债权人是按照执行法院采取执行措施的先后顺序受偿，还是按照债权比例受偿？该受偿顺序受诸多因素的影响，顺序的不同将对债权人利益的实现产生重要影响。针对该问题，本文针对多个债权人对同一被执行人申请执行情形下的债权受偿顺序问题进行了梳理与分析。

## 问题解析

### 一、同一法律文书确定的金钱给付债务

当同一份法律文书确定的金钱债务涉及的多个债权人分别对同一被执行人申请执行，且被执行人财产足以清偿全部债务时，因所有债权均可受偿，且同一法律文书属于同一执行案件，故不存在先后问题。当同一份法律文书确定的金钱债务涉及的多个债权人分别对同一被执行人申请执行，而被执行人财产不足以清偿全部债务的，根据《最高人民法院关于人民法院执行工作若干问题的规定（试行）》（以下简称《执行规定》）第88条第3款以及物权

法第 199 条第 1 款第 1 项①的规定，基于所有权和担保物权而享有的债权优先受偿；存在多个担保物权的，按照担保物权成立的先后顺序依次受偿；担保物权之外的普通债权，按照各债权比例受偿。

## 二、多份法律文书确定的金钱给付债务

当多份法律文书确定的金钱给付债务涉及多个债权人分别对同一被执行人申请执行的情形时，情况较同一法律文书确定的金钱给付债务更为复杂。《执行规定》第 88 条第 1 款和第 2 款②确立了总的原则，在没有证据证明被执行人财产无法清偿所有债务时，对于均仅享有普通债权的债权人来说，其受偿顺序均由法院采取执行措施的先后顺序决定，首封债权对被执行人的执行财产将优先受偿。若债权人是基于所有权或担保物权而享有的债权，则该债权优先于普通金钱债权受偿，而不论作出执行依据的判决的法院采取执行措施的顺序。同时，根据被执行人的不同类型，对被执行人的债权受偿程序上会有所不同。被执行人主要可被分为三类：企业法人、非企业法人、公民或其他组织。

### （一）被执行人为企业法人

根据《最高人民法院关于适用〈中华人民共和国民事诉讼法〉的解释》（以下简称《民诉法解释》）第 513 条③的规定，若申请人之一或被申请人申请进入破产程序，则移交破产管辖法院，中止执行程序。当作为被执行人的

---

① 《最高人民法院关于人民法院执行工作若干问题的规定（试行）》第 88 条第 3 款："一份生效法律文书确定金钱给付内容的多个债权人对同一被执行人申请执行，执行的财产不足清偿全部债务的，各债权人对执行标的物均无担保物权的，按照各债权比例受偿。"

物权法第 199 条第 1 款第 1 项："同一财产向两个以上债权人抵押的，拍卖、变卖抵押财产所得的价款依照下列规定清偿：（一）抵押权已登记的，按照登记的先后顺序清偿；顺序相同的，按照债权比例清偿。"

② 《最高人民法院关于人民法院执行工作若干问题的规定（试行）》第 88 条第 1、第 2 款："多份生效法律文书确定金钱给付内容的多个债权人分别对同一被执行人申请执行，各债权人对执行标的物均无担保物权的，按照执行法院采取执行措施的先后顺序受偿。多个债权人的债权种类不同的，基于所有权和担保物权而享有的债权，优先于金钱债权受偿。有多个担保物权的，按照各担保物权成立的先后顺序清偿。"

③ 《最高人民法院关于适用〈中华人民共和国民事诉讼法〉的解释》第 513 条："在执行中，作为被执行人的企业法人符合企业破产法第二条第一款规定情形的，执行法院经申请执行人之一或者被执行人同意，应当裁定中止对该被执行人的执行，将执行案件相关材料移送被执行人住所地人民法院。"

企业法人资不抵债时，执行法院即应当考虑依法移送破产程序。进入破产程序的，执行法院应当将案件材料移送破产管辖法院以便启动破产程序。同时为了便于受移送法院审查，在法院裁定是否受理破产案件前，执行法院应裁定中止执行。

若未能进入破产程序，则恢复执行。根据《民诉法解释》第 515 条第 2 款和第 516 条①的规定，如果当事人不同意移送破产或执行法院不受理破产案件的，则恢复执行程序。普通债权的债权人按照财产保全和执行中查封、扣押、冻结财产的先后顺序受偿，基于所有权和担保物权的债权，优先于金钱债权受偿。多个担保物权，按照各担保物权成立的先后顺序受偿。2017 年《最高人民法院关于执行案件移送破产审查若干问题的指导意见》第 4 条进一步明确规定，“申请执行人、被执行人均不同意移送且无人申请破产的，执行法院应当按照《最高人民法院关于适用〈中华人民共和国民事诉讼法〉的解释》第五百一十六条的规定处理，企业法人的其他已经取得执行依据的债权人申请参与分配的，人民法院不予支持”。该规定表明执行程序转为破产程序需要满足一定的条件，破产程序中不再参照适用参与分配的相关规定对被执行人的财产进行分配。

如果企业未经清理或清算即撤销、注销或歇业，其财产不足以清偿全部债务的，根据《执行规定》第 96 条②的规定，参照被执行人为公民或其他组织的规定参与分配。按照我国现行法律规定，企业资不抵债时可以进入破产程序，而我国目前并未规定个人破产制度，因此原则上参与分配制度只能适用于被执行人为公民或者其他组织的情形，而不适用于企业法人。但在企业法人未经清理或清算而撤销、注销或歇业，其财产不足清偿全部债务的情形下，企业法人可以例外适用参与分配制度。随着我国破产制度的不断发展和深入，对企业在执行中资不抵债的情形，趋势将往破产方向引导，因此在目前的司法实践中，至少在上海地区，针对企业法人一般不再适用上述司法解释的规定。

---

① 《最高人民法院关于适用〈中华人民共和国民事诉讼法〉的解释》第 515 条第 2 款：“被执行人住所地人民法院不受理破产案件的，执行法院应当恢复执行。”

第 516 条：“当事人不同意移送破产或者被执行人住所地人民法院不受理破产案件的，执行法院就执行变价所得财产，在扣除执行费用及清偿优先受偿的债权后，对于普通债权，按照财产保全和执行中查封、扣押、冻结财产的先后顺序清偿。”

② 《最高人民法院关于人民法院执行工作若干问题的规定（试行）》第 96 条：“被执行人为企业法人，未经清理或清算而撤销、注销或歇业，其财产不足清偿全部债务的，应当参照本规定 90 条至 95 条的规定，对各债权人的债权按比例清偿。”

（二）被执行人为公民或其他组织

我国目前个人破产制度尚处于探索、起步阶段，因此当被执行人为公民或其他组织，其财产不足以清偿全部债务时，适用参与分配制度。根据《民诉法解释》和《执行规定》的相关规定，对已经取得债务执行依据的债权人在被执行财产被执行完毕前，有权提交参与财产分配申请，法院根据债权人的申请制作分配方案。基于所有权和担保物权而享有的债权，优先于普通债权受偿。有多个担保物权的，按照各担保物权成立的先后顺序清偿。其余普通债权原则上按照债权比例受偿。被执行人财产被分配完后，被执行人对剩余债务应当继续清偿。债权人发现被执行人有其他财产后，可随时向法院申请继续依法执行。

（三）被执行人为非企业法人

通过上述梳理可知，关于对被执行人为公民或其他组织、企业法人时的财产分配已经有了较为具体和明确的规定，但对被执行人为非企业法人，即机关、事业单位、社会团体等时的执行财产分配问题却未见相关规定。非企业法人既不能适用破产制度，也不宜适用公民、其他组织以及特殊情形下企业法人的参与分配制度。笔者认为，其只能按照一般性规定进行分配，即基于所有权和担保物权而享有的债权优先受偿，有多个担保物权的，按担保物权设立的先后顺序依次受偿；无担保物权的，则按法院采取执行措施的先后顺序受偿。

以上关于财产分配顺序的论述，可简要总结如图 5－1 所示。

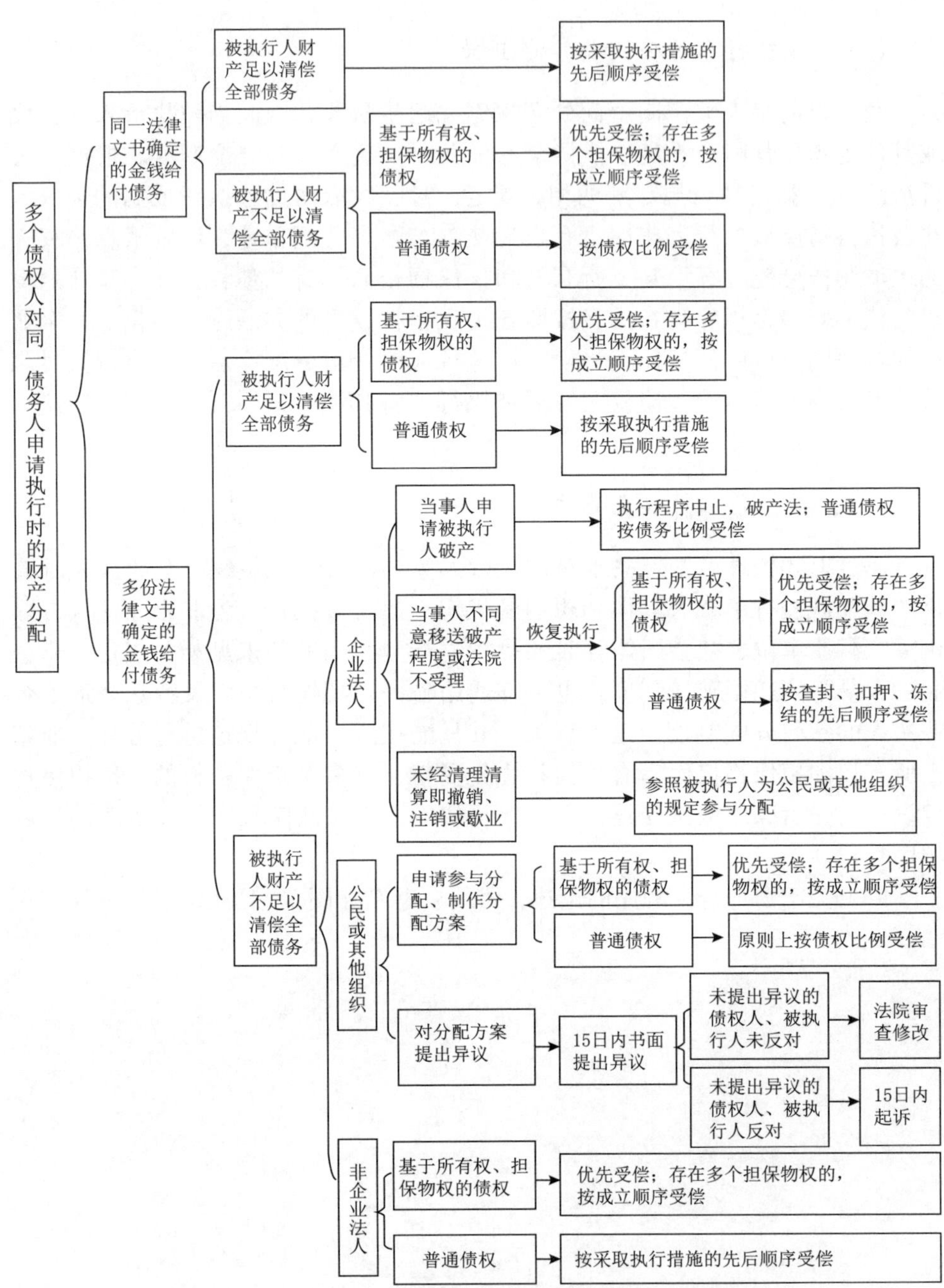


**图5－1　多个债权人对同一债务人申请执行时的财产分配顺序图**

## 引申探讨

### 一、首封债权是否享有优先受偿权

关于首封债权是否享有优先受偿权的问题，首先应当明确此处优先权的讨论仅限于普通债权之间，因税费或者担保物权等而产生的债权必然优于普通债权受偿。根据本文第二部分“财产受偿顺序”的梳理，可知我国目前在被执行人财产不足以清偿全部债务时，区分被执行人为公民、其他组织还是企业法人这两种不同情形分别适用不同的财产分配原则（除此之外还有非企业法人，但该种情形实务中较为少见，且现有法律并未明确予以规定，因此不单独予以讨论），即对公民和其他组织适用参与分配制度，对企业法人适用破产制度和有条件地适用参与分配制度。

按照相关法律和司法解释的规定，在多份法律文书确定的金钱给付债务中，如果被执行人的债务足以清偿全部债务（或者无证据证明被执行人资不抵债），此时普通债权按照采取执行措施的先后顺序受偿；如果被执行人的债务不足以清偿全部债务的，则应区分能否适用参与分配制度。在不适用参与分配的情形下，首封债权可以在其他普通债权之前优先获得受偿，尽管这很难说是一种优先受偿的“权利”，但至少获得了优先受偿的效果。

比较有争议的是在适用参与分配的情形下，普通债权能否享有优先受偿权。首封债权人通常需要花费大量的时间、精力调查获取被执行人的财产线索，且申请查封被执行人财产还需要向法院交纳保全费用、保证金，提供一定的财产作为担保；此外，首封债权对财产的固定起到了基础作用，对其他债权人的获益有所贡献。因此，如果不能在一定程度上使首封债权优先受偿，首封债权人相比其他普通债权人的维权成本会高出很多，这无疑有失公平，因此各地法院在司法实践中开始探索赋予首封债权一定程度优先受偿的权利。

《浙江省高级人民法院关于在立案和审判中兼顾案件执行问题座谈会纪要》（浙高法〔2009〕116 号）（以下简称《浙江高院执行纪要》）第 3 条第 4 项规定：“申请财产保全的债权人成功保全被执行人财产的，在参与分配时，除扣除其为保全、处置该财产所支出的合理的差旅费用、垫付的评估费等外，还可适当多分，但最高不得超过 20%（即 1：1.2 的系数）。”《重庆市高级人民法院关于执行工作适用法律若干问题的解答（一）》规定，在参与分配程序中，普通债权原则上按照其占全部申请参与分配债权数额的比例受偿。但是依债权人提供的财产线索，首先申请查封、扣押、冻结并有效采取措施的债权，人民法院应根据案件具体情况，在保证参与分配债权都有受偿的前提下，可适当予以多分，多分部分的金额不得超过待分配财产的20%且不高于该债权总额，未受偿部分的债权按普通债权比例受偿。《福州市中级人民法院关于参与分配具体适用的指导意见（试行）》第9条和《包头市中级人民法院关于执行程序中参与分配的实施细则》第9条均规定，被执行人的财产无法清偿所有债务时，对首先采取财产诉讼保全措施的债权人，可以适当提高执行款分配比例。其债权额高于保全财产价额的，则在其债权额的范围内，提高比例幅度为保全财产价额的15%到20%；其债权额低于保全财产价额的，则在保全财产范围内，提高比例幅度为其债权额的15%到20%。以上地方性规定都是在一定范围内提高首封债权参与分配的比例，实际上使首封债权享有了一定程度上优先受偿的效果。通过对以上地方性规定的分析不难发现，其都只适用于被执行人为公民或其他组织时的参与分配程序。导致该现象的原因有两点：第一，我国目前并未设立个人破产制度，因此当被执行人为公民或其他组织，其财产不足以清偿全部债务时，适用参与分配制度；第二，只有在被执行人为公民或其他组织时的参与分配程序中，司法解释对于普通债权的受偿顺序规定为“原则上”按债权比例受偿，该原则性规定为各地因地制宜留下了空间。

针对以上四地高院的规定，司法实践中法院并非简单适用上述规定，而是综合考虑诸多因素。在“某股份有限公司金华分行与某银行股份有限公司东阳支行执行分配方案异议之诉”一案中，① 东阳市人民法院认为：“本案的争议焦点为原告要求增加20%分配比例是否有法律依据。《浙江高院执行纪要》仅是浙江省高级人民法院出台的供浙江省内各下级法院在立案、审判、执行工作中参照执行的文件，且第3条第4项认为对首先保全财产的债权人‘可适当多分’，即赋予了承办人员在具体个案中的自由裁量权。针对本案，被拍卖房产已设定抵押，客观上已限制其转让，故首封对财产的执行作用有限，且执行过程中，首封债权人的原告对推进执行工作的作用并不明显，执行法官根据以上情形不予上浮进行分配也在情理之中。故原告的诉讼请求无法律依据，本院不予支持。”该案例表明，浙江地区法院在司法实践中对《浙江高院执行纪要》并非严格适用，而仅仅认为该纪要赋予了法官是否提高首封债权受偿比例的自由裁量权，至于首封债权能否在一定比例内优先受偿，需要综合考虑首封债权对被执行财产的固定作用、对执行工作的推进作用等

---

① 参见浙江省东阳市人民法院（2018）浙0783民初12654号民事判决书。

因素。在“邓某某与王某某曾某等执行分配方案异议之诉”一案中,① 重庆市合川区人民法院认为,“虽然原告在诉讼过程向本院提供了该车的财产线索,本院依原告申请对渝 C2M×××号福特牌小型汽车的保全先于二被告对该车的保全,但是其作用仅系限制该车所有权转移登记,而二被告除了对该车依法申请保全之外,还积极寻找该车,最终提供线索使法院对该车采取扣押执行措施。在执行案件中,相对于查封车辆限制其所有权转移登记而言,实现对车辆的实际控制对债权的实现显得更为有效”。该案例表明,重庆地区法院在决定某一普通债权能否在一定比例内优先受偿时,会考察该债权的债权人是否在实质上为执行工作的开展起到了推动作用。

关于上海市法院的实务操作方式,《上海市高级人民法院执行局、执行裁判庭联席会议纪要(二)》(沪高法执〔2018〕7 号)对于在先查封的普通债权人在参与分配中是否享有优先受偿权进行了明确规定——“在先查封的普通债权人在参与分配中不享有优先受偿权”。也即,上海市对于《民诉法解释》第 510 条规定的“原则上按照其占全部申请参与分配债权数额的比例受偿”并未作出扩张解释,并未赋予首封债权优先受偿的权利。如在“丁某与连某执行分配方案异议之诉”一案中,上海市第一中级人民法院认为,“丁某认为,目前执行程序中供分配的王某财产均由其申请查封,基于此,其同样享有优先受偿权。对此本院认为,在徐汇法院目前受理的以王某个人为被执行人的执行案件中,王某的财产并不足以清偿所有的债务,在此情况下,应当适用《最高人民法院关于人民法院执行工作若干问题的规定(试行)》第 90 条的规定,即‘被执行人为公民或其他组织,其全部或主要财产已被一个人民法院因执行确定金钱给付的生效法律文书而查封、扣押或冻结,无其他财产可供执行或其他财产不足清偿全部债务的,在被执行的财产被执行完毕前,对该被执行人已经取得金钱债权执行依据的其他债权人可以申请对被执行人的财产参与分配’。因此对丁某的相关主张,本院亦不予采纳”。②

## 二、关于企业法人未经清理或清算而撤销、注销或歇业的司法认定

在被执行人系企业法人时,若要适用参与分配,则其应当符合“未经清理或清算而撤销、注销或协议”的条件,实践中该条件的成就以何作为标准往往存在争议。

---

① 参见重庆市合川区人民法院(2018)渝 0117 民初 1245 号民事判决书。

② 参见上海市第一中级人民法院(2012)沪一中民一(民)终字第 2691 号民事判决书。

在“常州某电子科技有限公司、常州某电子有限公司与江苏某资产监管有限公司、常州某担保有限公司企业借贷纠纷、申请公司清算”一案中，[①]最高人民法院认为，“江苏某公司法定代表人王某某于2012年12月即已下落不明，高通公司无人工作，生产经营活动已终止满一年，符合《中华人民共和国企业法人登记管理条例》第22条关于企业法人领取营业执照后停止经营活动满一年的视同歇业的规定”，[②] 认为企业法人领取营业执照后满6个月尚未开展经营活动或者停止经营活动满一年，即为歇业。在“浙江某房地产开发有限公司股权转让纠纷执行”一案中，浙江省高级人民法院认为，“某公司于2012年10月经过工商年检，现也无证据证明其此后较长时间停止经营活动，不存在被撤销、注销或歇业情形”，因此浙江省高级人民法院认为工商年检及是否长时间停止经营活动是判断企业是否被撤销或者歇业的标准。[③] 在“中国某银行股份有限公司北京某支行与上海某发展银行股份有限公司北京分行执行分配方案异议之诉”一案中，北京市高级人民法院认为：“企业歇业是指企业停止经营活动且不再继续，企业歇业是企业终止的一种形式，而认定企业是否歇业应当证据充分。《中华人民共和国企业法人登记管理条例》第二十二条规定，‘企业法人领取企业法人营业执照后，满六个月尚未开展经营活动或者停止经营活动满一年的，视同歇业，登记主管机关应当收缴企业法人营业执照、企业法人营业执照副本，收缴公章，并将注销登记情况告知开户银行’。根据一审法院查明，某公司2010年12月3日至2011年6月10日期间正常向北京市地方税务局开发区分局缴纳税款，其缴纳税种为个人所得税和城镇土地使用税。该事实可以在一定程度上证明该公司仍有财产和人员，企业仍然在运作。截至2012年10月16日该公司的工商登记信息中显示企业状态为开业的事实可以证明其法人资格仍然存续，且工商登记管理部门并未对其采取行政处罚措施。综合上述情况，认定该公司在2011年6月10日前已经停止经营活动证据不充分。自2011年6月至2012年3月二中院执行分配方案作出时尚不满一年，故不能认定二中院作出执行分配方案时该公司已经处于歇业状态。”因此北京市高级人民法院认为，企业纳税记录是判断企业是否

---

① 参见最高人民法院（2016）最高法执监205号民事裁定书。

② 《中华人民共和国企业法人登记管理条例》第22条：“企业法人领取《企业法人营业执照》后，满6个月尚未开展经营活动或者停止经营活动满1年的，视同歇业，登记主管机关应当收缴《企业法人营业执照》、《企业法人营业执照》副本，收缴公章，并将注销登记情况告知其开户银行。”

③ 参见浙江省高级人民法院（2013）浙执复字第8号民事裁定书。

处于歇业状态的重要标准。①

需要说明的是，目前司法实践中，尽管有些企业确已处于歇业状态，但在“执转破”力度不断加大的趋势下，对于企业法人适用参与分配已越来越谨慎。

## 法律建议

1. 基于担保物权而取得的债权受偿顺序优于普通债权，因此债权人在与债务人缔结债权债务契约时，应当尽量要求债务人对其债务提供担保。

2. 在不适用参与分配制度的情况下，普通金钱债权按照采取执行措施的先后顺序受偿；即使在使用参与分配制度情况下，司法实践中，部分法院仍可能会对采取了首封措施的执行申请人赋予一定比例的优先受偿权。因此，债权人应当尽量调查被执行人财产线索，争取获得首封权，在执行阶段的受偿顺序中取得优势。

3. 对于未取得首封措施的执行申请人，应当及时向财产处置法院提出参与分配申请，若被执行人系企业法人的，还应提供该企业法人未经清理或清算而撤销、注销或歇业的证明材料，争取在已知的财产线索中“分得一杯羹”。

4. 对于已经取得首封措施的执行申请人，应当积极要求法院加快执行进展。其他债权人参与分配的前提是已取得可供执行的法律文书，故执行流程拖得越长，被其他潜在债权人参与分配的可能性越大。在法院审查、出具参与分配方案的过程中，应尽量向法院强调首封措施对于固定债务人财产的贡献，并主张在一定范围内就所查封的财产享有优先受偿权。

---

① 参见北京市高级人民法院（2013）高民终字第363号民事判决书。

# 六、涉外、涉港执行

## 中国承认与执行境外民商事判决的条件

### 问题的提出

一般来说，在涉及国际商事纠纷和争议中，当事人一般会约定争议解决的管辖主体，那么随之而来的，对于境外法院作出的判决①在中国境内是否可以得到承认及执行，就成为一个非常值得探讨和研究的问题。目前，在立法层面，我国尚未制定专门针对境外判决承认与执行的系统性法律规范。而根据我国现行有效的法律规定，在经当事人申请或者境外法院请求，我国人民法院按照如下审查标准确认是否承认与执行境外法院作出的发生法律效力的判决：（1）是否适用缔结或者参加的国际条约；（2）是否适用互惠原则。但是，具体如何适用上述审查标准则一直是大家关注的问题。

### 问题解析

一、概述

我国承认与执行境外法院作出的判决的审查标准，主要依据还是来源于是否属于缔结或者参加的国际条约或者适用互惠原则。

（一）国际公约

一直以来，主要是由海牙国际私法会议推动与制定关于境外法院判决承认与执行的全球性国际公约，国际公约的谈判、制定、确认、执行已经经历了一个比较漫长的过程。

---

① 本文所称判决，均特指除离婚判决之外的民商事裁判。

1971 年，海牙国际私法会议通过了第一份《承认与执行外国民商事判决公约》（Convention of 1 February 1971 on the Recognition and Enforcement of Foreign Judgments in Civil or Commercial Matters）。不过遗憾的是，仅有阿尔巴尼亚、塞浦路斯、科威特、荷兰和葡萄牙 5 个国家在该公约生效后加入，由于加入国较少，该公约并没有发挥预想中的功能。

1992 年开始，海牙国际私法会议尝试制定新的综合性境外法院判决承认与执行公约，并于 1999 年 10 月完成了公约草案的拟定，于 2001 年对该草案进行了修改。不过，由于各国无法对管辖权制度、不方便法院原则等内容达成统一意见，该草案最终并未生效。

2005 年，海牙国际私法会议选择分步推进，先制定推动难度较小、争议不大的《选择法院协议公约》。该公约于 2005 年通过，并于 2015 年正式生效。我国于 2017 年 9 月 12 日参与签署，但是目前尚未批准开始实施。《选择法院协议公约》确立了三项基本规则：第一，默示排他管辖规则，即选择法院协议未明确约定“非排他性”则被视为排他性；第二，默示排他管辖规则的例外，即无效例外原则，即虽然默示认定被选择法院具有排他性管辖权，但根据被选择法院国法应属无效时，被选择法院不具有排他性管辖权；第三，其他缔约国有义务遵循公约既定规则承认与执行被选择法院作出的判决，但是属于《选择法院协议公约》中不适用情形的除外。

2012 年，为推动全球性民商事判决的承认与执行，海牙国际私法会议决定重新启动《外国判决承认与执行公约》（以下简称《执行公约》）的工作，经过各国长达四年时间的沟通与准备，于 2016 年形成了一份新的草案。2016 年至 2018 年间，海牙国际私法会议先后召开了四次特委会会议，对《执行公约》进行政府间的谈判。经各方共同努力，在多轮沟通与修订的基础上，最终于 2019 年 7 月 2 日在外交大会上对《执行公约》完成了定稿签署。截至目前，《执行公约》尚无法在我国得以正式适用，如需适用，还待《执行公约》生效，同时我国需正式签署，并且经我国国务院提请全国人民代表大会常务委员会决定批准后，再由国家主席根据人大常委会决定予以批准方能适用。

综上，由于我国一直未批准任何国际性关于承认与执行境外判决的公约，因此前述提及的国际公约并不能作为我国承认与执行境外判决的法律依据。

### （二）双边条约

虽然，我国一直无法将国际公约作为我国承认与执行境外判决的法律依据，但是，由于我国与多个国家签署了涉及民商事的双边司法协助协定或条约（以下简称双边条约），这些已经签署的双边条约在一定情况下可以作为我国承认与执行境外判决的法律依据。

经统计，截至目前，我国已经与39个国家签订了涉及民商事的双边司法协助协定或条约，其中已经生效的共有38项。在这38项司法协助协定或条约中，比利时、泰国、新加坡、韩国签署的文件不包含承认与执行我国法院判决的规定。

经统计不难发现，我国对外签订的双边条约或协定数量较少，其中还有部分双边条约或协定没有关于承认与执行法院判决的内容，因此，以双边条约作为我国承认与执行境外判决的法律依据的范围非常之小。

### （三）互惠政策

关于互惠原则的适用的标准我国法律并无明确的规定，根据过往我国司法实践中已经承认与执行的境外判决的案例，我国司法实践主要还是采取遵循先例的原则，即对于两国间司法实践中有承认与执行对方国家法院判决先例的，认定成立相应的互惠关系，因此可适用互惠原则承认与执行境外判决，反之则不能适用。

## 二、案例介绍

根据目前我国已有的关于承认与执行境外判决的案例，主要有代表性的案例依据的审查标准还是双边公约和互惠原则。

### （一）我国根据与阿联酋的双边条约承认与执行阿联酋法院的判决

案情介绍：上海市第一中级人民法院（以下简称上海一中院）于2018年9月5日立案受理了高某（申请人）诉被申请人何某承认和执行境外法院民事判决一案。2012年9月5日，高某与何某签订协议，约定何某向高某转让位于阿拉伯联合酋长国富查伊拉联邦的石场45%的股权，高某出资2000—2500万元人民币购买新的流水线并将其运输安装至该碎石场。合同签订后，高某按约购买了价值2571.7万元人民币的流水线并运输安装至碎石场，但何某却未将约定的股份转让至高某，也不肯按约将高某投资的2571.7万元人民币返还给高某。高某于2015年12月28日在阿拉伯联合酋长国富查伊拉联邦初级法院对何某提起诉讼，经审理该院于2016年12月26日作出了2015/802号民事判决，判决何某应向高某支付2571.7万元人民币，并按年利率9%自2015年12月28日起计算至实际付清之日止支付利息。该案判决后高某提起上诉，阿拉伯联合酋长国富查伊拉联邦上诉法院于2018年3月25日作出了维持原判的终审判决。

法院观点：（1）申请人向上海一中院提交的国家企业信用信息公示系统的报告显示被申请人有可供执行的财产在上海一中院辖区内，故上海一中院对该案有管辖权；（2）申请人已向上海一中院提交了经证明无误的阿拉伯联合酋长国富查伊拉联邦初级法院和上诉法院作出的民事判决的副本及中文译本，符合申请承认和执行境外法院判决的形式要件；（3）被申请人委托代理律师参加了阿拉伯联合酋长国案件的诉讼程序，提出了相关抗辩，行使了诉讼权利；（4）案涉富查伊拉联邦上诉法院审理后于2018年3月25日作出最终判决，并业已生效；（5）承认和执行案涉阿拉伯联合酋长国法院判决亦未违反我国法律的基本原则或者危害我国国家主权、安全及社会公共利益。综上所述，经上海一中院审查，案涉阿拉伯联合酋长国法院判决不存在《中华人民共和国和阿拉伯联合酋长国关于民事和商事司法协助的协定》第21条规定的不应被承认与执行的情形，故上海一中院对案涉判决的效力予以承认，并予以执行。

### （二）我国根据互惠原则承认与执行美国法院判决

案情介绍：2017年6月30日，湖北省武汉市中级人民法院（以下简称武汉中院）作出裁定，决定承认并执行美国加利福尼亚州洛杉矶县高等法院作出的一项商事判决（以下简称本案）。在本案中，美国加州洛杉矶县高等法院对申请人刘某（以下简称申请人）与被申请人陶某、童某（以下简称被申请人）之间的股权纠纷作出了第EC62608号判决书（以下简称美国判决），在美国判决生效后，被申请人未按美国判决履行支付义务，由于被申请人在湖北省武汉市有可供执行的财产，因此，申请人向武汉中院提出申请，请求承认与执行美国判决。

法院观点：（1）申请人已提交证明无误的美国法院判决书副本及中文译本，形式上符合申请承认与执行境外法院判决的要求；（2）美国判决针对的纠纷为申请人与被申请人股权转让纠纷作出，承认美国判决不违反中国法律基本原则或国家主权、安全、社会公共利益；（3）美国有承认与执行中国法院民事判决的先例（美国联邦加州地区法院曾在2009年决定承认并执行湖北省高级人民法院就湖北葛洲坝三联公司诉美国罗宾逊直升机公司产品质量瑕疵损害赔偿纠纷一案作出的一项商事判决），申请人提交的证据证明了该先例，因此法院可以认定中国和美国之间存在承认与执行民事判决的互惠关系，可以适用互惠原则；（4）美国判决的法律程序合法合规，不存在法律合规问题，虽然美国判决是缺席判决，但美国法院以对被申请人进行调查、法院准许公告送达命令、报纸刊登的送达公告等方式对被申请人进行了合法传唤，并向武汉中院提交了相应的证明文件；（5）本案属司法协助案件，不涉及对双方实体权利义务关系的审查，因此对被申请人关于股权转让协议合法有效、美国判决存在错误的抗辩不予考虑。综上，武汉中院依据我国民事诉讼法第281条和第282条规定的程序和互惠原则承认与执行美国判决。

## 三、我国承认与执行国外判决的具体规定

境外法院作出的判决在中国承认与执行的主要依据是我国民事诉讼法第281条和第282条。我国民事诉讼法第281条规定："外国法院作出的发生法律效力的判决、裁定，需要中华人民共和国人民法院承认和执行的，可以由当事人直接向中华人民共和国有管辖权的中级人民法院申请承认和执行，也可以由外国法院依照该国与中华人民共和国缔结或者参加的国际条约的规定，或者按照互惠原则，请求人民法院承认和执行。"第282条规定："人民法院对申请或者请求承认和执行的外国法院作出的发生法律效力的判决、裁定，依照中华人民共和国缔结或者参加的国际条约，或者按照互惠原则进行审查后，认为不违反中华人民共和国法律的基本原则或者国家主权、安全、社会公共利益的，裁定承认其效力，需要执行的，发出执行令，依照本法的有关规定执行。违反中华人民共和国法律的基本原则或者国家主权、安全、社会公共利益的，不予承认和执行。"

根据上述规定，我国法院承认与执行境外判决的基本条件为：

### （一）境外判决已经发生法律效力

申请或请求我国法院承认与执行的境外判决必须是已经发生法律效力的判决，即该境外判决不存在法律瑕疵。根据我国与有关国家签订的司法协助条约中的约定，如果该境外判决存在以下情形之一的，我国法院可认为其存在法律瑕疵，该境外判决不具有法律效力：（1）按照我国法律有关管辖权的规定，境外判决是由无管辖权的法院作出的；（2）根据作出判决的法院所在国的法律，该判决尚未确定或不具有执行力的；（3）败诉一方当事人未经合法传唤，因而没有出庭参加诉讼，或者在没有诉讼能力时没有得到合法代理；（4）对同一争议在我国有已决的平行诉讼或者正在进行的平行诉讼；（5）当事人就同一争议达成书面仲裁协议的情形。

### （二）由当事人或者境外法院向我国有管辖权法院申请

根据我国民事诉讼法第282条的规定，既可以由当事人直接向我国有管辖权的中级人民法院申请承认与执行，也可以由境外法院请求我国人民法院

承认与执行。

因此，就发起主体而言，可以是境外判决的当事人，也可以是作出该境外判决的境外法院。同时，根据该条规定，一般受理法院主要为有管辖权的中级人民法院。其中，根据我国关于管辖权的规定，有管辖权的法院主要包括被申请人住所地、被申请人经常居住地、被执行财产所在地等。另外，从形式要求判定，应向有管辖权的法院提交证明无误的境外法院判决书副本及中文译本。

### （三）申请的依据是我国缔结或者参加的国际条约或者互惠原则

1. 参与签署的双边条约或协定

我国已经与 39 个国家签订了涉及民商事的双边司法协助协定或条约，其中已经生效的有 38 项。具体情况如表 6－1 所示：

**表 6－1　中国签订的涉及民商事双边司法协助协定/条约梳理表**

| 序号 | 生效日 | 签署日 | 签订国 | 名称 | 是否承认与执行法院判决 |
| --- | --- | --- | --- | --- | --- |
| 1 | 1988 年 2 月 8 日 | 1987 年 5 月 4 日 | 法国 | 中华人民共和国和法兰西共和国关于民事、商事司法协助的协定 | 是 |
| 2 | 1988 年 2 月 13 日 | 1987 年 6 月 5 日 | 波兰 | 中华人民共和国和波兰人民共和国关于民事和刑事司法协助的协定 | 是 |
| 3 | 1988 年 9 月 5 日 | 1987 年 11 月 20 日 | 比利时 | 中华人民共和国和比利时王国关于民事司法协助的协定 | 否 |
| 4 | 1990 年 10 月 29 日 | 1989 年 8 月 31 日 | 蒙古 | 中华人民共和国和蒙古人民共和国关于民事和刑事司法协助的条约 | 是 |
| 5 | 1993 年 1 月 22 日 | 1991 年 1 月 16 日 | 罗马尼亚 | 中华人民共和国和罗马尼亚关于民事和刑事司法协助的条约 | 是 |
| 6 | 1993 年 11 月 14 日 | 1992 年 6 月 19 日 | 俄罗斯 | 中华人民共和国和俄罗斯联邦关于民事和刑事司法协助的条约 | 是 |

（续表）

| 序号 | 生效日 | 签署日 | 签订国 | 名称 | 是否承认与执行法院判决 |
|---|---|---|---|---|---|
| 7 | 1993 年 11 月 29 日 | 1993 年 1 月 11 日 | 白俄罗斯 | 中华人民共和国和白俄罗斯共和国关于民事和刑事司法协助的条约 | 是 |
| 8 | 1994 年 1 月 1 日 | 1992 年 5 月 2 日 | 西班牙 | 中华人民共和国和西班牙王国关于民事、商事司法协助的条约 | 是 |
| 9 | 1994 年 1 月 19 日 | 1992 年 10 月 31 日 | 乌克兰 | 中华人民共和国和乌克兰关于民事和刑事司法协助的条约 | 是 |
| 10 | 1994 年 3 月 26 日 | 1992 年 11 月 24 日 | 古巴 | 中华人民共和国和古巴共和国关于民事和刑事司法协助的协定 | 是 |
| 11 | 1995 年 1 月 1 日 | 1991 年 5 月 20 日 | 意大利 | 中华人民共和国和意大利共和国关于民事司法协助的条约 | 是 |
| 12 | 1995 年 5 月 31 日 | 1994 年 4 月 21 日 | 埃及 | 中华人民共和国和阿拉伯埃及共和国关于民事、商事和刑事司法协助的协定 | 是 |
| 13 | 1995 年 6 月 30 日 | 1993 年 6 月 2 日 | 保加利亚 | 中华人民共和国和保加利亚共和国关于民事司法协助的协定 | 是 |
| 14 | 1995 年 10 月 26 日 | 1992 年 9 月 28 日 | 土耳其 | 中华人民共和国和土耳其共和国关于民事、商事和司法协助的协定 | 是 |
| 15 | 1995 年 7 月 11 日 | 1993 年 1 月 14 日 | 哈萨克斯坦 | 中华人民共和国和哈萨克斯坦共和国关于民事和刑事司法协助的条约 | 是 |

（续表）

| 序号 | 生效日 | 签署日 | 签订国 | 名称 | 是否承认与执行法院判决 |
|---|---|---|---|---|---|
| 16 | 1996 年 1 月 11 日 | 1995 年 4 月 25 日 | 塞浦路斯 | 中华人民共和国和塞浦路斯共和国关于民事、商事和刑事司法协助的条约 | 是 |
| 17 | 1996 年 6 月 29 日 | 1994 年 10 月 17 日 | 希腊 | 中华人民共和国和希腊共和国关于民事和刑事司法协助的协定 | 是 |
| 18 | 1997 年 3 月 21 日 | 1995 年 10 月 9 日 | 匈牙利 | 中华人民共和国和匈牙利共和国关于民事和商事司法协助的条约 | 是 |
| 19 | 1997 年 7 月 6 日 | 1994 年 3 月 16 日 | 泰国 | 中华人民共和国和泰王国关于民商事司法协助和仲裁合作的协定 | 否 |
| 20 | 1997 年 9 月 26 日 | 1996 年 7 月 4 日 | 吉尔吉斯 | 中华人民共和国和吉尔吉斯共和国关于民事和刑事司法协助的条约 | 是 |
| 21 | 1998 年 8 月 29 日 | 1997 年 12 月 11 日 | 乌兹别克斯坦 | 中华人民共和国和乌兹别克斯坦共和国关于民事和刑事司法协助的条约 | 是 |
| 22 | 1998 年 9 月 2 日 | 1996 年 9 月 16 日 | 塔吉克斯坦 | 中华人民共和国和塔吉克斯坦共和国关于民事和刑事司法协助的条约 | 是 |
| 23 | 1999 年 6 月 27 日 | 1997 年 4 月 28 日 | 新加坡 | 中华人民共和国和新加坡共和国关于民事和商事司法协助的条约 | 否 |
| 24 | 1999 年 11 月 26 日 | 1996 年 4 月 16 日 | 摩洛哥 | 中华人民共和国和摩洛哥王国关于民事和商事司法协助的协定 | 是 |

（续表）

| 序号 | 生效日 | 签署日 | 签订国 | 名称 | 是否承认与执行法院判决 |
|---|---|---|---|---|---|
| 25 | 1999 年 12 月 25 日 | 1998 年 10 月 19 日 | 越南 | 中华人民共和国和越南社会主义共和国关于民事和刑事司法协助的条约 | 是 |
| 26 | 2000 年 7 月 20 日 | 1999 年 5 月 4 日 | 突尼斯 | 中华人民共和国和突尼斯共和国关于民事和商事司法协助的条约 | 是 |
| 27 | 2001 年 12 月 15 日 | 1999 年 1 月 25 日 | 老挝 | 中华人民共和国和老挝人民民主共和国关于民事和刑事司法协助的条约 | 是 |
| 28 | 2002 年 1 月 19 日 | 2000 年 3 月 20 日 | 立陶宛 | 中华人民共和国和立陶宛共和国关于民事和刑事司法协助的条约 | 是 |
| 29 | 2005 年 4 月 12 日 | 2004 年 4 月 21 日 | 阿联酋 | 中华人民共和国和阿拉伯联合酋长国关于民事和商事司法协助的协定 | 是 |
| 30 | 2005 年 4 月 27 日 | 2003 年 7 月 7 日 | 韩国 | 中华人民共和国和大韩民国关于民事和商事司法协助的条约 | 否 |
| 31 | 2006 年 1 月 21 日 | 2003 年 11 月 19 日 | 朝鲜 | 中华人民共和国和朝鲜民主主义人民共和国关于民事和刑事司法协助的条约 | 是 |
| 32 | 2008 年 4 月 24 日 | 2007 年 6 月 18 日 | 科威特 | 中华人民共和国和科威特国关于民事和商事司法协助的协定 | 是 |

（续表）

| 序号 | 生效日 | 签署日 | 签订国 | 名称 | 是否承认与执行法院判决 |
|---|---|---|---|---|---|
| 33 | 2009 年 10 月 31 日 | 2009 年 5 月 19 日 | 巴西 | 中华人民共和国和巴西联邦共和国关于民事和商事司法协助的条约 | 是 |
| 34 | 2011 年 10 月 9 日 | 2001 年 4 月 9 日 | 阿根廷 | 中华人民共和国和阿根廷共和国关于民事和商事司法协助的条约 | 是 |
| 35 | 2012 年 5 月 25 日 | 2008 年 3 月 19 日 | 秘鲁 | 中华人民共和国和秘鲁共和国关于民事和商事司法协助的条约 | 是 |
| 36 | 2012 年 6 月 16 日 | 2010 年 1 月 10 日 | 阿尔及利亚 | 中华人民共和国和阿尔及利亚民主人民共和国关于民事和商事司法协助的条约 | 是 |
| 37 | 2014 年 10 月 12 日 | 2012 年 12 月 18 日 | 波黑 | 中华人民共和国和波斯尼亚和黑塞哥维那关于民事和商事司法协助的条约 | 是 |
| 38 | 2018 年 1 月 13 日 | 2014 年 5 月 4 日 | 埃塞俄比亚 | 中华人民共和国和埃塞俄比亚联邦民主共和国关于民事和商事司法协助的条约 | 是 |
| 39 | 未生效 | 2016 年 1 月 23 日 | 伊朗 | 中华人民共和国和伊朗伊斯兰共和国关于民事和商事司法协助的条约 | 是 |

2. 互惠原则

按照我国过往的实践经验，司法实践主要还是采取遵循先例的原则，如该国司法实践中有承认与执行我国法院判决先例的，即认定成立相应的互惠关系。但是，鉴于我国法律对互惠关系的认定并没有明确的标准，且我国法院的判决也并不具有判例法制度下的判例约束力，因此我国法院在认定存在互惠关系的标准上有较大的裁量权。

基于此，很容易由法院自由裁量是否存在互惠原则。例如，即使过往已有承认与执行判决的案例存在，我国法院也可认为过往承认与执行的案例并不足以认定双方之间存在相互承认与执行民事判决的互惠关系，或者基于其他原因（例如发现后续存在拒绝承认与执行中国法院判决的案例）认为这种互惠关系不复存在，我国法院也可能拒绝承认与执行该境外法院的判决。

3. 其他适用规则

（1）新加坡备忘录

2018 年 8 月 31 日，中国最高人民法院院长和新加坡最高法院首席大法官签署了《中华人民共和国最高人民法院和新加坡共和国最高法院关于承认与执行商事案件金钱判决的指导备忘录》（以下简称《指导备忘录》）。虽然，该《指导备忘录》并未强制要求双方确认承认与执行对方司法判决，但是，该《指导备忘录》对于中国和新加坡的当事人申请承认与执行对方法院作出的判决具有一定的指导作用。

（2）香港特别行政区判决的执行

中国内地与香港特别行政区之间现行有效的有关商事纠纷法院判决的承认与执行的法律规定仅有 2008 年起施行的《关于内地与香港特别行政区法院相互认可和执行当事人协议管辖的民商事案件判决的安排》。但是，该安排仅适用于当事人已经书面明确约定内地人民法院或者香港特别行政区法院具有唯一管辖权的情形。在当事人未明确约定管辖法院时，该安排无法适用。

2019 年 1 月 18 日，最高人民法院和香港特别行政区政府签署了《关于内地与香港特别行政区法院相互认可和执行民商事案件判决的安排》，该安排约定，内地与香港特别行政区法院民商事案件的判决，以及刑事案件中有关民事赔偿的判决将可以得到相互认可和执行。但是该安排的生效时间尚未确定，不过在未来该安排也会对两地司法协助产生重要的影响。

### （四）我国法院认为境外判决不违反我国法律的基本原则和国家主权、安全、社会公共利益

申请或请求我国法院承认与执行的境外判决不得违背我国法律的基本原则，并且不得损害我国的国家主权、安全和社会公共利益，这是最基本的条件，也是对我国主权的捍卫。

## 四、公约的基本介绍

虽然执行公约尚未获得我国正式批准，但是执行公约的通过是时代进步

的必然，在全球经济一体化发展的趋势下，执行公约的正式生效并在全球范围内得到承认与适用，也是必然发展的结果。关于执行公约，重点和亮点主要在如下方面：

（一）适用范围

《执行公约》第1条明确规定，《执行公约》仅适用于民商事事项，不适用于有关税收、关税及其他行政事项。

同时，《执行公约》列举了被排除在公约调整范围外的17项事项，《执行公约》第2条规定："公约不适用如下情形：（一）自然人的身份及法律能力；（二）扶养义务；（三）其他家庭法事项，包括婚姻财产制度以及由婚姻或者类似关系产生的其他权利义务；（四）遗嘱与继承；（五）破产、破产和解、关于金融机构的解决方案及类似事项；（六）旅客和货物运输；（七）跨界海洋污染或非国内管辖区域的海洋污染、源于船舶的海洋污染，海事诉讼的责任限制和共同海损；（八）核损害的责任；（九）法人、或者自然人与法人合伙的有效、无效或者解散，以及其机关所作决定的效力；（十）公共登记事项的病效性；（十一）诽谤；（十二）隐私；（十三）知识产权；（十四）武装部队的活动，包括武装部队人员执行公务的活动；（十五）执法活动，包括执法人员执行公务的活动；（十六）反托拉斯（竞争）事项，除了判决是基于现实的或潜在的竞争者之间，以固定价格、串通投标、设置产量限制或配额，或者通过分配客户、供应商、商业地域范围或商业渠道来分割市场的反垄断协议或者协同行为，且该行为和其效果均发生在原审国；（十七）通过国家单边措施进行的主权债务重组。"

（二）原则上无实体问题审查

《执行公约》第4条明确，请求国法院不应对案件进行实体审查，除非为适用《执行公约》之目的，如在依据第7条规定的拒绝承认与执行境外判决的条款下的情形下才可进行实体审查。

（三）承认与执行的基础

《执行公约》第5条规定，判决满足下列要求之一才能予以承认与执行："（一）被申请承认与执行的人，在其成为原审法院诉讼程序一方当事人时在原审国有惯常居所；（二）被申请承认与执行判决的自然人，在其成为原审法院诉讼程序的一方当事人时在原审国有主要营业地，且判决所基于的诉讼请求起因于该地的营业活动；（三）被申请承认与执行判决的人，是判决所基于诉讼请求的提起之人，但不是反请求的提起人；（四）被告成为原审法院诉讼程序的一方当事人时，其在原审国设有分支机构、代理机构或其他无独立法人资格之机构，且判决所基于的诉讼请求起因于该分支机构、代理机构或其他机构的活动；（五）在作出判决的诉讼程序中，被告明确同意原审国法院的管辖权；（六）被告在原审法院就实体问题进行答辩，但在原审国法律所规定的时间期限内没有对法院的管辖权进行抗辩，除非根据原审国法律，管辖权异议或关于法院行使管辖权的异议显然不会成功；（七）关于合同义务的判决，由根据下列情形所确定的合同义务履行地国或应当履行地国法院作出：1. 当事人之间的协议；或 2. 当事人未就履行地达成协议时，依合同的准据法确定；但被告相关的交易活动与该国明显不构成有目的和实质联系的除外；（八）关于不动产租赁（承租）的判决，由财产所在地国作出；（九）关于针对合同义务的被告所作出的判决，如果合同义务由位于原审国不动产物权担保，且合同的诉讼请求与针对该同一被告的不动产物权相关的请求一并提起；（十）关于因死亡、人身伤害、有形财产的损坏或损失所产生的非合同义务的判决，不论损害于何处发生，直接导致该损害的行为或疏忽发生在原审国；（十一）对于自愿设立且有书面凭证的信托的有效性、解释、法律效力、管理以及变更纠纷所作判决，且 1. 在诉讼程序发起时，原审国是信托文书指定的解决此类争议法院的所在国；或 2. 在诉讼程序发起时，原审国是信托文书明示或默示指定的作为信托主要管理地的所在国；上述规定仅适用于针对该信托当事人之间或曾是该信托关系当事人之间的内部方面所作出的判决；（十二）关于反诉的判决，1. 在判决有利于反诉人的情况下，反诉与本诉需产生于相同的交易或事件；或交易或事件；或 2. 在判决不利于反诉人的情况下，除非原审国法律要求提起反诉，以避免反诉人无权再提起请求；（十三）判决由非排他性选择法院协议所指定的法院作出，且该协议以书面形式签订或证明，或者能提供可获取的信息供日后查询的其他任何通讯方式所签订或者证明。”

前述条款实际上是从判决作出国法院对原始案件的管辖权角度来确定执行依据，该条款因而被称为“间接管辖依据”。

### （四）可以拒绝承认与执行的情形

《执行公约》第 7 条规定了可以拒绝承认与执行境外判决的情形，具体如下：“一、存在下列情形的，可以拒绝承认或者执行：（一）提起诉讼的文书或同等文书，包括诉讼请求的本质要素：1. 没有在足够的时间内以一定方式通知被告使其能够安排答辩，除非被告在原审法院出庭，且在原审国法律允许就通知提出异议的条件下，被告未就原审法庭的通知问题提出抗辩；或者 2. 在被请求国通知被告的方式与被请求国有关文书送达的基本原则不符；（二）判决是通过欺诈获得的；（三）承认或者执行将会与被请求国的公共政策明显相悖，包括作出该判决的具体诉讼程序不符合被请求国程序公正的基本原则以及侵犯该国主权和安全的情形；（四）原审国的诉讼与当事人协议或信托文书的指定相悖，根据该文书，争议应该由其他国家法院解决，而并非原审国法院；（五）该判决与被请求国法院就相同当事人间争议作出的判决相冲突；（六）该判决与较早前第三国法院就相同当事人间就相同标的所作出的判决相冲突，且较早判决满足在被请求国得到承认所必需的条件。二、如果相同当事人关于相同标的的诉讼在被请求国法院正在进行中，在下述情形下，可以拒绝或者延退承认或者执行：（一）被请求国法院先于原审法院受理案件；且（二）争议和被请求国有紧密的联系。依本款的拒绝并不阻止之后申请承认或执行判决。”

（五）惩罚性赔偿

《执行公约》第 10 条规定，若境外法院判决所确定的损害赔偿并非赔偿一方当事人所受之实际损失或损害，则被请求国法院在此范围内可以对该判决拒绝承认与执行。

（六）司法和解协议

《执行公约》第 11 条规定，若境外法院已确认的，或者在境外法院诉讼程序中达成的，并且在原审国可以与判决相同的方式执行的司法和解协议，应当按照与判决相同的方式予以执行。

（七）申请执行的文书要求

《执行公约》第 12 条规定了申请执行人应当提供的文书要求，寻求承认或者申请执行的当事人提供：“（一）经证明无误的完整的判决书副本；（二）如果判决是缺席作出的，证实提起诉讼的文书或者同等文书已通知缺席当事人的文件原件或经证明无误的副本；（三）用来证明该判决在原审国具有效力或者如若适用在原审国是可执行的任何必要文件；（四）在第十一条所指情况下，原审国法院（包括法院官员）出具的司法和解协议或者其一部分在该国可以与判决相同方式予以执行的法院证明。”《执行公约》同时规定，除非被申请国另有规定，申请执行人应当提供被请求国官方语言的翻译件。

## 法律建议

1. 在商事交易中，如确有必要以法院判决作为争议解决方式的，建议签署前与交易律师或通过其他渠道确认交易文件中约定的争议解决诉讼地国是否与我国已经订了双边条约或协定，确认是否已经有在先承认与执行的该国判决的先例。

2. 对于已经取得境外判决的申请人，建议申请人事先查询境外判决所属国是否与我国已经签署双边条约，如未签署的，建议查询境外判决所属国是否有承认与执行境内判决的先例，如存在，建议收集相关承认与执行的资料并递交我国有管辖权的法院，证明境外判决所属国与我国有适用互惠原则的基础。

3. 在商事交易中，交易主体在签署交易文件的时候，应当从争议解决最有利自己的角度出发，在交易文件中约定争议解决方式。从实践案例中，虽然境外判决在我国得到承认与执行的案例比较少，但是境外仲裁结果能够在我国得到承认与执行的概率相对较高。因此，在尽可能维护自身权益的前提下，可以选择仲裁作为争议解决的方式。

# 内地判决在香港特别行政区的认可与执行

## 问题的提出

通常来说，外国法院判决在中国香港特别行政区（以下简称香港）的认可与执行会依照《外国判决（交互强制执行）条例》的规定来操作，香港于1997年7月1日回归前，内地判决在香港的承认和执行一般参考上述条例来操作；在香港回归后，即不再参考《外国判决（交互执行）条例》进行适用。这使得内地法院判决中的当事人必须在香港根据普通法再次提起诉讼并经过新的诉讼程序，才能使判决被香港法院承认和执行。

为解决上述问题，最高人民法院和香港律政司共同制定了一系列安排和条例，逐步完善了内地法院判决在香港认可与执行的法律框架。

### 一、概述

表6－2是目前内地与香港之间司法协助安排的主要法规的总结。

**表6－2　关于内地与香港司法协助安排主要法规总结表**

| 文件名称 | 实施时间 | 目前状态 |
|---|---|---|
| 《关于内地与香港特别行政区法院相互委托送达民商事司法文书的安排》 | 1999年3月30日 | 现行有效 |
| 《关于内地与香港特别行政区相互执行仲裁裁决的安排》 | 2000年2月1日 | 现行有效 |

（续表）

| 文件名称 | 实施时间 | 目前状态 |
| --- | --- | --- |
| 《关于内地与香港特别行政区法院相互认可和执行当事人协议管辖的民商事案件判决的安排》 | 2008年8月1日 | 现行有效 |
| 《内地判决（交互强制执行）条例》 | 2008年8月1日 | 现行有效 |
| 《关于内地与香港特别行政区法院就民商事案件相互委托提取证据的安排》 | 2017年3月1日 | 现行有效 |
| 《关于内地与香港特别行政区法院相互认可和执行婚姻家庭民事案件判决的安排》 | 2017年6月20日 | 现行有效 |
| 《关于内地与香港特别行政区法院相互认可和执行民商事案件判决的安排》 | 2019年1月18日 | 暂未生效 |

表6－2中关于内地判决在香港认可与执行的法规包括四项：（1）2008年《关于内地与香港特别行政区法院相互认可和执行当事人协议管辖的民商事案件判决的安排》（以下简称《2008年安排》）；（2）2008年《内地判决（交互强制执行）条例》（以下简称《2008年条例》）；（3）2017年《关于内地与香港特别行政区法院相互认可和执行婚姻家庭民事案件判决的安排》；（4）2019年《关于内地与香港特别行政区法院相互认可和执行民商事案件判决的安排》（以下简称《2019年安排》）。

由于2017年《关于内地与香港特别行政区法院相互认可和执行婚姻家庭民事案件判决的安排》强调婚姻家庭特殊语境下的民事案件判决认可与执行，切入点较小，而本文主要是对民商事案件认可与执行的概括性论述，因此本文重点选取《2008年安排》《2008年条例》和《2019年安排》进行对比和解释，以期对内地判决在香港的认可与执行进行总体性阐释。

在《2008年安排》《2008年条例》和《2019年安排》中，《2008年条例》是香港对《2008年安排》的实施，因此《2008年安排》和《2008年条例》逻辑上是基本一致的，而《2019年安排》则是最新出台的规定，其对《2008年安排》有较多修订，总体趋势是放宽了认可与执行案件的范围，细化了认可与执行的具体操作方式。

## 二、认可与执行的适用范围

《2008年安排》规定可以在香港法院认可与执行的内地判决必须是具有

书面管辖协议的民商事案件中作出的须支付款项的具有执行力的终审判决。而《2019 年安排》对该等适用范围进行了如下变更与明确。

### （一）不再要求具有书面管辖协议

《2008 年安排》规定可以在香港法院认可与执行的内地判决必须具有书面管辖协议，即“当事人为解决与特定法律关系有关的已经发生或者可能发生的争议，以书面形式明确约定香港特别行政区法院具有唯一管辖权的协议”。但是，在通常的商事实践中，很少有当事人会签署单独的管辖协议，且在合同中约定的管辖条款也很少直接使用“唯一”或“排他”等字眼，因此香港法院通常对书面管辖协议的形式要求不会太高，一般只要求合同中有明确的管辖条款即可。然而，在侵权案件中，鲜少有当事人能够达成管辖协议，因此如果是须支付款项的民商事侵权案件，包括知识产权侵权、侵犯商业秘密等，都很可能因为缺少书面管辖协议而无法在香港法院得到认可与执行。因此，《2009 年安排》取消书面管辖协议的要求，降低了门槛，进一步放宽了认可与执行的范围。

### （二）判决内容包括金钱判项和非金钱判项

《2008 年安排》中，在香港法院认可与执行的内地判决需是民商事案件中作出的须支付款项的判决，而《2019 年安排》则不再有该等限制。根据《2019 年安排》第 1 条的规定，民商事案件生效判决，包括刑事案件中有关民事赔偿的生效判决，均可适用。且《2019 年安排》第 16 条进一步规定，相互认可和执行的判决内容包括金钱判项、非金钱判项。而《2019 年安排》对认可与执行的判决有了新的限定，即原则上不予认可和执行惩罚性赔偿部分，但有三种除外情形，具体包括：（1）知识产权侵权纠纷案件；（2）内地人民法院审理的《中华人民共和国反不正当竞争法》第 6 条①规定的不正当竞争纠纷民事案件；（3）有关商业秘密侵权纠纷案件判决。

---

① 反不正当竞争法第 6 条：“经营者不得实施下列混淆行为，引人误认为是他人商品或者与他人存在特定联系：（一）擅自使用与他人有一定影响的商品名称、包装、装潢等相同或者近似的标识；（二）擅自使用他人有一定影响的企业名称（包括简称、字号等）、社会组织名称（包括简称等）、姓名（包括笔名、艺名、译名等）；（三）擅自使用他人有一定影响的域名主体部分、网站名称、网页等；（四）其他足以引人误认为是他人商品或者与他人存在特定联系的混淆行为。”

### （三）明确排除适用的判决

根据《2019 年安排》第 3 条，如下判决被明确排除在香港法院认可与执行的范围之外：

1. 内地人民法院审理的赡养、兄弟姐妹之间扶养、解除收养关系、成年人监护权、离婚后损害责任、同居关系析产案件，香港特别行政区法院审理的应否裁判分居的案件；

2. 继承案件、遗产管理或者分配的案件；

3. 内地人民法院审理的有关发明专利、实用新型专利侵权的案件，香港特别行政区法院审理的有关标准专利（包括原授专利）、短期专利侵权的案件，内地与香港特别行政区法院审理的有关确认标准必要专利许可费率的案件，以及有关本安排第 5 条未规定的知识产权案件；

4. 海洋环境污染、海事索赔责任限制、共同海损、紧急拖航和救助、船舶优先权、海上旅客运输案件；

5. 破产（清盘）案件；

6. 确定选民资格、宣告自然人失踪或者死亡、认定自然人限制或者无民事行为能力的案件；

7. 确认仲裁协议效力、撤销仲裁裁决案件；

8. 认可和执行其他国家和地区判决、仲裁裁决的案件。

### （四）明确判决的类型

《2008 年安排》和《2019 年安排》均规定，香港法院认可与执行的“判决”包括内地的判决、裁定、调解书、支付令，但《2019 年安排》进一步明确规定前述裁定不包括保全裁定①。笔者认为，保全裁定仅是程序性裁定，法院在作出保全裁定时并没有对案件进行完整的实质审理，因此不属于具有实质性可执行内容的裁定。因此在《2019 年安排》中，对保全裁定的认可与执行还是采取了相对谨慎的态度。

此外，《2008 年安排》要求如果判决是基层法院作出的，则该基层法院必须是经授权管辖第一审涉外、涉港澳台民商事案件的基层人民法院，且在《2008 年安排》后附上了该等基层法院的详细名单。而《2019 年安排》不再有该等限定，其规定在内地，凡是第二审判决，依法不准上诉或者超过法定

---

① 仅为本文之目的，本文“判决”均应包含判决、裁定、调解书、支付令。

期限没有上诉的第一审判决，以及依照审判监督程序作出的上述判决均可以作为香港法院承认和执行的对象。

## 三、认可与执行的适用标准

《2008 年安排》和《2019 年安排》均采取了负面清单的方式来说明认可与执行的适用标准，但相比较而言《2019 年安排》进行了如下细化和新增。

### （一）对应当不予认可和执行情形的细化

根据《2008 年安排》第 9 条，对申请认可和执行的判决，原审判决中的债务人提供证据证明有下列情形之一的，受理申请的法院经审查核实，应当裁定不予认可和执行：

1. 根据当事人协议选择的原审法院地的法律，管辖协议属于无效。但选择法院已经判定该管辖协议为有效的除外；

2. 判决已获完全履行；

3. 根据执行地的法律，执行地法院对该案享有专属管辖权；

4. 根据原审法院地的法律，未曾出庭的败诉一方当事人未经合法传唤或者虽经合法传唤但未获依法律规定的答辩时间；但原审法院根据其法律或者有关规定公告送达的，不属于上述情形；

5. 判决是以欺诈方法取得的；

6. 执行地法院就相同诉讼请求作出判决，或者外国、境外地区法院就相同诉讼请求作出判决，或者有关仲裁机构作出仲裁裁决，已经为执行地法院所认可或者执行的。

内地人民法院认为在内地执行香港特别行政区法院判决违反内地社会公共利益，或者香港特别行政区法院认为在香港特别行政区执行内地人民法院判决违反香港特别行政区公共政策的，不予认可和执行。

而根据《2019 年安排》第 12 条，申请认可和执行的判决，被申请人提供证据证明有下列情形之一的，被请求方法院审查核实后，应当不予认可和执行：

1. 原审法院对有关诉讼的管辖不符合《2019 年安排》第 11 条①规定的；

2. 依据原审法院地法律，被申请人未经合法传唤，或者虽经合法传唤但未获得合理的陈述、辩论机会的；

3. 判决是以欺诈方法取得的；

4. 被请求方法院受理相关诉讼后，原审法院又受理就同一争议提起的诉讼并作出判决的；

5. 被请求方法院已经就同一争议作出判决，或者已经认可其他国家和地区就同一争议作出的判决的；

6. 被请求方已经就同一争议作出仲裁裁决，或者已经认可其他国家和地区就同一争议作出的仲裁裁决的。

内地人民法院认为认可和执行香港特别行政区法院判决明显违反内地法律的基本原则或者社会公共利益，香港特别行政区法院认为认可和执行内地人民法院判决明显违反香港特别行政区法律的基本原则或者公共政策的，应当不予认可和执行。

---

① 《关于内地与香港特别行政区法院相互认可和执行民商事案件判决的安排》第 11 条："符合下列情形之一，且依据被请求方法律有关诉讼不属于被请求方法院专属管辖的，被请求方法院应当认定原审法院具有管辖权：

"（一）原审法院受理案件时，被告住所地在该方境内；

"（二）原审法院受理案件时，被告在该方境内设有代表机构、分支机构、办事处、营业所等不属于独立法人的机构，且诉讼请求是基于该机构的活动；

"（三）因合同纠纷提起的诉讼，合同履行地在该方境内；

"（四）因侵权行为提起的诉讼，侵权行为实施地在该方境内；

"（五）合同纠纷或者其他财产权益纠纷的当事人以书面形式约定由原审法院地管辖，但各方当事人住所地均在被请求方境内的，原审法院地应系合同履行地、合同签订地、标的物所在地等与争议有实际联系地；

"（六）当事人未对原审法院提出管辖权异议并应诉答辩，但各方当事人住所地均在被请求方境内的，原审法院地应系合同履行地、合同签订地、标的物所在地等与争议有实际联系地。

"前款所称'书面形式'是指合同书、信件和数据电文（包括电报、电传、传真、电子数据交换和电子邮件）等可以有形地表现所载内容的形式。

"知识产权侵权纠纷案件以及内地人民法院审理的《中华人民共和国反不正当竞争法》第六条规定的不正当竞争纠纷民事案件、香港特别行政区法院审理的假冒纠纷案件，侵权、不正当竞争、假冒行为实施地在原审法院地境内，且涉案知识产权权利、权益在该方境内依法应予保护的，才应当认定原审法院具有管辖权。除第一款、第三款规定外，被请求方法院认为原审法院对于有关诉讼的管辖符合被请求方法律规定的，可以认定原审法院具有管辖权。"

基于以上，笔者总结《2019 年安排》对于应当不予认可和执行情形主要有如下几项变更：

首先，《2008 年安排》和《2019 年安排》均将原审法院无管辖权的情形列为了应当不予认可和执行的情形，但是如上文所述，由于《2019 年安排》不再强制要求书面管辖协议，因此对原审法院的管辖权限进行了直接约定，只要符合该等管辖规定即可。

其次，删除了原《2008 年安排》中“判决已获完全履行”的情形。本文认为，判决已获完全履行的情况下，该判决已不再具有可执行性，当然的无需香港法院再行认可与执行。

再次，《2019 年安排》新增了二项，即：（1）被请求方法院受理相关诉讼后，原审法院又受理就同一争议提起的诉讼并作出判决的；（2）原审法院就知识产权有效性、是否成立或者存在作出的判项（基于该判项作出的有关责任承担的判项符合本安排规定的应当认可和执行）。该二项也不属于可以在香港法院认可与执行的范围。

最后，《2019 年安排》对于公共政策的情形进行了进一步的限缩，规定只有在明显违反香港法律的基本原则或者公共政策的情况下才构成香港法院可以不予承认和执行的理由。

### （二）新增酌情可以不予认可和执行的情形

在《2019 年安排》项下，还新增了一项被请求方法院具有一定自由裁量权的可以不予认可和执行的情形，即被申请人提供证据证明在原审法院进行的诉讼违反了当事人就同一争议订立的有效仲裁协议或者管辖协议的。这也体现了《2019 年安排》对管辖协议的弱化。

## 四、认可与执行的登记程序

《2008 年安排》和《2019 年安排》对于判决的认可与执行均是采取了统一描述的方式，但是在《2008 年条例》中，对于内地判决在香港法院的认可与执行是有所区分的。根据《2008 年条例》第 16 条，在提出将某内地判决登记的申请中，只要该判决符合登记条件的判决，则不论该判决是否已登记，香港任何法院在基于同一诉因而提起的法律程序中，均须承认该判决对判决各方而言是不可推翻的判决，而在任何该等法律程序中，该判决可被援引作为答辩或反申索。但是，如果要求香港法院对该判决进行强制执行，则应完成登记程序，就执行而言，已登记判决具有犹如该判决是由原讼法庭原先作出并且在登记之日登录的判决一样的相同效力及效果。该章即对内地判决在香港法院的登记程序进行描述。

（一）管辖法院

《2008 年安排》和《2019 年安排》均规定内地判决在香港的认可与执行应由香港高等法院管辖，《2008 年条例》则进一步规定由香港高等法院原讼法庭进行内地民商事案件判决的登记。此外，根据《2009 年安排》，被申请人在内地和香港均有可供执行财产的，申请人可以分别向两地法院申请执行。应对方法院要求，两地法院应当相互提供本方执行判决的情况。两地法院执行财产的总额不得超过判决确定的数额。

（二）申请材料

《2008 年安排》和《2019 年安排》关于申请认可和执行的材料基本相同，主要包括：（1）申请书，应载明当事人基本情况、请求事项和理由、被申请人财产状况和财产所在地、判决在其他法院执行情况等内容（第 9 条）；（2）经作出生效判决的法院盖章的判决副本；（3）作出生效判决的法院出具的证明书，证明该判决属于生效判决，判决有执行内容的，还应当证明在原审法院地可以执行；（4）身份证明材料。如果是在被请求方境外形成的，应当依据被请求方法律规定办理证明手续。但境外形成的其他申请材料不需要办理证明手续。但《2019 年安排》还新增了一项材料，即如果判决为缺席判决的，应当提交已经合法传唤当事人的证明文件，但判决已经对此予以明确说明或者缺席方提出认可和执行申请的除外。

而根据《2008 年条例》，其规定支持登记内地判决的证据主要为誓章，誓章包含了申请认可和执行的主要材料，即“（1）应将相关文件作为证物，包括：（i）原审法院妥为盖章的有关内地判决文本，（ii）有关的选用内地法院协议的正本或其经核实或证实或其他方式妥为认证的文本，由于《2008 年条例》系根据《2008 年安排》制定，故对于书面管辖协议仍有相应要求，（iii）由原审法院发出的证明该判决在内地是最终并且是可以在内地执行的判决的证明书，该文件并非判决书本身，如果要在香港法院对内地判决进行承认和执行，则需要向原审法院申请另行出具该等证明文书，及（iv）当事人身份证明文件。（2）述明据宣誓人所知，判定债权人及判定债务人各别的姓名或名称、行业或业务及经常或最后为人所知的居住或营业地点；（3）尽宣誓人所知或所信述明（i）在申请当日，该判决是可以在内地执行的，（ii）判定债权人有权强制执行该判决，（iii）是否在内地采取任何行动以及执行该判决，如有的话，执行的详情；（iv）（视乎情况所需而定）在申请当日该判决是未予履行或在改日尚未就该判决清偿的款额；及（v）（如判决获登记）登记不会或不可根据《2008年条例》第18[①]或19[②]条作废；（4）指明截至登记时，在内地法律下根据该判决而到期须支付的利息（如有的话）款项，以及经原审法院就该判决妥为核证的费用。该等誓章通常由香港律师负责准备，其中关于内地法院判决的内容，还可能需要由内地律师负责出具专家证言以向香港法院证实和解释相应的法律关系和法律逻辑。”

（三）申请期限

根据《2008年安排》的规定，申请人申请认可和执行的期间为二年。从内地判决规定履行期间的最后一日起计算，判决规定分期履行的，从规定的每次履行期间的最后一日起计算，判决未规定履行期间的，从判决生效之日起计算。

---

① 2008年《内地判决（交互强制执行）条例》第18条：“已登记判决的登记须作废的情况

“凡任何已登记判决可针对某一方强制执行，如该方为此提出申请，而原讼法庭信纳任何下述事项，则该判决的登记须予作废——（a）该判决并不是符合第5（2）（a）至（e）条指明的规定的内地判决；（b）该判决是在违反本条例的情况下登记的；（c）根据内地法律，有关的选用内地法院协议属无效（但如原审法院已裁定该协议属有效则除外）；（d）该判决已获完全履行；（e）按照香港法律，香港法院对有关案件具有专有司法管辖权；（f）没有在原审法院席前出庭就有关法律程序作出答辩的判定债务人——（i）没有按照内地法律被传召出庭；或（ii）虽按照内地法律被传召出庭，但并没有按照内地法律获给予充分的时间，就该等法律程序作出答辩；（g）该判决是以欺诈手段取得；（h）香港法院已就该判决各方之间的同一诉因作出判决，或香港的任何仲裁机构已就该判决各方之间的同一诉因作出仲裁裁决；（i）香港以外地方的法院已就该判决各方之间的同一诉因作出判决，或香港以外地方的任何仲裁机构已就该判决各方之间的同一诉因作出仲裁裁决，而上述判决或裁决已获香港法院承认或由香港法院强制执行；（j）强制执行该判决是违反公共政策的；或（k）该判决已在依据根据内地法律进行的上诉或再审中，遭推翻或以其他方式作废。

“如判定债务人是按照内地法律以借公告送达方式被传召到原审法院，则第（1）（f）款不适用。”

② 2008年《内地判决（交互强制执行）条例》第19条：“已登记判决的登记可作废的情况或押后将登记作废的申请的情况

“凡任何已登记判决可针对某一方强制执行，如该方为此提出申请，而原讼法庭信纳针对该判决的上诉仍未了结，或具有权限的指定法院已命令再审作出该判决所依据的案件，则原讼法庭可按它认为公正的条款——（a）将该登记作废；或（b）将该申请押后至一段期间届满为止，该段期间为原讼法庭觉得属合理地充分，使申请人得以采取必需步骤，以使就该判决而进行的上诉或再审由具有权限的指定法院完成处理的期间。”

但是《2019 年安排》未再明确规定申请的期限，仅规定申请认可和执行判决的期间、程序和方式，应当依据被请求方法律的规定。而目前如果按照香港的法律，现行有效的法规仍为《2008 年条例》，根据《2008 年条例》的规定，申请登记内地判决的期限仍为 2 年，在有关的内地判决有指明该判决的限期的情况下，须由该限期的最后一日起计算，或在任何其他情况下，须由该判决的生效日期起计算。但是由于《2008 年条例》是根据《2008 年安排》所制定，因此在《2019 年安排》生效后，不排除香港特别行政区可能会制定新的申请登记期限。

### （四）财产保全或强制措施

根据《2019 年安排》第 24 条，申请认可和执行判决的，被请求方法院在受理申请之前或者之后，可以依据被请求方法律规定采取保全或者强制措施。但是实践操作中，香港法院对于财产保全的态度相当谨慎。香港和内地的财产保全审查标准不尽相同，在香港，财产保全的审查标准相对内地更高，内地诉讼仲财产保全通常只要提供相应的担保就能够完成，但是在香港，除了要提供担保外，还必须证明财产有被转移的风险，才能够申请紧急财产扣押令。

### （五）中止程序

《2008 年安排》和《2019 年安排》对于可中止认可和执行的程序基本一致，即内地法院就已经作出的判决裁定再审的，香港法院审查核实后，中止认可和执行程序。经再审，维持全部或者部分原判决的，恢复认可和执行程序；完全改变原判决的，终止认可和执行程序。

特别注意的是，如果被申请人在内地仅仅就内地判决的执行提出异议，则很可能无法中止香港法院对该判决的认可与执行，在“吴某某与梁某、Allat Holding Company Limited、某控股有限公司、内蒙古高技术开发有限公司、马某某、麦某某借款纠纷”一案中，被告主张第一被告已经向内地法院提出撤销原审判决，但法官认为根据判决的表述以及原告提供的内地法律专家证言，该等撤销仅针对执行行为的撤销并不是针对判决本身的撤销，因此法官认定该案在香港高等法院原讼法庭之登记有效。①

---

① 吴某某与梁某、Allat Holding Company Limited、某控股有限公司、内蒙古某高技术开开发有限公司、马某某、麦某某借款纠纷一案，MISCELLANEOUS PROCEEDINGS NO 2080 OF 2015，载 https：//legalref. judiciary. hk/lrs/common/search/search_ result_ detail_ frame. jsp? DIS = 102757&QS = %2B&TP = JU。

## 法律建议

1. 判决在香港申请之前，除了需要提供原审判决书，还需要原审法院出具证明文件，因此建议提前与原审法院沟通。

2. 在准备向香港高等法院原讼法庭申请登记内地判决时，最好聘请专业的内地律师和香港律师共同准备誓章，由于香港法院的法官对内地法律并不熟悉，因此很多情况下，需要内地律师向法官提供专业法律意见，而香港律师则更加熟悉申请认可与执行的整体流程。

3. 尽管香港法院对于财产保全的态度较为谨慎，也有香港律师也提出可以采取变通方式防止被告转移财产，比如起诉时就把法庭原讼传票和起诉状登记在被告登记的房产信息上，或者在单方面拿到法庭认可登记的命令后，也可以把法庭命令暂时登记在被告房产信息上。但这种做法也存在风险，有时会招致被告提起有关原告损坏其财产名誉的诉讼。①

---

① 参见张元洪：《如何在香港申请认可和执行内地判决》，载微信公众号“香港法律专栏与实务”，2019 年 3 月 29 日。

# 七、其他执行实务问题

## 银行在协助执行过程中的法律风险及防范对策

### 问题的提出

作为金融机构，依法协助法院的执行工作，是银行的一项法定义务，同时，银行在协助执行过程中又必须保障存款人的合法权益不受侵害。故银行在协助执行业务中负有保护客户合法权益和协助执行双重义务，责任较重。银行在协助执行过程中有哪些法律风险，在应对过程中可以采取哪些风险防范措施呢？本文拟对此作探讨。

### 一、银行协助执行的法律依据

#### （一）银行协助执行的基本含义

协助执行本身并不是一个法律明确规定的概念。实践中，银行协助执行的主要内容为协助有权机关查询、冻结、扣划单位、个人在金融机构存款的行为。根据中国人民银行发布的《金融机构协助查询、冻结、扣划工作管理规定》规定：协助查询是指金融机构依照有关法律或行政法规的规定以及有权机关查询的要求，将单位或个人存款的金额、币种以及其他存款信息告知有权机关的行为；协助冻结是指金融机构依照法律的规定以及有权机关冻结的要求，在一定时期内禁止单位或个人提取其存款账户内的全部或部分存款的行为；协助扣划是指金融机构依照法律的规定以及有权机关扣划的要求，将单位或个人存款账户内的全部或部分存款资金划拨到指定账户上的行为。

## （二）银行协助执行的法律依据

根据商业银行法第 29 条第 2 款①和第 30 条②的规定，商业银行有权拒绝他人查询、冻结、扣划客户资金，除非法律另有规定。经笔者梳理，法律对商业银行在何种情形下有配合查封、冻结、扣划客户资金的义务主要包括：

1. 民事诉讼法第 67 条规定："人民法院有权向有关单位和个人调查取证，有关单位和个人不得拒绝。"第 242 条规定："被执行人未按执行通知履行法律文书确定的义务，人民法院有权向有关单位查询被执行人的存款、债券、股票、基金份额等财产情况。人民法院有权根据不同情形扣押、冻结、划拨、变价被执行人的财产。人民法院查询、扣押、冻结、划拨、变价的财产不得超出被执行人应当履行义务的范围。人民法院决定扣押、冻结、划拨、变价财产，应当作出裁定，并发出协助执行通知书，有关单位必须办理。"

2. 刑事诉讼法第 54 条规定："人民法院、人民检察院和公安机关有权向有关单位和个人收集、调取证据。有关单位和个人应当如实提供证据。"第 144 条规定："人民检察院、公安机关根据侦查犯罪的需要，可以依照规定查询、冻结犯罪嫌疑人的存款、汇款、债券、股票、基金份额等财产。有关单位和个人应当配合。"

3. 税收征收管理法第 38 条规定："税务机关有根据认为从事生产、经营的纳税人有逃避纳税义务行为的，可以在规定的纳税期之前，责令限期缴纳应纳税款；在限期内发现纳税人有明显的转移、隐匿其应纳税的商品、货物以及其他财产或者应纳税的收入的迹象的，税务机关可以责成纳税人提供纳税担保。如果纳税人不能提供纳税担保，经县以上税务局（分局）局长批准，税务机关可以采取下列税收保全措施：（一）书面通知纳税人开户银行或者其他金融机构冻结纳税人的金额相当于应纳税款的存款；（二）扣押、查封纳税人的价值相当于应纳税款的商品、货物或者其他财产。纳税人在前款规定的限期内缴纳税款的，税务机关必须立即解除税收保全措施；限期期满仍未缴纳税款的，经县以上税务局（分局）局长批准，税务机关可以书面通知纳税人开户银行或者其他金融机构从其冻结的存款中扣缴税款，或者依法拍卖或者变卖所扣押、查封的商品、货物或者其他财产，以拍卖或者变卖所得抵缴

---

① 商业银行法第 29 条第 2 款："对个人储蓄存款，商业银行有权拒绝任何单位或者个人查询、冻结、扣划，但法律另有规定的除外。"

② 商业银行法第 30 条："对单位存款，商业银行有权拒绝任何单位或者个人查询，但法律、行政法规另有规定的除外；有权拒绝任何单位或者个人冻结、扣划，但法律另有规定的除外。"

税款。”

4. 海关法第6条第5项规定：“在调查走私案件时，经直属海关关长或者其授权的隶属海关关长批准，可以查询案件涉嫌单位和涉嫌人员在金融机构、邮政企业的存款、汇款。”

上述法律条文虽然确定了银行协助执行的义务，但对协助执行的手续、程序等基本操作事项并未作出详细规定。而银行协助执行实践中，其依据的主要是司法解释、部门规章和规范性文件，如《最高人民法院、中国人民银行关于依法规范人民法院执行和金融机构协助执行的通知》（法发〔2000〕21号）、《中国人民银行关于发布〈金融机构协助查询、冻结、扣划工作管理规定〉的通知》（银发〔2002〕1号）、《最高人民法院关于网络查询、冻结被执行人存款的规定》（法释〔2013〕20号）等。

## 二、银行协助执行过程中所面临的法律风险

《最高人民法院、中国人民银行关于依法规范人民法院执行和金融机构协助执行的通知》中规定，对于协助执行手续完备而银行拒不协助查询、冻结、扣划的，按民事诉讼法第102条①规定“人民法院可以根据情节轻重予以罚款、拘留；构成犯罪的，依法追究刑事责任，人民法院对有前款规定的行为之一的单位，可以对其主要负责人或者直接责任人员予以罚款、拘留；构成犯罪的，依法追究刑事责任”处理。因此，若银行不履行协助执行义务的，人民法院有权对银行相关负责人予以罚款、拘留甚至是追究刑事责任。

实践中，银行因不履行或不适当履行协助义务而引发法律风险的行为主要有以下两类：一是妨害行为，如在协助执行过程中无故不予配合，故意拖延时间，向被执行人通风报信，帮助隐匿或转移存款，擅自转移或解冻已冻结的存款等；二是搪塞行为，如以负责人不在无法协助执行或材料不全为由拒绝执行。以下是近年来银行因该两类行为而受到法院处罚的部分案例。

### （一）银行因妨害行为致处罚的案例

1. 大连某银行在“庄河市人民法院执行大连国家生态工业示范园有限公司与大连某矿产基地有限公司租赁合同纠纷”一案中，于法院冻结被执行人大连某矿产基地有限公司账户过程中，故意拖延时间，将正在冻结的被执行人账户中款项全部划走，用于收贷收息，导致冻结的账户余额为零。2018年7月2日，庄河市人民法院作出对大连某银行及其负责人马某的罚款决定：对

---

① 对应现行2017年民事诉讼法第111条。

该银行罚款20万元，对马某罚款1万元。后被罚款人承认错误，依法向法院缴纳罚款，短期内将划走的款项全部打回法院冻结的账户，并积极联系被执行人配合法院执行工作。

2. 某日，上海市浦东新区人民法院执行法官在浦东陆家嘴某外资银行查询被执行人开户情况遭拖延办理，执行法官告知该行，法院的查询必须予以协助，如不协助将承担相应法律后果，希望该经办人在15分钟内给予是否协助查询的回复，并对当时的通话情况进行视频录像。因迟迟未得到该行就查询事宜的答复，两名执行法官准备离开，却遭到以该行保安金某为首的七八名人员的阻拦、拉扯，他们称不删除执法视频录像，不允许离开。由于以金某为首众多人员限制法官人身自由，妨碍到法院执行公务，法院司法警察到场后，将金某及一名主要参与人带回法院接受调查，并依法作出决定，对金某妨碍法院执行公务的行为实施制裁措施。

3. 2015年4月14日，毛某向成都某法院申请执行曹某、蒋某、某酒业公司等公证债权文书，执行标的为345.9万余元，其中某酒业公司为该笔债务提供连带保证责任。4月29日，执行法院通过点对点查询，发现被执行人蒋某在某银行支行账户有存款2181587.11元。4月30日上午9时许，执行法官到达该支行，办理对蒋某上述账户的查询扣划公务。该支行却未及时将查询情况予以告知、采取止付措施，导致被执行人蒋某账户上本应被法院冻结、扣划的275万元存款分两笔被转出。执行法官现场约谈了该支行行长张某，告知其事件的经过，责令其于2015年5月8日前追回法院应扣划的款项，否则将承担相应的法律责任。此后，法院调取了当时现场监控录像，并传唤该行业务主管到法院接受调查。该支行在收到法院协助执行通知书后，不但不主动协助执行，反而向被执行人通风报信，致使被执行人转移存款，其行为严重妨害了人民法院的执行工作，已构成拒不协助履行义务。2015年6月30日，法院依法决定对该支行罚款人民币50万元。

### （二）银行因搪塞行为致处罚的案例

1. 北京某投资公司持公证债权文书向北京市第二中级人民法院（以下简称北京二中院）申请强制执行北京某房地产开发有限公司等被执行人。北京二中院在执行过程中，根据查实的线索，前往吉林某银行对被执行人北京某房地产开发有限公司的存款进行扣划。银行工作人员表示，被执行人在该行有2.6亿元存款，但银行头寸不足，建议法院先采取冻结措施，待银行头寸补足后再进行扣划。执行法官表示，被执行人账户显示有存款，银行作为协助义务人，必须按照人民法院要求进行扣划，并出具书面回执。经过三个小时的耐心解释、说服，银行工作人员出具书面回执表示，头寸不足无法协助，承诺于2017年6月1日前一定履行到位。2017年6月，执行法官再次前往扣划被执行人第二笔存款2.3亿元，银行同样表示暂无头寸协助，并出具书面回执，承诺三日内协助划款。截至2017年7月底，该银行仍未将任何案款按协助要求扣划至法院指定账户。北京二中院经研究认为，银行作为协助义务人，经法院多次督促拒不配合法院工作，依法应进行处罚。据此，依法作出处罚决定，对该银行罚款100万元。同时，针对银行拒不配合扣划的行为，法官先后前往长春银监局、吉林农信联社等部门，将该银行拒不协助执行的行为进行了通报，相关部门表示将协助法院进行督促整改。最终，在北京二中院处罚加督促下，银行主动缴纳了罚款，并与申请人协商制定了分期协助法院扣划的方案。

2. 2017年，周口市川汇区人民法院（以下简称川汇法院）在执行“周口市某珠宝公司与某信用担保公司担保合同纠纷”一案过程中，川汇法院查询到该担保公司在某金融机构开设有账户并有存款，遂依法作出划拨120多万元存款的执行裁定。执行干警到该金融机构进行依法划拨时，其工作人员以领导在外地开会、无法授权划拨为由不予配合，并称等领导回来后予以请示。随后，执行干警又两次到该金融机构，工作人员仍以没有得到行长授权、被执行人账户为保证金账户为由，拒绝划拨，导致执行工作受阻。协助人民法院扣划被执行人银行存款是金融机构的法定义务，无论银行是出于什么目的阻挠法院划扣存款，其行为均已触犯法律。根据相关法律法规，川汇法院认定该银行已经干扰了执行活动，决定对其罚款人民币60万元。

3. 2016年3月24日，上海某法院的执行法官到某金融机构营业所，在出示工作证、执行公务证后要求该营业所协助办理解除冻结银行存款的有关事项。然而，营业所以其内部规定要求“必须有两名执行人员持工作证、执行公务证才能办理”为由对法院的协助请求不予受理。执行法官当即作了法律释明，并留置送达了相关法律文书，告知其应依法履行协助义务，否则将依法承担相应的法律责任。因账户未解冻，2016年8月18日，法院两名执行法官与两名法警再次来到该营业所要求其立即协助办理解冻事宜，然而营业所仍以单位有内部规定，需要审核为由拖延履行协助义务。在口头告诫无效后，执行法官遂依法决定采取强制措施带走阻碍执行的营业所工作人员，却遭遇营业所工作人员阻扰，并引起群众围观，造成了不良的社会影响。据此，法院依法对该营业所作出罚款10万元的决定。被处罚后，营业所依据《中国银监会、最高人民检察院、公安部、国家安全部〈关于印发银行业金融机构协助人民检察院公安机关国家安全机关查询冻结工作规定的通知〉》的有关规定，向该法院提出了复议申请，主张“两人两证”是法院执法行为规范化的要求。该法院复议认为，上述文件约束的是检察院、公安机关以及国家安全机关在刑事案件中的侦查活动，而本案是人民法院依据民事生效判决而办理的执行行为，两者从案件性质到执行主体和执行内容均有所不同。人民法院解除冻结银行存款的执行行为，依据的是生效的民事判决和执行裁定，执行法官在其中只是起到送达与通知的作用。因此，应适用《最高人民法院、中国人民银行关于依法规范人民法院执行和金融机构协助执行的通知》的规定，即有关协助义务机关在确认法院执行人员工作证、执行公务证及相关法律文书真实、有效后，应当及时、积极地协助执行，以提升人民法院执行工作的效率，保障人民群众的合法权益及时兑现。经法官的法律释明后，营业所认识到自己行为依据不当，表示要汲取教训，向执行法院缴纳了罚款，并主动撤回了复议申请。

## 三、银行协助执行法律风险的原因分析

首先，不可否认的是，个别银行工作人员法治意识淡薄，法院代表的是公权力，面对法院的执行决定，没有充分认识到法律的严肃性。因此，如上述妨害行为致处罚的案例3，银行工作人员向被执行人通风报信，致使被执行人利用时间差转移存款，严重干扰了司法秩序。又比如上述妨害行为致处罚的案例2，法院在执行过程中采用电子摄录设备保存执法经过，完全合法合理，但相关保安人员无理阻挠并采用暴力方式要求法院删除执行经过，显属暴力抗法。

其次，银行内部规定与法律规定存在冲突，或者说银行工作人员对法律的理解存在偏差。例如上述搪塞行为致处罚的案例3，银行工作人员辩称在执行过程中“两人两证”是法院执法行为规范化的要求，也是其内部的规定，故拒绝执行。但实际上，该规定约束的是检察院、公安机关以及国家安全机关在刑事案件中的侦查活动，并非民事执行过程中的规范依据。再比如上述搪塞行为致处罚的案例2，银行认为法院扣划的账户是保证金账户，故不同意法院进行扣划。实际上，作为银行工作人员，首先应当配合法院的执法。如果该账户确实属于保证金账户的，则可以通知权利人向法院提出执行异议，由法院最终审核认定该财产是否属于他人享有优先权的财产，进而作进一步处理。若贸然抗拒执法，则显然会构成妨碍执行行为。

此外，法院执法时，若遇到与银行自身利益相冲突之情形，相关工作人员也容易产生抗拒心理。例如上述因妨害行为致处罚的案例1，银行的工作人员拒绝法院扣划钱款的初衷是因为银行将本应扣划给法院的资金用于收贷收

息，以完成自身的业绩。再比如上述搪塞行为致处罚的案例1，银行拖延履行法院协助执行决定显然是希望客户在账户上有充足的头寸资金，一旦2亿余元被扣划至法院账户，则该银行的存款指标可能面临压力。

当然，在法治社会的今天，银行故意阻挠、拖延或拒绝协助执行的情况相对较少，但经常会有因对相关规定的理解产生分歧而对协助执行决定感到困惑的情形。

### （一）协助执行的法律法规或规范性文件之间是否相互冲突

如《金融机构协助查询、冻结、扣划工作管理规定》（银发〔2002〕第1号）规定“有权机关要求提取现金的，金融机构不予协助”。然而，依据《最高人民法院关于人民法院执行工作若干问题的规定（试行）》的规定，金融机构可以在法院出具相关手续和法律文书时，提取被执行人的存款交人民法院。两个法律文件关于金融机构能否协助提现的规定可能存在相互冲突。①

### （二）法院的相关执行行为是否符合了操作规范的要求

如现有规定对于协助执行的法律文书送达方式并不明确，若执行法官采用书面寄送的方式送达协助执行通知书，银行无法有效审查相关手续及法律文书的真假。若贸然协助，出现协助错误，执行可能会出现差错，将会被客户追究责任；若拒绝协助，执行又可能被有权机关处罚，这可能使银行陷入两难境地。

### （三）要求协助执行的部分标的物是否属于可执行范围

1. 银行的贷款账户能否冻结存在争议。实践中，法院为督促被执行人履行义务，要求银行协助冻结被执行人的贷款账户，防止被执行人向银行还款。有学者主张，贷款账户属银行资产，不属于被执行人财产，银行应不予协助。② 好在，对此情况，《最高人民法院〈关于银行贷款账户能否冻结的请示报告〉的批复》（〔2014〕执他字第8号）已作了明确解答：银行开立的以被执行人为户名的贷款账户，是银行记载其向被执行人发放贷款及收回贷款情况的账户、其中所记载的账户余额为银行对被执行人享有的债权，属于贷款银行的资产，并非被执行人的资产，而只是被执行人对银行的负债。因此，通过“冻结”银行贷款账户不能实现控制被执行人财产的目的。只要人民法

---

① 参见陈福录：《法院要求提现，银行协助与否难选择》，载《西部论丛》2009年第1期。

② 参见张炜：《银行业务法律合规风险分析与控制》，法律出版社2015年版。

院冻结到了被执行人的银行存款账户或控制其他可供执行的财产，即足以实现执行的目的，同时也足以防止被执行人以冻结或查封的资产向银行清偿债务。而所谓“冻结”被执行人银行贷款账户，实质是禁止银行自主地从法院查封、扣押、冻结的被执行人财产以外的财产中实现收回贷款的行为。这种禁止，超出执行的目的。将侵害银行的合法权益，如果确实存在银行在法律冻结被执行人存款账户之后，擅自扣收贷款的情况，则可以依法强制追回。因此，在执行以银行为协助执行人的案件时，不能冻结户名为被执行人的银行贷款账户。

2. 能否要求银行协助执行扣划除“两金”外的其他保证金存在争议。① 商业银行保证金包括信用证保证金、银行承兑汇票保证金、按揭贷款保证金、保函保证金、存款质押保证金等。根据法释〔1997〕4号和法发〔2000〕21号的规定，对信用证开证保证金和银行承兑汇票保证金可以查询、冻结，但不得扣划。其他类型保证金若已经被特定化为金钱担保形式，则相关权利人对该保证金有优先受偿权，一般不得扣划，但现有法律法规对金钱担保的特定化标准没有明确规定，法院和银行对相关保证金是否属金钱担保经常有不同的理解，银行协助执行保证金的义务和优先债权保护之间存在一定冲突。

3. 协助执行个人理财产品存在争议。随着理财产品发行规模不断扩大，如何有效协助有权机关执行个人理财产品是银行面临的新课题。依银监会《商业银行个人理财业务管理暂行办法》规定，银行理财产品包括理财顾问服务和综合理财服务。综合理财服务分为保证收益产品和非保证收益产品，后者包括保本浮动收益产品和非保本浮动收益产品。就银行与客户法律关系而言，银行理财产品中有信息交易法律关系、借款合同法律关系和信托法律关系。② 银行理财产品种类多，涉及法律关系复杂，发现难、中止交易难、变现难，若法院要求银行直接协助扣划，则与常规的金融交易秩序有所冲突，又使银行面临被客户追责的法律风险。

## 法律建议

由于协助执行过程中存在前述的法律风险，银行与有权机关针对能否协助执行争议时有发生，这一方面耽搁了执行工作的效率，另一方面也使银行

---

① 参见戴立宏：《商业银行协助人民法院执行银行业务保证金的理论与实务》，载《金融管理与研究》2013年第1期。

② 参见李勇：《银行理财产品法律性质辨析》，载《中国农业银行武汉培训学院学报》2008年第3期。

面临被处罚或被客户追究责任的法律风险。为规避、降低协助执行业务中的法律风险，银行既要积极履行协助义务，又要采取措施尽量不损害客户合法权益，还要避免自身被追加法律责任。

1. 以配合协助执行为主要工作原则

银行在协助执行机关执行过程中，应遵循依法合规、不介入纠纷、维护银行自身合法权益和不损害客户合法权益的原则。如果片面维护客户利益而不及时协助，将有可能为此承担法律责任。因此，配合法院等有权机关，履行协助义务应当是银行协助执行的首要原则。即使对法院的执行行为或对法院拟执行的财产存有异议的，也应当及时通过合法的方式向法院提出异议，不能采取暴力抗法或拖延、阻挠执法的行为。

2. 健全协助执行的内部规章制度

《金融机构协助查询、冻结、扣划工作管理规定》第 6 条规定，“金融机构应当依法做好协助工作，建立健全有关规章制度，切实加强协助查询、冻结、扣划的管理工作”。据此，银行应加强协助执行工作的内部管理，建立完善的协助执行内部规章制度，有效防范协助执行中的法律风险。内部规章制度主要包括三个方面：一是协助执行内部规范，详细明确协助执行工作流程，使银行协助执行工作有内部依据；二是员工培训规范，通过培训提高员工在协助执行工作中的风险防控意识和业务能力，强化业务操作注意事项，规范业务操作行为；三是协助执行争议处理规范，规范协助执行过程如遇疑难问题或突发事件的处理程式。

3. 加强员工的培训教育

在制定完善的制度同时，应当对不断加强对相关工作人员法律意识的培训和教育。使得员工自觉遵守并深入贯彻和落实法律法规及内部规章制度中赋予银行工作人员的配合执法义务，努力做到既保障司法秩序，又维护银行及客户的合法权益。

4. 严格遵循协助执行的操作程序

第一，建议要专人办理。银行应确定专职部门或专职人员，并赋予其相关权限，接待要求协助执行的有权机关，及时处理协助事宜。第二，要依法对执行人员证件和执行依据的审查。按照《金融机构协助查询、冻结、扣划工作管理规定》的要求，应具体核实以下内容：

（1）办理协助查询业务时，应当核实执法人员的工作证件，以及有权机关县团级以上（含，下同）机构签发的协助查询存款通知书。

（2）办理协助冻结业务时，应当核实有权机关执法人员的工作证件；有权机关县团级以上机构签发的协助冻结存款通知书，法律、行政法规规定应当由有权机关主要负责人签字的，应当由主要负责人签字；人民法院出具的冻结存款裁定书、其他有权机关出具的冻结存款决定书。

（3）办理协助扣划业务时，应当核实有权机关执法人员的工作证件；有权机关县团级以上机构签发的协助扣划存款通知书，法律、行政法规规定应当由有权机关主要负责人签字的，应当由主要负责人签字；有关生效法律文书或行政机关的有关决定书。

（4）其他需核实的内容：①“协助冻结、扣划存款通知书”填写的需被冻结或扣划存款的单位或个人开户金融机构名称、户名和账号、大小写金额；②协助冻结或扣划存款通知书上的义务人应与所依据的法律文书上的义务人相同；③协助冻结或扣划存款通知书上的冻结或扣划金额应当是确定的。如发现缺少应附的法律文书，以及法律文书有关内容与“协助冻结、扣划存款通知书”的内容不符，应说明原因，退回“协助冻结、扣划存款通知书”或所附的法律文书。有权机关对个人存款户不能提供账号的，银行应当要求有权机关提供该个人的居民身份证号码或其他足以确定该个人存款账户的情况。

（5）要规范填写协助执行通知书回执等书面资料，既要认真细致核对回执内容，又要确保回执文字客观、真实、有效和准确。

5. 完善与客户的合同条款

如前所述，银行与有权机关对相关账户资金性质认定常有争议，为避免争议发生，银行可在与客户订立的合同中明确约定相关资金性质（如是否为保证金等），并为相关资金设置专户，防止其与被执行人其他账户混淆使用。另外，银行在设计和销售理财产品时，可以与客户事先在合同中就涉及理财产品协助执行事项作出约定，同时在业务办理上作出恰当安排，防范理财产品协助执行的风险。

# 保险公司协助执行相关风险问题研究

## 问题的提出

在投保人发生保险事故后，由于保险公司可能负有给付保险金的义务，因此保险金可能被案外人视为投保人的责任财产而对保险公司申请保全或强制执行，此时案外人不当的保全或申请执行行为将对保险公司的财产权益造成损害。本文拟从财产保险、保单现金价值的执行、人身保险三个角度对保险公司涉及执行的相关风险及应对措施进行分析。

## 问题解析

### 一、财产保险合同中保险公司的协助执行问题

在投保人向保险公司投保财产险的场合下，保险事故发生后，案外人起诉投保人，并向法院申请保全投保人在保险公司处的保险金。此时法院通常会向保险公司发出协助执行通知，并冻结保险公司的相应款项。针对这种情况，保险公司如何应对，在细节上值得讨论。

#### （一）法律分析

1. 法院向保险公司发出协助执行通知是否恰当

在本文起始部分讨论的情形中，上海地区等很多法院通常会在作出财产保全裁定的同时，向保险公司发出协助执行的通知。问题在于，法院向保险公司发出协助执行通知的行为是否恰当？

笔者认为，法院应向保险公司发出“履行到期债务的通知”，而非“协助执行通知”。原因在于，首先，投保人虽在保险公司处投保财产险，但其并不享有直接获取保险金的权利。财产险在性质上属于商业保险，而非强制保险，

保险责任是否成立并不确定。也即，申请人申请冻结的保险赔偿款并非被申请人（投保人）的财产，被申请人（投保人）只是在符合保单约定的条件下可能享有请求保险公司给付保险金的权利，该权利即使成立，也应当属于债权。因此，法院要求保险公司协助执行，应当适用《最高人民法院关于人民法院执行工作若干问题的规定（试行）》第 61 条有关第三人到期债权的规定,[①] 向保险公司发出履行到期债务的通知，而非协助执行通知。

2. 法院冻结保险公司款项的行为是否恰当

民事诉讼法第 100 条规定，法院采取财产保全措施包括依申请保全和法院依职权保全。依职权保全需要“在必要时”，依申请保全需要满足“使判决难以执行或者造成当事人其他损害”。[②] 司法实践中，法院依职权主动采取财产保全措施的情形比较少见，即使依职权主动保全，也鲜有在保全裁定中释明何为“必要”。而在依申请的财产保全中，则存在更大的问题。因为保险公司是非银行金融机构，各级分支机构不具有法人资格，以总公司的法人资产对外承担责任，在国家保险业监管部门的监管之下，保险公司具有充足的偿债能力，且保险公司在经营过程中，必须按保费比例向监管部门提存一定规模的赔偿准备金，一般不可能出现判决生效后难以执行的情况。因而，法院对保险公司采取财产保全措施，不符合民事诉讼法第 100 条规定的“使判决难以执行或者造成当事人其他损害”的条件。也即，即使申请人胜诉，且保险公司应当按照保单约定向投保人支付全部保险金，保险公司一般也不会存在无力偿还或者给他人造成损害的情形，因此法院对保险公司，特别是大型国有保险公司采取财产保全措施的意义不大。但实践中，保险公司被法院冻结款项的情形并不少见，故仍需要对此引起重视。

3. 保险公司应如何应对法院的协执要求

保险公司应当尽快向法院书面提出对执行标的的异议。法院采取保全措施的财产，应当属于被申请人所有的财产或者是被申请人享有请求权的财产。而在申请人提起财产保全申请时，通常是刚刚出险而保险公司尚未作出理赔决定时。此时保险责任是否成立、保险金额为多少等均无法确定，而司法实

---

① 《最高人民法院关于人民法院执行工作若干问题的规定（试行）》第 61 条：“被执行人不能清偿债务，但对本案以外的第三人享有到期债权的，人民法院可以依申请执行人或被执行人的申请，向第三人发出履行到期债务的通知。履行通知必须直接送达第三人。”

② 民事诉讼法第 100 条：“人民法院对于可能因当事人一方的行为或者其他原因，使判决难以执行或者造成当事人其他损害的案件，根据对方当事人的申请，可以裁定对其财产进行保全、责令其作出一定行为或者禁止其作出一定行为；当事人没有提出申请的，人民法院在必要时也可以裁定采取保全措施。”

践中申请人通常申请保全的款项数额为保单的全部保险金额，法院也通常根据申请人的申请对全部保险金额予以保全。保险法第 23 条规定，“任何单位和个人不得非法干预保险人履行赔偿或者给付保险金的义务”，而上述情形无疑会对保险公司的理赔过程和正常经营产生一定影响和压力。

根据民事诉讼法的相关规定，执行异议包括对执行行为的异议和对执行标的的异议，其中只有对执行标的的异议方能产生排除法院强制执行行为的效果。① 因此保险公司如已经对案涉保单初步作出拒赔决定，则被申请人不再对保险赔偿金享有任何权利，保险公司应当在书面异议申请中对此作明确声明阐述。如果保险公司在异议中的措辞存在“保险责任可能不成立”“保险金可能会降低”等类似表述，则法院很可能直接裁定驳回，其后果是一旦申请人获得胜诉裁判，则法院在执行阶段会直接划扣保险公司被保全的款项，不论保险公司最终对于投保人的保单是否拒赔、赔付额为多少。

（二）案例分析

1. “原告 A 保险公司与被告 B 保险公司、第三人某货运公司案外人执行异议之诉”一案（案情关系详见图 7－1）

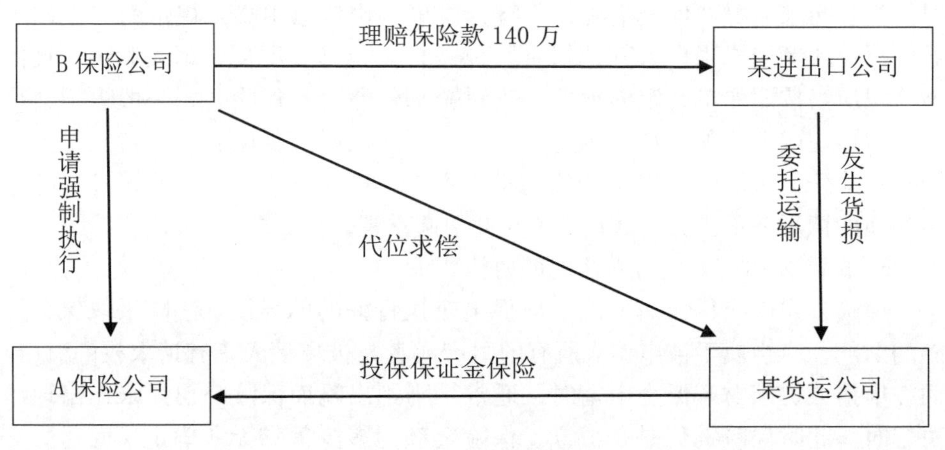


**图 7－1　示例案例案情概要图**

---

① 民事诉讼法第 227 条：“执行过程中，案外人对执行标的提出书面异议的，人民法院应当自收到书面异议之日起十五日内审查，理由成立的，裁定中止对该标的的执行；理由不成立的，裁定驳回。案外人、当事人对裁定不服，认为原判决、裁定错误的，依照审判监督程序办理；与原判决、裁定无关的，可以自裁定送达之日起十五日内向人民法院提起诉讼。”

该执行异议之诉案件，A 保险公司作为原告请求确认其无需协助执行，无需支付保险赔偿款 80 万元。上海海事法院一审判决驳回 A 保险公司的诉讼请求。A 保险公司上诉后，上海市高级人民法院二审维持了一审判决。

通过分析判决书可知，A 保险公司败诉的原因在于两点：首先，A 保险公司未在法院指定时间内提出异议；其次，法院认为 A 保险公司与某货运公司保单中约定的“司法机关判决 + 保险期间内 + 通过司法程序要求协助执行”的条款过于苛刻，属于无效的格式条款。对于第一个原因，即未在指定时间内提出异议，则是保险公司应当重点关注的风险点。本案中，执行法院于 2017 年 1 月 17 日、5 月 9 日，分别向 A 保险公司发出协助执行通知书、执行通知书。但 A 保险公司公司收到上述通知后，并未及时提出异议。而根据《最高人民法院关于人民法院执行工作若干问题的规定（试行）》第 65 条的规定，A 保险公司在（履行通知的）指定期限内既不提异议、又不履行的，法院有权强制执行。① 因此，A 保险公司未在上述第 65 条明确的期间对协助履行提出异议，执行法院有权执行该到期债权。

《最高人民法院关于人民法院执行工作若干问题的规定（试行）》第 65 条规定的期间指的是“履行到期债务通知”所确定的期间，而本案中法院向 A 保险公司作出的是“协助执行通知”而非“履行到期债务通知”。虽然法院以履行到期债务通知的法律规定论证协助执行通知的合理性值得商榷，但司法实践中部分法院确实按照该种方式操作，保险公司应当关注的是不论法院作出何种通知，都应当在该通知载明的期间内书面提出异议。

对于第二个原因，属于具体个案实情，本文暂且不展开讨论。但是应当注意的是，法院否认“司法机关判决 + 保险期间内 + 通过司法程序要求协助执行”的条款的效力，其实质是否认 A 保险公司的“被执行财产属于 A 保险公司所有的财产”的主张。因此保险公司在对法院执行行为或者保全行为的异议中，应当清楚表明被申请人（投保人）对于被执行、被保全财产不享有任何权利，比如保险责任不成立、保险期间已经超过、已作出拒赔决定，等等。

2. “原告 C 保险公司与被告某食品公司、第三人某仓储公司案外人执行异议之诉”一案（案情关系详见图 7－2）

本案中，某食品公司在仓储合同纠纷一案中，申请保全某仓储公司的银行存款 220 余万。上海市宝山区人民法院于 2019 年 7 月 9 日作出保全裁定，

① 《最高人民法院关于人民法院执行工作若干问题的规定（试行）》第 65 条：“第三人在履行通知指定的期限内没有提出异议，而又不履行的，执行法院有权裁定对其强制执行。此裁定同时送达第三人和被执行人。”

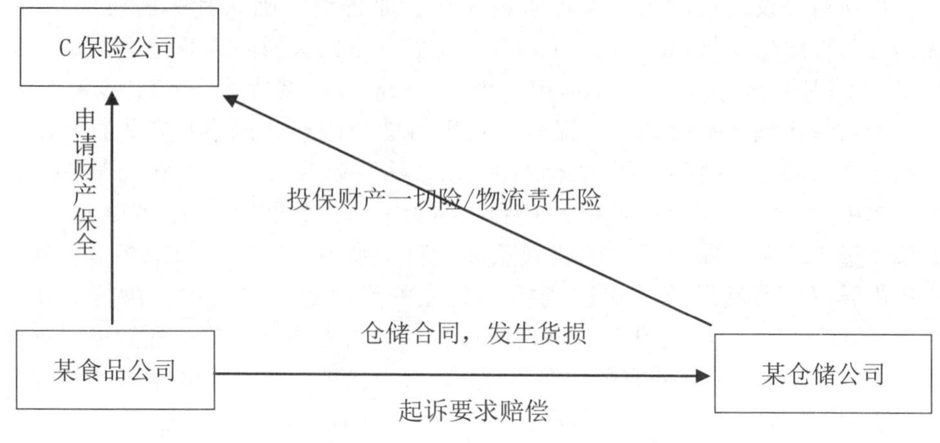


**图 7－2 示例案例案情概要图**

并于同日向 C 保险公司发出协助执行通知书，要求 C 保险公司协助查封某仓储公司在 C 保险公司的保险赔偿款，并冻结了 C 保险公司银行账户的该部分款项。上述保全裁定载明，“如不服本裁定，可以自收到裁定书之日起五日内向本院申请复议一次，复议期间不停止裁定的执行”。

尽管本案中上海市宝山区人民法院在保全裁定中载明的救济方式为“申请复议”，但是根据《最高人民法院关于人民法院办理财产保全案件若干问题的规定》（法释〔2016〕22 号）第 27 条的规定，案外人（即本案中的 C 保险公司）有权依据民事诉讼法第 227 条之规定提出对执行行为的异议，并可进一步通过案外人执行异议之诉保障自身权利。① 之所以建议保险公司通过对执行行为提出异议，是因为复议并不能阻却法院的执行或者保全行为，而对执行行为的异议若成立，则可以达到阻却保全或者执行的效果。在“商海泉、中国建设银行股份有限公司阿拉山口支行案外人执行异议之诉”一案中，最高人民法院认为，“本案中，商海泉（即被采取保全措施的案外人）对金港物流园区 D 区 D14 号 110 车库 149.9 平方米、D 区 D4 号 7#房屋 64.65 平方米房屋的保全不服，以其对上述房屋享有所有权为由提出执行异议，一审法院作出（2017）新执异 5 号执行裁定，驳回商海泉的异议。商海泉因对该裁定不

① 《最高人民法院关于人民法院办理财产保全案件若干问题的规定》第 27 条：“人民法院对诉讼争议标的以外的财产进行保全，案外人对保全裁定或者保全裁定实施过程中的执行行为不服，基于实体权利对被保全财产提出书面异议的，人民法院应当依照民事诉讼法第二百二十七条规定审查处理并作出裁定。案外人、申请保全人对该裁定不服的，可以自裁定送达之日起十五日内向人民法院提起执行异议之诉。”

服，有权依照上述规定自裁定送达之日起十五日内向一审法院提起本案执行异议之诉。一审法院对商海泉的起诉予以驳回错误”。① 上述最高人民法院的判例可以印证，对于法院保全行为不服的，不仅可以通过复议途径进行救济，同样可以通过案外人执行异议的方式予以救济。

对于《最高人民法院关于人民法院办理财产保全案件若干问题的规定》中的救济途径及相关规定，上海地区法院在司法实践中一般持接受态度。但是，笔者检索到四川宜宾中院法官在2018年第20期的《人民司法（案例）》中发表过一篇名为《案外人对诉讼中的财产保全行为不能提起执行异议之诉》的文章，这表明在司法实务中部分法院仍然不认可对于保全行为提起执行异议之诉的方式。因此保险公司在实务操作中遇到该类情形时应仍当慎重对待。

## 二、人身保险合同中保单现金价值的强制执行

### （一）法律分析

1. 保单的现金价值能否强制执行

对于人身保险合同中保单的现金价值能否执行，实务中各地法院观点并不一致，主要可以分为赞成的观点和否定的观点。

持赞成观点的法院认为，退保以后的保单现金价值是投保人的责任财产，法院可以强制执行。投保人下落不明或者拒绝解除合同的，法院可以直接扣划。例如《浙江省高级人民法院关于加强和规范对被执行人拥有的人身保险产品财产利益执行的通知》（浙高法执〔2015〕8号）第1条规定，投保人购买传统型、分红型、投资连接型、万能型人身保险产品、依保单约定可获得的生存保险金或以现金方式支付的保单红利或退保后保单的现金价值，均属于投保人、被保险人或受益人的财产权。当投保人、被保险人或受益人作为被执行人时，该财产权属于责任财产，人民法院可以执行。该通知第5条又规定，人民法院要求保险机构协助扣划保险产品退保后可得财产利益时，一般应提供投保人签署的退保申请书，但被执行人下落不明，或者拒绝签署退保申请书的，执行法院可以向保险机构发出执行裁定书、协助执行通知书要求协助扣划保险产品退保后可得财产利益，保险机构负有协助义务。②

持否定观点的法院则认为，保单现金价值虽然是投保人的财产，但以投

---

① 参见最高人民法院（2018）最高法民终334号民事裁定书。

② 参见山东省高级人民法院（2016）鲁执复119号执行复议裁定书；江西省吉安市中级人民法院（2014）吉中执异字第4号执行异议裁定书；湖南省吉首市人民法院（2017）湘3101执1号执行异议裁定书等。

保人解除合同为前提，法院不能强制投保人解除；指定受益人且受益人不是被执行人的，法院不能执行保险金。如《广东省高级人民法院关于执行案件法律适用疑难问题的解答意见》（2016 年 3 月 3 日）中针对被执行人的人身保险产品具有现金价值，法院能否强制执行的问题，认为虽然人身保险产品的现金价值是被执行人的，但关系人的生命价值，如果被执行人同意退保，法院可以执行保单的现金价值，如果不同意退保，法院不能强制被执行人退保；如果人身保险有指定受益人且受益人不是被执行人，依据保险法第 42 条的规定，保险金不作为被执行人的财产，人民法院不能执行；如果人身保险没有指定受益人或者指定的受益人为被执行人，发生保险事故后理赔的保险金可以认定为被执行人的遗产，可以用来清偿债务。

尽管实务中各地法院对于以上问题存有争议，但是综合来看，绝大部分地区的法院认为保单的现金价值可以执行。理由在于，一方面，保险单本身具有储蓄性和有价性，体现在投保人可通过解除保险合同提取保单现金价值。保单现金价值不同于保险费也不同于保险金，系基于投保人缴纳的保险费所形成，是投保人依法享有的财产权益，并构成投保人的责任财产。该财产权益在法律性质上并不具有人身依附性和专属性，不属于不得执行的财产。另一方面，如果认可保单的现金价值不能执行，则投保人身保险有可能成为债务人逃避债务的有效途径。所以，保单现金价值依法可以作为强制执行的标的。并且，如果法院认为保单的现金价值不能执行，则不会向保险公司发出协助执行通知书，此时保险公司并不会面临相关风险。因此认为保单现金价值不能执行的观点对于保险公司风险防控意义不大。

2. 保险公司在保单现金价值协助执行中的风险

执行程序中法院要求保险公司配合执行，通常会以协助执行通知书的方式直接划转保单现金价值，若保险公司不予配合可能面临处罚风险；若保险公司配合执行，在投保人以保险公司无权单方解除合同为由要求保险公司继续履行合同的诉讼中，审理法院则可能认为在未经投保人同意的情形下，即使系协助法院执行，保险公司亦违反了法律规定及合同约定，故可能判决保险公司仍要向投保人继续履行合同。此时保险公司将陷入两难境地。在“郭某某诉中国某保险股份有限公司临沂分公司继续履行保险合同纠纷”一案中，审理法院即持该种观点。①

但经本文检索相关裁判文书发现，在上述判决之后的同类诉讼中，审理法院对相似情形的裁判思路发生了一定转变，更倾向于认为，执行法院在执行过

① 参见江苏省徐州市铜山区人民法院（2008）临兰商初字第 2675 号民事判决书。

程中裁定解除保险合同、提取现金价值并向保险公司发出协助执行通知书，系执行法院代位投保人向保险人发出了解除合同的意思表示。投保人在保险合同已经解除的情况下要求保险公司继续履行合同并赔偿损失缺乏法律依据。[①] 因此保险公司在协助执行保单现金价值过程中面临两难局面的可能性有所降低。

### （二）案例分析

1. 郭某某诉中国某保险股份有限公司继续履行保险合同纠纷案

原告郭某某与被告中国某保险股份有限公司签订人身保险合同，保险合同成立后投保人郭某某与案外人王某因民间借贷纠纷发生诉讼，王某诉至法院要求郭某某偿还借款。法院判决郭某某向王某偿还借款本金及利息。因郭某某未履行生效法律文书确定的义务，王某申请强制执行，法院作出执行裁定书要求中国某保险股份有限公司协助提取郭某某的保险金收入。中国某保险股份有限公司收到法院的执行裁定书及协助执行通知书后，解除了与投保人郭某某签订的人身保险合同，并将解除合同后退还的保单现金价值转账至执行法院处。郭某某得知中国某保险股份有限公司解除保险合同后，将中国某保险股份有限公司诉至法院，要求中国某保险股份有限公司继续履行保险合同。临沂市兰山区法院受理后认为，保险法第 15 条规定保险人在保险合同成立后不得任意解除保险合同，中国某保险股份有限公司在本案中违反上述法律规定，致使郭某某利益受损，故该解除行为不具有法律效力，中国某保险股份有限公司仍应继续履行保险合同。中国某保险股份有限公司以保险合同已被法院执行人员申请解除且保险单现金价值已转账至执行法院为由拒绝履行保险合同的抗辩理由不能成立。

2. 俞某某与中国某保险股份有限公司人身保险合同纠纷案[②]

原告俞某某在被告中国某保险股份有限公司处投保增型终身年金保险一份，保险合同成立后案外人任秋红以民间借贷纠纷向法院起诉俞某某要求偿还借款，法院判决俞某某归还任秋红借款本金及利息。因俞某某未履行生效法律文书确定的义务，任秋红申请强制执行，执行法院裁定解除俞某某名下的上述递增型终身年金保险单、提取该保单项下所有现金价值。该保险公司无锡公司在收到执行法院的执行裁定书、协助执行通知书后，办理了保险合同的解除手续并协助执行法院提取了保单现金价值。后俞某某向执行法院提出异议，该院作出执行裁定书驳回了俞某某的执行异议。俞某某向无锡市中级人民法院申请复议，

---

① 参见无锡市滨湖区人民法院（2016）苏 0211 民初 4794 号民事判决书。

② 参见无锡市滨湖区人民法院（2016）苏 0211 民初 4794 号民事判决书。

该院作出执行裁定书驳回了俞某某的复议请求。后俞某某向无锡市滨湖区人民法院起诉中国某保险股份有限公司，要求中国某保险股份有限公司继续履行保险合同。无锡市滨湖区人民法院认为，执行法院在执行过程中裁定解除保险合同、提取现金价值并向保险公司发出协助执行通知书，系执行法院代位投保人向保险人发出了解除合同的意思表示。参照民事诉讼法第 243 条的规定，人民法院为扣留、提取被执行人收入时作出的裁定、协助执行通知书，有关单位在收到上述材料后必须办理，故保险合同因执行法院代位行使解除权已经被解除，投保人与保险公司之间的保险合同权利义务已经终止，投保人要求保险公司继续履行合同并赔偿损失缺乏法律依据。

## 三、人身保险金强制执行过程中保险公司的协助执行问题

### （一）法律分析

#### 1. 人身保险金能否强制执行

从目前法院的相关判例来看，关于人身保险金能否被强制执行这一问题，各地法院的观点基本一致，即原则上可以作为强制执行的标的，但是在人身保险金具有人身专属性等例外情况下，不能被强制执行。以下从原则和例外两个角度分别予以阐述。

首先，人身保险金原则上可以被强制执行。在全国通行的规范层面，民事诉讼法第 242 条、《最高人民法院关于人民法院民事执行中查封、扣押、冻结财产的规定》（以下简称《查扣冻规定》）第 2 条和第 7 条等规定对于人身保险金可以执行作出了较为原则性的规定；在地方性规范上，部分地方高院针对该问题又予以具体细化。例如《江苏省高级人民法院关于加强和规范被执行人所有的人身保险产品财产性权益执行的通知》（苏高法电〔2018〕506 号）第 1 条规定："保险合同存续期间，人身保险产品财产性权益依照法律、法规规定，或依照保险合同约定归属于被执行人的，人民法院可以执行。人身保险产品财产性权益包括依保险合同约定可领取的生存保险金、现金红利、退保可获得的现金价值（账户价值、未到期保费），依保险合同可确认但尚未完成支付的保险金，及其他权属明确的财产性权益。"又如《浙江省高级人民法院关于加强和规范对被执行人拥有的人身保险产品财产利益执行的通知》（浙高法执〔2015〕8 号）第 1 条规定，"投保人购买传统型、分红型、投资连接型、万能型人身保险产品、依保单约定可获得的生存保险金、或以现金方式支付的保单红利、或退保后保单的现金价值，均属于投保人、被保险人或受益人的财产权。当投保人、被保险人或受益人作为被执行人时，该财产

权属于责任财产，人民法院可以执行”。

在确认人身保险金原则上可以被强制执行这一观点时，应当注意在以死亡为给付保险金条件的保险合同中，人身保险金是否属于被执行人的遗产。保险法第 42 条第 1 款规定：“被保险人死亡后，有下列情形之一的，保险金作为被保险人的遗产，由保险人依照《继承法》的规定履行给付保险金的义务：（一）没有指定受益人，或者受益人指定不明确的；……”《最高人民法院关于保险金能否作为被保险人遗产的批复》（〔1987〕民他字第52号）第1条规定：“根据我国保险法规有关条文规定的精神，人身保险金能否列入被保险人的遗产，取决于被保险人是否指定了受益人。指定了受益人的，被保险人死亡后，其人身保险金应付给受益人；未指定受益人的，被保险人死亡后，其人身保险金应作为遗产处理，可以用来清偿债务或者赔偿。”因此，被保险人是否指定受益人将决定人身保险金的性质，进而决定其能否被强制执行。这一观点在相关司法判例中得以印证，例如在“周某、化州市某运输有限公司与莫某某等执行复议”一案中，广东省高级人民法院认为，“本案中被保险人未指定受益人，保险公司赔偿的人身保险金将作为被执行人的遗产处理，可以用来清偿债务”。[①] 当然，若已指定受益人，但是此时受益人即为被执行人时，受益人应得的身故保险金属于其合法财产且不具有人身专属性，法院同意有权对身故保险金采取强制执行措施。[②]

其次，在人身保险金具有人身专属性等例外情况下，不能被强制执行。民事诉讼法和《查扣冻规定》确立了强制执行需保障被执行人及其所扶养家属基本生活的基本原则，对于不得强制执行的情形作出了明确的规定。[③] 具体到强制执行人身保险金时，也需遵守保障被执行人及其所扶养家属基本生活的基本原则，例如用于保障被执行人后续治疗的重疾险保险金不能被强制执行。

---

① 见广东省高级人民法院（2015）粤高法执复字第 136 号执行复议裁定书。

② 参见河南省林州市人民法院（2016）豫 0581 执异 26 号执行裁定书；甘肃省甘谷县人民法院（2019）甘 0523 执异 1 号执行裁定书。

③ 民事诉讼法第 243 条：“被执行人未按执行通知履行法律文书确定的义务，人民法院有权扣留、提取被执行人应当履行义务部分的收入。但应当保留被执行人及其所扶养家属的生活必需费用。”

《最高人民法院关于人民法院民事执行中查封、扣押、冻结财产的规定》第 5 条：“人民法院对被执行人下列的财产不得查封、扣押、冻结：（一）被执行人及其所扶养家属生活所必需的衣服、家具、炊具、餐具及其他家庭生活必需的物品；（二）被执行人及其所扶养家属所必需的生活费用。当地有最低生活保障标准的，必需的生活费用依照该标准确定；……”

2. 保险公司在人身保险金协助执行中的风险

在人身保险合同中，保险公司尚未给付保险金前可能面临的风险主要在两方面：首先，案外人可能申请保全投保人的保单，实务中法院（在案外人主张的债权额大于保险金额时）一般按照保险金额的数额冻结保险公司银行账户的款项；其次，案外人直接申请强制执行，执行法院可能采取直接从保险公司账户扣划现金价值的方式完成执行。

鉴于保险公司尚未给付保险金时，保险事故是否成立、保险金的数额高低、保险金的性质等问题均无法确定，此时不论案外人申请保全保险公司银行账户还是执行法院直接扣划，都可能对保险公司财产权益造成负面影响。因此保险公司此时需区分不同情形与法院进行相关沟通，以维护自身合法权益。

（二）案例分析

中国某银行股份有限公司锦州分行与辽宁某电缆有限责任公司、锦州市某融资担保有限公司等执行复议案①

生效法律文书确认彭某负有给付义务，债权人中国建设银行对彭某申请强制执行，执行法院冻结彭某银行账户内存款 5 万余元。该笔款项系被执行人彭永波于 2016 年 6 月 16 日患膀胱恶性肿瘤后，中国平安保险股份有限公司于 2016 年 11 月 4 日给付的理赔款。为此，被执行人彭某向执行法院提出执行异议，希望从人道主义出发，给予其账户内 5 万元解冻。执行法院受理后认为，健康险是以人的身体出现保险合同约定的重大疾病时，给付被保险人或受益人保险金的险种。此险种具有较强的人身依附性，该保险金是对异议人治疗重大疾病的赔付，也是异议人所必需的生活治疗费用。出于对生命价值的尊重，从生命权高于债权的角度及人道主义出发，本着和谐司法，为民司法的原则，对异议人的 5 万赔付金不应予以强制执行为宜。遂裁定解除对彭某账户内 5 万元的冻结措施。后中国建设银行对上述解除冻结的裁定不服，向锦州市中级人民法院申请复议，锦州市中级人民法院认为，涉案保险金系被执行人的重大疾病保险理赔款，为救治被执行人疾病所用，系保障被执行人基本生存权的必须费用，具有较强的人身依附性，不得强制执行。此外，在“陈某某与张某追偿权纠纷执行复议”一案中，② 青岛市中级人民法院认为，被执行人因身患重疾需要后续治疗而取得的保险理赔款同样属于不得强

① 参见辽宁省锦州市中级人民法院（2017）辽 07 执复 20 号执行裁定书。

② 参见山东省青岛市中级人民法院（2017）鲁 02 执复 65 号执行裁定书。

制执行的财产。

1. 关于财产保险合同中保险公司的协助执行

保险公司在收到法院的协助执行通知后，如对该保险的理赔已初步作出拒赔决定的，则应当尽快（在保全裁定、执行裁定规定的时间内）书面提出对执行标的的异议。异议中的措辞应当坚持以投保人对保险赔偿金不享有任何权利为中心，即法院拟执行的财产标的并不属于被执行人，而是属于保险公司自身的财产，故法院向保险公司发送协助执行通知或履行到期债务的通知的行为于法无据。

2. 关于人身保险合同中保单现金价值的强制执行

鉴于在人民法院执行投保人保单现金价值的案件中，保险公司目前面临两难境地的可能性较低，因此当保险公司收到人民法院执行投保人保单现金价值的协助执行通知书后，应当协助法院解除与投保人的保险合同并将保单现金价值转账至执行法院处。如果在此之后投保人起诉保险公司要求继续履行保险合同的，则应充分论述解除行为的合法性、合理性，以获得法院支持。

3. 人身保险金强制执行过程中保险公司的协助执行

首先，在保险公司尚未作出理赔决定时，如果案外人申请对保险公司的银行账户进行保全或者强制执行，保险公司应当立即向执行法院书面提出对执行标的的异议。理由与本文第一部分“财产保险合同中保险公司的协助执行问题”的论述相同。其次，在保险公司已经决定予以理赔后，应当区分保险金的性质是否能够被强制执行。在保险金不能作为强制执行的标的情况下，实务中一般是被保险人或者受益人向法院提出执行异议，但是如果保险公司按照法院协助执行通知书的要求将保险金转账至执行法院处，可能面临后续保险人或者受益人的诉讼。因此建议保险公司在该种情形下向执行法院提出书面异议或复议，提请执行法院注意强制执行或保全保险金并不妥当，通过该种方式尽到程序上的注意义务。如果保险金的性质能够被强制执行，则保险公司应当按照协助执行通知书的要求，配合执行法院的执行工作。

# 轮候查封是否实际产生查封效力

## 问题的提出

2018 年 5 月 20 日，被执行人甲公司名下仅有的一套房产（价值 1000 万元）被 A 法院首轮查封，以执行甲公司对乙的 1000 万元债务。2018 年 5 月 21 日，B 法院向房地产管理部门送达协助执行通知，要求查封甲公司仅有的该套房产，以执行甲公司对丙的 1000 万元债务，该房地产管理部门对此作了轮候查封登记。

那么，在该案中，丙最终能否通过执行保障自己的利益？丙能否与乙共同分配甲公司的财产呢？或者丙如何在执行顺序优势不足的情况下，最大可能保障自身利益？

## 问题解析

### 一、轮候查封制度之定义

民事诉讼中的查封，是人民法院为限制债务人处分其财产所采用的一种强制措施，分为保全查封和执行查封，目的在于维护债务人的财产现状，保障债权经过审判可得清偿，查封限制被执行人对查封财产的处分权。

轮候查封，是指对其他人民法院已经查封的财产，执行法院在登记机关进行登记或者在其他人民法院进行记载，查封依法解除后，在先的轮候查封自动转化为正式查封。①

① 参见王飞鸿：《关于人民法院民事执行中查封、扣押、冻结财产的规定的理解与适用》，载《人民司法》2004 年第 12 期。

## 二、轮候查封制度之源起

对债务人已经查封的财产，是否可以再为查封，比较法上有再查封主义与不再查封主义两种不同的立法例。再查封主义，指对于已被查封的债务人的财产，其他债权人可以申请重复进行查封，此为德国、日本不动产的执行所采用；不再查封主义，指对于已被查封的债务人的财产，其他债权人不得再申请查封，此为日本的动产执行、我国台湾地区所采用。我国民事诉讼法第 103 条第 2 款规定，财产已被查封、冻结的，不得重复查封、冻结。因此，我国民事诉讼法采不再查封主义，禁止重复查封。但是，在实践中，当多个法院均要对同一财产进行查封时，不同法院之间该如何协调？对于被执行人为法人的有限查封财产该如何分配？如何在执行程序中保障实体法上的债权平等原则？现行民事诉讼法对此未设计详尽的配套制度，从而引发此方面执行难的问题。为了解决这一问题，最高人民法院于 2004 年联合国土资源部、建设部，发布了《最高人民法院、国土资源部、建设部关于依法规范人民法院执行和国土资源房地产管理部门协助执行若干问题的通知》（以下简称《通知》），该《通知》第 19 条①、第 21 条第 1 款②对轮候查封作了规定。同年，最高人民法院又出台了《最高人民法院关于人民法院民事执行中查封、扣押、冻结财产的规定》（以下简称《查扣冻规定》），该规定第 28 条③对轮候查封作了细化。2007 年，最高人民法院就北京市高级人民法院《关于查封法院全

---

① 《最高人民法院、国土资源部、建设部关于依法规范人民法院执行和国土资源房地产管理部门协助执行若干问题的通知》第 19 条："两个以上人民法院对同一宗土地使用权、房屋进行查封的，国土资源、房地产管理部门为首先送达协助执行通知书的人民法院办理查封登记手续后，对后来办理查封登记的人民法院作轮候查封登记，并书面告知该土地使用权、房屋已被其他人民法院查封的事实及查封的有关情况"。

② 《最高人民法院、国土资源部、建设部关于依法规范人民法院执行和国土资源房地产管理部门协助执行若干问题的通知》第 21 条第 1 款："轮候查封登记的顺序按照人民法院送达协助执行通知书的时间先后进行排列。查封法院依法解除查封的，排列在先的轮候查封自动转为查封；查封法院对查封的土地使用权、房屋全部处理的，排列在后的轮候查封自动失效；查封法院对查封的土地使用权、房屋部分处理的，对剩余部分，排列在后的轮候查封自动转为查封。"

③ 《最高人民法院关于人民法院民事执行中查封、扣押、冻结财产的规定》第 28 条第 1 款："轮候查封、扣押、冻结自在先的查封、扣押、冻结解除时自动生效，故人民法院对已查封、扣押、冻结的全部财产进行处分后，该财产上的轮候查封自始未产生查封、扣押、冻结的效力"；第 30 条："人民法院对已查封、扣押、冻结的财产进行拍卖、变卖或抵债的，原查封、扣押、冻结的效力消灭，人民法院无需先行解除该财产上的查封、扣押、冻结，可直接进行处分，有关单位应当协助办理有关财产权证照转移手续。"

部处分标的物后轮候查封的效力问题的请示》作了批复，进一步明确了首封财产执行后，轮候查封的效力问题。那么，如此规定，能否保障开篇案例中丙的利益呢？

## 三、轮候查封的效力问题——以《查扣冻规定》第28条展开

根据《查扣冻规定》第28条的规定，对已被人民法院查封、扣押、冻结的财产，其他人民法院可以进行轮候查封、扣押、冻结。查封、扣押、冻结解除的，登记在先的轮候查封、扣押、冻结即自动生效。其他人民法院对已登记的财产进行轮候查封、扣押、冻结的，应当通知有关登记机关协助进行轮候登记，实施查封、扣押、冻结的人民法院应当允许其他人民法院查阅有关文书和记录。其他人民法院对没有登记的财产进行轮候查封、扣押、冻结的，应当制作笔录，并经实施查封、扣押、冻结的人民法院执行人员及被执行人签字，或者书面通知实施查封、扣押、冻结的人民法院。

条文解读

首先，查封解除之后，在此之后轮候的查封才生效，也就是说，轮候查封登记并不发生查封效力，轮候查封的效力其实是效力待定的，等到首封解除，才发生效力，所以轮候查封登记时并不发生效力。其次，轮候查封可能有多个，在首封解除之后，多个轮候查封并非一齐发生效力，而是按照登记顺序，登记在先的先生效。对此，《通知》第20条第1款作了详细规定：轮候查封登记的顺序按照人民法院送达协助执行通知书的时间先后进行排列。查封法院依法解除查封的，排列在先的轮候查封自动转为查封；查封法院对查封的土地使用权、房屋全部处理的，排列在后的轮候查封自动失效；查封法院对查封的土地使用权、房屋部分处理的，对剩余部分，排列在后的轮侯查封自动转为查封。

同时，该规定也表明轮候查封不具有查封效力，只能等待首封解除才可转为查封，发生查封效力，倘若首封法院对查封的土地使用权、房屋全部处理，则轮候查封失效，倘若处理了部分，则只能就剩余部分生效。2007年《最高人民法院关于查封法院全部处分标的物后轮候查封的效力问题的批复》则进一步明确：人民法院对已查封、扣押、冻结的全部财产进行处分后，该财产上的轮候查封自始未产生查封、扣押、冻结的效力。

从上述规定看，轮候查封发生查封效力附有条件，轮候查封是否及何时生效，取决于首轮查封。首轮查封只要还存在，轮候查封就不生效。查封财产被执行完毕，轮候查封也不能生效。因此，轮候查封处于效力待定状态，

其对采取轮候查封措施的财产的效力变动取决于前一查封措施。

最后，容易引起误解的是物权法第 14 条的规定："不动产物权的设立、变更、转让和消灭，依照法律规定应当登记的，自记载于不动产登记簿时发生效力。"有些人因此认为，轮候登记自记载于不动产登记簿时生效。但是，此处实际并不适用物权法第 14 条规定。因为查封不涉及不动产物权的设立、变更、转让和消灭，只是限制被执行人对财产的处分权，以保障执行时有财产可用，其登记于登记簿只起到公示作用，以限制被执行人将查封财产处分与第三人。

## 引申探讨

### 一、实务中，土地使用权、房屋过户是否需要解除轮候查封

《最高人民法院关于人民法院民事执行中拍卖、变卖财产的规定》第 29 条规定："动产拍卖成交或抵债后，其所有权自该动产交付时起转移给买受人。不动产、有登记的特定动产或其他财产权拍卖成交或抵债后，该不动产、特定动产的所有权或其他财产权自拍卖成交或抵债裁定送达买受人时起转移。"物权法第 29 条规定："因人民法院、仲裁委员会的法律文书或人民政府的征收决定等，导致物权设立、变更、转让或消灭的，自法律文书或人民政府的征收决定等生效时发生效力。"《通知》第 20 条第 1 款更加明确："……查封法院依法解除查封的，排列在先的轮候查封自动转为查封；查封法院对查封的土地使用权、房屋全部处理的，排列在后的轮候查封自动失效；……"

因此，在首封法院将所查封财产执行完毕后，该财产所有权已移转给买受人，基于"一物一权"原则，被执行人的所有权已经消灭，针对被执行人财产的轮候查封自然也随之消灭，否则，试想谁还愿意去接手首封法院处置的财产呢？所以，买受人在为其土地使用权、房屋办理过户登记时，无需解除轮候查封。但在实务中，有些房地产管理部门在办理存在轮候查封登记的不动产过户登记时，要求当事人解除轮候登记，理由是在办理过户登记之前，首轮查封已经解除，而首轮查封一旦解除，轮候查封自动生效。这种做法是不符合法律、司法解释的精神的，表明实践中一些工作人员对轮候查封的效力和性质理解存在误区，此时首轮查封的解除是为了执行，执行完毕，轮候查封应当失效，而非在首轮查封尚未执行完毕就着急生效。当事人应当积极地向管理部门释明，必要时可以通过提起行政复议或行政诉讼来维护自身合法权益。在实践中，有些首封法院为了避免此争议，会在标的物过户或者以

物抵债裁定中明确，解除在标的物上的全部轮候查封。虽然首封法院是否有权出具针对轮候查封的解封裁定存在一定争议，但此举客观上使得行政管理部门在解除全部查封措施上有了可供执行的法律文书，对避免行政管理部门对相关解封措施的错误理解、便于提高执行处置效率仍具有一定实务意义。

## 二、轮候查封是否有查封期限，到期后是否需要续轮候查封

《最高人民法院关于适用〈中华人民共和国民事诉讼法〉的解释》第487条规定："人民法院冻结被执行人的银行存款的期限不得超过一年，查封、扣押动产的期限不得超过两年，查封不动产、冻结其他财产权的期限不得超过三年。"该条仅对查封的效力期限作了规定，该规定是否可以准用于轮候查封？实务中各地做法不一，有些地区不对轮候查封设期限，有些地区将期限届满不续轮候查封的视为轮候查封失效。

从理论层面分析，《通知》第11条不能准用于轮候查封，轮候查封不应有期限限制。因为设置"期限"的意义在于使效力未发生的发生或已发生的归于消灭，以给予权利人一个"期待"或敦促权利人及时行使权利，而对于尚未生效的"轮候查封"设立期限使之失效，这在逻辑上是矛盾的，也与《查扣冻规定》中轮候查封不生效力之规定相违背。也许有人可以将之解释为，轮候查封本身有一种"轮候的期限"，不积极排队等候的，也将面临失效的风险。但此种解释，不过给轮候法院徒增麻烦罢了，况且，《通知》第20条第1款已经对轮候查封的生效顺序作了安排，即"先登记的先生效"，设限制要求续轮候登记的做法，实际上违背了前述《通知》的精神。

但笔者了解到，在实务中，无论是法院方面，还是协助执行查封的行政部门方面，在轮候查封时，很多机关仍然参照首封措施，对轮候查封附有期限，并要求轮候查封申请人在该期限届满前对轮候查封予以续查封。鉴于各地在实践中存在不同做法，在相关司法解释或规定对此作出统一之前，稳妥起见，建议在轮候查封登记时咨询当地法院或房地产管理部门是否需要续轮候查封，并及时根据要求提出续查封申请，以便"入乡随俗"。

## 三、轮候查封的标的物价值是否计入查封标的

根据前文分析可知，轮候查封并不发生查封效力，对于轮候查封申请执行人而言，其债权能否得到保障仍不确定，此时，被申请执行人若有其他财产可供查封，自然应当进行查封，且不应计算之前轮候查封的财产价值，以尽可能保障债权人利益。在"某小额贷款有限责任公司诉某机器制造公司、某重工机械公司、某投资公司借款合同纠纷案"中，甘肃省高级人民法院在

审理过程中，裁定冻结三被告的银行存款 2687.3416 万元或查封、扣押其等值财产。甘肃省高级人民法院作出上述裁定后，对某机器制造公司名下的部分银行存款账户进行了查封，并就其名下两宗土地使用权采取了轮候查封的保全措施。某机器制造公司对甘肃省高级人民法院的冻结、查封行为不服，向甘肃省高级人民法院提出书面异议，认为甘肃省高级人民法院超标的保全其财产，但被驳回，后又向最高人民法院进行复议。最终，最高人民法院认为，轮候查封在性质上不属于正式查封，并不产生正式查封的效力。轮候查封产生的仅是一种预期效力，类似于效力待定的行为。甘肃省高级人民法院对该公司名下土地使用权实施的轮候查封属于诉讼保全措施，在性质和效力上属于临时性措施，主要目的是防止公司转移财产，在客观上并未对保全的标的进行处置。退一步讲，即便本案将来进入执行程序，且甘肃省高级人民法院在本案中对该公司名下土地使用权实施的轮候查封转变为正式查封，进而发生正式查封的法律效力，所查封的两宗土地使用权变现所得价款究竟还有多少可用于实现本案债权，尚取决于在先查封案件的执行情况。鉴于此，甘肃省高级人民法院冻结该公司名下三个银行账户存款合计 1.819058 万元的措施不构成重复保全，关于甘肃省高级人民法院对其实施了超标的保全的理由与事实不符，且于法无据，不予支持。①

因此，鉴于轮候查封仅是一种可能性，有待于今后才能确定有没有查封到财产或者查封到多少财产，所以轮候查封的标的不应计算在当事人申请查封标的金额之中。

## 四、轮候查封物被处置后，轮候查封效力是否及于查封物的替代物

根据《通知》第 20 条的规定：“……查封法院对查封的土地使用权、房屋部分处理的，对剩余部分，排列在后的轮候查封自动转为查封。”因此，在首封法院执行完毕后，对查封财产或其替代物的剩余部分，轮候查封自动转为查封，发生查封效力。在“重庆某建设有限公司与重庆某工程公司欠款纠纷执行案”中，最高人民法院作了明确：轮候查封制度的作用在于确保轮候查封债权人能够取得在先查封债权人从查封物中所得利益的剩余部分。轮候查封的效力应当及于查封标的物的替代物，即对于标的物变价款中多于在先查封债权人应得数额的部分，有正式查封的效力，轮候查封债权人有权对该

---

① 参见最高人民法院（2014）执复字第 25 号民事裁定书。

部分主张权利。①

但是，首封法院往往不会关注哪些法院作了轮候查封登记，而轮候登记也仅记载于不动产登记簿，为国土资源管理部门所知悉，银行对此并不知情，只能配合首封法院处置标的物拍卖所得价款。由于这种信息不对称的存在，在未接到其他人协助执行通知时，首封法院不会主动通知轮候法院，也不会主动把剩余财产移送给轮候法院，而是直接将查封标的物的替代物扣除执行费用后将剩余部分交还给被执行人。从而导致轮候法院对于剩余财产的处置落空。对此，申请执行人应当要求轮候法院积极与首封法院保持联系，跟进查封标的物处置情况，在首封法院处置完毕后，及时联系首封法院移转剩余财产，做好事前预防。倘若轮候法院未及时跟进，导致剩余财产被首封法院返还被执行人的，轮候法院可以就该部分财产通知银行协助执行，进行事后补救，因为根据前述通知，该部分财产已经处于轮候法院查封范围，具有查封效力，轮候法院可据此开展执行工作。

## 法律建议

上述分析表明，轮候查封只是解决了多个执行法院查封同一财产时，由谁来优先处置的问题。相关规定明确了由首封法院取得执行处置权，避免了各家法院互争执行处置权的混乱局面，相对保护了最先采取财产保全措施，对财产的及时、有效固定付出首位贡献的执行申请人。对轮候查封申请执行人而言，在被执行人为法人的情况下，一般而言其仅能就在先查封债权人从查封物中所得利益的剩余部分受偿，如果首封执行财产价值与被执行财产价值差额不大，那么首封法院执行完毕，往往只剩下“残羹冷炙”，倘若有多个轮候查封，那么对于顺序靠后的申请执行人而言，更是处于劣势。

那么，轮候查封的申请执行人如何更好地保护自身利益呢?

1. 若被申请执行人为企业，可以考虑启动破产程序

根据企业破产法第7条的规定：“债务人不能清偿到期债务，债权人可以向人民法院提出对债务人进行重整或者破产清算的申请”；第19条的规定：“人民法院受理破产申请后，有关债务人财产的保全措施应当解除，执行程序应当中止。”因此，对于轮候查封的申请执行人而言，若被申请执行人为企业，及时提起破产申请，在法院受理破产案件的情况下可以摆脱轮候查封的劣势地位，使首封申请执行人也无法独自得到执行，从而与其他债权人公平

① 参见最高人民法院（2012）执复字第19号裁定书。

受偿。在“赵某某、夏某某与上海某投资有限公司申请破产清算案”中，两名申请人均与被申请人有民间借贷纠纷，且得到法院的判决支持，但被申请人除被轮候查封的房产外，无其他可供执行财产，执行程序终结。故两名申请人提起破产申请，上海市浦东新区人民法院最终受理了申请人的破产清算申请。① 当然，这种方法并非轮候查封专属救济，债权人也完全可以在不采取轮候查封措施的情况下径行提起破产清算。另外，由于破产案件的特殊性，我国立法和实践起步较晚，目前在审判实务中还尚处于探索时期，即使从申请人角度认为已符合破产条件，也并非都能顺利立案。当然，最高人民法院也在积极推动破产案件审理工作，2018 年底和 2019 年初，北京、上海、深圳三地先后设立破产法庭，破产审判前景应该会越来越好。

2. 若被申请执行人为个人，可以考虑参与分配

我国法律上目前还没有明确规定个人破产制度，但《最高人民法院关于人民法院执行工作若干问题的规定（试行）》（以下简称《执行规定》）第 90 条规定了参与分配制度，实际与个人破产制度有异曲同工之妙。

《执行规定》第 90 条规定：“被执行人为公民或其他组织，其全部或主要财产已被一个人民法院因执行确定金钱给付的生效法律文书而查封、扣押或冻结，无其他财产可供执行或其他财产不足清偿全部债务的，在被执行人的财产被执行完毕前，对该被执行人已经取得金钱债权执行依据的其他债权人可以申请对该被执行人的财产参与分配。”《执行规定》第 91 条规定：“对参与被执行人财产的具体分配，应当由首先查封、扣押或冻结的法院主持进行。”因此，作为轮候查封的申请执行人，可以向首封法院申请参与分配，按比例受偿。在“吴某与李某其他合同纠纷案”中，被执行人大部分财产已被成都市中级人民法院另案首轮查封，其他财产由于存在另案担保物权无法执行，于是金堂县人民法院告知申请执行人向成都市中级人民法院申请参与分配。②

3. 首封保全法院超过一年未处置财产的，进入执行程序的轮候法院可商请移送执行

《最高人民法院关于人民法院办理财产保全案件若干问题的规定》第 21 条规定：“保全法院在首先采取查封、扣押、冻结措施后超过一年未对被保全财产进行处分的，除被保全财产系争议标的外，在先轮候查封、扣押、冻结的执行法院可以商请保全法院将被保全财产移送执行。……保全法院与在先

① 参见上海市浦东新区人民法院（2016）沪 0115 民破 9 号民事裁定书。

② 参见四川省金堂县人民法院（2015）金堂执字第 92 号民事裁定书。

轮候查封、扣押、冻结的执行法院就移送被保全财产发生争议的，可以逐级报请共同的上级法院指定该财产的执行法院。”

因此，若轮候法院为普通债权法院，在首封法院对财产采取保全措施后一年内未作处分的，只要该财产确属被申请执行人所有，轮候的申请执行人可以请求执行法院向首封法院商请移送执行该财产。若首封法院不同意移送，可以报请共同的上级法院指定。在“陈某甲与陈某乙、林某某等民间借贷纠纷案”中，被执行人名下的房产由黄浦区人民法院首轮查封，松江区人民法院轮候查封，松江区人民法院无处置权。但黄浦区人民法院一年内未执行该房产，经申请执行人申请，松江区人民法院向黄浦区人民法院发出移交处置权的公函。① 那么，松江区人民法院在执行过程中，需要为黄浦区人民法院的申请执行人预留一定份额吗？以前案为例，假设黄浦区人民法院案债权 100 万，松江区人民法院案债权 50 万，松江区人民法院取得处置权后，所执行房产拍得 130 万，应该是先为黄浦区人民法院预留 100 万，松江区人民法院只执行 30 万；还是松江区人民法院直接执行 50 万，再把余额 80 万交由黄浦区人民法院。笔者认为是后者可能更合理一些。因为法院强制执行一般应依债权人申请，若原首封债权人怠于申请强制执行，在其所在法院的执行处置权被移交后，应当承担相应的不利后果。需要说明的是，只有在先的轮候申请执行人才有权请求首封法院移送执行处置权，在后的轮候申请执行人只能待在先的轮候申请执行人怠于行使权利时再行主张权利救济。

若轮候法院为优先债权法院，则等待时间更短。根据《最高人民法院关于首先查封法院与优先债权执行法院处分查封财产有关问题的批复》（法释〔2016〕6 号），优先债权法院在首封法院查封后 60 日内未发布拍卖公告或者进入变卖程序的，优先债权法院也可以商请移送。首封法院应当在收到优先债权执行法院商请移送执行函之日起 15 日内出具移送执行函，将查封财产移送优先债权执行法院执行。若首封法院不同意移送，优先债权执行法院可以逐级报请双方共同的上级法院指定该财产的执行法院。

4. 对于在先查封法院执行行为可能违法的应及时提出执行行为异议

《最高人民法院关于人民法院办理执行异议和复议案件若干问题的规定》第 5 条规定：“有下列情形之一的，当事人以外的公民、法人和其他组织，可以作为利害关系人提出执行行为异议：（一）认为人民法院的执行行为违法，妨碍其轮候查封、扣押、冻结的债权受偿的；……”

因此，轮候的申请执行人应当对在先的执行情况保持密切的关注，若在

---

① 参见上海市松江区人民法院（2017）沪 0117 执 1821 号民事裁定书。

先执行行为可能存在违法情形，如在拍卖过程中故意压低财产拍卖价格，影响轮候查封申请执行人利益的，根据民事诉讼法第 225 条的规定，可以及时向执行法院提出书面异议，如果对执行法院裁定不服，还可以自裁定送达之日起十日内向上一级人民法院申请复议。在“江苏某股份有限公司、霍某、南通某钢材贸易有限公司等借款合同纠纷案”中，辽宁省高级人民法院在案号为（2014）辽执二字第 79 号的案件审理过程中，查封了季某持有的某投资有限公司 6.5% 的股权，又一公司另案中也申请法院轮候查封了上述股权，该公司认为辽宁省高级人民法院对上述股权委托评估结果属于极低价评估，而该股权目前已经以评估价 1.1 亿元被处置，全部用于清偿辽宁省高级人民法院的执行债权，导致该公司就标的股权无任何可分配金额。该公司对此提出书面异议，但辽宁省高级人民法院未对其提出的执行异议作任何回应，其请求最高人民法院指令辽宁省高级人民法院立案受理所提执行异议，最高人民法院最终支持了该公司的请求。①

① 参见最高人民法院（2015）执申字第 83 号民事裁定书。

# 执行过程中以物抵债的合同效力及适用条件

## 问题的提出

李某将吴某诉至法院，要求归还欠款 120 万元。法院判决，吴某应在判决书生效后十日内将欠款全部付清。因吴某未履行，李某向法院申请强制执行。执行过程中，吴某称自己没有现金，愿意将名下的房产抵给李某。后双方达成以物抵债协议，约定，吴某以自己名下的一套房产抵给李某用于偿还欠款。

针对上述案例，双方当事人所达成的以物抵债协议是否有效？法院对于该以物抵债协议可否出具协助办理过户的裁定？在执行过程中以物抵债的适用条件为何？

## 问题解析

### 一、以物抵债的概念界定

严格来讲，以物抵债本身不是民法上的名词概念。但在实体法上，合同法第 286 条允许承包与发包双方将工程折价受偿，《最高人民法院关于适用〈中华人民共和国民事诉讼法〉的解释》（以下简称《民诉法解释》）第 491、492 条更是直接提到了以物抵债，此外《最高人民法院关于民事执行中拍卖、变卖财产的规定》（以下简称《拍卖变卖司法解释》）第 19 条，也对流拍情况下的以物抵债作了相关规定。因此，司法实践中以物抵债具有较大适用空间，有必要对其进行概念界定。参照《江苏省高级人民法院关于以物抵债若干法律适用问题的审理纪要》（2014 年 4 月 14 日印发）中的相关条款，本文将“以物抵债”界定为：债务人与债权人约定以债务人或经第三人同意的第三人所有的财产折价归债权人所有，用以清偿债务的行为。

## 二、以物抵债协议效力的代表观点

### （一）理论界的代表性观点

关于以物抵债协议的效力判断，理论界存在分歧，具体而言，可简要归纳为以下三种观点。

1. 诺成契约说

该观点认为，在以物抵债协议中，如果当事人不但达成了以他种给付代替原定给付的合意，且债权人受领了债务人的他种给付，则属于传统民法上的代物清偿，为实践性合同；对于只有双方当事人的合意而无债权人现实受领给付事实的以物抵债合同，若按照代物清偿制度的规格衡量，则它们会因债权人未现实地受领抵债之物而没有成立，从而不具有合同有效及履行的法律效力，如此处理，会损害债权人的合法权益，也削弱了意思自治的原则功效，故在其不违反法律行政法规的前提下，当认定为有效。①

2. 要物契约说

该观点认为，应坚持以物抵债合同系实践合同，这样既符合代物清偿的基本法理，又充实了代物清偿的基本内容，使代物清偿更明晰。当事人已经办理了物权变动手续，视之为在物权变动上完成了以物易物的实践行为，它直接与法律制度匹配而适用代物清偿的概念、构成要件和体系；物权未变动前债务人一方反悔的，则通过债之更改这一制度予以解决。②

3. 处分行为说

该观点否认了以诺成或要物为基础的契约实质，坚持认为以物抵债应当属处分行为。具体而言，以物抵债正如买卖合同的履行行为一样，并不是独立于原债权债务关系的协议，而仅仅是对原债权债务关系的履行，并未改变原债的法律关系。处分行为仅仅是对现存权利予以变动的意思表示，并不像债法上的负担行为那样负有债法上的义务，故而以物抵债之处分意思表示可以被任意撤回，原则上不具有拘束力；违反以物抵债协议的，并不产生损害赔偿问题，不得要求抵债人承担违约责任，抵债人也不负有权利瑕疵担保责任，以物抵债之处分行为不成立的，当事人只能就原债权债务关系主张权利。③

---

① 参见崔建远：《以物抵债效力的司法裁判规则》，载《人民法治》2015 年第 9 期。

② 参见施建辉：《以物抵债契约研究》，载《南京大学学报》2014 年第 6 期。

③ 参见陈永强：《以物抵债之处分行为论》，载《法学》2014 年第 11 期。

### （二）实务界的代表性观点

1. 地方法院的代表性观点

关于以物抵债协议的效力及履行，各地法院的意见也不一致，具体可归纳为以下三种：

第一种观点以北京法院为代表。北京法院并未专门针对以物抵债出台相关规定，而是在《北京市高级人民法院关于审理房屋买卖合同纠纷案件若干疑难问题的会议纪要》（京高法发〔2014〕489 号）第 25 条中，针对以房抵债作出规定："当事人在民间借贷债务履行期限届满前签订合同约定，借款人逾期不偿还借款即愿意以自己所有（或经第三人同意以第三人所有）的房屋抵偿归贷款人所有，该合同实为基础借贷债权的担保，应当根据当事人的真实意思表示认定双方之间系民间借贷法律关系。贷款人可以选择行使以下权利：（1）贷款人依原基础借贷法律关系主张偿还借款的，应予支持；（2）贷款人在履行清算义务的前提下，要求借款人办理房屋过户登记手续的，应予支持。房屋价值超过担保基础借贷债权（贷款本金、合法利息等）的，贷款人应将剩余款项返还给借款人。房屋价值以贷款人要求借款人办理房屋过户登记时予以确定。当事人在民间借贷债务履行期限届满后签订合同约定以房抵债，性质上属于债务履行方式的变更，贷款人要求继续履行合同办理房屋过户登记手续的，应予支持。借款人认为抵债价格明显过低，显失公平的，可以参照本纪要第 24 条第 2 款规定处理（即合同法上的撤销权和市场交易价的 70%）。"

上述会议纪要的颁布时间是 2014 年，其以民间借贷为基础，认可了债务履行期限届满之前和届满之后所签订的以物抵债协议的效力，只不过债务履行期限届满之前签订者，债权人需履行清算义务。债务履行期限届满后，抵债价格受《最高人民法院关于适用〈中华人民共和国合同法〉若干问题的解释（二）》第 19 条的规制。

第二种观点以江苏法院为代表。2014 年 4 月 14 日，江苏省高级人民法院印发了《江苏省高级人民法院关于以物抵债若干法律适用问题的审理纪要》，主要内容包括：

（1）当事人在债务未届清偿期之前达成的以物抵债协议，该协议具有担保债权实现的目的，如债权人以债务人违反以物抵债的约定而要求继续履行以物抵债协议或对所抵之物主张所有权的，人民法院应驳回其诉讼请求。但经人民法院释明，当事人变更诉请要求继续履行原债权债务合同的，人民法院应当继续审理。

（2）当事人在债务未届清偿期之前达成以物抵债的协议，同时明确约定在债务清偿期届满时应进行清算，该以物抵债协议在当事人之间具有法律效力，但该约定不具有对抗其他债权人的效力。

（3）当事人在债务未届清偿期之前约定以房屋或土地等不动产进行抵债，并明确在债务清偿后可以回赎，债务人或第三人根据约定已办理了物权转移手续的，该行为符合让与担保的特征，因违反物权法定原则，不产生物权转移效力。债权人如根据抵债协议及物权转移凭证要求原物权人迁让的，人民法院应不予支持。

（4）债务清偿期届满后当事人达成以物抵债协议，在尚未办理物权转移手续前，债务人反悔不履行抵债协议，债权人要求继续履行抵债协议或要求确认所抵之物的所有权归自己的，人民法院应驳回其诉讼请求。但经释明，当事人要求继续履行原债权债务合同的，人民法院应当继续审理。

（5）当事人在债务清偿期届满后达成以物抵债协议并已经办理了物权转移手续后，一方反悔，要求认定以物抵债协议无效的，人民法院不予支持。但如当事人一方认为抵债行为具有合同法第 54 条规定的可变更、可撤销情形的，可以依法请求人民法院或仲裁机构变更或撤销。

江苏省高级人民法院认为，当事人在债务履行期限届满前约定以物抵债的，是以抵债之名行抵押之实，其本意是在保障债权的同时规避抵押登记、抵押期限、抵押实现的费用等种种限制，但这种约定却有流质抵押或流质质押的嫌疑。我国担保法第 40 条、第 66 条以及物权法第 186 条、第 211 条明令禁止流抵契约，因此原则上认定为无效；例外情况下，如果双方同时约定在债务清偿期届满时进行清算，鉴于清算制度可以消弭流质抵押以及流质质押中担保物的价值超过被担保的债权额从而损害担保物的提供者的利益的弊端，所以承认该以物抵债协议在当事人之间具有法律效力，只是不具有对抗其他债权人的效力。因为，如果承认其具有对抗效力，无疑变相承认了另一种债的担保方式，将架空我国的抵押制度和质押制度。如果以不动产进行抵债，属于让与担保，因违反物权法定原则，同样认定为无效。

在债务履行期届满后的以物抵债，江苏省高级人民法院认为，其目的是清偿债务，因此具有代物清偿的意义。按照代物清偿的逻辑分析，所抵之物的权利转移后，当事人之间原债权债务关系消灭，因此不得再反悔的。对只有合意而未履行的代物清偿，鉴于以物抵债的实践性特征，当事人要求法院承认并判决履行的，法院不应予以支持。

第三种观点以其他法院为代表。如重庆市高级人民法院在（2017）渝民再 162 号民事判决书中认为：除当事人明确约定外，当事人于债务清偿期届满后签订的以物抵债协议，并不以债权人现实地受领抵债物，或取得抵债物所有权、使用权等财产权利，为成立或生效要件，只要当事人的意思表示真实，合同内容不违反法律、行政法规的强制性规定，合同即为有效；当事人于债务清偿期届满后达成的以物抵债协议，可能构成债的更改，即成立新债务，同时消灭旧债务；亦可能属于新债清偿，即成立新债务，与旧债务并存，基于保护债权的理念，债的更改一般需有当事人明确消灭旧债的合意，否则，当事人于债务清偿期届满后达成的以物抵债协议，性质一般应为新债清偿；换言之，债务清偿期届满后，债权人与债务人所签订的以物抵债协议，如未约定消灭原有的金钱给付债务，应认定系双方当事人另行增加一种清偿债务的履行方式，而非原金钱给付债务的消灭。

重庆市高级人民法院认为，以物抵债协议并非实践性合同，而是诺成性合同，以物抵债协议的有效性应按照一般合同有效性的标准进行判断。当事人在债务清偿期届满后达成的以物抵债协议属于新债清偿。

上海地区的法院观点基本与重庆市高级人民法院的观点相同，具体参考（2018）沪0116民初13483号民事判决书。

2. 最高人民法院的观点演变

（1）2012年，《最高人民法院公报》第6期刊登了“成都市国土资源局武侯分局与招商（蛇口）成都房地产开发有限责任公司、成都港招实业开发有限责任公司、海南民丰科技实业开发总公司债权人代位权纠纷案”，① 在该案中，最高人民法院认为：“成都港招公司与招商局公司双方协议以土地作价清偿的约定构成了代物清偿法律关系；依据民法基本原理，代物清偿作为清偿债务的方法之一，是以他种给付代替原定给付的清偿，以债权人等有受领权的人现实地受领给付为生效条件，在新债务未履行前，原债务并不消灭，当新债务履行后，原债务同时消灭。”通过上述论述可以看出，最高人民法院此时认为以物抵债属于实践性合同。

（2）2014年2月，《民事审判指导与参考》第58辑中刊登了《债务履行届满后当事人间达成以物抵债协议但未履行物权转移手续，该协议效力如何确定》一文，该文显示最高人民法院民一庭的意见为：“债务清偿期届满后当事人达成以物抵债协议，在尚未办理物权转移手续前，债务人反悔不履行抵债协议，债权人要求继续履行抵债协议或要求确认所抵之物的所有权归自己的，人民法院应驳回其诉讼请求。但经释明，当事人要求继续履行原债权债务合同的，人民法院应当继续审理。”该规定与《江苏省高级人民法院关于以

① 参见最高人民法院（2011）民提字第210号民事判决书。

物抵债若干法律适用问题的审理纪要》第 3 条的规定一致。因为以物抵债为实践性合同，办理物权转移手续前合同并未成立，因此债权人一方要求继续履行抵债协议或者确认所抵之物的所有权归自己所有，缺乏请求权基础。

（3）2015 年 12 月 24 日，最高人民法院纪要类文件《关于当前商事审判工作中的若干具体问题》一文中载明："债权人与债务人在债务履行期届满前就作出以物抵债的约定，由于债权尚未到期，债权数额与抵债物的价值可能存在较大差距。如果此时直接认定该约定有效，可能会导致双方利益显失公平。所以在处理上一般认为应参照物权法关于禁止流押、流质的相关规定，不确认该种情形下签订的以物抵债协议的效力。在后果处理上：如果此时抵债物尚未交付给债权人，而债权人请求确认享有抵债物所有权并要求债务人交付的，不予支持。……如果此时抵债物已交付给债权人，参照物权法中质押的有关规定，债务人请求债权人履行清算义务或主张回赎的，法院应予支持。债务履行期届满后，债权的数额就得以确定，在此基础上达成的以物抵债协议，一般不会存在显失公平的问题。在以物抵债行为不存在违反法律、行政法规禁止性规定的情形下，应当尊重当事人的意思自治。在后果的处理上：如果此时抵债物尚未交付给债权人，债务人反悔但未能提供证据证明有能力继续履行原债务，债权人请求债务人履行以物抵债约定的，应予支持。此时，对法院是否还应就该物履行清算程序的问题，一种意见认为应当履行，债权人不能就超过债权部分受偿。另一种意见则认为，此时因以物抵债约定系事后达成，所以不会对债务人造成不公平，故无需履行上述程序，债权人可以就抵债物直接受偿。当然，如果该抵债行为损害第三人利益，第三人可以参照物权法第 195 条第 1 款的规定主张撤销。这两种意见中，我们倾向于后一种意见。如果抵债物已交付给债权人，债务人反悔的，不予支持。但为防止一方当事人利用以物抵债协议损害对方的合法权益，当存在合同法第 54 条规定的情形时，债权人、债务人均可请求变更或撤销以物抵债行为。"

在上述规定中，最高人民法院首次对抵债物尚未交付给债权人，债权人请求债务人履行以物抵债约定的情形进行了支持，这表明最高人民法院开始抛弃以物抵债协议属于实践性合同的立场。

（4）2017 年，《最高人民法院公报》第 9 期中刊登了"通州建总集团有限公司与内蒙古兴华房地产有限责任公司建设工程施工合同纠纷案"，① 该公报案例的"裁判摘要"部分载明：对以物抵债协议的效力，履行等问题的认定，应以尊重当事人的意思自治为基本原则。一般而言，除当事人有明确约

---

① 参见最高人民法院（2016）最高法民终 484 号民事判决书。

定外，当事人于债务清偿期届满后签订的以物抵债协议，并不以债权人现实地受领抵债物，或取得抵债物所有权、使用权等财产权利，为成立或生效要件。只要双方当事人的意思表示真实，合同内容不违反法律、行政法规的强制性规定，合同即为有效。当事人于债务清偿期届满后达成的以物抵债协议，可能构成债的更改，亦可能属于新债清偿。基于保护债权的理念，债的更改一般需有当事人明确消灭旧债的合意，否则，当事人干债务清偿期届满后达成的以物抵债协议，性质一般应为新债清偿。

最高人民法院在该案例中非常清晰地阐明债务清偿期届满后签订的以物抵债协议属于诺成性合同。其关于新债清偿的观点与重庆市高级人民法院的观点相同。

通过以上梳理可以看出，最高人民法院对于以物抵债协议的效力的态度存在着一个明显的变化过程，特别是对于债务期限届满之后达成的以物抵债协议，不仅经历了从实践性合同到诺成性合同的转变，而且对于以物抵债协议的履行后果也逐渐明晰。

以物抵债的行为发生在诉讼前、诉讼中还是执行中，对其合同效力的判断方式应当是一致的。上述理论及实践观点对于执行过程中以物抵债的效力认定具有一定借鉴意义。

## 三、执行程序中以物抵债的适用条件

实务中，以物抵债情况比较复杂，按照不同标准可以将以物抵债分为不同的类型。以抵债设立的时间为标准，可以分为债务履行期限届满前的以物抵债和债务履行期限届满后的以物抵债；以所抵之物形态为标准，可以分为动产以物抵债和不动产以物抵债；以合意内容及履行情况为标准，可以分为已发生物权变动的以物抵债和尚未发生物权变动的以物抵债；以诉讼阶段为标准，可以分为诉讼前的以物抵债、诉讼调解中的以物抵债和执行中的以物抵债。此外，按照《民诉法解释》第 491 条和第 492 条的规定，执行阶段的以物抵债可以进一步分为当事人合意的以物抵债和财产无法拍卖变卖的以物抵债。

### （一）执行阶段以物抵债的类型界定

首先，执行阶段的以物抵债应当属于债务履行期限届满后的以物抵债。法院判决债务人履行债务的前提是债务清偿期已经届满，该点自无疑问。疑问在于，如果当事人在法院判决书确定的履行期间届满之前达成以物抵债协议，该协议是否属于债务履行期限届满后的以物抵债？笔者认为，法院生效判决书并未导致原债权债务关系的消灭而设立新的债权债务关系，只是对原债权债务关系的确认，因此即使当事人在法院生效判决确认的履行期限届满之前达成以物抵债协议，也无法改变原债权债务关系中债务履行期限已经届满的事实，因此属于债务履行期限届满后的以物抵债。

鉴于《民诉法解释》第 491 条和第 492 条将执行阶段的以物抵债分为当事人合意的以物抵债和财产无法拍卖变卖的以物抵债，因此执行阶段的以物抵债属于债务履行期限届满后的当事人合意的以物抵债或者债务履行期限届满后被执行人财产无法拍卖变卖的以物抵债。

### （二）适用条件

1. 当事人合意的以物抵债

（1）存在基础债权债务关系。该条件的目的是避免损害其他债权人利益及社会公共利益。比如，对抵债物上享有所有权、担保物权、租赁权等合法权益的第三人应予以保护。

（2）申请执行人和被执行人须自愿协商一致。根据《民诉法解释》第 491 条的规定，经申请执行人和被执行人同意，且不损害其他债权人合法权益和社会公共利益的，人民法院可以不经拍卖、变卖，直接将被执行人的财产作价交申请执行人抵偿债务。当事人自愿合议是以物抵债的基础条件。

（3）用以抵债的财产须双方当事人确定合理的抵债价格。这里的抵债价格，实际就是双方当事人协议变更执行依据所确定的金钱给付执行标的，用物抵偿债务的价格，也称为双方当事人对抵债物品的折价。抵债物价格的确定，关系到被执行人金钱债务履行限度和申请执行人债权实现程度，不足以清偿的，对剩余债务，被执行人应当继续清偿。同时，通过清算等方式确定合理的抵债价格也可以避免以物抵债协议被法院以流质抵押、流质质押为由认定无效。

2. 财产无法拍卖变卖的以物抵债

（1）申请执行人同意。根据《民诉法解释》第 492 条的规定，执行措施性以物抵债以申请执行人愿意承受抵债物为要件。如果只有被执行人单方同意而申请执行人不愿意承受抵债物，执行法院不得单方面决定强制以物抵债。

（2）被执行人的财产无法拍卖或变卖。这是因被执行人财产无法变卖、拍卖导致的以物抵债适用的先决条件。

（3）不得损害第三人的合法权益。即对抵债物上享有所有权、担保物权、租赁权等优先受偿权利的第三人应予以保护。

## 四、实务操作中需注意的问题

### （一）执行中不经拍卖、变卖而直接以物抵债

不经拍卖、变卖而直接以物抵债，是双方当事人完全自愿的意思表示，即只要双方当事人达成一致意见，同意被执行人用自己所有的财产、物品、其他财产权利抵给申请执行人，且不违反法律规定或损害他人利益，那么即属当事人意思自治范围。

但需要注意的是，《最高人民法院关于执行和解若干问题的规定》（法释〔2018〕3 号）第 6 条规定已经明确，当事人达成以物抵债执行和解协议的，法院不得依据该协议作出以物抵债裁定。因此，若执行中未经拍卖、变卖而直接以物抵债，笔者理解为仅限于当事人之间自愿履行，而无法通过法院执行程序的公权力配合办理。

那么，什么财产才能直接以物抵债呢？对此，笔者认为，应从法律上严格限定直接以物抵债的财产范围，防止扩大，以防出现虚假诉讼的可能。因此，直接以物抵债的财产一般应满足以下条件：一是被抵财产的总价值依照通常的方法容易确定的；二是被抵的财产一般以动产或价值小的财产权利为宜，涉及不动产的以房抵债在司法实践中争议较大；三是被抵的财产必须没有其他担保物权、用益物权等，如有，则必须征得相关权益人的书面同意或放弃相关权利。此外，笔者认为以下几种财产不能经双方当事人自愿直接以物抵债：一是稀缺性财产。如上海市的车牌等，这类物因其比较稀缺，导致市场价值上涨较快。二是限制流通物。如珍贵文物等，这类物的市场流通受法律和政策的影响较大，且应缴纳的税费等也较高。三是规避国家的政策，损害他人权利的特定物，不能直接以物抵债。

### （二）财产无法拍卖变卖的以物抵债

在对被执行人财产进行拍卖变卖时，《民诉法解释》第 492 条规定："被执行人的财产无法拍卖或者变卖的，经申请执行人同意，且不损害其他债权人合法权益和社会公共利益的，人民法院可以将该项财产作价后交付申请执行人抵偿债务，或者交付申请执行人管理；申请执行人拒绝接收或者管理的，退回被执行人。"《拍卖变卖司法解释》第 27 条规定，动产二次流拍后可以以物抵债，申请执行人不同意以物抵债或者不能以物抵债的，解除查封后退回被执行人；第 28 条第 1 款规定："对于第二次拍卖仍流拍的不动产或者其他财产权，人民法院可以依照本规定第十九条的规定将其作价交申请执行人或

者其他执行债权人抵债。申请执行人或者其他执行债权人拒绝接受或者依法不能交付其抵债的，应当在六十日内进行第三次拍卖”；第 2 款规定：“第三次拍卖流拍且申请执行人或者其他执行债权人拒绝接受或者依法不能接受该不动产或者其他财产权抵债的，人民法院应当于第三次拍卖终结之日起七日内发出变卖公告。自公告之日起六十日内没有买受人愿意以第三次拍卖的保留价买受该财产，且申请执行人、其他执行债权人仍不表示接受该财产抵债的，应当解除查封、冻结，将该财产退还被执行人，但对该财产可以采取其他执行措施的除外。”

如果拍卖是通过网络拍卖的方式进行，在一拍流拍后能否以物抵债。由于《最高人民法院关于人民法院网络司法拍卖若干问题的规定》第 26 条规定：“网络司法拍卖竞价期间无人出价的，本次拍卖流拍。流拍后应当在三十日内在同一网络司法拍卖平台再次拍卖，拍卖动产的应当在拍卖七日前公告；拍卖不动产或者其他财产权的应当在拍卖十五日前公告。再次拍卖的起拍价降价幅度不得超过前次起拍价的百分之二十。”因此有观点认为，在网拍一拍结束后的流程应当是再次拍卖，而不能进行以物抵债。况且，《最高人民法院关于认真做好网络司法拍卖与网络司法变卖衔接工作的通知》第 2 条也规定，“网拍二拍流拍后，人民法院应当于 10 日内询问申请执行人或其他执行债权人是否接受以物抵债。不接受以物抵债的，人民法院应当于网拍二拍流拍之日起 15 日内发布网络司法变卖公告”。从该规定来看，以物抵债也应当在网拍二拍结束后进行。笔者认为，相关司法解释实际并未禁止网拍一拍后进行以物抵债，况且网拍一拍结束即以物抵债，若全额执行完毕，执行案件即告终结；若未执行完毕，则执行标的也会就抵债部分的金额停止计算罚息，这都对被执行人有利。若此时申请执行人亦同意以物抵债，则应当尊重当事人的自行选择。

## 法律建议

1. 执行程序中与被执行人达成以物抵债协议的，无法通过法院出具以物抵债裁定的方式来协助办理过户或交付手续，有赖于当事人之间自行履行。作为申请执行人而言，应当尽快办理物权转移手续，以免被执行人反悔而无法实际取得受偿效果。

2. 目前关于以物抵债协议的性质认定，各地法院观点差别较大，因此应当根据管辖法院所在地区的不同，具体问题具体分析。若达成以物抵债的协议后未能实际履行的，一般无法在执行程序中直接追究对方违约责任，而只能通过另案诉讼的方式来予以救济。在以物抵债协议中，亦可尝试通过诉讼管辖约定的方式，将管辖权约定在认可以物抵债协议效力的相关法院。

3. 合同法第 74 条规定：“因债务人放弃其到期债权或者无偿转让财产，对债权人造成损害的，债权人可以请求人民法院撤销债务人的行为。债务人以明显不合理的低价转让财产，对债权人造成损害，并且受让人知道该情形的，债权人也可以请求人民法院撤销债务人的行为。”当被执行人身负众多债务，申请执行人只是其中债权人之一，若被执行人与其他债权人通过以物抵债方式处置了相关财产，该财产作价过低而被执行人又再无其他财产偿还其他债务时，则其他债权人可以依据合同法第 74 条的规定行使撤销权。

# 案外人提供的执行担保具备法律效力的条件

## 问题的提出

执行担保制度是我国民事强制执行程序中一项重要的制度，是指在执行中被执行人向人民法院就自己的执行能力提供了担保人或者担保的财产，在生效法律文书的执行已有充分、可靠保证的情况下，人民法院决定予以暂缓执行的制度。该制度的主要目的是被执行人以申请提供担保的方式缓解其无履行能力的执行压力，对申请执行的债权人而言，执行担保能够确保其债权多一层保障，使得债权在暂缓执行期间过后更好地实现。

自 2018 年 3 月 1 日我国最高人民法院就执行担保问题出台《最高人民法院关于执行担保若干问题的规定》（以下简称《执行担保规定》），该规定是最高人民法院首次专门针对执行担保相关问题出具的司法解释，从严格形式、规范流程等方面予以明确，使执行担保制度更具可操作性。本文主要结合已有的法律法规及司法解释，探讨执行程序中案外人提供的执行担保如何才能产生法律效力，对执行有何影响。

## 问题解析

### 一、执行担保的效力解析

民事诉讼法第 231 条规定："在执行中，被执行人向人民法院提供担保，并经申请执行人同意的，人民法院可以决定暂缓执行及暂缓执行的期限。被执行人逾期仍不履行的，人民法院有权执行被执行人的担保财产或者担保人的财产。"

因此执行中，案外人提供符合法律规定的担保，具体而言有以下效力。

### （一）法院可以决定暂缓执行

《执行担保规定》第2条规定："执行担保可以由被执行人提供财产担保，也可以由他人提供财产担保或者保证。"

可以看出，执行程序中，被执行人或者第三人可提供担保，执行担保成立后会产生暂缓执行的法律效果，即人民法院会在执行担保生效后，中止原判决、裁定等法律文书的执行，并且被执行人应按执行担保确定的期限履行义务。

### （二）确定期限的暂缓执行

在执行中，被执行人向人民法院提供担保，并经申请执行人同意的，人民法院可以决定暂缓执行及暂缓执行的期限。根据《最高人民法院关于适用〈中华人民共和国民事诉讼法〉的解释》（以下简称《民诉法解释》）第469条之规定，人民法院依照民事诉讼法第231条以及《执行担保规定》第10条的规定暂缓执行的期限应当与担保书约定一致，但最长不得超过一年。因此，在法院决定暂缓执行后，暂缓执行的期限在担保书中有约定的，按照约定的担保期限决定暂缓执行的期限，但为保障申请执行人的利益，该暂缓执行的期限最长不得超过一年。

### （三）被执行人拒不履行义务时的法律效力

根据民事诉讼法的规定，被执行人逾期仍不履行的，人民法院有权执行被执行人的担保财产或者担保人的财产。根据《民诉法解释》第469条以及《执行担保规定》第11条的规定，暂缓执行期间担保人有转移、隐藏、变卖、毁损担保财产等行为的，人民法院可以依申请执行人的申请恢复执行，并直接裁定执行担保财产或者保证人的财产，不得将担保人变更、追加为被执行人。执行担保财产或者保证人的财产，以担保人应当履行义务部分的财产为限。被执行人有便于执行的现金、银行存款的，应当优先执行该现金、银行存款。

## 二、执行担保具备法律效力的条件

如前所述，我国法律明确认可案外提供的担保在执行中的法律效力，而是否构成执行担保则成为案外担保发生相应法律效力的关键。

根据我国当前法律规定与司法实务观点，可以总结有效的执行担保应当具备以下要件。

（一）案外担保需向执行法院提出

民事诉讼法明确规定，执行程序中，被执行人应向法院提供担保。《执行担保》规定第1条规定："本规定所称执行担保，是指担保人依照民事诉讼法第二百三十一条规定，为担保被执行人履行生效法律文书确定的全部或者部分义务，向人民法院提供的担保。"也即，案外执行担保是当事人向法院提供的担保，而非当事人间的担保。实务中亦持此观点，如最高人民法院认为："对于其中的当事人案外签订的《偿债协议书》《担保书》的担保内容是否构成执行担保，应当按照执行担保的有关法律条文进行审查。执行担保强调的是向人民法院提供担保，而不仅仅是担保人向申请执行人提供担保。本案中，《偿债协议书》《担保书》的签订均是各方之间自行签订，并没有向执行法院提供担保，不符合法律及司法解释规定的'向人民法院提供担保'这一执行担保成立的前提条件，故不能认定成立执行担保。"①

（二）案外担保需经申请执行人同意

民事诉讼法第231条规定："在执行中，被执行人向人民法院提供担保，并经申请执行人同意的……"另外，《执行担保规定》第6条进一步细化申请执行人的同意方式，即申请执行人同意的，应当向人民法院出具书面同意意见，也可以由执行人员将其同意的内容记入笔录，并由申请执行人签名或者盖章。因此，执行担保必须是经申请执行人同意，毕竟整个执行程序的启动与进行都是围绕实现申请执行人的权益而展开，执行担保制度的创设也是以平衡申请执行人和被执行人的利益而出发的，申请执行人对执行担保不同意，则不产生执行担保的法律效力。

（三）担保形式要件

《执行担保规定》第3条规定："被执行人或者他人提供执行担保的，应当向人民法院提交担保书，并将担保书副本送交申请执行人。"第5条规定："公司为被执行人提供执行担保的，应当提交符合公司法第十六条规定的公司章程、董事会或者股东会、股东大会决议。"根据该新的执行担保规范，执行担保的成立需要法定的形式要件。

有疑问的是，担保人提供财产担保是否必须满足相应形式要件？《民诉法解释》第470条第2款规定，被执行人或者他人提供财产担保的，应当参照

---

① 参见最高人民法院执行裁定书（2017）最高法执监137号执行裁定书。

物权法、担保法的有关规定办理相应手续。2008 年《最高人民法院关于人民法院执行工作若干问题的规定（试行）》第 84 条也明确被执行人或其担保人以财产向人民法院提供执行担保的，应当依据担保法的有关规定，按照担保物的种类、性质，将担保物移交执行法院，或依法到有关机关办理登记手续。而《执行担保规定》第 7 条规定，被执行人或者他人提供财产担保，可以依照物权法、担保法规定办理登记等担保物权公示手续；已经办理公示手续的，申请执行人可以依法主张优先受偿权。可见，《民诉法解释》将财产公示登记手续作为必需要件，而《执行担保规定》并不作强制规定。

有观点认为对于执行担保，为了交易安全起见，需要办理物权公示手续。即需要登记的，应当办理担保物权登记，如不动产抵押；提供质押担保，需移交质押物，不能移交的需要办理登记手续，以免他人在执行担保设定后取得对抗的权利，危及交易安全。① 另一方面，《浙江省高级人民法院执行局关于印发〈关于执行担保若干疑难问题解答〉的通知》中认为：执行担保不同于民事担保，所涉申请执行人对担保财产不享有实体法上的优先受偿权。但如果第三人既以某项财产提供执行担保，又以该项财产向所涉申请执行人依法设定抵押或质押，在此情况下，所涉申请执行人对该项财产享有优先受偿权。② 可见，相应财产担保的公示手续办理对于优先受偿权的获取具有重要意义，但并不影响执行担保的构成。同时实践中有法院也明确认为公示手续并不影响后续执行，如河南省郑州市中级人民法院认为：被执行人或者他人在执行程序中提供财产担保，是否办理登记等担保物权公示手续，对申请执行人是否可以主张优先受偿权产生影响，法院作为公权力机构执行被执行人的担保财产或者担保人的财产，并不以办理登记手续作为担保生效的要件。③ 实务中在不办理相应登记的情况下，法院通常采取查封、扣押等方式保障担保物的担保效力。④

因此就财产担保的形式要件，笔者以为，依据“新法优于旧法”原则以及司法实践操作，财产担保的公示登记手续并非执行担保成立的强制要件，只是未办理公示登记手续的申请执行人不可主张享有优先受偿权。

---

① 参见江必新：《执行规范理解与适用》，中国法制出版社 2018 年版。

② 参见浙高法执〔2013〕4 号。

③ 参见河南省郑州市中级人民法院（2018）豫 01 民终 16058 号民事判决书。

④ 参见（2018）鲁 1091 执 920 号执行裁定书。

## 引申探讨

### 一、执行担保中可否追加担保人为被执行人

执行担保中，被执行人应当在暂缓执行期间届满后履行其义务，但是被执行人不履行其义务时，应当由担保人承担其担保责任。

在执行担保规定实施前，对于是否应追加担保人为被执行人存在争议。执行法院在面对申请执行人请求追加执行担保人为被执行人时，法院观点存在差异，如上海市浦东新区人民法院在相关案件中曾认为执行担保人在执行中向法院作出的承诺，其作为担保人依法应承担执行担保之责。因被执行人及担保人未全部履行义务，申请执行人提出的追加其为被执行人的申请符合法律规定，依法可予准许。① 但该院在另一案件中则持相反观点，并认为根据相关法律及司法解释规定，对于符合法定条件的执行担保可直接执行担保财产或是担保人的财产，而不是追加担保人作为案件的被执行人，因为执行担保实质是增加了被执行人的责任财产范围，而非扩大被执行人的范围。②

上述争议随着 2018 年 3 月实施的《执行担保规定》被明确，《执行担保规定》第 11 条规定，暂缓执行期限届满后被执行人仍不履行义务，或者暂缓执行期间担保人有转移、隐藏、变卖、毁损担保财产等行为的，人民法院可以依申请执行人的申请恢复执行，并直接裁定执行担保财产或者保证人的财产，不得将担保人变更、追加为被执行人。因此，执行担保与普通民事担保存在的区别在执行中体现明显，对于执行担保，执行法院可直接裁定执行担保财产或裁定担保人向申请执行人承担责任；对于民事担保，债权人需要通过诉讼、仲裁或实现担保物权的特别程序等途径实现担保权利。

### 二、执行和解中的担保条款是否构成执行担保

民事诉讼法第 230 条第 2 款规定："当事人不履行和解协议的，人民法院可以根据当事人的申请，恢复对原生效法律文书的执行。"民事诉讼法第 231 条规定："在执行中，被执行人向人民法院提供担保，并经申请执行人同意的，人民法院可以决定暂缓执行及暂缓执行的期限。被执行人逾期仍不履行的，人民法院有权执行被执行人的担保财产或者担保人的财产。"

---

① 参见（2018）沪 0115 执异 15 号执行裁定书。

② 参见（2017）沪 0115 执异 1021 号执行裁定书。

根据上述法律的基本规定，执行和解中的担保与执行担保有以下区分：第一，从担保内容来看，执行和解中的担保的内容是对执行和解协议的内容进行担保，执行和解是对实现原生效法律文书的灵活处理，未替代原生效法律文书；而执行担保是对生效法律文书所确定内容的执行进行担保。第二，就法律效果而言，从被执行人不完全履行义务或不履行义务时的处理方式来看，执行和解中法院只能根据当事人的申请恢复对原生效法律文书的执行；而执行担保是法院直接执行被执行人的财产或担保人的财产。第三，条件构成上，执行和解是申请执行人、被执行人和第三人签订执行和解协议，可以在执行法院的主持下达成，也可以当事人之间自主达成；而执行担保的构成，如前文构成要件所述，须向执行法院提出担保，案外人自主达成的担保协议不构成执行担保。

但是，有疑问的是，《最高人民法院关于执行和解若干问题的规定》（以下简称《执行和解规定》）第 18 条规定："执行和解协议中约定担保条款，且担保人向人民法院承诺在被执行人不履行执行和解协议时自愿接受直接强制执行的，恢复执行原生效法律文书后，人民法院可以依申请执行人申请及担保条款的约定，直接裁定执行担保财产或者保证人的财产。"最高人民法院认为，基于构成执行担保的要件，各方当事人约定将执行和解协议向执行法院提交，并向执行法院明确，当约定的保证责任事由出现时，担保人须在约定的担保范围内承担担保责任。同时还明确约定如发生保证责任事由，担保人放弃抗辩权，申请人可直接追加各担保人为被执行人。① 因此认为担保人是以自己的财产向执行法院而不是对方当事人提供担保，且执行法院已将该和解协议入卷，担保人提供的担保不仅已经取得申请执行人的同意，也已经得到执行法院的批准。最终认定担保人在该执行和解协议中提供的担保应属于执行担保。另一角度，最高人民法院在某案中认定当事人于执行程序外自行达成的《偿债协议书》《担保书》《还偿债款承诺书》协议如下："尽管约定了第三人自愿承担债务和提供担保的内容，但执行担保强调的是向人民法院提供担保，而不仅仅是担保人向申请执行人提供担保，故认为本案中当事人在执行和解协议中提供的案外担保不构成执行担保。"②

《广东省高级人民法院执行局关于执行程序法律适用若干问题的参考意见》认为，执行担保必须具备相应条件：须由被执行人向执行法院提出申请，该担保须经申请执行人同意且由执行法院审查许可，担保人应当向执行法院

---

① 参见最高人民法院（2015）执复字第 48 号执行裁定书。

② 参见最高人民法院（2017）最高法执监 137 号执行裁定书。

提交担保书，并将担保书副本送交申请执行人，提供财产担保的，还应参照相关法律规定办理相应手续。如果执行和解协议中第三人所作的提供担保的意思表示，仅是向执行案件当事人作出的，则该执行和解协议具有民事担保合同性质，不属于执行担保。

综上所述，对于执行和解中担保条款是否成立执行担保，实际属于执行和解与执行担保的竞合，司法实践中从执行担保的基本构成要件出发，其中当事人是否向人民法院提供担保是认定的关键要件。

## 法律建议

1. 申请执行人在决定是否同意担保人的担保时，为保障债权实现，应当以同意全额担保为主。

2. 建议执行担保中尽量少用担保人提供个人信用的保证，因为在采取人保情形，担保人财产未能事先确定，往往面临财产难以寻找，导致该执行担保难以执行。基于《最高人民法院关于民事执行中变更、追加当事人若干问题的规定》第 24 条的规定，执行过程中，第三人向执行法院书面承诺自愿代被执行人履行生效法律文书的债务，申请执行人申请变更、追加该第三人为被执行人，在承诺范围内承担责任的，人民法院应予支持。所以建议在担保人提供担保时，可以采取使用“第三人代为履行承诺书”等方式，为后期追加担保人为执行人提供依据。

3. 对执行担保书关键内容予以关注，担保书中记载了担保财产名称、数量、质量、状况、所在地等内容，要注意暂缓执行期限与担保期间，法律明确规定暂缓执行期间不超过一年。担保期间自暂缓执行期限届满之日计算，且担保期间为除斥期间，担保期间届满后，申请执行人申请执行担保财产的，法院不予执行。

4. 执行担保为物保时，为获得优先受偿权，要注意及时办理物权公示手续，否则难以享受优先受偿权。同时，为保障债权最终的实现，要及时办理查封、扣押、冻结等控制性措施。

# 判决继续履行合同的相关执行问题

## 问题的提出

生效判决的执行力是指，判决生效后债务人仍不履行义务，人民法院根据当事人的申请迫使债务人履行债务的效力。但是，从我国的执行实践来看，由于生效判决对执行当事人及其权利义务确定不清晰、不准确，导致难以执行或无法执行的案件依然占一定的比例，尤其是继续履行合同类判决，由于其主文中往往只是简单地判决合同有效，双方应继续履行，对该类判决是否具有执行力，理论上有不同观点，司法实践中也存在执法不统一的现象。

继续履行合同类判决的执行案件中，合同类型主要涉及商品房买卖合同、土地使用权转让合同、买卖合同、承包合同、金融借贷合同、建设用地使用权转让合同、股权转让合同、承揽合同、定作合同、租赁合同、合作探矿采矿合同以及其他类合同。① 为了解决此类判决执行问题，必须首先对继续履行合同类判决是否具有执行力进行界定。

## 问题解析

### 一、继续履行合同类判决执行困境的原因

继续履行合同类判决之所以会产生执行困境，既有被强制执行的合同性质的特殊性，又有我国立法缺失和不完善的因素，同时也不乏部分执行工作人员在把握执行原则和理念方面的不统一，致使生效判决不能进入执行程序或者进入执行程序后进展困难。

进入执行程序的合同类型比较固定，主要是上述提及的商品房买卖合同、

---

① 案例来源于威科先行，收集时间截至2019年6月10日。

土地使用权转让合同、建设用地使用权转让合同、股权转让合同，承揽合同等，或涉及物权转让，或涉及人身性质，尤其是房屋、土地使用权、股权和经营权的转让涉及的标的特殊，数额较大，且涉及的法律规范较多，以使其达到一定的标准之后才能进入市场进行流通，① 以至于合同履行步骤复杂，前置事项繁多，② 导致执行时较为困难。

此外，我国民事诉讼法规定了审执分立的原则，但是，在继续履行合同类判决的执行问题上，审判时不考虑执行操作的现象时有发生，审判部门在审判中作出的生效裁判文书给执行实践带来了很大的困扰，审执缺少对接程序，执行部门与相关部门沟通协作机制不畅，③ 进一步使得继续履行合同类判决陷入执行困境。

## 二、继续履行合同类判决是否具有执行力

### （一）法律角度：立法者的立法探究

《最高人民法院关于适用〈中华人民共和国民事诉讼法〉的解释》第463条规定，当事人申请人民法院执行的生效法律文书应当具备下列条件：（1）权利义务主体明确；（2）给付内容明确。法律文书确定继续履行合同的，应当明确继续履行的具体内容。具体而言，需要思考以下三个方面。

1. 继续履行合同类判决权利义务主体是否明确

没有明确的权利主体，执行的效果便无从归属，没有明确的义务主体，执行就失去了指向的对象。法律文书要具有执行力，必然要求从实体上明确权利的享有者和义务的承担者。在执行程序中，只有被执行人（即合同的义务主体）明确，才无需执行机构在执行程序中再次行使裁判权对执行依据本身应确定的主体加以判断。否则，将会违背审判与执行分离的要求，降低执行效率。

---

① 对于商品房的买卖，我国城市房地产管理法（2009）第45条规定了商品房预售的标准以及现房销售的标准和条件。

② 例如商品房买卖合同的履行需要买方交付房款；卖方办理交房和产权转让手续，以及缴纳土地出让金和办理土地转让证等活动。而土地使用权、建设用地使用权合同还需要进行勘察、设计、施工、缴纳土地出让金、办理国有土地转让手续等环节。

③ 在实践过程中，民事执行工作的顺利进展还需要公安机关、房产部门、土地管理部门、工商行政管理部门、车辆管理部门、金融业管理部门、税务部门、银行、证券登记结算机构等国家有关职能部门、企业或个人的通力配合与沟通协调。

2. 继续履行合同类判决是否有执行的内容

一般而言，如果判决仅仅是确认权利，只是对权利在法律上加以固定，则不需要执行，只有给付义务才需要动用国家强制力实现，才算有执行内容。但是，在特定情形下，也可将确认之诉的判决作为执行依据，比如在确认财产份额或物的归属时，仅根据确认判决就能确定执行的具体内容。

3. 继续履行合同类判决执行内容是否明确

执行内容应当具体明确才有操作上的可能。例如，判决给付金钱的，应当有具体的货币种类和金额；给付种类物的，则应当对给付物品的品牌、质量等级、数额有明确的限定，诸如此类，不一而足。

关于继续履行合同类判决，有的履行内容比较简单，就是交付一个特定物或者履行一项行为，依通常方式执行即可；有的履行内容则比较复杂，比如合同约定双方合作开发，但合作的具体事宜或未作约定，或各执一词，执行内容较难确定。对此，执行机构可以结合合同条款，在充分听取当事人意见的基础上，确定具体的执行内容；执行内容确实无法确定或当事人双方存在较大分歧的，也可以考虑提请作出判决的审判庭予以解释。①

合同法第 107 条规定了违约责任，当事人一方不履行合同义务或者履行合同义务不符合约定的，应当承担继续履行、采取补救措施或者赔偿损失等违约责任。既然判决中选择了“继续履行”，从维护民事实体法律制度、尊重生效判决以及确保债权实现的角度出发，应承认该类判决具有执行力，当事人据以申请执行的，法院应予受理。②

从法律和司法解释上来看，“合同有效，继续履行”的判决原则上具有可执行性：“继续履行”作为法定违约责任方式是目前的立法现实，即使其在执行过程中存在诸多难题，也不妨害其执行效力。

### （二）司法判例角度：最高人民法院的观点探究

1. 上海枫丹丽舍房地产开发有限公司申请执行判决确定的继续履行合同义务监督案③

在最高人民法院〔2009〕执监字第 217 号函中，最高人民法院认为，上海

---

① 参见《全国高级法院执行局长座谈会暨执行指挥中心试点推进会材料》，载最高人民法院执行局编：《执行工作指导》（总第 47 辑），人民法院出版社 2013 年版。

② 参见《全国高级法院执行局长座谈会暨执行指挥中心试点推进会材料》，载最高人民法院执行局编：《执行工作指导》（总第 47 辑），人民法院出版社 2013 年版。

③ 载最高人民法院执行局编：《执行工作指导》（总第 37 辑），人民法院出版社 2011 年版。

市高级人民法院在本案执行中未采取法律规定的强制执行措施，（2007）沪高执字第17－3号裁定终结本次执行程序依据的事实与理由不充分，本案应当由上海市高级人民法院继续执行。

依据判决，本案中上海华夏文化旅游区开发有限公司（以下简称华夏公司）继续履行合同的具体内容，是使涉案土地达到城市房地产管理法规定的过户条件及办理土地使用权的过户手续。上海市高级人民法院应当认真核查涉案土地状况，在确保上海枫丹丽舍房地产开发有限公司（以下简称枫丹公司）履行相应合同义务的前提下，对已符合城市房地产管理法规定过户条件的地块，应直接裁定将土地使用权转给枫丹公司，并通知土地管理部门协助办理过户手续；对于不具备法定过户条件的地块，应当用足法律规定的各种强制执行措施，促使华夏公司履行使土地达到法定过户条件的义务。

如果本案确实存在法律上或事实上的障碍而不能执行，应当努力促成执行和解。如果和解不成，应当告知当事人可以另行提起诉讼。

2. 申峻山、曹志杰诉林锡聪等十一人股权转让纠纷执行案①

申峻山、曹志杰诉林锡聪等十一人股权转让纠纷一案，最高人民法院认为，只要根据判决认定的事实和理由以及其所确认的合同，能够明确应当继续履行的具体内容，即应认定该继续履行合同的判决给付内容明确，有强制执行效力。本案双方当事人应当继续履行的内容虽然在生效判决主文中未具体表述，但根据判决认定的事实和理由，以及由生效判决确认应继续履行的股权及资产转让协议书，可以查明尚未履行的合同内容为：申峻山、曹志杰付清股权转让的剩余价款，林锡聪等十一人配合完成股权转让的有关手续。②

3. 齐祥公司与卢济政土地转让定金协议纠纷案③

齐祥公司与卢济政土地转让定金协议纠纷案中，问题在于，关于生效法律文书判决继续履行合同，能否立案进入执行程序强制执行。最高人民法院认为，关于继续履行合同是否可以立案执行的问题，实践中都是结合具体情况来判定，关键是合同确定的当事人双方的权利与义务是否清晰，给付内容、履行标的是否明确。法院执行过程中不需要作更多的审查，例如违约责任确定或其他违法情形的审查，且继续履行合同本身也是违约责任的一种承担方

---

① 参见最高人民法院（2012）执复字第13号复议裁定书。

② 最高人民法院认为，该继续履行的步骤清楚、明确，青海省高级人民法院据此向双方当事人发出通知，责令双方履行各自的义务，并未扩大林锡聪等十一人应履行义务的范围，或超出判决内容，亦未涉及对当事人责任的重新审查判断，只是将概括表现的内容具体化，并不违反审执分立的原则。

③ 参见最高人民法院（2016）最高法执监446号执行裁定书。

式，只要是合同能够明确双方的权利义务、明确下一步要给付的内容和执行标的，则应当依法执行。①

以上三个案件中，最高人民法院认为，“合同有效，继续履行”的判决原则上具有可执行性：只要根据判决认定的事实和理由以及其所确认的合同，能够明确应当继续履行的具体内容，即应认定该继续履行合同的判决给付内容明确，即有强制执行效力。

## 三、继续履行合同类判决执行过程中存在的难点

### （一）继续履行在涉及行政行为时如何操作

在继续履行的执行过程中，可能会涉及司法权与行政权的界限问题。部分合同的履行需要行政机关的审批，人民法院的强制执行容易引发司法权与行政权的紧张，行政许可的申请行为能否由他人替代？法院能否直接要求行政机关作出审批？这会不会造成司法权对行政行为的干预？执行人员在执行过程中，遇到行政机关时必须谨慎对待。

最高人民法院〔2009〕执监字第217号函明确表明，“对已符合《中华人民共和国城市房地产管理法》规定过户条件的地块，应直接裁定将土地使用权转给枫丹公司，并通知土地管理部门协助办理过户手续……”根据最高人民法院的观点，笔者认为，在合同履行中涉及的行政行为应分情况对待。

如果不牵涉行政机关的实质权利，例如行政申请及许可等行为，行政机关通常只是在程序上把关，只要当事人提供的材料文件符合条件，行政机关即可作出该行政行为。法院对于这些条件性证明文件的申请可指定他人代为申请或直接向行政机关发出协助执行通知书。

如果牵涉行政机关的实质权利，例如审批过程中涉及实质条件的审查，需要行政机关作出实质性判断的，执行法院只能是出面与相关机关协调，最终结果则应由行政机关审查处理。此时，只能由行政机关自行审批，执行法

① 最高人民法院认为，判定本案能否进入执行程序的关键在于能否通过土地转让定金协议明确齐祥公司和卢济政享有的权利以及应当承担的义务。最高人民法院（2013）民提字第165号民事判决已认定：土地转让定金协议对转让土地的面积、位置、诉争土地的其他具体信息、转让价款、支付方式、税费承担、违约责任等均有明确约定，具备了合同的主要条款，土地定金转让协议为土地使用权转让的本约合同。土地定金转让协议已明确约定了齐祥公司的义务就是将案涉土地过户给卢济政和将案涉土地上的现有厂房拆除、材料清理干净后移交给卢济政。因此，本案不存在给付内容不明确，不能进入执行程序的问题。

院应尊重行政机关的审批结果，不得干涉。

（二）执行依据不明确时具体内容由谁确定

在执行案件中，对于执行内容的确定和解释由执行机关自行解释的做法比较普遍。有观点认为，这是执行机关经常需要面对的问题，也是其法定的职能。

此外，还有一种观点认为，在继续履行合同的执行过程中，执行人员不仅要判断双方合同的义务及其次序，有时还要填补合同漏洞、处理违约问题，这些都涉及实体权利的判断。[①] 所以应要求审判机关对具体的执行内容作出解释。[②]

在“申峻山、曹志杰诉林锡聪等十一人股权转让纠纷执行案”中，最高人民法院认为，青海省高级人民法院并未扩大林锡聪等十一人应履行义务的范围，或超出判决内容，亦未涉及对当事人责任的重新审查判断，只是将概括表现的内容具体化，并不违反审执分立的原则。此外，“齐祥公司与卢济政土地转让定金协议纠纷案”再次表明，法院执行过程中不需要作更多的审查。从最高人民法院的倾向来看，应由审判机关对具体的执行内容作出确定和解释。

（三）具体执行时是否有执行步骤的限制

在具体执行过程中，要严格按照合同约定的步骤执行，还是只要实现合同目的即可？有些合同涉及前置义务需要履行，例如，以转移土地使用权为目的的合同，有的要求土地转让方拆迁并平整土地使其达到法定转让条件；有的要求双方设立新公司，一方以土地使用权投资入股新公司，之后将公司股权全部转移给另一方，以此达到最终转移土地使用权的目的。此类前置义务是否可以免除，法院是否可以采取措施直接按照合同目的强制办理产权过

---

① 该观点认为，如果在执行阶段处理这些问题，不仅会违背“审执分立”的原则，还可能会侵害到当事人的实体权利。

② 由于审判与执行的分离，执行机关对案件情况的了解可能大不如法律文书制作机构。所以，实践过程中，当执行机关对法律文书的具体内容把握不足时，便有一些执行机关将执行内容的确定和解释的工作交由法律文书的制作机关。执行机关主要采取请法律文书制作机构制作《判后答疑录》或者是直接向法律文书制作的合议庭询问的方式来确定法律文书的可执行性问题和执行具体内容等问题。执行机关依据《判后答疑录》的内容或者合议庭释明的内容采取下一步的执行行动。而在合议庭不予释明的情况下，执行机关会径直裁定该判决无可供执行的内容。

户，对此存在两种观点。

一种观点认为，应严格按合同的步骤执行，因为继续履行类判决的主文为“继续履行合同”，而非直接实现合同目的。直接采取措施实现合同目的，事实上会遇到当事人异议、有关机关不予配合等障碍。还有些义务的履行影响到合同履行的效果，省略前置义务对权利人不一定有利。

另一种观点认为，参照判决选择合同内容执行，在不违反强行法的情况下实现合同的目的即可。严格按合同内容执行做不到，也不经济。

事实上，执行中省略某些履行义务的做法本身就是对判决主文的背离，这可能逾越了执行机关的执行权限，违反了审执分立的原则。此外，还有可能违背了当事人约定的本意和法院判决主文的意旨，如双方约定设立新公司，一方以土地使用权投资入股新公司，之后将公司股权全部转移给另一方，实现转移土地使用权的“最终目的”。如果不按照合同步骤进行执行，最终的结果仅剩“移转土地使用权”，而按判决主文应按合同约定的本意履行，则结果不论股权转让，至少还应有“新公司”的存在。因此，严格按合同的步骤执行可足为取。

## 法律建议

1. 合同内容和诉讼请求应当明确、具体

判断一个判决是否具有给付内容，需要从以下四个个方面来分析：（1）诉讼请求；（2）判决书的说理部分；（3）判项；（4）合同内容。其中判项是最直接的表现形式，在判项没有明确的给付内容时，就需要结合诉讼请求及判决书的说理部分以及依法认定有效的合同内容来判定一个判决是否具有给付内容。因此，对于当事人来说，在签订合同以及提起诉讼请求时，应当确保合同内容和诉讼请求明确具体，以便在后续的执行过程中能最大程度地确保判决具有给付内容。

2. 当事人可提起备位之诉作为保障

“备位之诉”在我国民事法律规范中没有具体规定，但在司法实践中经常出现此类民事案件。①“备位之诉”是指原告在提起主位诉讼请求的同时，同时提出另外一个预备的诉讼请求。当主位诉讼请求无理或客观上无法实现时，请求法院支持另外一个预备的诉讼请求，也就是说，原告在提起主位诉讼请

---

① 参见重庆市九龙坡区人民法院（2012）九法民初字第03763号民事判决书，韩某某接受徐工集团重庆公司委托后，向法院提出的“备位请求”观点被采纳。

求时，预测到该诉讼请求可能被法院驳回，便在起诉时准备另一个诉讼请求，以备主位请求不当时进行补救。

“备位之诉”的两个诉讼请求有主次之分且可能存在相互排斥，原告应当先选择主位的诉讼请求，当主位诉讼请求无理或客观上无法实现时，原告才可以选择预备的诉讼请求。

3. 执行不能后可另行诉讼维权

继续履行合同判决的执行过程中，若因判项不明确、不具体导致不能继续强制履行，法院对此出具终结执行的裁定的，可尝试就相关争议另行提起诉讼。尽管另行诉讼是否违反“一事不再理”的原则存在争议，但若情势变化已经不适宜继续履行合同的，建议可通过另案诉讼，向违约方主张因不能继续履行而产生的民事赔偿责任。

# 执行中代扣代缴个人所得税的问题

## 问题的提出

在涉及金钱给付的执行案件的执行过程中，本身只是一个单纯的私法问题：由一方当事人向对方支付生效判决确定的款项。但被执行人对于有义务偿还的金额，如工资、借款利息等，还可能涉及税务缴纳的公法问题。如果被执行人在交付款项之前代申请执行人缴纳了个人所得税，其代缴的行为是否有效？以及被执行人是否有所得税的代扣代缴义务，是否是代缴义务人？如果款项支付义务人有代扣代缴税款义务，代扣代缴的税款的时间在审判中还是在执行程序中？等等。因为同时涉及公法和私法领域，在执行过程中可能会带来困惑。针对上述问题，本文试作分析。

## 问题解析

### 一、劳动纠纷中的个人所得税代扣代缴

司法实务中一种典型的、涉及个人所得税代扣代缴的执行，发生在劳动纠纷当中。根据我国个人所得税法的相关规定，工资、薪金所得应纳缴个人所得税，① 以所得人为纳税义务人，以支付所得的单位或者个人为扣缴义

① 参见个人所得税法第 2 条："下列各项个人所得，应当缴纳个人所得税：（一）工资、薪金所得；（二）劳务报酬所得；（三）稿酬所得；（四）特许权使用费所得；（五）经营所得；（六）利息、股息、红利所得；（七）财产租赁所得；（八）财产转让所得；（九）偶然所得。居民个人取得前款第一项至第四项所得（以下称综合所得），按纳税年度合并计算个人所得税；非居民个人取得前款第一项至第四项所得，按月或者按次分项计算个人所得税。纳税人取得前款第五项至第九项所得，依照本法规定分别计算个人所得税。"

务人,① 适用百分之二十的个人所得税税率。②

（一）已经付款—税务机关要求—法院不予“回转”

在“北京某供应链管理有限公司与许某红执行异议”一案中，北京某供应链管理有限公司（以下简称A公司）根据生效的判决文书，应当支付给许某红解除劳动关系经济补偿金、二倍工资差额和未休年休假工资共计76993.15元，A公司全额履行执行款项的缴纳义务后，税务机关却又要求公司为许某红就执行款项代扣税款，A公司由此认为法院执行行为有误，应予撤销。该执行异议经北京市第一中级人民法院复议后，北京市第一中级人民法院认为，A公司的异议“实质上是认为生效判决确认款项系税前数额，故代扣代缴的税款在判决金额中应予扣除，此异议属于对生效判决内容的异议，不应属于本案审查范围”。③ 但就A公司应当通过何种法律途径解决上述问题，北京市第一中级人民法院并未在裁定书中予以示明。

（二）私自代缴—法院另行扣划

相似地，在“上海某发电机有限公司与叶某飞劳动争议执行案”中，上海某发电机有限公司（以下简称B公司）以判决确认的应付佣金中部分金额应当缴纳个人所得税，而B公司作为扣缴义务人应代为扣缴为由，扣下部分佣金缴纳给了税务部门，南京市秦淮区人民法院以未全面、充分地履行生效判决确认地义务为由，扣划了B公司银行存款中相应的金额。南京市中级人民法院认为：生效法律文书未明确合成公司应当支付给叶某飞的佣金是否包含应缴纳的税款，故因B公司未完全按照涉案生效判决确定的内容履行付款义务，秦淮区人民法院按照涉案生效判决确定的B公司应履行的金额予以扣划并无不当。而对于代扣代缴个人所得税款的争议，南京市中级人民法院也认为“属于B公司与叶某飞间的另一法律关系，可由

---

① 参见个人所得税法第9条：“个人所得税以所得人为纳税人，以支付所得的单位或者个人为扣缴义务人。纳税人有中国公民身份号码的，以中国公民身份号码为纳税人识别号；纳税人没有中国公民身份号码的，由税务机关赋予其纳税人识别号。扣缴义务人扣缴税款时，纳税人应当向扣缴义务人提供纳税人识别号。”

② 参见个人所得税法第3条：“个人所得税的税率：（一）综合所得，适用百分之三至百分之四十五的超额累进税率（税率表附后）；（二）经营所得，适用百分之五至百分之三十五的超额累进税率（税率表附后）；（三）利息、股息、红利所得，财产租赁所得，财产转让所得和偶然所得，适用比例税率，税率为百分之二十。”

③ 参见北京第二中级人民法院（2017）京02执复65号执行裁定书。

B 公司向叶某飞另行主张”。[①]

可见，司法实务中存在认为在执行生效法律文书时，被执行人应该按照生效法律文书确定的金额予以履行，而无权代扣代缴个税，否则就视为是拒绝全面履行生效法律文书所确定的给付义务的裁判观点。对于涉及税款问题，并不属于执行程序的审查范围，双方可以通过其他法律途径予以解决。

但是，就这一问题，从判例来看，司法实践中各地法院并未统一观点。

### （三）代缴税款—法院未另行扣划

在“王某琬与某半导体技术有限公司执行异议”一案中，某半导体技术（上海）有限公司（以下简称 C 公司）根据生效的二审判决，应当支付给王某琬解除劳动合同赔偿金 370728 元。判决生效后，C 公司未在规定的期限内履行付款义务，王某琬申请法院强制执行。之后，C 公司通过银行转账的方式支付给王某琬 366429. 80 元，并向税务部门代扣代缴个人所得税 4298. 20 元，以上两项费用共计 370728 元。虽然法院在仍然冻结了 C 公司银行存款 5420. 05 元，但该笔款项为迟延履行利息以及执行费，上海市徐汇区人民法院并未要求 C 公司就代扣代缴个人所得税的部分再行支付费用。[②] 可见上海市徐汇区人民法院是认同用人单位在执行过程中为劳动者缴纳个人所得税，并作为其履行判决确定义务的一种方式。

### （四）代扣代缴的金额视为被执行人履行了部分付款义务

在“陆某香、浙江某健身美容有限公司劳动争议执行案”中，法院认为根据个人所得税法的规定，浙江某健身美容有限公司（以下简称 D 公司）作为劳动报酬的支付义务方，代扣代缴劳动者的个人所得税是其应履行的法律义务。D 公司代扣代缴的税款，本应就是陆某香应当向国家缴纳的税款。故 D 公司作为用人单位代扣代缴的个人所得税款，应当视为是该公司履行生效判决所确定的给付款项的组成部分，该代扣代缴的税款在执行金额中应予以扣除。[③]

这类观点认为，因用人单位作为劳动报酬的支付方，是合法的代扣代缴个税义务人。在向劳动者支付执行阶段的应税款项时，应当依法履行代扣代缴义务，故法院可以根据用人单位的完税证明将已纳税款作为生效法律文书所确定的给付义务的组成部分，直接从被执行人应向申请执行人支付的款项

① 参见南京市中级人民法院（2016）苏 01 执复 131 号执行裁定书。

② 参见上海市徐汇区人民法院（2019）沪 0104 执异 111 号执行裁定书。

③ 参见杭州中级人民法院（2016）浙 01 执复 74 号执行裁定书。

中予以扣除。

本文认为该种裁判观点更加合理，因为用人单位作为法定的代扣代缴义务人，虽然执行中的给付金额由法院予以确定，但从款项的性质上来说，仍然是对于劳动者基于其劳动的所得，应当属于个人所得税法规定的应税收入，用人单位代其缴纳，符合法律的规定。在缴纳个人所得税的问题上，虽然属于税务部门的管理范围，执行法院确实不应有所干预，但“一刀切”地否认事实上存在的、合法的代缴税款的行为，无疑也会对税务部门工作的开展产生障碍，会对用人单位履行代扣代缴的法定义务时产生推诿和回避的可能，一方面不利于税收工作的有序开展，另一方面也可能由于多收款项，造成被执行人实体权利的减损。

## 二、民间借贷纠纷中的个人所得税代扣代缴

与上述劳动纠纷案件执行的情境相类似，对于民间借贷纠纷中，也存在借款人为出借人代扣代缴利息所得而产生的纠纷。根据个人所得税法出借人基于其出借行为获得的利息也属于应纳税所得，故利息所得以取得所得的个人为纳税人，以直接向纳税人支付利息的单位和个人为扣缴义务人，扣缴义务人在向个人支付应纳税所得时，应代扣代缴个人应纳的个人所得税税款。

在“许某菁与江苏某化工有限公司等民间借贷纠纷执行案”中，[①] 依据生效的裁判文书，江苏某化工有限公司（以下简称 E 公司）应当归还许某菁借款 19625980 元并支付相应的利息。在执行过程中，E 公司作为扣缴义务人代许某菁缴纳利息部分的个人所得税 5784921.15 元后，剩余款项已全部执行到位，许某菁认为 E 公司未经其同意擅自代扣代缴个人所得税，导致法院的执行款未能到位，应当承担相应的责任。根据税收征收管理法的相关规定，[②] 纳税人不得拒绝扣缴义务人依法履行代扣、代收税款的义务，江苏省高级人民法院认为虽然“E 公司在案件审判过程中未主张应纳税款的代缴代扣，并不意味着 E 公司放弃其代扣代缴的义务，且扣缴义务人的代扣代缴义务系法定义务，并不以纳税人的授权为依据”，故 E 公司的代扣代缴行为依法有据。又由于 E 公司仅为扣缴义务人，并非法定的纳税人，江苏省高级人民法院准予就 E 公司代扣代缴的税款，由许某菁在其所得的利息中支出，“E 公司在支付利息的同时一并代扣代缴个人所得税的行为应视为其已经按照生效判决履行义务”，这在事实上达到了抵销的法律效果。

---

① 参见江苏省高级人民法院（2017）苏执复 106 号执行裁定书。

② 参见税收征收管理法第 30 条第 2 款：“扣缴义务人依法履行代扣、代收税款义务时，纳税人不得拒绝。”

## 引申探讨

为了应对上述涉及税费代扣代缴的执行问题，近几年，为了规范民间借贷法律关系，解决执行难的问题。多地法院分别与当地税务局进行协同，发布联合公告称，对于上述当事人取得的利息收入应当缴纳的20%的个人所得税，可以由法院代扣或代征税款。以固原市原州区人民法院的操作为例，法院参与利息缴税的过程中的程序为："固原市原州区人民法院为民间借贷纠纷案件当事人发放利息前，通知当事人持《人民法院涉税事项告知书》先行到固原市原州区税务局办税服务大厅足额缴纳利息收入相关税收，再凭税收完税凭证到固原市原州区人民法院领取相关执行款项。若案件当事人拒绝缴纳税费，则由法院强制代扣后集中向税务机关缴纳。"①

该种就个税征收的联合管控举措，在很大程度上确实能提高税款征收效率。但依法行政乃是行政效率的合法性前提，公权力之行使，应以法律之规定为依据。税务机关委托人民法院参与征税的管控、甚至代征代扣，如何与现行的法律框架相衔接可能还需要在实践中作进一步探讨。

个人所得税法明确规定了代扣代缴义务人的范围，人民法院并非代扣代缴的直接义务主体。国家税务总局《委托代征管理办法》第4条规定，税务机关不得将法律、行政法规已确定的代扣代缴、代收代缴税收，委托他人代征。劳动关系中工资收入和民间借贷关系中利息收入的法定扣缴义务人应为支付款项的一方，法院在代扣代缴的过程中，并非直接的义务主体，但可以作为协助义务主体。

就上海地区而言，2017年上海国税局、地税局与上海市高级人民法院签署了《关于加强司法与税务行政衔接机制建设备忘录》（以下简称《备忘录》），对于在协助执行安排、涉税审判队伍建设、涉税信息共享和多元化纠纷化解等方面达成共识：在涉税信息共享方面，法院与税务机关将构建"点对点"网络查询交换机制，税务机关依法向法院提供涉税信息，法院依法向税务机关提供涉税裁判文书等涉诉信息。从公开信息来看，《备忘录》的内容主要针对追缴税款的沟通与合作进行规范，但并未写明在执行过程中，被执行人代扣代缴了税款后如何通过法院与税务部门的有效沟通进行协调解决的问题。具体的机制还有待完善和补充。

---

① 参见固原市原州区人民法院官网：http://yzq.nxfy.gov.cn/yzqfyxwzx/yzqfymtjj/201904/t20190416_4596679.html。

## 法律建议

1. 在与劳动者签订劳动合同时，应明确工资是税前金额还是税后金额。在发生劳动争议时，建议要求劳动者明确，其诉请主张的工资是否包含了用人单位应当代扣代缴的个人所得税，以便能在诉讼材料中有所体现，在实际扣缴时有据可查。

2. 积极与税务部门进行沟通。在实务中，对于执行过程中的代扣代缴问题，关键点在于：人民法院与税务部门的沟通问题。近几年各地法院都以各种方式积极推动与当地税务部门的沟通，势必会推动这类问题得到妥善的解决。但从当事人的角度出发，尤其是对于被执行人，时常可能会面临一方面被法院全额执行，另一方面又受到税务部门罚款压力的窘境。故此，在收到法院判决，知悉自己付款义务的第一时间，积极与税务部门沟通，询问是否要缴纳所得税，若需要缴纳，再向法院说明情况，询问需要出具税务部门的何种文件，避免落入两面为难的困境。

3. 在税务部门要求代扣代缴个人所得税的情况下，若法院还要求全额履行法律文书的付款义务，可通过与执行申请人协商或及时另案诉讼的方式向执行申请人追偿代扣代缴的个人所得税。同时，还可通过财产保全的方式，在法院尚未向对方发还执行款时，要求法院冻结执行款中属于代扣代缴的个人所得税部分的金额，以维护自身权益。

# 民刑交叉情形下的执行问题

## 问题的提出

法院对于同一标的物进行执行的过程中，当遇到民刑交叉的情形时，如何正确地处理执行的优先级，成为首先要解决的问题。所谓的“先刑后民”原则已成为相当一部分司法工作人员以及律师固有的思维模式。一旦案件存在刑民交叉问题，则一律要求民事问题的解决必须等待刑事案件的结果。受此影响，一些银行贷款债权明明存在合法有效的抵押财产，足额受偿不存在问题的情况下，却因为抵押财产被认为涉及刑事问题，例如抵押财产因使用赃款所购而被刑事查封，故此在刑事案件迟迟未能取得结果之前，银行的贷款债权也一直无法得到清偿，有的甚至最终成为不良金融债权。那么对于案涉财产，依据在先的民事判决对其的执行到底是否会受到刑事程序的影响？本文试对此问题进行解答。

## 问题解析

### 一、概念的外延

#### （一）“民刑交叉”的二分

民刑交叉的概念按照底层的法律行为可以分为：（1）基于同一法律行为产生的民刑交叉；（2）非基于同一法律行为产生的民刑交叉。民法总则第187条规定：“民事主体因同一行为应当承担民事责任、行政责任和刑事责任的，承担行政责任或者刑事责任不影响承担民事责任；民事主体的财产不足以支付的，优先用于承担民事责任。”可见，对于基于同一法律行为产生的民刑交叉的问题，在民事责任与刑事责任竞合的情况下，遵循民事责任优先承担的原则。

本文主要讨论的是第二种类型，也即非基于同一法律行为产生的民刑交叉下的执行问题。

### （二）民间借贷、非法集资的特别规定

由于近年来民间非法集资刑事案件的增多，《最高人民法院、最高人民检察院、公安部关于办理非法集资刑事案件适用法律若干问题的意见》第7条和《最高人民法院关于审理民间借贷案件适用法律若干问题的规定》（以下简称《民间借贷司法解释》）第5条都作了明确：当民间借贷、非法集资的刑事案件已经进入侦查、起诉、审判程序时，与非法集资所涉同一事实相关的民事诉讼、民事执行程序应当让位于刑事诉讼程序，民事诉讼和执行程序应当作出不予受理、驳回起诉、中止执行等处理，由刑事诉讼程序解决被害人财产返还或者责令退赔的问题。

也就是说，被执行人的同一行为（民间借贷行为和非法集资行为）分别产生民事法律文书和刑事判决两份执行依据，当生效民事债务包含在了刑事判决的涉财产部分，两者认定的事实和内容完全一致时，该刑事判决涉财产刑部分被执行人的行为已经超出民事法律关系调整的范畴而分别构成集资诈骗罪和非法吸收公众存款罪，其民事判决的执行应当适用刑法和刑事诉讼法及相关司法解释的规定与涉案财产的退赔问题一并处理。依据民事诉讼法第257条第6项①规定，生效民事法律文书应当终结执行，但不予撤销。

但需要明确的是该情形系因被执行人同一行为而分别产生民事调解书和刑事判决书两份执行依据，与行为人因实施多个行为分别承担民事责任、刑事责任，进而产生多份执行依据的情形不同，后者应当依据法律确定的顺位受偿，具体分析将在后文展开。

## 二、民刑交叉的一般原则

### （一）先刑后民

在司法实践中，遇有刑事案件和民事案件交叉的情况，存在着所谓“先刑后民”的处理方式，该原则主要来源于我国的诉讼法规则。民事诉讼法第150条规定：“有下列情形之一的，中止诉讼，……（五）本案必须以另一案

---

① 民事诉讼法第257条：“有下列情形之一的，人民法院裁定终结执行：……（六）人民法院认为应当终结执行的其他情形。”

的审理结果为依据，而另一案尚未审结的”。另外，从案件的性质上来看，刑事诉讼主要解决的是被追诉者的罪与非罪、罪轻与罪重的问题，而民事诉讼主要解决的是民事纠纷的认定和救济问题。两相权衡，刑事诉讼要解决的情况往往更为严重，对于案件涉及刑事部分的认定往往更具紧迫性，所以法院优先审理更为严重的刑事纠纷也就无可厚非了，这也就产生了“先刑后民”的诉讼现象。

卜某与某金融机构产生资金拆借债务纠纷，深圳市中级人民法院受理了该案。后安徽省公安厅致函法院，认为卜某涉嫌伪造公司印章罪、非法出具金融票证罪和挪用资金罪，已经被安徽省公安厅立案侦查，要求中止民事案件的审理，移送安徽省公安厅统一侦办。法院依法移送。刑事附带民事案件审结后，对相关标的物进行追缴，并抵偿了民事案件受害人的债务。①

但是，需要明确的是“先刑后民”绝不是法院审理民刑交叉案件中通行的规则，从民事诉讼法的条文上看至少有三个问题：第一，“先刑后民”必须在案件审理阶段才适用。只有在刑事案件与民事案件都尚未审结时，才存在先审理哪一个的问题。如果民事案件已经审结，法院作出了生效的民事判决，刑事案件是否审结就无法对其产生追溯和否定的效力。第二，“先刑后民”必须是在针对同一法律关系而言的。比如因乙向甲索要欠款，甲把乙殴打至重伤，按照“先刑后民”的审理顺序，乙向甲索赔因故意伤害行为造成的医疗费、误工费、护理费等民事主张，应当在解决了甲的刑事责任后再提出，也就是所谓的“刑事附带民事诉讼”，如果乙向法院起诉要求甲偿还欠款，显然与刑事案件无关，不适用“先刑后民”。第三，民事诉讼法的条文并不当然地指向刑事案件，第150条第5项中的“另一案”并未明确是刑事案件还是民事案件抑或是行政诉讼，故从立法目的的角度，该条并没有“刑事当然优先于民事”的立法思想。

在“武汉某煤化公司与钮某案外人执行异议之诉”一案中，执行异议人武汉某煤化公司认为南通市中级人民法院依据民事判决将相关款项划至另案当事人的执行行为，系将不得扣划的赃款进行扣划的行为，侵害了刑事案件中被害人的权利。江苏省高级人民法院驳回了该主张，认为：“仅在刑事裁判涉财产部分与民事案件同时执行的情况下，才存在退赔被害人损失优先于其他民事债务执行的情形。本案中，南通中院扣划完毕后崇川法院才作出刑事判决，故不能适用上述规定。”②

① 参见卜某申请刑事违法追缴赔偿案——最高人民法院指导案例44号（2014年）。
② 参见（2016）苏民终268号民事裁定书。

### （二）先民后刑

相对于“先刑后民”，司法实践中也存在着部分“先民后刑”的处理方式。刑法第 36 条第 2 款规定：“承担民事赔偿责任的犯罪分子，同时被判处罚金，其财产不足以全部支付的，或者被判处没收财产的，应当先承担对被害人的民事赔偿责任。”第 60 条规定：“没收财产以前犯罪分子所负的正当债务，需要以没收的财产偿还的，经债权人请求，应当偿还。”此外，《最高人民法院关于适用〈中华人民共和国刑事诉讼法〉的解释》第 441 条规定：“被判处财产刑，同时又承担附带民事赔偿责任的被执行人，应当先履行民事赔偿责任。判处财产刑之前被执行人所负正当债务，需要以被执行的财产偿还的，经债权人请求，应当偿还。”

上述规则确立了民事优先的原则，也即在处理罚金刑、没收财产刑执行与民事债务执行的关系上，奉行民事执行优先原则，与上文提到的民法总则的规定类似。在执行过程中，被判处财产刑的犯罪分子应当承担对被害人的民事赔偿责任，或对其他债权人负有应当偿还的民事债务时，如果民事责任经人民法院生效法律文书确定，犯罪分子合法所有的财产应当优先承担民事责任，在执行民事债务后，如果还有剩余财产，再执行财产刑。这一民事债务优先于财产刑执行的原则，体现了国家在财产刑执行上“不与民争利”的立场。

### （三）责任竞合时的受偿顺序

如果司法程序已经推进到需要强制执行被执行人的财产，而被执行人又同时需要承担民事责任和刑事责任的情况。《最高人民法院关于刑事裁判涉财产部分执行的若干规定》（以下简称《刑事涉财产执行规定》）对于该种被执行人刑事和民事债务出现混同且资不抵债的情形下，民事债务和刑事债务的受偿顺序作如下规定：（1）人身损害赔偿中的医疗费用；（2）对执行标的享有优先受偿权的债权；（3）退赔被害人的损失；（4）其他民事债务；（5）罚金；（6）没收财产。

从上述的顺序来看，执行法院采取的是一种“刑民并行”的处理方法。依据刑事债权和民事债权各自的紧迫性和必要性确定受偿的顺序。虽然刑事债权中的人身损害赔偿最优先，但民事债权中的优先受偿权也优先于其他刑事债权受偿。在“刘某云、刘某勇申请执行人执行异议之诉再审案”中，再审申请人认为案涉房屋已被刑事判决认定为诈骗犯罪所得，其后不能依据民事判决发生所有权移转的法律效果，所有权移转登记无效。最高人民法院驳回了该主张，认为依据《刑事涉财产执行规定》第13条的执行顺序，抵押权人的优先受偿权的顺位高于被害人获得退赔的权利，“当事人基于刑事判决享有的获得退赔的权利，不能排除他方基于其享有优先受偿权的抵押债权申请的强制执行”。[①] 无独有偶，在“深圳市某公司、某商业银行银行深圳分行金融借款合同纠纷”中，被执行人是另案刑事案件的被告人，该刑事案件中的被害人以“退赔被害人的损失为由”要求法院中止执行，但债权人对执行标的享有优先受偿权，对中止执行的理由不予支持。法院也认为“即使某公司是刑事受害人，某商业银行深圳分行作为抵押权人依法优先某公司等刑事受害人受偿”。[②]

## 三、民事查封与刑事查封竞合

由上述的分析可知，笼统地说“先刑后民”“先民后刑”都是不可取的。不同部门法之间并不存在优先劣后之分，只有调整对象（调整范围）、调整方法的差别。但在具体案件的处理上，刑民两者会有程序先后之分，也会出现责任承担顺位的不同。这种先后顺序如何确定，需要结合具体案件事实分析。虽然在案件审理过程中遇有民刑交叉的情况，一般适用“先刑后民”的审理顺序，但在案件处理的其他环节，例如立案程序、对财产采取强制措施、执行阶段等，刑事案件并不当然优先于民事案件。

### （一）查封效力

对于文首提出的问题，刑事查封、民事查封，乃至行政查封在性质上应当是平等的，不存在谁大于谁的问题，也不绝对适用“先刑后民”的处理方法。只有在查封的效力上会区分谁首先受偿、谁轮候受偿的问题，但这种区分也仅仅基于查封行为的先后，与案件本身的性质并无必然联系。

2013年9月1日，最高人民法院、最高人民检察院、公安部等部门以公通字〔2013〕30号文联合发布了《公安机关办理刑事案件适用查封、冻结措施有关规定》（以下简称《查封冻结规定》）的通知，对不同的国家机关查封财产问题作了明确规定，其中第43条规定：“已被有关国家机关依法查封、冻结的涉案财物，不得重复查封”；第44条规定：“不同国家机关之间，对同一涉案财物要求查封、冻结的，协助办理的有关部门和单位应当按照送达相关通知书的先后顺序予以登记，协助首先送达通知书的国家机关办理查封、

① 参见（2018）川民申6374号民事裁定书。

② 参见（2018）粤执复80号执行裁定书。

冻结手续，对后送达通知书的国家机关作轮候查封、冻结登记，并书面告知该涉案财物已被查封、冻结的有关情况。”《不动产登记暂行条例实施细则》第 91 条也规定：“两个以上人民法院查封同一不动产的，不动产登记机构应当为先送达协助执行通知书的人民法院办理查封登记，对后送达协助执行通知书的人民法院办理轮候查封登记。”该细则第 93 条同时明确了人民检察院等其他国家有权机关依法要求办理查封登记的，参照这一规定办理。根据上述规定，不难看出，在查封效力上采取的是顺位原则，“在先者生效，在后者轮候”，第一个查封（即首封）为有效查封，其余在后的查封（不论是刑事查封、行政查封、民事查封）均为轮候查封。

### （二）轮候查封

《查封冻结规定》第 43 条同时规定：已被有关国家机关依法查封、冻结的涉案财物，不得重复查封、冻结。需要轮候查封、冻结的，应当依照有关部门共同发布的规定执行。查封、冻结依法解除或者到期解除后，按照时间顺序登记在先的轮候查封、冻结自动生效。此外，《最高人民法院关于人民法院民事执行中查封、扣押、冻结财产的规定》第 28 条第 1 款规定：对已被人民法院查封、扣押、冻结的财产，其他人民法院可以进行轮候查封、扣押、冻结。查封、扣押、冻结解除的，登记在先的轮候查封、扣押、冻结即自动生效。

由此可知，轮候查封在性质上不能等同于正式查封，刑事机关在办案过程中申请对案涉财产进行轮候查封，并不产生正式查封的效力，轮候查封的轮候顺序仅表示查封行为对于案涉财产产生预期受偿的效果，但该种预期效果还处在效力待定的状态，视首封债权的情况再行确定。

所以，如果民事案件的当事人对于案涉财物先行查封，刑事机关的查封属于轮候查封，理论上并不会对于民事案件当事人未来受偿产生阻碍。但不可否认的是，实践中，因刑事案件审理及处理结果的不确定性，相关执行法院往往会以刑事查封为由暂时中止执行，给申请执行人的顺利受偿带来一定影响。

## 四、赃款赃物的收缴

### （一）赃款赃物的“优先性”

虽然一般来看，在查封和执行阶段，民事与刑事并不区分谁优先于谁的问题，在性质和法律效力上应当是等同的，但如果案涉财产属于刑事赃款赃物的范畴，对于案涉财产的刑事追缴就要分类讨论。

依据《刑事涉财产执行规定》① 和《最高人民法院、最高人民检察院、公安部关于办理电信网络诈骗等刑事案件适用法律若干问题的意见》② 的规定，对于恶意的民事受让人、非法取得或恶意取得财物的，刑事追缴的效力要优先于民事。《刑事涉财产执行规定》第 11 条第 1 款的第 1 项和第 2 项，基本与民法中的“善意取得”的构成要件相符合。

此外，从《刑事涉财产执行规定》来看，赃款赃物的范围也不仅仅局限于与刑事犯罪嫌疑人的犯罪行为直接关联的财物，还包括相关收益和以赃款赃物全部或部分投资或置业形成的财产及收益。

### （二）赃款赃物的“善意取得”

相反的，上述条文也规定了“第三人善意取得涉案财物不予追缴”的规则，可见“善意取得”可以在一定程度上阻却刑事上赃款赃物的强制追缴。由此，需要对于第三人构成善意的条件进行明确，以便在实践中有效维护民事案件当事人的权利。

最高人民法院在（2017）最高法民申 2127 号案件中，从第三人对于案涉房产进行添附的时间点和刑事判决生效的时间点进行对比，从而确定第三人是否“明知是案涉财物”；内蒙古自治区高级人民法院在（2017）内执复 24 号案件中，以案涉财物处分人不属于无权处分人，而认定第三人取得财产的行为不属于善意。

### （三）司法救济：审判监督

对于刑事裁判中涉财产部分的执行中，案外人主张对刑事裁判认定的赃

---

① 《最高人民法院关于刑事裁判涉财产部分执行的若干规定》第 11 条：“被执行人将刑事裁判认定为赃款赃物的涉案财物用于清偿债务、转让或者设置其他权利负担，具有下列情形之一的，人民法院应予追缴：（一）第三人明知是涉案财物而接受的；（二）第三人无偿或者以明显低于市场的价格取得涉案财物的；（三）第三人通过非法债务清偿或者违法犯罪活动取得涉案财物的；（四）第三人通过其他恶意方式取得涉案财物的。第三人善意取得涉案财物的，执行程序中不予追缴。作为原所有人的被害人对该涉案财物主张权利的，人民法院应当告知其通过诉讼程序处理。”

② 《最高人民法院、最高人民检察院、公安部关于办理电信网络诈骗等刑事案件适用法律若干问题的意见》规定：“（三）被告人已将诈骗财物用于清偿债务或者转让给他人，具有下列情形之一的，应当依法追缴：（1）对方明知是诈骗财物而收取的；（2）对方无偿取得诈骗财物的；（3）对方以明显低于市场的价格取得诈骗财物的；（4）对方取得诈骗财物系源于非法债务或者违法犯罪活动的。他人善意取得诈骗财物的，不予追缴。”

款赃物系善意取得，进而排除刑事追缴的，最高人民法院在（2015）执申字第126号裁定书中，确认了该等主张系实质上属于对执行依据即刑事判决的相关判项提出的异议，不属于执行程序应当审查的范围，应通过刑事审判部门补充裁定或案外人审判监督程序予以最终解决争议。上述案件中，“案涉财产（股票）被刑事判决纳入了追缴清单，属于需要退赔给被害单位的赃物，协助执行的中国证券登记结算有限公司上海分公司认为依据证券法律法规，案涉财产属于其所有的交收担保物，并已过户到中国证券登记结算有限公司上海分公司的专门账户，上登所属于善意第三人”。但最高人民法院驳回了其在执行异议监督程序中提出的主张，认为根据《刑事涉财产执行规定》第15条,① 应予驳回。

## 法律建议

在总结上述分析与案例的基础上，可以总结如下要点以供参考：

1. 对于民间借贷类案件，《民间借贷司法解释》第8条规定：“借款人涉嫌犯罪或者生效判决认定其有罪，出借人起诉请求担保人承担民事责任的，人民法院应予受理。”由此，在金融借款合同纠纷中，借款人一方犯罪，银行可单独起诉担保人或同时起诉借款人或担保人，因担保人并非刑事责任主体，刑民案件应当分开审理，一定程度上可保障借款人一方受偿的权利。②

2. 由于民事查封与刑事查封在性质上没有优先和劣后的关系，故民事案件的当事人应当尽早向法院申请保全、强制执行措施。要在这场时间的竞速

---

① 《最高人民法院关于刑事裁判涉财产部分执行的若干规定》第15条：“执行过程中，案外人或被害人认为刑事裁判中对涉案财物是否属于赃款赃物认定错误或者应予认定而未认定，向执行法院提出书面异议，可以通过裁定补正的，执行机构应当将异议材料移送刑事审判部门处理；无法通过裁定补正的，应当告知异议人通过审判监督程序处理。”

② 《最高人民法院关于审理民间借贷案件适用法律若干问题的规定》第4条第2款：“保证人为借款人提供连带责任保证，出借人仅起诉借款人的，人民法院可以不追加保证人为共同被告；出借人仅起诉保证人的，人民法院可以追加借款人为共同被告。保证人为借款人提供一般保证，出借人仅起诉保证人的，人民法院应当追加借款人为共同被告；出借人仅起诉借款人的，人民法院可以不追加保证人为共同被告。”

《最高人民法院关于适用〈中华人民共和国刑事诉讼法〉的解释》第66条：“因保证合同纠纷提起的诉讼，债权人向保证人和被保证人一并主张权利的，人民法院应当将保证人和被保证人列为共同被告。保证合同约定为一般保证，债权人仅起诉保证人的，人民法院应当通知被保证人作为共同被告参加诉讼；债权人仅起诉被保证人的，可以只列被保证人为被告。”

中胜出，取得首封，就需要民事案件的当事人在律师的协助下对可供查封的标的系统地进行整理和归类，尽早发现可供查封的标的并确定可以提出申请的时间，第一时间向法院提交申请。

3. 除了及时提交申请外，提交申请之后积极与法院相关部门进行沟通，了解进度，配合法院采取相关措施，也是成功取得执行处置权进而获得受偿的重要一环。

# 第二编 执行法律法规链接

# 一、一般规定

## （一）法律

### 中华人民共和国民事诉讼法（节录）

（1991年4月9日第七届全国人民代表大会第四次会议通过　根据2007年10月28日第十届全国人民代表大会常务委员会第三十次会议《关于修改〈中华人民共和国民事诉讼法〉的决定》第一次修正　根据2012年8月31日第十一届全国人民代表大会常务委员会第二十八次会议《关于修改〈中华人民共和国民事诉讼法〉的决定》第二次修正　根据2017年6月27日第十二届全国人民代表大会常务委员会第二十八次会议《关于修改〈中华人民共和国民事诉讼法〉和〈中华人民共和国行政诉讼法〉的决定》第三次修正）

#### 第九章　保全和先予执行

**第一百条**　人民法院对于可能因当事人一方的行为或者其他原因，使判决难以执行或者造成当事人其他损害的案件，根据对方当事人的申请，可以裁定对其财产进行保全、责令其作出一定行为或者禁止其作出一定行为；当事人没有提出申请的，人民法院在必要时也可以裁定采取保全措施。

人民法院采取保全措施，可以责令申请人提供担保，申请人不提供担保的，裁定驳回申请。

人民法院接受申请后，对情况紧急的，必须在四十八小时内作出裁定；裁定采取保全措施的，应当立即开始执行。

**第一百零一条** 利害关系人因情况紧急，不立即申请保全将会使其合法权益受到难以弥补的损害的，可以在提起诉讼或者申请仲裁前向被保全财产所在地、被申请人住所地或者对案件有管辖权的人民法院申请采取保全措施。申请人应当提供担保，不提供担保的，裁定驳回申请。

人民法院接受申请后，必须在四十八小时内作出裁定；裁定采取保全措施的，应当立即开始执行。

申请人在人民法院采取保全措施后三十日内不依法提起诉讼或者申请仲裁的，人民法院应当解除保全。

**第一百零二条** 保全限于请求的范围，或者与本案有关的财物。

**第一百零三条** 财产保全采取查封、扣押、冻结或者法律规定的其他方法。人民法院保全财产后，应当立即通知被保全财产的人。

财产已被查封、冻结的，不得重复查封、冻结。

**第一百零四条** 财产纠纷案件，被申请人提供担保的，人民法院应当裁定解除保全。

**第一百零五条** 申请有错误的，申请人应当赔偿被申请人因保全所遭受的损失。

**第一百零六条** 人民法院对下列案件，根据当事人的申请，可以裁定先予执行：

（一）追索赡养费、扶养费、抚育费、抚恤金、医疗费用的；

（二）追索劳动报酬的；

（三）因情况紧急需要先予执行的。

**第一百零七条** 人民法院裁定先予执行的，应当符合下列条件：

（一）当事人之间权利义务关系明确，不先予执行将严重影响申请人的生活或者生产经营的；

（二）被申请人有履行能力。

人民法院可以责令申请人提供担保，申请人不提供担保的，驳回申请。申请人败诉的，应当赔偿被申请人因先予执行遭受的财产损失。

**第一百零八条** 当事人对保全或者先予执行的裁定不服的，可以申请复议一次。复议期间不停止裁定的执行。

## 第十章 对妨害民事诉讼的强制措施

**第一百零九条** 人民法院对必须到庭的被告，经两次传票传唤，无正当理由拒不到庭的，可以拘传。

**第一百一十条** 诉讼参与人和其他人应当遵守法庭规则。

人民法院对违反法庭规则的人，可以予以训诫，责令退出法庭或者予以罚款、拘留。

人民法院对哄闹、冲击法庭，侮辱、诽谤、威胁、殴打审判人员，严重扰乱法庭秩序的人，依法追究刑事责任；情节较轻的，予以罚款、拘留。

**第一百一十一条** 诉讼参与人或者其他人有下列行为之一的，人民法院可以根据情节轻重予以罚款、拘留；构成犯罪的，依法追究刑事责任：

（一）伪造、毁灭重要证据，妨碍人民法院审理案件的；

（二）以暴力、威胁、贿买方法阻止证人作证或者指使、贿买、胁迫他人作伪证的；

（三）隐藏、转移、变卖、毁损已被查封、扣押的财产，或者已被清点并责令其保管的财产，转移已被冻结的财产的；

（四）对司法工作人员、诉讼参加人、证人、翻译人员、鉴定人、勘验人、协助执行的人，进行侮辱、诽谤、诬陷、殴打或者打击报复的；

（五）以暴力、威胁或者其他方法阻碍司法工作人员执行职务的；

（六）拒不履行人民法院已经发生法律效力的判决、裁定的。

人民法院对有前款规定的行为之一的单位，可以对其主要负责人或者直接责任人员予以罚款、拘留；构成犯罪的，依法追究刑事责任。

**第一百一十二条** 当事人之间恶意串通，企图通过诉讼、调解等方式侵害他人合法权益的，人民法院应当驳回其请求，并根据情节轻重予以罚款、拘留；构成犯罪的，依法追究刑事责任。

**第一百一十三条** 被执行人与他人恶意串通，通过诉讼、仲裁、调解等方式逃避履行法律文书确定的义务的，人民法院应当根据情节轻重予以罚款、拘留；构成犯罪的，依法追究刑事责任。

**第一百一十四条** 有义务协助调查、执行的单位有下列行为之一的，人民法院除责令其履行协助义务外，并可以予以罚款：

（一）有关单位拒绝或者妨碍人民法院调查取证的；

（二）有关单位接到人民法院协助执行通知书后，拒不协助查询、扣押、冻结、划拨、变价财产的；

（三）有关单位接到人民法院协助执行通知书后，拒不协助扣留被执行人的收入、办理有关财产权证照转移手续、转交有关票证、证照或者其他财产的；

（四）其他拒绝协助执行的。

人民法院对有前款规定的行为之一的单位，可以对其主要负责人或者直接责任人员予以罚款；对仍不履行协助义务的，可以予以拘留；并可以向监察机关或者有关机关提出予以纪律处分的司法建议。

**第一百一十五条** 对个人的罚款金额，为人民币十万元以下。对单位的罚款金额，为人民币五万元以上一百万元以下。

拘留的期限，为十五日以下。

被拘留的人，由人民法院交公安机关看管。在拘留期间，被拘留人承认并改正错误的，人民法院可以决定提前解除拘留。

**第一百一十六条** 拘传、罚款、拘留必须经院长批准。

拘传应当发拘传票。

罚款、拘留应当用决定书。对决定不服的，可以向上一级人民法院申请复议一次。复议期间不停止执行。

**第一百一十七条** 采取对妨害民事诉讼的强制措施必须由人民法院决定。任何单位和个人采取非法拘禁他人或者非法私自扣押他人财产追索债务的，应当依法追究刑事责任，或者予以拘留、罚款。

## 第十九章 一般规定

**第二百二十四条** 发生法律效力的民事判决、裁定，以及刑事判决、裁定中的财产部分，由第一审人民法院或者与第一审人民法院同级的被执行的财产所在地人民法院执行。

法律规定由人民法院执行的其他法律文书，由被执行人住所地或者被执行的财产所在地人民法院执行。

**第二百二十五条** 当事人、利害关系人认为执行行为违反法律规定的，可以向负责执行的人民法院提出书面异议。当事人、利害关系人提出书面异议的，人民法院应当自收到书面异议之日起十五日内审查，理由成立的，裁定撤销或者改正；理由不成立的，裁定驳回。当事人、利害关系人对裁定不服的，可以自裁定送达之日起十日内向上一级人民法院申请复议。

**第二百二十六条** 人民法院自收到申请执行书之日起超过六个月未执行的，申请执行人可以向上一级人民法院申请执行。上一级人民法院经审查，可以责令原人民法院在一定期限内执行，也可以决定由本院执行或者指令其他人民法院执行。

**第二百二十七条** 执行过程中，案外人对执行标的提出书面异议的，人民法院应当自收到书面异议之日起十五日内审查，理由成立的，裁定中止对该标的的执行；理由不成立的，裁定驳回。案外人、当事人对裁定不服，认为原判决、裁定错误的，依照审判监督程序办理；与原判决、裁定无关的，可以自裁定送达之日起十五日内向人民法院提起诉讼。

**第二百二十八条** 执行工作由执行员进行。

采取强制执行措施时，执行员应当出示证件。执行完毕后，应当将执行情况制作笔录，由在场的有关人员签名或者盖章。

人民法院根据需要可以设立执行机构。

**第二百二十九条** 被执行人或者被执行的财产在外地的，可以委托当地人民法院代为执行。受委托人民法院收到委托函件后，必须在十五日内开始执行，不得拒绝。执行完毕后，应当将执行结果及时函复委托人民法院；在三十日内如果还未执行完毕，也应当将执行情况函告委托人民法院。

受委托人民法院自收到委托函件之日起十五日内不执行的，委托人民法院可以请求受委托人民法院的上级人民法院指令受委托人民法院执行。

**第二百三十条** 在执行中，双方当事人自行和解达成协议的，执行员应当将协议内容记入笔录，由双方当事人签名或者盖章。

申请执行人因受欺诈、胁迫与被执行人达成和解协议，或者当事人不履行和解协议的，人民法院可以根据当事人的申请，恢复对原生效法律文书的执行。

**第二百三十一条** 在执行中，被执行人向人民法院提供担保，并经申请执行人同意的，人民法院可以决定暂缓执行及暂缓执行的期限。被执行人逾期仍不履行的，人民法院有权执行被执行人的担保财产或者担保人的财产。

**第二百三十二条** 作为被执行人的公民死亡的，以其遗产偿还债务。作为被执行人的法人或者其他组织终止的，由其权利义务承受人履行义务。

**第二百三十三条** 执行完毕后，据以执行的判决、裁定和其他法律文书确有错误，被人民法院撤销的，对已被执行的财产，人民法院应当作出裁定，责令取得财产的人返还；拒不返还的，强制执行。

**第二百三十四条** 人民法院制作的调解书的执行，适用本编的规定。

**第二百三十五条** 人民检察院有权对民事执行活动实行法律监督。

## 第二十章 执行的申请和移送

**第二百三十六条** 发生法律效力的民事判决、裁定，当事人必须履行。一方拒绝履行的，对方当事人可以向人民法院申请执行，也可以由审判员移送执行员执行。

调解书和其他应当由人民法院执行的法律文书，当事人必须履行。一方拒绝履行的，对方当事人可以向人民法院申请执行。

**第二百三十七条** 对依法设立的仲裁机构的裁决，一方当事人不履行的，对方当事人可以向有管辖权的人民法院申请执行。受申请的人民法院应当执行。

被申请人提出证据证明仲裁裁决有下列情形之一的，经人民法院组成合议庭审查核实，裁定不予执行：

（一）当事人在合同中没有订有仲裁条款或者事后没有达成书面仲裁协议的；

（二）裁决的事项不属于仲裁协议的范围或者仲裁机构无权仲裁的；

（三）仲裁庭的组成或者仲裁的程序违反法定程序的；

（四）裁决所根据的证据是伪造的；

（五）对方当事人向仲裁机构隐瞒了足以影响公正裁决的证据的；

（六）仲裁员在仲裁该案时有贪污受贿，徇私舞弊，枉法裁决行为的。

人民法院认定执行该裁决违背社会公共利益的，裁定不予执行。

裁定书应当送达双方当事人和仲裁机构。

仲裁裁决被人民法院裁定不予执行的，当事人可以根据双方达成的书面仲裁协议重新申请仲裁，也可以向人民法院起诉。

**第二百三十八条** 对公证机关依法赋予强制执行效力的债权文书，一方当事人不履行的，对方当事人可以向有管辖权的人民法院申请执行，受申请的人民法院应当执行。

公证债权文书确有错误的，人民法院裁定不予执行，并将裁定书送达双方当事人和公证机关。

**第二百三十九条** 申请执行的期间为二年。申请执行时效的中止、中断，适用法律有关诉讼时效中止、中断的规定。

前款规定的期间，从法律文书规定履行期间的最后一日起计算；法律文书规定分期履行的，从规定的每次履行期间的最后一日起计算；法律文书未规定履行期间的，从法律文书生效之日起计算。

**第二百四十条** 执行员接到申请执行书或者移交执行书，应当向被执行人发出执行通知，并可以立即采取强制执行措施。

## 第二十一章 执行措施

**第二百四十一条** 被执行人未按执行通知履行法律文书确定的义务，应当报告当前以及收到执行通知之日前一年的财产情况。被执行人拒绝报告或者虚假报告的，人民法院可以根据情节轻重对被执行人或者其法定代理人、有关单位的主要负责人或者直接责任人员予以罚款、拘留。

**第二百四十二条** 被执行人未按执行通知履行法律文书确定的义务，人民法院有权向有关单位查询被执行人的存款、债券、股票、基金份额等财产情况。人民法院有权根据不同情形扣押、冻结、划拨、变价被执行人的财产。人民法院查询、扣押、冻结、划拨、变价的财产不得超出被执行人应当履行义务的范围。

人民法院决定扣押、冻结、划拨、变价财产，应当作出裁定，并发出协助执行通知书，有关单位必须办理。

**第二百四十三条** 被执行人未按执行通知履行法律文书确定的义务，人民法院有权扣留、提取被执行人应当履行义务部分的收入。但应当保留被执行人及其所扶养家属的生活必需费用。

人民法院扣留、提取收入时，应当作出裁定，并发出协助执行通知书，被执行人所在单位、银行、信用合作社和其他有储蓄业务的单位必须办理。

**第二百四十四条** 被执行人未按执行通知履行法律文书确定的义务，人民法院有权查封、扣押、冻结、拍卖、变卖被执行人应当履行义务部分的财产。但应当保留被执行人及其所扶养家属的生活必需品。

采取前款措施，人民法院应当作出裁定。

**第二百四十五条** 人民法院查封、扣押财产时，被执行人是公民的，应当通知被执行人或者他的成年家属到场；被执行人是法人或者其他组织的，应当通知其法定代表人或者主要负责人到场。拒不到场的，不影响执行。被执行人是公民的，其工作单位或者财产所在地的基层组织应当派人参加。

对被查封、扣押的财产，执行员必须造具清单，由在场人签名或者盖章后，交被执行人一份。被执行人是公民的，也可以交他的成年家属一份。

**第二百四十六条** 被查封的财产，执行员可以指定被执行人负责保管。因被执行人的过错造成的损失，由被执行人承担。

**第二百四十七条** 财产被查封、扣押后，执行员应当责令被执行人在指定期间履行法律文书确定的义务。被执行人逾期不履行的，人民法院应当拍卖被查封、扣押的财产；不适于拍卖或者当事人双方同意不进行拍卖的，人民法院可以委托有关单位变卖或者自行变卖。国家禁止自由买卖的物品，交有关单位按照国家规定的价格收购。

**第二百四十八条** 被执行人不履行法律文书确定的义务，并隐匿财产的，人民法院有权发出搜查令，对被执行人及其住所或者财产隐匿地进行搜查。

采取前款措施，由院长签发搜查令。

**第二百四十九条** 法律文书指定交付的财物或者票证，由执行员传唤双方当事人当面交付，或者由执行员转交，并由被交付人签收。

有关单位持有该项财物或者票证的，应当根据人民法院的协助执行通知书转交，并由被交付人签收。

有关公民持有该项财物或者票证的，人民法院通知其交出。拒不交出的，强制执行。

**第二百五十条** 强制迁出房屋或者强制退出土地，由院长签发公告，责令被执行人在指定期间履行。被执行人逾期不履行的，由执行员强制执行。

强制执行时，被执行人是公民的，应当通知被执行人或者他的成年家属到场；被执行人是法人或者其他组织的，应当通知其法定代表人或者主要负责人到场。拒不到场的，不影响执行。被执行人是公民的，其工作单位或者房屋、土地所在地的基层组织应当派人参加。执行员应当将强制执行情况记入笔录，由在场人签名或者盖章。

强制迁出房屋被搬出的财物，由人民法院派人运至指定处所，交给被执行人。被执行人是公民的，也可以交给他的成年家属。因拒绝接收而造成的损失，由被执行人承担。

**第二百五十一条**　在执行中，需要办理有关财产权证照转移手续的，人民法院可以向有关单位发出协助执行通知书，有关单位必须办理。

**第二百五十二条**　对判决、裁定和其他法律文书指定的行为，被执行人未按执行通知履行的，人民法院可以强制执行或者委托有关单位或者其他人完成，费用由被执行人承担。

**第二百五十三条**　被执行人未按判决、裁定和其他法律文书指定的期间履行给付金钱义务的，应当加倍支付迟延履行期间的债务利息。被执行人未按判决、裁定和其他法律文书指定的期间履行其他义务的，应当支付迟延履行金。

**第二百五十四条**　人民法院采取本法第二百四十二条、第二百四十三条、第二百四十四条规定的执行措施后，被执行人仍不能偿还债务的，应当继续履行义务。债权人发现被执行人有其他财产的，可以随时请求人民法院执行。

**第二百五十五条**　被执行人不履行法律文书确定的义务的，人民法院可以对其采取或者通知有关单位协助采取限制出境，在征信系统记录、通过媒体公布不履行义务信息以及法律规定的其他措施。

## 第二十二章　执行中止和终结

**第二百五十六条**　有下列情形之一的，人民法院应当裁定中止执行：

（一）申请人表示可以延期执行的；

（二）案外人对执行标的提出确有理由的异议的；

（三）作为一方当事人的公民死亡，需要等待继承人继承权利或者承担义务的；

（四）作为一方当事人的法人或者其他组织终止，尚未确定权利义务承受人的；

（五）人民法院认为应当中止执行的其他情形。

中止的情形消失后，恢复执行。

**第二百五十七条** 有下列情形之一的，人民法院裁定终结执行：

（一）申请人撤销申请的；

（二）据以执行的法律文书被撤销的；

（三）作为被执行人的公民死亡，无遗产可供执行，又无义务承担人的；

（四）追索赡养费、扶养费、抚育费案件的权利人死亡的；

（五）作为被执行人的公民因生活困难无力偿还借款，无收入来源，又丧失劳动能力的；

（六）人民法院认为应当终结执行的其他情形。

**第二百五十八条** 中止和终结执行的裁定，送达当事人后立即生效。

# 中华人民共和国企业破产法（节录）

（2006 年 8 月 27 日第十届全国人民代表大会常务委员会第二十三次会议通过）

**第二条** 企业法人不能清偿到期债务，并且资产不足以清偿全部债务或者明显缺乏清偿能力的，依照本法规定清理债务。

企业法人有前款规定情形，或者有明显丧失清偿能力可能的，可以依照本法规定进行重整。

**第十九条** 人民法院受理破产申请后，有关债务人财产的保全措施应当解除，执行程序应当中止。

**第一百三十四条** 商业银行、证券公司、保险公司等金融机构有本法第二条规定情形的，国务院金融监督管理机构可以向人民法院提出对该金融机构进行重整或者破产清算的申请。国务院金融监督管理机构依法对出现重大经营风险的金融机构采取接管、托管等措施的，可以向人民法院申请中止以该金融机构为被告或者被执行人的民事诉讼程序或者执行程序。

金融机构实施破产的，国务院可以依据本法和其他有关法律的规定制定实施办法。

# 中华人民共和国出境入境管理法（节录）

（2012年6月30日第十一届全国人民代表大会常务委员会第二十七次会议通过）

**第十二条** 中国公民有下列情形之一的，不准出境：

（一）未持有效出境入境证件或者拒绝、逃避接受边防检查的；

（二）被判处刑罚尚未执行完毕或者属于刑事案件被告人、犯罪嫌疑人的；

（三）有未了结的民事案件，人民法院决定不准出境的；

（四）因妨害国（边）境管理受到刑事处罚或者因非法出境、非法居留、非法就业被其他国家或者地区遣返，未满不准出境规定年限的；

（五）可能危害国家安全和利益，国务院有关主管部门决定不准出境的；

（六）法律、行政法规规定不准出境的其他情形。

**第二十八条** 外国人有下列情形之一的，不准出境：

（一）被判处刑罚尚未执行完毕或者属于刑事案件被告人、犯罪嫌疑人的，但是按照中国与外国签订的有关协议，移管被判刑人的除外；

（二）有未了结的民事案件，人民法院决定不准出境的；

（三）拖欠劳动者的劳动报酬，经国务院有关部门或者省、自治区、直辖市人民政府决定不准出境的；

（四）法律、行政法规规定不准出境的其他情形。

**第六十五条** 对依法决定不准出境或者不准入境的人员，决定机关应当按照规定及时通知出入境边防检查机关；不准出境、入境情形消失的，决定机关应当及时撤销不准出境、入境决定，并通知出入境边防检查机关。

# （二）司法解释

## 最高人民法院<br>关于适用《中华人民共和国民事诉讼法》的解释（节录）

法释〔2015〕5号

### 七、保全和先予执行

**第一百五十二条** 人民法院依照民事诉讼法第一百条、第一百零一条规定，在采取诉前保全、诉讼保全措施时，责令利害关系人或者当事人提供担保的，应当书面通知。

利害关系人申请诉前保全的，应当提供担保。申请诉前财产保全的，应当提供相当于请求保全数额的担保；情况特殊的，人民法院可以酌情处理。申请诉前行为保全的，担保的数额由人民法院根据案件的具体情况决定。

在诉讼中，人民法院依申请或者依职权采取保全措施的，应当根据案件的具体情况，决定当事人是否应当提供担保以及担保的数额。

**第一百五十三条** 人民法院对季节性商品、鲜活、易腐烂变质以及其他不宜长期保存的物品采取保全措施时，可以责令当事人及时处理，由人民法院保存价款；必要时，人民法院可予以变卖，保存价款。

**第一百五十四条** 人民法院在财产保全中采取查封、扣押、冻结财产措施时，应当妥善保管被查封、扣押、冻结的财产。不宜由人民法院保管的，人民法院可以指定被保全人负责保管；不宜由被保全人保管的，可以委托他人或者申请保全人保管。

查封、扣押、冻结担保物权人占有的担保财产，一般由担保物权人保管；由人民法院保管的，质权、留置权不因采取保全措施而消灭。

**第一百五十五条** 由人民法院指定被保全人保管的财产，如果继续使用对该财产的价值无重大影响，可以允许被保全人继续使用；由人民法院保管或者委托他人、申请保全人保管的财产，人民法院和其他保管人不得使用。

**第一百五十六条** 人民法院采取财产保全的方法和措施，依照执行程序相关规定办理。

**第一百五十七条** 人民法院对抵押物、质押物、留置物可以采取财产保全措施，但不影响抵押权人、质权人、留置权人的优先受偿权。

**第一百五十八条** 人民法院对债务人到期应得的收益，可以采取财产保全措施，限制其支取，通知有关单位协助执行。

**第一百五十九条** 债务人的财产不能满足保全请求，但对他人有到期债权的，人民法院可以依债权人的申请裁定该他人不得对本案债务人清偿。该他人要求偿付的，由人民法院提存财物或者价款。

**第一百六十条** 当事人向采取诉前保全措施以外的其他有管辖权的人民法院起诉的，采取诉前保全措施的人民法院应当将保全手续移送受理案件的人民法院。诉前保全的裁定视为受移送人民法院作出的裁定。

**第一百六十一条** 对当事人不服一审判决提起上诉的案件，在第二审人民法院接到报送的案件之前，当事人有转移、隐匿、出卖或者毁损财产等行为，必须采取保全措施的，由第一审人民法院依当事人申请或者依职权采取。第一审人民法院的保全裁定，应当及时报送第二审人民法院。

**第一百六十二条** 第二审人民法院裁定对第一审人民法院采取的保全措施予以续保或者采取新的保全措施的，可以自行实施，也可以委托第一审人民法院实施。

再审人民法院裁定对原保全措施予以续保或者采取新的保全措施的，可以自行实施，也可以委托原审人民法院或者执行法院实施。

**第一百六十三条** 法律文书生效后，进入执行程序前，债权人因对方当事人转移财产等紧急情况，不申请保全将可能导致生效法律文书不能执行或者难以执行的，可以向执行法院申请采取保全措施。债权人在法律文书指定的履行期间届满后五日内不申请执行的，人民法院应当解除保全。

**第一百六十四条** 对申请保全人或者他人提供的担保财产，人民法院应当依法办理查封、扣押、冻结等手续。

**第一百六十五条** 人民法院裁定采取保全措施后，除作出保全裁定的人民法院自行解除或者其上级人民法院决定解除外，在保全期限内，任何单位不得解除保全措施。

**第一百六十六条** 裁定采取保全措施后，有下列情形之一的，人民法院应当作出解除保全裁定：

（一）保全错误的；

（二）申请人撤回保全申请的；

（三）申请人的起诉或者诉讼请求被生效裁判驳回的；

（四）人民法院认为应当解除保全的其他情形。

解除以登记方式实施的保全措施的，应当向登记机关发出协助执行通知书。

**第一百六十七条** 财产保全的被保全人提供其他等值担保财产且有利于执行的，人民法院可以裁定变更保全标的物为被保全人提供的担保财产。

**第一百六十八条** 保全裁定未经人民法院依法撤销或者解除，进入执行程序后，自动转为执行中的查封、扣押、冻结措施，期限连续计算，执行法院无需重新制作裁定书，但查封、扣押、冻结期限届满的除外。

**第一百六十九条** 民事诉讼法规定的先予执行，人民法院应当在受理案件后终审判决作出前采取。先予执行应当限于当事人诉讼请求的范围，并以当事人的生活、生产经营的急需为限。

**第一百七十条** 民事诉讼法第一百零六条第三项规定的情况紧急，包括：

（一）需要立即停止侵害、排除妨碍的；

（二）需要立即制止某项行为的；

（三）追索恢复生产、经营急需的保险理赔费的；

（四）需要立即返还社会保险金、社会救助资金的；

（五）不立即返还款项，将严重影响权利人生活和生产经营的。

**第一百七十一条** 当事人对保全或者先予执行裁定不服的，可以自收到裁定书之日起五日内向作出裁定的人民法院申请复议。人民法院应当在收到复议申请后十日内审查。裁定正确的，驳回当事人的申请；裁定不当的，变更或者撤销原裁定。

**第一百七十二条** 利害关系人对保全或者先予执行的裁定不服申请复议的，由作出裁定的人民法院依照民事诉讼法第一百零八条规定处理。

**第一百七十三条** 人民法院先予执行后，根据发生法律效力的判决，申请人应当返还因先予执行所取得的利益的，适用民事诉讼法第二百三十三条的规定。

**八、对妨害民事诉讼的强制措施**

**第一百七十四条** 民事诉讼法第一百零九条规定的必须到庭的被告，是指负有赡养、抚育、扶养义务和不到庭就无法查清案情的被告。

人民法院对必须到庭才能查清案件基本事实的原告，经两次传票传唤，无正当理由拒不到庭的，可以拘传。

**第一百七十五条** 拘传必须用拘传票，并直接送达被拘传人；在拘传前，应当向被拘传人说明拒不到庭的后果，经批评教育仍拒不到庭的，可以拘传其到庭。

**第一百七十六条** 诉讼参与人或者其他人有下列行为之一的，人民法院可以适用

民事诉讼法第一百一十条规定处理：

（一）未经准许进行录音、录像、摄影的；

（二）未经准许以移动通信等方式现场传播审判活动的；

（三）其他扰乱法庭秩序，妨害审判活动进行的。

有前款规定情形的，人民法院可以暂扣诉讼参与人或者其他人进行录音、录像、摄影、传播审判活动的器材，并责令其删除有关内容；拒不删除的，人民法院可以采取必要手段强制删除。

**第一百七十七条** 训诫、责令退出法庭由合议庭或者独任审判员决定。训诫的内容、被责令退出法庭者的违法事实应当记入庭审笔录。

**第一百七十八条** 人民法院依照民事诉讼法第一百一十条至第一百一十四条的规定采取拘留措施的，应经院长批准，作出拘留决定书，由司法警察将被拘留人送交当地公安机关看管。

**第一百七十九条** 被拘留人不在本辖区的，作出拘留决定的人民法院应当派员到被拘留人所在地的人民法院，请该院协助执行，受委托的人民法院应当及时派员协助执行。被拘留人申请复议或者在拘留期间承认并改正错误，需要提前解除拘留的，受委托人民法院应当向委托人民法院转达或者提出建议，由委托人民法院审查决定。

**第一百八十条** 人民法院对被拘留人采取拘留措施后，应当在二十四小时内通知其家属；确实无法按时通知或者通知不到的，应当记录在案。

**第一百八十一条** 因哄闹、冲击法庭，用暴力、威胁等方法抗拒执行公务等紧急情况，必须立即采取拘留措施的，可在拘留后，立即报告院长补办批准手续。院长认为拘留不当的，应当解除拘留。

**第一百八十二条** 被拘留人在拘留期间认错悔改的，可以责令其具结悔过，提前解除拘留。提前解除拘留，应报经院长批准，并作出提前解除拘留决定书，交负责看管的公安机关执行。

**第一百八十三条** 民事诉讼法第一百一十条至第一百一十三条规定的罚

款、拘留可以单独适用，也可以合并适用。

**第一百八十四条** 对同一妨害民事诉讼行为的罚款、拘留不得连续适用。发生新的妨害民事诉讼行为的，人民法院可以重新予以罚款、拘留。

**第一百八十五条** 被罚款、拘留的人不服罚款、拘留决定申请复议的，应当自收到决定书之日起三日内提出。上级人民法院应当在收到复议申请后五日内作出决定，并将复议结果通知下级人民法院和当事人。

**第一百八十六条** 上级人民法院复议时认为强制措施不当的，应当制作决定书，撤销或者变更下级人民法院作出的拘留、罚款决定。情况紧急的，可以在口头通知后三日内发出决定书。

**第一百八十七条** 民事诉讼法第一百一十一条第一款第五项规定的以暴力、威胁或者其他方法阻碍司法工作人员执行职务的行为，包括：

（一）在人民法院哄闹、滞留，不听从司法工作人员劝阻的；

（二）故意毁损、抢夺人民法院法律文书、查封标志的；

（三）哄闹、冲击执行公务现场，围困、扣押执行或者协助执行公务人员的；

（四）毁损、抢夺、扣留案件材料、执行公务车辆、其他执行公务器械、执行公务人员服装和执行公务证件的；

（五）以暴力、威胁或者其他方法阻碍司法工作人员查询、查封、扣押、冻结、划拨、拍卖、变卖财产的；

（六）以暴力、威胁或者其他方法阻碍司法工作人员执行职务的其他行为。

**第一百八十八条** 民事诉讼法第一百一十一条第一款第六项规定的拒不履行人民法院已经发生法律效力的判决、裁定的行为，包括：

（一）在法律文书发生法律效力后隐藏、转移、变卖、毁损财产或者无偿转让财产、以明显不合理的价格交易财产、放弃到期债权、无偿为他人提供担保等，致使人民法院无法执行的；

（二）隐藏、转移、毁损或者未经人民法院允许处分已向人民法院提供担保的财产的；

（三）违反人民法院限制高消费令进行消费的；

（四）有履行能力而拒不按照人民法院执行通知履行生效法律文书确定的义务的；

（五）有义务协助执行的个人接到人民法院协助执行通知书后，拒不协助执行的。

**第一百八十九条** 诉讼参与人或者其他人有下列行为之一的，人民法院可以适用民事诉讼法第一百一十一条的规定处理：

（一）冒充他人提起诉讼或者参加诉讼的；

（二）证人签署保证书后作虚假证言，妨碍人民法院审理案件的；

（三）伪造、隐藏、毁灭或者拒绝交出有关被执行人履行能力的重要证据，妨碍人民法院查明被执行人财产状况的；

（四）擅自解冻已被人民法院冻结的财产的；

（五）接到人民法院协助执行通知书后，给当事人通风报信，协助其转移、隐匿财产的。

**第一百九十条** 民事诉讼法第一百一十二条规定的他人合法权益，包括案外人的合法权益、国家利益、社会公共利益。

第三人根据民事诉讼法第五十六条第三款规定提起撤销之诉，经审查，原案当事人之间恶意串通进行虚假诉讼的，适用民事诉讼法第一百一十二条规定处理。

**第一百九十一条** 单位有民事诉讼法第一百一十二条或者第一百一十三条规定行为的，人民法院应当对该单位进行罚款，并可以对其主要负责人或者直接责任人员予以罚款、拘留；构成犯罪的，依法追究刑事责任。

**第一百九十二条** 有关单位接到人民法院协助执行通知书后，有下列行为之一的，人民法院可以适用民事诉讼法第一百一十四条规定处理：

（一）允许被执行人高消费的；

（二）允许被执行人出境的；

（三）拒不停止办理有关财产权证照转移手续、权属变更登记、规划审批等手续的；

（四）以需要内部请示、内部审批，有内部规定等为由拖延办理的。

**第一百九十三条** 人民法院对个人或者单位采取罚款措施时，应当根据其实施妨害民事诉讼行为的性质、情节、后果，当地的经济发展水平，以及诉讼标的额等因素，在民事诉讼法第一百一十五条第一款规定的限额内确定相应的罚款金额。

## 十五、执行异议之诉

**第三百零四条** 根据民事诉讼法第二百二十七条规定，案外人、当事人对执行异议裁定不服，自裁定送达之日起十五日内向人民法院提起执行异议之诉的，由执行法院管辖。

**第三百零五条** 案外人提起执行异议之诉，除符合民事诉讼法第一百一十九条规定外，还应当具备下列条件：

（一）案外人的执行异议申请已经被人民法院裁定驳回；

（二）有明确的排除对执行标的执行的诉讼请求，且诉讼请求与原判决、裁定无关；

（三）自执行异议裁定送达之日起十五日内提起。

人民法院应当在收到起诉状之日起十五日内决定是否立案。

**第三百零六条** 申请执行人提起执行异议之诉，除符合民事诉讼法第一百一十九条规定外，还应当具备下列条件：

（一）依案外人执行异议申请，人民法院裁定中止执行；

（二）有明确的对执行标的继续执行的诉讼请求，且诉讼请求与原判决、裁定无关；

（三）自执行异议裁定送达之日起十五日内提起。

人民法院应当在收到起诉状之日起十五日内决定是否立案。

**第三百零七条** 案外人提起执行异议之诉的，以申请执行人为被告。被执行人反对案外人异议的，被执行人为共同被告；被执行人不反对案外人异议的，可以列被执行人为第三人。

**第三百零八条** 申请执行人提起执行异议之诉的，以案外人为被告。被执行人反对申请执行人主张的，以案外人和被执行人为共同被告；被执行人不反对申请执行人主张的，可以列被执行人为第三人。

**第三百零九条** 申请执行人对中止执行裁定未提起执行异议之诉，被执行人提起执行异议之诉的，人民法院告知其另行起诉。

**第三百一十条** 人民法院审理执行异议之诉案件，适用普通程序。

**第三百一十一条** 案外人或者申请执行人提起执行异议之诉的，案外人应当就其对执行标的享有足以排除强制执行的民事权益承担举证证明责任。

**第三百一十二条** 对案外人提起的执行异议之诉，人民法院经审理，按照下列情形分别处理：

（一）案外人就执行标的享有足以排除强制执行的民事权益的，判决不得执行该执行标的；

（二）案外人就执行标的不享有足以排除强制执行的民事权益的，判决驳回诉讼请求。

案外人同时提出确认其权利的诉讼请求的，人民法院可以在判决中一并作出裁判。

**第三百一十三条** 对申请执行人提起的执行异议之诉，人民法院经审理，按照下列情形分别处理：

（一）案外人就执行标的不享有足以排除强制执行的民事权益的，判决准许执行该执行标的；

（二）案外人就执行标的享有足以排除强制执行的民事权益的，判决驳回诉讼请求。

**第三百一十四条** 对案外人执行异议之诉，人民法院判决不得对执行标的执行的，执行异议裁定失效。

对申请执行人执行异议之诉，人民法院判决准许对该执行标的执行的，执行异议裁定失效，执行法院可以根据申请执行人的申请或者依职权恢复执行。

**第三百一十五条** 案外人执行异议之诉审理期间，人民法院不得对执行标的进行处分。申请执行人请求人民法院继续执行并提供相应担保的，人民法院可以准许。

被执行人与案外人恶意串通，通过执行异议、执行异议之诉妨害执行的，人民法院应当依照民事诉讼法第一百一十三条规定处理。申请执行人因此受到损害的，可以提起诉讼要求被执行人、案外人赔偿。

**第三百一十六条** 人民法院对执行标的裁定中止执行后，申请执行人在法律规定的期间内未提起执行异议之诉的，人民法院应当自起诉期限届满之日起七日内解除对该执行标的采取的执行措施。

**二十一、执行程序**

**第四百六十二条** 发生法律效力的实现担保物权裁定、确认调解协议裁定、支付令，由作出裁定、支付令的人民法院或者与其同级的被执行财产所在地的人民法院执行。

认定财产无主的判决，由作出判决的人民法院将无主财产收归国家或者集体所有。

**第四百六十三条** 当事人申请人民法院执行的生效法律文书应当具备下列条件：

（一）权利义务主体明确；

（二）给付内容明确。

法律文书确定继续履行合同的，应当明确继续履行的具体内容。

**第四百六十四条** 根据民事诉讼法第二百二十七条规定，案外人对执行标的提出异议的，应当在该执行标的执行程序终结前提出。

**第四百六十五条** 案外人对执行标的提出的异议，经审查，按照下列情形分别处理：

（一）案外人对执行标的不享有足以排除强制执行的权益的，裁定驳回其异议；

（二）案外人对执行标的享有足以排除强制执行的权益的，裁定中止执行。

驳回案外人执行异议裁定送达案外人之日起十五日内，人民法院不得对执行标的进行处分。

**第四百六十六条** 申请执行人与被执行人达成和解协议后请求中止执行或者撤回执行申请的，人民法院可以裁定中止执行或者终结执行。

**第四百六十七条** 一方当事人不履行或者不完全履行在执行中双方自愿达成的和解协议，对方当事人申请执行原生效法律文书的，人民法院应当恢复执行，但和解协议已履行的部分应当扣除。和解协议已经履行完毕的，人民法院不予恢复执行。

**第四百六十八条** 申请恢复执行原生效法律文书，适用民事诉讼法第二百三十九条申请执行期间的规定。申请执行期间因达成执行中的和解协议而中断，其期间自和解协议约定履行期限的最后一日起重新计算。

**第四百六十九条** 人民法院依照民事诉讼法第二百三十一条规定决定暂缓执行的，如果担保是有期限的，暂缓执行的期限应当与担保期限一致，但最长不得超过一年。被执行人或者担保人对担保的财产在暂缓执行期间有转移、隐藏、变卖、毁损等行为的，人民法院可以恢复强制执行。

**第四百七十条** 根据民事诉讼法第二百三十一条规定向人民法院提供执行担保的，可以由被执行人或者他人提供财产担保，也可以由他人提供保证。担保人应当具有代为履行或者代为承担赔偿责任的能力。

他人提供执行保证的，应当向执行法院出具保证书，并将保证书副本送交申请执行人。被执行人或者他人提供财产担保的，应当参照物权法、担保法的有关规定办理相应手续。

**第四百七十一条** 被执行人在人民法院决定暂缓执行的期限届满后仍不履行义务的，人民法院可以直接执行担保财产，或者裁定执行担保人的财产，但执行担保人的财产以担保人应当履行义务部分的财产为限。

**第四百七十二条** 依照民事诉讼法第二百三十二条规定，执行中作为被执行人的法人或者其他组织分立、合并的，人民法院可以裁定变更后的法人或者其他组织为被执行人；被注销的，如果依照有关实体法的规定有权利义务承受人的，可以裁定该权利义务承受人为被执行人。

**第四百七十三条** 其他组织在执行中不能履行法律文书确定的义务的，人民法院可以裁定执行对该其他组织依法承担义务的法人或者公民个人的财产。

**第四百七十四条** 在执行中，作为被执行人的法人或者其他组织名称变更的，人民法院可以裁定变更后的法人或者其他组织为被执行人。

**第四百七十五条** 作为被执行人的公民死亡，其遗产继承人没有放弃继承的，人民法院可以裁定变更被执行人，由该继承人在遗产的范围内偿还债务。继承人放弃继承的，人民法院可以直接执行被执行人的遗产。

**第四百七十六条** 法律规定由人民法院执行的其他法律文书执行完毕后，该法律文书被有关机关或者组织依法撤销的，经当事人申请，适用民事诉讼法第二百三十三条规定。

**第四百七十七条** 仲裁机构裁决的事项，部分有民事诉讼法第二百三十七条第二款、第三款规定情形的，人民法院应当裁定对该部分不予执行。

应当不予执行部分与其他部分不可分的，人民法院应当裁定不予执行仲裁裁决。

**第四百七十八条** 依照民事诉讼法第二百三十七条第二款、第三款规定，人民法院裁定不予执行仲裁裁决后，当事人对该裁定提出执行异议或者复议的，人民法院不予受理。当事人可以就该民事纠纷重新达成书面仲裁协议申请仲裁，也可以向人民法院起诉。

**第四百七十九条** 在执行中，被执行人通过仲裁程序将人民法院查封、扣押、冻结的财产确权或者分割给案外人的，不影响人民法院执行程序的进行。

案外人不服的，可以根据民事诉讼法第二百二十七条规定提出异议。

**第四百八十条** 有下列情形之一的，可以认定为民事诉讼法第二百三十八条第二款规定的公证债权文书确有错误：

（一）公证债权文书属于不得赋予强制执行效力的债权文书的；

（二）被执行人一方未亲自或者未委托代理人到场公证等严重违反法律规定的公证程序的；

（三）公证债权文书的内容与事实不符或者违反法律强制性规定的；

（四）公证债权文书未载明被执行人不履行义务或者不完全履行义务时同意接受强制执行的。

人民法院认定执行该公证债权文书违背社会公共利益的，裁定不予执行。

公证债权文书被裁定不予执行后，当事人、公证事项的利害关系人可以就债权争议提起诉讼。

**第四百八十一条** 当事人请求不予执行仲裁裁决或者公证债权文书的，应当在执行终结前向执行法院提出。

**第四百八十二条** 人民法院应当在收到申请执行书或者移交执行书后十

日内发出执行通知。

执行通知中除应责令被执行人履行法律文书确定的义务外，还应通知其承担民事诉讼法第二百五十三条规定的迟延履行利息或者迟延履行金。

**第四百八十三条** 申请执行人超过申请执行时效期间向人民法院申请强制执行的，人民法院应予受理。被执行人对申请执行时效期间提出异议，人民法院经审查异议成立的，裁定不予执行。

被执行人履行全部或者部分义务后，又以不知道申请执行时效期间届满为由请求执行回转的，人民法院不予支持。

**第四百八十四条** 对必须接受调查询问的被执行人、被执行人的法定代表人、负责人或者实际控制人，经依法传唤无正当理由拒不到场的，人民法院可以拘传其到场。

人民法院应当及时对被拘传人进行调查询问，调查询问的时间不得超过八小时；情况复杂，依法可能采取拘留措施的，调查询问的时间不得超过二十四小时。

人民法院在本辖区以外采取拘传措施时，可以将被拘传人拘传到当地人民法院，当地人民法院应予协助。

**第四百八十五条** 人民法院有权查询被执行人的身份信息与财产信息，掌握相关信息的单位和个人必须按照协助执行通知书办理。

**第四百八十六条** 对被执行的财产，人民法院非经查封、扣押、冻结不得处分。对银行存款等各类可以直接扣划的财产，人民法院的扣划裁定同时具有冻结的法律效力。

**第四百八十七条** 人民法院冻结被执行人的银行存款的期限不得超过一年，查封、扣押动产的期限不得超过两年，查封不动产、冻结其他财产权的期限不得超过三年。

申请执行人申请延长期限的，人民法院应当在查封、扣押、冻结期限届满前办理续行查封、扣押、冻结手续，续行期限不得超过前款规定的期限。

人民法院也可以依职权办理续行查封、扣押、冻结手续。

**第四百八十八条** 依照民事诉讼法第二百四十七条规定，人民法院在执行中需要拍卖被执行人财产的，可以由人民法院自行组织拍卖，也可以交由具备相应资质的拍卖机构拍卖。

交拍卖机构拍卖的，人民法院应当对拍卖活动进行监督。

**第四百八十九条** 拍卖评估需要对现场进行检查、勘验的，人民法院应当责令被执行人、协助义务人予以配合。被执行人、协助义务人不予配合的，人民法院可以强制进行。

**第四百九十条** 人民法院在执行中需要变卖被执行人财产的，可以交有关单位变卖，也可以由人民法院直接变卖。

对变卖的财产，人民法院或者其工作人员不得买受。

**第四百九十一条** 经申请执行人和被执行人同意，且不损害其他债权人合法权益和社会公共利益的，人民法院可以不经拍卖、变卖，直接将被执行人的财产作价交申请执行人抵偿债务。对剩余债务，被执行人应当继续清偿。

**第四百九十二条** 被执行人的财产无法拍卖或者变卖的，经申请执行人同意，且不损害其他债权人合法权益和社会公共利益的，人民法院可以将该项财产作价后交付申请执行人抵偿债务，或者交付申请执行人管理；申请执行人拒绝接收或者管理的，退回被执行人。

**第四百九十三条** 拍卖成交或者依法定程序裁定以物抵债的，标的物所有权自拍卖成交裁定或者抵债裁定送达买受人或者接受抵债物的债权人时转移。

**第四百九十四条** 执行标的物为特定物的，应当执行原物。原物确已毁损或者灭失的，经双方当事人同意，可以折价赔偿。

双方当事人对折价赔偿不能协商一致的，人民法院应当终结执行程序。申请执行人可以另行起诉。

**第四百九十五条** 他人持有法律文书指定交付的财物或者票证，人民法院依照民事诉讼法第二百四十九条第二款、第三款规定发出协助执行通知后，拒不转交的，可以强制执行，并可依照民事诉讼法第一百一十四条、第一百一十五条规定处理。

他人持有期间财物或者票证毁损、灭失的，参照本解释第四百九十四条规定处理。

他人主张合法持有财物或者票证的，可以根据民事诉讼法第二百二十七条规定提出执行异议。

**第四百九十六条** 在执行中，被执行人隐匿财产、会计账簿等资料的，人民法院除可依照民事诉讼法第一百一十一条第一款第六项规定对其处理外，还应责令被执行人交出隐匿的财产、会计账簿等资料。被执行人拒不交出的，人民法院可以采取搜查措施。

**第四百九十七条** 搜查人员应当按规定着装并出示搜查令和工作证件。

**第四百九十八条** 人民法院搜查时禁止无关人员进入搜查现场；搜查对象是公民的，应当通知被执行人或者他的成年家属以及基层组织派员到场；搜查对象是法人或者其他组织的，应当通知法定代表人或者主要负责人到场。拒不到场的，不影响搜查。

搜查妇女身体，应当由女执行人员进行。

**第四百九十九条** 搜查中发现应当依法采取查封、扣押措施的财产，依照民事诉讼法第二百四十五条第二款和第二百四十七条规定办理。

**第五百条** 搜查应当制作搜查笔录，由搜查人员、被搜查人及其他在场人签名、捺印或者盖章。拒绝签名、捺印或者盖章的，应当记入搜查笔录。

**第五百零一条** 人民法院执行被执行人对他人的到期债权，可以作出冻结债权的裁定，并通知该他人向申请执行人履行。

该他人对到期债权有异议，申请执行人请求对异议部分强制执行的，人民法院不予支持。利害关系人对到期债权有异议的，人民法院应当按照民事诉讼法第二百二十七条规定处理。

对生效法律文书确定的到期债权，该他人予以否认的，人民法院不予支持。

**第五百零二条** 人民法院在执行中需要办理房产证、土地证、林权证、专利证书、商标证书、车船执照等有关财产权证照转移手续的，可以依照民事诉讼法第二百五十一条规定办理。

**第五百零三条** 被执行人不履行生效法律文书确定的行为义务，该义务可由他人完成的，人民法院可以选定代履行人；法律、行政法规对履行该行为义务有资格限制的，应当从有资格的人中选定。必要时，可以通过招标的方式确定代履行人。

申请执行人可以在符合条件的人中推荐代履行人，也可以申请自己代为履行，是否准许，由人民法院决定。

**第五百零四条** 代履行费用的数额由人民法院根据案件具体情况确定，并由被执行人在指定期限内预先支付。被执行人未预付的，人民法院可以对该费用强制执行。

代履行结束后，被执行人可以查阅、复制费用清单以及主要凭证。

**第五百零五条** 被执行人不履行法律文书指定的行为，且该项行为只能由被执行人完成的，人民法院可以依照民事诉讼法第一百一十一条第一款第六项规定处理。

被执行人在人民法院确定的履行期间内仍不履行的，人民法院可以依照民事诉讼法第一百一十一条第一款第六项规定再次处理。

**第五百零六条** 被执行人迟延履行的，迟延履行期间的利息或者迟延履行金自判决、裁定和其他法律文书指定的履行期间届满之日起计算。

**第五百零七条** 被执行人未按判决、裁定和其他法律文书指定的期间履行非金钱给付义务的，无论是否已给申请执行人造成损失，都应当支付迟延履行金。已经造成损失的，双倍补偿申请执行人已经受到的损失；没有造成损失的，迟延履行金可以由人民法院根据具体案件情况决定。

**第五百零八条** 被执行人为公民或者其他组织，在执行程序开始后，被执行人的其他已经取得执行依据的债权人发现被执行人的财产不能清偿所有债权的，可以向人民法院申请参与分配。

对人民法院查封、扣押、冻结的财产有优先权、担保物权的债权人，可以直接申请参与分配，主张优先受偿权。

**第五百零九条** 申请参与分配，申请人应当提交申请书。申请书应当写明参与分配和被执行人不能清偿所有债权的事实、理由，并附有执行依据。

参与分配申请应当在执行程序开始后，被执行人的财产执行终结前提出。

**第五百一十条** 参与分配执行中，执行所得价款扣除执行费用，并清偿应当优先受偿的债权后，对于普通债权，原则上按照其占全部申请参与分配债权数额的比例受偿。清偿后的剩余债务，被执行人应当继续清偿。债权人发现被执行人有其他财产的，可以随时请求人民法院执行。

**第五百一十一条** 多个债权人对执行财产申请参与分配的，执行法院应当制作财产分配方案，并送达各债权人和被执行人。债权人或者被执行人对分配方案有异议的，应当自收到分配方案之日起十五日内向执行法院提出书面异议。

**第五百一十二条** 债权人或者被执行人对分配方案提出书面异议的，执行法院应当通知未提出异议的债权人、被执行人。

未提出异议的债权人、被执行人自收到通知之日起十五日内未提出反对意见的，执行法院依异议人的意见对分配方案审查修正后进行分配；提出反对意见的，应当通知异议人。异议人可以自收到通知之日起十五日内，以提出反对意见的债权人、被执行人为被告，向执行法院提起诉讼；异议人逾期未提起诉讼的，执行法院按照原分配方案进行分配。

诉讼期间进行分配的，执行法院应当提存与争议债权数额相应的款项。

**第五百一十三条** 在执行中，作为被执行人的企业法人符合企业破产法第二条第一款规定情形的，执行法院经申请执行人之一或者被执行人同意，应当裁定中止对该被执行人的执行，将执行案件相关材料移送被执行人住所地人民法院。

**第五百一十四条** 被执行人住所地人民法院应当自收到执行案件相关材料之日起三十日内，将是否受理破产案件的裁定告知执行法院。不予受理的，应当将相关案件材料退回执行法院。

**第五百一十五条** 被执行人住所地人民法院裁定受理破产案件的，执行法院应当解除对被执行人财产的保全措施。被执行人住所地人民法院裁定宣告被执行人破产的，执行法院应当裁定终结对该被执行人的执行。

被执行人住所地人民法院不受理破产案件的，执行法院应当恢复执行。

**第五百一十六条** 当事人不同意移送破产或者被执行人住所地人民法院不受理破产案件的，执行法院就执行变价所得财产，在扣除执行费用及清偿优先受偿的债权后，对于普通债权，按照财产保全和执行中查封、扣押、冻结财产的先后顺序清偿。

**第五百一十七条** 债权人根据民事诉讼法第二百五十四条规定请求人民法院继续执行的，不受民事诉讼法第二百三十九条规定申请执行时效期间的限制。

**第五百一十八条** 被执行人不履行法律文书确定的义务的，人民法院除对被执行人予以处罚外，还可以根据情节将其纳入失信被执行人名单，将被执行人不履行或者不完全履行义务的信息向其所在单位、征信机构以及其他相关机构通报。

**第五百一十九条** 经过财产调查未发现可供执行的财产，在申请执行人签字确认或者执行法院组成合议庭审查核实并经院长批准后，可以裁定终结本次执行程序。

依照前款规定终结执行后，申请执行人发现被执行人有可供执行财产的，可以再次申请执行。再次申请不受申请执行时效期间的限制。

**第五百二十条** 因撤销申请而终结执行后，当事人在民事诉讼法第二百三十九条规定的申请执行时效期间内再次申请执行的，人民法院应当受理。

**第五百二十一条** 在执行终结六个月内，被执行人或者其他人对已执行的标的有妨害行为的，人民法院可以依申请排除妨害，并可以依照民事诉讼法第一百一十一条规定进行处罚。因妨害行为给执行债权人或者其他人造成损失的，受害人可以另行起诉。

最高人民法院

# 关于适用《中华人民共和国民事诉讼法》执行程序若干问题的解释

法释〔2008〕13号

为了依法及时有效地执行生效法律文书，维护当事人的合法权益，根据2007年10月修改后的《中华人民共和国民事诉讼法》（以下简称民事诉讼法），结合人民法院执行工作实际，对执行程序中适用法律的若干问题作出如下解释：

**第一条** 申请执行人向被执行的财产所在地人民法院申请执行的，应当提供该人民法院辖区有可供执行财产的证明材料。

**第二条** 对两个以上人民法院都有管辖权的执行案件，人民法院在立案前发现其他有管辖权的人民法院已经立案的，不得重复立案。

立案后发现其他有管辖权的人民法院已经立案的，应当撤销案件；已经采取执行措施的，应当将控制的财产交先立案的执行法院处理。

**第三条** 人民法院受理执行申请后，当事人对管辖权有异议的，应当自收到执行通知书之日起十日内提出。

人民法院对当事人提出的异议，应当审查。异议成立的，应当撤销执行案件，并告知当事人向有管辖权的人民法院申请执行；异议不成立的，裁定驳回。当事人对裁定不服的，可以向上一级人民法院申请复议。

管辖权异议审查和复议期间，不停止执行。

**第四条** 对人民法院采取财产保全措施的案件，申请执行人向采取保全措施的人民法院以外的其他有管辖权的人民法院申请执行的，采取保全措施的人民法院应当将保全的财产交执行法院处理。

**第五条** 执行过程中，当事人、利害关系人认为执行法院的执行行为违反法律规定的，可以依照民事诉讼法第二百零二条的规定提出异议。

执行法院审查处理执行异议，应当自收到书面异议之日起十五日内作出裁定。

**第六条** 当事人、利害关系人依照民事诉讼法第二百零二条规定申请复议的，应当采取书面形式。

**第七条** 当事人、利害关系人申请复议的书面材料，可以通过执行法院转交，也可以直接向执行法院的上一级人民法院提交。

执行法院收到复议申请后，应当在五日内将复议所需的案卷材料报送上一级人民法院；上一级人民法院收到复议申请后，应当通知执行法院在五日内报送复议所需的案卷材料。

**第八条** 上一级人民法院对当事人、利害关系人的复议申请，应当组成合议庭进行审查。

**第九条** 当事人、利害关系人依照民事诉讼法第二百零二条规定申请复议的，上一级人民法院应当自收到复议申请之日起三十日内审查完毕，并作出裁定。有特殊情况需要延长的，经本院院长批准，可以延长，延长的期限不得超过三十日。

**第十条** 执行异议审查和复议期间，不停止执行。

被执行人、利害关系人提供充分、有效的担保请求停止相应处分措施的，人民法院可以准许；申请执行人提供充分、有效的担保请求继续执行的，应当继续执行。

**第十一条** 依照民事诉讼法第二百零三条的规定，有下列情形之一的，上一级人民法院可以根据申请执行人的申请，责令执行法院限期执行或者变更执行法院：

（一）债权人申请执行时被执行人有可供执行的财产，执行法院自收到申请执行书之日起超过六个月对该财产未执行完结的；

（二）执行过程中发现被执行人可供执行的财产，执行法院自发现财产之日起超过六个月对该财产未执行完结的；

（三）对法律文书确定的行为义务的执行，执行法院自收到申请执行书之日起超过六个月未依法采取相应执行措施的；

（四）其他有条件执行超过六个月未执行的。

**第十二条** 上一级人民法院依照民事诉讼法第二百零三条规定责令执行法院限期执行的，应当向其发出督促执行令，并将有关情况书面通知申请执行人。

上一级人民法院决定由本院执行或者指令本辖区其他人民法院执行的，应当作出裁定，送达当事人并通知有关人民法院。

**第十三条** 上一级人民法院责令执行法院限期执行，执行法院在指定期间内无正当理由仍未执行完结的，上一级人民法院应当裁定由本院执行或者指令本辖区其他人民法院执行。

**第十四条** 民事诉讼法第二百零三条规定的六个月期间，不应当计算执行中的公告期间、鉴定评估期间、管辖争议处理期间、执行争议协调期间、暂缓执行期间以及中止执行期间。

**第十五条** 案外人对执行标的主张所有权或者有其他足以阻止执行标的转让、交付的实体权利的，可以依照民事诉讼法第二百零四条的规定，向执行法院提出异议。

**第十六条** 案外人异议审查期间，人民法院不得对执行标的进行处分。

案外人向人民法院提供充分、有效的担保请求解除对异议标的的查封、扣押、冻结的，人民法院可以准许；申请执行人提供充分、有效的担保请求继续执行的，应当继续执行。

因案外人提供担保解除查封、扣押、冻结有错误，致使该标的无法执行的，人民法院可以直接执行担保财产；申请执行人提供担保请求继续执行有错误，给对方造成损失的，应当予以赔偿。

**第十七条** 案外人依照民事诉讼法第二百零四条规定提起诉讼，对执行标的主张实体权利，并请求对执行标的停止执行的，应当以申请执行人为被告；被执行人反对案外人对执行标的所主张的实体权利的，应当以申请执行人和被执行人为共同被告。

**第十八条** 案外人依照民事诉讼法第二百零四条规定提起诉讼的，由执行法院管辖。

**第十九条** 案外人依照民事诉讼法第二百零四条规定提起诉讼的，执行法院应当依照诉讼程序审理。经审理，理由不成立的，判决驳回其诉讼请求；理由成立的，根据案外人的诉讼请求作出相应的裁判。

**第二十条** 案外人依照民事诉讼法第二百零四条规定提起诉讼的，诉讼期间，不停止执行。

案外人的诉讼请求确有理由或者提供充分、有效的担保请求停止执行的，可以裁定停止对执行标的进行处分；申请执行人提供充分、有效的担保请求继续执行的，应当继续执行。

案外人请求停止执行、请求解除查封、扣押、冻结或者申请执行人请求继续执行有错误，给对方造成损失的，应当予以赔偿。

**第二十一条** 申请执行人依照民事诉讼法第二百零四条规定提起诉讼，请求对执行标的许可执行的，应当以案外人为被告；被执行人反对申请执行人请求的，应当以案外人和被执行人为共同被告。

**第二十二条** 申请执行人依照民事诉讼法第二百零四条规定提起诉讼的，由执行法院管辖。

**第二十三条** 人民法院依照民事诉讼法第二百零四条规定裁定对异议标的中止执行后，申请执行人自裁定送达之日起十五日内未提起诉讼的，人民法院应当裁定解除已经采取的执行措施。

**第二十四条** 申请执行人依照民事诉讼法第二百零四条规定提起诉讼的，执行法院应当依照诉讼程序审理。经审理，理由不成立的，判决驳回其诉讼请求；理由成立的，根据申请执行人的诉讼请求作出相应的裁判。

**第二十五条** 多个债权人对同一被执行人申请执行或者对执行财产申请参与分配的，执行法院应当制作财产分配方案，并送达各债权人和被执行人。债权人或者被执行人对分配方案有异议的，应当自收到分配方案之日起十五日内向执行法院提出书面异议。

**第二十六条** 债权人或者被执行人对分配方案提出书面异议的，执行法院应当通知未提出异议的债权人或被执行人。

未提出异议的债权人、被执行人收到通知之日起十五日内未提出反对意见的，执行法院依异议人的意见对分配方案审查修正后进行分配；提出反对意见的，应当通知异议人。异议人可以自收到通知之日起十五日内，以提出反对意见的债权人、被执行人为被告，向执行法院提起诉讼；异议人逾期未提起诉讼的，执行法院依原分配方案进行分配。

诉讼期间进行分配的，执行法院应当将与争议债权数额相应的款项予以提存。

**第二十七条** 在申请执行时效期间的最后六个月内，因不可抗力或者其他障碍不能行使请求权的，申请执行时效中止。从中止时效的原因消除之日起，申请执行时效期间继续计算。

**第二十八条** 申请执行时效因申请执行、当事人双方达成和解协议、当事人一方提出履行要求或者同意履行义务而中断。从中断时起，申请执行时效期间重新计算。

**第二十九条** 生效法律文书规定债务人负有不作为义务的，申请执行时效期间从债务人违反不作为义务之日起计算。

**第三十条** 执行员依照民事诉讼法第二百一十六条规定立即采取强制执行措施的，可以同时或者自采取强制执行措施之日起三日内发送执行通知书。

**第三十一条** 人民法院依照民事诉讼法第二百一十七条规定责令被执行人报告财产情况的，应当向其发出报告财产令。报告财产令中应当写明报告财产的范围、报告财产的期间、拒绝报告或者虚假报告的法律后果等内容。

**第三十二条** 被执行人依照民事诉讼法第二百一十七条的规定，应当书面报告下列财产情况：

（一）收入、银行存款、现金、有价证券；

（二）土地使用权、房屋等不动产；

（三）交通运输工具、机器设备、产品、原材料等动产；

（四）债权、股权、投资权益、基金、知识产权等财产性权利；

（五）其他应当报告的财产。

被执行人自收到执行通知之日前一年至当前财产发生变动的，应当对该变动情况进行报告。

被执行人在报告财产期间履行全部债务的，人民法院应当裁定终结报告程序。

**第三十三条** 被执行人报告财产后，其财产情况发生变动，影响申请执行人债权实现的，应当自财产变动之日起十日内向人民法院补充报告。

**第三十四条** 对被执行人报告的财产情况，申请执行人请求查询的，人民法院应当准许。申请执行人对查询的被执行人财产情况，应当保密。

**第三十五条** 对被执行人报告的财产情况，执行法院可以依申请执行人的申请或者依职权调查核实。

**第三十六条** 依照民事诉讼法第二百三十一条规定对被执行人限制出境的，应当由申请执行人向执行法院提出书面申请；必要时，执行法院可以依职权决定。

**第三十七条** 被执行人为单位的，可以对其法定代表人、主要负责人或者影响债务履行的直接责任人员限制出境。

被执行人为无民事行为能力人或者限制民事行为能力人的，可以对其法定代理人限制出境。

**第三十八条** 在限制出境期间，被执行人履行法律文书确定的全部债务的，执行法院应当及时解除限制出境措施；被执行人提供充分、有效的担保或者申请执行人同意的，可以解除限制出境措施。

**第三十九条** 依照民事诉讼法第二百三十一条的规定，执行法院可以依职权或者依申请执行人的申请，将被执行人不履行法律文书确定义务的信息，通过报纸、广播、电视、互联网等媒体公布。

媒体公布的有关费用，由被执行人负担；申请执行人申请在媒体公布的，应当垫付有关费用。

**第四十条** 本解释施行前本院公布的司法解释与本解释不一致的，以本解释为准。

最高人民法院

# 关于人民法院执行工作若干问题的规定（试行）

法释〔1998〕15号

为了保证在执行程序中正确适用法律，及时有效地执行生效法律文书，维护当事人的合法权益，根据《中华人民共和国民事诉讼法》（以下简称民事诉讼法）等有关法律的规定，结合人民法院执行工作的实践经验，现对人民法院执行工作若干问题作如下规定。

## 一、执行机构及其职责

1. 人民法院根据需要，依据有关法律的规定，设立执行机构，专门负责执行工作。

2. 执行机构负责执行下列生效法律文书：

（1）人民法院民事、行政判决、裁定、调解书，民事制裁决定、支付令，以及刑事附带民事判决、裁定、调解书；

（2）依法应由人民法院执行的行政处罚决定、行政处理决定；

（3）我国仲裁机构作出的仲裁裁决和调解书；人民法院依据《中华人民共和国仲裁法》有关规定作出的财产保全和证据保全裁定；

（4）公证机关依法赋予强制执行效力的关于追偿债款、物品的债权文书；

（5）经人民法院裁定承认其效力的外国法院作出的判决、裁定，以及国外仲裁机构作出的仲裁裁决；

（6）法律规定由人民法院执行的其他法律文书。

3. 人民法院在审理民事、行政案件中作出的财产保全和先予执行裁定，由审理案件的审判庭负责执行。

4. 人民法庭审结的案件，由人民法庭负责执行。其中复杂、疑难或被执行人不在本法院辖区的案件，由执行机构负责执行。

5. 执行程序中重大事项的办理，应由三名以上执行员讨论，并报经院长批准。

6. 依据民事诉讼法第二百一十七条或第二百六十条的规定对仲裁裁决是否有不予执行事由进行审查的，应组成合议庭进行。

7. 执行机构应配备必要的交通工具、通讯设备、音像设备和警械用具等，以保障及时有效地履行职责。

8. 执行人员执行公务时，应向有关人员出示工作证和执行公务证，并按规定着装。必要时应由司法警察参加。

执行公务证由最高人民法院统一制发。

9. 上级人民法院执行机构负责本院对下级人民法院执行工作的监督、指导和协调。

## 二、执行管辖

10. 仲裁机构作出的国内仲裁裁决、公证机关依法赋予强制执行效力的公证债权文书，由被执行人住所地或被执行的财产所在地人民法院执行。

前款案件的级别管辖，参照各地法院受理诉讼案件的级别管辖的规定确定。

11. 在国内仲裁过程中，当事人申请财产保全，经仲裁机构提交人民法院的，由被申请人住所地或被申请保全的财产所在地的基层人民法院裁定并执行；申请证据保全的，由证据所在地的基层人民法院裁定并执行。

12. 在涉外仲裁过程中，当事人申请财产保全，经仲裁机构提交人民法院的，由被申请人住所地或被申请保全的财产所在地的中级人民法院裁定并执行；申请证据保全的，由证据所在地的中级人民法院裁定并执行。

13. 专利管理机关依法作出的处理决定和处罚决定，由被执行人住所地或财产所在地的省、自治区、直辖市有权受理专利纠纷案件的中级人民法院执行。

14. 国务院各部门、各省、自治区、直辖市人民政府和海关依照法律、法规作出的处理决定和处罚决定，由被执行人住所地或财产所在地的中级人民法院执行。

15. 两个以上人民法院都有管辖权的，当事人可以向其中一个人民法院申请执行；当事人向两个以上人民法院申请执行的，由最先立案的人民法院管辖。

16. 人民法院之间因执行管辖权发生争议的，由双方协商解决；协商不成的，报请双方共同的上级人民法院指定管辖。

17. 基层人民法院和中级人民法院管辖的执行案件，因特殊情况需要由上级人民法院执行的，可以报请上级人民法院执行。

## 三、执行的申请和移送

18. 人民法院受理执行案件应当符合下列条件：

（1）申请或移送执行的法律文书已经生效；

（2）申请执行人是生效法律文书确定的权利人或其继承人、权利承受人；

（3）申请执行人在法定期限内提出申请；

（4）申请执行的法律文书有给付内容，且执行标的和被执行人明确；

（5）义务人在生效法律文书确定的期限内未履行义务；

（6）属于受申请执行的人民法院管辖。

人民法院对符合上述条件的申请，应当在七日内予以立案；不符合上述条件之一的，应当在七日内裁定不予受理。

19. 生效法律文书的执行，一般应当由当事人依法提出申请。

发生法律效力的具有给付赡养费、扶养费、扶育费内容的法律文书、民事制裁决定书，以及刑事附带民事判决、裁定、调解书，由审判庭移送执行机构执行。

20. 申请执行，应向人民法院提交下列文件和证件：

（1）申请执行书。申请执行书中应当写明申请执行的理由、事项、执行标的，以及申请执行人所了解的被执行人的财产状况。

申请执行人书写申请执行书确有困难的，可以口头提出申请。人民法院接待人员对口头申请应当制作笔录，由申请执行人签字或盖章。

外国一方当事人申请执行的，应当提交中文申请执行书。当事人所在国与我国缔结或共同参加的司法协助条约有特别规定的，按照条约规定办理。

（2）生效法律文书副本。

（3）申请执行人的身份证明。公民个人申请的，应当出示居民身份证；法人申请的，应当提交法人营业执照副本和法定代表人身份证明；其他组织申请的，应当提交营业执照副本和主要负责人身份证明。

（4）继承人或权利承受人申请执行的，应当提交继承或承受权利的证明文件。

（5）其他应当提交的文件或证件。

21. 申请执行仲裁机构的仲裁裁决，应当向人民法院提交有仲裁条款的合同书或仲裁协议书。

申请执行国外仲裁机构的仲裁裁决的，应当提交经我国驻外使领馆认证或我国公证机关公证的仲裁裁决书中文本。

22. 申请执行人可以委托代理人代为申请执行。委托代理的，应当向人民法院提交经委托人签字或盖章的授权委托书，写明委托事项和代理人的权限。

委托代理人代为放弃、变更民事权利，或代为进行执行和解，或代为收取执行款项的，应当有委托人的特别授权。

23. 申请人民法院强制执行，应当按照人民法院诉讼收费办法的规定缴纳申请执行的费用。

## 四、执行前的准备和对被执行人财产状况的查明

24. 人民法院决定受理执行案件后，应当在三日内向被执行人发出执行通知书，责令其在指定的期间内履行生效法律文书确定的义务，并承担民事诉讼法第二百三十二条规定的迟延履行期间的债务利息或迟延履行金。

25. 执行通知书的送达，适用民事诉讼法关于送达的规定。

26. 被执行人未按执行通知书指定的期间履行生效法律文书确定的义务的，应当及时采取执行措施。

在执行通知书指定的期限内，被执行人转移、隐匿、变卖、毁损财产的，应当立即采取执行措施。

人民法院采取执行措施，应当制作裁定书，送达被执行人。

27. 人民法院执行非诉讼生效法律文书，必要时可向制作生效法律文书的机构调取卷宗材料。

28. 申请执行人应当向人民法院提供其所了解的被执行人的财产状况或线索。被执行人必须如实向人民法院报告其财产状况。

人民法院在执行中有权向被执行人、有关机关、社会团体、企业事业单位或公民个人，调查了解被执行人的财产状况，对调查所需的材料可以进行复制、抄录或拍照，但应当依法保密。

29. 为查明被执行人的财产状况和履行义务的能力，可以传唤被执行人或被执行人的法定代表人或负责人到人民法院接受询问。

30. 被执行人拒绝按人民法院的要求提供其有关财产状况的证据材料的，人民法院可以按照民事诉讼法第二百二十七条的规定进行搜查。

31. 人民法院依法搜查时，对被执行人可能存放隐匿的财物及有关证据材料的处所、箱柜等，经责令被执行人开启而拒不配合的，可以强制开启。

## 五、金钱给付的执行

32. 查询、冻结、划拨被执行人在银行（含其分理处、营业所和储蓄所）、非银行金融机构、其他有储蓄业务的单位（以下简称金融机构）的存款，依照中国人民银行、最高人民法院、最高人民检察院、公安部《关于查

询、冻结、扣划企业事业单位、机关、团体银行存款的通知》的规定办理。

33. 金融机构擅自解冻被人民法院冻结的款项，致冻结款项被转移的，人民法院有权责令其限期追回已转移的款项。在限期内未能追回的，应当裁定该金融机构在转移的款项范围内以自己的财产向申请执行人承担责任。

34. 被执行人为金融机构的，对其交存在人民银行的存款准备金和备付金不得冻结和扣划，但对其在本机构、其他金融机构的存款，及其在人民银行的其他存款可以冻结、划拨，并可对被执行人的其他财产采取执行措施，但不得查封其营业场所。

35. 作为被执行人的公民，其收入转为储蓄存款的，应当责令其交出存单。拒不交出的，人民法院应当作出提取其存款的裁定，向金融机构发出协助执行通知书，并附生效法律文书，由金融机构提取被执行人的存款交人民法院或存入人民法院指定的账户。

36. 被执行人在有关单位的收入尚未支取的，人民法院应当作出裁定，向该单位发出协助执行通知书，由其协助扣留或提取。

37. 有关单位收到人民法院协助执行被执行人收入的通知后，擅自向被执行人或其他人支付的，人民法院有权责令其限期追回；逾期未追回的，应当裁定其在支付的数额内向申请执行人承担责任。

38. 被执行人无金钱给付能力的，人民法院有权裁定对被执行人的其他财产采取查封、扣押措施。裁定书应送达被执行人。

采取前款措施需有关单位协助的，应当向有关单位发出协助执行通知书，连同裁定书副本一并送达有关单位。

39. 查封、扣押财产的价值应当与被执行人履行债务的价值相当。

40. 人民法院对被执行人所有的其他人享有抵押权、质押权或留置权的财产，可以采取查封、扣押措施。财产拍卖、变卖后所得价款，应当在抵押权人、质押权人或留置权人优先受偿后，其余额部分用于清偿申请执行人的债权。

41. 对动产的查封，应当采取加贴封条的方式。不便加贴封条的，应当张贴公告。

对有产权证照的动产或不动产的查封，应当向有关管理机关发出协助执行通知书，要求其不得办理查封财产的转移过户手续，同时可以责令被执行人将有关财产权证照交人民法院保管。必要时也可以采取加贴封条或张贴公告的方法查封。

既未向有关管理机关发出协助执行通知书，也未采取加贴封条或张贴公告的办法查封的，不得对抗其他人民法院的查封。

42. 被查封的财产，可以指令由被执行人负责保管。如继续使用被查封的财产对其价值无重大影响，可以允许被执行人继续使用。因被执行人保管或使用的过错造成的损失，由被执行人承担。

43. 被扣押的财产，人民法院可以自行保管，也可以委托其他单位或个人保管。对扣押的财产，保管人不得使用。

44. 被执行人或其他人擅自处分已被查封、扣押、冻结财产的，人民法院有权责令责任人限期追回财产或承担相应的赔偿责任。

45. 被执行人的财产经查封、扣押后，在人民法院指定的期间内履行义务的，人民法院应当及时解除查封、扣押措施。

46. 人民法院对查封、扣押的被执行人财产进行变价时，应当委托拍卖机构进行拍卖。

财产无法委托拍卖、不适于拍卖或当事人双方同意不需要拍卖的，人民法院可以交由有关单位变卖或自行组织变卖。

47. 人民法院对拍卖、变卖被执行人的财产，应当委托依法成立的资产评估机构进行价格评估。

48. 被执行人申请对人民法院查封的财产自行变卖的，人民法院可以准许，但应当监督其按照合理价格在指定的期限内进行，并控制变卖的价款。

49. 拍卖、变卖被执行人的财产成交后，必须即时钱物两清。

委托拍卖、组织变卖被执行人财产所发生的实际费用，从所得价款中优先扣除。所得价款超出执行标的数额和执行费用的部分，应当退还被执行人。

50. 被执行人不履行生效法律文书确定的义务，人民法院有权裁定禁止被执行人转让其专利权、注册商标专用权、著作权（财产权部分）等知识产权。上述权利有登记主管部门的，应当同时向有关部门发出协助执行通知书，要求其不得办理财产权转移手续，必要时可以责令被执行人将产权或使用权证照交人民法院保存。

对前款财产权，可以采取拍卖、变卖等执行措施。

51. 对被执行人从有关企业中应得的已到期的股息或红利等收益，人民法院有权裁定禁止被执行人提取和有关企业向被执行人支付，并要求有关企业直接向申请执行人支付。

对被执行人预期从有关企业中应得的股息或红利等收益，人民法院可以采取冻结措施，禁止到期后被执行人提取和有关企业向被执行人支付。到期后人民法院可从有关企业中提取，并出具提取收据。

52. 对被执行人在其他股份有限公司中持有的股份凭证（股票），人民法院可以扣押，并强制被执行人按照公司法的有关规定转让，也可以直接采取拍卖、变卖的方式进行处分，或直接将股票抵偿给债权人，用于清偿被执行人的债务。

53. 对被执行人在有限责任公司、其他法人企业中的投资权益或股权，人民法院可以采取冻结措施。

冻结投资权益或股权的，应当通知有关企业不得办理被冻结投资权益或股权的转移手续，不得向被执行人支付股息或红利。被冻结的投资权益或股权，被执行人不得自行转让。

54. 被执行人在其独资开办的法人企业中拥有的投资权益被冻结后，人民法院可以直接裁定予以转让，以转让所得清偿其对申请执行人的债务。

对被执行人在有限责任公司中被冻结的投资权益或股权，人民法院可以依据《中华人民共和国公司法》第三十五条、第三十六条的规定，征得全体股东过半数同意后，予以拍卖、变卖或以其他方式转让。不同意转让的股东，应当购买该转让的投资权益或股权，不购买的，视为同意转让，不影响执行。

人民法院也可允许并监督被执行人自行转让其投资权益或股权，将转让所得收益用于清偿对申请执行人的债务。

55. 对被执行人在中外合资、合作经营企业中的投资权益或股权，在征得合资或合作他方的同意和对外经济贸易主管机关的批准后，可以对冻结的投资权益或股权予以转让。

如果被执行人除在中外合资、合作企业中的股权以外别无其他财产可供执行，其他股东又不同意转让的，可以直接强制转让被执行人的股权，但应当保护合资他方的优先购买权。

56. 有关企业收到人民法院发出的协助冻结通知后，擅自向被执行人支付股息或红利，或擅自为被执行人办理已冻结股权的转移手续，造成已转移的财产无法追回的，应当在所支付的股息或红利或转移的股权价值范围内向申请执行人承担责任。

## 六、交付财产和完成行为的执行

57. 生效法律文书确定被执行人交付特定标的物的，应当执行原物。原物被隐匿或非法转移的，人民法院有权责令其交出。原物确已变质、损坏或灭失的，应当裁定折价赔偿或按标的物的价值强制执行被执行人的其他财产。

58. 有关单位或公民持有法律文书指定交付的财物或票证，在接到人民法院协助执行通知书或通知书后，协同被执行人转移财物或票证的，人民法院有权责令其限期追回；逾期未追回的，应当裁定其承担赔偿责任。

59. 被执行人的财产经拍卖、变卖或裁定以物抵债后，需从现占有人处交付给买受人或申请执行人的，适用民事诉讼法第二百二十八条、第二百二十九条和本规定57条、58条的规定。

60. 被执行人拒不履行生效法律文书中指定的行为的，人民法院可以强制其履行。

对于可以替代履行的行为，可以委托有关单位或他人完成，因完成上述行为发生的费用由被执行人承担。

对于只能由被执行人完成的行为，经教育，被执行人仍拒不履行的，人民法院应当按照妨害执行行为的有关规定处理。

## 七、被执行人到期债权的执行

61. 被执行人不能清偿债务，但对本案以外的第三人享有到期债权的，人民法院可以依申请执行人或被执行人的申请，向第三人发出履行到期债务的通知（以下简称履行通知）。履行通知必须直接送达第三人。

履行通知应当包含下列内容：

（1）第三人直接向申请执行人履行其对被执行人所负的债务，不得向被执行人清偿；

（2）第三人应当在收到履行通知后的十五日内向申请执行人履行债务；

（3）第三人对履行到期债权有异议的，应当在收到履行通知后的十五日内向执行法院提出；

（4）第三人违背上述义务的法律后果。

62. 第三人对履行通知的异议一般应当以书面形式提出，口头提出的，执行人员应记入笔录，并由第三人签字或盖章。

63. 第三人在履行通知指定的期间内提出异议的，人民法院不得对第三人强制执行，对提出的异议不进行审查。

64. 第三人提出自己无履行能力或其与申请执行人无直接法律关系，不属于本规定所指的异议。第三人对债务部分承认、部分有异议的，可以对其承认的部分强制执行。

65. 第三人在履行通知指定的期限内没有提出异议，而又不履行的，执行法院有权裁定对其强制执行。此裁定同时送达第三人和被执行人。

66. 被执行人收到人民法院履行通知后，放弃其对第三人的债权或延缓第三人履行期限的行为无效，人民法院仍可在第三人无异议又不履行的情况下予以强制执行。

67. 第三人收到人民法院要求其履行到期债务的通知后，擅自向被执行人履行，造成已向被执行人履行的财产不能追回的，除在已履行的财产范围内与被执行人承担连带清偿责任外，可以追究其妨害执行的责任。

68. 在对第三人作出强制执行裁定后，第三人确无财产可供执行的，不得就第三人对他人享有的到期债权强制执行。

69. 第三人按照人民法院履行通知向申请执行人履行了债务或已被强制执行后，人民法院应当出具有关证明。

## 八、对案外人异议的处理

70. 案外人对执行标的主张权利的，可以向执行法院提出异议。

案外人异议一般应当以书面形式提出，并提供相应的证据。以书面形式提出确有困难的，可以允许以口头形式提出。

71. 对案外人提出的异议，执行法院应当依照民事诉讼法第二百零八条的规定进行审查。

审查期间可以对财产采取查封、扣押、冻结等保全措施，但不得进行处分。正在实施的处分措施应当停止。

经审查认为案外人的异议理由不成立的，裁定驳回其异议，继续执行。

72. 案外人提出异议的执行标的物是法律文书指定交付的特定物，经审查认为案外人的异议成立的，报经院长批准，裁定对生效法律文书中该项内容中止执行。

73. 执行标的物不属生效法律文书指定交付的特定物，经审查认为案外人的异议成立的，报经院长批准，停止对该标的物的执行。已经采取的执行措施应当裁定立即解除或撤销，并将该标的物交还案外人。

74. 对案外人提出的异议一时难以确定是否成立，案外人已提供确实有效的担保的，可以解除查封、扣押措施。申请执行人提供确实有效的担保的，可以继续执行。因提供担保而解除查封扣押或继续执行有错误，给对方造成损失的，应裁定以担保的财产予以赔偿。

75. 执行上级人民法院的法律文书遇有本规定 72 条规定的情形的，或执行的财产是上级人民法院裁定保全的财产时遇有本规定 73 条、74 条规定的情形的，需报经上级人民法院批准。

## 九、被执行主体的变更和追加

76. 被执行人为无法人资格的私营独资企业，无能力履行法律文书确定的义务的，人民法院可以裁定执行该独资企业业主的其他财产。

77. 被执行人为个人合伙组织或合伙型联营企业，无能力履行生效法律文书确定的义务的，人民法院可以裁定追加该合伙组织的合伙人或参加该联营企业的法人为被执行人。

78. 被执行人为企业法人的分支机构不能清偿债务时，可以裁定企业法人为被执行人。企业法人直接经营管理的财产仍不能清偿债务的，人民法院可以裁定执行该企业法人其他分支机构的财产。

若必须执行已被承包或租赁的企业法人分支机构的财产时，对承包人或承租人投入及应得的收益应依法保护。

79. 被执行人按法定程序分立为两个或多个具有法人资格的企业，分立后存续的企业按照分立协议确定的比例承担债务；不符合法定程序分立的，裁定由分立后存续的企业按照其从被执行企业分得的资产占原企业总资产的比例对申请执行人承担责任。

80. 被执行人无财产清偿债务，如果其开办单位对其开办时投入的注册资金不实或抽逃注册资金，可以裁定变更或追加其开办单位为被执行人，在注册资金不实或抽逃注册资金的范围内，对申请执行人承担责任。

81. 被执行人被撤销、注销或歇业后，上级主管部门或开办单位无偿接受被执行人的财产，致使被执行人无遗留财产清偿债务或遗留财产不足清偿的，可以裁定由上级主管部门或开办单位在所接受的财产范围内承担责任。

82. 被执行人的开办单位已经在注册资金范围内或接受财产的范围内向其他债权人承担了全部责任的，人民法院不得裁定开办单位重复承担责任。

83. 依照民事诉讼法第二百一十三条、最高人民法院关于适用民事诉讼法若干问题的意见第271条至第274条及本规定裁定变更或追加被执行主体的，由执行法院的执行机构办理。

## 十、执行担保和执行和解

84. 被执行人或其担保人以财产向人民法院提供执行担保的，应当依据《中华人民共和国担保法》的有关规定，按照担保物的种类、性质，将担保物移交执行法院，或依法到有关机关办理登记手续。

85. 人民法院在审理案件期间，保证人为被执行人提供保证，人民法院据此未对被执行人的财产采取保全措施或解除保全措施的，案件审结后如果被执行人无财产可供执行或其财产不足清偿债务时，即使生效法律文书中未确定保证人承担责任，人民法院有权裁定执行保证人在保证责任范围内的财产。

86. 在执行中，双方当事人可以自愿达成和解协议，变更生效法律文书确定的履行义务主体、标的物及其数额、履行期限和履行方式。

和解协议一般应当采取书面形式。执行人员应将和解协议副本附卷。无书面协议的，执行人员应将和解协议的内容记入笔录，并由双方当事人签名或盖章。

87. 当事人之间达成的和解协议合法有效并已履行完毕的，人民法院作执行结案处理。

## 十一、多个债权人对一个债务人申请执行和参与分配

88. 多份生效法律文书确定金钱给付内容的多个债权人分别对同一被执行人申请执行，各债权人对执行标的物均无担保物权的，按照执行法院采取执行措施的先后顺序受偿。

多个债权人的债权种类不同的，基于所有权和担保物权而享有的债权，优先于金钱债权受偿。有多个担保物权的，按照各担保物权成立的先后顺序清偿。

一份生效法律文书确定金钱给付内容的多个债权人对同一被执行人申请执行，执行的财产不足清偿全部债务的，各债权人对执行标的物均无担保物权的，按照各债权比例受偿。

89. 被执行人为企业法人，其财产不足清偿全部债务的，可告知当事人依法申请被执行人破产。

90. 被执行人为公民或其他组织，其全部或主要财产已被一个人民法院因执行确定金钱给付的生效法律文书而查封、扣押或冻结，无其他财产可供执行或其他财产不足清偿全部债务的，在被执行的财产被执行完毕前，对该被执行人已经取得金钱债权执行依据的其他债权人可以申请对被执行人的财产参与分配。

91. 对参与被执行人财产的具体分配，应当由首先查封、扣押或冻结的法院主持进行。

首先查封、扣押、冻结的法院所采取的执行措施如系为执行财产保全裁定，具体分配应当在该院案件审理终结后进行。

92. 债权人申请参与分配的，应当向其原申请执行法院提交参与分配申请书，写明参与分配的理由，并附有执行依据。该执行法院应将参与分配申请书转交给主持分配的法院，并说明执行情况。

93. 对人民法院查封、扣押或冻结的财产有优先权、担保物权的债权人，可以申请参加参与分配程序，主张优先受偿权。

94. 参与分配案件中可供执行的财产，在对享有优先权、担保权的债权人依照法律规定的顺序优先受偿后，按照各个案件债权额的比例进行分配。

95. 被执行人的财产分配给各债权人后，被执行人对其剩余债务应当继续清偿。债权人发现被执行人有其他财产的，人民法院可以根据债权人的申请

继续依法执行。

96. 被执行人为企业法人，未经清理或清算而撤销、注销或歇业，其财产不足清偿全部债务的，应当参照本规定90条至95条的规定，对各债权人的债权按比例清偿。

## 十二、对妨害执行行为的强制措施的适用

97. 对必须到人民法院接受询问的被执行人或被执行人的法定代表人或负责人，经两次传票传唤，无正当理由拒不到场的，人民法院可以对其进行拘传。

98. 对被拘传人的调查询问不得超过二十四小时，调查询问后不得限制被拘传人的人身自由。

99. 在本辖区以外采取拘传措施时，应当将被拘传人拘传到当地法院，当地法院应予以协助。

100. 被执行人或其他人有下列拒不履行生效法律文书或者妨害执行行为之一的，人民法院可以依照民事诉讼法第一百零二条的规定处理：

（1）隐藏、转移、变卖、毁损向人民法院提供执行担保的财产的；

（2）案外人与被执行人恶意串通转移被执行人财产的；

（3）故意撕毁人民法院执行公告、封条的；

（4）伪造、隐藏、毁灭有关被执行人履行能力的重要证据，妨碍人民法院查明被执行人财产状况的；

（5）指使、贿买、胁迫他人对被执行人的财产状况和履行义务的能力问题作伪证的；

（6）妨碍人民法院依法搜查的；

（7）以暴力、威胁或其他方法妨碍或抗拒执行的；

（8）哄闹、冲击执行现场的；

（9）对人民法院执行人员或协助执行人员进行侮辱、诽谤、诬陷、围攻、威胁、殴打或者打击报复的；

（10）毁损、抢夺执行案件材料、执行公务车辆、其他执行器械、执行人员服装和执行公务证件的。

101. 在执行过程中遇有被执行人或其他人拒不履行生效法律文书或者妨害执行情节严重，需要追究刑事责任的，应将有关材料移交有关机关处理。

## 十三、执行的中止、终结、结案和执行回转

102. 有下列情形之一的，人民法院应当依照民事诉讼法第二百三十四条

第一款第五项的规定裁定中止执行：

（1）人民法院已受理以被执行人为债务人的破产申请的；

（2）被执行人确无财产可供执行的；

（3）执行的标的物是其他法院或仲裁机构正在审理的案件争议标的物，需要等待该案件审理完毕确定权属的；

（4）一方当事人申请执行仲裁裁决，另一方当事人申请撤销仲裁裁决的；

（5）仲裁裁决的被申请执行人依据民事诉讼法第二百一十七条第二款的规定向人民法院提出不予执行请求，并提供适当担保的。

103. 按照审判监督程序提审或再审的案件，执行机构根据上级法院或本院作出的中止执行裁定书中止执行。

104. 中止执行的情形消失后，执行法院可以根据当事人的申请或依职权恢复执行。

恢复执行应当书面通知当事人。

105. 在执行中，被执行人被人民法院裁定宣告破产的，执行法院应当依照民事诉讼法第二百三十五条第六项的规定，裁定终结执行。

106. 中止执行和终结执行的裁定书应当写明中止或终结执行的理由和法律依据。

107. 人民法院执行生效法律文书，一般应当在立案之日起六个月内执行结案，但中止执行的期间应当扣除。确有特殊情况需要延长的，由本院院长批准。

108. 执行结案的方式为：

（1）生效法律文书确定的内容全部执行完毕；

（2）裁定终结执行；

（3）裁定不予执行；

（4）当事人之间达成执行和解协议并已履行完毕。

109. 在执行中或执行完毕后，据以执行的法律文书被人民法院或其他有关机关撤销或变更的，原执行机构应当依照民事诉讼法第二百一十四条的规定，依当事人申请或依职权，按照新的生效法律文书，作出执行回转的裁定，责令原申请执行人返还已取得的财产及其孳息。拒不返还的，强制执行。

执行回转应重新立案，适用执行程序的有关规定。

110. 执行回转时，已执行的标的物系特定物的，应当退还原物。不能退还原物的，可以折价抵偿。

## 十四、委托执行、协助执行和执行争议的协调

111. 凡需要委托执行的案件，委托法院应在立案后一个月内办妥委托执

行手续。超过此期限委托的，应当经对方法院同意。

112. 委托法院明知被执行人有下列情形的，应当及时依法裁定中止执行或终结执行，不得委托当地法院执行：

（1）无确切住所，长期下落不明，又无财产可供执行的；

（2）有关法院已经受理以被执行人为债务人的破产案件或者已经宣告其破产的。

113. 委托执行一般应在同级人民法院之间进行。经对方法院同意，也可委托上一级的法院执行。

被执行人是军队企业的，可以委托其所在地的军事法院执行。

执行标的物是船舶的，可以委托有关海事法院执行。

114. 委托法院应当向受委托法院出具书面委托函，并附送据以执行的生效法律文书副本原件、立案审批表复印件及有关情况说明，包括财产保全情况、被执行人的财产状况、生效法律文书履行的情况，并注明委托法院地址、联系电话、联系人等。

115. 委托执行案件的实际支出费用，由受托法院向被执行人收取，确有必要的，可以向申请执行人预收。委托法院已经向申请执行人预收费用的，应当将预收的费用转交受托法院。

116. 案件委托执行后，未经受托法院同意，委托法院不得自行执行。

117. 受托法院接到委托后，应当及时将指定的承办人、联系电话、地址等告知委托法院；如发现委托执行的手续、资料不全，应及时要求委托法院补办。但不得据此拒绝接受委托。

118. 受托法院对受托执行的案件应当严格按照民事诉讼法和最高人民法院有关规定执行，有权依法采取强制执行措施和对妨害执行行为的强制措施。

119. 被执行人在受托法院当地有工商登记或户籍登记，但人员下落不明，如有可供执行的财产，可以直接执行其财产。

120. 对执行担保和执行和解的情况以及案外人对非属法律文书指定交付的执行标的物提出的异议，受托法院可以按照有关法律规定处理，并及时通知委托法院。

121. 受托法院在执行中，认为需要变更被执行人的，应当将有关情况函告委托法院，由委托法院依法决定是否作出变更被执行人的裁定。

122. 受托法院认为受托执行的案件应当中止、终结执行的，应提供有关证据材料，函告委托法院作出裁定。受托法院提供的证据材料确实、充分的，委托法院应当及时作出中止或终结执行的裁定。

123. 受托法院认为委托执行的法律文书有错误，如执行可能造成执行回转困难或无法执行回转的，应当首先采取查封、扣押、冻结等保全措施，必要时要将保全款项划到法院帐户，然后函请委托法院审查。受托法院按照委托法院的审查结果继续执行或停止执行。

124. 人民法院在异地执行时，当地人民法院应当积极配合，协同排除障碍，保证执行人员的人身安全和执行装备、执行标的物不受侵害。

125. 两个或两个以上人民法院在执行相关案件中发生争议的，应当协商解决。协商不成的，逐级报请上级法院，直至报请共同的上级法院协调处理。

执行争议经高级人民法院协商不成的，由有关的高级人民法院书面报请最高人民法院协调处理。

126. 执行中发现两地法院或人民法院与仲裁机构就同一法律关系作出不同裁判内容的法律文书的，各有关法院应当立即停止执行，报请共同的上级法院处理。

127. 上级法院协调处理有关执行争议案件，认为必要时，可以决定将有关款项划到本院指定的账户。

128. 上级法院协调下级法院之间的执行争议所作出的处理决定，有关法院必须执行。

## 十五、执行监督

129. 上级人民法院依法监督下级人民法院的执行工作。最高人民法院依法监督地方各级人民法院和专门法院的执行工作。

130. 上级法院发现下级法院在执行中作出的裁定、决定、通知或具体执行行为不当或有错误的，应当及时指令下级法院纠正，并可以通知有关法院暂缓执行。

下级法院收到上级法院指令后必须立即纠正。如果认为上级法院的指令有错误，可以在收到该指令后五日内请求上级法院复议。

上级法院认为请求复议的理由不成立，而下级法院仍不纠正的，上级法院可直接作出裁定或决定予以纠正，送达有关法院及当事人，并可直接向有关单位发出协助执行通知书。

131. 上级法院发现下级法院执行的非诉讼生效法律文书有不予执行事由，应当依法作出不予执行裁定而不制作的，可以责令下级法院在指定时限内作出裁定，必要时可直接裁定不予执行。

132. 上级法院发现下级法院的执行案件（包括受委托执行的案件）在规定的期限内未能执行结案的，应当作出裁定、决定、通知而不制作的，或应当依法实施具体执行行为而不实施的，应当督促下级法院限期执行，及时作出有关裁定等法律文书，或采取相应措施。

对下级法院长期未能执结的案件，确有必要的，上级法院可以决定由本院执行或与下级法院共同执行，也可以指定本辖区其他法院执行。

133. 上级法院在监督、指导、协调下级法院执行案件中，发现据以执行的生效法律文书确有错误的，应当书面通知下级法院暂缓执行，并按照审判监督程序处理。

134. 上级法院在申诉案件复查期间，决定对生效法律文书暂缓执行的，有关审判庭应当将暂缓执行的通知抄送执行机构。

135. 上级法院通知暂缓执行的，应同时指定暂缓执行的期限。暂缓执行的期限一般不得超过三个月。有特殊情况需要延长的，应报经院长批准，并及时通知下级法院。

暂缓执行的原因消除后，应当及时通知执行法院恢复执行。期满后上级法院未通知继续暂缓执行的，执行法院可以恢复执行。

136. 下级法院不按照上级法院的裁定、决定或通知执行，造成严重后果的，按照有关规定追究有关主管人员和直接责任人员的责任。

**十六、附则**

137. 本规定自公布之日起试行。

本院以前作出的司法解释与本规定有抵触的，以本规定为准。本规定未尽事宜，按照以前的规定办理。

## （三）规范性文件

### 最高人民法院<br>关于进一步加强民事送达工作的若干意见（节录）

法发〔2017〕19号

五、人民法院应当在登记立案时要求当事人确认送达地址。当事人拒绝确认送达地址的，依照《最高人民法院关于登记立案若干问题的规定》第七条的规定处理。

六、当事人在送达地址确认书中确认的送达地址，适用于第一审程序、第二审程序和执行程序。当事人变更送达地址，应当以书面方式告知人民法院。当事人未书面变更的，以其确认的地址为送达地址。

# 最高人民法院
# 关于执行权合理配置和科学运行的若干意见（节录）

法发〔2017〕19号

为了促进执行权的公正、高效、规范、廉洁运行，实现立案、审判、执行等机构之间的协调配合，完善执行工作的统一管理，根据《中华人民共和国民事诉讼法》和有关司法解释的规定，提出以下意见。

## 一、关于执行权分权和高效运行机制

1. 执行权是人民法院依法采取各类执行措施以及对执行异议、复议、申诉等事项进行审查的权力，包括执行实施权和执行审查权。

2. 地方人民法院执行局应当按照分权运行机制设立和其他业务庭平行的执行实施和执行审查部门，分别行使执行实施权和执行审查权。

3. 执行实施权的范围主要是财产调查、控制、处分、交付和分配以及罚款、拘留措施等实施事项。执行实施权由执行员或者法官行使。

4. 执行审查权的范围主要是审查和处理执行异议、复议、申诉以及决定执行管辖权的移转等审查事项。执行审查权由法官行使。

5. 执行实施事项的处理应当采取审批制，执行审查事项的处理应当采取合议制。

6. 人民法院可以将执行实施程序分为财产查控、财产处置、款物发放等不同阶段并明确时限要求，由不同的执行人员集中办理，互相监督，分权制衡，提高执行工作质量和效率。执行局的综合管理部门应当对分段执行实行节点控制和流程管理。

7. 执行中因情况紧急必须及时采取执行措施的，执行人员经执行指挥中心指令，可依法采取查封、扣押、冻结等财产保全和其他控制性措施，事后两个工作日内应当及时补办审批手续。

8. 人民法院在执行局内建立执行信访审查处理机制，以有效解决消极执行和不规范执行问题。执行申诉审查部门可以参与涉执行信访案件的接访工作，并应当采取排名通报、挂牌督办等措施促进涉执行信访案件的及时处理。

9. 继续推进全国法院执行案件信息管理系统建设，积极参与社会信用体系建设。执行信息部门应当发挥职能优势，采取多种措施扩大查询范围，实现执行案件所有信息在法院系统内的共享，推进执行案件信息与其他部门信用信息的共享，并通过信用惩戒手段促使债务人自动履行义务。

## 二、关于执行局与立案、审判等机构之间的分工协作

10. 执行权由人民法院的执行局行使；人民法庭可根据执行局授权执行自审案件，但应接受执行局的管理和业务指导。

11. 办理执行实施、执行异议、执行复议、执行监督、执行协调、执行请示等执行案件和案外人执行异议之诉、申请执行人执行异议之诉、执行分配方案异议之诉、代位析产之诉等涉执行的诉讼案件，由立案机构进行立案审查，并纳入审判和执行案件统一管理体系。

人民法庭经授权执行自审案件，可由其自行办理立案登记手续，并纳入执行案件的统一管理。

12. 案外人执行异议之诉、申请执行人执行异议之诉、执行分配方案异议之诉、代位析产之诉等涉执行的诉讼，由人民法院的审判机构按照民事诉讼程序审理。逐步促进涉执行诉讼审判的专业化，具备条件的人民法院可以设立专门审判机构，对涉执行的诉讼案件集中审理。

案外人、当事人认为据以执行的判决、裁定错误的，由作出生效判决、裁定的原审人民法院或其上级人民法院按照审判监督程序审理。

13. 行政非诉案件、行政诉讼案件的执行申请，由立案机构登记后转行政审判机构进行合法性审查；裁定准予强制执行的，再由立案机构办理执行立案登记后移交执行局执行。

14. 强制清算的实施由执行局负责，强制清算中的实体争议由民事审判机构负责审理。

15. 诉前、申请执行前的财产保全申请由立案机构进行审查并作出裁定；裁定保全的，移交执行局执行。

16. 诉中财产保全、先予执行的申请由相关审判机构审查并作出裁定；裁定财产保全或者先予执行的，移交执行局执行。

17. 当事人、案外人对财产保全、先予执行的裁定不服申请复议的，由作出裁定的立案机构或者审判机构按照民事诉讼法第九十九条的规定进行审查。

当事人、案外人、利害关系人对财产保全、先予执行的实施行为提出异议的，由执行局根据异议事项的性质按照民事诉讼法第二百零二条或者第二

百零四条的规定进行审查。

当事人、案外人的异议既指向财产保全、先予执行的裁定，又指向实施行为的，一并由作出裁定的立案机构或者审判机构分别按照民事诉讼法第九十九条和第二百零二条或者第二百零四条的规定审查。

18. 具有执行内容的财产刑和非刑罚制裁措施的执行由执行局负责。

19. 境外法院、仲裁机构作出的生效法律文书的执行申请，由审判机构负责审查；依法裁定准予执行或者发出执行令的，移交执行局执行。

20. 不同法院因执行程序，执行与破产、强制清算、审判等程序之间对执行标的产生争议，经自行协调无法达成一致意见的，由争议法院的共同上级法院执行局中的协调指导部门处理。

21. 执行过程中依法需要变更、追加执行主体的，由执行局按照法定程序办理；应当通过另诉或者提起再审追加、变更的，由审判机构按照法定程序办理。

22. 委托评估、拍卖、变卖由司法辅助部门负责，对评估、拍卖、变卖所提异议由执行局审查。

23. 被执行人对国内仲裁裁决提出不予执行抗辩的，由执行局审查。

24. 立案、审判机构在办理民商事和附带民事诉讼案件时，应当根据案件实际，就追加诉讼当事人、申请诉前、诉中和申请执行前的财产保全等内容向当事人作必要的释明和告知。

25. 立案、审判机构在办理民商事和附带民事诉讼案件时，除依法缺席判决等无法准确查明当事人身份和地址的情形外，应当在有关法律文书中载明当事人的身份证号码，在卷宗中载明送达地址。

26. 审判机构在审理确权诉讼时，应当查询所要确权的财产权属状况，发现已经被执行局查封、扣押、冻结的，应当中止审理；当事人诉请确权的财产被执行局处置的，应当撤销确权案件；在执行局查封、扣押、冻结后确权的，应当撤销确权判决或者调解书。

27. 对符合法定移送执行条件的法律文书，审判机构应当在法律文书生效后及时移送执行局执行。

## 三、关于执行工作的统一管理

28. 中级以上人民法院对辖区人民法院的执行工作实行统一管理。下级人民法院拒不服从上级人民法院统一管理的，依照有关规定追究下级人民法院有关责任人的责任。

29. 上级人民法院可以根据本辖区的执行工作情况，组织集中执行和专项执行活动。

30. 对下级人民法院违法、错误的执行裁定、执行行为，上级人民法院有权指令下级人民法院自行纠正或者通过裁定、决定予以纠正。

31. 上级人民法院在组织集中执行、专项执行或其他重大执行活动中，可以统一指挥和调度下级人民法院的执行人员、司法警察和执行装备。

32. 上级人民法院根据执行工作需要，可以商政府有关部门编制辖区内人民法院的执行装备标准和业务经费计划。

33. 上级人民法院有权对下级人民法院的执行工作进行考核，考核结果向下级人民法院通报。

# 最高人民法院
# 关于依法制裁规避执行行为的若干意见

法〔2011〕195 号

为了最大限度地实现生效法律文书确认的债权，提高执行效率，强化执行效果，维护司法权威，现就依法制裁规避执行行为提出以下意见：

## 一、强化财产报告和财产调查，多渠道查明被执行人财产

1. 严格落实财产报告制度。对于被执行人未按执行通知履行法律文书确定义务的，执行法院应当要求被执行人限期如实报告财产，并告知拒绝报告或者虚假报告的法律后果。对于被执行人暂时无财产可供执行的，可以要求被执行人定期报告。

2. 强化申请执行人提供财产线索的责任。各地法院可以根据案件的实际情况，要求申请执行人提供被执行人的财产状况或者财产线索，并告知不能提供的风险。各地法院也可根据本地的实际情况，探索尝试以调查令、委托调查函等方式赋予代理律师法律规定范围内的财产调查权。

3. 加强人民法院依职权调查财产的力度。各地法院要充分发挥执行联动机制的作用，完善与金融、房地产管理、国土资源、车辆管理、工商管理等各有关单位的财产查控网络，细化协助配合措施，进一步拓宽财产调查渠道，简化财产调查手续，提高财产调查效率。

4. 适当运用审计方法调查被执行人财产。被执行人未履行法律文书确定的义务，且有转移隐匿处分财产、投资开设分支机构、入股其他企业或者抽逃注册资金等情形的，执行法院可以根据申请执行人的申请委托中介机构对被执行人进行审计。审计费用由申请执行人垫付，被执行人确有转移隐匿处分财产等情形的，实际执行到位后由被执行人承担。

5. 建立财产举报机制。执行法院可以依据申请执行人的悬赏执行申请，向社会发布举报被执行人财产线索的悬赏公告。举报人提供的财产线索经查证属实并实际执行到位的，可按申请执行人承诺的标准或者比例奖励举报人。

奖励资金由申请执行人承担。

## 二、强化财产保全措施，加大对保全财产和担保财产的执行力度

6. 加大对当事人的风险提示。各地法院在立案和审判阶段，要通过法律释明向当事人提示诉讼和执行风险，强化当事人的风险防范意识，引导债权人及时申请财产保全，有效防止债务人在执行程序开始前转移财产。

7. 加大财产保全力度。各地法院要加强立案、审判和执行环节在财产保全方面的协调配合，加大依法进行财产保全的力度，强化审判与执行在财产保全方面的衔接，降低债务人或者被执行人隐匿、转移财产的风险。

8. 对保全财产和担保财产及时采取执行措施。进入执行程序后，各地法院要加大对保全财产和担保财产的执行力度，对当事人、担保人或者第三人提出的异议要及时进行审查，审查期间应当依法对相应财产采取控制性措施，驳回异议后应当加大对相应财产的执行力度。

## 三、依法防止恶意诉讼，保障民事审判和执行活动有序进行

9. 严格执行关于案外人异议之诉的管辖规定。在执行阶段，案外人对人民法院已经查封、扣押、冻结的财产提起异议之诉的，应当依照《中华人民共和国民事诉讼法》第二百零四条和《最高人民法院关于适用民事诉讼法执行程序若干问题的解释》第十八条的规定，由执行法院受理。

案外人违反上述管辖规定，向执行法院之外的其他法院起诉，其他法院已经受理尚未作出裁判的，应当中止审理或者撤销案件，并告知案外人向作出查封、扣押、冻结裁定的执行法院起诉。

10. 加强对破产案件的监督。执行法院发现被执行人有虚假破产情形的，应当及时向受理破产案件的人民法院提出。申请执行人认为被执行人利用破产逃债的，可以向受理破产案件的人民法院或者其上级人民法院提出异议，受理异议的法院应当依法进行监督。

11. 对于当事人恶意诉讼取得的生效裁判应当依法再审。案外人违反上述管辖规定，向执行法院之外的其他法院起诉，并取得生效裁判文书将已被执行法院查封、扣押、冻结的财产确权或者分割给案外人，或者第三人与被执行人虚构事实取得人民法院生效裁判文书申请参与分配，执行法院认为该生效裁判文书系恶意串通规避执行损害执行债权人利益的，可以向作出该裁判文书的人民法院或者其上级人民法院提出书面建议，有关法院应当依照《中华人民共和国民事诉讼法》和有关司法解释的规定决定再审。

**四、完善对被执行人享有债权的保全和执行措施，运用代位权、撤销权诉讼制裁规避执行行为**

12. 依法执行已经生效法律文书确认的被执行人的债权。对于被执行人已经生效法律文书确认的债权，执行法院可以书面通知被执行人在限期内向有管辖权的人民法院申请执行该生效法律文书。限期届满被执行人仍怠于申请执行的，执行法院可以依法强制执行该到期债权。

被执行人已经申请执行的，执行法院可以请求执行该债权的人民法院协助扣留相应的执行款物。

13. 依法保全被执行人的未到期债权。对被执行人的未到期债权，执行法院可以依法冻结，待债权到期后参照到期债权予以执行。第三人仅以该债务未到期为由提出异议的，不影响对该债权的保全。

14. 引导申请执行人依法诉讼。被执行人怠于行使债权对申请执行人造成损害的，执行法院可以告知申请执行人依照《中华人民共和国合同法》第七十三条的规定，向有管辖权的人民法院提起代位权诉讼。

被执行人放弃债权、无偿转让财产或者以明显不合理的低价转让财产，对申请执行人造成损害的，执行法院可以告知申请执行人依照《中华人民共和国合同法》第七十四条的规定向有管辖权的人民法院提起撤销权诉讼。

**五、充分运用民事和刑事制裁手段，依法加强对规避执行行为的刑事处罚力度**

15. 对规避执行行为加大民事强制措施的适用。被执行人既不履行义务又拒绝报告财产或者进行虚假报告、拒绝交出或者提供虚假财务会计凭证、协助执行义务人拒不协助执行或者妨碍执行、到期债务第三人提出异议后又擅自向被执行人清偿等，给申请执行人造成损失的，应当依法对相关责任人予以罚款、拘留。

16. 对构成犯罪的规避执行行为加大刑事制裁力度。被执行人隐匿财产、虚构债务或者以其他方法隐藏、转移、处分可供执行的财产，拒不交出或者隐匿、销毁、制作虚假财务会计凭证或资产负债表等相关资料，以虚假诉讼或者仲裁手段转移财产、虚构优先债权或者申请参与分配，中介机构提供虚假证明文件或者提供的文件有重大失实，被执行人、担保人、协助义务人有能力执行而拒不执行或者拒不协助执行等，损害申请执行人或其他债权人利益，依照刑法的规定构成犯罪的，应当依法追究行为人的刑事责任。

17. 加强与公安、检察机关的沟通协调。各地法院应当加强与公安、检察机关的协调配合，建立快捷、便利、高效的协作机制，细化拒不执行判决裁定罪和妨害公务罪的适用条件。

18. 充分调查取证。各地法院在执行案件过程中，在行为人存在拒不执行判决裁定或者妨害公务行为的情况下，应当注意收集证据。认为构成犯罪的，应当及时将案件及相关证据材料移送犯罪行为发生地的公安机关立案查处。

19. 抓紧依法审理。对检察机关提起公诉的拒不执行判决裁定或者妨害公务案件，人民法院应当抓紧审理，依法审判，快速结案，加大判后宣传力度，充分发挥刑罚手段的威慑力。

## 六、依法采取多种措施，有效防范规避执行行为

20. 依法变更追加被执行主体或者告知申请执行人另行起诉。有充分证据证明被执行人通过离婚析产、不依法清算、改制重组、关联交易、财产混同等方式恶意转移财产规避执行的，执行法院可以通过依法变更追加被执行人或者告知申请执行人通过诉讼程序追回被转移的财产。

21. 建立健全征信体系。各地法院应当逐步建立健全与相关部门资源共享的信用平台，有条件的地方可以建立个人和企业信用信息数据库，将被执行人不履行债务的相关信息录入信用平台或者信息数据库，充分运用其形成的威慑力制裁规避执行行为。

22. 加大宣传力度。各地法院应当充分运用新闻媒体曝光、公开执行等手段，将被执行人因规避执行被制裁或者处罚的典型案例在新闻媒体上予以公布，以维护法律权威，提升公众自觉履行义务的法律意识。

23. 充分运用限制高消费手段。各地法院应当充分运用限制高消费手段，逐步构建与有关单位的协作平台，明确有关单位的监督责任，细化协作方式，完善协助程序。

24. 加强与公安机关的协作查找被执行人。对于因逃避执行而长期下落不明或者变更经营场所的被执行人，各地法院应当积极与公安机关协调，加大查找被执行人的力度。

# （四）会议纪要

## 上海市高级人民法院执行局、执行裁判庭联席会议纪要（二）

（2018 年 5 月 8 日）

### 一、关于执行程序中的参与分配

1. 执行程序中参与分配的适用条件是什么？

答：执行程序中参与分配的适用条件为：被执行人为公民或者其他组织的，在执行程序开始后，被执行人的其他已经取得执行依据或者对被执行的财产享有优先权、担保物权的债权人发现被执行人的财产不能清偿所有债权的，可以向人民法院申请参与分配。被执行人为企业法人，其财产不能清偿所有债权的，不适用执行程序中的参与分配。

2. 对于未提交参与分配申请书的债权人，主持分配的法院是否应当通知其申请参与分配？

答：普通债权人未提交参与分配申请书的，主持分配的法院无需通知其申请参与分配。

对被执行的财产享有优先权、担保物权的债权人未提交参与分配申请书的，主持分配的法院应当通知已知的优先权、担保物权人，如果债权尚未清偿的，可以提交参与分配申请书申请参与分配。

3. 其他法院向主持分配法院发送协助执行通知书或者参与分配函等文书要求参与分配的，主持分配的法院如何处理？

答：其他法院向主持分配法院发送协助执行通知书或者参与分配函等文

书要求参与分配，但文书中载明的债权人未提交参与分配申请书的，主持分配的法院应当直接通知或者通过其他法院通知其提交参与分配申请书。分配的债权人及其债权的审查是由原执行法院审查还是由主持分配的法院审查？

4. 对于申请参与分配的债权人及其债权的审查是由原执行法院审查还是由主持分配的法院审查？

答：对于申请参与分配的债权人及其债权的审查应当由主持分配的法院负责。其他法院转交参与分配申请书时应当向主持分配的法院说明执行情况，包括执行案号、当事人基本情况、应执行标的额、已执行标的额、未受偿标的额、对被执行人的财产调查情况以及已控制但未处置完毕的被执行人财产及其价值等。

认为符合参与分配条件但未被纳入分配方案的债权人，可以按照《民事诉讼法》第二百二十五条提出书面异议。对于分配方案有异议的，按照《最高人民法院关于适用〈中华人民共和国民事诉讼法〉的解释》第五百一十一条和五百一十二条关于分配方案异议、异议之诉的程序进行处理。

5. 在先查封的普通债权人在参与分配中是否享有优先受偿权？

答：参与分配执行中，执行所得价款扣除执行费用，并清偿应当优先受偿的债权后，对于普通债权，原则上按照其占全部申请参与分配债权数额的比例受偿。据此，在先查封的普通债权人在参与分配中不享有优先受偿权。

## 二、关于“一套房”的执行

6. “一套房”执行时，“扣除的五至八年租金”具体年限如何确定？

答：申请执行人同意参照当地房屋租赁市场平均租金标准从房屋变价款中扣除五至八年租金的，执行法院应当组成合议庭评议确定“五至八年”的具体年限。

7. “一套房”执行时，房屋在上海的，所参照的“当地房屋租赁市场”中的“当地”如何确定？

答：申请执行人同意参照当地房屋租赁市场平均租金标准从房屋变价款中扣除五至八年租金，房屋在上海的，其中的“当地”是指被处分房屋所在的各区。

8. “一套房”执行时，所参照的当地房屋租赁市场平均租金标准如何确定？

答：申请执行人同意参照当地房屋租赁市场平均租金标准从房屋变价款

中扣除五至八年租金的，执行法院应当组成合议庭，参照当地房屋租赁管理部门提供的信息及市场行情并结合案件具体情况，进行充分评议，确定租金标准确定“当地房屋租赁市场平均租金标准”。

9. “一套房”执行时，“扣除的五至八年租金”具体如何计算？

答：申请执行人同意参照当地房屋租赁市场平均租金标准从房屋变价款中扣除五至八年租金的，计算租金时应当分别确定被执行人及所扶养家属的人数、当地廉租住房保障面积标准以及当地房屋租赁市场的平均租金标准，计算公式为：租金（元）＝被执行人及所扶养家属的人数（人）×当地廉租住房保障人均面积（平方米/人）×当地房屋租赁市场的平均租金（元/平方米）。

## 三、关于立审执兼顾

10. 对离婚纠纷或者继承纠纷类案件中财产内容是否应当立案执行？

答：实践中，对离婚纠纷或者继承纠纷类案件中的财产内容，裁判主文往往表述为特定财产归原告或者被告所有，而未规定当事人之间负有协助办理过户等义务，似为确认之诉，但其本质实为财产分割的给付之诉，符合其他申请执行条件的，应当立案执行。

11. 据以执行的生效法律文书主文表述为“继续履行合同”的，如何执行？

答：根据《上海市高级人民法院关于完善立案、审判、执行工作衔接机制的意见》第 21 条，据以执行的生效法律文书要求继续履行合同的，应当明确继续履行合同的具体内容，包括继续履行合同的时间、地点、方式等。未明确“继续履行合同”具体内容的，按照据以执行的生效法律文书主文不明确进行处理（参见问题 12）。

12. 据以执行的生效法律文书主文不明确的，如何处理？

答：根据《上海市高级人民法院关于完善立案、审判、执行工作衔接机制的意见》第 30 条，执行部门应当根据据以执行的生效法律文书主文的文义，结合其所认定的事实、理由，考量当事人请求及抗辩，依据日常生活经验法则进行解释。通过上述方法仍无法解释的，执行部门应当书面要求作出生效法律文书的有关部门就不明确的主文作出解释。有关部门应当作出书面意见。确无执行可能的，执行部门应当与立案部门、有关部门沟通、研究后，采取补救措施，尽可能充分保障当事人的合法权益。

13. 据以执行的生效法律文书要求返还特定物，无法确定特定物何时灭失的，如何处理？

答：根据《上海市高级人民法院关于完善立案、审判、执行工作衔接机制的意见》第 29 条，无法确定特定物在据以执行的法律文书作出前还是作出后毁损或者灭失的，经双方当事人同意，可以折价赔偿。双方对折价赔偿不能协商一致的，人民法院应当终结执行程序，申请执行人可以另行提起诉讼。

## 四、其他

14. 执行转破产中当事人同意移送破产的，应当通过何种形式予以确定？

答：根据《上海市高级人民法院关于实施执行转破产工作的规范指引（试行）》第 10 条，依照《最高人民法院关于执行案件移送破产审查若干问题的指导意见》第 4 条向申请执行人或者被执行人征询意见时，应当释明法律依据和法律后果，并告知其在十五日内作出是否同意移送的答复。申请执行人或者被执行人的答复应当以书面方式提交或者记明笔录。在规定的期限内未作答复的，视为不同意移送。

15. 在执行养老金的案件中，留给被执行人及其扶养家属的基本生活保障费标准如何确定？

答：在执行养老金的案件中，一般按照当地的低保收入标准为被执行人及其扶养家属保留基本生活保障费，如果被执行人及其扶养家属有患病等特殊情况的，执行法院应当组成合议庭进行评议确定。

16. 在执行养老金的案件中，被执行人下落不明或者不同意出具冻结扣划书面承诺函的，如何处理？

答：根据《上海市高级人民法院、上海市人力资源与社会保障局关于进一步推进本市人民法院与人社部门协作机制的合作协议》），被执行人下落不明或者不同意出具冻结扣划书面承诺函的，可以通知人社部门所属社保经办机构协助暂停办理个人“领取养老金方式”调整业务并冻结被执行人名下与社保卡关联的银行账户。

17. 对于执行中迟延履行期间的债务利息，生效法律文书规定支付至生效之日或者实际清偿之日的，分别应当如何计算？

答：根据《最高人民法院关于执行程序中计算迟延履行期间的债务利息适用法律若干问题的解释》第一条，执行中迟延履行期间的债务利息包括一般债务利息和加倍部分债务利息。

对于一般债务利息，生效法律文书确定债务人支付利息至生效之日的，截止时间计算至生效之日，生效法律文书确定债务人支付利息至实际清偿之日的，截止时间计算至实际清偿之日。

对于加倍部分债务利息，无论生效法律文书确定债务人支付利息至判决生效之日还是实际清偿之日，均从债务人迟延履行时开始起算，计算方法为：加倍部分债务利息＝债务人尚未清偿的生效法律文书确定的除一般债务利息之外的金钱债务×日万分之一点七五×迟延履行期间。

18. 在不动产腾退的执行中，案外人无合法依据占有不动产的，如何处理？

答：在不动产腾退的执行中，案外人无合法依据占有被执行标的不动产的，执行法院可以依法对其进行强制执行。原被执行人虽然已经腾退，但由于其未履行向申请执行人交付标的不动产的义务，执行法院仍可以依法对其采取相应的执行措施。

19. 执行终结后，被执行人或者其他人对已执行的标的有妨害行为的，如何处理？

答：根据《最高人民法院关于适用〈中华人民共和国民事诉讼法〉的解释》第五百二十一条，在执行终结六个月内，被执行人或者其他人对已执行的标的有妨害行为的，人民法院可以依申请排除妨害，并可以依照《民事诉讼法》第一百一十一条规定进行处罚。人民法院依申请排除妨害、继续执行的，应当立“执恢”字案号。因妨害行为给执行债权人或者其他人造成损失的，受害人可以另行起诉。

20. 在执行程序中，对于下落不明的被执行人如何送达相关法律文书？

答：被执行人下落不明，相关法律文书无法直接送达的，执行法院应当根据有关规定以公告的方式进行送达。实践中，可以将执行通知书、拍卖裁定书等需送达文书的内容一并列明予以公告送达，并告知以后情况没有变化的，不再进行公告送达。

21. 网络司法拍卖已经过两次拍卖一次变卖仍未成交的，是否可以重新启动网络司法拍卖程序？

答：《最高人民法院关于人民法院网络司法拍卖若干问题的规定》第二十六条关于网络司法拍卖经过两次拍卖一次变卖即告终结的原因是，防止因拍卖标的物变现价值过低而损害当事人合法权益。因此，如果此后拍卖标的物价值发生重大变化的，可以依当事人申请重新启动网络司法拍卖程序。

22. 拍卖房屋时，案外人主张对房屋享有租赁权的，如何处理？

答：案外人主张对房屋享有租赁权的，可以向执行法院提出书面异议，执行法院应当依据《最高人民法院关于执行案件立案、结案若干问题的意见》第九条第（二）项和《民事诉讼法》第二百二十七条进行立案和审查，经审查认为案外人所主张的租赁权依法成立且能够对抗申请执行人的，裁定案外人异议成立，应当负担租赁权进行变现；经审查认为案外人所主张的租赁权依法不能成立或者不能够对抗申请执行人的，裁定驳回案外人异议，对房屋不负担租赁权予以变现。案外人或者申请执行人对异议审查结果不服提起异议之诉的，执行法院应当根据诉讼结果作出相应处理。在异议审查及异议之诉审理期间，原则上应当停止对房屋的变现。

# 二、执行立案与结案

## （一）司法解释

### 最高人民法院
### 关于委托执行若干问题的规定

法释〔2011〕11号

为了规范委托执行工作，维护当事人的合法权益，根据《中华人民共和国民事诉讼法》的规定，结合司法实践，制定本规定。

**第一条** 执行法院经调查发现被执行人在本辖区内已无财产可供执行，且在其他省、自治区、直辖市内有可供执行财产的，应当将案件委托异地的同级人民法院执行。

执行案件中有三个以上被执行人或者三处以上被执行财产在本省、自治区、直辖市辖区以外，且分属不同异地的，执行法院根据案件具体情况，报经高级人民法院批准后可以异地执行。

**第二条** 案件委托执行后，受托法院应当依法立案，委托法院应当在收到受托法院的立案通知书后作委托结案处理。

委托异地法院协助查询、冻结、查封、调查或者送达法律文书等有关事项的，受托法院不作为委托执行案件立案办理，但应当积极予以协助。

**第三条** 委托执行应当以执行标的物所在地或者执行行为实施地的同级人民法院为受托执行法院。有两处以上财产在异地的，可以委托主要财产所在地的人民法院执行。

被执行人是现役军人或者军事单位的，可以委托对其有管辖权的军事法院执行。

执行标的物是船舶的，可以委托有管辖权的海事法院执行。

**第四条** 委托执行案件应当由委托法院直接向受托法院办理委托手续，并层报各自所在的高级人民法院备案。

事项委托应当以机要形式送达委托事项的相关手续，不需报高级人民法院备案。

**第五条** 案件委托执行时，委托法院应当提供下列材料：

（一）委托执行函；

（二）申请执行书和委托执行案件审批表；

（三）据以执行的生效法律文书副本；

（四）有关案件情况的材料或者说明，包括本辖区无财产的调查材料、财产保全情况、被执行人财产状况、生效法律文书的履行情况等；

（五）申请执行人地址、联系电话；

（六）被执行人身份证件或者营业执照复印件、地址、联系电话；

（七）委托法院执行员和联系电话；

（八）其他必要的案件材料等。

**第六条** 委托执行时，委托法院应当将已经查封、扣押、冻结的被执行人的异地财产，一并移交受托法院处理，并在委托执行函中说明。

委托执行后，委托法院对被执行人财产已经采取查封、扣押、冻结等措施的，视为受托法院的查封、扣押、冻结措施。受托法院需要继续查封、扣押、冻结，持委托执行函和立案通知书办理相关手续。续封续冻时，仍为原委托法院的查封冻结顺序。

查封、扣押、冻结等措施的有效期限在移交受托法院时不足 1 个月的，委托法院应当先行续封或者续冻，再移交受托法院。

**第七条** 受托法院收到委托执行函后，应当在 7 日内予以立案，并及时将立案通知书通过委托法院送达申请执行人，同时将指定的承办人、联系电话等书面告知委托法院。

委托法院收到上述通知书后，应当在 7 日内书面通知申请执行人案件已经委托执行，并告知申请执行人可以直接与受托法院联系执行相关事宜。

**第八条** 受托法院如发现委托执行的手续、材料不全，可以要求委托法院补办。委托法院应当在 30 日内完成补办事项，在上述期限内未完成的，应当作出书面说明。委托法院既不补办又不说明原因的，视为撤回委托，受托法院可以将委托材料退回委托法院。

**第九条** 受托法院退回委托的，应当层报所在辖区高级人民法院审批。高级人民法院同意退回后，受托法院应当在 15 日内将有关委托手续和案卷材料退回委托法院，并作出书面说明。

委托执行案件退回后，受托法院已立案的，应当作销案处理。委托法院在案件退回原因消除之后可以再行委托。确因委托不当被退回的，委托法院应当决定撤销委托并恢复案件执行，报所在的高级人民法院备案。

**第十条** 委托法院在案件委托执行后又发现有可供执行财产的，应当及时告知受托法院。受托法院发现被执行人在受托法院辖区外另有可供执行财产的，可以直接异地执行，一般不再行委托执行。根据情况确需再行委托的，应当按照委托执行案件的程序办理，并通知案件当事人。

**第十一条** 受托法院未能在6个月内将受托案件执结的，申请执行人有权请求受托法院的上一级人民法院提级执行或者指定执行，上一级人民法院应当立案审查，发现受托法院无正当理由不予执行的，应当限期执行或者作出裁定提级执行或者指定执行。

**第十二条** 执行法院赴异地执行案件时，应当持有其所在辖区高级人民法院的批准函件，但异地采取财产保全措施和查封、扣押、冻结等非处分性执行措施的除外。

异地执行时，可以根据案件具体情况，请求当地法院协助执行，当地法院应当积极配合，保证执行人员的人身安全和执行装备、执行标的物不受侵害。

**第十三条** 高级人民法院应当对辖区内委托执行和异地执行工作实行统一管理和协调，履行以下职责：

（一）统一管理跨省、自治区、直辖市辖区的委托和受托执行案件；

（二）指导、检查、监督本辖区内的受托案件的执行情况；

（三）协调本辖区内跨省、自治区、直辖市辖区的委托和受托执行争议案件；

（四）承办需异地执行的有关案件的审批事项；

（五）对下级法院报送的有关委托和受托执行案件中的相关问题提出指导性处理意见；

（六）办理其他涉及委托执行工作的事项。

**第十四条** 本规定所称的异地是指本省、自治区、直辖市以外的区域。各省、自治区、直辖市内的委托执行，由各高级人民法院参照本规定，结合实际情况，制定具体办法。

**第十五条** 本规定施行之后，其他有关委托执行的司法解释不再适用。

最高人民法院

# 关于民事执行中变更、追加当事人若干问题的规定

法释〔2016〕21号

为正确处理民事执行中变更、追加当事人问题，维护当事人、利害关系人的合法权益，根据《中华人民共和国民事诉讼法》等法律规定，结合执行实践，制定本规定。

**第一条** 执行过程中，申请执行人或其继承人、权利承受人可以向人民法院申请变更、追加当事人。申请符合法定条件的，人民法院应予支持。

**第二条** 作为申请执行人的公民死亡或被宣告死亡，该公民的遗嘱执行人、受遗赠人、继承人或其他因该公民死亡或被宣告死亡依法承受生效法律文书确定权利的主体，申请变更、追加其为申请执行人的，人民法院应予支持。

作为申请执行人的公民被宣告失踪，该公民的财产代管人申请变更、追加其为申请执行人的，人民法院应予支持。

**第三条** 作为申请执行人的公民离婚时，生效法律文书确定的权利全部或部分分割给其配偶，该配偶申请变更、追加其为申请执行人的，人民法院应予支持。

**第四条** 作为申请执行人的法人或其他组织终止，因该法人或其他组织终止依法承受生效法律文书确定权利的主体，申请变更、追加其为申请执行人的，人民法院应予支持。

**第五条** 作为申请执行人的法人或其他组织因合并而终止，合并后存续或新设的法人、其他组织申请变更其为申请执行人的，人民法院应予支持。

**第六条** 作为申请执行人的法人或其他组织分立，依分立协议约定承受生效法律文书确定权利的新设法人或其他组织，申请变更、追加其为申请执行人的，人民法院应予支持。

**第七条** 作为申请执行人的法人或其他组织清算或破产时，生效法律文书确定的权利依法分配给第三人，该第三人申请变更、追加其为申请执行人

的，人民法院应予支持。

**第八条** 作为申请执行人的机关法人被撤销，继续履行其职能的主体申请变更、追加其为申请执行人的，人民法院应予支持，但生效法律文书确定的权利依法应由其他主体承受的除外；没有继续履行其职能的主体，且生效法律文书确定权利的承受主体不明确，作出撤销决定的主体申请变更、追加其为申请执行人的，人民法院应予支持。

**第九条** 申请执行人将生效法律文书确定的债权依法转让给第三人，且书面认可第三人取得该债权，该第三人申请变更、追加其为申请执行人的，人民法院应予支持。

**第十条** 作为被执行人的公民死亡或被宣告死亡，申请执行人申请变更、追加该公民的遗嘱执行人、继承人、受遗赠人或其他因该公民死亡或被宣告死亡取得遗产的主体为被执行人，在遗产范围内承担责任的，人民法院应予支持。继承人放弃继承或受遗赠人放弃受遗赠，又无遗嘱执行人的，人民法院可以直接执行遗产。

作为被执行人的公民被宣告失踪，申请执行人申请变更该公民的财产代管人为被执行人，在代管的财产范围内承担责任的，人民法院应予支持。

**第十一条** 作为被执行人的法人或其他组织因合并而终止，申请执行人申请变更合并后存续或新设的法人、其他组织为被执行人的，人民法院应予支持。

**第十二条** 作为被执行人的法人或其他组织分立，申请执行人申请变更、追加分立后新设的法人或其他组织为被执行人，对生效法律文书确定的债务承担连带责任的，人民法院应予支持。但被执行人在分立前与申请执行人就债务清偿达成的书面协议另有约定的除外。

**第十三条** 作为被执行人的个人独资企业，不能清偿生效法律文书确定的债务，申请执行人申请变更、追加其投资人为被执行人的，人民法院应予支持。个人独资企业投资人作为被执行人的，人民法院可以直接执行该个人独资企业的财产。

个体工商户的字号为被执行人的，人民法院可以直接执行该字号经营者的财产。

**第十四条** 作为被执行人的合伙企业，不能清偿生效法律文书确定的债务，申请执行人申请变更、追加普通合伙人为被执行人的，人民法院应予支持。

作为被执行人的有限合伙企业，财产不足以清偿生效法律文书确定的债务，申请执行人申请变更、追加未按期足额缴纳出资的有限合伙人为被执行人，在未足额缴纳出资的范围内承担责任的，人民法院应予支持。

**第十五条** 作为被执行人的法人分支机构，不能清偿生效法律文书确定的债务，申请执行人申请变更、追加该法人为被执行人的，人民法院应予支持。法人直接管理的责任财产仍不能清偿债务的，人民法院可以直接执行该法人其他分支机构的财产。

作为被执行人的法人，直接管理的责任财产不能清偿生效法律文书确定债务的，人民法院可以直接执行该法人分支机构的财产。

**第十六条** 个人独资企业、合伙企业、法人分支机构以外的其他组织作为被执行人，不能清偿生效法律文书确定的债务，申请执行人申请变更、追加依法对该其他组织的债务承担责任的主体为被执行人的，人民法院应予支持。

**第十七条** 作为被执行人的企业法人，财产不足以清偿生效法律文书确定的债务，申请执行人申请变更、追加未缴纳或未足额缴纳出资的股东、出资人或依公司法规定对该出资承担连带责任的发起人为被执行人，在尚未缴纳出资的范围内依法承担责任的，人民法院应予支持。

**第十八条** 作为被执行人的企业法人，财产不足以清偿生效法律文书确定的债务，申请执行人申请变更、追加抽逃出资的股东、出资人为被执行人，在抽逃出资的范围内承担责任的，人民法院应予支持。

**第十九条** 作为被执行人的公司，财产不足以清偿生效法律文书确定的债务，其股东未依法履行出资义务即转让股权，申请执行人申请变更、追加该原股东或依公司法规定对该出资承担连带责任的发起人为被执行人，在未依法出资的范围内承担责任的，人民法院应予支持。

**第二十条** 作为被执行人的一人有限责任公司，财产不足以清偿生效法律文书确定的债务，股东不能证明公司财产独立于自己的财产，申请执行人申请变更、追加该股东为被执行人，对公司债务承担连带责任的，人民法院应予支持。

**第二十一条** 作为被执行人的公司，未经清算即办理注销登记，导致公司无法进行清算，申请执行人申请变更、追加有限责任公司的股东、股份有限公司的董事和控股股东为被执行人，对公司债务承担连带清偿责任的，人民法院应予支持。

**第二十二条** 作为被执行人的法人或其他组织，被注销或出现被吊销营业执照、被撤销、被责令关闭、歇业等解散事由后，其股东、出资人或主管部门无偿接受其财产，致使该被执行人无遗留财产或遗留财产不足以清偿债务，申请执行人申请变更、追加该股东、出资人或主管部门为被执行人，在接受的财产范围内承担责任的，人民法院应予支持。

**第二十三条** 作为被执行人的法人或其他组织，未经依法清算即办理注销登记，在登记机关办理注销登记时，第三人书面承诺对被执行人的债务承担清偿责任，申请执行人申请变更、追加该第三人为被执行人，在承诺范围内承担清偿责任的，人民法院应予支持。

**第二十四条** 执行过程中，第三人向执行法院书面承诺自愿代被执行人履行生效法律文书确定的债务，申请执行人申请变更、追加该第三人为被执行人，在承诺范围内承担责任的，人民法院应予支持。

**第二十五条** 作为被执行人的法人或其他组织，财产依行政命令被无偿调拨、划转给第三人，致使该被执行人财产不足以清偿生效法律文书确定的债务，申请执行人申请变更、追加该第三人为被执行人，在接受的财产范围内承担责任的，人民法院应予支持。

**第二十六条** 被申请人在应承担责任范围内已承担相应责任的，人民法院不得责令其重复承担责任。

**第二十七条** 执行当事人的姓名或名称发生变更的，人民法院可以直接将姓名或名称变更后的主体作为执行当事人，并在法律文书中注明变更前的姓名或名称。

**第二十八条** 申请人申请变更、追加执行当事人，应当向执行法院提交书面申请及相关证据材料。

除事实清楚、权利义务关系明确、争议不大的案件外，执行法院应当组成合议庭审查并公开听证。经审查，理由成立的，裁定变更、追加；理由不成立的，裁定驳回。

执行法院应当自收到书面申请之日起六十日内作出裁定。有特殊情况需要延长的，由本院院长批准。

**第二十九条** 执行法院审查变更、追加被执行人申请期间，申请人申请对被申请人的财产采取查封、扣押、冻结措施的，执行法院应当参照民事诉讼法第一百条的规定办理。

申请执行人在申请变更、追加第三人前，向执行法院申请查封、扣押、冻结该第三人财产的，执行法院应当参照民事诉讼法第一百零一条的规定办理。

**第三十条** 被申请人、申请人或其他执行当事人对执行法院作出的变更、追加裁定或驳回申请裁定不服的，可以自裁定书送达之日起十日内向上一级人民法院申请复议，但依据本规定第三十二条的规定应当提起诉讼的除外。

**第三十一条** 上一级人民法院对复议申请应当组成合议庭审查，并自收到申请之日起六十日内作出复议裁定。有特殊情况需要延长的，由本院院长批准。

被裁定变更、追加的被申请人申请复议的，复议期间，人民法院不得对其争议范围内的财产进行处分。申请人请求人民法院继续执行并提供相应担保的，人民法院可以准许。

**第三十二条** 被申请人或申请人对执行法院依据本规定第十四条第二款、第十七条至第二十一条规定作出的变更、追加裁定或驳回申请裁定不服的，可以自裁定书送达之日起十五日内，向执行法院提起执行异议之诉。

被申请人提起执行异议之诉的，以申请人为被告。申请人提起执行异议之诉的，以被申请人为被告。

**第三十三条** 被申请人提起的执行异议之诉，人民法院经审理，按照下列情形分别处理：

（一）理由成立的，判决不得变更、追加被申请人为被执行人或者判决变更责任范围；

（二）理由不成立的，判决驳回诉讼请求。

诉讼期间，人民法院不得对被申请人争议范围内的财产进行处分。申请人请求人民法院继续执行并提供相应担保的，人民法院可以准许。

**第三十四条** 申请人提起的执行异议之诉，人民法院经审理，按照下列情形分别处理：

（一）理由成立的，判决变更、追加被申请人为被执行人并承担相应责任或者判决变更责任范围；

（二）理由不成立的，判决驳回诉讼请求。

**第三十五条** 本规定自 2016 年 12 月 1 日起施行。

本规定施行后，本院以前公布的司法解释与本规定不一致的，以本规定为准。

# （二）规范性文件

## 最高人民法院
## 关于严格规范终结本次执行程序的规定（试行）

法〔2016〕373号

为严格规范终结本次执行程序，维护当事人的合法权益，根据《中华人民共和国民事诉讼法》及有关司法解释的规定，结合人民法院执行工作实际，制定本规定。

**第一条** 人民法院终结本次执行程序，应当同时符合下列条件：

（一）已向被执行人发出执行通知、责令被执行人报告财产；

（二）已向被执行人发出限制消费令，并将符合条件的被执行人纳入失信被执行人名单；

（三）已穷尽财产调查措施，未发现被执行人有可供执行的财产或者发现的财产不能处置；

（四）自执行案件立案之日起已超过三个月；

（五）被执行人下落不明的，已依法予以查找；被执行人或者其他人妨害执行的，已依法采取罚款、拘留等强制措施，构成犯罪的，已依法启动刑事责任追究程序。

**第二条** 本规定第一条第一项中的“责令被执行人报告财产”，是指应当完成下列事项：

（一）向被执行人发出报告财产令；

（二）对被执行人报告的财产情况予以核查；

（三）对逾期报告、拒绝报告或者虚假报告的被执行人或者相关人员，依法采取罚款、拘留等强制措施，构成犯罪的，依法启动刑事责任追究程序。

人民法院应当将财产报告、核实及处罚的情况记录入卷。

**第三条** 本规定第一条第三项中的“已穷尽财产调查措施”，是指应当完成下列调查事项：

（一）对申请执行人或者其他人提供的财产线索进行核查；

（二）通过网络执行查控系统对被执行人的存款、车辆及其他交通运输工具、不动产、有价证券等财产情况进行查询；

（三）无法通过网络执行查控系统查询本款第二项规定的财产情况的，在被执行人住所地或者可能隐匿、转移财产所在地进行必要调查；

（四）被执行人隐匿财产、会计账簿等资料且拒不交出的，依法采取搜查措施；

（五）经申请执行人申请，根据案件实际情况，依法采取审计调查、公告悬赏等调查措施；

（六）法律、司法解释规定的其他财产调查措施。

人民法院应当将财产调查情况记录入卷。

**第四条** 本规定第一条第三项中的“发现的财产不能处置”，包括下列情形：

（一）被执行人的财产经法定程序拍卖、变卖未成交，申请执行人不接受抵债或者依法不能交付其抵债，又不能对该财产采取强制管理等其他执行措施的；

（二）人民法院在登记机关查封的被执行人车辆、船舶等财产，未能实际扣押的。

**第五条** 终结本次执行程序前，人民法院应当将案件执行情况、采取的财产调查措施、被执行人的财产情况、终结本次执行程序的依据及法律后果等信息告知申请执行人，并听取其对终结本次执行程序的意见。

人民法院应当将申请执行人的意见记录入卷。

**第六条** 终结本次执行程序应当制作裁定书，载明下列内容：

（一）申请执行的债权情况；

（二）执行经过及采取的执行措施、强制措施；

（三）查明的被执行人财产情况；

（四）实现的债权情况；

（五）申请执行人享有要求被执行人继续履行债务及依法向人民法院申请恢复执行的权利，被执行人负有继续向申请执行人履行债务的义务。

终结本次执行程序裁定书送达申请执行人后，执行案件可以作结案处理。人民法院进行相关统计时，应当对以终结本次执行程序方式结案的案件与其他方式结案的案件予以区分。

终结本次执行程序裁定书应当依法在互联网上公开。

**第七条** 当事人、利害关系人认为终结本次执行程序违反法律规定的，可以提出执行异议。人民法院应当依照民事诉讼法第二百二十五条的规定进行审查。

**第八条** 终结本次执行程序后，被执行人应当继续履行生效法律文书确定的义务。被执行人自动履行完毕的，当事人应当及时告知执行法院。

**第九条** 终结本次执行程序后，申请执行人发现被执行人有可供执行财产的，可以向执行法院申请恢复执行。申请恢复执行不受申请执行时效期间的限制。执行法院核查属实的，应当恢复执行。

终结本次执行程序后的五年内，执行法院应当每六个月通过网络执行查控系统查询一次被执行人的财产，并将查询结果告知申请执行人。符合恢复执行条件的，执行法院应当及时恢复执行。

**第十条** 终结本次执行程序后，发现被执行人有可供执行财产，不立即采取执行措施可能导致财产被转移、隐匿、出卖或者毁损的，执行法院可以依申请执行人申请或依职权立即采取查封、扣押、冻结等控制性措施。

**第十一条** 案件符合终结本次执行程序条件，又符合移送破产审查相关规定的，执行法院应当在作出终结本次执行程序裁定的同时，将执行案件相关材料移送被执行人住所地人民法院进行破产审查。

**第十二条** 终结本次执行程序裁定书送达申请执行人以后，执行法院应当在七日内将相关案件信息录入最高人民法院建立的终结本次执行程序案件信息库，并通过该信息库统一向社会公布。

**第十三条** 终结本次执行程序案件信息库记载的信息应当包括下列内容：

（一）作为被执行人的法人或者其他组织的名称、住所地、组织机构代码及其法定代表人或者负责人的姓名，作为被执行人的自然人的姓名、性别、年龄、身份证件号码和住址；

（二）生效法律文书的制作单位和文号，执行案号、立案时间、执行法院；

（三）生效法律文书确定的义务和被执行人的履行情况；

（四）人民法院认为应当记载的其他事项。

**第十四条** 当事人、利害关系人认为公布的终结本次执行程序案件信息错误的，可以向执行法院申请更正。执行法院审查属实的，应当在三日内予以更正。

**第十五条** 终结本次执行程序后，人民法院已对被执行人依法采取的执行措施和强制措施继续有效。

**第十六条** 终结本次执行程序后，申请执行人申请延长查封、扣押、冻结期限的，人民法院应当依法办理续行查封、扣押、冻结手续。

终结本次执行程序后，当事人、利害关系人申请变更、追加执行当事人，符合法定情形的，人民法院应予支持。变更、追加被执行人后，申请执行人申请恢复执行的，人民法院应予支持。

**第十七条** 终结本次执行程序后，被执行人或者其他人妨害执行的，人民法院可以依法予以罚款、拘留；构成犯罪的，依法追究刑事责任。

**第十八条** 有下列情形之一的，人民法院应当在三日内将案件信息从终结本次执行程序案件信息库中屏蔽：

（一）生效法律文书确定的义务执行完毕的；

（二）依法裁定终结执行的；

（三）依法应予屏蔽的其他情形。

**第十九条** 本规定自 2016 年 12 月 1 日起施行。

# 最高人民法院
# 关于人民法院办理执行案件若干期限的规定

法发〔2006〕35号

为确保及时、高效、公正办理执行案件，依据《中华人民共和国民事诉讼法》和有关司法解释的规定，结合执行工作实际，制定本规定。

**第一条** 被执行人有财产可供执行的案件，一般应当在立案之日起6个月内执结；非诉执行案件一般应当在立案之日起3个月内执结。

有特殊情况须延长执行期限的，应当报请本院院长或副院长批准。

申请延长执行期限的，应当在期限届满前5日内提出。

**第二条** 人民法院应当在立案后7日内确定承办人。

**第三条** 承办人收到案件材料后，经审查认为情况紧急、需立即采取执行措施的，经批准后可立即采取相应的执行措施。

**第四条** 承办人应当在收到案件材料后3日内向被执行人发出执行通知书，通知被执行人按照有关规定申报财产，责令被执行人履行生效法律文书确定的义务。

被执行人在指定的履行期间内有转移、隐匿、变卖、毁损财产等情形的，人民法院在获悉后应当立即采取控制性执行措施。

**第五条** 承办人应当在收到案件材料后3日内通知申请执行人提供被执行人财产状况或财产线索。

**第六条** 申请执行人提供了明确、具体的财产状况或财产线索的，承办人应当在申请执行人提供财产状况或财产线索后5日内进行查证、核实。情况紧急的，应当立即予以核查。

申请执行人无法提供被执行人财产状况或财产线索，或者提供财产状况或财产线索确有困难，需人民法院进行调查的，承办人应当在申请执行人提出调查申请后10日内启动调查程序。

根据案件具体情况，承办人一般应当在1个月内完成对被执行人收入、银行存款、有价证券、不动产、车辆、机器设备、知识产权、对外投资权益及收益、到期债权等资产状况的调查。

**第七条** 执行中采取评估、拍卖措施的，承办人应当在10日内完成评估、拍卖机构的遴选。

**第八条** 执行中涉及不动产、特定动产及其它财产需办理过户登记手续的，承办人应当在5日内向有关登记机关送达协助执行通知书。

**第九条** 对执行异议的审查，承办人应当在收到异议材料及执行案卷后15日内提出审查处理意见。

**第十条** 对执行异议的审查需进行听证的，合议庭应当在决定听证后10日内组织异议人、申请执行人、被执行人及其他利害关系人进行听证。

承办人应当在听证结束后5日内提出审查处理意见。

**第十一条** 对执行异议的审查，人民法院一般应当在1个月内办理完毕。需延长期限的，承办人应当在期限届满前3日内提出申请。

**第十二条** 执行措施的实施及执行法律文书的制作需报经审批的，相关负责人应当在7日内完成审批程序。

**第十三条** 下列期间不计入办案期限：

1. 公告送达执行法律文书的期间；
2. 暂缓执行的期间；
3. 中止执行的期间；
4. 就法律适用问题向上级法院请示的期间；
5. 与其他法院发生执行争议报请共同的上级法院协调处理的期间。

**第十四条** 法律或司法解释对办理期限有明确规定的，按照法律或司法解释规定执行。

**第十五条** 本规定自2007年1月1日起施行。

# 最高人民法院
# 关于严格规范执行事项委托工作的管理办法(试行)

法发〔2017〕27号

为严格规范人民法院执行事项委托工作，加强各地法院之间的互助协作，发挥执行指挥中心的功能优势，节约人力物力，提高工作效率，结合人民法院执行工作实际，制定本办法。

**第一条** 人民法院在执行案件过程中遇有下列事项需赴异地办理的，可以委托相关异地法院代为办理。

（一）冻结、续冻、解冻、扣划银行存款、理财产品；

（二）公示冻结、续冻、解冻股权及其他投资权益；

（三）查封、续封、解封、过户不动产和需要登记的动产；

（四）调查被执行人财产情况；

（五）其他人民法院执行事项委托系统中列明的事项。

**第二条** 委托调查被执行人财产情况的，委托法院应当在委托函中明确具体调查内容、具体协助执行单位并附对应的协助执行通知书。调查内容应当为总对总查控系统尚不支持的财产类型及范围。

**第三条** 委托法院进行事项委托一律通过执行办案系统发起和办理，不再通过线下邮寄材料方式进行。受托法院收到线下邮寄材料的，联系委托法院线上补充提交事项委托后再予办理。

**第四条** 委托法院发起事项委托应当由承办人在办案系统事项委托模块中录入委托法院名称、受托法院名称、案号、委托事项、办理期限、承办人姓名、联系方式，并附相关法律文书。经审批后，该事项委托将推送至人民法院执行事项委托系统，委托法院执行指挥中心核查文书并加盖电子签章后推送给受托法院。

**第五条** 受托法院一般应当为委托事项办理地点的基层人民法院，委托同级人民法院更有利于事项委托办理的除外。

**第六条** 办理期限应当根据具体事项进行合理估算，一般应不少于十天，不超过二十天。需要紧急办理的，推送事项委托后，通过执行指挥中心联系受托法院，受托法院应当于24小时内办理完毕。

**第七条** 相关法律文书应当包括执行裁定书、协助执行通知书、委托执行函、送达回证（或回执），并附执行公务证件扫描件。委托扣划已冻结款项的，应当提供执行依据扫描件并加盖委托法院电子签章。

**第八条** 受托法院通过人民法院执行事项委托系统收到事项委托后，应当尽快核实材料并签收办理。

**第九条** 委托办理的事项超出本办法第一条所列范围且受托法院无法办理的，受托法院与委托法院沟通后可予以退回。

**第十条** 委托法院提供的法律文书不符合要求或缺少必要文书，受托法院无法办理的，应及时与委托法院沟通告知应当补充的材料。未经沟通，受托法院不得直接退回该委托。委托法院应于三日内通过系统补充材料，补充材料后仍无法办理的，受托法院可说明原因后退回。

**第十一条** 受托法院应当及时签收并办理事项委托，完成后及时将办理情况及送达回证、回执或其他材料通过系统反馈委托法院，委托法院应当及时确认办结。

**第十二条** 执行事项委托不作为委托执行案件立案办理，事项委托由受托法院根据本地的实际按一定比例折合为执行实施案件计入执行人员工作量并纳入考核范围。

**第十三条** 委托法院可在人民法院执行事项委托系统中对已经办结的事项委托进行评价，或向受托法院的上级法院进行投诉并说明具体投诉原因，被投诉的受托法院可通过事项委托系统说明情况。评价、投诉信息将作为考核事项委托工作的一项指标。

**第十四条** 各高级、中级人民法院应当认真履行督促职责，通过执行指挥管理平台就辖区法院未及时签收并办理、未及时确认办结情况进行督办。最高人民法院、高级人民法院定期对辖区法院事项委托办理情况进行统计、通报。

# （三）请示答复

## 最高人民法院
## 关于判决书主文已经判明担保人承担担保责任后有权向被担保人追偿，该追偿权是否须另行诉讼问题请示的答复

〔2009〕执他字第4号

**四川省高级人民法院：**

你院（2008）川执监字第34号《关于成都达义物业有限责任公司申请执行西藏华西药业集团有限责任公司借款合同纠纷一案的请示》收悉。经研究，答复如下：原则同意你院倾向性意见中无须另行诉讼的意见。即对人民法院的生效判决书已经确定担保人承担担保责任后，可向主债务人行使追偿权的案件，担保人无须另行诉讼，可以直接向人民法院申请执行。但行使追偿权的范围应当限定在抵押担保责任范围内。

## 最高人民法院执行局
# 关于法院能否以公司证券登记结算地为财产所在地获得管辖权问题的复函

〔2010〕执监字第16号

**广东省高级人民法院：**

关于唐山钢铁集团有限责任公司执行申诉一案，你院《关于深圳中院执行中华乐业有限公司与唐山钢铁集团有限责任公司仲裁裁决一案的情况报告》收悉。经研究，答复如下：

经核查，唐山钢铁集团有限责任公司作为上市公司，其持有的证券在上市交易前存管于中国证券登记结算有限责任公司深圳分公司，深圳市中级人民法院（以下简称深圳中院）以此认定深圳市为被执行人的财产所在地受理了当事人一方的执行申请。本院认为，证券登记结算机构是为证券交易提供集中登记、存管与结算服务的机构，但证券登记结算机构存管的仅是股权凭证，不能将股权凭证所在地视为股权所在地。由于股权与其发行公司具有最密切的联系，因此，应当将股权的发行公司住所地认定为该类财产所在地。深圳中院将证券登记结算机构所在地认定为上市公司的财产所在地予以立案执行不当。

请你院监督深圳中院依法撤销案件及相关法律文书，并告知申请人依法向有管辖权的人民法院申请执行。同时，鉴于深圳中院对被执行人的股权已采取冻结措施，为防止已冻结财产被转移，请你院监督深圳中院做好已控被执行人财产与新的执行法院的衔接工作，避免申请执行人的权益受到损害。

# （四）指导性案例

## 指导案例37号：上海金纬机械制造有限公司与瑞士瑞泰克公司仲裁裁决执行复议案

（最高人民法院审判委员会讨论通过 2014年12月18日发布）

**关键词**

民事诉讼 执行复议 涉外仲裁裁决 执行管辖 申请执行期间起算

**裁判要点**

当事人向我国法院申请执行发生法律效力的涉外仲裁裁决，发现被申请执行人或者其财产在我国领域内的，我国法院即对该案具有执行管辖权。当事人申请法院强制执行的时效期间，应当自发现被申请执行人或者其财产在我国领域内之日起算。

**相关法条**

《中华人民共和国民事诉讼法》第二百三十九条、第二百七十三条

**基本案情**

上海金纬机械制造有限公司（以下简称金纬公司）与瑞士瑞泰克公司（RETECHA ktiengesellschaft，以下简称瑞泰克公司）买卖合同纠纷一案，由中国国际经济贸易仲裁委员会于2006年9月18日作出仲裁裁决。2007年8月27日，金纬公司向瑞士联邦兰茨堡（Lenzburg）法院（以下简称兰茨堡法院）申请承认和执行该仲裁裁决，并提交了由中国中央翻译社翻译、经上海市外事办公室及瑞士驻上海总领事认证的仲裁裁决书翻译件。同年10月25日，兰茨堡法院以金纬公司所提交的仲裁裁决书翻译件不能满足《承认及执行外国仲裁裁决公约》（以下简称《纽约公约》）第四条第二点关于“译文由公设

或宣誓之翻译员或外交或领事人员认证”的规定为由，驳回金纬公司申请。其后，金纬公司又先后两次向兰茨堡法院递交了分别由瑞士当地翻译机构翻译的仲裁裁决书译件和由上海上外翻译公司翻译、上海市外事办公室、瑞士驻上海总领事认证的仲裁裁决书翻译件以申请执行，仍被该法院分别于 2009 年 3 月 17 日和 2010 年 8 月 31 日，以仲裁裁决书翻译文件没有严格意义上符合《纽约公约》第四条第二点的规定为由，驳回申请。

2008 年 7 月 30 日，金纬公司发现瑞泰克公司有一批机器设备正在上海市浦东新区展览，遂于当日向上海市第一中级人民法院（以下简称上海一中院）申请执行。上海一中院于同日立案执行并查封、扣押了瑞泰克公司参展机器设备。瑞泰克公司遂以金纬公司申请执行已超过《中华人民共和国民事诉讼法》（以下简称《民事诉讼法》）规定的期限为由提出异议，要求上海一中院不受理该案，并解除查封，停止执行。

**裁判结果**

上海市第一中级人民法院于 2008 年 11 月 17 日作出（2008）沪一中执字第 640－1 民事裁定，驳回瑞泰克公司的异议。裁定送达后，瑞泰克公司向上海市高级人民法院申请执行复议。2011 年 12 月 20 日，上海市高级人民法院作出（2009）沪高执复议字第 2 号执行裁定，驳回复议申请。

**裁判理由**

法院生效裁判认为：本案争议焦点是我国法院对该案是否具有管辖权以及申请执行期间应当从何时开始起算。

## 一、关于我国法院的执行管辖权问题

根据《民事诉讼法》的规定，我国涉外仲裁机构作出的仲裁裁决，如果被执行人或者其财产不在中华人民共和国领域内的，应当由当事人直接向有管辖权的外国法院申请承认和执行。鉴于本案所涉仲裁裁决生效时，被执行人瑞泰克公司及其财产均不在我国领域内，因此，人民法院在该仲裁裁决生效当时，对裁决的执行没有管辖权。

2008 年 7 月 30 日，金纬公司发现被执行人瑞泰克公司有财产正在上海市参展。此时，被申请执行人瑞泰克公司有财产在中华人民共和国领域内的事实，使我国法院产生了对本案的执行管辖权。申请执行人依据《民事诉讼法》“一方当事人不履行仲裁裁决的，对方当事人可以向被申请人住所地或者财产所在地的中级人民法院申请执行”的规定，基于被执行人不履行仲裁裁决义务的事实，行使民事强制执行请求权，向上海一中院申请执行。这符合我国《民事诉讼法》有关人民法院管辖涉外仲裁裁决执行案件所应当具备的要求，上海一中院对该执行申请有管辖权。

考虑到《纽约公约》规定的原则是，只要仲裁裁决符合公约规定的基本条件，就允许在任何缔约国得到承认和执行。《纽约公约》的目的在于便利仲裁裁决在各缔约国得到顺利执行，因此并不禁止当事人向多个公约成员国申请相关仲裁裁决的承认与执行。被执行人一方可以通过举证已经履行了仲裁裁决义务进行抗辩，向执行地法院提交已经清偿债务数额的证据，这样即可防止被执行人被强制重复履行或者超标的履行的问题。因此，人民法院对该案行使执行管辖权，符合《纽约公约》规定的精神，也不会造成被执行人重复履行生效仲裁裁决义务的问题。

## 二、关于本案申请执行期间起算问题

依照《民事诉讼法》（2007 年修正）第二百一十五条的规定，“申请执行的期间为二年。”“前款规定的期间，从法律文书规定履行期间的最后一日起计算；法律文书规定分期履行的，从规定的每次履行期间的最后一日起计算；法律文书未规定履行期间的，从法律文书生效之日起计算。”鉴于我国法律有关申请执行期间起算，是针对生效法律文书作出时，被执行人或者其财产在我国领域内的一般情况作出的规定；而本案的具体情况是，仲裁裁决生效当时，我国法院对该案并没有执行管辖权，当事人依法向外国法院申请承认和执行该裁决而未能得到执行，不存在怠于行使申请执行权的问题；被执行人一直拒绝履行裁决所确定的法律义务；申请执行人在发现被执行人有财产在我国领域内之后，即向人民法院申请执行。考虑到这类情况下，外国被执行人或者其财产何时会再次进入我国领域内，具有较大的不确定性，因此，应当合理确定申请执行期间起算点，才能公平保护申请执行人的合法权益。

鉴于债权人取得有给付内容的生效法律文书后，如债务人未履行生效文书所确定的义务，债权人即可申请法院行使强制执行权，实现其实体法上的请求权，此项权利即为民事强制执行请求权。民事强制执行请求权的存在依赖于实体权利，取得依赖于执行根据，行使依赖于执行管辖权。执行管辖权是民事强制执行请求权的基础和前提。在司法实践中，人民法院的执行管辖权与当事人的民事强制执行请求权不能是抽象或不确定的，而应是具体且可操作的。义务人瑞泰克公司未履行裁决所确定的义务时，权利人金纬公司即拥有了民事强制执行请求权，但是，根据《民事诉讼法》的规定，对于涉外仲裁机构作出的仲裁申请执行，如果被执行人或者其财产不在中华人民共和国领域内，应当由当事人直接向有管辖权的外国法院申请承认和执行。此时，因被执行人或者其财产不在我国领域内，我国法院对该案没有执行管辖权，申请执行人金纬公司并非其主观上不愿或怠于行使权利，而是由于客观上纠纷本身没有产生人民法院执行管辖连接点，导致其无法向人民法院申请执行。人民法院在受理强制执行申请后，应当审查申请是否在法律规定的时效期间内提出。具有执行管辖权是人民法院审查申请执行人相关申请的必要前提，因此应当自执行管辖确定之日，即发现被执行人可供执行财产之日，开始计算申请执行人的申请执行期限。

# 三、执行当事人与执行过程

## （一）司法解释

最高人民法院

### 关于执行和解若干问题的规定

法释〔2018〕3号

为了进一步规范执行和解，维护当事人、利害关系人的合法权益，根据《中华人民共和国民事诉讼法》等法律规定，结合执行实践，制定本规定。

**第一条** 当事人可以自愿协商达成和解协议，依法变更生效法律文书确定的权利义务主体、履行标的、期限、地点和方式等内容。

和解协议一般采用书面形式。

**第二条** 和解协议达成后，有下列情形之一的，人民法院可以裁定中止执行：

（一）各方当事人共同向人民法院提交书面和解协议的；

（二）一方当事人向人民法院提交书面和解协议，其他当事人予以认可的；

（三）当事人达成口头和解协议，执行人员将和解协议内容记入笔录，由各方当事人签名或者盖章的。

**第三条** 中止执行后，申请执行人申请解除查封、扣押、冻结的，人民法院可以准许。

**第四条** 委托代理人代为执行和解，应当有委托人的特别授权。

**第五条** 当事人协商一致，可以变更执行和解协议，并向人民法院提交变更后的协议，或者由执行人员将变更后的内容记入笔录，并由各方当事人签名或者盖章。

**第六条** 当事人达成以物抵债执行和解协议的，人民法院不得依据该协议作出以物抵债裁定。

**第七条** 执行和解协议履行过程中，符合合同法第一百零一条规定情形的，债务人可以依法向有关机构申请提存；执行和解协议约定给付金钱的，债务人也可以向执行法院申请提存。

**第八条** 执行和解协议履行完毕的，人民法院作执行结案处理。

**第九条** 被执行人一方不履行执行和解协议的，申请执行人可以申请恢复执行原生效法律文书，也可以就履行执行和解协议向执行法院提起诉讼。

**第十条** 申请恢复执行原生效法律文书，适用民事诉讼法第二百三十九条申请执行期间的规定。

当事人不履行执行和解协议的，申请恢复执行期间自执行和解协议约定履行期间的最后一日起计算。

**第十一条** 申请执行人以被执行人一方不履行执行和解协议为由申请恢复执行，人民法院经审查，理由成立的，裁定恢复执行；有下列情形之一的，裁定不予恢复执行：

（一）执行和解协议履行完毕后申请恢复执行的；

（二）执行和解协议约定的履行期限尚未届至或者履行条件尚未成就的，但符合合同法第一百零八条规定情形的除外；

（三）被执行人一方正在按照执行和解协议约定履行义务的；

（四）其他不符合恢复执行条件的情形。

**第十二条** 当事人、利害关系人认为恢复执行或者不予恢复执行违反法律规定的，可以依照民事诉讼法第二百二十五条规定提出异议。

**第十三条** 恢复执行后，对申请执行人就履行执行和解协议提起的诉讼，人民法院不予受理。

**第十四条** 申请执行人就履行执行和解协议提起诉讼，执行法院受理后，可以裁定终结原生效法律文书的执行。执行中的查封、扣押、冻结措施，自动转为诉讼中的保全措施。

**第十五条** 执行和解协议履行完毕，申请执行人因被执行人迟延履行、瑕疵履行遭受损害的，可以向执行法院另行提起诉讼。

**第十六条** 当事人、利害关系人认为执行和解协议无效或者应予撤销的，可以向执行法院提起诉讼。执行和解协议被确认无效或者撤销后，申请执行人可以据此申请恢复执行。

被执行人以执行和解协议无效或者应予撤销为由提起诉讼的，不影响申请执行人申请恢复执行。

**第十七条** 恢复执行后，执行和解协议已经履行部分应当依法扣除。当事人、利害关系人认为人民法院的扣除行为违反法律规定的，可以依照民事诉讼法第二百二十五条规定提出异议。

**第十八条** 执行和解协议中约定担保条款，且担保人向人民法院承诺在被执行人不履行执行和解协议时自愿接受直接强制执行的，恢复执行原生效法律文书后，人民法院可以依申请执行人申请及担保条款的约定，直接裁定执行担保财产或者保证人的财产。

**第十九条** 执行过程中，被执行人根据当事人自行达成但未提交人民法院的和解协议，或者一方当事人提交人民法院但其他当事人不予认可的和解协议，依照民事诉讼法第二百二十五条规定提出异议的，人民法院按照下列情形，分别处理：

（一）和解协议履行完毕的，裁定终结原生效法律文书的执行；

（二）和解协议约定的履行期限尚未届至或者履行条件尚未成就的，裁定中止执行，但符合合同法第一百零八条规定情形的除外；

（三）被执行人一方正在按照和解协议约定履行义务的，裁定中止执行；

（四）被执行人不履行和解协议的，裁定驳回异议；

（五）和解协议不成立、未生效或者无效的，裁定驳回异议。

**第二十条** 本规定自 2018 年 3 月 1 日起施行。

本规定施行前本院公布的司法解释与本规定不一致的，以本规定为准。

## 最高人民法院
# 关于适用《中华人民共和国企业破产法》若干问题的规定（二）

法释〔2013〕22号

根据《中华人民共和国企业破产法》《中华人民共和国物权法》《中华人民共和国合同法》等相关法律，结合审判实践，就人民法院审理企业破产案件中认定债务人财产相关的法律适用问题，制定本规定。

**第一条** 除债务人所有的货币、实物外，债务人依法享有的可以用货币估价并可以依法转让的债权、股权、知识产权、用益物权等财产和财产权益，人民法院均应认定为债务人财产。

**第二条** 下列财产不应认定为债务人财产：

（一）债务人基于仓储、保管、承揽、代销、借用、寄存、租赁等合同或者其他法律关系占有、使用的他人财产；

（二）债务人在所有权保留买卖中尚未取得所有权的财产；

（三）所有权专属于国家且不得转让的财产；

（四）其他依照法律、行政法规不属于债务人的财产。

**第三条** 债务人已依法设定担保物权的特定财产，人民法院应当认定为债务人财产。

对债务人的特定财产在担保物权消灭或者实现担保物权后的剩余部分，在破产程序中可用以清偿破产费用、共益债务和其他破产债权。

**第四条** 债务人对按份享有所有权的共有财产的相关份额，或者共同享有所有权的共有财产的相应财产权利，以及依法分割共有财产所得部分，人民法院均应认定为债务人财产。

人民法院宣告债务人破产清算，属于共有财产分割的法定事由。人民法院裁定债务人重整或者和解的，共有财产的分割应当依据物权法第九十九条的规定进行；基于重整或者和解的需要必须分割共有财产，管理人请求分割的，人民法院应予准许。

因分割共有财产导致其他共有人损害产生的债务，其他共有人请求作为共益债务清偿的，人民法院应予支持。

**第五条** 破产申请受理后，有关债务人财产的执行程序未依照企业破产法第十九条的规定中止的，采取执行措施的相关单位应当依法予以纠正。依法执行回转的财产，人民法院应当认定为债务人财产。

**第六条** 破产申请受理后，对于可能因有关利益相关人的行为或者其他原因，影响破产程序依法进行的，受理破产申请的人民法院可以根据管理人的申请或者依职权，对债务人的全部或者部分财产采取保全措施。

**第七条** 对债务人财产已采取保全措施的相关单位，在知悉人民法院已裁定受理有关债务人的破产申请后，应当依照企业破产法第十九条的规定及时解除对债务人财产的保全措施。

**第八条** 人民法院受理破产申请后至破产宣告前裁定驳回破产申请，或者依据企业破产法第一百零八条的规定裁定终结破产程序的，应当及时通知原已采取保全措施并已依法解除保全措施的单位按照原保全顺位恢复相关保全措施。

在已依法解除保全的单位恢复保全措施或者表示不再恢复之前，受理破产申请的人民法院不得解除对债务人财产的保全措施。

**第九条** 管理人依据企业破产法第三十一条和第三十二条的规定提起诉讼，请求撤销涉及债务人财产的相关行为并由相对人返还债务人财产的，人民法院应予支持。

管理人因过错未依法行使撤销权导致债务人财产不当减损，债权人提起诉讼主张管理人对其损失承担相应赔偿责任的，人民法院应予支持。

**第十条** 债务人经过行政清理程序转入破产程序的，企业破产法第三十一条和第三十二条规定的可撤销行为的起算点，为行政监管机构作出撤销决定之日。

债务人经过强制清算程序转入破产程序的，企业破产法第三十一条和第三十二条规定的可撤销行为的起算点，为人民法院裁定受理强制清算申请之日。

**第十一条** 人民法院根据管理人的请求撤销涉及债务人财产的以明显不合理价格进行的交易的，买卖双方应当依法返还从对方获取的财产或者价款。

因撤销该交易，对于债务人应返还受让人已支付价款所产生的债务，受让人请求作为共益债务清偿的，人民法院应予支持。

**第十二条** 破产申请受理前一年内债务人提前清偿的未到期债务，在破产申请受理前已经到期，管理人请求撤销该清偿行为的，人民法院不予支持。但是，该清偿行为发生在破产申请受理前六个月内且债务人有企业破产法第二条第一款规定情形的除外。

**第十三条** 破产申请受理后，管理人未依据企业破产法第三十一条的规定请求撤销债务人无偿转让财产、以明显不合理价格交易、放弃债权行为的，债权人依据合同法第七十四条等规定提起诉讼，请求撤销债务人上述行为并将因此追回的财产归入债务人财产的，人民法院应予受理。

相对人以债权人行使撤销权的范围超出债权人的债权抗辩的，人民法院不予支持。

**第十四条** 债务人对以自有财产设定担保物权的债权进行的个别清偿，管理人依据企业破产法第三十二条的规定请求撤销的，人民法院不予支持。但是，债务清偿时担保财产的价值低于债权额的除外。

**第十五条** 债务人经诉讼、仲裁、执行程序对债权人进行的个别清偿，管理人依据企业破产法第三十二条的规定请求撤销的，人民法院不予支持。但是，债务人与债权人恶意串通损害其他债权人利益的除外。

**第十六条** 债务人对债权人进行的以下个别清偿，管理人依据企业破产法第三十二条的规定请求撤销的，人民法院不予支持：

（一）债务人为维系基本生产需要而支付水费、电费等的；

（二）债务人支付劳动报酬、人身损害赔偿金的；

（三）使债务人财产受益的其他个别清偿。

**第十七条** 管理人依据企业破产法第三十三条的规定提起诉讼，主张被隐匿、转移财产的实际占有人返还债务人财产，或者主张债务人虚构债务或者承认不真实债务的行为无效并返还债务人财产的，人民法院应予支持。

**第十八条** 管理人代表债务人依据企业破产法第一百二十八条的规定，以债务人的法定代表人和其他直接责任人员对所涉债务人财产的相关行为存在故意或者重大过失，造成债务人财产损失为由提起诉讼，主张上述责任人员承担相应赔偿责任的，人民法院应予支持。

**第十九条** 债务人对外享有债权的诉讼时效，自人民法院受理破产申请之日起中断。

债务人无正当理由未对其到期债权及时行使权利，导致其对外债权在破产申请受理前一年内超过诉讼时效期间的，人民法院受理破产申请之日起重新计算上述债权的诉讼时效期间。

**第二十条** 管理人代表债务人提起诉讼，主张出资人向债务人依法缴付未履行的出资或者返还抽逃的出资本息，出资人以认缴出资尚未届至公司章程规定的缴纳期限或者违反出资义务已经超过诉讼时效为由抗辩的，人民法院不予支持。

管理人依据公司法的相关规定代表债务人提起诉讼，主张公司的发起人和负有监督股东履行出资义务的董事、高级管理人员，或者协助抽逃出资的其他股东、董事、高级管理人员、实际控制人等，对股东违反出资义务或者抽逃出资承担相应责任，并将财产归入债务人财产的，人民法院应予支持。

**第二十一条** 破产申请受理前，债权人就债务人财产提起下列诉讼，破产申请受理时案件尚未审结的，人民法院应当中止审理：

（一）主张次债务人代替债务人直接向其偿还债务的；

（二）主张债务人的出资人、发起人和负有监督股东履行出资义务的董事、高级管理人员，或者协助抽逃出资的其他股东、董事、高级管理人员、实际控制人等直接向其承担出资不实或者抽逃出资责任的；

（三）以债务人的股东与债务人法人人格严重混同为由，主张债务人的股东直接向其偿还债务人对其所负债务的；

（四）其他就债务人财产提起的个别清偿诉讼。

债务人破产宣告后，人民法院应当依照企业破产法第四十四条的规定判决驳回债权人的诉讼请求。但是，债权人一审中变更其诉讼请求为追收的相关财产归入债务人财产的除外。

债务人破产宣告前，人民法院依据企业破产法第十二条或者第一百零八条的规定裁定驳回破产申请或者终结破产程序的，上述中止审理的案件应当依法恢复审理。

**第二十二条** 破产申请受理前，债权人就债务人财产向人民法院提起本规定第二十一条第一款所列诉讼，人民法院已经作出生效民事判决书或者调解书但尚未执行完毕的，破产申请受理后，相关执行行为应当依据企业破产法第十九条的规定中止，债权人应当依法向管理人申报相关债权。

**第二十三条** 破产申请受理后，债权人就债务人财产向人民法院提起本规定第二十一条第一款所列诉讼的，人民法院不予受理。

债权人通过债权人会议或者债权人委员会，要求管理人依法向次债务人、债务人的出资人等追收债务人财产，管理人无正当理由拒绝追收，债权人会议依据企业破产法第二十二条的规定，申请人民法院更换管理人的，人民法院应予支持。

管理人不予追收，个别债权人代表全体债权人提起相关诉讼，主张次债务人或者债务人的出资人等向债务人清偿或者返还债务人财产，或者依法申请合并破产的，人民法院应予受理。

**第二十四条** 债务人有企业破产法第二条第一款规定的情形时，债务人的董事、监事和高级管理人员利用职权获取的以下收入，人民法院应当认定为企业破产法第三十六条规定的非正常收入：

（一）绩效奖金；

（二）普遍拖欠职工工资情况下获取的工资性收入；

（三）其他非正常收入。

债务人的董事、监事和高级管理人员拒不向管理人返还上述债务人财产，管理人主张上述人员予以返还的，人民法院应予支持。

债务人的董事、监事和高级管理人员因返还第一款第（一）项、第（三）项非正常收入形成的债权，可以作为普通破产债权清偿。因返还第一款第（二）项非正常收入形成的债权，依据企业破产法第一百一十三条第三款的规定，按照该企业职工平均工资计算的部分作为拖欠职工工资清偿；高出该企业职工平均工资计算的部分，可以作为普通破产债权清偿。

**第二十五条** 管理人拟通过清偿债务或者提供担保取回质物、留置物，或者与质权人、留置权人协议以质物、留置物折价清偿债务等方式，进行对债权人利益有重大影响的财产处分行为的，应当及时报告债权人委员会。未设立债权人委员会的，管理人应当及时报告人民法院。

**第二十六条** 权利人依据企业破产法第三十八条的规定行使取回权，应当在破产财产变价方案或者和解协议、重整计划草案提交债权人会议表决前向管理人提出。权利人在上述期限后主张取回相关财产的，应当承担延迟行使取回权增加的相关费用。

**第二十七条** 权利人依据企业破产法第三十八条的规定向管理人主张取回相关财产，管理人不予认可，权利人以债务人为被告向人民法院提起诉讼请求行使取回权的，人民法院应予受理。

权利人依据人民法院或者仲裁机关的相关生效法律文书向管理人主张取回所涉争议财产，管理人以生效法律文书错误为由拒绝其行使取回权的，人民法院不予支持。

**第二十八条** 权利人行使取回权时未依法向管理人支付相关的加工费、保管费、托运费、委托费、代销费等费用，管理人拒绝其取回相关财产的，人民法院应予支持。

**第二十九条** 对债务人占有的权属不清的鲜活易腐等不易保管的财产或者不及时变现价值将严重贬损的财产，管理人及时变价并提存变价款后，有关权利人就该变价款行使取回权的，人民法院应予支持。

**第三十条** 债务人占有的他人财产被违法转让给第三人，依据物权法第一百零六条的规定第三人已善意取得财产所有权，原权利人无法取回该财产的，人民法院应当按照以下规定处理：

（一）转让行为发生在破产申请受理前的，原权利人因财产损失形成的债权，作为普通破产债权清偿；

（二）转让行为发生在破产申请受理后的，因管理人或者相关人员执行职务导致原权利人损害产生的债务，作为共益债务清偿。

**第三十一条** 债务人占有的他人财产被违法转让给第三人，第三人已向债务人支付了转让价款，但依据物权法第一百零六条的规定未取得财产所有权，原权利人依法追回转让财产的，对因第三人已支付对价而产生的债务，人民法院应当按照以下规定处理：

（一）转让行为发生在破产申请受理前的，作为普通破产债权清偿；

（二）转让行为发生在破产申请受理后的，作为共益债务清偿。

**第三十二条** 债务人占有的他人财产毁损、灭失，因此获得的保险金、赔偿金、代偿物尚未交付给债务人，或者代偿物虽已交付给债务人但能与债务人财产予以区分的，权利人主张取回就此获得的保险金、赔偿金、代偿物的，人民法院应予支持。

保险金、赔偿金已经交付给债务人，或者代偿物已经交付给债务人且不能与债务人财产予以区分的，人民法院应当按照以下规定处理：

（一）财产毁损、灭失发生在破产申请受理前的，权利人因财产损失形成的债权，作为普通破产债权清偿；

（二）财产毁损、灭失发生在破产申请受理后的，因管理人或者相关人员执行职务导致权利人损害产生的债务，作为共益债务清偿。

债务人占有的他人财产毁损、灭失，没有获得相应的保险金、赔偿金、代偿物，或者保险金、赔偿物、代偿物不足以弥补其损失的部分，人民法院应当按照本条第二款的规定处理。

**第三十三条** 管理人或者相关人员在执行职务过程中，因故意或者重大过失不当转让他人财产或者造成他人财产毁损、灭失，导致他人损害产生的债务作为共益债务，由债务人财产随时清偿不足弥补损失，权利人向管理人或者相关人员主张承担补充赔偿责任的，人民法院应予支持。

上述债务作为共益债务由债务人财产随时清偿后，债权人以管理人或者相关人员执行职务不当导致债务人财产减少给其造成损失为由提起诉讼，主张管理人或者相关人员承担相应赔偿责任的，人民法院应予支持。

**第三十四条** 买卖合同双方当事人在合同中约定标的物所有权保留，在标的物所有权未依法转移给买受人前，一方当事人破产的，该买卖合同属于双方均未履行完毕的合同，管理人有权依据企业破产法第十八条的规定决定解除或者继续履行合同。

**第三十五条** 出卖人破产，其管理人决定继续履行所有权保留买卖合同的，买受人应当按照原买卖合同的约定支付价款或者履行其他义务。

买受人未依约支付价款或者履行完毕其他义务，或者将标的物出卖、出质或者作出其他不当处分，给出卖人造成损害，出卖人管理人依法主张取回标的物的，人民法院应予支持。但是，买受人已经支付标的物总价款百分之七十五以上或者第三人善意取得标的物所有权或者其他物权的除外。

因本条第二款规定未能取回标的物，出卖人管理人依法主张买受人继续支付价款、履行完毕其他义务，以及承担相应赔偿责任的，人民法院应予支持。

**第三十六条** 出卖人破产，其管理人决定解除所有权保留买卖合同，并依据企业破产法第十七条的规定要求买受人向其交付买卖标的物的，人民法院应予支持。

买受人以其不存在未依约支付价款或者履行完毕其他义务，或者将标的物出卖、出质或者作出其他不当处分情形抗辩的，人民法院不予支持。

买受人依法履行合同义务并依据本条第一款将买卖标的物交付出卖人管理人后，买受人已支付价款损失形成的债权作为共益债务清偿。但是，买受人违反合同约定，出卖人管理人主张上述债权作为普通破产债权清偿的，人民法院应予支持。

**第三十七条** 买受人破产，其管理人决定继续履行所有权保留买卖合同的，原买卖合同中约定的买受人支付价款或者履行其他义务的期限在破产申请受理时视为到期，买受人管理人应当及时向出卖人支付价款或者履行其他义务。

买受人管理人无正当理由未及时支付价款或者履行完毕其他义务，或者将标的物出卖、出质或者作出其他不当处分，给出卖人造成损害，出卖人依据合同法第一百三十四条等规定主张取回标的物的，人民法院应予支持。但是，买受人已支付标的物总价款百分之七十五以上或者第三人善意取得标的物所有权或者其他物权的除外。

因本条第二款规定未能取回标的物，出卖人依法主张买受人继续支付价款、履行完毕其他义务，以及承担相应赔偿责任的，人民法院应予支持。对因买受人未支付价款或者未履行完毕其他义务，以及买受人管理人将标的物出卖、出质或者作出其他不当处分导致出卖人损害产生的债务，出卖人主张作为共益债务清偿的，人民法院应予支持。

**第三十八条** 买受人破产，其管理人决定解除所有权保留买卖合同，出卖人依据企业破产法第三十八条的规定主张取回买卖标的物的，人民法院应予支持。

出卖人取回买卖标的物，买受人管理人主张出卖人返还已支付价款的，人民法院应予支持。取回的标的物价值明显减少给出卖人造成损失的，出卖人可从买受人已支付价款中优先予以抵扣后，将剩余部分返还给买受人；对买受人已支付价款不足以弥补出卖人标的物价值减损损失形成的债权，出卖人主张作为共益债务清偿的，人民法院应予支持。

**第三十九条** 出卖人依据企业破产法第三十九条的规定，通过通知承运人或者实际占有人中止运输、返还货物、变更到达地，或者将货物交给其他收货人等方式，对在运途中标的物主张了取回权但未能实现，或者在货物未达管理人前已向管理人主张取回在运途中标的物，在买卖标的物到达管理人后，出卖人向管理人主张取回的，管理人应予准许。

出卖人对在运途中标的物未及时行使取回权，在买卖标的物到达管理人后向管理人行使在运途中标的物取回权的，管理人不应准许。

**第四十条** 债务人重整期间，权利人要求取回债务人合法占有的权利人的财产，不符合双方事先约定条件的，人民法院不予支持。但是，因管理人或者自行管理的债务人违反约定，可能导致取回物被转让、毁损、灭失或者价值明显减少的除外。

**第四十一条** 债权人依据企业破产法第四十条的规定行使抵销权，应当向管理人提出抵销主张。

管理人不得主动抵销债务人与债权人的互负债务，但抵销使债务人财产受益的除外。

**第四十二条** 管理人收到债权人提出的主张债务抵销的通知后，经审查无异议的，抵销自管理人收到通知之日起生效。

管理人对抵销主张有异议的，应当在约定的异议期限内或者自收到主张债务抵销的通知之日起三个月内向人民法院提起诉讼。无正当理由逾期提起的，人民法院不予支持。

人民法院判决驳回管理人提起的抵销无效诉讼请求的，该抵销自管理人收到主张债务抵销的通知之日起生效。

**第四十三条** 债权人主张抵销，管理人以下列理由提出异议的，人民法院不予支持：

（一）破产申请受理时，债务人对债权人负有的债务尚未到期；

（二）破产申请受理时，债权人对债务人负有的债务尚未到期；

（三）双方互负债务标的物种类、品质不同。

**第四十四条** 破产申请受理前六个月内，债务人有企业破产法第二条第一款规定的情形，债务人与个别债权人以抵销方式对个别债权人清偿，其抵销的债权债务属于企业破产法第四十条第（二）、（三）项规定的情形之一，管理人在破产申请受理之日起三个月内向人民法院提起诉讼，主张该抵销无效的，人民法院应予支持。

**第四十五条** 企业破产法第四十条所列不得抵销情形的债权人，主张以其对债务人特定财产享有优先受偿权的债权，与债务人对其不享有优先受偿权的债权抵销，债务人管理人以抵销存在企业破产法第四十条规定的情形提出异议的，人民法院不予支持。但是，用以抵销的债权大于债权人享有优先受偿权财产价值的除外。

**第四十六条** 债务人的股东主张以下列债务与债务人对其负有的债务抵销，债务人管理人提出异议的，人民法院应予支持：

（一）债务人股东因欠缴债务人的出资或者抽逃出资对债务人所负的债务；

（二）债务人股东滥用股东权利或者关联关系损害公司利益对债务人所负的债务。

**第四十七条** 人民法院受理破产申请后，当事人提起的有关债务人的民事诉讼案件，应当依据企业破产法第二十一条的规定，由受理破产申请的人民法院管辖。

受理破产申请的人民法院管辖的有关债务人的第一审民事案件，可以依据民事诉讼法第三十八条的规定，由上级人民法院提审，或者报请上级人民法院批准后交下级人民法院审理。

受理破产申请的人民法院，如对有关债务人的海事纠纷、专利纠纷、证券市场因虚假陈述引发的民事赔偿纠纷等案件不能行使管辖权的，可以依据民事诉讼法第三十七条的规定，由上级人民法院指定管辖。

**第四十八条** 本规定施行前本院发布的有关企业破产的司法解释，与本规定相抵触的，自本规定施行之日起不再适用。

# 最高人民法院
# 关于执行担保若干问题的规定

法释〔2018〕3号

为了进一步规范执行担保，维护当事人、利害关系人的合法权益，根据《中华人民共和国民事诉讼法》等法律规定，结合执行实践，制定本规定。

**第一条** 本规定所称执行担保，是指担保人依照民事诉讼法第二百三十一条规定，为担保被执行人履行生效法律文书确定的全部或者部分义务，向人民法院提供的担保。

**第二条** 执行担保可以由被执行人提供财产担保，也可以由他人提供财产担保或者保证。

**第三条** 被执行人或者他人提供执行担保的，应当向人民法院提交担保书，并将担保书副本送交申请执行人。

**第四条** 担保书中应当载明担保人的基本信息、暂缓执行期限、担保期间、被担保的债权种类及数额、担保范围、担保方式、被执行人于暂缓执行期限届满后仍不履行时担保人自愿接受直接强制执行的承诺等内容。

提供财产担保的，担保书中还应当载明担保财产的名称、数量、质量、状况、所在地、所有权或者使用权归属等内容。

**第五条** 公司为被执行人提供执行担保的，应当提交符合公司法第十六条规定的公司章程、董事会或者股东会、股东大会决议。

**第六条** 被执行人或者他人提供执行担保，申请执行人同意的，应当向人民法院出具书面同意意见，也可以由执行人员将其同意的内容记入笔录，并由申请执行人签名或者盖章。

**第七条** 被执行人或者他人提供财产担保，可以依照物权法、担保法规定办理登记等担保物权公示手续；已经办理公示手续的，申请执行人可以依法主张优先受偿权。

申请执行人申请人民法院查封、扣押、冻结担保财产的，人民法院应当准许，但担保书另有约定的除外。

**第八条** 人民法院决定暂缓执行的，可以暂缓全部执行措施的实施，但担保书另有约定的除外。

**第九条** 担保书内容与事实不符，且对申请执行人合法权益产生实质影响的，人民法院可以依申请执行人的申请恢复执行。

**第十条** 暂缓执行的期限应当与担保书约定一致，但最长不得超过一年。

**第十一条** 暂缓执行期限届满后被执行人仍不履行义务，或者暂缓执行期间担保人有转移、隐藏、变卖、毁损担保财产等行为的，人民法院可以依申请执行人的申请恢复执行，并直接裁定执行担保财产或者保证人的财产，不得将担保人变更、追加为被执行人。

执行担保财产或者保证人的财产，以担保人应当履行义务部分的财产为限。被执行人有便于执行的现金、银行存款的，应当优先执行该现金、银行存款。

**第十二条** 担保期间自暂缓执行期限届满之日起计算。

担保书中没有记载担保期间或者记载不明的，担保期间为一年。

**第十三条** 担保期间届满后，申请执行人申请执行担保财产或者保证人财产的，人民法院不予支持。他人提供财产担保的，人民法院可以依其申请解除对担保财产的查封、扣押、冻结。

**第十四条** 担保人承担担保责任后，提起诉讼向被执行人追偿的，人民法院应予受理。

**第十五条** 被执行人申请变更、解除全部或者部分执行措施，并担保履行生效法律文书确定义务的，参照适用本规定。

**第十六条** 本规定自 2018 年 3 月 1 日起施行。

本规定施行前成立的执行担保，不适用本规定。

本规定施行前本院公布的司法解释与本规定不一致的，以本规定为准。

# 最高人民法院
# 关于执行程序中计算迟延履行期间的债务利息适用法律若干问题的解释

法释〔2014〕8号

为规范执行程序中迟延履行期间债务利息的计算，根据《中华人民共和国民事诉讼法》的规定，结合司法实践，制定本解释。

**第一条** 根据民事诉讼法第二百五十三条规定加倍计算之后的迟延履行期间的债务利息，包括迟延履行期间的一般债务利息和加倍部分债务利息。

迟延履行期间的一般债务利息，根据生效法律文书确定的方法计算；生效法律文书未确定给付该利息的，不予计算。

加倍部分债务利息的计算方法为：加倍部分债务利息 = 债务人尚未清偿的生效法律文书确定的除一般债务利息之外的金钱债务 × 日万分之一点七五 × 迟延履行期间。

**第二条** 加倍部分债务利息自生效法律文书确定的履行期间届满之日起计算；生效法律文书确定分期履行的，自每次履行期间届满之日起计算；生效法律文书未确定履行期间的，自法律文书生效之日起计算。

**第三条** 加倍部分债务利息计算至被执行人履行完毕之日；被执行人分次履行的，相应部分的加倍部分债务利息计算至每次履行完毕之日。

人民法院划拨、提取被执行人的存款、收入、股息、红利等财产的，相应部分的加倍部分债务利息计算至划拨、提取之日；人民法院对被执行人财产拍卖、变卖或者以物抵债的，计算至成交裁定或者抵债裁定生效之日；人民法院对被执行人财产通过其他方式变价的，计算至财产变价完成之日。

非因被执行人的申请，对生效法律文书审查而中止或者暂缓执行的期间及再审中止执行的期间，不计算加倍部分债务利息。

**第四条** 被执行人的财产不足以清偿全部债务的，应当先清偿生效法律文书确定的金钱债务，再清偿加倍部分债务利息，但当事人对清偿顺序另有约定的除外。

**第五条** 生效法律文书确定给付外币的，执行时以该种外币按日万分之一点七五计算加倍部分债务利息，但申请执行人主张以人民币计算的，人民法院应予准许。

以人民币计算加倍部分债务利息的，应当先将生效法律文书确定的外币折算或者套算为人民币后再进行计算。

外币折算或者套算为人民币的，按照加倍部分债务利息起算之日的中国外汇交易中心或者中国人民银行授权机构公布的人民币对该外币的中间价折合成人民币计算；中国外汇交易中心或者中国人民银行授权机构未公布汇率中间价的外币，按照该日境内银行人民币对该外币的中间价折算成人民币，或者该外币在境内银行、国际外汇市场对美元汇率，与人民币对美元汇率中间价进行套算。

**第六条** 执行回转程序中，原申请执行人迟延履行金钱给付义务的，应当按照本解释的规定承担加倍部分债务利息。

**第七条** 本解释施行时尚未执行完毕部分的金钱债务，本解释施行前的迟延履行期间债务利息按照之前的规定计算；施行后的迟延履行期间债务利息按照本解释计算。

本解释施行前本院发布的司法解释与本解释不一致的，以本解释为准。

# （二）规范性文件

## 最高人民法院
## 关于正确适用暂缓执行措施若干问题的规定

法发〔2002〕16号

为了在执行程序中正确适用暂缓执行措施，维护当事人及其他利害关系人的合法权益，根据《中华人民共和国民事诉讼法》和其他有关法律的规定，结合司法实践，制定本规定。

**第一条** 执行程序开始后，人民法院因法定事由，可以决定对某一项或者某几项执行措施在规定的期限内暂缓实施。

执行程序开始后，除法定事由外，人民法院不得决定暂缓执行。

**第二条** 暂缓执行由执行法院或者其上级人民法院作出决定，由执行机构统一办理。

人民法院决定暂缓执行的，应当制作暂缓执行决定书，并及时送达当事人。

**第三条** 有下列情形之一的，经当事人或者其他利害关系人申请，人民法院可以决定暂缓执行：

（一）执行措施或者执行程序违反法律规定的；

（二）执行标的物存在权属争议的；

（三）被执行人对申请执行人享有抵销权的。

**第四条** 人民法院根据本规定第三条决定暂缓执行的，应当同时责令申请暂缓执行的当事人或者其他利害关系人在指定的期限内提供相应的担保。

被执行人或者其他利害关系人提供担保申请暂缓执行，申请执行人提供担保要求继续执行的，执行法院可以继续执行。

**第五条** 当事人或者其他利害关系人提供财产担保的，应当出具评估机构对担保财产价值的评估证明。

评估机构出具虚假证明给当事人造成损失的，当事人可以对担保人、评估机构另行提起损害赔偿诉讼。

**第六条** 人民法院在收到暂缓执行申请后，应当在十五日内作出决定，并在作出决定后五日内将决定书发送当事人或者其他利害关系人。

**第七条** 有下列情形之一的，人民法院可以依职权决定暂缓执行；

（一）上级人民法院已经受理执行争议案件并正在处理的；

（二）人民法院发现据以执行的生效法律文书确有错误，并正在按照审判监督程序进行审查的。

人民法院依照前款规定决定暂缓执行的，一般应由申请执行人或者被执行人提供相应的担保。

**第八条** 依照本规定第七条第一款第（一）项决定暂缓执行的，由上级人民法院作出决定。依照本规定第七条第一款第（二）项决定暂缓执行的，审判机构应当向本院执行机构发出暂缓执行建议书，执行机构收到建议书后，应当办理暂缓相关执行措施的手续。

**第九条** 在执行过程中，执行人员发现据以执行的判决、裁定、调解书和支付令确有错误的，应当依照最高人民法院《关于适用〈中华人民共和国民事诉讼法〉若干问题的意见》第258条的规定处理。

在审查处理期间，执行机构可以报经院长决定对执行标的暂缓采取处分性措施，并通知当事人。

**第十条** 暂缓执行的期间不得超过三个月。因特殊事由需要延长的，可以适当延长，延长的期限不得超过三个月。

暂缓执行的期限从执行法院作出暂缓执行决定之日起计算。暂缓执行的决定由上级人民法院作出的，从执行法院收到暂缓执行决定之日起计算。

**第十一条** 人民法院对暂缓执行的案件，应当组成合议庭对是否暂缓执行进行审查，必要时应当听取当事人或者其他利害关系人的意见。

**第十二条** 上级人民法院发现执行法院对不符合暂缓执行条件的案件决定暂缓执行，或者对符合暂缓执行条件的案件未予暂缓执行的，应当作出决定予以纠正。执行法院收到该决定后，应当遵照执行。

**第十三条** 暂缓执行期限届满后，人民法院应当立即恢复执行。

暂缓执行期限届满前，据以决定暂缓执行的事由消灭的，如果该暂缓执行的决定是由执行法院作出的，执行法院应当立即作出恢复执行的决定；如果该暂缓执行的决定是由执行法院的上级人民法院作出的，执行法院应当将该暂缓执行事由消灭的情况及时报告上级人民法院，该上级人民法院应当在收到报告后十日内审查核实并作出恢复执行的决定。

**第十四条** 本规定自公布之日起施行。本规定施行后，其他司法解释与本规定不一致的，适用本规定。

最高人民法院
# 关于执行案件移送破产审查若干问题的指导意见

法发〔2017〕2号

推进执行案件移送破产审查工作，有利于健全市场主体救治和退出机制，有利于完善司法工作机制，有利于化解执行积案，是人民法院贯彻中央供给侧结构性改革部署的重要举措，是当前和今后一段时期人民法院服务经济社会发展大局的重要任务。为促进和规范执行案件移送破产审查工作，保障执行程序与破产程序的有序衔接，根据《中华人民共和国企业破产法》《中华人民共和国民事诉讼法》《最高人民法院关于适用〈中华人民共和国民事诉讼法〉的解释》等规定，现对执行案件移送破产审查的若干问题提出以下意见。

## 一、执行案件移送破产审查的工作原则、条件与管辖

1. 执行案件移送破产审查工作，涉及执行程序与破产程序之间的转换衔接，不同法院之间，同一法院内部执行部门、立案部门、破产审判部门之间，应坚持依法有序、协调配合、高效便捷的工作原则，防止推诿扯皮，影响司法效率，损害当事人合法权益。

2. 执行案件移送破产审查，应同时符合下列条件：

（1）被执行人为企业法人；

（2）被执行人或者有关被执行人的任何一个执行案件的申请执行人书面同意将执行案件移送破产审查；

（3）被执行人不能清偿到期债务，并且资产不足以清偿全部债务或者明显缺乏清偿能力。

3. 执行案件移送破产审查，由被执行人住所地人民法院管辖。在级别管辖上，为适应破产审判专业化建设的要求，合理分配审判任务，实行以中级人民法院管辖为原则、基层人民法院管辖为例外的管辖制度。中级人民法院经高级人民法院批准，也可以将案件交由具备审理条件的基层人民法院审理。

## 二、执行法院的征询、决定程序

4. 执行法院在执行程序中应加强对执行案件移送破产审查有关事宜的告知和征询工作。执行法院采取财产调查措施后，发现作为被执行人的企业法人符合破产法第二条规定的，应当及时询问申请执行人、被执行人是否同意将案件移送破产审查。申请执行人、被执行人均不同意移送且无人申请破产的，执行法院应当按照《最高人民法院关于适用〈中华人民共和国民事诉讼法〉的解释》第五百一十六条的规定处理，企业法人的其他已经取得执行依据的债权人申请参与分配的，人民法院不予支持。

5. 执行部门应严格遵守执行案件移送破产审查的内部决定程序。承办人认为执行案件符合移送破产审查条件的，应提出审查意见，经合议庭评议同意后，由执行法院院长签署移送决定。

6. 为减少异地法院之间移送的随意性，基层人民法院拟将执行案件移送异地中级人民法院进行破产审查的，在作出移送决定前，应先报请其所在地中级人民法院执行部门审核同意。

7. 执行法院作出移送决定后，应当于五日内送达申请执行人和被执行人。申请执行人或被执行人对决定有异议的，可以在受移送法院破产审查期间提出，由受移送法院一并处理。

8. 执行法院作出移送决定后，应当书面通知所有已知执行法院，执行法院均应中止对被执行人的执行程序。但是，对被执行人的季节性商品、鲜活、易腐烂变质以及其他不宜长期保存的物品，执行法院应当及时变价处置，处置的价款不作分配。受移送法院裁定受理破产案件的，执行法院应当在收到裁定书之日起七日内，将该价款移交受理破产案件的法院。

案件符合终结本次执行程序条件的，执行法院可以同时裁定终结本次执行程序。

9. 确保对被执行人财产的查封、扣押、冻结措施的连续性，执行法院决定移送后、受移送法院裁定受理破产案件之前，对被执行人的查封、扣押、冻结措施不解除。查封、扣押、冻结期限在破产审查期间届满的，申请执行人可以向执行法院申请延长期限，由执行法院负责办理。

## 三、移送材料及受移送法院的接收义务

10. 执行法院作出移送决定后，应当向受移送法院移送下列材料：

（1）执行案件移送破产审查决定书；

（2）申请执行人或被执行人同意移送的书面材料；

（3）执行法院采取财产调查措施查明的被执行人的财产状况，已查封、扣押、冻结财产清单及相关材料；

（4）执行法院已分配财产清单及相关材料；

（5）被执行人债务清单；

（6）其他应当移送的材料。

11. 移送的材料不完备或内容错误，影响受移送法院认定破产原因是否具备的，受移送法院可以要求执行法院补齐、补正，执行法院应于十日内补齐、补正。该期间不计入受移送法院破产审查的期间。

受移送法院需要查阅执行程序中的其他案件材料，或者依法委托执行法院办理财产处置等事项的，执行法院应予协助配合。

12. 执行法院移送破产审查的材料，由受移送法院立案部门负责接收。受移送法院不得以材料不完备等为由拒绝接收。立案部门经审核认为移送材料完备的，应以“破申”作为案件类型代字编制案号登记立案，并及时将案件移送破产审判部门进行破产审查。破产审判部门在审查过程中发现本院对案件不具有管辖权的，应当按照《中华人民共和国民事诉讼法》第三十六条的规定处理。

## 四、受移送法院破产审查与受理

13. 受移送法院的破产审判部门应当自收到移送的材料之日起三十日内作出是否受理的裁定。受移送法院作出裁定后，应当在五日内送达申请执行人、被执行人，并送交执行法院。

14. 申请执行人申请或同意移送破产审查的，裁定书中以该申请执行人为申请人，被执行人为被申请人；被执行人申请或同意移送破产审查的，裁定书中以该被执行人为申请人；申请执行人、被执行人均同意移送破产审查的，双方均为申请人。

15. 受移送法院裁定受理破产案件的，在此前的执行程序中产生的评估费、公告费、保管费等执行费用，可以参照破产费用的规定，从债务人财产中随时清偿。

16. 执行法院收到受移送法院受理裁定后，应当于七日内将已经扣划到账的银行存款、实际扣押的动产、有价证券等被执行人财产移交给受理破产案件的法院或管理人。

17. 执行法院收到受移送法院受理裁定时，已通过拍卖程序处置且成交裁定已送达买受人的拍卖财产，通过以物抵债偿还债务且抵债裁定已送达债权人的抵债财产，已完成转账、汇款、现金交付的执行款，因财产所有权已经发生变动，不属于被执行人的财产，不再移交。

## 五、受移送法院不予受理或驳回申请的处理

18. 受移送法院做出不予受理或驳回申请裁定的，应当在裁定生效后七日内将接收的材料、被执行人的财产退回执行法院，执行法院应当恢复对被执行人的执行。

19. 受移送法院作出不予受理或驳回申请的裁定后，人民法院不得重复启动执行案件移送破产审查程序。申请执行人或被执行人以有新证据足以证明被执行人已经具备了破产原因为由，再次要求将执行案件移送破产审查的，人民法院不予支持。但是，申请执行人或被执行人可以直接向具有管辖权的法院提出破产申请。

20. 受移送法院裁定宣告被执行人破产或裁定终止和解程序、重整程序的，应当自裁定作出之日起五日内送交执行法院，执行法院应当裁定终结对被执行人的执行。

## 六、执行案件移送破产审查的监督

21. 受移送法院拒绝接收移送的材料，或者收到移送的材料后不按规定的期限作出是否受理裁定的，执行法院可函请受移送法院的上一级法院进行监督。上一级法院收到函件后应当指令受移送法院在十日内接收材料或作出是否受理的裁定。

受移送法院收到上级法院的通知后，十日内仍不接收材料或不作出是否受理裁定的，上一级法院可以径行对移送破产审查的案件行使管辖权。上一级法院裁定受理破产案件的，可以指令受移送法院审理。

# （三）请示答复

最高人民法院

## 关于破产申请受理前已经划扣到执行法院账户尚未支付给申请执行人的款项是否属于债务人财产及执行法院收到破产管理人中止执行告知函后应否中止执行问题的复函

〔2017〕最高法民他72号

**重庆市高级人民法院：**

你院（2017）渝民他12号《关于破产申请受理前已经划扣到执行法院账户尚未支付给申请执行人的款项是否属于债务人财产及执行法院收到破产管理人中止执行告知函后应否中止执行问题的请示》收悉，经研究，答复如下：

人民法院裁定受理破产申请时已经扣划到执行法院账户但尚未支付给申请人执行的款项，仍属于债务人财产，人民法院裁定受理破产申请后，执行法院应当中止对该财产的执行。执行法院收到破产管理人发送的中止执行告知函后仍继续执行的，应当根据《最高人民法院关于适用〈中华人民共和国破产法〉若干问题的规定（二）》第五条依法予以纠正，故同意你院审判委员会的倾向性意见，由于法律、司法解释和司法政策的变化，我院2004年12月22日作出的《关于如何理解〈最高人民法院关于破产司法解释〉第六十八条的请示的答复》（〔2003〕民二他字第52号）相应废止。

此复

## 最高人民法院
# 关于判决确定的金融不良债权多次转让人民法院能否裁定变更申请执行主体请示的答复

〔2009〕执他字第1号

**湖北省高级人民法院：**

你院鄂高法（2009）21号请示收悉。经研究，答复如下：

《最高人民法院关于人民法院执行若干问题的规定（试行）》，已经对申请执行人的资格以明确。其中第18条第一款规定“人民法院受理执行案件应当符合下列条件：……（2）申请执行人是生效法律文书确定的权利人或继承人、权利承受人。”该条中的“权利承受人”，包含通过债权转让的方式承受债权的人。依法从金融资产管理公司受让债权的受让人将债权再行转让给其他普通受让人的，执行法院可以依据上述规定，依债权转让协议以及受让人或者转让人的申请，裁定变更申请执行主体。

《最高人民法院关于金融资产管理公司收购、处置银行不良资产有关问题的补充通知》第三条，虽只就金融资产管理公司转让金融不良债权环节可以变更申请执行主体作了专门规定，但并未排除普通受让人再行转让给其他普通受让人时变更申请执行主体。此种情况下裁定变更申请执行主体，也符合该通知及其他相关文件中关于支持金融不良债权处置工作的司法政策，但对普通受让人不能适用诉讼费用减半收取和公告通知债务人等专门适用金融资产管理公司处置不良债权的特殊政策规定。

## 最高人民法院执行工作办公室
# 关于能否追加被执行人开办单位的开办单位为被执行人问题的复函

〔2006〕执他字第7号

**新疆维吾尔自治区高级人民法院：**

你院（2004）新执监字第227号《关于能否两次适用〈关于人民法院执行工作若干问题的规定（试行）〉第八十条追加开办单位的开办单位为被执行人的请示》收悉。经研究，答复如下：

同意你院第二种意见。我院《关于人民法院执行工作若干问题的规定（试行）》（下称《执行规定》）第八十条明确规定："被执行人无财产清偿债务，如果其开办单位对其开办时投入的注册资金不实或抽逃注册资金，可以裁定变更或追加其开办单位为被执行人，在注册资金不实或抽逃注册资金的范围内，对申请执行人承担责任。"按照上述规定，人民法院只能追加被执行人的开办单位在其开办时投入的注册资金不实或抽逃注册资金时对申请执行人承担相应的责任，并无其他弹性规定。因此，追加被执行人开办单位的开办单位为被执行人无法律依据，对《执行规定》第八十条不能作扩大适用。

# 最高人民法院
# 关于机关法人作为被执行人在执行程序中变更问题的复函

法函〔2005〕65号

**青海省高级人民法院：**

你院2005年3月22日的请示收函。经研究，答复如下：

鉴于在执行过程中，被执行人在机构改革中被撤销，其上级主管部门无偿接受了被执行人的财产，致使被执行人无遗留财产清偿债务，按照《最高人民法院关于适用〈中华人民共和国民事诉讼法〉若干问题的意见》（法发（92）22号）第271条和〈最高人民法院关于人民法院执行工作若干问题的规定（试行）〉（法释［1998］15号）第81条的规定，可以裁定变更本案的被执行人主体为被执行人的上级主管部门，由其在所接受财产价值的范围内承担民事责任。

此复

## 最高人民法院
# 关于在执行程序中能否将被执行人享有到期债权的第三人的开办单位裁定追加为被执行主体的答复

〔2004〕执他字第28号

**湖北省高级人民法院：**

你院鄂高法【2004】470号《关于在执行程序中能否将被执行人享有到期债权的第三人的开办单位裁定追加为被执行主体的请示》一案收悉。经研究，答复如下：

同意你院第二种意见。我们认为，人民法院在执行程序中不得裁定追加被执行人享有到期债权的第三人的开办单位，因该第三人的法律地位不同于被执行人，其本身不是案件的当事人，裁定追加第三人的开办单位于法无据。且本案中，黄石市中级人民法院于2003年8月15日裁定追加第三人长岭黄河集团有限公司时，该公司已根据陕西省人民政府的决定实施资产分离，分离后原长岭黄河集团有限公司更名为陕西长岭集团有限公司，故黄石市中级人民法院裁定追加长岭黄河集团有限公司缺乏事实依据。因此，上诉裁定依法应予纠正。

此复。

# 最高人民法院执行工作办公室<br>关于破产和解后以破产债务人为被执行人的案件能否继续执行的请示答复（节录）

法〔执〕明传〔2007〕10号

**湖南省高级人民法院：**

关于黑龙江省牡丹江市中级人民法院受理黑龙江圣方科技股份有限公司（简称圣方科技公司）破产案件后，你院继续执行中科软件集团有限公司（简称中科软件公司）诉圣方科技公司一案问题，我院曾向你院发出法（执）明传〔2006〕48号明传，要求你院撤销执行裁定。后你院又报来《关于执行黑龙江圣方科技股份有限公司欠款纠纷一案的情况汇报》，认为应当继续执行，并请求我院进行协调。经研究，答复如下：

牡丹江中院破产案件终结，是因为债权人会议通过了和解协议并执行完毕，债务人圣方科技公司按照和解协议规定的条件清偿了债务，破产原因消除。经破产法院裁定认可的和解协议，对债务人和全体债权人均有约束力。中科软件公司参加了破产程序，依法应当受该和解协议的约束。破产和解是债务人破产再生程序，和解协议执行完毕后，其法人资格仍存续，但不再承担和解协议规定以外的债务的清偿责任。对此，当时法律虽无明文规定，但参照新《中华人民共和国企业破产法》，应作此理解。此种情况下圣方科技公司未被宣告破产，并保留主体资格，这一点不能成为你院恢复执行的理由。在牡丹江中院裁定终结破产程序后，你院应当裁定对圣方科技公司的执行终结。

关于中科软件公司权益的保护问题。首先，依和解协议中科软件公司应当受偿的款项，据反映现由长沙中院为执行以中科软件公司为债务人的案件，而予以冻结。如该款项解冻，则可通过破产清算组领取。其次，终结对圣方科技公司的执行，并不妨碍其按照你院判决第二项，对同案中另外二被告质押给中科软件公司的共1.8亿元股权行使优先受偿权。至于中科软件公司对牡丹江中院在破产程序中涉及其权益处理的异议，应当通过对破产裁定的申诉或其他适当途径解决，而不应由你院再启动执行程序解决。

## 最高人民法院
# 关于非金融机构受让金融不良债权后能否向非国有企业债务人主张全额债权的请示的答复

〔2013〕执他字第4号

**湖北省高级人民法院：**

你院《关于非金融机构受让金融不良债权后能否向非国有企业债务人主张全额债权的请示》（鄂高法［2012］323号）收悉。经研究并经我院审判委员会讨论决定，答复如下：

一、非金融机构受让经生效法律文书确定的金融不良债权能否在执行程序中向非国有企业债务人主张受让日后利息的问题，应当参照我院2009年3月30日《关于审理涉及金融不良债权转让案件工作座谈会纪要》（法发［2009］19号，以下简称《海南座谈会纪要》）的精神处理。

二、根据《海南座谈会纪要》第十二条的规定，《海南座谈会纪要》不具有溯及力。《海南座谈会纪要》发布前，非金融资产管理公司的机构或个人受让经生效法律文书确定的金融不良债权，或者受让的金融不良债权经生效法律文书确定的，发布日之前的利息按照相关法律规定计算；发布日之后不再计付利息。《海南座谈会纪要》发布后，非金融资产管理公司的机构或个人受让经生效法律文书确定的金融不良债权的，受让日之前的利息按照相关法律规定计算；受让日之后不再计付利息。

根据上述规定，本案中的利息（包括《中华人民共和国民事诉讼法》第二百五十三条的迟延履行利息）应按照法律规定计算至《海南座谈会纪要》发布之日。

# 最高人民法院
# 关于暂缓执行期间是否计算双倍贷款利息的问题的答复

〔2005〕执监字第59－1号

**山东省高级人民法院：**

根据你院《关于执行华和国际租赁有限公司与中国建设银行费县支行融资租赁合同担保纠纷一案的情况汇报》，现就有关的法律适用问题提出如下处理意见：

关于暂缓执行期间是否计算双倍贷款利息的问题，按照《民事诉讼法》第232条的规定，被执行人未按判决履行的，即应当加倍支付延迟履行期间的债务利息。暂缓执行并未改变被执行人未按判决履行的状态，而且此案暂缓执行是因被执行人申诉，未被执行人的利益而采取的。在申诉复查期间暂缓执行已经保护了被执行人的利益，申诉被驳回的，被执行人应当承担未按判决履行的不利后果。

## （四）指导性案例

### 指导案例34号：李晓玲、李鹏裕申请执行厦门海洋实业（集团）股份有限公司、厦门海洋实业总公司执行复议案

（最高人民法院审判委员会讨论通过　2014年12月18日发布）

**关键词**

民事诉讼　执行复议　权利承受人　申请执行

**裁判要点**

生效法律文书确定的权利人在进入执行程序前合法转让债权的，债权受让人即权利承受人可以作为申请执行人直接申请执行，无需执行法院作出变更申请执行人的裁定。

**相关法条**

《中华人民共和国民事诉讼法》第二百三十六条第一款

**基本案情**

原告投资2234中国第一号基金公司（Investments 2234 China Fund Ⅰ B. V.，以下简称2234公司）与被告厦门海洋实业（集团）股份有限公司（以下简称海洋股份公司）、厦门海洋实业总公司（以下简称海洋实业公司）借款合同纠纷一案，2012年1月11日由最高人民法院作出终审判决，判令：海洋实业公司应于判决生效之日起偿还2234公司借款本金2274万元及相应利息；2234公司对蜂巢山路3号的土地使用权享有抵押权。在该判决作出之前的2011年6月8日，2234公司将其对于海洋股份公司和海洋实业公司的2274万元本金债权转让给李晓玲、李鹏裕，并签订《债权转让协议》。2012

年 4 月 19 日，李晓玲、李鹏裕依据上述判决和《债权转让协议》向福建省高级人民法院（以下简称福建高院）申请执行。4 月 24 日，福建高院向海洋股份公司、海洋实业公司发出（2012）闽执行字第 8 号执行通知。海洋股份公司不服该执行通知，以执行通知中直接变更执行主体缺乏法律依据，申请执行人李鹏裕系公务员，其受让不良债权行为无效，由此债权转让合同无效为主要理由，向福建高院提出执行异议。福建高院在异议审查中查明：李鹏裕系国家公务员，其本人称，在债权转让中，未实际出资，并已于 2011 年 9 月退出受让的债权份额。

福建高院认为：一、关于债权转让合同效力问题。根据《最高人民法院关于审理涉及金融不良债权转让案件工作座谈会纪要》（以下简称《纪要》）第六条关于金融资产管理公司转让不良债权存在“受让人为国家公务员、金融监管机构工作人员”的情形无效和《中华人民共和国公务员法》第五十三条第十四项明确禁止国家公务员从事或者参与营利性活动等相关规定，作为债权受让人之一的李鹏裕为国家公务员，其本人购买债权受身份适格的限制。李鹏裕称已退出所受让债权的份额，该院受理的执行案件未做审查仍将李鹏裕列为申请执行人显属不当。二、关于执行通知中直接变更申请执行主体的问题。最高人民法院（2009）执他字第 1 号《关于判决确定的金融不良债权多次转让人民法院能否裁定变更申请执行主体请示的答复》（以下简称 1 号答复）认为：“《最高人民法院关于人民法院执行工作若干问题的规定（试行）》（以下简称《执行规定》），已经对申请执行人的资格予以明确。其中第 18 条第 1 款规定：‘人民法院受理执行案件应当符合下列条件：……（2）申请执行人是生效法律文书确定的权利人或其继承人、权利承受人。’该条中的‘权利承受人’，包含通过债权转让的方式承受债权的人。依法从金融资产管理公司受让债权的受让人将债权再行转让给其他普通受让人的，执行法院可以依据上述规定，依债权转让协议以及受让人或者转让人的申请，裁定变更申请执行主体”。据此，该院在执行通知中直接将本案受让人作为申请执行主体，未作出裁定变更，程序不当，遂于 2012 年 8 月 6 日作出（2012）闽执异字第 1 号执行裁定，撤销（2012）闽执行字第 8 号执行通知。

李晓玲不服，向最高人民法院申请复议，其主要理由如下：一、李鹏裕的公务员身份不影响其作为债权受让主体的适格性。二、申请执行前，两申请人已同 2234 公司完成债权转让，并通知了债务人（即被执行人），是合法的债权人；根据《执行规定》有关规定，申请人只要提交生效法律文书、承受权利的证明等，即具备申请执行人资格，这一资格在立案阶段已予审查，并向申请人送达了案件受理通知书；1 号答复适用于执行程序中依受让人申请变更的情形，而本案申请人并非在执行过程中申请变更执行主体，因此不需要裁定变更申请执行主体。

**裁判结果**

最高人民法院于2012年12月11日作出（2012）执复字第26号执行裁定：撤销福建高院（2012）闽执异字第1号执行裁定书，由福建高院向两被执行人重新发出执行通知书。

**裁判理由**

最高人民法院认为：本案申请复议中争议焦点问题是，生效法律文书确定的权利人在进入执行程序前合法转让债权的，债权受让人即权利承受人可否作为申请执行人直接申请执行，是否需要裁定变更申请执行主体，以及执行中如何处理债权转让合同效力争议问题。

一、关于是否需要裁定变更申请执行主体的问题。变更申请执行主体是在根据原申请执行人的申请已经开始了的执行程序中，变更新的权利人为申请执行人。根据《执行规定》第18条、第20条的规定，权利承受人有权以自己的名义申请执行，只要向人民法院提交承受权利的证明文件，证明自己是生效法律文书确定的权利承受人的，即符合受理执行案件的条件。这种情况不属于严格意义上的变更申请执行主体，但二者的法律基础相同，故也可以理解为广义上的申请执行主体变更，即通过立案阶段解决主体变更问题。1号答复的意见是，《执行规定》第18条可以作为变更申请执行主体的法律依据，并且认为债权受让人可以视为该条规定中的权利承受人。本案中，生效判决确定的原权利人2234公司在执行开始之前已经转让债权，并未作为申请执行人参加执行程序，而是权利受让人李晓玲、李鹏裕依据《执行规定》第18条的规定直接申请执行。因其申请已经法院立案受理，受理的方式不是通过裁定而是发出受理通知，债权受让人已经成为申请执行人，故并不需要执行法院再作出变更主体的裁定，然后发出执行通知，而应当直接发出执行通知。实践中有的法院在这种情况下先以原权利人作为申请执行人，待执行开始后再作出变更主体裁定，因其只是增加了工作量，而并无实质性影响，故并不被认为程序上存在问题。但不能由此反过来认为没有作出变更主体裁定是程序错误。

二、关于债权转让合同效力争议问题，原则上应当通过另行提起诉讼解决，执行程序不是审查判断和解决该问题的适当程序。被执行人主张转让合同无效所援引的《纪要》第五条也规定：在受让人向债务人主张债权的诉讼中，债务人提出不良债权转让合同无效抗辩的，人民法院应告知其向同一人民法院另行提起不良债权转让合同无效的诉讼；债务人不另行起诉的，人民法院对其抗辩不予支持。关于李鹏裕的申请执行人资格问题。因本案在异议审查中查明，李鹏裕明确表示其已经退出债权受让，不再参与本案执行，故后续执行中应不再将李鹏裕列为申请执行人。但如果没有其他因素，该事实不影响另一债权受让人李晓玲的受让和申请执行资格。李晓玲要求继续执行的，福建高院应以李晓玲为申请执行人继续执行。

# 四、执行惩戒与刑事程序

## （一）司法解释

### 最高人民法院
### 关于限制被执行人高消费及有关消费的若干规定

法释〔2015〕17号

为进一步加大执行力度，推动社会信用机制建设，最大限度保护申请执行人和被执行人的合法权益，根据《中华人民共和国民事诉讼法》的有关规定，结合人民法院民事执行工作的实践经验，制定本规定。

**第一条** 被执行人未按执行通知书指定的期间履行生效法律文书确定的给付义务的，人民法院可以采取限制消费措施，限制其高消费及非生活或者经营必需的有关消费。

纳入失信被执行人名单的被执行人，人民法院应当对其采取限制消费措施。

**第二条** 人民法院决定采取限制消费措施时，应当考虑被执行人是否有消极履行、规避执行或者抗拒执行的行为以及被执行人的履行能力等因素。

**第三条** 被执行人为自然人的，被采取限制消费措施后，不得有以下高消费及非生活和工作必需的消费行为：

（一）乘坐交通工具时，选择飞机、列车软卧、轮船二等以上舱位；

（二）在星级以上宾馆、酒店、夜总会、高尔夫球场等场所进行高消费；

（三）购买不动产或者新建、扩建、高档装修房屋；

（四）租赁高档写字楼、宾馆、公寓等场所办公；

（五）购买非经营必需车辆；

（六）旅游、度假；

（七）子女就读高收费私立学校；

（八）支付高额保费购买保险理财产品；

（九）乘坐G字头动车组列车全部座位、其他动车组列车一等以上座位等其他非生活和工作必需的消费行为。

被执行人为单位的，被采取限制消费措施后，被执行人及其法定代表人、主要负责人、影响债务履行的直接责任人员、实际控制人不得实施前款规定的行为。因私消费以个人财产实施前款规定行为的，可以向执行法院提出申请。执行法院审查属实的，应予准许。

**第四条** 限制消费措施一般由申请执行人提出书面申请，经人民法院审查决定；必要时人民法院可以依职权决定。

**第五条** 人民法院决定采取限制消费措施的，应当向被执行人发出限制消费令。限制消费令由人民法院院长签发。限制消费令应当载明限制消费的期间、项目、法律后果等内容。

**第六条** 人民法院决定采取限制消费措施的，可以根据案件需要和被执行人的情况向有义务协助调查、执行的单位送达协助执行通知书，也可以在相关媒体上进行公告。

**第七条** 限制消费令的公告费用由被执行人负担；申请执行人申请在媒体公告的，应当垫付公告费用。

**第八条** 被限制消费的被执行人因生活或者经营必需而进行本规定禁止的消费活动的，应当向人民法院提出申请，获批准后方可进行。

**第九条** 在限制消费期间，被执行人提供确实有效的担保或者经申请执行人同意的，人民法院可以解除限制消费令；被执行人履行完毕生效法律文书确定的义务的，人民法院应当在本规定第六条通知或者公告的范围内及时以通知或者公告解除限制消费令。

**第十条** 人民法院应当设置举报电话或者邮箱，接受申请执行人和社会公众对被限制消费的被执行人违反本规定第三条的举报，并进行审查认定。

**第十一条** 被执行人违反限制消费令进行消费的行为属于拒不履行人民法院已经发生法律效力的判决、裁定的行为，经查证属实的，依照《中华人民共和国民事诉讼法》第一百一十一条的规定，予以拘留、罚款；情节严重，构成犯罪的，追究其刑事责任。

有关单位在收到人民法院协助执行通知书后，仍允许被执行人进行高消费及非生活或者经营必需的有关消费的，人民法院可以依照《中华人民共和国民事诉讼法》第一百一十四条的规定，追究其法律责任。

# 最高人民法院
# 关于公布失信被执行人名单信息的若干规定

法释〔2017〕7号

为促使被执行人自觉履行生效法律文书确定的义务，推进社会信用体系建设，根据《中华人民共和国民事诉讼法》的规定，结合人民法院工作实际，制定本规定。

**第一条** 被执行人未履行生效法律文书确定的义务，并具有下列情形之一的，人民法院应当将其纳入失信被执行人名单，依法对其进行信用惩戒：

（一）有履行能力而拒不履行生效法律文书确定义务的；

（二）以伪造证据、暴力、威胁等方法妨碍、抗拒执行的；

（三）以虚假诉讼、虚假仲裁或者以隐匿、转移财产等方法规避执行的；

（四）违反财产报告制度的；

（五）违反限制消费令的；

（六）无正当理由拒不履行执行和解协议的。

**第二条** 被执行人具有本规定第一条第二项至第六项规定情形的，纳入失信被执行人名单的期限为二年。被执行人以暴力、威胁方法妨碍、抗拒执行情节严重或具有多项失信行为的，可以延长一至三年。

失信被执行人积极履行生效法律文书确定义务或主动纠正失信行为的，人民法院可以决定提前删除失信信息。

**第三条** 具有下列情形之一的，人民法院不得依据本规定第一条第一项的规定将被执行人纳入失信被执行人名单：

（一）提供了充分有效担保的；

（二）已被采取查封、扣押、冻结等措施的财产足以清偿生效法律文书确定债务的；

（三）被执行人履行顺序在后，对其依法不应强制执行的；

（四）其他不属于有履行能力而拒不履行生效法律文书确定义务的情形。

**第四条** 被执行人为未成年人的，人民法院不得将其纳入失信被执行人名单。

**第五条** 人民法院向被执行人发出的执行通知中，应当载明有关纳入失信被执行人名单的风险提示等内容。

申请执行人认为被执行人具有本规定第一条规定情形之一的，可以向人民法院申请将其纳入失信被执行人名单。人民法院应当自收到申请之日起十五日内审查并作出决定。人民法院认为被执行人具有本规定第一条规定情形之一的，也可以依职权决定将其纳入失信被执行人名单。

人民法院决定将被执行人纳入失信被执行人名单的，应当制作决定书，决定书应当写明纳入失信被执行人名单的理由，有纳入期限的，应当写明纳入期限。决定书由院长签发，自作出之日起生效。决定书应当按照民事诉讼法规定的法律文书送达方式送达当事人。

**第六条** 记载和公布的失信被执行人名单信息应当包括：

（一）作为被执行人的法人或者其他组织的名称、统一社会信用代码（或组织机构代码）、法定代表人或者负责人姓名；

（二）作为被执行人的自然人的姓名、性别、年龄、身份证号码；

（三）生效法律文书确定的义务和被执行人的履行情况；

（四）被执行人失信行为的具体情形；

（五）执行依据的制作单位和文号、执行案号、立案时间、执行法院；

（六）人民法院认为应当记载和公布的不涉及国家秘密、商业秘密、个人隐私的其他事项。

**第七条** 各级人民法院应当将失信被执行人名单信息录入最高人民法院失信被执行人名单库，并通过该名单库统一向社会公布。

各级人民法院可以根据各地实际情况，将失信被执行人名单通过报纸、广播、电视、网络、法院公告栏等其他方式予以公布，并可以采取新闻发布会或者其他方式对本院及辖区法院实施失信被执行人名单制度的情况定期向社会公布。

**第八条** 人民法院应当将失信被执行人名单信息，向政府相关部门、金融监管机构、金融机构、承担行政职能的事业单位及行业协会等通报，供相关单位依照法律、法规和有关规定，在政府采购、招标投标、行政审批、政府扶持、融资信贷、市场准入、资质认定等方面，对失信被执行人予以信用惩戒。

人民法院应当将失信被执行人名单信息向征信机构通报，并由征信机构在其征信系统中记录。

国家工作人员、人大代表、政协委员等被纳入失信被执行人名单的，人民法院应当将失信情况通报其所在单位和相关部门。

国家机关、事业单位、国有企业等被纳入失信被执行人名单的，人民法院应当将失信情况通报其上级单位、主管部门或者履行出资人职责的机构。

**第九条** 不应纳入失信被执行人名单的公民、法人或其他组织被纳入失信被执行人名单的，人民法院应当在三个工作日内撤销失信信息。

记载和公布的失信信息不准确的，人民法院应当在三个工作日内更正失信信息。

**第十条** 具有下列情形之一的，人民法院应当在三个工作日内删除失信信息：

（一）被执行人已履行生效法律文书确定的义务或人民法院已执行完毕的；

（二）当事人达成执行和解协议且已履行完毕的；

（三）申请执行人书面申请删除失信信息，人民法院审查同意的；

（四）终结本次执行程序后，通过网络执行查控系统查询被执行人财产两次以上，未发现有可供执行财产，且申请执行人或者其他人未提供有效财产线索的；

（五）因审判监督或破产程序，人民法院依法裁定对失信被执行人中止执行的；

（六）人民法院依法裁定不予执行的；

（七）人民法院依法裁定终结执行的。

有纳入期限的，不适用前款规定。纳入期限届满后三个工作日内，人民法院应当删除失信信息。

依照本条第一款规定删除失信信息后，被执行人具有本规定第一条规定情形之一的，人民法院可以重新将其纳入失信被执行人名单。

依照本条第一款第三项规定删除失信信息后六个月内，申请执行人申请将该被执行人纳入失信被执行人名单的，人民法院不予支持。

**第十一条** 被纳入失信被执行人名单的公民、法人或其他组织认为有下列情形之一的，可以向执行法院申请纠正：

（一）不应将其纳入失信被执行人名单的；

（二）记载和公布的失信信息不准确的；

（三）失信信息应予删除的。

**第十二条** 公民、法人或其他组织对被纳入失信被执行人名单申请纠正的，执行法院应当自收到书面纠正申请之日起十五日内审查，理由成立的，应当在三个工作日内纠正；理由不成立的，决定驳回。公民、法人或其他组织对驳回决定不服的，可以自决定书送达之日起十日内向上一级人民法院申请复议。上一级人民法院应当自收到复议申请之日起十五日内作出决定。

复议期间，不停止原决定的执行。

**第十三条** 人民法院工作人员违反本规定公布、撤销、更正、删除失信信息的，参照有关规定追究责任。

最高人民法院

# 关于审理拒不执行判决、裁定刑事案件适用法律若干问题的解释

法释〔2015〕16号

为依法惩治拒不执行判决、裁定犯罪，确保人民法院判决、裁定依法执行，切实维护当事人合法权益，根据《中华人民共和国刑法》《中华人民共和国刑事诉讼法》《中华人民共和国民事诉讼法》等法律规定，就审理拒不执行判决、裁定刑事案件适用法律若干问题，解释如下：

**第一条** 被执行人、协助执行义务人、担保人等负有执行义务的人对人民法院的判决、裁定有能力执行而拒不执行，情节严重的，应当依照刑法第三百一十三条的规定，以拒不执行判决、裁定罪处罚。

**第二条** 负有执行义务的人有能力执行而实施下列行为之一的，应当认定为全国人民代表大会常务委员会关于刑法第三百一十三条的解释中规定的“其他有能力执行而拒不执行，情节严重的情形”：

（一）具有拒绝报告或者虚假报告财产情况、违反人民法院限制高消费及有关消费令等拒不执行行为，经采取罚款或者拘留等强制措施后仍拒不执行的；

（二）伪造、毁灭有关被执行人履行能力的重要证据，以暴力、威胁、贿买方法阻止他人作证或者指使、贿买、胁迫他人作伪证，妨碍人民法院查明被执行人财产情况，致使判决、裁定无法执行的；

（三）拒不交付法律文书指定交付的财物、票证或者拒不迁出房屋、退出土地，致使判决、裁定无法执行的；

（四）与他人串通，通过虚假诉讼、虚假仲裁、虚假和解等方式妨害执行，致使判决、裁定无法执行的；

（五）以暴力、威胁方法阻碍执行人员进入执行现场或者聚众哄闹、冲击执行现场，致使执行工作无法进行的；

（六）对执行人员进行侮辱、围攻、扣押、殴打，致使执行工作无法进行的；

（七）毁损、抢夺执行案件材料、执行公务车辆和其他执行器械、执行人员服装以及执行公务证件，致使执行工作无法进行的；

（八）拒不执行法院判决、裁定，致使债权人遭受重大损失的。

**第三条** 申请执行人有证据证明同时具有下列情形，人民法院认为符合刑事诉讼法第二百零四条第三项规定的，以自诉案件立案审理：

（一）负有执行义务的人拒不执行判决、裁定，侵犯了申请执行人的人身、财产权利，应当依法追究刑事责任的；

（二）申请执行人曾经提出控告，而公安机关或者人民检察院对负有执行义务的人不予追究刑事责任的。

**第四条** 本解释第三条规定的自诉案件，依照刑事诉讼法第二百零六条的规定，自诉人在宣告判决前，可以同被告人自行和解或者撤回自诉。

**第五条** 拒不执行判决、裁定刑事案件，一般由执行法院所在地人民法院管辖。

**第六条** 拒不执行判决、裁定的被告人在一审宣告判决前，履行全部或部分执行义务的，可以酌情从宽处罚。

**第七条** 拒不执行支付赡养费、扶养费、抚育费、抚恤金、医疗费用、劳动报酬等判决、裁定的，可以酌情从重处罚。

**第八条** 本解释自发布之日起施行。此前发布的司法解释和规范性文件与本解释不一致的，以本解释为准。

# 最高人民法院
# 关于刑事裁判涉财产部分执行的若干规定

法释〔2014〕13号

为进一步规范刑事裁判涉财产部分的执行，维护当事人合法权益，根据《中华人民共和国刑法》《中华人民共和国刑事诉讼法》等法律规定，结合人民法院执行工作实际，制定本规定。

**第一条** 本规定所称刑事裁判涉财产部分的执行，是指发生法律效力的刑事裁判主文确定的下列事项的执行：

（一）罚金、没收财产；

（二）责令退赔；

（三）处置随案移送的赃款赃物；

（四）没收随案移送的供犯罪所用本人财物；

（五）其他应当由人民法院执行的相关事项。

刑事附带民事裁判的执行，适用民事执行的有关规定。

**第二条** 刑事裁判涉财产部分，由第一审人民法院执行。第一审人民法院可以委托财产所在地的同级人民法院执行。

**第三条** 人民法院办理刑事裁判涉财产部分执行案件的期限为六个月。有特殊情况需要延长的，经本院院长批准，可以延长。

**第四条** 人民法院刑事审判中可能判处被告人财产刑、责令退赔的，刑事审判部门应当依法对被告人的财产状况进行调查；发现可能隐匿、转移财产的，应当及时查封、扣押、冻结其相应财产。

**第五条** 刑事审判或者执行中，对于侦查机关已经采取的查封、扣押、冻结，人民法院应当在期限届满前及时续行查封、扣押、冻结。人民法院续行查封、扣押、冻结的顺位与侦查机关查封、扣押、冻结的顺位相同。

对侦查机关查封、扣押、冻结的财产，人民法院执行中可以直接裁定处置，无需侦查机关出具解除手续，但裁定中应当指明侦查机关查封、扣押、冻结的事实。

**第六条** 刑事裁判涉财产部分的裁判内容，应当明确、具体。涉案财物或者被害人人数较多，不宜在判决主文中详细列明的，可以概括叙明并另附清单。

判处没收部分财产的，应当明确没收的具体财物或者金额。

判处追缴或者责令退赔的，应当明确追缴或者退赔的金额或财物的名称、数量等相关情况。

**第七条** 由人民法院执行机构负责执行的刑事裁判涉财产部分，刑事审判部门应当及时移送立案部门审查立案。

移送立案应当提交生效裁判文书及其附件和其他相关材料，并填写《移送执行表》。《移送执行表》应当载明以下内容：

（一）被执行人、被害人的基本信息；

（二）已查明的财产状况或者财产线索；

（三）随案移送的财产和已经处置财产的情况；

（四）查封、扣押、冻结财产的情况；

（五）移送执行的时间；

（六）其他需要说明的情况。

人民法院立案部门经审查，认为属于移送范围且移送材料齐全的，应当在七日内立案，并移送执行机构。

**第八条** 人民法院可以向刑罚执行机关、社区矫正机构等有关单位调查被执行人的财产状况，并可以根据不同情形要求有关单位协助采取查封、扣押、冻结、划拨等执行措施。

**第九条** 判处没收财产的，应当执行刑事裁判生效时被执行人合法所有的财产。

执行没收财产或罚金刑，应当参照被扶养人住所地政府公布的上年度当地居民最低生活费标准，保留被执行人及其所扶养家属的生活必需费用。

**第十条** 对赃款赃物及其收益，人民法院应当一并追缴。

被执行人将赃款赃物投资或者置业，对因此形成的财产及其收益，人民法院应予追缴。

被执行人将赃款赃物与其他合法财产共同投资或者置业，对因此形成的财产中与赃款赃物对应的份额及其收益，人民法院应予追缴。

对于被害人的损失，应当按照刑事裁判认定的实际损失予以发还或者赔偿。

**第十一条** 被执行人将刑事裁判认定为赃款赃物的涉案财物用于清偿债

务、转让或者设置其他权利负担，具有下列情形之一的，人民法院应予追缴：

（一）第三人明知是涉案财物而接受的；

（二）第三人无偿或者以明显低于市场的价格取得涉案财物的；

（三）第三人通过非法债务清偿或者违法犯罪活动取得涉案财物的；

（四）第三人通过其他恶意方式取得涉案财物的。

第三人善意取得涉案财物的，执行程序中不予追缴。作为原所有人的被害人对该涉案财物主张权利的，人民法院应当告知其通过诉讼程序处理。

**第十二条** 被执行财产需要变价的，人民法院执行机构应当依法采取拍卖、变卖等变价措施。

涉案财物最后一次拍卖未能成交，需要上缴国库的，人民法院应当通知有关财政机关以该次拍卖保留价予以接收；有关财政机关要求继续变价的，可以进行无保留价拍卖。需要退赔被害人的，以该次拍卖保留价以物退赔；被害人不同意以物退赔的，可以进行无保留价拍卖。

**第十三条** 被执行人在执行中同时承担刑事责任、民事责任，其财产不足以支付的，按照下列顺序执行：

（一）人身损害赔偿中的医疗费用；

（二）退赔被害人的损失；

（三）其他民事债务；

（四）罚金；

（五）没收财产。

债权人对执行标的依法享有优先受偿权，其主张优先受偿的，人民法院应当在前款第（一）项规定的医疗费用受偿后，予以支持。

**第十四条** 执行过程中，当事人、利害关系人认为执行行为违反法律规定，或者案外人对执行标的主张足以阻止执行的实体权利，向执行法院提出书面异议的，执行法院应当依照民事诉讼法第二百二十五条的规定处理。

人民法院审查案外人异议、复议，应当公开听证。

**第十五条** 执行过程中，案外人或被害人认为刑事裁判中对涉案财物是否属于赃款赃物认定错误或者应予认定而未认定，向执行法院提出书面异议，可以通过裁定补正的，执行机构应当将异议材料移送刑事审判部门处理；无法通过裁定补正的，应当告知异议人通过审判监督程序处理。

**第十六条** 人民法院办理刑事裁判涉财产部分执行案件，刑法、刑事诉讼法及有关司法解释没有相应规定的，参照适用民事执行的有关规定。

**第十七条** 最高人民法院此前发布的司法解释与本规定不一致的，以本规定为准。

## （二）规范性文件

最高人民法院

# 关于拒不执行判决、裁定罪自诉案件受理工作有关问题的通知

法〔2018〕147 号

**各省、自治区、直辖市高级人民法院，解放军军事法院，新疆维吾尔自治区高级人民法院生产建设兵团分院：**

近期，部分高级人民法院向我院请示，申请执行人以负有执行义务的人涉嫌拒不执行判决、裁定罪向公安机关提出控告，公安机关不接受控告材料或者接受控告材料后不予书面答复的；人民法院向公安机关移送拒不执行判决、裁定罪线索，公安机关不予书面答复或者明确答复不予立案，或者人民检察院决定不起诉的，如何处理？鉴于部分高级人民法院所请示问题具有普遍性，经研究，根据相关法律和司法解释，特通知如下：

一、申请执行人向公安机关控告负有执行义务的人涉嫌拒不执行判决、裁定罪，公安机关不予接受控告材料或者在接受控告材料后 60 日内不予书面答复，申请执行人有证据证明该拒不执行判决、裁定行为侵犯了其人身、财产权利，应当依法追究刑事责任的，人民法院可以以自诉案件立案审理。

二、人民法院向公安机关移送拒不执行判决、裁定罪线索，公安机关决定不予立案或者在接受案件线索后 60 日内不予书面答复，或者人民检察院决定不起诉的，人民法院可以向申请执行人释明；申请执行人有证据证明负有执行义务的人拒不执行判决、裁定侵犯了其人身、财产权利，应当依法追究刑事责任的，人民法院可以以自诉案件立案审理。

三、公安机关接受申请执行人的控告材料或者人民法院移送的拒不执行判决、裁定罪线索，经过60日之后又决定立案的，对于申请执行人的自诉，人民法院未受理的，裁定不予受理；已经受理的，可以向自诉人释明让其撤回起诉或者裁定终止审理。此后再出现公安机关或者人民检察院不予追究情形的，申请执行人可以依法重新提起自诉。

# 最高人民法院　最高人民检察院　公安部
# 关于办理非法集资刑事案件适用法律若干问题的意见

公通字〔2014〕16号

**各省、自治区、直辖市高级人民法院，人民检察院，公安厅、局，解放军军事法院、军事检察院，新疆维吾尔自治区高级人民法院生产建设兵团分院，新疆生产建设兵团人民检察院、公安局：**

为解决近年来公安机关、人民检察院、人民法院在办理非法集资刑事案件中遇到的问题，依法惩治非法吸收公众存款、集资诈骗等犯罪，根据刑法、刑事诉讼法的规定，结合司法实践，现就办理非法集资刑事案件适用法律问题提出以下意见：

## 一、关于行政认定的问题

行政部门对于非法集资的性质认定，不是非法集资刑事案件进入刑事诉讼程序的必经程序。行政部门未对非法集资作出性质认定的，不影响非法集资刑事案件的侦查、起诉和审判。

公安机关、人民检察院、人民法院应当依法认定案件事实的性质，对于案情复杂、性质认定疑难的案件，可参考有关部门的认定意见，根据案件事实和法律规定作出性质认定。

## 二、关于“向社会公开宣传”的认定问题

《最高人民法院关于审理非法集资刑事案件具体应用法律若干问题的解释》第一条第一款第二项中的“向社会公开宣传”，包括以各种途径向社会公众传播吸收资金的信息，以及明知吸收资金的信息向社会公众扩散而予以放任等情形。

## 三、关于“社会公众”的认定问题

下列情形不属于《最高人民法院关于审理非法集资刑事案件具体应用法律若干问题的解释》第一条第二款规定的“针对特定对象吸收资金”的行为，应当认定为向社会公众吸收资金：

（一）在向亲友或者单位内部人员吸收资金的过程中，明知亲友或者单位内部人员向不特定对象吸收资金而予以放任的；

（二）以吸收资金为目的，将社会人员吸收为单位内部人员，并向其吸收资金的。

## 四、关于共同犯罪的处理问题

为他人向社会公众非法吸收资金提供帮助，从中收取代理费、好处费、返点费、佣金、提成等费用，构成非法集资共同犯罪的，应当依法追究刑事责任。能够及时退缴上述费用的，可依法从轻处罚；其中情节轻微的，可以免除处罚；情节显著轻微、危害不大的，不作为犯罪处理。

## 五、关于涉案财物的追缴和处置问题

向社会公众非法吸收的资金属于违法所得。以吸收的资金向集资参与人支付的利息、分红等回报，以及向帮助吸收资金人员支付的代理费、好处费、返点费、佣金、提成等费用，应当依法追缴。集资参与人本金尚未归还的，所支付的回报可予折抵本金。

将非法吸收的资金及其转换财物用于清偿债务或者转让给他人，有下列情形之一的，应当依法追缴：

（一）他人明知是上述资金及财物而收取的；

（二）他人无偿取得上述资金及财物的；

（三）他人以明显低于市场的价格取得上述资金及财物的；

（四）他人取得上述资金及财物系源于非法债务或者违法犯罪活动的；

（五）其他依法应当追缴的情形。

查封、扣押、冻结的易贬值及保管、养护成本较高的涉案财物，可以在诉讼终结前依照有关规定变卖、拍卖。所得价款由查封、扣押、冻结机关予以保管，待诉讼终结后一并处置。

查封、扣押、冻结的涉案财物，一般应在诉讼终结后，返还集资参与人。涉案财物不足全部返还的，按照集资参与人的集资额比例返还。

## 六、关于证据的收集问题

办理非法集资刑事案件中，确因客观条件的限制无法逐一收集集资参与人的言词证据的，可结合已收集的集资参与人的言词证据和依法收集并查证属实的书面合同、银行账户交易记录、会计凭证及会计账簿、资金收付凭证、审计报告、互联网电子数据等证据，综合认定非法集资对象人数和吸收资金数额等犯罪事实。

## 七、关于涉及民事案件的处理问题

对于公安机关、人民检察院、人民法院正在侦查、起诉、审理的非法集资刑事案件，有关单位或者个人就同一事实向人民法院提起民事诉讼或者申请执行涉案财物的，人民法院应当不予受理，并将有关材料移送公安机关或者检察机关。

人民法院在审理民事案件或者执行过程中，发现有非法集资犯罪嫌疑的，应当裁定驳回起诉或者中止执行，并及时将有关材料移送公安机关或者检察机关。

公安机关、人民检察院、人民法院在侦查、起诉、审理非法集资刑事案件中，发现与人民法院正在审理的民事案件属同一事实，或者被申请执行的财物属于涉案财物的，应当及时通报相关人民法院。人民法院经审查认为确属涉嫌犯罪的，依照前款规定处理。

## 八、关于跨区域案件的处理问题

跨区域非法集资刑事案件，在查清犯罪事实的基础上，可以由不同地区的公安机关、人民检察院、人民法院分别处理。

对于分别处理的跨区域非法集资刑事案件，应当按照统一制定的方案处置涉案财物。

国家机关工作人员违反规定处置涉案财物，构成渎职等犯罪的，应当依法追究刑事责任。

国家发展和改革委员会　最高人民法院　中国人民银行等

# 关于印发《对失信被执行人实施联合惩戒的合作备忘录》的通知

发改财金〔2016〕141 号

为深入贯彻党的十八届三中、四中、五中全会精神，落实《中央政法委关于切实解决人民法院执行难问题的通知》（政法〔2005〕52 号）、《国务院关于促进市场公平竞争维护市场正常秩序的若干意见》（国发〔2014〕20 号）、《国务院关于印发社会信用体系建设规划纲要（2014－2020 年）的通知》（国发〔2014〕21 号）等文件精神及“褒扬诚信、惩戒失信”的总体要求，促进大数据信息共享融合，创新驱动健全社会信用体系，国家发展改革委、最高人民法院、人民银行、中央组织部、中央宣传部、中央编办、中央文明办、最高人民检察院、教育部、工业和信息化部、公安部、安全部、民政部、司法部、财政部、人力资源社会保障部、国土资源部、环境保护部、住房城乡建设部、交通运输部、农业部、商务部、文化部、卫生计生委、国资委、海关总署、税务总局、工商总局、质检总局、安全监管总局、食品药品监管总局、林业局、知识产权局、旅游局、法制办、国家网信办、银监会、证监会、保监会、公务员局、外汇局、共青团中央、全国工商联、中国铁路总公司等部门就针对违法失信的被执行人实施联合惩戒措施达成如下一致意见：

**一、联合惩戒对象**

联合惩戒对象为最高人民法院公布的失信被执行人（包括自然人和单位）。

**二、信息共享与联合惩戒的实施方式**

国家发展改革委基于全国信用信息共享平台建立失信行为联合惩戒系统。

最高人民法院通过该系统向签署本备忘录的其他部门和单位提供失信被执行人信息并按照有关规定更新动态。其他部门和单位从失信行为联合惩戒系统获取失信被执行人信息，执行或协助执行本备忘录规定的惩戒措施并按季度将执行情况通过该系统反馈给最高人民法院和国家发展改革委。

**三、惩戒措施、共享内容及实施单位**

（一）设立证券公司、基金管理公司、期货公司审批，私募投资基金管理人登记参考；限制发行企业债券及公司债券；限制收购上市公司

将失信被执行人相关信息作为设立证券公司、基金管理公司、期货公司审批，私募投资基金管理人登记的依据或参考；限制失信被执行人发行公司债券；对失信情形严重的被执行人，限制其收购上市公司，由证监会实施；限制失信被执行人发行企业债券，由国家发展改革委实施。

（二）从严审核在银行间市场发行债券

对失信被执行人在银行间市场发行债券从严审核，由人民银行实施。

（三）限制设立融资性担保公司；限制任职融资性担保公司或金融机构的董事、监事、高级管理人员

限制失信被执行人设立融资性担保公司；限制失信被执行人任职融资性担保公司或金融机构的董事、监事、高级管理人员。由银监会、证监会、国家发展改革委、保监会、工信部、财政部、商务部、人民银行、工商总局等具有金融机构任职资格核准职能的部门实施。

（四）协助查询政府采购项目信息；依法限制参加政府采购活动

协助查询政府采购项目信息；依法限制失信被执行人作为供应商参加政府采购活动。由财政部实施。

（五）限制设立保险公司；限制支付高额保费购买具有现金价值的保险产品

限制失信被执行人设立保险公司；限制失信被执行人（自然人）及失信被执行人（企事业单位）的法定代表人、主要负责人、影响债务履行的直接责任人员、实际控制人支付高额保费购买具有现金价值的保险产品，由保监会实施。

（六）供设立商业银行或分行、代表处以及参股、收购商业银行审批时审慎性参考

将失信被执行人相关信息作为设立商业银行或分行、代表处以及参股、收购商业银行的审批时审慎性参考，由银监会实施。

（七）中止境内国有控股上市公司股权激励计划或终止股权激励对象行权

资格

对失信被执行人为境内国有控股上市公司的，协助中止其股权激励计划或终止其股权激励对象行权资格，由国资委、财政部实施。

（八）供外汇额度核准与管理时审慎性参考

在合格境外机构投资者、合格境内机构投资者额度审批和管理中，将失信状况作为审慎性参考依据，由外汇管理局实施。

（九）供金融机构融资授信时审慎性参考

引导各金融机构在融资授信时查询拟授信对象及其法定代表人、实际控制人、董事、监事、高级管理人员是否为失信被执行人，对拟授信对象为失信被执行人的从严审核，由人民银行、银监会实施。

（十）限制补贴性资金和社会保障资金支持

协助限制失信被执行人申请补贴性资金和社会保障资金支持，由国家发展改革委、财政部、人力资源社会保障部、国资委等相关部门实施。

（十一）享受优惠性政策认定参考

在实施投资、税收、进出口等优惠性政策时，查询相关机构及其法定代表人、实际控制人、董事、监事、高级管理人员是否为失信被执行人，对其享受该政策时审慎性参考，由国家发展改革委、商务部、海关总署、税务总局、质检总局实施。

（十二）加强日常监管检查

将失信被执行人和以失信被执行人为法定代表人、实际控制人、董事、监事、高级管理人员的单位，作为重点监管对象，加大日常监管力度，提高随机抽查的比例和频次，并可依据相关法律法规对其采取行政监管措施，由各市场监管、行业主管部门实施。

（十三）限制担任国有企业法定代表人、董事、监事

失信被执行人为个人的，限制其担任国有独资公司董事、监事及国有资本控股或参股公司董事、监事及国有企业的高级管理人员；已担任相关职务的，提出其不再担任相关职务的意见。由国资委、财政部等相关部门实施。

（十四）限制登记为事业单位法定代表人

失信被执行人为个人的，限制登记为事业单位法定代表人，由中央编办实施。

（十五）通过“信用中国”网站和企业信用信息公示系统向社会公布

将失信被执行人信息通过“信用中国”网站、企业信用信息公示系统向社会公布，由国家发展改革委、工商总局实施。

（十六）通过主要新闻网站向社会公布

协调相关互联网新闻信息服务单位向社会公布失信被执行人信息，由国家网信办实施。

（十七）限制招录（聘）为公务员或事业单位工作人员

协助限制招录（聘）失信被执行人为公务员或事业单位工作人员，由中组部、人力资源社会保障部、公务员局等有关部门实施。

（十八）禁止参评文明单位、道德模范

对于机关、企事业单位、社会团体或其领导成员为失信被执行人的，不得参加文明单位评选，已经取得文明单位荣誉称号的予以撤销。各类失信被执行人均不得参加道德模范评选，已获得道德模范荣誉称号的予以撤销。由中央宣传部、中央文明办实施。

（十九）限制乘坐飞机、列车软卧等其他非生活和工作必需的消费行为

限制失信被执行人及失信被执行人的法定代表人、主要负责人、影响债务履行的直接责任人员、实际控制人乘坐飞机、列车软卧、乘坐G字头动车组列车全部座位、其他动车组列车一等以上座位等其他非生活和工作必需的消费行为，由交通运输部、铁路总公司等实施。

（二十）限制住宿较高星级宾馆、酒店；限制在夜总会、高尔夫球场消费

限制失信被执行人及失信被执行人的法定代表人、主要负责人、影响债务履行的直接责任人员、实际控制人住宿四星级以上宾馆、酒店及其他高等级、高消费宾馆、酒店；限制在夜总会、高尔夫球场消费，由国家旅游局、商务部、公安部、文化部实施。

（二十一）限制购买不动产及国有产权交易

限制失信被执行人及失信被执行人的法定代表人、主要负责人、影响债务履行的直接责任人员、实际控制人购买房产、土地等不动产；协助限制失信被执行人参与国有企业资产、国家资产等国有产权交易。由国土资源部、住房城乡建设部、国资委等相关部门实施。

（二十二）限制在一定范围的旅游、度假

协助提供四星级及以上星级评定宾馆及其他高等级、高消费宾馆、酒店信息；限制失信被执行人及失信被执行人的法定代表人、主要负责人、影响债务履行的直接责任人员、实际控制人参加旅行社组织的团队旅游，限制其享受旅行社提供的旅游相关的其他服务；限制失信被执行人在获得旅游等级评定的度假区等旅游企业消费。由商务部、旅游局实施。

（二十三）限制子女就读高收费私立学校

限制失信被执行人及失信被执行人的法定代表人、主要负责人、影响债务履行的直接责任人员、实际控制人的子女就读高收费私立学校，由最高人

民法院、教育部实施。

（二十四）查询身份、护照、车辆财产信息；协助查找失信被执行人；限制出境；协助查封、扣押车辆

协助查询反馈失信被执行人身份、护照信息及车辆财产信息；协助查找下落不明的失信被执行人；限制失信被执行人出境；协助查封、扣押失信被执行人名下的车辆。由公安部实施。

（二十五）限制使用国有林地；限制申报重点林业建设项目；限制国有草原占地审批；限制申报重点草原保护建设项目

限制失信被执行人使用国有林地项目；限制其申报重点林业建设项目；限制失信被执行人申报国有草原占地项目；限制其申报重点草原保护建设项目。由国家发展改革委、国家林业局、农业部实施。

（二十六）查询失信被执行人海关认证资格情况；限制成为海关认证企业；对进出口货物实施严密监管

协助查询失信被执行人海关认证资格情况；限制失信被执行人成为海关认证企业；在失信被执行人办理通关业务时，实施严密监管，加强单证审核和布控查验。由海关总署实施。

（二十七）查询安全生产许可审批等信息；限制从事药品、食品等行业；限制担任生产经营单位主要负责人及董事、监事、高级管理人员

协助查询失信被执行人安全生产许可审批登记信息、药品医疗器械登记信息、出入境检验检疫信用等级信息；将失信被执行人信息作为从事药品、食品安全行业从严审批的参考；协助限制失信被执行人从事危险化学品生产经营储存、烟花爆竹生产经营、矿山生产、安全评价等行业；协助限制失信被执行人担任生产经营单位主要负责人及董事、监事、高级管理人员，已担任相关职务的，按规定程序要求变更。由食品药品监管总局、安全监管总局、质检总局、工商总局实施。

（二十八）查询渔业船舶登记信息

协助查询失信被执行人渔业船舶登记信息，由农业部实施。

（二十九）查询客运、货运车辆登记信息

协助查询失信被执行人客运、货运车辆等登记信息，由交通运输部实施。

（三十）查询律师登记信息；限制参与评先、评优

协助查询失信被执行人的律师身份信息、律师事务所登记信息；对失信被执行人为律师、律师事务所的，在一定期限内限制其参与评先、评优。由司法部实施。

（三十一）查询婚姻登记信息

协助查询失信被执行人的婚姻登记信息，由民政部、外交部、卫生计生委实施。

（三十二）以拒不执行判决、裁定罪处罚

协助对失信被执行人以拒不执行判决、裁定罪立案侦查、起诉等，由最高人民检察院、公安部实施。

## 四、共享信息的持续管理

最高人民法院在全国信用信息共享平台失信行为联合惩戒系统上实时更新失信被执行人信息。其他部门和单位根据各自职责，下发给下级单位，指导监督下级单位按照本备忘录及有关规定实施惩戒或解除惩戒。

协作过程中各方应建立完备系统日志，完整记录用户的访问、操作及客户端信息，确保系统的安全和正常使用；建立必要的技术隔离措施，保护敏感核心信息的数据安全，杜绝超权限操作。

## 五、其他事宜

各部门和单位应密切协作，积极落实本备忘录，制定失信被执行人信息的使用、管理、监督的相关实施细则和操作流程，确保2016年2月底前实现失信被执行人信息共享和联合惩戒。

本备忘录实施过程中的具体操作问题，由各部门另行协商解决。

最高人民法院　国家发展和改革委员会　商务部等

# 关于在招标投标活动中对失信被执行人实施联合惩戒的通知

法〔2016〕285号

为贯彻党的十八届三中、四中、五中全会精神，落实《中央政法委关于切实解决人民法院执行难问题的通知》（政法〔2005〕52号）、《国务院关于促进市场公平竞争维护市场正常秩序的若干意见》（国发〔2014〕20号）、《国务院关于印发社会信用体系建设规划纲要（2014—2020年）的通知》（国发〔2014〕21号）、《关于对失信被执行人实施联合惩戒的合作备忘录》（发改财金〔2016〕141号）要求，加快推进社会信用体系建设，健全跨部门失信联合惩戒机制，促进招标投标市场健康有序发展，现就在招标投标活动中对失信被执行人实施联合惩戒的有关事项通知如下。

## 一、充分认识在招标投标活动中实施联合惩戒的重要性

诚实信用是招标投标活动的基本原则之一。在招标投标活动中对失信被执行人开展联合惩戒，有利于规范招标投标活动中当事人的行为，促进招标投标市场健康有序发展；有利于建立健全"一处失信，处处受限"的信用联合惩戒机制，推进社会信用体系建设；有利于维护司法权威，提升司法公信力，在全社会形成尊重司法，诚实守信的良好氛围。各有关单位要进一步提高认识，在招标投标活动中对失信被执行人实施联合惩戒，有效应用失信被执行人信息，推动招标投标活动规范、高效、透明。

## 二、联合惩戒对象

联合惩戒对象为被人民法院列为失信被执行人的下列人员：投标人、招标代理机构、评标专家以及其他招标从业人员。

## 三、失信被执行人信息查询内容及方式

（一）查询内容失信被执行人（法人或者其他组织）的名称、统一社会信用代码（或组织机构代码）、法定代表人或者负责人姓名；失信被执行人（自然人）的姓名、性别、年龄、身份证号码；生效法律文书确定的义务和被执行人的履行情况；失信被执行人失信行为的具体情形；执行依据的制作单位和文号、执行案号、立案时间、执行法院；人民法院认为应当记载和公布的不涉及国家秘密、商业秘密、个人隐私的其他事项。

（二）推送及查询方式最高人民法院将失信被执行人信息推送到全国信用信息共享平台和“信用中国”网站，并负责及时更新。

招标人、招标代理机构、有关单位应当通过“信用中国”网站（www. creditchina. gov. cn）或各级信用信息共享平台查询相关主体是否为失信被执行人，并采取必要方式做好失信被执行人信息查询记录和证据留存。投标人可通过“信用中国”网站查询相关主体是否为失信被执行人。

国家公共资源交易平台、中国招标投标公共服务平台、各省级信用信息共享平台通过全国信用信息共享平台共享失信被执行人信息，各省级公共资源交易平台通过国家公共资源交易平台共享失信被执行人信息，逐步实现失信被执行人信息推送、接收、查询、应用的自动化。

## 四、联合惩戒措施

各相关部门应依据《中华人民共和国民事诉讼法》《中华人民共和国招标投标法》《中华人民共和国招标投标法实施条例》《最高人民法院关于公布失信被执行人名单信息的若干规定》等相关法律法规，依法对失信被执行人在招标投标活动中采取限制措施。

（一）限制失信被执行人的投标活动依法必须进行招标的工程建设项目，招标人应当在资格预审公告、招标公告、投标邀请书及资格预审文件、招标文件中明确规定对失信被执行人的处理方法和评标标准，在评标阶段，招标人或者招标代理机构、评标专家委员会应当查询投标人是否为失信被执行人，对属于失信被执行人的投标活动依法予以限制。

两个以上的自然人、法人或者其他组织组成一个联合体，以一个投标人的身份共同参加投标活动的，应当对所有联合体成员进行失信被执行人信息查询。联合体中有一个或一个以上成员属于失信被执行人的，联合体视为失信被执行人。

（二）限制失信被执行人的招标代理活动招标人委托招标代理机构开展招

标事宜的，应当查询其失信被执行人信息，鼓励优先选择无失信记录的招标代理机构。

（三）限制失信被执行人的评标活动依法建立的评标专家库管理单位在对评标专家聘用审核及日常管理时，应当查询有关失信被执行人信息，不得聘用失信被执行人为评标专家。对评标专家在聘用期间成为失信被执行人的，应及时清退。

（四）限制失信被执行人招标从业活动招标人、招标代理机构在聘用招标从业人员前，应当明确规定对失信被执行人的处理办法，查询相关人员的失信被执行人信息，对属于失信被执行人的招标从业人员应按照规定进行处理。

以上限制自失信被执行人从最高人民法院失信被执行人信息库中删除之时起终止。

## 五、工作要求

（一）有关单位要根据本《通知》，共同推动在招标投标活动中对失信被执行人开展联合惩戒工作，指导、督促各地、各部门落实联合惩戒工作要求，确保联合惩戒工作规范有序进行。

（二）有关单位应在规范招标投标活动中，建立相关单位和个人违法失信行为信用记录，通过全国信用信息共享平台、国家公共资源交易平台和中国招标投标公共服务平台实现信用信息交换共享和动态更新，并按照有关规定及时在“信用中国”网站予以公开。

（三）有关单位应当妥善保管失信被执行人信息，不得用于招标投标以外的事项，不得泄露企业经营秘密和相关个人隐私。

# （三）请示答复

## 最高人民法院研究室
## 关于对有义务协助执行单位拒不协助予以罚款后又拒不执行应如何处理问题的答复

（1993年9月27日）

**湖南省高级人民法院：**

你院湘高法研字（193）第1号《关于对罚款决定书拒不执行应如何处理的请示报告》收悉。经研究，答复如下：

根据《中华人民共和国民事诉讼法》第一百零三条第一款第（二）项和第二款的规定，人民法院依据生效判决、裁定，通知有关银行协助执行划拨被告在银行的存款，面银行拒不划拨的，人民法院可对该银行或者其主要负责人或者直接责任人员予以罚款，并可向同级政府的监察机关或者有关机关提出给予纪律处分的司法建议。被处罚人拒不履行罚款决定的，人民法院可以根据民事诉讼法第二百三十一条的规定，予以强制执行。执行中，被处罚人如以暴力、威胁或者其他方法阻碍司法工作人员执行职务的，依照民事诉讼法第一百零二条第一款第（五）项、第二款规定，人民法院可对被处罚人或对有上述行为的被处罚单位的主要负责人或者直接责任人员予以罚款、拘留，构成犯罪的，依照刑法第一百五十七条的规定追究刑事责任。

人民法院在具体执行过程中，应首先注意向有关单位和人员宣传民事诉讼法的有关规定，多做说服教育工作，坚持文明执法、严肃执法。

## 最高人民法院
# 关于适用刑法第六十四条有关问题的批复

法〔2013〕229号

河南省高级人民法院：

你院关于刑法第六十四条法律适用问题的请示收悉。经研究，批复如下：

根据刑法第六十四条和《最高人民法院关于适用〈中华人民共和国刑事诉讼法〉的解释》第一百三十八条、第一百三十九条的规定，被告人非法占有、处置被害人财产的，应当依法予以追缴或者责令退赔。据此，追缴或者责令退赔的具体内容，应当在判决主文中写明；其中，判决前已经发还被害人的财产，应当注明。被害人提起附带民事诉讼，或者另行提起民事诉讼请求返还被非法占有、处置的财产的，人民法院不予受理。

# （四）指导性案例

## 指导案例71号：毛建文拒不执行判决、裁定案

（最高人民法院审判委员会讨论通过 2016年12月28日发布）

**关键词**

刑事 拒不执行判决、裁定罪 起算时间

**裁判要旨**

有能力执行而拒不执行判决、裁定的时间从判决、裁定发生法律效力时起算。具有执行内容的判决、裁定发生法律效力后，负有执行义务的人有隐藏、转移、故意毁损财产等拒不执行行为，致使判决、裁定无法执行，情节严重的，应当以拒不执行判决、裁定罪定罪处罚。

**相关法条**

《中华人民共和国刑法》第313条

**基本案情**

浙江省平阳县人民法院于2012年12月11日作出（2012）温平鳌商初字第595号民事判决，判令被告人毛建文于判决生效之日起15日内返还陈先银挂靠在其名下的温州宏源包装制品有限公司投资款200000元及利息。该判决于2013年1月6日生效。因毛建文未自觉履行生效法律文书确定的义务，陈先银于2013年2月16日向平阳县人民法院申请强制执行。立案后，平阳县人民法院在执行中查明，毛建文于2013年1月17日将其名下的浙CVU661小型普通客车以150000元的价格转卖，并将所得款项用于个人开销，拒不执行生效判决。毛建文于2013年11月30日被抓获归案后如实供述了上述事实。

**裁判结果**

浙江省平阳县人民法院于2014年6月17日作出（2014）温平刑初字第314号刑事判决：被告人毛建文犯拒不执行判决罪，判处有期徒刑十个月。宣

判后，毛建文未提起上诉，公诉机关未提出抗诉，判决已发生法律效力。

**裁判理由**

法院生效裁判认为：被告人毛建文负有履行生效裁判确定的执行义务，在人民法院具有执行内容的判决、裁定发生法律效力后，实施隐藏、转移财产等拒不执行行为，致使判决、裁定无法执行，情节严重，其行为已构成拒不执行判决罪。公诉机关指控的罪名成立。毛建文归案后如实供述了自己的罪行，可以从轻处罚。

本案的争议焦点为，拒不执行判决、裁定罪中规定的“有能力执行而拒不执行”的行为起算时间如何认定，即被告人毛建文拒不执行判决的行为是从相关民事判决发生法律效力时起算，还是从执行立案时起算。对此，法院认为，生效法律文书进入强制执行程序并不是构成拒不执行判决、裁定罪的要件和前提，毛建文拒不执行判决的行为应从相关民事判决于2013年1月6日发生法律效力时起算。主要理由如下：第一，符合立法原意。全国人民代表大会常务委员会对刑法第三百一十三条规定解释时指出，该条中的“人民法院的判决、裁定”，是指人民法院依法作出的具有执行内容并已发生法律效力的判决、裁定。这就是说，只有具有执行内容的判决、裁定发生法律效力后，才具有法律约束力和强制执行力，义务人才有及时、积极履行生效法律文书确定义务的责任。生效法律文书的强制执行力不是在进入强制执行程序后才产生的，而是自法律文书生效之日起即产生。第二，与民事诉讼法及其司法解释协调一致。《中华人民共和国民事诉讼法》第一百一十一条规定：诉讼参与人或者其他人拒不履行人民法院已经发生法律效力的判决、裁定的，人民法院可以根据情节轻重予以罚款、拘留；构成犯罪的，依法追究刑事责任。《最高人民法院关于适用〈中华人民共和国民事诉讼法〉的解释》第一百八十八条规定：民事诉讼法第一百一十一条第一款第六项规定的拒不履行人民法院已经发生法律效力的判决、裁定的行为，包括在法律文书发生法律效力后隐藏、转移、变卖、毁损财产或者无偿转让财产、以明显不合理的价格交易财产、放弃到期债权、无偿为他人提供担保等，致使人民法院无法执行的。由此可见，法律明确将拒不执行行为限定在法律文书发生法律效力后，并未将拒不执行的主体仅限定为进入强制执行程序后的被执行人或者协助执行义务人等，更未将拒不执行判决、裁定罪的调整范围仅限于生效法律文书进入强制执行程序后发生的行为。第三，符合立法目的。拒不执行判决、裁定罪的立法目的在于解决法院生效判决、裁定的“执行难”问题。将判决、裁定生效后立案执行前逃避履行义务的行为纳入拒不执行判决、裁定罪的调整范围，是法律设定该罪的应有之意。将判决、裁定生效之日确定为拒不执行判决、裁定罪中拒不执行行为的起算时间点，能有效地促使义务人在判决、裁定生效后即迫于刑罚的威慑力而主动履行生效裁判确定的义务，避免生效裁判沦为一纸空文，从而使社会公众真正尊重司法裁判，维护法律权威，从根本上解决“执行难”问题，实现拒不执行判决、裁定罪的立法目的。

# 五、执行救济

## （一）司法解释

### 最高人民法院<br>关于人民法院办理执行异议和复议案件若干问题的规定

法释〔2015〕10号

为了规范人民法院办理执行异议和复议案件，维护当事人、利害关系人和案外人的合法权益，根据民事诉讼法等法律规定，结合人民法院执行工作实际，制定本规定。

**第一条** 异议人提出执行异议或者复议申请人申请复议，应当向人民法院提交申请书。申请书应当载明具体的异议或者复议请求、事实、理由等内容，并附下列材料：

（一）异议人或者复议申请人的身份证明；

（二）相关证据材料；

（三）送达地址和联系方式。

**第二条** 执行异议符合民事诉讼法第二百二十五条或者第二百二十七条规定条件的，人民法院应当在三日内立案，并在立案后三日内通知异议人和相关当事人。不符合受理条件的，裁定不予受理；立案后发现不符合受理条件的，裁定驳回申请。

执行异议申请材料不齐备的，人民法院应当一次性告知异议人在三日内补足，逾期未补足的，不予受理。

异议人对不予受理或者驳回申请裁定不服的，可以自裁定送达之日起十日内向上一级人民法院申请复议。上一级人民法院审查后认为符合受理条件的，应当裁定撤销原裁定，指令执行法院立案或者对执行异议进行审查。

**第三条** 执行法院收到执行异议后三日内既不立案又不作出不予受理裁定，或者受理后无正当理由超过法定期限不作出异议裁定的，异议人可以向上一级人民法院提出异议。上一级人民法院审查后认为理由成立的，应当指令执行法院在三日内立案或者在十五日内作出异议裁定。

**第四条** 执行案件被指定执行、提级执行、委托执行后，当事人、利害关系人对原执行法院的执行行为提出异议的，由提出异议时负责该案件执行的人民法院审查处理；受指定或者受委托的人民法院是原执行法院的下级人民法院的，仍由原执行法院审查处理。

执行案件被指定执行、提级执行、委托执行后，案外人对原执行法院的执行标的提出异议的，参照前款规定处理。

**第五条** 有下列情形之一的，当事人以外的公民、法人和其他组织，可以作为利害关系人提出执行行为异议：

（一）认为人民法院的执行行为违法，妨碍其轮候查封、扣押、冻结的债权受偿的；

（二）认为人民法院的拍卖措施违法，妨碍其参与公平竞价的；

（三）认为人民法院的拍卖、变卖或者以物抵债措施违法，侵害其对执行标的的优先购买权的；

（四）认为人民法院要求协助执行的事项超出其协助范围或者违反法律规定的；

（五）认为其他合法权益受到人民法院违法执行行为侵害的。

**第六条** 当事人、利害关系人依照民事诉讼法第二百二十五条规定提出异议的，应当在执行程序终结之前提出，但对终结执行措施提出异议的除外。

案外人依照民事诉讼法第二百二十七条规定提出异议的，应当在异议指向的执行标的执行终结之前提出；执行标的由当事人受让的，应当在执行程序终结之前提出。

**第七条** 当事人、利害关系人认为执行过程中或者执行保全、先予执行裁定过程中的下列行为违法提出异议的，人民法院应当依照民事诉讼法第二百二十五条规定进行审查：

（一）查封、扣押、冻结、拍卖、变卖、以物抵债、暂缓执行、中止执行、终结执行等执行措施；

（二）执行的期间、顺序等应当遵守的法定程序；

（三）人民法院作出的侵害当事人、利害关系人合法权益的其他行为。

被执行人以债权消灭、丧失强制执行效力等执行依据生效之后的实体事由提出排除执行异议的，人民法院应当参照民事诉讼法第二百二十五条规定进行审查。

除本规定第十九条规定的情形外，被执行人以执行依据生效之前的实体事由提出排除执行异议的，人民法院应当告知其依法申请再审或者通过其他程序解决。

**第八条** 案外人基于实体权利既对执行标的提出排除执行异议又作为利害关系人提出执行行为异议的，人民法院应当依照民事诉讼法第二百二十七条规定进行审查。

案外人既基于实体权利对执行标的提出排除执行异议又作为利害关系人提出与实体权利无关的执行行为异议的，人民法院应当分别依照民事诉讼法第二百二十七条和第二百二十五条规定进行审查。

**第九条** 被限制出境的人认为对其限制出境错误的，可以自收到限制出境决定之日起十日内向上一级人民法院申请复议。上一级人民法院应当自收到复议申请之日起十五日内作出决定。复议期间，不停止原决定的执行。

**第十条** 当事人不服驳回不予执行公证债权文书申请的裁定的，可以自收到裁定之日起十日内向上一级人民法院申请复议。上一级人民法院应当自收到复议申请之日起三十日内审查，理由成立的，裁定撤销原裁定，不予执行该公证债权文书；理由不成立的，裁定驳回复议申请。复议期间，不停止执行。

**第十一条** 人民法院审查执行异议或者复议案件，应当依法组成合议庭。

指令重新审查的执行异议案件，应当另行组成合议庭。

办理执行实施案件的人员不得参与相关执行异议和复议案件的审查。

**第十二条** 人民法院对执行异议和复议案件实行书面审查。案情复杂、争议较大的，应当进行听证。

**第十三条** 执行异议、复议案件审查期间，异议人、复议申请人申请撤回异议、复议申请的，是否准许由人民法院裁定。

**第十四条** 异议人或者复议申请人经合法传唤，无正当理由拒不参加听证，或者未经法庭许可中途退出听证，致使人民法院无法查清相关事实的，由其自行承担不利后果。

**第十五条** 当事人、利害关系人对同一执行行为有多个异议事由，但未在异议审查过程中一并提出，撤回异议或者被裁定驳回异议后，再次就该执行行为提出异议的，人民法院不予受理。

案外人撤回异议或者被裁定驳回异议后，再次就同一执行标的提出异议的，人民法院不予受理。

**第十六条** 人民法院依照民事诉讼法第二百二十五条规定作出裁定时，应当告知相关权利人申请复议的权利和期限。

人民法院依照民事诉讼法第二百二十七条规定作出裁定时，应当告知相关权利人提起执行异议之诉的权利和期限。

人民法院作出其他裁定和决定时，法律、司法解释规定了相关权利人申请复议的权利和期限的，应当进行告知。

**第十七条** 人民法院对执行行为异议，应当按照下列情形，分别处理：

（一）异议不成立的，裁定驳回异议；

（二）异议成立的，裁定撤销相关执行行为；

（三）异议部分成立的，裁定变更相关执行行为；

（四）异议成立或者部分成立，但执行行为无撤销、变更内容的，裁定异议成立或者相应部分异议成立。

**第十八条** 执行过程中，第三人因书面承诺自愿代被执行人偿还债务而被追加为被执行人后，无正当理由反悔并提出异议的，人民法院不予支持。

**第十九条** 当事人互负到期债务，被执行人请求抵销，请求抵销的债务符合下列情形的，除依照法律规定或者按照债务性质不得抵销的以外，人民法院应予支持：

（一）已经生效法律文书确定或者经申请执行人认可；

（二）与被执行人所负债务的标的物种类、品质相同。

**第二十条** 金钱债权执行中，符合下列情形之一，被执行人以执行标的系本人及所扶养家属维持生活必需的居住房屋为由提出异议的，人民法院不予支持：

（一）对被执行人有扶养义务的人名下有其他能够维持生活必需的居住房屋的；

（二）执行依据生效后，被执行人为逃避债务转让其名下其他房屋的；

（三）申请执行人按照当地廉租住房保障面积标准为被执行人及所扶养家属提供居住房屋，或者同意参照当地房屋租赁市场平均租金标准从该房屋的变价款中扣除五至八年租金的。

执行依据确定被执行人交付居住的房屋，自执行通知送达之日起，已经给予三个月的宽限期，被执行人以该房屋系本人及所扶养家属维持生活的必需品为由提出异议的，人民法院不予支持。

**第二十一条** 当事人、利害关系人提出异议请求撤销拍卖，符合下列情形之一的，人民法院应予支持：

（一）竞买人之间、竞买人与拍卖机构之间恶意串通，损害当事人或者其他竞买人利益的；

（二）买受人不具备法律规定的竞买资格的；

（三）违法限制竞买人参加竞买或者对不同的竞买人规定不同竞买条件的；

（四）未按照法律、司法解释的规定对拍卖标的物进行公告的；

（五）其他严重违反拍卖程序且损害当事人或者竞买人利益的情形。

当事人、利害关系人请求撤销变卖的，参照前款规定处理。

**第二十二条** 公证债权文书对主债务和担保债务同时赋予强制执行效力的，人民法院应予执行；仅对主债务赋予强制执行效力未涉及担保债务的，对担保债务的执行申请不予受理；仅对担保债务赋予强制执行效力未涉及主债务的，对主债务的执行申请不予受理。

人民法院受理担保债务的执行申请后，被执行人仅以担保合同不属于赋予强制执行效力的公证债权文书范围为由申请不予执行的，不予支持。

**第二十三条** 上一级人民法院对不服异议裁定的复议申请审查后，应当按照下列情形，分别处理：

（一）异议裁定认定事实清楚，适用法律正确，结果应予维持的，裁定驳回复议申请，维持异议裁定；

（二）异议裁定认定事实错误，或者适用法律错误，结果应予纠正的，裁定撤销或者变更异议裁定；

（三）异议裁定认定基本事实不清、证据不足的，裁定撤销异议裁定，发回作出裁定的人民法院重新审查，或者查清事实后作出相应裁定；

（四）异议裁定遗漏异议请求或者存在其他严重违反法定程序的情形，裁定撤销异议裁定，发回作出裁定的人民法院重新审查；

（五）异议裁定对应当适用民事诉讼法第二百二十七条规定审查处理的异议，错误适用民事诉讼法第二百二十五条规定审查处理的，裁定撤销异议裁定，发回作出裁定的人民法院重新作出裁定。

除依照本条第一款第三、四、五项发回重新审查或者重新作出裁定的情形外，裁定撤销或者变更异议裁定且执行行为可撤销、变更的，应当同时撤销或者变更该裁定维持的执行行为。

人民法院对发回重新审查的案件作出裁定后，当事人、利害关系人申请复议的，上一级人民法院复议后不得再次发回重新审查。

**第二十四条** 对案外人提出的排除执行异议，人民法院应当审查下列内容：

（一）案外人是否系权利人；

（二）该权利的合法性与真实性；

（三）该权利能否排除执行。

**第二十五条** 对案外人的异议，人民法院应当按照下列标准判断其是否系权利人：

（一）已登记的不动产，按照不动产登记簿判断；未登记的建筑物、构筑物及其附属设施，按照土地使用权登记簿、建设工程规划许可、施工许可等相关证据判断；

（二）已登记的机动车、船舶、航空器等特定动产，按照相关管理部门的登记判断；未登记的特定动产和其他动产，按照实际占有情况判断；

（三）银行存款和存管在金融机构的有价证券，按照金融机构和登记结算机构登记的账户名称判断；有价证券由具备合法经营资质的托管机构名义持有的，按照该机构登记的实际投资人账户名称判断；

（四）股权按照工商行政管理机关的登记和企业信用信息公示系统公示的信息判断；

（五）其他财产和权利，有登记的，按照登记机构的登记判断；无登记的，按照合同等证明财产权属或者权利人的证据判断。

案外人依据另案生效法律文书提出排除执行异议，该法律文书认定的执行标的权利人与依照前款规定得出的判断不一致的，依照本规定第二十六条规定处理。

**第二十六条** 金钱债权执行中，案外人依据执行标的被查封、扣押、冻结前作出的另案生效法律文书提出排除执行异议，人民法院应当按照下列情形，分别处理：

（一）该法律文书系就案外人与被执行人之间的权属纠纷以及租赁、借用、保管等不以转移财产权属为目的的合同纠纷，判决、裁决执行标的归属于案外人或者向其返还执行标的且其权利能够排除执行的，应予支持；

（二）该法律文书系就案外人与被执行人之间除前项所列合同之外的债权纠纷，判决、裁决执行标的归属于案外人或者向其交付、返还执行标的的，不予支持。

（三）该法律文书系案外人受让执行标的的拍卖、变卖成交裁定或者以物抵债裁定且其权利能够排除执行的，应予支持。

金钱债权执行中，案外人依据执行标的被查封、扣押、冻结后作出的另案生效法律文书提出排除执行异议的，人民法院不予支持。

非金钱债权执行中，案外人依据另案生效法律文书提出排除执行异议，该法律文书对执行标的权属作出不同认定的，人民法院应当告知案外人依法申请再审或者通过其他程序解决。

申请执行人或者案外人不服人民法院依照本条第一、二款规定作出的裁定，可以依照民事诉讼法第二百二十七条规定提起执行异议之诉。

**第二十七条** 申请执行人对执行标的依法享有对抗案外人的担保物权等优先受偿权，人民法院对案外人提出的排除执行异议不予支持，但法律、司法解释另有规定的除外。

**第二十八条** 金钱债权执行中，买受人对登记在被执行人名下的不动产提出异议，符合下列情形且其权利能够排除执行的，人民法院应予支持：

（一）在人民法院查封之前已签订合法有效的书面买卖合同；

（二）在人民法院查封之前已合法占有该不动产；

（三）已支付全部价款，或者已按照合同约定支付部分价款且将剩余价款按照人民法院的要求交付执行；

（四）非因买受人自身原因未办理过户登记。

**第二十九条** 金钱债权执行中，买受人对登记在被执行的房地产开发企业名下的商品房提出异议，符合下列情形且其权利能够排除执行的，人民法院应予支持：

（一）在人民法院查封之前已签订合法有效的书面买卖合同；

（二）所购商品房系用于居住且买受人名下无其他用于居住的房屋；

（三）已支付的价款超过合同约定总价款的百分之五十。

**第三十条** 金钱债权执行中，对被查封的办理了受让物权预告登记的不动产，受让人提出停止处分异议的，人民法院应予支持；符合物权登记条件，受让人提出排除执行异议的，应予支持。

**第三十一条** 承租人请求在租赁期内阻止向受让人移交占有被执行的不动产，在人民法院查封之前已签订合法有效的书面租赁合同并占有使用该不动产的，人民法院应予支持。

承租人与被执行人恶意串通，以明显不合理的低价承租被执行的不动产或者伪造交付租金证据的，对其提出的阻止移交占有的请求，人民法院不予支持。

**第三十二条** 本规定施行后尚未审查终结的执行异议和复议案件，适用本规定。本规定施行前已经审查终结的执行异议和复议案件，人民法院依法提起执行监督程序的，不适用本规定。

# 最高人民法院
# 关于对人民法院终结执行行为提出执行异议期限问题的批复

法释〔2016〕3号

**湖北省高级人民法院：**

你院《关于咸宁市广泰置业有限公司与咸宁市枫丹置业有限公司房地产开发经营合同纠纷案的请示》（鄂高法〔2015〕295号）收悉。经研究，批复如下：

当事人、利害关系人依照民事诉讼法第二百二十五条规定对终结执行行为提出异议的，应当自收到终结执行法律文书之日起六十日内提出；未收到法律文书的，应当自知道或者应当知道人民法院终结执行之日起六十日内提出。批复发布前终结执行的，自批复发布之日起六十日内提出。超出该期限提出执行异议的，人民法院不予受理。

此复。

## （二）规范性文件

### 最高人民法院<br>关于人民法院办理执行信访案件若干问题的意见

法发〔2016〕15号

为贯彻落实中央关于涉诉信访纳入法治轨道解决、实行诉访分离以及建立健全信访终结制度的指导精神，根据《中华人民共和国民事诉讼法》（以下简称《民事诉讼法》）及有关司法解释，结合人民法院执行工作实际，现针对执行信访案件交办督办、实行诉访分离以及信访终结等若干问题，提出如下意见：

**一、关于办理执行信访案件的基本要求**

1. 执行信访案件，指信访当事人向人民法院申诉信访，请求督促执行或者纠正执行错误的案件。执行信访案件分为执行实施类信访案件、执行审查类信访案件两类。

2. 各级人民法院执行部门应当设立执行信访专门机构；执行信访案件的接待处理、交办督办以及信访终结的复查、报请、决定及备案等各项工作，由各级人民法院执行部门统一归口管理。

3. 各级人民法院应当建立健全执行信访案件办理机制，畅通执行申诉信访渠道，切实公开信访办理流程与处理结果，确保相关诉求依法、及时、公开得到处理：

（1）设立执行申诉来访接待窗口，公布执行申诉来信邮寄地址，并配备专人接待来访与处理来信；

（2）收到申诉信访材料后，应当通过网络系统、内部函文等方式，及时向下级人民法院交办；

（3）以书面通知或其他适当方式，向信访当事人告知案件处理过程及结果。

4. 各级人民法院应当建立执行信访互联网申诉、远程视频接访等网络系统，引导信访当事人通过网络反映问题，减少传统来人来信方式信访。

5. 各级人民法院应当建立和落实执行信访案件交办督办制度：

（1）上级人民法院交办执行信访案件后，通过挂牌督办、巡回督导、领导包案等有效工作方式进一步督促办理；

（2）设立执行信访案件台账，以执行信访案件总数、已化解信访案件数量等作为基数，以案访比、化解率等作为指标，定期对辖区法院进行通报；

（3）将辖区法院执行信访工作情况纳入绩效考评，并提请同级党委政法委纳入社会治安综合治理考核范围；

（4）下级人民法院未落实督办意见或者信访化解工作长期滞后，上级人民法院可以约谈下级人民法院分管副院长或者执行局长，进行告诫谈话，提出整改要求。

## 二、关于执行实施类信访案件的办理

6. 执行实施类信访案件，指申请执行人申诉信访，反映执行法院消极执行，请求督促执行的案件。

执行实施类信访案件的办理，应当遵照“执行到位、有效化解”原则。如果被执行人具有可供执行财产，应当穷尽各类执行措施，尽快执行到位。如果被执行人确无财产可供执行，应当尽最大努力解释说明，争取息诉罢访，有效化解信访矛盾；经解释说明，仍然反复申诉、缠访闹访，可以依法终结信访。

7. 执行实施类信访案件，符合下列情形的，可以认定为有效化解，上级人民法院不再交办督办：

（1）案件确已执行到位；

（2）当事人达成执行和解协议并已开始依协议实际履行；

（3）经重新核查，被执行人确无财产可供执行，经解释说明或按照有关规定进行司法救助后，申请执行人书面承诺息诉罢访。

8. 申请执行人申诉信访请求督促执行，如果符合下列情形，上级人民法院不再作为执行信访案件交办督办：

（1）因受理破产申请而中止执行，已告知申请执行人依法申报债权；

（2）再审裁定中止执行，已告知申请执行人依法应诉；

（3）因牵涉犯罪，案件已根据相关规定中止执行并移送有关机关处理；

（4）信访诉求系认为执行依据存在错误。

9. 案件已经执行完毕，但申请执行人以案件尚未执行完毕为由申诉信访，应当制作结案通知书，并告知针对结案通知书提出执行异议。

10. 被执行人确无财产可供执行，执行法院根据相关规定作出终结本次执行程序裁定，申请执行人以案件尚未执行完毕为由申诉信访，告知针对终结本次执行程序裁定提出执行异议。

## 三、关于执行审查类信访案件的办理

11. 执行审查类信访案件，指信访当事人申诉信访，反映执行行为违反法律规定或对执行标的主张实体权利，请求纠正执行错误的案件。

执行审查类信访案件的办理，应当遵照“诉访分离”原则。如果能够通过《民事诉讼法》及相关司法解释予以救济，必须通过法律程序审查；如果已经穷尽法律救济程序以及本意见所规定的执行监督程序，仍然反复申诉、缠访闹访，可以依法终结信访。如果属于审判程序、国家赔偿程序处理范畴，告知通过相应程序寻求救济。

12. 信访当事人向执行法院请求纠正执行错误，如果符合执行异议、案外人异议受理条件，应当严格按照立案登记制要求，正式立案审查。

13. 信访当事人未向执行法院提交《执行异议申请》，但以“申诉书”、“情况反映”等形式主张执行行为违反法律规定或对执行标的主张实体权利的，应当参照执行异议申请予以受理。

14. 信访当事人向上级人民法院申诉信访，主张下级人民法院执行行为违反法律规定或对执行标的主张实体权利，如案件尚未经过异议程序或执行监督程序处理，上级人民法院一般不进行实质性审查，按照如下方式处理：

（1）告知信访当事人按照相关规定寻求救济；

（2）通过信访制度交办督办，责令下级人民法院按照异议程序或执行监督程序审查；

（3）下级人民法院正式立案审查后，上级人民法院不再交办督办。

15. 当事人、利害关系人不服《民事诉讼法》第二百二十五条所规定执行复议裁定，向上一级人民法院申诉信访，上一级人民法院应当作为执行监督案件立案审查，以裁定方式作出结论。

16. 当事人、利害关系人在异议期限之内已经提出异议，但是执行法院未予立案审查，如果当事人、利害关系人在异议期限之后继续申诉信访，执行法院应当作为执行监督案件立案审查，以裁定方式作出结论。

当事人、利害关系人不服前款所规定执行监督裁定，向上一级人民法院继续申诉信访，上一级人民法院应当作为执行监督案件立案审查，以裁定方式作出结论。

17. 信访当事人向上级人民法院申诉信访，反映异议、复议案件严重超审限的，上级人民法院应当通过信访制度交办督办，责令下级人民法院限期作出异议、复议裁定。

18. 当事人、利害关系人申诉信访请求纠正执行错误，如果符合下列情形，上级人民法院不再作为执行信访案件交办督办：

（1）信访诉求系针对人民法院根据行政机关申请所作出准予执行裁定，并非针对执行行为；

（2）信访诉求系认为执行依据存在错误。

**四、关于执行信访案件的依法终结**

19. 被执行人确无财产可供执行，申请执行人书面承诺息诉罢访，如果又以相同事由反复申诉、缠访闹访，执行法院可以逐级报请高级人民法院决定终结信访。

20. 当事人、利害关系人提出执行异议，经异议程序、复议程序及执行监督程序审查，最终结论驳回其请求，如果仍然反复申诉、缠访闹访，可以依法终结信访：

（1）执行监督裁定由高级人民法院作出的，由高级人民法院决定终结信访；

（2）执行复议、监督裁定由最高人民法院作出的，由最高人民法院决定终结信访或交高级人民法院终结信访。

21. 执行实施类信访案件，即使已经终结信访，执行法院仍然应当定期查询被执行人财产状况；申请执行人提出新的财产线索而请求恢复执行的，执行法院应当立即恢复执行。

22. 申请执行人因案件未能执行到位而导致生活严重困难的，一般不作信访终结。

23. 高级人民法院决定终结信访之前，应当报请最高人民法院备案。最高人民法院对于不符合条件的，及时通知高级人民法院予以补正或者退回。不予终结备案的，高级人民法院不得终结。

24. 最高人民法院、高级人民法院决定终结信访的，应当书面告知信访当事人。

25. 已经终结的执行信访案件，除另有规定外，上级人民法院不再交办督办，各级人民法院不再重复审查；信访终结后，信访当事人仍然反复申诉、缠访闹访的，依法及时处理，并报告同级党委政法委。

26. 执行信访终结其他程序要求，依照民事案件信访终结相关规定办理。

# （三）请示答复

## 最高人民法院
## 关于河北峰峰矿区法院与辽宁营口中院执行中煤沈阳公司争议协调案的处理意见函

〔2006〕执协字第15-1号

**河北省高级人民法院、辽宁省高级人民法院：**

邯郸市峰峰矿区人民法院（下称矿区法院）与营口市中级人民法院（下称营口中院）、营口市鲅鱼圈区人民法院（下称鲅鱼圈法院）围绕中国煤炭物资沈阳公司（下称煤炭公司）相关房产的执行和审判所产生的争议协调一案，我院已经审查完毕，现提出如下处理意见：

一、矿区法院查封与营口中院轮候查封的位于营口市经济技术开发区三家子街的房产，虽然房产证号不同，但均指向同一幢房产，矿区法院查封在先，且查封面积大于营口中院的轮候查封面积，营口中院的查封依法不能生效。在矿区法院依法于2005年7月18日作出拍卖成交裁定后，依据我院《关于人民法院民事执行中拍卖、变卖财产的规定》第二十九条之规定，上述涉案房产的所有权就依法转移给竞买人徐万龙所有，营口中院不得将已经转移给徐万龙的房产作为煤炭公司的财产予以执行，不得阻拦矿区法院将拍卖成交的房产交付竞买人徐万龙。

二、人民法院的强制拍卖属于公法意义上的拍卖，如果竞买人或者相关利害关系人对强制拍卖的效力存在异议，可以依法向执行法院或者执行法院的上级法院提出，其他任何机构和个人均无权认定。鲅鱼圈法院无权通过民事诉讼程序判定矿区法院的强制拍卖无效。

以上意见，遵照执行。

# 最高人民法院执行工作办公室<br>关于执行回转案件的申请执行人在被执行人破产案件中能否得到优先受偿保护的请示的答复

〔2005〕执他字第27号

**天津市高级人民法院：**

你院《关于执行回转案件的申请执行人在被执行人破产案件中能否得到优先受偿保护的请示》收悉。经研究，答复如下：

人民法院因原错误判决被撤销而进行执行回转，申请执行人在被执行人破产案件中能否得到优先受偿保护的问题，目前我国法律尚无明确规定。我们认为，因原错误判决而被执行的财产，并非因当事人的自主交易而转移。为此，不应当将当事人请求执行回转的权利作为普通债权对待。在执行回转案件被执行人破产的情况下，可以比照取回权制度，对执行回转案件申请执行人的权利予以优先保护，认定应当执行回转部分的财产数额，不属于破产财产。因此，审理破产案件的法院应当将该部分财产交由执行法院继续执行。

# （四）地方性司法文件

## 上海市高级人民法院
## 关于审理融资租赁物权属争议案件的指导意见（试行）

（2019年8月21日）

为更好地维护融资租赁交易安全，平等保护融资租赁交易当事人和第三人的合法权益，统一融资租赁物权属争议案件的法律适用，根据《中华人民共和国合同法》、《中华人民共和国物权法》、《最高人民法院关于审理融资租赁合同纠纷案件适用法律问题的解释》，参照上海市地方金融监督管理局、中国人民银行上海分行、中国银保监会上海监管局联合下发的《关于做好本市融资租赁行业登记和查询工作的意见》的相关规定，结合本市审判实践，制定本指导意见。

一、本市金融租赁公司、外商投资融资租赁公司、内资融资租赁试点企业作为出租人（以下简称出租人），应当在中国人民银行征信中心（以下简称征信中心）的动产融资统一登记公示系统中对融资租赁合同中载明的租赁物权属状况予以登记。

未依照规定办理登记公示，且不存在《最高人民法院关于审理融资租赁合同纠纷案件适用法律问题的解释》第九条规定的其余例外情形的，出租人对租赁物的所有权不得对抗善意第三人。

二、本市各银行、金融资产管理公司、信托公司、财务公司、汽车金融公司、消费金融公司、金融租赁公司、外商投资融资租赁公司、内资融资租赁试点企业、典当行、小额贷款公司、融资性担保公司、商业保理公司等作为第三人（以下简称第三人）在办理资产抵押、质押或受让等业务时，应当登录征信中心的动产融资统一登记公示系统查询相关标的物的权属状况。

未依照规定进行查询的，出租人对租赁物主张权利时，上述第三人以不知标的物是租赁物为由进行抗辩的，应推定该第三人在办理租赁物抵押、质押或受让租赁物时，未尽到审慎注意义务，不构成善意。

三、本意见在本市辖区范围内试行。

本意见施行前已经审理终结的案件不得依据本意见提起再审。

本意见自下发之日起施行。

## 上海市高级人民法院
# 关于在执行程序中审查和处理房屋租赁权有关问题的解答（试行）

沪高法〔2015〕75 号

为了公平保护执行当事人、优先受偿债权人和承租人的合法权益，根据《中华人民共和国民事诉讼法》（以下称《民事诉讼法》）、《最高人民法院关于人民法院执行工作若干问题的规定（试行）》（以下称《执行规定》）、《最高人民法院关于人民法院民事执行中查封、扣押、冻结财产的规定》（以下称《查封规定》）、《最高人民法院关于人民法院民事执行中拍卖、变卖财产的规定》（以下称《拍卖规定》）等法律和司法解释的规定，结合执行实践，现就在执行程序中审查和处理房屋租赁权的有关问题作出如下解答，供实践中参照执行。

1. 在变现作为可供执行财产的房屋时，执行法院应当如何保障案外人可以提出异议以主张其对变现房屋所享有的租赁权？

答：执行法院裁定拍卖、变卖房屋之后委托评估之前，应当在房屋上张贴公告，告知被执行人以及占有房屋的案外人应当自公告之日起十五日内迁出该房屋。案外人认为其对该房屋享有租赁权而合法占有的，应当自公告之日起十五日内向执行法院提出书面异议。案外人逾期未提出书面异议的，执行法院应当在房屋不负担租赁权的状态下对其进行委托评估、拍卖、变卖。

案外人在执行法院查封房屋后即主张租赁权的，告知其在执行法院裁定拍卖、变卖房屋后按照前述规定提起案外人异议。

案外人因正当原因未能在公告之日起十五日内向执行法院提出书面异议的，应当至迟在执行法院就房屋作出拍卖成交、以物抵债等变现裁定并送达买受人、接受抵债的申请执行人之前提出，逾期提出的，不予支持。

2. 案外人向执行法院提出书面异议主张对房屋享有租赁权的，执行法院应当如何处理？

答：案外人提出书面异议主张对房屋享有租赁权的，执行法院应当依据《最高人民法院关于执行案件立案、结案若干问题的意见》第九条第（二）

项和《民事诉讼法》第二百二十七条的规定进行立案和审查，经审查认为案外人所主张的租赁权依法成立且能够对抗申请执行人的，裁定案外人异议成立，中止对房屋不负担租赁权予以变现；经审查认为案外人所主张的租赁权依法不能成立或者不能够对抗申请执行人的，裁定驳回案外人异议。

3. 申请执行人或者案外人对执行法院所作出的前条裁定不服的，应当如何进行救济？

答：申请执行人对执行法院所作出的案外人异议成立，中止对房屋不负担租赁权予以变现的裁定表示不服的，可以自收到裁定之日起十五日内向执行法院提起执行异议之诉，请求对房屋不负担租赁权予以变现。

案外人对执行法院所作出的驳回其异议的裁定表示不服的，可以自收到裁定之日起十五日内向执行法院提起执行异议之诉，请求对房屋负担租赁权予以变现。

4. 案外人主张对房屋享有租赁权的，执行法院应当如何委托评估、拍卖、变卖？

答：执行法院可以根据不同情形分别作出处理：

（一）裁定案外人异议成立，中止对房屋不负担租赁权予以变现，申请执行人未在规定的期限内提起执行异议之诉或者提起执行异议之诉被判决驳回的，执行法院应当在房屋负担租赁权的状态下对其进行委托评估、拍卖、变卖。

（二）裁定驳回案外人异议，案外人未在规定的期限内提起执行异议之诉或者提起执行异议之诉被判决驳回的，执行法院应当在房屋不负担租赁权的状态下对其进行委托评估、拍卖、变卖。

5. 案外人主张对房屋享有租赁权的，应当向执行法院提供哪些证据？

答：案外人应当向执行法院提供如下证据：

（一）出租合同、转租合同等租赁合同。租赁期限为六个月以上的，应当提交书面的租赁合同。租赁合同办理过登记备案手续的，还应当提交相应的证明材料。

（二）占有房屋的凭证。如出租人与承租人签订的租赁房屋交接书、承租人在出租房屋所在地物业办理的装修或者入住手续证明以及承租人依照租赁合同缴纳水费、电费、燃气费、通信费等公共事业用费等。

（三）租金支付凭证。如承租人向出租人支付租金的转账证明、第三人代为承租人向出租人支付租金的证明以及出租人出具的收款证明等。

6. 执行法院应当采取何种形式审查案外人所提出的对房屋享有租赁权的异议？

答：执行法院对案外人所提出的对房屋享有租赁权的异议原则上采用书

面形式进行审查，必要时询问执行当事人和案外人；情况复杂的，应当采用听证形式进行审查。进行听证审查的，原则上由负责听证审查的执行法官独任进行，必要时组成合议庭进行。

7. 案外人所提出的对房屋享有租赁权且可以对抗申请执行人的异议成立的，需要具备哪些条件？

答：依据《查封规定》第二十六条第一款的规定，被执行人就已经查封的房屋所作的设定权利负担的行为，不得对抗申请执行人。因此，案外人异议成立的，需要同时具备以下条件：

（一）出租人与案外人之间的租赁关系真实有效。出租人与案外人之间租赁合同的签订时间或者口头约定（租赁期限在六个月以下或者不定期租赁）时间须发生在执行法院查封房屋之前。案外人系次承租人的，其承租房屋须取得出租人的同意，且出租人同意转租的时间和转租合同的签订时间或者口头约定（租赁期限在六个月以下或者不定期租赁）时间须发生在执行法院查封房屋之前。

（二）案外人占有房屋的时间须发生在执行法院查封房屋之前。

执行法院认为案外人对房屋所主张的租赁权不能对抗申请执行人的，不应在执行裁定书中直接认定租赁合同无效或者解除租赁合同。

8. 案外人所提出的对房屋享有租赁权且可以对抗申请执行人的异议成立的，执行法院应当如何变现房屋？

答：执行法院可以根据不同情形分别作出处理：

（一）案外人要求继续承租的，执行法院应当在房屋负担租赁权的状态下对其予以变现。

（二）案外人要求解除租赁关系的，经执行当事人和有关债权人同意，可以在房屋的变价款中优先清偿案外人已经预先支付但尚未实际承租期间的部分租金和出租人因解除租赁关系而应当承担的违约责任。执行当事人和有关债权人就优先清偿的内容无法达成一致的，执行法院应当在房屋负担租赁权的状态下对其予以变现。

9. 案外人主张对房屋所享有的租赁权发生在担保物权或者其他优先受偿权设立之前的，执行法院应当如何处理案外人异议？

答：执行法院可以根据不同情形分别作出处理：

（一）经审查认为，签订租赁协议和占有房屋均发生在担保物权或者其他优先受偿权设立之前的，执行法院应当裁定案外人异议成立，中止对房屋不负担租赁权予以变现。

（二）经审查认为，签订租赁协议和占有房屋均发生执行法院查封之前但签订租赁协议或者占有房屋发生在担保物权或者其他优先受偿权设立之后的，执行法院应当裁定驳回案外人异议，依据《拍卖规定》第三十一条第二款的规定对房屋予以变现。

（三）经审查认为，案外人对房屋所主张的租赁权依法不能成立，或者签订租赁协议或者占有房屋发生在执行法院查封之后的，执行法院应当裁定驳回案外人异议。

10. 申请执行人或者案外人对执行法院所作出的前条裁定不服的，应当如何进行救济?

答：对于前条第（一）项裁定，申请执行人表示不服的，可以自收到裁定之日起十五日内向执行法院提起执行异议之诉，请求对房屋不负担租赁权予以变现或者依据《拍卖规定》第三十一条第二款的规定对房屋予以变现。

对于前条第（二）项和第（三）项裁定，案外人表示不服的，可以自收到裁定之日起十五日内向执行法院提起执行异议之诉，请求对房屋负担租赁权予以变现或者依据《拍卖规定》第三十一条第二款的规定对房屋予以变现。

对于前条第（二）项裁定，享有担保物权或者其他优先受偿权的申请执行人之外的其他申请执行人表示不服，认为案外人对房屋所主张的租赁权不能成立，或者签订租赁协议或者占有房屋发生在执行法院查封之后的，可以自收到裁定之日起十五日内向执行法院提起执行异议之诉，请求对房屋不负担租赁权予以变现。

11. 案外人主张对房屋所享有的租赁权发生在担保物权或者其他优先受偿权设立之后、执行法院查封之前的，执行法院应当如何处理案外人异议?

答：执行法院可以根据不同情形分别作出处理：

（一）经审查认为，签订租赁协议和占有房屋均发生执行法院查封之前但签订租赁协议或者占有房屋发生在担保物权或者其他优先受偿权设立之后的，执行法院应当裁定案外人异议成立，中止对房屋不负担租赁权予以变现，依据《拍卖规定》第三十一条第二款的规定对房屋予以变现。

（二）经审查认为，案外人对房屋所主张的租赁权依法不能成立，或者签订租赁协议或者占有房屋发生在执行法院查封之后的，执行法院应当裁定驳回案外人异议。

12. 申请执行人或者案外人对执行法院所作出的前条裁定不服的，应当如何进行救济?

答：对于前条第（一）项裁定，享有担保物权或者其他优先受偿权的申请执行人之外的其他申请执行人表示不服，认为案外人对房屋所主张的租赁权不能成立，或者签订租赁协议或者占有房屋发生在执行法院查封之后的，可以自收到裁定之日起十五日内向执行法院提起执行异议之诉，请求对房屋不负担租赁权予以变现。

对于前条第（二）项裁定，案外人表示不服的，可以自收到裁定之日起十五日内向执行法院提起执行异议之诉，请求依据《拍卖规定》第三十一条第二款的规定对房屋予以变现。

13. 依据《拍卖规定》第三十一条第二款的规定对房屋予以变现的，执行法院应当如何处理?

答：执行法院可以根据不同情形分别作出处理：

（一）经委托评估认为，对在先的担保物权或者其他优先受偿权的实现没有影响的，应当在房屋负担租赁权的状态下对其予以变现，在变现的过程中发现对在先的担保物权或者其他优先受偿权的实现有影响的，执行法院应当依法裁定将租赁权除去后予以变现。依法裁定将租赁权除去后予以变现的，应当重新确定保留价并重新委托变现。

（二）经委托评估认为，对在先的担保物权或者其他优先受偿权的实现有影响的，执行法院应当直接依法裁定将租赁权除去后予以变现。

申请执行人和案外人对执行法院是否应当除去租赁权对房屋予以变现的裁定有异议的，可以依据《民事诉讼法》第二百二十五条的规定提出执行行为异议。

14. 案外人对房屋享有租赁权且可以对抗申请执行人的异议成立，其又主张已经支付全部或者部分租金，或者出租人以租金抵偿其所欠案外人的债务的，执行法院应当如何处理?

答：执行法院可以根据不同情形分别作出处理：

（一）案外人主张已经支付全部或者部分租金的，应当对案外人提供的租金支付凭证、有关证人证言等证据进行审查。经审查认为证据确实充分，且案外人支付租金的行为发生在执行法院向其送达冻结租金的裁定书和协助执行通知书之前的，执行法院应予支持。案外人主张支付租金的数额在人民币五万元以上但没有第三方书面证据或者证人证言加以证明的，对于案外人已经支付了相应租金的主张不予支持。

（二）案外人主张出租人以租金抵偿其所欠案外人的债务的，应当对案外人与出租人之间的基础债权债务关系和案外人或者出租人主张债务抵销的行为进行审查。经审查认为基础债权债务关系和债务抵销的行为确实存在，且基础债权债务关系和抵销行为发生在执行法院向案外人送达冻结租金的裁定书和协助执行通知书之前的，执行法院应予支持。仅有基础债权债务关系确认书或者欠条等而无其他证据加以证明的，或者抵销的金额在人民币五万元以上但没有第三方书面证据或者证人证言加以证明的，对于出租人和案外人之间以租金抵销债务的主张不予支持。

15. 案外人对房屋享有租赁权且可以对抗申请执行人的主张成立的，执行法院应当如何处理案外人尚未支付的租金？

答：执行法院可以根据不同情形分别作出处理：

（一）租金尚未到期的，执行法院可以向案外人送达冻结租金的裁定书和协助执行通知书，待租金到期后按照第三人到期债权的程序进行执行。案外人在收到冻结租金的裁定书和协助执行通知书之后向出租人支付租金的，不论其是否就冻结租金的裁定书和协助执行通知书提出过异议，执行法院均可以依据《执行规定》第 44 条的规定责令案外人限期追回或者承担相应的赔偿责任。

（二）租金已经到期的，执行法院可以按照第三人到期债权的程序进行执行。案外人收到履行到期债务的通知后，擅自向出租人履行的，执行法院可以依据《执行规定》第 67 条的规定裁定其在已履行的范围内与被执行人承担连带清偿责任。

16. 案外人对房屋享有租赁权依法成立的，执行法院应当如何保障其在拍卖中享有的优先购买权？

答：执行法院应当在拍卖五日前以书面或者其他能够确认收悉的适当方式，通知案外人于拍卖日到场行使优先购买权。优先购买权人经通知未到场的，视为放弃优先购买权。

案外人对房屋所主张的租赁权依法发生在担保物权或者其他优先受偿权之后、执行法院查封之前的，不论执行法院是否依法裁定除去租赁权后对房屋予以变现，均不影响案外人以承租人的身份行使优先购买权，执行法院应当保障其优先购买权。

案外人对房屋所主张的租赁权发生在执行法院查封之后但属于善意的，执行法院应当保障其优先购买权。

17. 对于被执行人与案外人通过虚构租赁关系对抗执行的，执行法院应当如何处理？

答：经执行审查、执行异议之诉等确认被执行人与案外人通过虚构租赁关系对抗执行的，执行法院应当依据《民事诉讼法》第一百一十三条的规定对相关责任人予以罚款、拘留。构成拒不执行判决裁定罪、非法处置查封扣押财产罪等犯罪行为的，依法移送追究刑事责任。

申请执行人因被执行人与案外人虚构租赁关系，通过执行异议、执行异议之诉妨害执行而受到损害的，还可以依据《最高人民法院关于适用〈中华人民共和国民事诉讼法〉的解释》第三百一十五条的规定提起诉讼要求被执行人、案外人予以赔偿。

## （五）指导性案例

### 指导案例35号：广东龙正投资发展有限公司与广东景茂拍卖行有限公司委托拍卖执行复议案

（最高人民法院审判委员会讨论通过 2014年12月18日发布）

**关键词**

民事诉讼　执行复议　委托拍卖　恶意串通　拍卖无效

**裁判要点**

拍卖行与买受人有关联关系，拍卖行为存在以下情形，损害与标的物相关权利人合法权益的，人民法院可以视为拍卖行与买受人恶意串通，依法裁定该拍卖无效：（1）拍卖过程中没有其他无关联关系的竞买人参与竞买，或者虽有其他竞买人参与竞买，但未进行充分竞价的；（2）拍卖标的物的评估价明显低于实际价格，仍以该评估价成交的。

**相关法条**

《中华人民共和国民法通则》第五十八条

《中华人民共和国拍卖法》第六十五条

**基本案情**

广州白云荔发实业公司（以下简称荔发公司）与广州广丰房产建设有限公司（以下简称广丰公司）、广州银丰房地产有限公司（以下简称银丰公司）、广州金汇房产建设有限公司（以下简称金汇公司）非法借贷纠纷一案，广东省高级人民法院（以下简称广东高院）于1997年5月20日作出（1996）粤法经一初字第4号民事判决，判令广丰公司、银丰公司共同清偿荔发公司借款160647776.07元及利息，金汇公司承担连带赔偿责任。

广东高院在执行前述判决过程中，于1998年2月11日裁定查封了广丰公司名下的广丰大厦未售出部分，面积18851.86m²。次日，委托广东景茂拍卖行有限公司（以下简称景茂拍卖行）进行拍卖。同年 6 月，该院委托的广东粤财房地产评估所出具评估报告，结论为：广丰大厦该部分物业在 1998 年 6 月 12 日的拍卖价格为 102493594 元。后该案因故暂停处置。

2001 年初，广东高院重新启动处置程序，于同年 4 月 4 日委托景茂拍卖行对广丰大厦整栋进行拍卖。同年 11 月初，广东高院在报纸上刊登拟拍卖整栋广丰大厦的公告，要求涉及广丰大厦的所有权利人或购房业主，于 2001 年 11 月 30 日前向景茂拍卖行申报权利和登记，待广东高院处理。根据公告要求，向景茂拍卖行申报的权利有申请交付广丰大厦预售房屋、回迁房屋和申请返还购房款、工程款、银行借款等，金额高达 15 亿多元，其中，购房人缴纳的购房款逾 2 亿元。

2003 年 8 月 26 日，广东高院委托广东财兴资产评估有限公司（即原广东粤财房地产评估所）对广丰大厦整栋进行评估。同年 9 月 10 日，该所出具评估报告，结论为：整栋广丰大厦（用地面积 3009$m^2$，建筑面积 34840$m^2$）市值为 3445 万元，建议拍卖保留价为市值的 70% 即 2412 万元。同年 10 月 17 日，景茂拍卖行以 2412 万元将广丰大厦整栋拍卖给广东龙正投资发展有限公司（以下简称龙正公司）。广东高院于同年 10 月 28 日作出（1997）粤高法执字第 7 号民事裁定，确认将广丰大厦整栋以 2412 万元转给龙正公司所有。2004 年 1 月 5 日，该院向广州市国土房管部门发出协助执行通知书，要求将广丰大厦整栋产权过户给买受人龙正公司，并声明原广丰大厦的所有权利人，包括购房人、受让人、抵押权人、被拆迁人或拆迁户等的权益，由该院依法处理。龙正公司取得广丰大厦后，在原主体框架结构基础上继续投入资金进行续建，续建完成后更名为“时代国际大厦”。

2011 年 6 月 2 日，广东高院根据有关部门的意见对该案复查后，作出（1997）粤高法执字第 7－1 号执行裁定，认定景茂拍卖行和买受人龙正公司的股东系亲属，存在关联关系。广丰大厦两次评估价格差额巨大，第一次评估了广丰大厦约一半面积的房产，第二次评估了该大厦整栋房产，但第二次评估价格仅为第一次评估价格的 35%，即使考虑市场变化因素，其价格变化也明显不正常。根据景茂拍卖行报告，拍卖时有三个竞买人参加竞买，另外两个竞买人均未举牌竞价，龙正公司因而一次举牌即以起拍价 2412 万元竞买成功。但经该院协调有关司法机关无法找到该二人，后书面通知景茂拍卖行提供该二人的竞买资料，景茂拍卖行未能按要求提供；景茂拍卖行也未按照《拍卖监督管理暂行办法》第四条“拍卖企业举办拍卖活动，应当于拍卖日前七天内到拍卖活动所在地工商行政管理局备案，……拍卖企业应当在拍卖活动结束后 7 天内，将竞买人名单、身份证明复印件送拍卖活动所在地工商行政管理局备案”的规定，向工商管理部门备案。现有证据不能证实另外两个竞买人参加了竞买。综上，可以认定拍卖人景茂拍卖行和竞买人龙正公司在拍卖广丰大厦中存在恶意串通行为，导致广丰大厦拍卖不能公平竞价、损害了购房人和其他债权人的利益。根据《中华人民共和国民法通则》（以下简称《民法通则》）第五十八条、《中华人民共和国拍卖法》（以下简称《拍卖法》）第六十五条的规定，裁定拍卖无效，撤销该院2003年10月28日作出的（1997）粤高法执字第7号民事裁定。对此，买受人龙正公司和景茂拍卖行分别向广东高院提出异议。

龙正公司和景茂拍卖行异议被驳回后，又向最高人民法院申请复议。主要复议理由为：对广丰大厦前后两次评估的价值相差巨大的原因存在合理性，评估结果与拍卖行和买受人无关；拍卖保留价也是根据当时实际情况决定的，拍卖成交价是当时市场客观因素造成的；景茂拍卖行不能提供另外两名竞买人的资料，不违反《拍卖法》第五十四条第二款关于“拍卖资料保管期限自委托拍卖合同终止之日起计算，不得少于五年”的规定；拍卖广丰大厦的拍卖过程公开、合法，拍卖前曾四次在报纸上刊出拍卖公告，法律没有禁止拍卖行股东亲属的公司参与竞买。故不存在拍卖行与买受人恶意串通、损害购房人和其他债权人利益的事实。广东高院推定竞买人与拍卖行存在恶意串通行为是错误的。

**裁判结果**

广东高院于2011年10月9日作出（2011）粤高法执异字第1号执行裁定：维持（1997）粤高法执字第7-1号执行裁定意见，驳回异议。裁定送达后，龙正公司和景茂拍卖行向最高人民法院申请复议。最高人民法院于2012年6月15日作出（2012）执复字第6号执行裁定：驳回龙正公司和景茂拍卖行的复议请求。

**裁判理由**

最高人民法院认为：受人民法院委托进行的拍卖属于司法强制拍卖，其与公民、法人和其他组织自行委托拍卖机构进行的拍卖不同，人民法院有权对拍卖程序及拍卖结果的合法性进行审查。因此，即使拍卖已经成交，人民法院发现其所委托的拍卖行为违法，仍可以根据《民法通则》第五十八条、《拍卖法》第六十五条等法律规定，对在拍卖过程中恶意串通，导致拍卖不能公平竞价、损害他人合法权益的，裁定该拍卖无效。

买受人在拍卖过程中与拍卖机构是否存在恶意串通，应从拍卖过程、拍卖结果等方面综合考察。如果买受人与拍卖机构存在关联关系，拍卖过程没有进行充分竞价，而买受人和拍卖机构明知标的物评估价和成交价明显过低，仍以该低价成交，损害标的物相关权利人合法权益的，可以认定双方存在恶意串通。本案中，在景茂拍卖行与买受人之间因股东的亲属关系而存在关联关系的情况下，除非能够证明拍卖过程中有其他无关联关系的竞买人参与竞买，且进行了充分的竞价，否则可以推定景茂拍卖行与买受人之间存在串通。该竞价充分的举证责任应由景茂拍卖行和与其有关联关系的买受人承担。2003年拍卖结束后，景茂拍卖行给广东高院的拍卖报告中指出，还有另外两个自然人参加竞买，现场没有举牌竞价，拍卖中仅一次叫价即以保留价成交，并无竞价。而买受人龙正公司和景茂拍卖行不能提供其他两个竞买人的情况。经审核，其复议中提供的向工商管理部门备案的材料中，并无另外两个竞买人参加竞买的资料。拍卖资料经过了保存期，不是其不能提供竞买人情况的理由。据此，不能认定有其他竞买人参加了竞买，可以认定景茂拍卖行与买受人龙正公司之间存在串通行为。

鉴于本案拍卖系直接以评估机构确定的市场价的70%之保留价成交的，故评估价是否合理对于拍卖结果是否公正合理有直接关系。之前对一半房产的评估价已达一亿多元，但是本次对全部房产的评估价格却只有原来一半房产评估价格的35%。拍卖行明知价格过低，却通过亲属来购买房产，未经多轮竞价，严重侵犯了他人的利益。拍卖整个楼的价格与评估部分房产时的价格相差悬殊，拍卖行和买受人的解释不能让人信服，可以认定两者间存在恶意串通。同时，与广丰大厦相关的权利有申请交付广丰大厦预售房屋、回迁房屋和申请返还购房款、工程款、银行借款等，总额达15亿多元，仅购房人登记所交购房款即超过2亿元。而本案拍卖价款仅为2412万元，对于没有优先受偿权的本案申请执行人毫无利益可言，明显属于无益拍卖。鉴于景茂拍卖行负责接受与广丰大厦相关的权利的申报工作，且买受人与其存在关联关系，可认定景茂拍卖行与买受人对上述问题也应属明知。因此，对于此案拍卖导致与广丰大厦相关的权利人的权益受侵害，景茂拍卖行与买受人龙正公司之间构成恶意串通。

综上，广东高院认定拍卖人景茂拍卖行和买受人龙正公司在拍卖广丰大厦中存在恶意串通行为，导致广丰大厦拍卖不能公平竞价、损害了购房人和其他债权人的利益，是正确的。故（1997）粤高法执字第7-1号及（2011）粤高法执异字第1号执行裁定并无不当，景茂拍卖行与龙正公司申请复议的理由不能成立。

# 指导案例36号：中投信用担保有限公司与海通证券股份有限公司等证券权益纠纷执行复议案

（最高人民法院审判委员会讨论通过 2014年12月18日发布）

**关键词**

民事诉讼 执行复议 到期债权 协助履行

**裁判要点**

被执行人在收到执行法院执行通知之前，收到另案执行法院要求其向申请执行人的债权人直接清偿已经法院生效法律文书确认的债务的通知，并清偿债务的，执行法院不能将该部分已清偿债务纳入执行范围。

**相关法条**

《中华人民共和国民事诉讼法》第二百二十四条第一款

**基本案情**

中投信用担保有限公司（以下简称中投公司）与海通证券股份有限公司（以下简称海通证券）、海通证券股份有限公司福州广达路证券营业部（以下简称海通证券营业部）证券权益纠纷一案，福建省高级人民法院（以下简称福建高院）于2009年6月11日作出（2009）闽民初字第3号民事调解书，已经发生法律效力。中投公司于2009年6月25日向福建高院申请执行。福建高院于同年7月3日立案执行，并于当月15日向被执行人海通证券营业部、海通证券发出（2009）闽执行字第99号执行通知书，责令其履行法律文书确定的义务。

被执行人海通证券及海通证券营业部不服福建高院（2009）闽执行字第99号执行通知书，向该院提出书面异议。异议称：被执行人已于2009年6月12日根据北京市东城区人民法院（以下简称北京东城法院）的履行到期债务通知书，向中投公司的执行债权人潘鼎履行其对中投公司所负的到期债务11222761.55元，该款汇入了北京东城法院账户；上海市第二中级人民法院（以下简称上海二中院）为执行上海中维资产管理有限公司与中投公司纠纷案，向其发出协助执行通知书，并于2009年6月22日扣划了海通证券的银行存款8777238.45元。以上共计向中投公司的债权人支付了2000万元，故其与中投公司之间已经不存在未履行（2009）闽民初字第3号民事调解书确定的付款义务的事实，福建高院向其发出的执行通知书应当撤销。为此，福建高院作出（2009）闽执异字第1号裁定书，认定被执行人异议成立，撤销（2009）闽执行字第99号执行通知书。申请执行人中投公司不服，向最高人民法院提出了复议申请。申请执行人的主要理由是：北京东城法院的履行到期债务通知书和上海二中院的协助执行通知书，均违反了最高人民法院给江苏省高级人民法院的（2000）执监字第304号关于法院判决的债权不适用《关于适用〈中华人民共和国民事诉讼法〉若干问题的意见》第300条规定（以下简称意见第300条）的复函精神，福建高院的裁定错误。

**裁判结果**

最高人民法院于2010年4月13日作出（2010）执复字第2号执行裁定，驳回中投信用担保有限公司的复议请求，维持福建高院（2009）闽执异字第1号裁定。

**裁判理由**

最高人民法院认为：最高人民法院（2000）执监字第304号复函是针对个案的答复，不具有普遍效力。随着民事诉讼法关于执行管辖权的调整，该函中基于执行只能由一审法院管辖，认为经法院判决确定的到期债权不适用意见第300条的观点已不再具有合理性。对此问题正确的解释应当是：对经法院判决（或调解书，以下通称判决）确定的债权，也可以由非判决法院按照意见第300条规定的程序执行。因该到期债权已经法院判决确定，故第三人（被执行人的债务人）不能提出债权不存在的异议（否认生效判决的定论）。本案中，北京东城法院和上海二中院正是按照上述精神对福建高院（2009）闽民初字第3号民事调解书确定的债权进行执行的。被执行人海通证券无权对生效调解书确定的债权提出异议，不能对抗上海二中院强制扣划行为，其自动按照北京东城法院的通知要求履行，也是合法的。

被执行人海通证券营业部、海通证券收到有关法院通知的时间及其协助有关法院执行，是在福建高院向其发出执行通知之前。在其协助有关法院执行后，其因（2009）闽民初字第3号民事调解书而对于申请执行人中投公司负有的2000万元债务已经消灭，被执行人有权请求福建高院不得再依据该调解书强制执行。

综上，福建高院（2009）闽执异字第1号裁定书认定事实清楚，适用法律正确。故驳回中投公司的复议请求，维持福建高院（2009）闽执异字第1号裁定。

# 指导案例54号：中国农业发展银行安徽省分行诉张大标、安徽长江融资担保集团有限公司执行异议之诉纠纷案

（最高人民法院审判委员会讨论通过 2015年11月19日发布）

**关键词**

民事 执行异议之诉 金钱质押 特定化 移交占有

**裁判要点**

当事人依约为出质的金钱开立保证金专门账户，且质权人取得对该专门账户的占有控制权，符合金钱特定化和移交占有的要求，即使该账户内资金余额发生浮动，也不影响该金钱质权的设立。

**相关法条**

《中华人民共和国物权法》第212条

**基本案情**

原告中国农业发展银行安徽省分行（以下简称农发行安徽分行）诉称：其与第三人安徽长江融资担保集团有限公司（以下简称长江担保公司）按照签订的《信贷担保业务合作协议》，就信贷担保业务按约进行了合作。长江担保公司在农发行安徽分行处开设的担保保证金专户内的资金实际是长江担保公司向其提供的质押担保，请求判令其对该账户内的资金享有质权。

被告张大标辩称：农发行安徽分行与第三人长江担保公司之间的《贷款担保业务合作协议》没有质押的意思表示；案涉账户资金本身是浮动的，不符合金钱特定化要求，农发行安徽分行对案涉保证金账户内的资金不享有质权。

第三人长江担保公司认可农发行安徽分行对账户资金享有质权的意见。

法院经审理查明：2009年4月7日，农发行安徽分行与长江担保公司签订一份《贷款担保业务合作协议》。其中第三条“担保方式及担保责任”约定：甲方（长江担保公司）向乙方（农发行安徽分行）提供的保证担保为连带责任保证；保证担保的范围包括主债权及利息、违约金和实现债权的费用

等。第四条“担保保证金（担保存款）”约定：甲方在乙方开立担保保证金专户，担保保证金专户行为农发行安徽分行营业部，账号尾号为9511；甲方需将具体担保业务约定的保证金在保证合同签订前存入担保保证金专户，甲方需缴存的保证金不低于贷款额度的10%；未经乙方同意，甲方不得动用担保保证金专户内的资金。第六条“贷款的催收、展期及担保责任的承担”约定：借款人逾期未能足额还款的，甲方在接到乙方书面通知后五日内按照第三条约定向乙方承担担保责任，并将相应款项划入乙方指定账户。第八条“违约责任”约定：甲方在乙方开立的担保专户的余额无论因何原因而小于约定的额度时，甲方应在接到乙方通知后三个工作日内补足，补足前乙方可以中止本协议项下业务。甲方违反本协议第六条的约定，没有按时履行保证责任的，乙方有权从甲方在其开立的担保基金专户或其他任一账户中扣划相应的款项。2009年10月30日、2010年10月30日，农发行安徽分行与长江担保公司还分别签订与上述合作协议内容相似的两份《信贷担保业务合作协议》。

上述协议签订后，农发行安徽分行与长江担保公司就贷款担保业务进行合作，长江担保公司在农发行安徽分行处开立担保保证金账户，账号尾号为9511。长江担保公司按照协议约定缴存规定比例的担保保证金，并据此为相应额度的贷款提供了连带保证责任担保。自2009年4月3日至2012年12月31日，该账户共发生了107笔业务，其中贷方业务为长江担保公司缴存的保证金；借方业务主要涉及两大类，一类是贷款归还后长江担保公司申请农发行安徽分行退还的保证金，部分退至债务人的账户；另一类是贷款逾期后农发行安徽分行从该账户内扣划的保证金。

2011年12月19日，安徽省合肥市中级人民法院在审理张大标诉安徽省六本食品有限责任公司、长江担保公司等民间借贷纠纷一案过程中，根据张大标的申请，对长江担保公司上述保证金账户内的资金1495.7852万元进行保全。该案判决生效后，合肥市中级人民法院将上述保证金账户内的资金1338.313257万元划至该院账户。农发行安徽分行作为案外人提出执行异议，2012年11月2日被合肥市中级人民法院裁定驳回异议。随后，农发行安徽分行因与被告张大标、第三人长江担保公司发生执行异议纠纷，提起本案诉讼。

**裁判结果**

安徽省合肥市中级人民法院于2013年3月28日作出（2012）合民一初字第00505号民事判决：驳回农发行安徽分行的诉讼请求。宣判后，农发行安徽分行提出上诉。安徽省高级人民法院于2013年11月19日作出（2013）皖民二终字第00261号民事判决：一、撤销安徽省合肥市中级人民法院

(2012) 合民一初字第00505号民事判决；二、农发行安徽分行对长江担保公司账户（账号尾号9511）内的13383132.57元资金享有质权。

**裁判理由**

法院生效裁判认为：本案二审的争议焦点为农发行安徽分行对案涉账户内的资金是否享有质权。对此应当从农发行安徽分行与长江担保公司之间是否存在质押关系以及质权是否设立两个方面进行审查。

## 一、农发行安徽分行与长江担保公司是否存在质押关系

《中华人民共和国物权法》（以下简称《物权法》）第二百一十条规定："设立质权，当事人应当采取书面形式订立质权合同。质权合同一般包括下列条款：（一）被担保债权的种类和数额；（二）债务人履行债务的期限；（三）质押财产的名称、数量、质量、状况；（四）担保的范围；（五）质押财产交付的时间。"本案中，农发行安徽分行与长江担保公司之间虽没有单独订立带有"质押"字样的合同，但依据该协议第四条、第六条、第八条约定的条款内容，农发行安徽分行与长江担保公司之间协商一致，对以下事项达成合意：长江担保公司为担保业务所缴存的保证金设立担保保证金专户，长江担保公司按照贷款额度的一定比例缴存保证金；农发行安徽分行作为开户行对长江担保公司存入该账户的保证金取得控制权，未经同意，长江担保公司不能自由使用该账户内的资金；长江担保公司未履行保证责任，农发行安徽分行有权从该账户中扣划相应的款项。该合意明确约定了所担保债权的种类和数量、债务履行期限、质物数量和移交时间、担保范围、质权行使条件，具备《物权法》第二百一十条规定的质押合同的一般条款，故应认定农发行安徽分行与长江担保公司之间订立了书面质押合同。

## 二、案涉质权是否设立

《物权法》第二百一十二条规定："质权自出质人交付质押财产时设立。"《最高人民法院关于适用〈中华人民共和国担保法〉若干问题的解释》第八十五条规定，债务人或者第三人将其金钱以特户、封金、保证金等形式特定化后，移交债权人占有作为债权的担保，债务人不履行债务时，债权人可以以该金钱优先受偿。依照上述法律和司法解释规定，金钱作为一种特殊的动产，可以用于质押。金钱质押作为特殊的动产质押，不同于不动产抵押和权利质押，还应当符合金钱特定化和移交债权人占有两个要件，以使金钱既不与出质人其他财产相混同，又能独立于质权人的财产。

本案中，首先金钱以保证金形式特定化。长江担保公司于2009年4月3

日在农发行安徽分行开户，且与《贷款担保业务合作协议》约定的账号一致，即双方当事人已经按照协议约定为出质金钱开立了担保保证金专户。保证金专户开立后，账户内转入的资金为长江担保公司根据每次担保贷款额度的一定比例向该账户缴存保证金；账户内转出的资金为农发行安徽分行对保证金的退还和扣划，该账户未作日常结算使用，故符合《最高人民法院关于适用〈中华人民共和国担保法〉若干问题的解释》第八十五条规定的金钱以特户等形式特定化的要求。其次，特定化金钱已移交债权人占有。占有是指对物进行控制和管理的事实状态。案涉保证金账户开立在农发行安徽分行，长江担保公司作为担保保证金专户内资金的所有权人，本应享有自由支取的权利，但《贷款担保业务合作协议》约定未经农发行安徽分行同意，长江担保公司不得动用担保保证金专户内的资金。同时，《贷款担保业务合作协议》约定在担保的贷款到期未获清偿时，农发行安徽分行有权直接扣划担保保证金专户内的资金，农发行安徽分行作为债权人取得了案涉保证金账户的控制权，实际控制和管理该账户，此种控制权移交符合出质金钱移交债权人占有的要求。据此，应当认定双方当事人已就案涉保证金账户内的资金设立质权。

关于账户资金浮动是否影响金钱特定化的问题。保证金以专门账户形式特定化并不等于固定化。案涉账户在使用过程中，随着担保业务的开展，保证金账户的资金余额是浮动的。担保公司开展新的贷款担保业务时，需要按照约定存入一定比例的保证金，必然导致账户资金的增加；在担保公司担保的贷款到期未获清偿时，扣划保证金账户内的资金，必然导致账户资金的减少。虽然账户内资金根据业务发生情况处于浮动状态，但均与保证金业务相对应，除缴存的保证金外，支出的款项均用于保证金的退还和扣划，未用于非保证金业务的日常结算。即农发行安徽分行可以控制该账户，长江担保公司对该账户内的资金使用受到限制，故该账户资金浮动仍符合金钱作为质权的特定化和移交占有的要求，不影响该金钱质权的设立。

# 六、财产保全与处置

## （一）法律

### 中华人民共和国海事诉讼特别程序法（节录）

（1999年12月25日第九届全国人民代表大会常务委员会第十三次会议通过）

**第二十二条** 非因本法第二十一条规定的海事请求不得申请扣押船舶，但为执行判决、仲裁裁决以及其他法律文书的除外。

**第二十三条** 有下列情形之一的，海事法院可以扣押当事船舶：

（一）船舶所有人对海事请求负有责任，并且在实施扣押时是该船的所有人；

（二）船舶的光船承租人对海事请求负有责任，并且在实施扣押时是该船的光船承租人或者所有人；

（三）具有船舶抵押权或者同样性质的权利的海事请求；

（四）有关船舶所有权或者占有的海事请求；

（五）具有船舶优先权的海事请求。

海事法院可以扣押对海事请求负有责任的船舶所有人、光船承租人、定期租船人或者航次租船人在实施扣押时所有的其他船舶，但与船舶所有权或者占有有关的请求除外。

从事军事、政府公务的船舶不得被扣押。

**第二十四条** 海事请求人不得因同一海事请求申请扣押已被扣押过的船舶，但有下列情形之一的除外：

（一）被请求人未提供充分的担保；

（二）担保人有可能不能全部或者部分履行担保义务；

（三）海事请求人因合理的原因同意释放被扣押的船舶或者返还已提供的担保；或者不能通过合理措施阻止释放被扣押的船舶或者返还已提供的担保。

**第二十五条** 海事请求人申请扣押当事船舶，不能立即查明被请求人名称的，不影响申请的提出。

**第二十六条** 海事法院在发布或者解除扣押船舶命令的同时，可以向有关部门发出协助执行通知书，通知书应当载明协助执行的范围和内容，有关部门有义务协助执行。海事法院认为必要，可以直接派员登轮监护。

**第二十七条** 海事法院裁定对船舶实施保全后，经海事请求人同意，可以采取限制船舶处分或者抵押等方式允许该船舶继续营运。

**第二十八条** 海事请求保全扣押船舶的期限为三十日。

海事请求人在三十日内提起诉讼或者申请仲裁以及在诉讼或者仲裁过程中申请扣押船舶的，扣押船舶不受前款规定期限的限制。

**第二十九条** 船舶扣押期间届满，被请求人不提供担保，而且船舶不宜继续扣押的，海事请求人可以在提起诉讼或者申请仲裁后，向扣押船舶的海事法院申请拍卖船舶。

**第三十条** 海事法院收到拍卖船舶的申请后，应当进行审查，作出准予或者不准予拍卖船舶的裁定。

当事人对裁定不服的，可以在收到裁定书之日起五日内申请复议一次。海事法院应当在收到复议申请之日起五日内作出复议决定。复议期间停止裁定的执行。

**第三十一条** 海事请求人提交拍卖船舶申请后，又申请终止拍卖的，是否准许由海事法院裁定。海事法院裁定终止拍卖船舶的，为准备拍卖船舶所发生的费用由海事请求人承担。

**第三十二条** 海事法院裁定拍卖船舶，应当通过报纸或者其他新闻媒体发布公告。拍卖外籍船舶的，应当通过对外发行的报纸或者其他新闻媒体发布公告。

公告包括以下内容：

（一）被拍卖船舶的名称和国籍；

（二）拍卖船舶的理由和依据；

（三）拍卖船舶委员会的组成；

（四）拍卖船舶的时间和地点；

（五）被拍卖船舶的展示时间和地点；

（六）参加竞买应当办理的手续；

（七）办理债权登记事项；

（八）需要公告的其他事项。

拍卖船舶的公告期间不少于三十日。

**第三十三条** 海事法院应当在拍卖船舶三十日前，向被拍卖船舶登记国的登记机关和已知的船舶优先权人、抵押权人和船舶所有人发出通知。

通知内容包括被拍卖船舶的名称、拍卖船舶的时间和地点、拍卖船舶的理由和依据以及债权登记等。

通知方式包括书面方式和能够确认收悉的其他适当方式。

**第三十四条** 拍卖船舶由拍卖船舶委员会实施。拍卖船舶委员会由海事法院指定的本院执行人员和聘请的拍卖师、验船师三人或者五人组成。

拍卖船舶委员会组织对船舶鉴定、估价；组织和主持拍卖；与竞买人签订拍卖成交确认书；办理船舶移交手续。

拍卖船舶委员会对海事法院负责，受海事法院监督。

**第三十五条** 竞买人应当在规定的期限内向拍卖船舶委员会登记。登记时应当交验本人、企业法定代表人或者其他组织负责人身份证明和委托代理人的授权委托书，并交纳一定数额的买船保证金。

**第三十六条** 拍卖船舶委员会应当在拍卖船舶前，展示被拍卖船舶，并提供察看被拍卖船舶的条件和有关资料。

**第三十七条** 买受人在签署拍卖成交确认书后，应当立即交付不低于百分之二十的船舶价款，其余价款在成交之日起七日内付清，但拍卖船舶委员会与买受人另有约定的除外。

**第三十八条** 买受人付清全部价款后，原船舶所有人应当在指定的期限内于船舶停泊地以船舶现状向买受人移交船舶。拍卖船舶委员会组织和监督船舶的移交，并在船舶移交后与买受人签署船舶移交完毕确认书。

移交船舶完毕，海事法院发布解除扣押船舶命令。

**第三十九条** 船舶移交后，海事法院应当通过报纸或者其他新闻媒体发布公告，公布船舶已经公开拍卖并移交给买受人。

**第四十条** 买受人接收船舶后，应当持拍卖成交确认书和有关材料，向船舶登记机关办理船舶所有权登记手续。原船舶所有人应当向原船舶登记机关办理船舶所有权注销登记。原船舶所有人不办理船舶所有权注销登记的，不影响船舶所有权的转让。

**第四十一条** 竞买人之间恶意串通的，拍卖无效。参与恶意串通的竞买人应当承担拍卖船舶费用并赔偿有关损失。海事法院可以对参与恶意串通的竞买人处最高应价百分之十以上百分之三十以下的罚款。

**第四十二条** 除本节规定的以外，拍卖适用《中华人民共和国拍卖法》

的有关规定。

**第四十三条** 执行程序中拍卖被扣押船舶清偿债务的，可以参照本节有关规定。

## 第三节 船载货物的扣押与拍卖

**第四十四条** 海事请求人为保障其海事请求的实现，可以申请扣押船载货物。

申请扣押的船载货物，应当属于被请求人所有。

**第四十五条** 海事请求人申请扣押船载货物的价值，应当与其债权数额相当。

**第四十六条** 海事请求保全扣押船载货物的期限为十五日。

海事请求人在十五日内提起诉讼或者申请仲裁以及在诉讼或者仲裁过程中申请扣押船载货物的，扣押船载货物不受前款规定期限的限制。

**第四十七条** 船载货物扣押期间届满，被请求人不提供担保，而且货物不宜继续扣押的，海事请求人可以在提起诉讼或者申请仲裁后，向扣押船载货物的海事法院申请拍卖货物。

对无法保管、不易保管或者保管费用可能超过其价值的物品，海事请求人可以申请提前拍卖。

**第四十八条** 海事法院收到拍卖船载货物的申请后，应当进行审查，在七日内作出准予或者不准予拍卖船载货物的裁定。

当事人对裁定不服的，可以在收到裁定书之日起五日内申请复议一次。海事法院应当在收到复议申请之日起五日内作出复议决定。复议期间停止裁定的执行。

**第四十九条** 拍卖船载货物由海事法院指定的本院执行人员和聘请的拍卖师组成的拍卖组织实施，或者由海事法院委托的机构实施。

拍卖船载货物，本节没有规定的，参照本章第二节拍卖船舶的有关规定。

**第五十条** 海事请求人对与海事请求有关的船用燃油、船用物料申请海事请求保全，适用本节规定。

# （二）司法解释

## 最高人民法院
## 关于民事执行中财产调查若干问题的规定

法释〔2017〕8号

为规范民事执行财产调查，维护当事人及利害关系人的合法权益，根据《中华人民共和国民事诉讼法》等法律的规定，结合执行实践，制定本规定。

**第一条** 执行过程中，申请执行人应当提供被执行人的财产线索；被执行人应当如实报告财产；人民法院应当通过网络执行查控系统进行调查，根据案件需要应当通过其他方式进行调查的，同时采取其他调查方式。

**第二条** 申请执行人提供被执行人财产线索，应当填写财产调查表。财产线索明确、具体的，人民法院应当在七日内调查核实；情况紧急的，应当在三日内调查核实。财产线索确实的，人民法院应当及时采取相应的执行措施。

申请执行人确因客观原因无法自行查明财产的，可以申请人民法院调查。

**第三条** 人民法院依申请执行人的申请或依职权责令被执行人报告财产情况的，应当向其发出报告财产令。金钱债权执行中，报告财产令应当与执行通知同时发出。

人民法院根据案件需要再次责令被执行人报告财产情况的，应当重新向其发出报告财产令。

**第四条** 报告财产令应当载明下列事项：

（一）提交财产报告的期限；

（二）报告财产的范围、期间；

（三）补充报告财产的条件及期间；

（四）违反报告财产义务应承担的法律责任；

（五）人民法院认为有必要载明的其他事项。

报告财产令应附财产调查表，被执行人必须按照要求逐项填写。

**第五条** 被执行人应当在报告财产令载明的期限内向人民法院书面报告下列财产情况：

（一）收入、银行存款、现金、理财产品、有价证券；

（二）土地使用权、房屋等不动产；

（三）交通运输工具、机器设备、产品、原材料等动产；

（四）债权、股权、投资权益、基金份额、信托受益权、知识产权等财产性权利；

（五）其他应当报告的财产。

被执行人的财产已出租、已设立担保物权等权利负担，或者存在共有、权属争议等情形的，应当一并报告；被执行人的动产由第三人占有，被执行人的不动产、特定动产、其他财产权等登记在第三人名下的，也应当一并报告。

被执行人在报告财产令载明的期限内提交书面报告确有困难的，可以向人民法院书面申请延长期限；申请有正当理由的，人民法院可以适当延长。

**第六条** 被执行人自收到执行通知之日前一年至提交书面财产报告之日，其财产情况发生下列变动的，应当将变动情况一并报告：

（一）转让、出租财产的；

（二）在财产上设立担保物权等权利负担的；

（三）放弃债权或延长债权清偿期的；

（四）支出大额资金的；

（五）其他影响生效法律文书确定债权实现的财产变动。

**第七条** 被执行人报告财产后，其财产情况发生变动，影响申请执行人债权实现的，应当自财产变动之日起十日内向人民法院补充报告。

**第八条** 对被执行人报告的财产情况，人民法院应当及时调查核实，必要时可以组织当事人进行听证。

申请执行人申请查询被执行人报告的财产情况的，人民法院应当准许。申请执行人及其代理人对查询过程中知悉的信息应当保密。

**第九条** 被执行人拒绝报告、虚假报告或者无正当理由逾期报告财产情况的，人民法院可以根据情节轻重对被执行人或者其法定代理人予以罚款、拘留；构成犯罪的，依法追究刑事责任。

人民法院对有前款规定行为之一的单位，可以对其主要负责人或者直接责任人员予以罚款、拘留；构成犯罪的，依法追究刑事责任。

**第十条** 被执行人拒绝报告、虚假报告或者无正当理由逾期报告财产情况的，人民法院应当依照相关规定将其纳入失信被执行人名单。

**第十一条** 有下列情形之一的，财产报告程序终结：

（一）被执行人履行完毕生效法律文书确定义务的；

（二）人民法院裁定终结执行的；

（三）人民法院裁定不予执行的；

（四）人民法院认为财产报告程序应当终结的其他情形。

发出报告财产令后，人民法院裁定终结本次执行程序的，被执行人仍应依照本规定第七条的规定履行补充报告义务。

**第十二条** 被执行人未按执行通知履行生效法律文书确定的义务，人民法院有权通过网络执行查控系统、现场调查等方式向被执行人、有关单位或个人调查被执行人的身份信息和财产信息，有关单位和个人应当依法协助办理。

人民法院对调查所需资料可以复制、打印、抄录、拍照或以其他方式进行提取、留存。

申请执行人申请查询人民法院调查的财产信息的，人民法院可以根据案件需要决定是否准许。申请执行人及其代理人对查询过程中知悉的信息应当保密。

**第十三条** 人民法院通过网络执行查控系统进行调查，与现场调查具有同等法律效力。

人民法院调查过程中作出的电子法律文书与纸质法律文书具有同等法律效力；协助执行单位反馈的电子查询结果与纸质反馈结果具有同等法律效力。

**第十四条** 被执行人隐匿财产、会计账簿等资料拒不交出的，人民法院可以依法采取搜查措施。

人民法院依法搜查时，对被执行人可能隐匿财产或者资料的处所、箱柜等，经责令被执行人开启而拒不配合的，可以强制开启。

**第十五条** 为查明被执行人的财产情况和履行义务的能力，可以传唤被执行人或被执行人的法定代表人、负责人、实际控制人、直接责任人员到人民法院接受调查询问。

对必须接受调查询问的被执行人、被执行人的法定代表人、负责人或者实际控制人，经依法传唤无正当理由拒不到场的，人民法院可以拘传其到场；上述人员下落不明的，人民法院可以依照相关规定通知有关单位协助查找。

**第十六条** 人民法院对已经办理查封登记手续的被执行人机动车、船舶、航空器等特定动产未能实际扣押的，可以依照相关规定通知有关单位协助查找。

**第十七条** 作为被执行人的法人或其他组织不履行生效法律文书确定的义务，申请执行人认为其有拒绝报告、虚假报告财产情况，隐匿、转移财产等逃避债务情形或者其股东、出资人有出资不实、抽逃出资等情形的，可以书面申请人民法院委托审计机构对该被执行人进行审计。人民法院应当自收到书面申请之日起十日内决定是否准许。

**第十八条** 人民法院决定审计的，应当随机确定具备资格的审计机构，并责令被执行人提交会计凭证、会计账簿、财务会计报告等与审计事项有关的资料。

被执行人隐匿审计资料的，人民法院可以依法采取搜查措施。

**第十九条** 被执行人拒不提供、转移、隐匿、伪造、篡改、毁弃审计资料，阻挠审计人员查看业务现场或者有其他妨碍审计调查行为的，人民法院可以根据情节轻重对被执行人或其主要负责人、直接责任人员予以罚款、拘留；构成犯罪的，依法追究刑事责任。

**第二十条** 审计费用由提出审计申请的申请执行人预交。被执行人存在拒绝报告或虚假报告财产情况，隐匿、转移财产或者其他逃避债务情形的，审计费用由被执行人承担；未发现被执行人存在上述情形的，审计费用由申请执行人承担。

**第二十一条** 被执行人不履行生效法律文书确定的义务，申请执行人可以向人民法院书面申请发布悬赏公告查找可供执行的财产。申请书应当载明下列事项：

（一）悬赏金的数额或计算方法；

（二）有关人员提供人民法院尚未掌握的财产线索，使该申请执行人的债权得以全部或部分实现时，自愿支付悬赏金的承诺；

（三）悬赏公告的发布方式；

（四）其他需要载明的事项。

人民法院应当自收到书面申请之日起十日内决定是否准许。

**第二十二条** 人民法院决定悬赏查找财产的，应当制作悬赏公告。悬赏公告应当载明悬赏金的数额或计算方法、领取条件等内容。

悬赏公告应当在全国法院执行悬赏公告平台、法院微博或微信等媒体平台发布，也可以在执行法院公告栏或被执行人住所地、经常居住地等处张贴。申请执行人申请在其他媒体平台发布，并自愿承担发布费用的，人民法院应当准许。

**第二十三条** 悬赏公告发布后，有关人员向人民法院提供财产线索的，人民法院应当对有关人员的身份信息和财产线索进行登记；两人以上提供相同财产线索的，应当按照提供线索的先后顺序登记。

人民法院对有关人员的身份信息和财产线索应当保密，但为发放悬赏金需要告知申请执行人的除外。

**第二十四条** 有关人员提供人民法院尚未掌握的财产线索，使申请发布悬赏公告的申请执行人的债权得以全部或部分实现的，人民法院应当按照悬赏公告发放悬赏金。

悬赏金从前款规定的申请执行人应得的执行款中予以扣减。特定物交付执行或者存在其他无法扣减情形的，悬赏金由该申请执行人另行支付。

有关人员为申请执行人的代理人、有义务向人民法院提供财产线索的人员或者存在其他不应发放悬赏金情形的，不予发放。

**第二十五条** 执行人员不得调查与执行案件无关的信息，对调查过程中知悉的国家秘密、商业秘密和个人隐私应当保密。

**第二十六条** 本规定自 2017 年 5 月 1 日起施行。

本规定施行后，本院以前公布的司法解释与本规定不一致的，以本规定为准。

最高人民法院

# 关于网络查询、冻结被执行人存款的规定

法释〔2013〕20号

为规范人民法院办理执行案件过程中通过网络查询、冻结被执行人存款及其他财产的行为，进一步提高执行效率，根据《中华人民共和国民事诉讼法》的规定，结合人民法院工作实际，制定本规定。

**第一条** 人民法院与金融机构已建立网络执行查控机制的，可以通过网络实施查询、冻结被执行人存款等措施。

网络执行查控机制的建立和运行应当具备以下条件：

（一）已建立网络执行查控系统，具有通过网络执行查控系统发送、传输、反馈查控信息的功能；

（二）授权特定的人员办理网络执行查控业务；

（三）具有符合安全规范的电子印章系统；

（四）已采取足以保障查控系统和信息安全的措施。

**第二条** 人民法院实施网络执行查控措施，应当事前统一向相应金融机构报备有权通过网络采取执行查控措施的特定执行人员的相关公务证件。办理具体业务时，不再另行向相应金融机构提供执行人员的相关公务证件。

人民法院办理网络执行查控业务的特定执行人员发生变更的，应当及时向相应金融机构报备人员变更信息及相关公务证件。

**第三条** 人民法院通过网络查询被执行人存款时，应当向金融机构传输电子协助查询存款通知书。多案集中查询的，可以附汇总的案件查询清单。

对查询到的被执行人存款需要冻结或者续行冻结的，人民法院应当及时向金融机构传输电子冻结裁定书和协助冻结存款通知书。

对冻结的被执行人存款需要解除冻结的，人民法院应当及时向金融机构传输电子解除冻结裁定书和协助解除冻结存款通知书。

**第四条** 人民法院向金融机构传输的法律文书，应当加盖电子印章。

作为协助执行人的金融机构完成查询、冻结等事项后，应当及时通过网

络向人民法院回复加盖电子印章的查询、冻结等结果。

人民法院出具的电子法律文书、金融机构出具的电子查询、冻结等结果，与纸质法律文书及反馈结果具有同等效力。

**第五条** 人民法院通过网络查询、冻结、续冻、解冻被执行人存款，与执行人员赴金融机构营业场所查询、冻结、续冻、解冻被执行人存款具有同等效力。

**第六条** 金融机构认为人民法院通过网络执行查控系统采取的查控措施违反相关法律、行政法规规定的，应当向人民法院书面提出异议。人民法院应当在 15 日内审查完毕并书面回复。

**第七条** 人民法院应当依据法律、行政法规规定及相应操作规范使用网络执行查控系统和查控信息，确保信息安全。

人民法院办理执行案件过程中，不得泄露通过网络执行查控系统取得的查控信息，也不得用于执行案件以外的目的。

人民法院办理执行案件过程中，不得对被执行人以外的非执行义务主体采取网络查控措施。

**第八条** 人民法院工作人员违反第七条规定的，应当按照《人民法院工作人员处分条例》给予纪律处分；情节严重构成犯罪的，应当依法追究刑事责任。

**第九条** 人民法院具备相应网络扣划技术条件，并与金融机构协商一致的，可以通过网络执行查控系统采取扣划被执行人存款措施。

**第十条** 人民法院与工商行政管理、证券监管、土地房产管理等协助执行单位已建立网络执行查控机制，通过网络执行查控系统对被执行人股权、股票、证券账户资金、房地产等其他财产采取查控措施的，参照本规定执行。

# 最高人民法院
# 关于人民法院民事执行中查封、扣押、冻结财产的规定

法释〔2004〕15号

为了进一步规范民事执行中的查封、扣押、冻结措施，维护当事人的合法权益，根据《中华人民共和国民事诉讼法》等法律的规定，结合人民法院民事执行工作的实践经验，制定本规定。

**第一条** 人民法院查封、扣押、冻结被执行人的动产、不动产及其他财产权，应当作出裁定，并送达被执行人和申请执行人。

采取查封、扣押、冻结措施需要有关单位或者个人协助的，人民法院应当制作协助执行通知书，连同裁定书副本一并送达协助执行人。查封、扣押、冻结裁定书和协助执行通知书送达时发生法律效力。

**第二条** 人民法院可以查封、扣押、冻结被执行人占有的动产、登记在被执行人名下的不动产、特定动产及其他财产权。

未登记的建筑物和土地使用权，依据土地使用权的审批文件和其他相关证据确定权属。

对于第三人占有的动产或者登记在第三人名下的不动产、特定动产及其他财产权，第三人书面确认该财产属于被执行人的，人民法院可以查封、扣押、冻结。

**第三条** 作为执行依据的法律文书生效后至申请执行前，债权人可以向有执行管辖权的人民法院申请保全债务人的财产。人民法院可以参照民事诉讼法第九十二条的规定作出保全裁定，保全裁定应当立即执行。

**第四条** 诉讼前、诉讼中及仲裁中采取财产保全措施的，进入执行程序后，自动转为执行中的查封、扣押、冻结措施，并适用本规定第二十九条关于查封、扣押、冻结期限的规定。

**第五条** 人民法院对被执行人下列的财产不得查封、扣押、冻结：

（一）被执行人及其所扶养家属生活所必需的衣服、家具、炊具、餐具及其他家庭生活必需的物品；

（二）被执行人及其所扶养家属所必需的生活费用。当地有最低生活保障标准的，必需的生活费用依照该标准确定；

（三）被执行人及其所扶养家属完成义务教育所必需的物品；

（四）未公开的发明或者未发表的著作；

（五）被执行人及其所扶养家属用于身体缺陷所必需的辅助工具、医疗物品；

（六）被执行人所得的勋章及其他荣誉表彰的物品；

（七）根据《中华人民共和国缔结条约程序法》，以中华人民共和国、中华人民共和国政府或者中华人民共和国政府部门名义同外国、国际组织缔结的条约、协定和其他具有条约、协定性质的文件中规定免于查封、扣押、冻结的财产；

（八）法律或者司法解释规定的其他不得查封、扣押、冻结的财产。

**第六条** 对被执行人及其所扶养家属生活所必需的居住房屋，人民法院可以查封，但不得拍卖、变卖或者抵债。

**第七条** 对于超过被执行人及其所扶养家属生活所必需的房屋和生活用品，人民法院根据申请执行人的申请，在保障被执行人及其所扶养家属最低生活标准所必需的居住房屋和普通生活必需品后，可予以执行。

**第八条** 查封、扣押动产的，人民法院可以直接控制该项财产。人民法院将查封、扣押的动产交付其他人控制的，应当在该动产上加贴封条或者采取其他足以公示查封、扣押的适当方式。

**第九条** 查封不动产的，人民法院应当张贴封条或者公告，并可以提取保存有关财产权证照。

查封、扣押、冻结已登记的不动产、特定动产及其他财产权，应当通知有关登记机关办理登记手续。未办理登记手续的，不得对抗其他已经办理了登记手续的查封、扣押、冻结行为。

**第十条** 查封尚未进行权属登记的建筑物时，人民法院应当通知其管理人或者该建筑物的实际占有人，并在显著位置张贴公告。

**第十一条** 扣押尚未进行权属登记的机动车辆时，人民法院应当在扣押清单上记载该机动车辆的发动机编号。该车辆在扣押期间权利人要求办理权属登记手续的，人民法院应当准许并及时办理相应的扣押登记手续。

**第十二条** 查封、扣押的财产不宜由人民法院保管的，人民法院可以指定被执行人负责保管；不宜由被执行人保管的，可以委托第三人或者申请执行人保管。

由人民法院指定被执行人保管的财产，如果继续使用对该财产的价值无重大影响，可以允许被执行人继续使用；由人民法院保管或者委托第三人、申请执行人保管的，保管人不得使用。

**第十三条** 查封、扣押、冻结担保物权人占有的担保财产，一般应当指定该担保物权人作为保管人；该财产由人民法院保管的，质权、留置权不因转移占有而消灭。

**第十四条** 对被执行人与其他人共有的财产，人民法院可以查封、扣押、冻结，并及时通知共有人。

共有人协议分割共有财产，并经债权人认可的，人民法院可以认定有效。查封、扣押、冻结的效力及于协议分割后被执行人享有份额内的财产；对其他共有人享有份额内的财产的查封、扣押、冻结，人民法院应当裁定予以解除。

共有人提起析产诉讼或者申请执行人代位提起析产诉讼的，人民法院应当准许。诉讼期间中止对该财产的执行。

**第十五条** 对第三人为被执行人的利益占有的被执行人的财产，人民法院可以查封、扣押、冻结；该财产被指定给第三人继续保管的，第三人不得将其交付给被执行人。

对第三人为自己的利益依法占有的被执行人的财产，人民法院可以查封、扣押、冻结，第三人可以继续占有和使用该财产，但不得将其交付给被执行人。

第三人无偿借用被执行人的财产的，不受前款规定的限制。

**第十六条** 被执行人将其财产出卖给第三人，第三人已经支付部分价款并实际占有该财产，但根据合同约定被执行人保留所有权的，人民法院可以查封、扣押、冻结；第三人要求继续履行合同的，应当由第三人在合理期限内向人民法院交付全部余款后，裁定解除查封、扣押、冻结。

**第十七条** 被执行人将其所有的需要办理过户登记的财产出卖给第三人，第三人已经支付部分或者全部价款并实际占有该财产，但尚未办理产权过户登记手续的，人民法院可以查封、扣押、冻结；第三人已经支付全部价款并实际占有，但未办理过户登记手续的，如果第三人对此没有过错，人民法院不得查封、扣押、冻结。

**第十八条** 被执行人购买第三人的财产，已经支付部分价款并实际占有该财产，但第三人依合同约定保留所有权，申请执行人已向第三人支付剩余价款或者第三人书面同意剩余价款从该财产变价款中优先支付的，人民法院可以查封、扣押、冻结。

第三人依法解除合同的，人民法院应当准许，已经采取的查封、扣押、冻结措施应当解除，但人民法院可以依据申请执行人的申请，执行被执行人因支付价款而形成的对该第三人的债权。

**第十九条** 被执行人购买需要办理过户登记的第三人的财产，已经支付部分或者全部价款并实际占有该财产，虽未办理产权过户登记手续，但申请执行人已向第三人支付剩余价款或者第三人同意剩余价款从该财产变价款中优先支付的，人民法院可以查封、扣押、冻结。

**第二十条** 查封、扣押、冻结被执行人的财产时，执行人员应当制作笔录，载明下列内容：

（一）执行措施开始及完成的时间；

（二）财产的所在地、种类、数量；

（三）财产的保管人；

（四）其他应当记明的事项。

执行人员及保管人应当在笔录上签名，有民事诉讼法第二百二十一条规定的人员到场的，到场人员也应当在笔录上签名。

**第二十一条** 查封、扣押、冻结被执行人的财产，以其价额足以清偿法律文书确定的债权额及执行费用为限，不得明显超标的额查封、扣押、冻结。

发现超标的额查封、扣押、冻结的，人民法院应当根据被执行人的申请或者依职权，及时解除对超标的额部分财产的查封、扣押、冻结，但该财产为不可分物且被执行人无其他可供执行的财产或者其他财产不足以清偿债务的除外。

**第二十二条** 查封、扣押的效力及于查封、扣押物的从物和天然孳息。

**第二十三条** 查封地上建筑物的效力及于该地上建筑物使用范围内的土地使用权，查封土地使用权的效力及于地上建筑物，但土地使用权与地上建筑物的所有权分属被执行人与他人的除外。

地上建筑物和土地使用权的登记机关不是同一机关的，应当分别办理查封登记。

**第二十四条** 查封、扣押、冻结的财产灭失或者毁损的，查封、扣押、冻结的效力及于该财产的替代物、赔偿款。人民法院应当及时作出查封、扣押、冻结该替代物、赔偿款的裁定。

**第二十五条** 查封、扣押、冻结协助执行通知书在送达登记机关时，登记机关已经受理被执行人转让不动产、特定动产及其他财产的过户登记申请，尚未核准登记的，应当协助人民法院执行。人民法院不得对登记机关已经核准登记的被执行人已转让的财产实施查封、扣押、冻结措施。

查封、扣押、冻结协助执行通知书在送达登记机关时，其他人民法院已向该登记机关送达了过户登记协助执行通知书的，应当优先办理过户登记。

**第二十六条** 被执行人就已经查封、扣押、冻结的财产所作的移转、设定权利负担或者其他有碍执行的行为，不得对抗申请执行人。

第三人未经人民法院准许占有查封、扣押、冻结的财产或者实施其他有碍执行的行为的，人民法院可以依据申请执行人的申请或者依职权解除其占有或者排除其妨害。

人民法院的查封、扣押、冻结没有公示的，其效力不得对抗善意第三人。

**第二十七条** 人民法院查封、扣押被执行人设定最高额抵押权的抵押物的，应当通知抵押权人。抵押权人受抵押担保的债权数额自收到人民法院通知时起不再增加。

人民法院虽然没有通知抵押权人，但有证据证明抵押权人知道查封、扣押事实的，受抵押担保的债权数额从其知道该事实时起不再增加。

**第二十八条** 对已被人民法院查封、扣押、冻结的财产，其他人民法院可以进行轮候查封、扣押、冻结。查封、扣押、冻结解除的，登记在先的轮候查封、扣押、冻结即自动生效。

其他人民法院对已登记的财产进行轮候查封、扣押、冻结的，应当通知有关登记机关协助进行轮候登记，实施查封、扣押、冻结的人民法院应当允许其他人民法院查阅有关文书和记录。

其他人民法院对没有登记的财产进行轮候查封、扣押、冻结的，应当制作笔录，并经实施查封、扣押、冻结的人民法院执行人员及被执行人签字，或者书面通知实施查封、扣押、冻结的人民法院。

**第二十九条** 人民法院冻结被执行人的银行存款及其他资金的期限不得超过六个月，查封、扣押动产的期限不得超过一年，查封不动产、冻结其他财产权的期限不得超过二年。法律、司法解释另有规定的除外。

申请执行人申请延长期限的，人民法院应当在查封、扣押、冻结期限届满前办理续行查封、扣押、冻结手续，续行期限不得超过前款规定期限的二分之一。

**第三十条** 查封、扣押、冻结期限届满，人民法院未办理延期手续的，查封、扣押、冻结的效力消灭。

查封、扣押、冻结的财产已经被执行拍卖、变卖或者抵债的，查封、扣押、冻结的效力消灭。

**第三十一条** 有下列情形之一的，人民法院应当作出解除查封、扣押、冻结裁定，并送达申请执行人、被执行人或者案外人：

（一）查封、扣押、冻结案外人财产的；

（二）申请执行人撤回执行申请或者放弃债权的；

（三）查封、扣押、冻结的财产流拍或者变卖不成，申请执行人和其他执行债权人又不同意接受抵债的；

（四）债务已经清偿的；

（五）被执行人提供担保且申请执行人同意解除查封、扣押、冻结的；

（六）人民法院认为应当解除查封、扣押、冻结的其他情形。

解除以登记方式实施的查封、扣押、冻结的，应当向登记机关发出协助执行通知书。

**第三十二条** 财产保全裁定和先予执行裁定的执行适用本规定。

**第三十三条** 本规定自 2005 年 1 月 1 日起施行。施行前本院公布的司法解释与本规定不一致的，以本规定为准。

# 最高人民法院
# 关于人民法院能否对信用证开证保证金采取冻结和扣划措施问题的规定

法释〔1997〕4号

信用证开证保证金属于有进出口经营权的企业向银行申请对国外（境外）方开立信用证而备付的具有担保支付性质的资金。为了严肃执法和保护当事人的合法权益，现就有关冻结、扣划信用证开证保证金的问题规定如下：

一、人民法院在审理或执行案件时，依法可以对信用证开证保证金采取冻结措施，但不得扣划。如果当事人认为人民法院冻结和扣划的某项资金属于信用证开证保证金的，应当提供有关证据予以证明。人民法院审查后，可按以下原则处理：对于确系信用证开证保证金的，不得采取扣划措施；如果开证银行履行了对外支付义务，根据该银行的申请，人民法院应当立即解除对信用证开证保证金相应部分的冻结措施；如果申请开证人提供的开证保证金是外汇，当事人又举证证明信用证的受益人提供的单据与信用证条款相符时，人民法院应当立即解除冻结措施。

二、如果银行因信用证无效、过期，或者因单证不符而拒付信用证款项并且免除了对外支付义务，以及在正常付出了信用证款项并从信用证开证保证金中扣除相应款额后尚有剩余，即在信用证开证保证金帐户存款已丧失保证金功能的情况下，人民法院可以依法采取扣划措施。

三、人民法院对于为逃避债务而提供虚假证据证明属信用证开证保证金的单位和个人，应当依照民事诉讼法的有关规定严肃处理。

最高人民法院

# 关于人民法院民事执行中拍卖、变卖财产的规定

法释〔2004〕16号

为了进一步规范民事执行中的拍卖、变卖措施，维护当事人的合法权益，根据《中华人民共和国民事诉讼法》等法律的规定，结合人民法院民事执行工作的实践经验，制定本规定。

**第一条** 在执行程序中，被执行人的财产被查封、扣押、冻结后，人民法院应当及时进行拍卖、变卖或者采取其他执行措施。

**第二条** 人民法院对查封、扣押、冻结的财产进行变价处理时，应当首先采取拍卖的方式，但法律、司法解释另有规定的除外。

**第三条** 人民法院拍卖被执行人财产，应当委托具有相应资质的拍卖机构进行，并对拍卖机构的拍卖进行监督，但法律、司法解释另有规定的除外。

**第四条** 对拟拍卖的财产，人民法院应当委托具有相应资质的评估机构进行价格评估。对于财产价值较低或者价格依照通常方法容易确定的，可以不进行评估。

当事人双方及其他执行债权人申请不进行评估的，人民法院应当准许。

对被执行人的股权进行评估时，人民法院可以责令有关企业提供会计报表等资料；有关企业拒不提供的，可以强制提取。

**第五条** 评估机构由当事人协商一致后经人民法院审查确定；协商不成的，从负责执行的人民法院或者被执行人财产所在地的人民法院确定的评估机构名册中，采取随机的方式确定；当事人双方申请通过公开招标方式确定评估机构的，人民法院应当准许。

**第六条** 人民法院收到评估机构作出的评估报告后，应当在五日内将评估报告发送当事人及其他利害关系人。当事人或者其他利害关系人对评估报告有异议的，可以在收到评估报告后十日内以书面形式向人民法院提出。

当事人或者其他利害关系人有证据证明评估机构、评估人员不具备相应的评估资质或者评估程序严重违法而申请重新评估的，人民法院应当准许。

**第七条** 拍卖机构由当事人协商一致后经人民法院审查确定；协商不成的，从负责执行的人民法院或者被执行人财产所在地的人民法院确定的拍卖机构名册中，采取随机的方式确定；当事人双方申请通过公开招标方式确定拍卖机构的，人民法院应当准许。

**第八条** 拍卖应当确定保留价。

拍卖保留价由人民法院参照评估价确定；未作评估的，参照市价确定，并应当征询有关当事人的意见。

人民法院确定的保留价，第一次拍卖时，不得低于评估价或者市价的百分之八十；如果出现流拍，再行拍卖时，可以酌情降低保留价，但每次降低的数额不得超过前次保留价的百分之二十。

**第九条** 保留价确定后，依据本次拍卖保留价计算，拍卖所得价款在清偿优先债权和强制执行费用后无剩余可能的，应当在实施拍卖前将有关情况通知申请执行人。申请执行人于收到通知后五日内申请继续拍卖的，人民法院应当准许，但应当重新确定保留价；重新确定的保留价应当大于该优先债权及强制执行费用的总额。

依照前款规定流拍的，拍卖费用由申请执行人负担。

**第十条** 执行人员应当对拍卖财产的权属状况、占有使用情况等进行必要的调查，制作拍卖财产现状的调查笔录或者收集其他有关资料。

**第十一条** 拍卖应当先期公告。

拍卖动产的，应当在拍卖七日前公告；拍卖不动产或者其他财产权的，应当在拍卖十五日前公告。

**第十二条** 拍卖公告的范围及媒体由当事人双方协商确定；协商不成的，由人民法院确定。拍卖财产具有专业属性的，应当同时在专业性报纸上进行公告。

当事人申请在其他新闻媒体上公告或者要求扩大公告范围的，应当准许，但该部分的公告费用由其自行承担。

**第十三条** 拍卖不动产、其他财产权或者价值较高的动产的，竞买人应当于拍卖前向人民法院预交保证金。申请执行人参加竞买的，可以不预交保证金。保证金的数额由人民法院确定，但不得低于评估价或者市价的百分之五。

应当预交保证金而未交纳的，不得参加竞买。拍卖成交后，买受人预交的保证金充抵价款，其他竞买人预交的保证金应当在三日内退还；拍卖未成交的，保证金应当于三日内退还竞买人。

**第十四条** 人民法院应当在拍卖五日前以书面或者其他能够确认收悉的

适当方式，通知当事人和已知的担保物权人、优先购买权人或者其他优先权人于拍卖日到场。

优先购买权人经通知未到场的，视为放弃优先购买权。

**第十五条** 法律、行政法规对买受人的资格或者条件有特殊规定的，竞买人应当具备规定的资格或者条件。

申请执行人、被执行人可以参加竞买。

**第十六条** 拍卖过程中，有最高应价时，优先购买权人可以表示以该最高价买受，如无更高应价，则拍归优先购买权人；如有更高应价，而优先购买权人不作表示的，则拍归该应价最高的竞买人。

顺序相同的多个优先购买权人同时表示买受的，以抽签方式决定买受人。

**第十七条** 拍卖多项财产时，其中部分财产卖得的价款足以清偿债务和支付被执行人应当负担的费用的，对剩余的财产应当停止拍卖，但被执行人同意全部拍卖的除外。

**第十八条** 拍卖的多项财产在使用上不可分，或者分别拍卖可能严重减损其价值的，应当合并拍卖。

**第十九条** 拍卖时无人竞买或者竞买人的最高应价低于保留价，到场的申请执行人或者其他执行债权人申请或者同意以该次拍卖所定的保留价接受拍卖财产的，应当将该财产交其抵债。

有两个以上执行债权人申请以拍卖财产抵债的，由法定受偿顺位在先的债权人优先承受；受偿顺位相同的，以抽签方式决定承受人。承受人应受清偿的债权额低于抵债财产的价额的，人民法院应当责令其在指定的期间内补交差额。

**第二十条** 在拍卖开始前，有下列情形之一的，人民法院应当撤回拍卖委托：

（一）据以执行的生效法律文书被撤销的；

（二）申请执行人及其他执行债权人撤回执行申请的；

（三）被执行人全部履行了法律文书确定的金钱债务的；

（四）当事人达成了执行和解协议，不需要拍卖财产的；

（五）案外人对拍卖财产提出确有理由的异议的；

（六）拍卖机构与竞买人恶意串通的；

（七）其他应当撤回拍卖委托的情形。

**第二十一条** 人民法院委托拍卖后，遇有依法应当暂缓执行或者中止执行的情形的，应当决定暂缓执行或者裁定中止执行，并及时通知拍卖机构和当事人。拍卖机构收到通知后，应当立即停止拍卖，并通知竞买人。

暂缓执行期限届满或者中止执行的事由消失后，需要继续拍卖的，人民法院应当在十五日内通知拍卖机构恢复拍卖。

**第二十二条** 被执行人在拍卖日之前向人民法院提交足额金钱清偿债务，要求停止拍卖的，人民法院应当准许，但被执行人应当负担因拍卖支出的必要费用。

**第二十三条** 拍卖成交或者以流拍的财产抵债的，人民法院应当作出裁定，并于价款或者需要补交的差价全额交付后十日内，送达买受人或者承受人。

**第二十四条** 拍卖成交后，买受人应当在拍卖公告确定的期限或者人民法院指定的期限内将价款交付到人民法院或者汇入人民法院指定的账户。

**第二十五条** 拍卖成交或者以流拍的财产抵债后，买受人逾期未支付价款或者承受人逾期未补交差价而使拍卖、抵债的目的难以实现的，人民法院可以裁定重新拍卖。重新拍卖时，原买受人不得参加竞买。

重新拍卖的价款低于原拍卖价款造成的差价、费用损失及原拍卖中的佣金，由原买受人承担。人民法院可以直接从其预交的保证金中扣除。扣除后保证金有剩余的，应当退还原买受人；保证金数额不足的，可以责令原买受人补交；拒不补交的，强制执行。

**第二十六条** 拍卖时无人竞买或者竞买人的最高应价低于保留价，到场的申请执行人或者其他执行债权人不申请以该次拍卖所定的保留价抵债的，应当在六十日内再行拍卖。

**第二十七条** 对于第二次拍卖仍流拍的动产，人民法院可以依照本规定第十九条的规定将其作价交申请执行人或者其他执行债权人抵债。申请执行人或者其他执行债权人拒绝接受或者依法不能交付其抵债的，人民法院应当解除查封、扣押，并将该动产退还被执行人。

**第二十八条** 对于第二次拍卖仍流拍的不动产或者其他财产权，人民法院可以依照本规定第十九条的规定将其作价交申请执行人或者其他执行债权人抵债。申请执行人或者其他执行债权人拒绝接受或者依法不能交付其抵债的，应当在六十日内进行第三次拍卖。

第三次拍卖流拍且申请执行人或者其他执行债权人拒绝接受或者依法不能接受该不动产或者其他财产权抵债的，人民法院应当于第三次拍卖终结之日起七日内发出变卖公告。自公告之日起六十日内没有买受人愿意以第三次拍卖的保留价买受该财产，且申请执行人、其他执行债权人仍不表示接受该财产抵债的，应当解除查封、冻结，将该财产退还被执行人，但对该财产可以采取其他执行措施的除外。

**第二十九条** 动产拍卖成交或者抵债后，其所有权自该动产交付时起转移给买受人或者承受人。

不动产、有登记的特定动产或者其他财产权拍卖成交或者抵债后，该不动产、特定动产的所有权、其他财产权自拍卖成交或者抵债裁定送达买受人或者承受人时起转移。

**第三十条** 人民法院裁定拍卖成交或者以流拍的财产抵债后，除有依法不能移交的情形外，应当于裁定送达后十五日内，将拍卖的财产移交买受人或者承受人。被执行人或者第三人占有拍卖财产应当移交而拒不移交的，强制执行。

**第三十一条** 拍卖财产上原有的担保物权及其他优先受偿权，因拍卖而消灭，拍卖所得价款，应当优先清偿担保物权人及其他优先受偿权人的债权，但当事人另有约定的除外。

拍卖财产上原有的租赁权及其他用益物权，不因拍卖而消灭，但该权利继续存在于拍卖财产上，对在先的担保物权或者其他优先受偿权的实现有影响的，人民法院应当依法将其除去后进行拍卖。

**第三十二条** 拍卖成交的，拍卖机构可以按照下列比例向买受人收取佣金：

拍卖成交价200万元以下的，收取佣金的比例不得超过5%；超过200万元至1000万元的部分，不得超过3%；超过1000万元至5000万元的部分，不得超过2%；超过5000万元至1亿元的部分，不得超过1%；超过1亿元的部分，不得超过0.5%。

采取公开招标方式确定拍卖机构的，按照中标方案确定的数额收取佣金。

拍卖未成交或者非因拍卖机构的原因撤回拍卖委托的，拍卖机构为本次拍卖已经支出的合理费用，应当由被执行人负担。

**第三十三条** 在执行程序中拍卖上市公司国有股和社会法人股的，适用最高人民法院《关于冻结、拍卖上市公司国有股和社会法人股若干问题的规定》。

**第三十四条** 对查封、扣押、冻结的财产，当事人双方及有关权利人同意变卖的，可以变卖。

金银及其制品、当地市场有公开交易价格的动产、易腐烂变质的物品、季节性商品、保管困难或者保管费用过高的物品，人民法院可以决定变卖。

**第三十五条** 当事人双方及有关权利人对变卖财产的价格有约定的，按照其约定价格变卖；无约定价格但有市价的，变卖价格不得低于市价；无市价但价值较大、价格不易确定的，应当委托评估机构进行评估，并按照评估价格进行变卖。

按照评估价格变卖不成的，可以降低价格变卖，但最低的变卖价不得低于评估价的二分之一。

变卖的财产无人应买的，适用本规定第十九条的规定将该财产交申请执行人或者其他执行债权人抵债；申请执行人或者其他执行债权人拒绝接受或者依法不能交付其抵债的，人民法院应当解除查封、扣押，并将该财产退还被执行人。

**第三十六条** 本规定自 2005 年 1 月 1 日起施行。施行前本院公布的司法解释与本规定不一致的，以本规定为准。

## 最高人民法院
# 关于人民法院确定财产处置参考价若干问题的规定

法释〔2018〕15号

为公平、公正、高效确定财产处置参考价，维护当事人、利害关系人的合法权益，根据《中华人民共和国民事诉讼法》等法律规定，结合人民法院工作实际，制定本规定。

**第一条** 人民法院查封、扣押、冻结财产后，对需要拍卖、变卖的财产，应当在三十日内启动确定财产处置参考价程序。

**第二条** 人民法院确定财产处置参考价，可以采取当事人议价、定向询价、网络询价、委托评估等方式。

**第三条** 人民法院确定参考价前，应当查明财产的权属、权利负担、占有使用、欠缴税费、质量瑕疵等事项。

人民法院查明前款规定事项需要当事人、有关单位或者个人提供相关资料的，可以通知其提交；拒不提交的，可以强制提取；对妨碍强制提取的，参照民事诉讼法第一百一十一条、第一百一十四条的规定处理。

查明本条第一款规定事项需要审计、鉴定的，人民法院可以先行审计、鉴定。

**第四条** 采取当事人议价方式确定参考价的，除一方当事人拒绝议价或者下落不明外，人民法院应当以适当的方式通知或者组织当事人进行协商，当事人应当在指定期限内提交议价结果。

双方当事人提交的议价结果一致，且不损害他人合法权益的，议价结果为参考价。

**第五条** 当事人议价不能或者不成，且财产有计税基准价、政府定价或者政府指导价的，人民法院应当向确定参考价时财产所在地的有关机构进行定向询价。

双方当事人一致要求直接进行定向询价，且财产有计税基准价、政府定价或者政府指导价的，人民法院应当准许。

**第六条** 采取定向询价方式确定参考价的，人民法院应当向有关机构出具询价函，询价函应当载明询价要求、完成期限等内容。

接受定向询价的机构在指定期限内出具的询价结果为参考价。

**第七条** 定向询价不能或者不成，财产无需由专业人员现场勘验或者鉴定，且具备网络询价条件的，人民法院应当通过司法网络询价平台进行网络询价。

双方当事人一致要求或者同意直接进行网络询价，财产无需由专业人员现场勘验或者鉴定，且具备网络询价条件的，人民法院应当准许。

**第八条** 最高人民法院建立全国性司法网络询价平台名单库。

司法网络询价平台应当同时符合下列条件：

（一）具备能够依法开展互联网信息服务工作的资质；

（二）能够合法获取并整合全国各地区同种类财产一定时期的既往成交价、政府定价、政府指导价或者市场公开交易价等不少于三类价格数据，并保证数据真实、准确；

（三）能够根据数据化财产特征，运用一定的运算规则对市场既往交易价格、交易趋势予以分析；

（四）程序运行规范、系统安全高效、服务质优价廉；

（五）能够全程记载数据的分析过程，将形成的电子数据完整保存不少于十年，但法律、行政法规、司法解释另有规定的除外。

**第九条** 最高人民法院组成专门的评审委员会，负责司法网络询价平台的选定、评审和除名。每年引入权威第三方对已纳入和新申请纳入名单库的司法网络询价平台予以评审并公布结果。

司法网络询价平台具有下列情形之一的，应当将其从名单库中除名：

（一）无正当理由拒绝进行网络询价；

（二）无正当理由一年内累计五次未按期完成网络询价；

（三）存在恶意串通、弄虚作假、泄露保密信息等行为；

（四）经权威第三方评审认定不符合提供网络询价服务条件；

（五）存在其他违反询价规则以及法律、行政法规、司法解释规定的情形。

司法网络询价平台被除名后，五年内不得被纳入名单库。

**第十条** 采取网络询价方式确定参考价的，人民法院应当同时向名单库中的全部司法网络询价平台发出网络询价委托书。网络询价委托书应当载明财产名称、物理特征、规格数量、目的要求、完成期限以及其他需要明确的内容等。

**第十一条** 司法网络询价平台应当在收到人民法院网络询价委托书之日起三日内出具网络询价报告。网络询价报告应当载明财产的基本情况、参照样本、计算方法、询价结果及有效期等内容。

司法网络询价平台不能在期限内完成询价的，应当在期限届满前申请延长期限。全部司法网络询价平台均未能在期限内出具询价结果的，人民法院应当根据各司法网络询价平台的延期申请延期三日；部分司法网络询价平台在期限内出具网络询价结果的，人民法院对其他司法网络询价平台的延期申请不予准许。

全部司法网络询价平台均未在期限内出具或者补正网络询价报告，且未按照规定申请延长期限的，人民法院应当委托评估机构进行评估。

人民法院未在网络询价结果有效期内发布一拍拍卖公告或者直接进入变卖程序的，应当通知司法网络询价平台在三日内重新出具网络询价报告。

**第十二条** 人民法院应当对网络询价报告进行审查。网络询价报告均存在财产基本信息错误、超出财产范围或者遗漏财产等情形的，应当通知司法网络询价平台在三日内予以补正；部分网络询价报告不存在上述情形的，无需通知其他司法网络询价平台补正。

**第十三条** 全部司法网络询价平台均在期限内出具询价结果或者补正结果的，人民法院应当以全部司法网络询价平台出具结果的平均值为参考价；部分司法网络询价平台在期限内出具询价结果或者补正结果的，人民法院应当以该部分司法网络询价平台出具结果的平均值为参考价。

当事人、利害关系人依据本规定第二十二条的规定对全部网络询价报告均提出异议，且所提异议被驳回或者司法网络询价平台已作出补正的，人民法院应当以异议被驳回或者已作出补正的各司法网络询价平台出具结果的平均值为参考价；对部分网络询价报告提出异议的，人民法院应当以网络询价报告未被提出异议的各司法网络询价平台出具结果的平均值为参考价。

**第十四条** 法律、行政法规规定必须委托评估、双方当事人要求委托评估或者网络询价不能或不成的，人民法院应当委托评估机构进行评估。

**第十五条** 最高人民法院根据全国性评估行业协会推荐的评估机构名单建立人民法院司法评估机构名单库。按评估专业领域和评估机构的执业范围建立名单分库，在分库下根据行政区划设省、市两级名单子库。

评估机构无正当理由拒绝进行司法评估或者存在弄虚作假等情形的，最高人民法院可以商全国性评估行业协会将其从名单库中除名；除名后五年内不得被纳入名单库。

**第十六条** 采取委托评估方式确定参考价的，人民法院应当通知双方当事人在指定期限内从名单分库中协商确定三家评估机构以及顺序；双方当事人在指定期限内协商不成或者一方当事人下落不明的，采取摇号方式在名单分库或者财产所在地的名单子库中随机确定三家评估机构以及顺序。双方当事人一致要求在同一名单子库中随机确定的，人民法院应当准许。

**第十七条** 人民法院应当向顺序在先的评估机构出具评估委托书，评估委托书应当载明财产名称、物理特征、规格数量、目的要求、完成期限以及其他需要明确的内容等，同时应当将查明的财产情况及相关材料一并移交给评估机构。

评估机构应当出具评估报告，评估报告应当载明评估财产的基本情况、评估方法、评估标准、评估结果及有效期等内容。

**第十八条** 评估需要进行现场勘验的，人民法院应当通知当事人到场；当事人不到场的，不影响勘验的进行，但应当有见证人见证。现场勘验需要当事人、协助义务人配合的，人民法院依法责令其配合；不予配合的，可以依法强制进行。

**第十九条** 评估机构应当在三十日内出具评估报告。人民法院决定暂缓或者裁定中止执行的期间，应当从前述期限中扣除。

评估机构不能在期限内出具评估报告的，应当在期限届满五日前书面向人民法院申请延长期限。人民法院决定延长期限的，延期次数不超过两次，每次不超过十五日。

评估机构未在期限内出具评估报告、补正说明，且未按照规定申请延长期限的，人民法院应当通知该评估机构三日内将人民法院委托评估时移交的材料退回，另行委托下一顺序的评估机构重新进行评估。

人民法院未在评估结果有效期内发布一拍拍卖公告或者直接进入变卖程序的，应当通知原评估机构在十五日内重新出具评估报告。

**第二十条** 人民法院应当对评估报告进行审查。具有下列情形之一的，应当责令评估机构在三日内予以书面说明或者补正：

（一）财产基本信息错误；

（二）超出财产范围或者遗漏财产；

（三）选定的评估机构与评估报告上签章的评估机构不符；

（四）评估人员执业资格证明与评估报告上署名的人员不符；

（五）具有其他应当书面说明或者补正的情形。

**第二十一条** 人民法院收到定向询价、网络询价、委托评估、说明补正等报告后，应当在三日内发送给当事人及利害关系人。

当事人、利害关系人已提供有效送达地址的，人民法院应当将报告以直接送达、留置送达、委托送达、邮寄送达或者电子送达的方式送达；当事人、利害关系人下落不明或者无法获取其有效送达地址，人民法院无法按照前述规定送达的，应当在中国执行信息公开网上予以公示，公示满十五日即视为收到。

**第二十二条** 当事人、利害关系人认为网络询价报告或者评估报告具有下列情形之一的，可以在收到报告后五日内提出书面异议：

（一）财产基本信息错误；

（二）超出财产范围或者遗漏财产；

（三）评估机构或者评估人员不具备相应评估资质；

（四）评估程序严重违法。

对当事人、利害关系人依据前款规定提出的书面异议，人民法院应当参照民事诉讼法第二百二十五条的规定处理。

**第二十三条** 当事人、利害关系人收到评估报告后五日内对评估报告的参照标准、计算方法或者评估结果等提出书面异议的，人民法院应当在三日内交评估机构予以书面说明。评估机构在五日内未作说明或者当事人、利害关系人对作出的说明仍有异议的，人民法院应当交由相关行业协会在指定期限内组织专业技术评审，并根据专业技术评审出具的结论认定评估结果或者责令原评估机构予以补正。

当事人、利害关系人提出前款异议，同时涉及本规定第二十二条第一款第一、二项情形的，按照前款规定处理；同时涉及本规定第二十二条第一款第三、四项情形的，按照本规定第二十二条第二款先对第三、四项情形审查，异议成立的，应当通知评估机构三日内将人民法院委托评估时移交的材料退回，另行委托下一顺序的评估机构重新进行评估；异议不成立的，按照前款规定处理。

**第二十四条** 当事人、利害关系人未在本规定第二十二条、第二十三条规定的期限内提出异议或者对网络询价平台、评估机构、行业协会按照本规定第二十二条、第二十三条所作的补正说明、专业技术评审结论提出异议的，人民法院不予受理。

当事人、利害关系人对议价或者定向询价提出异议的，人民法院不予受理。

**第二十五条** 当事人、利害关系人有证据证明具有下列情形之一，且在发布一拍拍卖公告或者直接进入变卖程序之前提出异议的，人民法院应当按照执行监督程序进行审查处理：

（一）议价中存在欺诈、胁迫情形；

（二）恶意串通损害第三人利益；

（三）有关机构出具虚假定向询价结果；

（四）依照本规定第二十二条、第二十三条作出的处理结果确有错误。

**第二十六条** 当事人、利害关系人对评估报告未提出异议、所提异议被驳回或者评估机构已作出补正的，人民法院应当以评估结果或者补正结果为参考价；当事人、利害关系人对评估报告提出的异议成立的，人民法院应当以评估机构作出的补正结果或者重新作出的评估结果为参考价。专业技术评审对评估报告未作出否定结论的，人民法院应当以该评估结果为参考价。

**第二十七条** 司法网络询价平台、评估机构应当确定网络询价或者委托评估结果的有效期，有效期最长不得超过一年。

当事人议价的，可以自行协商确定议价结果的有效期，但不得超过前款规定的期限；定向询价结果的有效期，参照前款规定确定。

人民法院在议价、询价、评估结果有效期内发布一拍拍卖公告或者直接进入变卖程序，拍卖、变卖时未超过有效期六个月的，无需重新确定参考价，但法律、行政法规、司法解释另有规定的除外。

**第二十八条** 具有下列情形之一的，人民法院应当决定暂缓网络询价或者委托评估：

（一）案件暂缓执行或者中止执行；

（二）评估材料与事实严重不符，可能影响评估结果，需要重新调查核实；

（三）人民法院认为应当暂缓的其他情形。

**第二十九条** 具有下列情形之一的，人民法院应当撤回网络询价或者委托评估：

（一）申请执行人撤回执行申请；

（二）生效法律文书确定的义务已全部执行完毕；

（三）据以执行的生效法律文书被撤销或者被裁定不予执行；

（四）人民法院认为应当撤回的其他情形。

人民法院决定网络询价或者委托评估后，双方当事人议价确定参考价或者协商不再对财产进行变价处理的，人民法院可以撤回网络询价或者委托评估。

**第三十条** 人民法院应当在参考价确定后十日内启动财产变价程序。拍卖的，参照参考价确定起拍价；直接变卖的，参照参考价确定变卖价。

**第三十一条** 人民法院委托司法网络询价平台进行网络询价的，网络询价费用应当按次计付给出具网络询价结果与财产处置成交价最接近的司法网络询价平台；多家司法网络询价平台出具的网络询价结果相同或者与财产处置成交价差距相同的，网络询价费用平均分配。

人民法院依照本规定第十一条第三款规定委托评估机构进行评估或者依照本规定第二十九条规定撤回网络询价的，对司法网络询价平台不计付费用。

**第三十二条** 人民法院委托评估机构进行评估，财产处置未成交的，按照评估机构合理的实际支出计付费用；财产处置成交价高于评估价的，以评估价为基准计付费用；财产处置成交价低于评估价的，以财产处置成交价为基准计付费用。

人民法院依照本规定第二十九条规定撤回委托评估的，按照评估机构合理的实际支出计付费用；人民法院依照本规定通知原评估机构重新出具评估报告的，按照前款规定的百分之三十计付费用。

人民法院依照本规定另行委托评估机构重新进行评估的，对原评估机构不计付费用。

**第三十三条** 网络询价费及委托评估费由申请执行人先行垫付，由被执行人负担。

申请执行人通过签订保险合同的方式垫付网络询价费或者委托评估费的，保险人应当向人民法院出具担保书。担保书应当载明因申请执行人未垫付网络询价费或者委托评估费由保险人支付等内容，并附相关证据材料。

**第三十四条** 最高人民法院建设全国法院询价评估系统。询价评估系统与定向询价机构、司法网络询价平台、全国性评估行业协会的系统对接，实现数据共享。

询价评估系统应当具有记载当事人议价、定向询价、网络询价、委托评估、摇号过程等功能，并形成固化数据，长期保存、随案备查。

**第三十五条** 本规定自 2018 年 9 月 1 日起施行。

最高人民法院此前公布的司法解释及规范性文件与本规定不一致的，以本规定为准。

# 最高人民法院
# 关于人民法院委托评估、拍卖工作的若干规定

法释〔2011〕21 号

为进一步规范人民法院委托评估、拍卖工作，促进审判执行工作公正、廉洁、高效，维护当事人的合法权益，根据《中华人民共和国民事诉讼法》等有关法律规定，结合人民法院工作实际，制定本规定。

**第一条** 人民法院司法辅助部门负责统一管理和协调司法委托评估、拍卖工作。

**第二条** 取得政府管理部门行政许可并达到一定资质等级的评估、拍卖机构，可以自愿报名参加人民法院委托的评估、拍卖活动。

人民法院不再编制委托评估、拍卖机构名册。

**第三条** 人民法院采用随机方式确定评估、拍卖机构。高级人民法院或者中级人民法院可以根据本地实际情况统一实施对外委托。

**第四条** 人民法院委托的拍卖活动应在有关管理部门确定的统一交易场所或网络平台上进行，另有规定的除外。

**第五条** 受委托的拍卖机构应通过管理部门的信息平台发布拍卖信息，公示评估、拍卖结果。

**第六条** 涉国有资产的司法委托拍卖由省级以上国有产权交易机构实施，拍卖机构负责拍卖环节相关工作，并依照相关监管部门制定的实施细则进行。

**第七条** 《中华人民共和国证券法》规定应当在证券交易所上市交易或转让的证券资产的司法委托拍卖，通过证券交易所实施，拍卖机构负责拍卖环节相关工作；其他证券类资产的司法委托拍卖由拍卖机构实施，并依照相关监管部门制定的实施细则进行。

**第八条** 人民法院对其委托的评估、拍卖活动实行监督。出现下列情形之一，影响评估、拍卖结果，侵害当事人合法利益的，人民法院将不再委托其从事委托评估、拍卖工作。涉及违反法律法规的，依据有关规定处理：

（1）评估结果明显失实；

（2）拍卖过程中弄虚作假、存在瑕疵；

（3）随机选定后无正当理由不能按时完成评估拍卖工作；

（4）其他有关情形。

**第九条** 各高级人民法院可参照本规定，结合各地实际情况，制定实施细则，报最高人民法院备案。

**第十条** 本规定自2012年1月1日起施行。此前的司法解释和有关规定，与本规定相抵触的，以本规定为准。

# 最高人民法院
# 关于人民法院网络司法拍卖若干问题的规定

法释〔2016〕18号

为了规范网络司法拍卖行为，保障网络司法拍卖公开、公平、公正、安全、高效，维护当事人的合法权益，根据《中华人民共和国民事诉讼法》等法律的规定，结合人民法院执行工作的实际，制定本规定。

**第一条** 本规定所称的网络司法拍卖，是指人民法院依法通过互联网拍卖平台，以网络电子竞价方式公开处置财产的行为。

**第二条** 人民法院以拍卖方式处置财产的，应当采取网络司法拍卖方式，但法律、行政法规和司法解释规定必须通过其他途径处置，或者不宜采用网络拍卖方式处置的除外。

**第三条** 网络司法拍卖应当在互联网拍卖平台上向社会全程公开，接受社会监督。

**第四条** 最高人民法院建立全国性网络服务提供者名单库。网络服务提供者申请纳入名单库的，其提供的网络司法拍卖平台应当符合下列条件：

（一）具备全面展示司法拍卖信息的界面；

（二）具备本规定要求的信息公示、网上报名、竞价、结算等功能；

（三）具有信息共享、功能齐全、技术拓展等功能的独立系统；

（四）程序运作规范、系统安全高效、服务优质价廉；

（五）在全国具有较高的知名度和广泛的社会参与度。

最高人民法院组成专门的评审委员会，负责网络服务提供者的选定、评审和除名。最高人民法院每年引入第三方评估机构对已纳入和新申请纳入名单库的网络服务提供者予以评审并公布结果。

**第五条** 网络服务提供者由申请执行人从名单库中选择；未选择或者多个申请执行人的选择不一致的，由人民法院指定。

**第六条** 实施网络司法拍卖的，人民法院应当履行下列职责：

（一）制作、发布拍卖公告；

（二）查明拍卖财产现状、权利负担等内容，并予以说明；

（三）确定拍卖保留价、保证金的数额、税费负担等；

（四）确定保证金、拍卖款项等支付方式；

（五）通知当事人和优先购买权人；

（六）制作拍卖成交裁定；

（七）办理财产交付和出具财产权证照转移协助执行通知书；

（八）开设网络司法拍卖专用账户；

（九）其他依法由人民法院履行的职责。

**第七条** 实施网络司法拍卖的，人民法院可以将下列拍卖辅助工作委托社会机构或者组织承担：

（一）制作拍卖财产的文字说明及视频或者照片等资料；

（二）展示拍卖财产，接受咨询，引领查看，封存样品等；

（三）拍卖财产的鉴定、检验、评估、审计、仓储、保管、运输等；

（四）其他可以委托的拍卖辅助工作。

社会机构或者组织承担网络司法拍卖辅助工作所支出的必要费用由被执行人承担。

**第八条** 实施网络司法拍卖的，下列事项应当由网络服务提供者承担：

（一）提供符合法律、行政法规和司法解释规定的网络司法拍卖平台，并保障安全正常运行；

（二）提供安全便捷配套的电子支付对接系统；

（三）全面、及时展示人民法院及其委托的社会机构或者组织提供的拍卖信息；

（四）保证拍卖全程的信息数据真实、准确、完整和安全；

（五）其他应当由网络服务提供者承担的工作。

网络服务提供者不得在拍卖程序中设置阻碍适格竞买人报名、参拍、竞价以及监视竞买人信息等后台操控功能。

网络服务提供者提供的服务无正当理由不得中断。

**第九条** 网络司法拍卖服务提供者从事与网络司法拍卖相关的行为，应当接受人民法院的管理、监督和指导。

**第十条** 网络司法拍卖应当确定保留价，拍卖保留价即为起拍价。

起拍价由人民法院参照评估价确定；未作评估的，参照市价确定，并征询当事人意见。起拍价不得低于评估价或者市价的百分之七十。

**第十一条** 网络司法拍卖不限制竞买人数量。一人参与竞拍，出价不低于起拍价的，拍卖成交。

**第十二条** 网络司法拍卖应当先期公告，拍卖公告除通过法定途径发布外，还应同时在网络司法拍卖平台发布。拍卖动产的，应当在拍卖十五日前公告；拍卖不动产或者其他财产权的，应当在拍卖三十日前公告。

拍卖公告应当包括拍卖财产、价格、保证金、竞买人条件、拍卖财产已知瑕疵、相关权利义务、法律责任、拍卖时间、网络平台和拍卖法院等信息。

**第十三条** 实施网络司法拍卖的，人民法院应当在拍卖公告发布当日通过网络司法拍卖平台公示下列信息：

（一）拍卖公告；

（二）执行所依据的法律文书，但法律规定不得公开的除外；

（三）评估报告副本，或者未经评估的定价依据；

（四）拍卖时间、起拍价以及竞价规则；

（五）拍卖财产权属、占有使用、附随义务等现状的文字说明、视频或者照片等；

（六）优先购买权主体以及权利性质；

（七）通知或者无法通知当事人、已知优先购买权人的情况；

（八）拍卖保证金、拍卖款项支付方式和账户；

（九）拍卖财产产权转移可能产生的税费及承担方式；

（十）执行法院名称，联系、监督方式等；

（十一）其他应当公示的信息。

**第十四条** 实施网络司法拍卖的，人民法院应当在拍卖公告发布当日通过网络司法拍卖平台对下列事项予以特别提示：

（一）竞买人应当具备完全民事行为能力，法律、行政法规和司法解释对买受人资格或者条件有特殊规定的，竞买人应当具备规定的资格或者条件；

（二）委托他人代为竞买的，应当在竞价程序开始前经人民法院确认，并通知网络服务提供者；

（三）拍卖财产已知瑕疵和权利负担；

（四）拍卖财产以实物现状为准，竞买人可以申请实地看样；

（五）竞买人决定参与竞买的，视为对拍卖财产完全了解，并接受拍卖财产一切已知和未知瑕疵；

（六）载明买受人真实身份的拍卖成交确认书在网络司法拍卖平台上公示；

（七）买受人悔拍后保证金不予退还。

**第十五条** 被执行人应当提供拍卖财产品质的有关资料和说明。

人民法院已按本规定第十三条、第十四条的要求予以公示和特别提示，且在拍卖公告中声明不能保证拍卖财产真伪或者品质的，不承担瑕疵担保责任。

**第十六条** 网络司法拍卖的事项应当在拍卖公告发布三日前以书面或者其他能够确认收悉的合理方式，通知当事人、已知优先购买权人。权利人书面明确放弃权利的，可以不通知。无法通知的，应当在网络司法拍卖平台公示并说明无法通知的理由，公示满五日视为已经通知。

优先购买权人经通知未参与竞买的，视为放弃优先购买权。

**第十七条** 保证金数额由人民法院在起拍价的百分之五至百分之二十范围内确定。

竞买人应当在参加拍卖前以实名交纳保证金，未交纳的，不得参加竞买。申请执行人参加竞买的，可以不交保证金；但债权数额小于保证金数额的按差额部分交纳。

交纳保证金，竞买人可以向人民法院指定的账户交纳，也可以由网络服务提供者在其提供的支付系统中对竞买人的相应款项予以冻结。

**第十八条** 竞买人在拍卖竞价程序结束前交纳保证金经人民法院或者网络服务提供者确认后，取得竞买资格。网络服务提供者应当向取得资格的竞买人赋予竞买代码、参拍密码；竞买人以该代码参与竞买。

网络司法拍卖竞价程序结束前，人民法院及网络服务提供者对竞买人以及其他能够确认竞买人真实身份的信息、密码等，应当予以保密。

**第十九条** 优先购买权人经人民法院确认后，取得优先竞买资格以及优先竞买代码、参拍密码，并以优先竞买代码参与竞买；未经确认的，不得以优先购买权人身份参与竞买。

顺序不同的优先购买权人申请参与竞买的，人民法院应当确认其顺序，赋予不同顺序的优先竞买代码。

**第二十条** 网络司法拍卖从起拍价开始以递增出价方式竞价，增价幅度由人民法院确定。竞买人以低于起拍价出价的无效。网络司法拍卖的竞价时间应当不少于二十四小时。竞价程序结束前五分钟内无人出价的，最后出价即为成交价；有出价的，竞价时间自该出价时点顺延五分钟。竞买人的出价时间以进入网络司法拍卖平台服务系统的时间为准。

竞买代码及其出价信息应当在网络竞买页面实时显示，并储存、显示竞价全程。

**第二十一条** 优先购买权人参与竞买的，可以与其他竞买人以相同的价格出价，没有更高出价的，拍卖财产由优先购买权人竞得。

顺序不同的优先购买权人以相同价格出价的，拍卖财产由顺序在先的优先购买权人竞得。

顺序相同的优先购买权人以相同价格出价的，拍卖财产由出价在先的优先购买权人竞得。

**第二十二条** 网络司法拍卖成交的，由网络司法拍卖平台以买受人的真实身份自动生成确认书并公示。

拍卖财产所有权自拍卖成交裁定送达买受人时转移。

**第二十三条** 拍卖成交后，买受人交纳的保证金可以充抵价款；其他竞买人交纳的保证金应当在竞价程序结束后二十四小时内退还或者解冻。拍卖未成交的，竞买人交纳的保证金应当在竞价程序结束后二十四小时内退还或者解冻。

**第二十四条** 拍卖成交后买受人悔拍的，交纳的保证金不予退还，依次用于支付拍卖产生的费用损失、弥补重新拍卖价款低于原拍卖价款的差价、冲抵本案被执行人的债务以及与拍卖财产相关的被执行人的债务。

悔拍后重新拍卖的，原买受人不得参加竞买。

**第二十五条** 拍卖成交后，买受人应当在拍卖公告确定的期限内将剩余价款交付人民法院指定账户。拍卖成交后二十四小时内，网络服务提供者应当将冻结的买受人交纳的保证金划入人民法院指定账户。

**第二十六条** 网络司法拍卖竞价期间无人出价的，本次拍卖流拍。流拍后应当在三十日内在同一网络司法拍卖平台再次拍卖，拍卖动产的应当在拍卖七日前公告；拍卖不动产或者其他财产权的应当在拍卖十五日前公告。再次拍卖的起拍价降价幅度不得超过前次起拍价的百分之二十。

再次拍卖流拍的，可以依法在同一网络司法拍卖平台变卖。

**第二十七条** 起拍价及其降价幅度、竞价增价幅度、保证金数额和优先购买权人竞买资格及其顺序等事项，应当由人民法院依法组成合议庭评议确定。

**第二十八条** 网络司法拍卖竞价程序中，有依法应当暂缓、中止执行等情形的，人民法院应当决定暂缓或者裁定中止拍卖；人民法院可以自行或者通知网络服务提供者停止拍卖。

网络服务提供者发现系统故障、安全隐患等紧急情况的，可以先行暂缓拍卖，并立即报告人民法院。

暂缓或者中止拍卖的，应当及时在网络司法拍卖平台公告原因或者理由。

暂缓拍卖期限届满或者中止拍卖的事由消失后，需要继续拍卖的，应当在五日内恢复拍卖。

**第二十九条** 网络服务提供者对拍卖形成的电子数据，应当完整保存不少于十年，但法律、行政法规另有规定的除外。

**第三十条** 因网络司法拍卖本身形成的税费，应当依照相关法律、行政法规的规定，由相应主体承担；没有规定或者规定不明的，人民法院可以根据法律原则和案件实际情况确定税费承担的相关主体、数额。

**第三十一条** 当事人、利害关系人提出异议请求撤销网络司法拍卖，符合下列情形之一的，人民法院应当支持：

（一）由于拍卖财产的文字说明、视频或者照片展示以及瑕疵说明严重失实，致使买受人产生重大误解，购买目的无法实现的，但拍卖时的技术水平不能发现或者已经就相关瑕疵以及责任承担予以公示说明的除外；

（二）由于系统故障、病毒入侵、黑客攻击、数据错误等原因致使拍卖结果错误，严重损害当事人或者其他竞买人利益的；

（三）竞买人之间，竞买人与网络司法拍卖服务提供者之间恶意串通，损害当事人或者其他竞买人利益的；

（四）买受人不具备法律、行政法规和司法解释规定的竞买资格的；

（五）违法限制竞买人参加竞买或者对享有同等权利的竞买人规定不同竞买条件的；

（六）其他严重违反网络司法拍卖程序且损害当事人或者竞买人利益的情形。

**第三十二条** 网络司法拍卖被人民法院撤销，当事人、利害关系人、案外人认为人民法院的拍卖行为违法致使其合法权益遭受损害的，可以依法申请国家赔偿；认为其他主体的行为违法致使其合法权益遭受损害的，可以另行提起诉讼。

**第三十三条** 当事人、利害关系人、案外人认为网络司法拍卖服务提供者的行为违法致使其合法权益遭受损害的，可以另行提起诉讼；理由成立的，人民法院应当支持，但具有法定免责事由的除外。

**第三十四条** 实施网络司法拍卖的，下列机构和人员不得竞买并不得委托他人代为竞买与其行为相关的拍卖财产：

（一）负责执行的人民法院；

（二）网络服务提供者；

（三）承担拍卖辅助工作的社会机构或者组织；

（四）第（一）至（三）项规定主体的工作人员及其近亲属。

**第三十五条** 网络服务提供者有下列情形之一的，应当将其从名单库中除名：

（一）存在违反本规定第八条第二款规定操控拍卖程序、修改拍卖信息等行为的；

（二）存在恶意串通、弄虚作假、泄漏保密信息等行为的；

（三）因违反法律、行政法规和司法解释等规定受到处罚，不适于继续从事网络司法拍卖的；

（四）存在违反本规定第三十四条规定行为的；

（五）其他应当除名的情形。

网络服务提供者有前款规定情形之一，人民法院可以依照《中华人民共和国民事诉讼法》的相关规定予以处理。

**第三十六条** 当事人、利害关系人认为网络司法拍卖行为违法侵害其合法权益的，可以提出执行异议。异议、复议期间，人民法院可以决定暂缓或者裁定中止拍卖。

案外人对网络司法拍卖的标的提出异议的，人民法院应当依据《中华人民共和国民事诉讼法》第二百二十七条及相关司法解释的规定处理，并决定暂缓或者裁定中止拍卖。

**第三十七条** 人民法院通过互联网平台以变卖方式处置财产的，参照本规定执行。

执行程序中委托拍卖机构通过互联网平台实施网络拍卖的，参照本规定执行。

本规定对网络司法拍卖行为没有规定的，适用其他有关司法拍卖的规定。

**第三十八条** 本规定自 2017 年 1 月 1 日起施行。施行前最高人民法院公布的司法解释和规范性文件与本规定不一致的，以本规定为准。

# 最高人民法院
# 关于首先查封法院与优先债权执行法院处分查封财产有关问题的批复

法释〔2016〕6号

**福建省高级人民法院：**

你院《关于解决法院首封处分权与债权人行使优先受偿债权冲突问题的请示》（闽高法〔2015〕261号）收悉。经研究，批复如下：

一、执行过程中，应当由首先查封、扣押、冻结（以下简称查封）法院负责处分查封财产。但已进入其他法院执行程序的债权对查封财产有顺位在先的担保物权、优先权（该债权以下简称优先债权），自首先查封之日起已超过60日，且首先查封法院就该查封财产尚未发布拍卖公告或者进入变卖程序的，优先债权执行法院可以要求将该查封财产移送执行。

二、优先债权执行法院要求首先查封法院将查封财产移送执行的，应当出具商请移送执行函，并附确认优先债权的生效法律文书及案件情况说明。

首先查封法院应当在收到优先债权执行法院商请移送执行函之日起15日内出具移送执行函，将查封财产移送优先债权执行法院执行，并告知当事人。

移送执行函应当载明将查封财产移送执行及首先查封债权的相关情况等内容。

三、财产移送执行后，优先债权执行法院在处分或继续查封该财产时，可以持首先查封法院移送执行函办理相关手续。

优先债权执行法院对移送的财产变价后，应当按照法律规定的清偿顺序分配，并将相关情况告知首先查封法院。

首先查封债权尚未经生效法律文书确认的，应当按照首先查封债权的清偿顺位，预留相应份额。

四、首先查封法院与优先债权执行法院就移送查封财产发生争议的，可以逐级报请双方共同的上级法院指定该财产的执行法院。

共同的上级法院根据首先查封债权所处的诉讼阶段、查封财产的种类及所在地、各债权数额与查封财产价值之间的关系等案件具体情况，认为由首先查封法院执行更为妥当的，也可以决定由首先查封法院继续执行，但应当督促其在指定期限内处分查封财产。

此复。

**附件 1：**

# ××××人民法院商请移送执行函

# （××××）……号

××××人民法院：

……（写明当事人姓名或名称和案由）一案的……（写明生效法律文书名称）已经发生法律效力。由于……［写明本案债权人依法享有顺位在先的担保物权（优先权）和首先查封法院没有及时对查封财产进行处理的情况，以及商请移送执行的理由］。根据《最高人民法院关于首先查封法院与优先债权执行法院处分查封财产有关问题的批复》之规定，请你院在收到本函之日起 15 日内向我院出具移送执行函，将……（写明具体查封财产）移送我院执行。

附件：

1. 据以执行的生效法律文书

2. 有关案件情况说明［内容包括本案债权依法享有顺位在先的担保物权（优先权）的具体情况、案件执行情况、执行员姓名及联系电话、申请执行人地址及联系电话等］

3. 其他必要的案件材料

××××年××月××日

（院印）

本院地址：　　　　邮编：

联系人：　　　　联系电话：

**附件2：**

# ××××人民法院移送执行函

（××××）……号

××××人民法院：

你院（××××）……号商请移送执行函收悉。我院于××××年××月××日对……（写明具体查封财产，以下简称查封财产）予以查封（或者扣押、冻结），鉴于你院（××××）……号执行案件债权人对该查封财产享有顺位在先的担保物权（优先权），现根据《最高人民法院关于首先查封法院与优先债权执行法院处分查封财产有关问题的批复》之规定及你院的来函要求，将上述查封财产移送你院执行，对该财产的续封、解封和变价、分配等后续工作，交由你院办理，我院不再负责。请你院在后续执行程序中，对我院执行案件债权人××作为首先查封债权人所享有的各项权利依法予以保护，并将执行结果及时告知我院。

附件：

1. 据以执行的生效法律文书

2. 有关案件情况的材料和说明（内容包括查封财产的查封、调查、异议、评估、处置和剩余债权数额等案件执行情况，执行员姓名及联系电话、申请执行人地址及联系电话等）

3. 其他必要的案件材料

××××年××月××日

（院印）

本院地址：　　　　邮编：

联系人：　　　　联系电话：

## 最高人民法院
# 关于人民法院办理财产保全案件若干问题的规定

法释〔2016〕22号

为依法保护当事人、利害关系人的合法权益，规范人民法院办理财产保全案件，根据《中华人民共和国民事诉讼法》等法律规定，结合审判、执行实践，制定本规定。

**第一条** 当事人、利害关系人申请财产保全，应当向人民法院提交申请书，并提供相关证据材料。

申请书应当载明下列事项：

（一）申请保全人与被保全人的身份、送达地址、联系方式；

（二）请求事项和所根据的事实与理由；

（三）请求保全数额或者争议标的；

（四）明确的被保全财产信息或者具体的被保全财产线索；

（五）为财产保全提供担保的财产信息或资信证明，或者不需要提供担保的理由；

（六）其他需要载明的事项。

法律文书生效后，进入执行程序前，债权人申请财产保全的，应当写明生效法律文书的制作机关、文号和主要内容，并附生效法律文书副本。

**第二条** 人民法院进行财产保全，由立案、审判机构作出裁定，一般应当移送执行机构实施。

**第三条** 仲裁过程中，当事人申请财产保全的，应当通过仲裁机构向人民法院提交申请书及仲裁案件受理通知书等相关材料。人民法院裁定采取保全措施或者裁定驳回申请的，应当将裁定书送达当事人，并通知仲裁机构。

**第四条** 人民法院接受财产保全申请后，应当在五日内作出裁定；需要提供担保的，应当在提供担保后五日内作出裁定；裁定采取保全措施的，应当在五日内开始执行。对情况紧急的，必须在四十八小时内作出裁定；裁定采取保全措施的，应当立即开始执行。

**第五条** 人民法院依照民事诉讼法第一百条规定责令申请保全人提供财产保全担保的，担保数额不超过请求保全数额的百分之三十；申请保全的财产系争议标的的，担保数额不超过争议标的价值的百分之三十。

利害关系人申请诉前财产保全的，应当提供相当于请求保全数额的担保；情况特殊的，人民法院可以酌情处理。

财产保全期间，申请保全人提供的担保不足以赔偿可能给被保全人造成的损失的，人民法院可以责令其追加相应的担保；拒不追加的，可以裁定解除或者部分解除保全。

**第六条** 申请保全人或第三人为财产保全提供财产担保的，应当向人民法院出具担保书。担保书应当载明担保人、担保方式、担保范围、担保财产及其价值、担保责任承担等内容，并附相关证据材料。

第三人为财产保全提供保证担保的，应当向人民法院提交保证书。保证书应当载明保证人、保证方式、保证范围、保证责任承担等内容，并附相关证据材料。

对财产保全担保，人民法院经审查，认为违反物权法、担保法、公司法等有关法律禁止性规定的，应当责令申请保全人在指定期限内提供其他担保；逾期未提供的，裁定驳回申请。

**第七条** 保险人以其与申请保全人签订财产保全责任险合同的方式为财产保全提供担保的，应当向人民法院出具担保书。

担保书应当载明，因申请财产保全错误，由保险人赔偿被保全人因保全所遭受的损失等内容，并附相关证据材料。

**第八条** 金融监管部门批准设立的金融机构以独立保函形式为财产保全提供担保的，人民法院应当依法准许。

**第九条** 当事人在诉讼中申请财产保全，有下列情形之一的，人民法院可以不要求提供担保：

（一）追索赡养费、扶养费、抚育费、抚恤金、医疗费用、劳动报酬、工伤赔偿、交通事故人身损害赔偿的；

（二）婚姻家庭纠纷案件中遭遇家庭暴力且经济困难的；

（三）人民检察院提起的公益诉讼涉及损害赔偿的；

（四）因见义勇为遭受侵害请求损害赔偿的；

（五）案件事实清楚、权利义务关系明确，发生保全错误可能性较小的；

（六）申请保全人为商业银行、保险公司等由金融监管部门批准设立的具有独立偿付债务能力的金融机构及其分支机构的。

法律文书生效后，进入执行程序前，债权人申请财产保全的，人民法院可以不要求提供担保。

**第十条** 当事人、利害关系人申请财产保全，应当向人民法院提供明确的被保全财产信息。

当事人在诉讼中申请财产保全，确因客观原因不能提供明确的被保全财产信息，但提供了具体财产线索的，人民法院可以依法裁定采取财产保全措施。

**第十一条** 人民法院依照本规定第十条第二款规定作出保全裁定的，在该裁定执行过程中，申请保全人可以向已经建立网络执行查控系统的执行法院，书面申请通过该系统查询被保全人的财产。

申请保全人提出查询申请的，执行法院可以利用网络执行查控系统，对裁定保全的财产或者保全数额范围内的财产进行查询，并采取相应的查封、扣押、冻结措施。

人民法院利用网络执行查控系统未查询到可供保全财产的，应当书面告知申请保全人。

**第十二条** 人民法院对查询到的被保全人财产信息，应当依法保密。除依法保全的财产外，不得泄露被保全人其他财产信息，也不得在财产保全、强制执行以外使用相关信息。

**第十三条** 被保全人有多项财产可供保全的，在能够实现保全目的的情况下，人民法院应当选择对其生产经营活动影响较小的财产进行保全。

人民法院对厂房、机器设备等生产经营性财产进行保全时，指定被保全人保管的，应当允许其继续使用。

**第十四条** 被保全财产系机动车、航空器等特殊动产的，除被保全人下落不明的以外，人民法院应当责令被保全人书面报告该动产的权属和占有、使用等情况，并予以核实。

**第十五条** 人民法院应当依据财产保全裁定采取相应的查封、扣押、冻结措施。

可供保全的土地、房屋等不动产的整体价值明显高于保全裁定载明金额的，人民法院应当对该不动产的相应价值部分采取查封、扣押、冻结措施，但该不动产在使用上不可分或者分割会严重减损其价值的除外。

对银行账户内资金采取冻结措施的，人民法院应当明确具体的冻结数额。

**第十六条** 人民法院在财产保全中采取查封、扣押、冻结措施，需要有关单位协助办理登记手续的，有关单位应当在裁定书和协助执行通知书送达后立即办理。针对同一财产有多个裁定书和协助执行通知书的，应当按照送达的时间先后办理登记手续。

**第十七条** 利害关系人申请诉前财产保全，在人民法院采取保全措施后三十日内依法提起诉讼或者申请仲裁的，诉前财产保全措施自动转为诉讼或仲裁中的保全措施；进入执行程序后，保全措施自动转为执行中的查封、扣押、冻结措施。

依前款规定，自动转为诉讼、仲裁中的保全措施或者执行中的查封、扣押、冻结措施的，期限连续计算，人民法院无需重新制作裁定书。

**第十八条** 申请保全人申请续行财产保全的，应当在保全期限届满七日前向人民法院提出；逾期申请或者不申请的，自行承担不能续行保全的法律后果。

人民法院进行财产保全时，应当书面告知申请保全人明确的保全期限届满日以及前款有关申请续行保全的事项。

**第十九条** 再审审查期间，债务人申请保全生效法律文书确定给付的财产的，人民法院不予受理。

再审审理期间，原生效法律文书中止执行，当事人申请财产保全的，人民法院应当受理。

**第二十条** 财产保全期间，被保全人请求对被保全财产自行处分，人民法院经审查，认为不损害申请保全人和其他执行债权人合法权益的，可以准许，但应当监督被保全人按照合理价格在指定期限内处分，并控制相应价款。

被保全人请求对作为争议标的的被保全财产自行处分的，须经申请保全人同意。

人民法院准许被保全人自行处分被保全财产的，应当通知申请保全人；申请保全人不同意的，可以依照民事诉讼法第二百二十五条规定提出异议。

**第二十一条** 保全法院在首先采取查封、扣押、冻结措施后超过一年未对被保全财产进行处分的，除被保全财产系争议标的外，在先轮候查封、扣押、冻结的执行法院可以商请保全法院将被保全财产移送执行。但司法解释另有特别规定的，适用其规定。

保全法院与在先轮候查封、扣押、冻结的执行法院就移送被保全财产发生争议的，可以逐级报请共同的上级法院指定该财产的执行法院。

共同的上级法院应当根据被保全财产的种类及所在地、各债权数额与被保全财产价值之间的关系等案件具体情况指定执行法院，并督促其在指定期限内处分被保全财产。

**第二十二条** 财产纠纷案件，被保全人或第三人提供充分有效担保请求解除保全，人民法院应当裁定准许。被保全人请求对作为争议标的的财产解除保全的，须经申请保全人同意。

**第二十三条** 人民法院采取财产保全措施后，有下列情形之一的，申请保全人应当及时申请解除保全：

（一）采取诉前财产保全措施后三十日内不依法提起诉讼或者申请仲裁的；

（二）仲裁机构不予受理仲裁申请、准许撤回仲裁申请或者按撤回仲裁申请处理的；

（三）仲裁申请或者请求被仲裁裁决驳回的；

（四）其他人民法院对起诉不予受理、准许撤诉或者按撤诉处理的；

（五）起诉或者诉讼请求被其他人民法院生效裁判驳回的；

（六）申请保全人应当申请解除保全的其他情形。

人民法院收到解除保全申请后，应当在五日内裁定解除保全；对情况紧急的，必须在四十八小时内裁定解除保全。

申请保全人未及时申请人民法院解除保全，应当赔偿被保全人因财产保全所遭受的损失。

被保全人申请解除保全，人民法院经审查认为符合法律规定的，应当在本条第二款规定的期间内裁定解除保全。

**第二十四条** 财产保全裁定执行中，人民法院发现保全裁定的内容与被保全财产的实际情况不符的，应当予以撤销、变更或补正。

**第二十五条** 申请保全人、被保全人对保全裁定或者驳回申请裁定不服的，可以自裁定书送达之日起五日内向作出裁定的人民法院申请复议一次。人民法院应当自收到复议申请后十日内审查。

对保全裁定不服申请复议的，人民法院经审查，理由成立的，裁定撤销或变更；理由不成立的，裁定驳回。

对驳回申请裁定不服申请复议的，人民法院经审查，理由成立的，裁定撤销，并采取保全措施；理由不成立的，裁定驳回。

**第二十六条** 申请保全人、被保全人、利害关系人认为保全裁定实施过程中的执行行为违反法律规定提出书面异议的，人民法院应当依照民事诉讼法第二百二十五条规定审查处理。

**第二十七条** 人民法院对诉讼争议标的以外的财产进行保全，案外人对保全裁定或者保全裁定实施过程中的执行行为不服，基于实体权利对被保全财产提出书面异议的，人民法院应当依照民事诉讼法第二百二十七条规定审查处理并作出裁定。案外人、申请保全人对该裁定不服的，可以自裁定送达之日起十五日内向人民法院提起执行异议之诉。

人民法院裁定案外人异议成立后，申请保全人在法律规定的期间内未提起执行异议之诉的，人民法院应当自起诉期限届满之日起七日内对该被保全财产解除保全。

**第二十八条** 海事诉讼中，海事请求人申请海事请求保全，适用《中华人民共和国海事诉讼特别程序法》及相关司法解释。

**第二十九条** 本规定自2016年12月1日起施行。

本规定施行前公布的司法解释与本规定不一致的，以本规定为准。

# 最高人民法院
# 关于当事人申请财产保全错误造成案外人损失应否承担赔偿责任问题的解释

法释〔2005〕11号

近来，一些法院就当事人申请财产保全错误造成案外人损失引发的赔偿纠纷案件应如何适用法律问题请示我院。经研究，现解释如下：

根据《中华人民共和国民法通则》第一百零六条、《中华人民共和国民事诉讼法》第九十六条等法律规定，当事人申请财产保全错误造成案外人损失的，应当依法承担赔偿责任。

此复。

最高人民法院

# 关于诉前财产保全几个问题的批复

法释〔1998〕29 号

**湖北省高级人民法院：**

你院鄂高法［1998］63 号《关于采取诉前财产保全几个问题的请示》收悉。经研究，答复如下：

一、人民法院受理当事人诉前财产保全申请后，应当按照诉前财产保全标的金额并参照《中华人民共和国民事诉讼法》关于级别管辖和专属管辖的规定，决定采取诉前财产保全措施。

二、采取财产保全措施的人民法院受理申请人的起诉后，发现所受理的案件不属于本院管辖的，应当将案件和财产保全申请费一并移送有管辖权的人民法院。

案件移送后，诉前财产保全裁定继续有效。

因执行诉前财产保全裁定而实际支出的费用，应由受诉人民法院在申请费中返还给作出诉前财产保全的人民法院。

此复

## 最高人民法院
# 关于扣押与拍卖船舶适用法律若干问题的规定

法释〔2015〕6号

为规范海事诉讼中扣押与拍卖船舶，根据《中华人民共和国民事诉讼法》《中华人民共和国海事诉讼特别程序法》等法律，结合司法实践，制定本规定。

**第一条** 海事请求人申请对船舶采取限制处分或者抵押等保全措施的，海事法院可以依照民事诉讼法的有关规定，裁定准许并通知船舶登记机关协助执行。

前款规定的保全措施不影响其他海事请求人申请扣押船舶。

**第二条** 海事法院应不同海事请求人的申请，可以对本院或其他海事法院已经扣押的船舶采取扣押措施。

先申请扣押船舶的海事请求人未申请拍卖船舶的，后申请扣押船舶的海事请求人可以依据海事诉讼特别程序法第二十九条的规定，向准许其扣押申请的海事法院申请拍卖船舶。

**第三条** 船舶因光船承租人对海事请求负有责任而被扣押的，海事请求人依据海事诉讼特别程序法第二十九条的规定，申请拍卖船舶用于清偿光船承租人经营该船舶产生的相关债务的，海事法院应予准许。

**第四条** 海事请求人申请扣押船舶的，海事法院应当责令其提供担保。但因船员劳务合同、海上及通海水域人身损害赔偿纠纷申请扣押船舶，且事实清楚、权利义务关系明确的，可以不要求提供担保。

**第五条** 海事诉讼特别程序法第七十六条第二款规定的海事请求人提供担保的具体数额，应当相当于船舶扣押期间可能产生的各项维持费用与支出、因扣押造成的船期损失和被请求人为使船舶解除扣押而提供担保所支出的费用。

船舶扣押后，海事请求人提供的担保不足以赔偿可能给被请求人造成损失的，海事法院应责令其追加担保。

**第六条** 案件终审后，海事请求人申请返还其所提供担保的，海事法院应将该申请告知被请求人，被请求人在三十日内未提起相关索赔诉讼的，海事法院可以准许海事请求人返还担保的申请。

被请求人同意返还，或生效法律文书认定被请求人负有责任，且赔偿或给付金额与海事请求人要求被请求人提供担保的数额基本相当的，海事法院可以直接准许海事请求人返还担保的申请。

**第七条** 船舶扣押期间由船舶所有人或光船承租人负责管理。

船舶所有人或光船承租人不履行船舶管理职责的，海事法院可委托第三人或者海事请求人代为管理，由此产生的费用由船舶所有人或光船承租人承担，或在拍卖船舶价款中优先拨付。

**第八条** 船舶扣押后，海事请求人依据海事诉讼特别程序法第十九条的规定，向其他有管辖权的海事法院提起诉讼的，可以由扣押船舶的海事法院继续实施保全措施。

**第九条** 扣押船舶裁定执行前，海事请求人撤回扣押船舶申请的，海事法院应当裁定予以准许，并终结扣押船舶裁定的执行。

扣押船舶裁定作出后因客观原因无法执行的，海事法院应当裁定终结执行。

**第十条** 船舶拍卖未能成交，需要再次拍卖的，适用拍卖法第四十五条关于拍卖日七日前发布拍卖公告的规定。

**第十一条** 拍卖船舶由拍卖船舶委员会实施，海事法院不另行委托拍卖机构进行拍卖。

**第十二条** 海事法院拍卖船舶应当依据评估价确定保留价。保留价不得公开。

第一次拍卖时，保留价不得低于评估价的百分之八十；因流拍需要再行拍卖的，可以酌情降低保留价，但降低的数额不得超过前次保留价的百分之二十。

**第十三条** 对经过两次拍卖仍然流拍的船舶，可以进行变卖。变卖价格不得低于评估价的百分之五十。

**第十四条** 依照本规定第十三条变卖仍未成交的，经已受理登记债权三分之二以上份额的债权人同意，可以低于评估价的百分之五十进行变卖处理。仍未成交的，海事法院可以解除船舶扣押。

**第十五条** 船舶经海事法院拍卖、变卖后，对该船舶已采取的其他保全措施效力消灭。

**第十六条** 海事诉讼特别程序法第一百一十一条规定的申请债权登记期间的届满之日，为拍卖船舶公告最后一次发布之日起第六十日。

前款所指公告为第一次拍卖时的拍卖船舶公告。

**第十七条** 海事法院受理债权登记申请后，应当在船舶被拍卖、变卖成交后，依照海事诉讼特别程序法第一百一十四条的规定作出是否准予的裁定。

**第十八条** 申请拍卖船舶的海事请求人未经债权登记，直接要求参与拍卖船舶价款分配的，海事法院应予准许。

**第十九条** 海事法院裁定终止拍卖船舶的，应当同时裁定终结债权登记受偿程序，当事人已经缴纳的债权登记申请费予以退还。

**第二十条** 当事人在债权登记前已经就有关债权提起诉讼的，不适用海事诉讼特别程序法第一百一十六条第二款的规定，当事人对海事法院作出的判决、裁定可以依法提起上诉。

**第二十一条** 债权人依照海事诉讼特别程序法第一百一十六条第一款的规定提起确权诉讼后，需要判定碰撞船舶过失程度比例的，当事人对海事法院作出的判决、裁定可以依法提起上诉。

**第二十二条** 海事法院拍卖、变卖船舶所得价款及其利息，先行拨付海事诉讼特别程序法第一百一十九条第二款规定的费用后，依法按照下列顺序进行分配：

（一）具有船舶优先权的海事请求；

（二）由船舶留置权担保的海事请求；

（三）由船舶抵押权担保的海事请求；

（四）与被拍卖、变卖船舶有关的其他海事请求。

依据海事诉讼特别程序法第二十三条第二款的规定申请扣押船舶的海事请求人申请拍卖船舶的，在前款规定海事请求清偿后，参与船舶价款的分配。

依照前款规定分配后的余款，按照民事诉讼法及相关司法解释的规定执行。

**第二十三条** 当事人依照民事诉讼法第十五章第七节的规定，申请拍卖船舶实现船舶担保物权的，由船舶所在地或船籍港所在地的海事法院管辖，按照海事诉讼特别程序法以及本规定关于船舶拍卖受偿程序的规定处理。

**第二十四条** 海事法院的上级人民法院扣押与拍卖船舶的，适用本规定。

执行程序中拍卖被扣押船舶清偿债务的，适用本规定。

**第二十五条** 本规定施行前已经实施的船舶扣押与拍卖，本规定施行后当事人申请复议的，不适用本规定。

本规定施行后，最高人民法院 1994 年 7 月 6 日制定的《关于海事法院拍卖被扣押船舶清偿债务的规定》（法发〔1994〕14 号）同时废止。最高人民法院以前发布的司法解释和规范性文件与本规定不一致的，以本规定为准。

最高人民法院

# 关于审理建设工程施工合同纠纷案件适用法律问题的解释（二）

法释〔2018〕20号

为正确审理建设工程施工合同纠纷案件，依法保护当事人合法权益，维护建筑市场秩序，促进建筑市场健康发展，根据《中华人民共和国民法总则》《中华人民共和国合同法》《中华人民共和国建筑法》《中华人民共和国招标投标法》《中华人民共和国民事诉讼法》等法律规定，结合审判实践，制定本解释。

**第一条** 招标人和中标人另行签订的建设工程施工合同约定的工程范围、建设工期、工程质量、工程价款等实质性内容，与中标合同不一致，一方当事人请求按照中标合同确定权利义务的，人民法院应予支持。

招标人和中标人在中标合同之外就明显高于市场价格购买承建房产、无偿建设住房配套设施、让利、向建设单位捐赠财物等另行签订合同，变相降低工程价款，一方当事人以该合同背离中标合同实质性内容为由请求确认无效的，人民法院应予支持。

**第二条** 当事人以发包人未取得建设工程规划许可证等规划审批手续为由，请求确认建设工程施工合同无效的，人民法院应予支持，但发包人在起诉前取得建设工程规划许可证等规划审批手续的除外。

发包人能够办理审批手续而未办理，并以未办理审批手续为由请求确认建设工程施工合同无效的，人民法院不予支持。

**第三条** 建设工程施工合同无效，一方当事人请求对方赔偿损失的，应当就对方过错、损失大小、过错与损失之间的因果关系承担举证责任。

损失大小无法确定，一方当事人请求参照合同约定的质量标准、建设工期、工程价款支付时间等内容确定损失大小的，人民法院可以结合双方过错程度、过错与损失之间的因果关系等因素作出裁判。

**第四条** 缺乏资质的单位或者个人借用有资质的建筑施工企业名义签订建设工程施工合同，发包人请求出借方与借用方对建设工程质量不合格等因出借资质造成的损失承担连带赔偿责任的，人民法院应予支持。

**第五条** 当事人对建设工程开工日期有争议的，人民法院应当分别按照以下情形予以认定：

（一）开工日期为发包人或者监理人发出的开工通知载明的开工日期；开工通知发出后，尚不具备开工条件的，以开工条件具备的时间为开工日期；因承包人原因导致开工时间推迟的，以开工通知载明的时间为开工日期。

（二）承包人经发包人同意已经实际进场施工的，以实际进场施工时间为开工日期。

（三）发包人或者监理人未发出开工通知，亦无相关证据证明实际开工日期的，应当综合考虑开工报告、合同、施工许可证、竣工验收报告或者竣工验收备案表等载明的时间，并结合是否具备开工条件的事实，认定开工日期。

**第六条** 当事人约定顺延工期应当经发包人或者监理人签证等方式确认，承包人虽未取得工期顺延的确认，但能够证明在合同约定的期限内向发包人或者监理人申请过工期顺延且顺延事由符合合同约定，承包人以此为由主张工期顺延的，人民法院应予支持。

当事人约定承包人未在约定期限内提出工期顺延申请视为工期不顺延的，按照约定处理，但发包人在约定期限后同意工期顺延或者承包人提出合理抗辩的除外。

**第七条** 发包人在承包人提起的建设工程施工合同纠纷案件中，以建设工程质量不符合合同约定或者法律规定为由，就承包人支付违约金或者赔偿修理、返工、改建的合理费用等损失提出反诉的，人民法院可以合并审理。

**第八条** 有下列情形之一，承包人请求发包人返还工程质量保证金的，人民法院应予支持：

（一）当事人约定的工程质量保证金返还期限届满。

（二）当事人未约定工程质量保证金返还期限的，自建设工程通过竣工验收之日起满二年。

（三）因发包人原因建设工程未按约定期限进行竣工验收的，自承包人提交工程竣工验收报告九十日后起当事人约定的工程质量保证金返还期限届满；当事人未约定工程质量保证金返还期限的，自承包人提交工程竣工验收报告九十日后起满二年。

发包人返还工程质量保证金后，不影响承包人根据合同约定或者法律规定履行工程保修义务。

**第九条** 发包人将依法不属于必须招标的建设工程进行招标后，与承包人另行订立的建设工程施工合同背离中标合同的实质性内容，当事人请求以中标合同作为结算建设工程价款依据的，人民法院应予支持，但发包人与承包人因客观情况发生了在招标投标时难以预见的变化而另行订立建设工程施工合同的除外。

**第十条** 当事人签订的建设工程施工合同与招标文件、投标文件、中标通知书载明的工程范围、建设工期、工程质量、工程价款不一致，一方当事人请求将招标文件、投标文件、中标通知书作为结算工程价款的依据的，人民法院应予支持。

**第十一条** 当事人就同一建设工程订立的数份建设工程施工合同均无效，但建设工程质量合格，一方当事人请求参照实际履行的合同结算建设工程价款的，人民法院应予支持。

实际履行的合同难以确定，当事人请求参照最后签订的合同结算建设工程价款的，人民法院应予支持。

**第十二条** 当事人在诉讼前已经对建设工程价款结算达成协议，诉讼中一方当事人申请对工程造价进行鉴定的，人民法院不予准许。

**第十三条** 当事人在诉讼前共同委托有关机构、人员对建设工程造价出具咨询意见，诉讼中一方当事人不认可该咨询意见申请鉴定的，人民法院应予准许，但双方当事人明确表示受该咨询意见约束的除外。

**第十四条** 当事人对工程造价、质量、修复费用等专门性问题有争议，人民法院认为需要鉴定的，应当向负有举证责任的当事人释明。当事人经释明未申请鉴定，虽申请鉴定但未支付鉴定费用或者拒不提供相关材料的，应当承担举证不能的法律后果。

一审诉讼中负有举证责任的当事人未申请鉴定，虽申请鉴定但未支付鉴定费用或者拒不提供相关材料，二审诉讼中申请鉴定，人民法院认为确有必要的，应当依照民事诉讼法第一百七十条第一款第三项的规定处理。

**第十五条** 人民法院准许当事人的鉴定申请后，应当根据当事人申请及查明案件事实的需要，确定委托鉴定的事项、范围、鉴定期限等，并组织双方当事人对争议的鉴定材料进行质证。

**第十六条** 人民法院应当组织当事人对鉴定意见进行质证。鉴定人将当事人有争议且未经质证的材料作为鉴定依据的，人民法院应当组织当事人就该部分材料进行质证。经质证认为不能作为鉴定依据的，根据该材料作出的鉴定意见不得作为认定案件事实的依据。

**第十七条** 与发包人订立建设工程施工合同的承包人，根据合同法第二百八十六条规定请求其承建工程的价款就工程折价或者拍卖的价款优先受偿的，人民法院应予支持。

**第十八条** 装饰装修工程的承包人，请求装饰装修工程价款就该装饰装修工程折价或者拍卖的价款优先受偿的，人民法院应予支持，但装饰装修工程的发包人不是该建筑物的所有权人的除外。

**第十九条** 建设工程质量合格，承包人请求其承建工程的价款就工程折价或者拍卖的价款优先受偿的，人民法院应予支持。

**第二十条** 未竣工的建设工程质量合格，承包人请求其承建工程的价款就其承建工程部分折价或者拍卖的价款优先受偿的，人民法院应予支持。

**第二十一条** 承包人建设工程价款优先受偿的范围依照国务院有关行政主管部门关于建设工程价款范围的规定确定。

承包人就逾期支付建设工程价款的利息、违约金、损害赔偿金等主张优先受偿的，人民法院不予支持。

**第二十二条** 承包人行使建设工程价款优先受偿权的期限为六个月，自发包人应当给付建设工程价款之日起算。

**第二十三条** 发包人与承包人约定放弃或者限制建设工程价款优先受偿权，损害建筑工人利益，发包人根据该约定主张承包人不享有建设工程价款优先受偿权的，人民法院不予支持。

**第二十四条** 实际施工人以发包人为被告主张权利的，人民法院应当追加转包人或者违法分包人为本案第三人，在查明发包人欠付转包人或者违法分包人建设工程价款的数额后，判决发包人在欠付建设工程价款范围内对实际施工人承担责任。

**第二十五条** 实际施工人根据合同法第七十三条规定，以转包人或者违法分包人怠于向发包人行使到期债权，对其造成损害为由，提起代位权诉讼的，人民法院应予支持。

**第二十六条** 本解释自 2019 年 2 月 1 日起施行。

本解释施行后尚未审结的一审、二审案件，适用本解释。

本解释施行前已经终审、施行后当事人申请再审或者按照审判监督程序决定再审的案件，不适用本解释。

最高人民法院以前发布的司法解释与本解释不一致的，不再适用。

最高人民法院

# 关于审理建设工程施工合同纠纷案件适用法律问题的解释

法释〔2004〕14 号

根据《中华人民共和国民法通则》、《中华人民共和国合同法》、《中华人民共和国招标投标法》、《中华人民共和国民事诉讼法》等法律规定，结合民事审判实际，就审理建设工程施工合同纠纷案件适用法律的问题，制定本解释。

**第一条** 建设工程施工合同具有下列情形之一的，应当根据合同法第五十二条第（五）项的规定，认定无效：

（一）承包人未取得建筑施工企业资质或者超越资质等级的；

（二）没有资质的实际施工人借用有资质的建筑施工企业名义的；

（三）建设工程必须进行招标而未招标或者中标无效的。

**第二条** 建设工程施工合同无效，但建设工程经竣工验收合格，承包人请求参照合同约定支付工程价款的，应予支持。

**第三条** 建设工程施工合同无效，且建设工程经竣工验收不合格的，按照以下情形分别处理：

（一）修复后的建设工程经竣工验收合格，发包人请求承包人承担修复费用的，应予支持；

（二）修复后的建设工程经竣工验收不合格，承包人请求支付工程价款的，不予支持。

因建设工程不合格造成的损失，发包人有过错的，也应承担相应的民事责任。

**第四条** 承包人非法转包、违法分包建设工程或者没有资质的实际施工人借用有资质的建筑施工企业名义与他人签订建设工程施工合同的行为无效。人民法院可以根据民法通则第一百三十四条规定，收缴当事人已经取得的非法所得。

**第五条** 承包人超越资质等级许可的业务范围签订建设工程施工合同，在建设工程竣工前取得相应资质等级，当事人请求按照无效合同处理的，不予支持。

**第六条** 当事人对垫资和垫资利息有约定，承包人请求按照约定返还垫资及其利息的，应予支持，但是约定的利息计算标准高于中国人民银行发布的同期同类贷款利率的部分除外。

当事人对垫资没有约定的，按照工程欠款处理。

当事人对垫资利息没有约定，承包人请求支付利息的，不予支持。

**第七条** 具有劳务作业法定资质的承包人与总承包人、分包人签订的劳务分包合同，当事人以转包建设工程违反法律规定为由请求确认无效的，不予支持。

**第八条** 承包人具有下列情形之一，发包人请求解除建设工程施工合同的，应予支持：

（一）明确表示或者以行为表明不履行合同主要义务的；

（二）合同约定的期限内没有完工，且在发包人催告的合理期限内仍未完工的；

（三）已经完成的建设工程质量不合格，并拒绝修复的；

（四）将承包的建设工程非法转包、违法分包的。

**第九条** 发包人具有下列情形之一，致使承包人无法施工，且在催告的合理期限内仍未履行相应义务，承包人请求解除建设工程施工合同的，应予支持：

（一）未按约定支付工程价款的；

（二）提供的主要建筑材料、建筑构配件和设备不符合强制性标准的；

（三）不履行合同约定的协助义务的。

**第十条** 建设工程施工合同解除后，已经完成的建设工程质量合格的，发包人应当按照约定支付相应的工程价款；已经完成的建设工程质量不合格的，参照本解释第三条规定处理。

因一方违约导致合同解除的，违约方应当赔偿因此而给对方造成的损失。

**第十一条** 因承包人的过错造成建设工程质量不符合约定，承包人拒绝修理、返工或者改建，发包人请求减少支付工程价款的，应予支持。

**第十二条** 发包人具有下列情形之一，造成建设工程质量缺陷，应当承担过错责任：

（一）提供的设计有缺陷；

（二）提供或者指定购买的建筑材料、建筑构配件、设备不符合强制性标准；

（三）直接指定分包人分包专业工程。

承包人有过错的，也应当承担相应的过错责任。

**第十三条** 建设工程未经竣工验收，发包人擅自使用后，又以使用部分质量不符合约定为由主张权利的，不予支持；但是承包人应当在建设工程的合理使用寿命内对地基基础工程和主体结构质量承担民事责任。

**第十四条** 当事人对建设工程实际竣工日期有争议的，按照以下情形分别处理：

（一）建设工程经竣工验收合格的，以竣工验收合格之日为竣工日期；

（二）承包人已经提交竣工验收报告，发包人拖延验收的，以承包人提交验收报告之日为竣工日期；

（三）建设工程未经竣工验收，发包人擅自使用的，以转移占有建设工程之日为竣工日期。

**第十五条** 建设工程竣工前，当事人对工程质量发生争议，工程质量经鉴定合格的，鉴定期间为顺延工期期间。

**第十六条** 当事人对建设工程的计价标准或者计价方法有约定的，按照约定结算工程价款。

因设计变更导致建设工程的工程量或者质量标准发生变化，当事人对该部分工程价款不能协商一致的，可以参照签订建设工程施工合同时当地建设行政主管部门发布的计价方法或者计价标准结算工程价款。

建设工程施工合同有效，但建设工程经竣工验收不合格的，工程价款结算参照本解释第三条规定处理。

**第十七条** 当事人对欠付工程价款利息计付标准有约定的，按照约定处理；没有约定的，按照中国人民银行发布的同期同类贷款利率计息。

**第十八条** 利息从应付工程价款之日计付。当事人对付款时间没有约定或者约定不明的，下列时间视为应付款时间：

（一）建设工程已实际交付的，为交付之日；

（二）建设工程没有交付的，为提交竣工结算文件之日；

（三）建设工程未交付，工程价款也未结算的，为当事人起诉之日。

**第十九条** 当事人对工程量有争议的，按照施工过程中形成的签证等书面文件确认。承包人能够证明发包人同意其施工，但未能提供签证文件证明工程量发生的，可以按照当事人提供的其他证据确认实际发生的工程量。

**第二十条** 当事人约定，发包人收到竣工结算文件后，在约定期限内不予答复，视为认可竣工结算文件的，按照约定处理。承包人请求按照竣工结算文件结算工程价款的，应予支持。

**第二十一条** 当事人就同一建设工程另行订立的建设工程施工合同与经过备案的中标合同实质性内容不一致的，应当以备案的中标合同作为结算工程价款的根据。

**第二十二条** 当事人约定按照固定价结算工程价款，一方当事人请求对建设工程造价进行鉴定的，不予支持。

**第二十三条** 当事人对部分案件事实有争议的，仅对有争议的事实进行鉴定，但争议事实范围不能确定，或者双方当事人请求对全部事实鉴定的除外。

**第二十四条** 建设工程施工合同纠纷以施工行为地为合同履行地。

**第二十五条** 因建设工程质量发生争议的，发包人可以以总承包人、分包人和实际施工人为共同被告提起诉讼。

**第二十六条** 实际施工人以转包人、违法分包人为被告起诉的，人民法院应当依法受理。

实际施工人以发包人为被告主张权利的，人民法院可以追加转包人或者违法分包人为本案当事人。发包人只在欠付工程价款范围内对实际施工人承担责任。

**第二十七条** 因保修人未及时履行保修义务，导致建筑物毁损或者造成人身、财产损害的，保修人应当承担赔偿责任。

保修人与建筑物所有人或者发包人对建筑物毁损均有过错的，各自承担相应的责任。

**第二十八条** 本解释自二〇〇五年一月一日起施行。

施行后受理的第一审案件适用本解释。

施行前最高人民法院发布的司法解释与本解释相抵触的，以本解释为准。

# （三）规范性文件

## 最高人民法院<br>关于转发住房和城乡建设部《关于无证房产依据协助执行文书办理产权登记有关问题的函》的通知

法〔2012〕151号

**各省、自治区、直辖市高级人民法院，解放军军事法院，新疆维吾尔自治区高级人民法院生产建设兵团分院：**

现将住房和城乡建设部《关于无证房产依据协助执行文书办理产权登记有关问题的函》（建法函〔2012〕102号）转发你们，请参照执行，并在执行中注意如下问题：

一、各级人民法院在执行程序中，既要依法履行强制执行职责，又要尊重房屋登记机构依法享有的行政权力：既要保证执行工作的顺利开展，也要防止“违法建筑”等不符合法律、行政法规规定的房屋通过协助执行行为合法化。

二、执行程序中处置未办理初始登记的房屋时，具备初始登记条件的。执行法院处置后可以依法向房屋登记机构发出《协助执行通知书》；暂时不具备初始登记条件的，执行法院处置后可以向房屋登记机构发出《协助执行通知书》，并载明待房屋买受人或承受人完善相关手续具备初始登记条件后，由房屋登记机构按照《协助执行通知书》予以登记；不具备初始登记条件的，原则上进行“现状处置”，即处置前披露房屋不具备初始登记条件的现状，买受人或承受人按照房屋的权利现状取得房屋。后续的产权登记事项由买受人或承受人自行负责。

三、执行法院向房屋登记机构发出《协助执行通知书》，房屋登记机构认为不具备初始登记条件并作出书面说明的，执行法院应在30日内依照法律和有关规定，参照行政规章，对其说明理由进行审查。理由成立的，撤销或变更《协助执行通知书》并书面通知房屋登记机构；理由不成立的，书面通知房屋登记机构限期按《协助执行通知书》办理。

特此通知。

**附件：**

## 住房和城乡建设部<br>关于无证房产依据协助执行文书办理产权登记有关问题的函

2012年5月30日　　　　建法函［2012］102号

**浙江省住房和城乡建设厅：**

《关于无证房产可否依据协助执行文书直接办理产权登记的请示》（浙建房［2011］72号）收悉。经商最高人民法院，函复如下：

一、对已办理初始登记的房屋，房屋登记机构应当按照人民法院生效法律文书和协助执行通知书的要求予以办理。

二、对未办理初始登记的房屋，在完善相关手续后具备初始登记条件的，房屋登记机构应当按照人民法院生效法律文书和协助执行通知书予以登记；不具备初始登记条件的，房屋登记机构应当向人民法院书面说明情况，在人民法院按照法律和有关规定作出处理前，房屋登记机构暂停办理登记。

三、房屋登记机构依据人民法院协助执行通知书予以登记的，应当在房屋登记簿上记载基于人民法院生效的法律文书予以登记的事实。

最高人民法院

# 关于转发国土资源部《关于国有划拨土地使用权抵押登记有关问题的通知》的通知

法发〔2004〕11号

**各省、自治区、直辖市高级人民法院，解放军军事法院，新疆维吾尔自治区高级人民法院生产建设兵团分院：**

国土资源部于2004年1月15日发布了国土资发［2004］9号《关于国有划拨土地使用权抵押登记有关问题的通知》。现将该《通知》转发给你们，在《通知》发布之日起，人民法院尚未审结的涉及国有划拨土地使用权抵押经过有审批权限的土地行政管理部门依法办理抵押登记手续的案件，不以国有划拨土地使用权抵押未经批准而认定抵押无效。已经审结的案件不应依据该《通知》提起再审。

特此通知。

《关于国有划拨土地使用权抵押登记有关问题的通知》（略）

# 最高人民法院　国土资源部建设部<br>关于依法规范人民法院执行和国土资源房地产管理部门协助执行若干问题的通知

法发〔2004〕5号

**各省、自治区、直辖市高级人民法院，解放军军事法院，新疆维吾尔自治区高级人民法院生产建设兵团分院；各省、自治区、直辖市国土资源厅（国土环境资源厅、国土资源和房屋管理局、房屋土地资源管理局、规划和国土资源局），新疆生产建设兵团国土资源局；各省、自治区建设厅，新疆生产建设兵团建设局，各直辖市房地产管理局：**

为保证人民法院生效判决、裁定及其他生效法律文书依法及时执行，保护当事人的合法权益，根据《中华人民共和国民事诉讼法》、《中华人民共和国土地管理法》、《中华人民共和国城市房地产管理法》等有关法律规定，现就规范人民法院执行和国土资源、房地产管理部门协助执行的有关问题通知如下：

一、人民法院在办理案件时，需要国土资源、房地产管理部门协助执行的，国土资源、房地产管理部门应当按照人民法院的生效法律文书和协助执行通知书办理协助执行事项。

国土资源、房地产管理部门依法协助人民法院执行时，除复制有关材料所必需的工本费外，不得向人民法院收取其他费用。登记过户的费用按照国家有关规定收取。

二、人民法院对土地使用权、房屋实施查封或者进行实体处理前，应当向国土资源、房地产管理部门查询该土地、房屋的权属。

人民法院执行人员到国土资源、房地产管理部门查询土地、房屋权属情况时，应当出示本人工作证和执行公务证，并出具协助查询通知书。

人民法院执行人员到国土资源、房地产管理部门办理土地使用权或者房屋查封、预查封登记手续时，应当出示本人工作证和执行公务证，并出具查封、预查封裁定书和协助执行通知书。

三、对人民法院查封或者预查封的土地使用权、房屋，国土资源、房地产管理部门应当及时办理查封或者预查封登记。

国土资源、房地产管理部门在协助人民法院执行土地使用权、房屋时，不对生效法律文书和协助执行通知书进行实体审查。国土资源、房地产管理部门认为人民法院查封、预查封或者处理的土地、房屋权属错误的，可以向人民法院提出审查建议，但不应当停止办理协助执行事项。

四、人民法院在国土资源、房地产管理部门查询并复制或者抄录的书面材料，由土地、房屋权属的登记机构或者其所属的档案室（馆）加盖印章。无法查询或者查询无结果的，国土资源、房地产管理部门应当书面告知人民法院。

五、人民法院查封时，土地、房屋权属的确认以国土资源、房地产管理部门的登记或者出具的权属证明为准。权属证明与权属登记不一致的，以权属登记为准。

在执行人民法院确认土地、房屋权属的生效法律文书时，应当按照人民法院生效法律文书所确认的权利人办理土地、房屋权属变更、转移登记手续。

六、土地使用权和房屋所有权归属同一权利人的，人民法院应当同时查封；土地使用权和房屋所有权归属不一致的，查封被执行人名下的土地使用权或者房屋。

七、登记在案外人名下的土地使用权、房屋，登记名义人（案外人）书面认可该土地、房屋实际属于被执行人时，执行法院可以采取查封措施。

如果登记名义人否认该土地、房屋属于被执行人，而执行法院、申请执行人认为登记为虚假时，须经当事人另行提起诉讼或者通过其他程序，撤销该登记并登记在被执行人名下之后，才可以采取查封措施。

八、对被执行人因继承、判决或者强制执行取得，但尚未办理过户登记的土地使用权、房屋的查封，执行法院应当向国土资源、房地产管理部门提交被执行人取得财产所依据的继承证明、生效判决书或者执行裁定书及协助执行通知书，由国土资源、房地产管理部门办理过户登记手续后，办理查封登记。

九、对国土资源、房地产管理部门已经受理被执行人转让土地使用权、房屋的过户登记申请，尚未核准登记的，人民法院可以进行查封，已核准登记的，不得进行查封。

十、人民法院对可以分割处分的房屋应当在执行标的额的范围内分割查封，不可分割的房屋可以整体查封。

分割查封的，应当在协助执行通知书中明确查封房屋的具体部位。

**十一**、人民法院对土地使用权、房屋的查封期限不得超过二年。期限届满可以续封一次，续封时应当重新制作查封裁定书和协助执行通知书，续封的期限不得超过一年。确有特殊情况需要再续封的，应当经过所属高级人民法院批准，且每次再续封的期限不得超过一年。

查封期限届满，人民法院未办理继续查封手续的，查封的效力消灭。

**十二**、人民法院在案件执行完毕后，对未处理的土地使用权、房屋需要解除查封的，应当及时作出裁定解除查封，并将解除查封裁定书和协助执行通知书送达国土资源、房地产管理部门。

**十三**、被执行人全部缴纳土地使用权出让金但尚未办理土地使用权登记的，人民法院可以对该土地使用权进行预查封。

**十四**、被执行人部分缴纳土地使用权出让金但尚未办理土地使用权登记的，对可以分割的土地使用权，按已缴付的土地使用权出让金，由国土资源管理部门确认被执行人的土地使用权，人民法院可以对确认后的土地使用权裁定预查封。对不可以分割的土地使用权，可以全部进行预查封。

被执行人在规定的期限内仍未全部缴纳土地出让金的，在人民政府收回土地使用权的同时，应当将被执行人缴纳的按照有关规定应当退还的土地出让金交由人民法院处理，预查封自动解除。

**十五**、下列房屋虽未进行房屋所有权登记，人民法院也可以进行预查封：

（一）作为被执行人的房地产开发企业，已办理了商品房预售许可证且尚未出售的房屋；

（二）被执行人购买的已由房地产开发企业办理了房屋权属初始登记的房屋；

（三）被执行人购买的办理了商品房预售合同登记备案手续或者商品房预告登记的房屋。

**十六**、国土资源、房地产管理部门应当依据人民法院的协助执行通知书和所附的裁定书办理预查封登记。土地、房屋权属在预查封期间登记在被执行人名下的，预查封登记自动转为查封登记，预查封转为正式查封后，查封期限从预查封之日起开始计算。

**十七**、预查封的期限为二年。期限届满可以续封一次，续封时应当重新制作预查封裁定书和协助执行通知书，预查封的续封期限为一年。确有特殊情况需要再续封的，应当经过所属高级人民法院批准，且每次再续封的期限不得超过一年。

**十八**、预查封的效力等同于正式查封。预查封期限届满之日，人民法院未办理预查封续封手续的，预查封的效力消灭。

**十九**、两个以上人民法院对同一宗土地使用权、房屋进行查封的，国土资源、房地产管理部门为首先送达协助执行通知书的人民法院办理查封登记手续后，对后来办理查封登记的人民法院作轮候查封登记，并书面告知该土地使用权、房屋已被其他人民法院查封的事实及查封的有关情况。

**二十**、轮候查封登记的顺序按照人民法院送达协助执行通知书的时间先后进行排列。查封法院依法解除查封的，排列在先的轮候查封自动转为查封；查封法院对查封的土地使用权、房屋全部处理的，排列在后的轮候查封自动失效；查封法院对查封的土地使用权、房屋部分处理的，对剩余部分，排列在后的轮候查封自动转为查封。

预查封的轮候登记参照第十九条和本条第一款的规定办理。

**二十一**、已被人民法院查封、预查封并在国土资源、房地产管理部门办理了查封、预查封登记手续的土地使用权、房屋，被执行人隐瞒真实情况，到国土资源、房地产管理部门办理抵押、转让等手续的，人民法院应当依法确认其行为无效，并可视情节轻重，依法追究有关人员的法律责任。国土资源、房地产管理部门应当按照人民法院的生效法律文书撤销不合法的抵押、转让等登记，并注销所颁发的证照。

**二十二**、国土资源、房地产管理部门对被人民法院依法查封、预查封的土地使用权、房屋，在查封、预查封期间不得办理抵押、转让等权属变更、转移登记手续。

国土资源、房地产管理部门明知土地使用权、房屋已被人民法院查封、预查封，仍然办理抵押、转让等权属变更、转移登记手续的，对有关的国土资源、房地产管理部门和直接责任人可以依照民事诉讼法第一百零二条的规定处理。

**二十三**、在变价处理土地使用权、房屋时，土地使用权、房屋所有权同时转移；土地使用权与房屋所有权归属不一致的，受让人继受原权利人的合法权利。

**二十四**、人民法院执行集体土地使用权时，经与国土资源管理部门取得一致意见后，可以裁定予以处理，但应当告知权利受让人到国土资源管理部门办理土地征用和国有土地使用权出让手续，缴纳土地使用权出让金及有关税费。

对处理农村房屋涉及集体土地的，人民法院应当与国土资源管理部门协商一致后再行处理。

**二十五**、人民法院执行土地使用权时，不得改变原土地用途和出让年限。

**二十六**、经申请执行人和被执行人协商同意，可以不经拍卖、变卖，直接裁定将被执行人以出让方式取得的国有土地使用权及其地上房屋经评估作价后交由申请执行人抵偿债务，但应当依法向国土资源和房地产管理部门办理土地、房屋权属变更、转移登记手续。

**二十七**、人民法院制作的土地使用权、房屋所有权转移裁定送达权利受让人时即发生法律效力，人民法院应当明确告知权利受让人及时到国土资源、房地产管理部门申请土地、房屋权属变更、转移登记。

国土资源、房地产管理部门依据生效法律文书进行权属登记时，当事人的土地、房屋权利应当追溯到相关法律文书生效之时。

**二十八**、人民法院进行财产保全和先予执行时适用本通知。

**二十九**、本通知下发前已经进行的查封，自本通知实施之日起计算期限。

**三十**、本通知自2004年3月1日起实施。

## 最高人民法院 国家工商行政管理总局
# 关于加强信息合作规范执行与协助执行的通知

法〔2014〕251号

**各省、自治区、直辖市高级人民法院，解放军军事法院，新疆维吾尔自治区高级人民法院生产建设兵团分院；各省、自治区、直辖市工商行政管理局：**

按照中央改革工商登记制度的决策部署，根据全国人大常委会、国务院对注册资本登记制度改革涉及的法律、行政法规的修改决定，以及国务院印发的《注册资本登记制度改革方案》《企业信息公示暂行条例》，最高人民法院、国家工商行政管理总局就加强信息合作、规范人民法院执行与工商行政管理机关协助执行等事项通知如下：

**一、进一步加强信息合作**

1. 各级人民法院与工商行政管理机关通过网络专线、电子政务平台等媒介，将双方业务信息系统对接，建立网络执行查控系统，实现网络化执行与协助执行。

2. 人民法院与工商行政管理机关要积极创造条件，逐步实现人民法院通过企业信用信息公示系统自行公示相关信息。

3. 已建立网络执行查控系统的地区，可以通过该系统办理协助事项。

有关网络执行查控系统要求、电子文书要求、法律效力等规定，按照《最高人民法院关于网络查询、冻结被执行人存款的规定》〔法释〔2013〕20号〕执行。通过网络冻结、强制转让股权、其他投资权益（原按照法释〔2013〕20号第九、十条等规定执行）的程序，按照本通知要求执行，但协助请求、结果反馈的方式由现场转变为通过网络操作。

4. 未建成网络执行查控系统的地区，工商行政管理机关有条件的，可以设立专门的司法协助窗口或者指定专门的机构或者人员办理协助执行事务。

5. 各级人民法院与工商行政管理机关通过网络专线、电子政务平台等媒介，建立被执行人、失信被执行人名单、刑事犯罪人员等信息交换机制。工商行政管理机关将其作为加强市场信用监管的信息来源。

## 二、进一步规范人民法院执行与工商行政管理机关协助执行

6. 人民法院办理案件需要工商行政管理机关协助执行的，工商行政管理机关应当按照人民法院的生效法律文书和协助执行通知书办理协助执行事项。

人民法院要求协助执行的事项，应当属于工商行政管理机关的法定职权范围。

7. 工商行政管理机关协助人民法院办理以下事项：

（1）查询有关主体的设立、变更、注销登记，对外投资，以及受处罚等情况及原始资料（企业信用信息公示系统已经公示的信息除外）；

（2）对冻结、解除冻结被执行人股权、其他投资权益进行公示；

（3）因人民法院强制转让被执行人股权，办理有限责任公司股东变更登记；

（4）法律、行政法规规定的其他事项。

8. 工商行政管理机关在企业信用信息公示系统中设置“司法协助”栏目，公开登载人民法院要求协助执行的事项。

人民法院要求工商行政管理机关协助公示时，应当制作协助公示执行信息需求书，随协助执行通知书等法律文书一并送达工商行政管理机关。工商行政管理机关按照协助公示执行信息需求书，发布公示信息。

公示信息应当记载执行法院，执行裁定书及执行通知书文号，被执行人姓名（名称），被冻结或转让的股权、其他投资权益所在市场主体的姓名（名称），股权、其他投资权益数额，受让人，协助执行的时间等内容。

9. 人民法院对股权、其他投资权益进行冻结或者实体处分前，应当查询权属。

人民法院应先通过企业信用信息公示系统查询有关信息。需要进一步获取有关信息的，可以要求工商行政管理机关予以协助。

执行人员到工商行政管理机关查询时，应当出示工作证或者执行公务证，并出具协助查询通知书。协助查询通知书应当载明被查询主体的姓名（名称）、查询内容，并记载执行依据、人民法院经办人员的姓名和电话等内容。

10. 人民法院对从工商行政管理机关业务系统、企业信用信息公示系统以及公司章程中查明属于被执行人名下的股权、其他投资权益，可以冻结。

11. 人民法院冻结股权、其他投资权益时，应当向被执行人及其股权、其他投资权益所在市场主体送达冻结裁定，并要求工商行政管理机关协助公示。

人民法院要求协助公示冻结股权、其他投资权益时，执行人员应当出示

工作证或者执行公务证，向被冻结股权、其他投资权益所在市场主体登记的工商行政管理机关送达执行裁定书、协助公示通知书和协助公示执行信息需求书。

协助公示通知书应当载明被执行人姓名（名称），执行依据，被冻结的股权、其他投资权益所在市场主体的姓名（名称），股权、其他投资权益数额，冻结期限，人民法院经办人员的姓名和电话等内容。

工商行政管理机关应当在收到通知后三个工作日内通过企业信用信息公示系统公示。

12. 股权、其他投资权益被冻结的，未经人民法院许可，不得转让，不得设定质押或者其他权利负担。

有限责任公司股东的股权被冻结期间，工商行政管理机关不予办理该股东的变更登记、该股东向公司其他股东转让股权被冻结部分的公司章程备案，以及被冻结部分股权的出质登记。

13. 工商行政管理机关在多家法院要求冻结同一股权、其他投资权益的情况下，应当将所有冻结要求全部公示。

首先送达协助公示通知书的执行法院的冻结为生效冻结。送达在后的冻结为轮候冻结。有效的冻结解除的，轮候的冻结中，送达在先的自动生效。

14. 冻结股权、其他投资权益的期限不得超过两年。申请人申请续行冻结的，人民法院应当在本次冻结期限届满三日前按照本通知第 11 条办理。续冻期限不得超过一年。续行冻结没有次数限制。

有效的冻结期满，人民法院未办理续行冻结的，冻结的效力消灭。按照前款办理了续行冻结的，冻结效力延续，优先于轮候冻结。

15. 人民法院对被执行人股权、其他投资权益等解除冻结的，应当通知当事人，同时通知工商行政管理机关公示。

人民法院通知和工商行政管理机关公示的程序，按照本通知第 11 条办理。

16. 人民法院强制转让被执行人的股权、其他投资权益，完成变价等程序后，应当向受让人、被执行人或者其股权、其他投资权益所在市场主体送达转让裁定，要求工商行政管理机关协助公示并办理有限责任公司股东变更登记。

人民法院要求办理有限责任公司股东变更登记的，执行人员应当出示工作证或者执行公务证，送达生效法律文书副本或者执行裁定书、协助执行通知书、协助公示执行信息需求书、合法受让人的身份或资格证明，到被执行人股权所在有限责任公司登记的工商行政管理机关办理。

法律、行政法规对股东资格、持股比例等有特殊规定的，人民法院要求工商行政管理机关办理有限责任公司股东变更登记前，应当进行审查，并确认该公司股东变更符合公司法第二十四条、第五十八条的规定。

工商行政管理机关收到人民法院上述文书后，应当在三个工作日内直接在业务系统中办理，不需要该有限责任公司另行申请，并及时公示股东变更登记信息。公示后，该股东权利以公示信息确定。

17. 人民法院可以对有关材料查询、摘抄、复制，但不得带走原件。

工商行政管理机关对人民法院复制的书面材料应当核对并加盖印章。人民法院要求提供电子版，工商行政管理机关有条件的，应当提供。

对于工商行政管理机关无法协助的事项，人民法院要求出具书面说明的，工商行政管理机关应当出具。

18. 工商行政管理机关对按人民法院要求协助执行产生的后果，不承担责任。

当事人、案外人对工商行政管理机关协助执行的行为不服，提出异议或者行政复议的，工商行政管理机关不予受理；向人民法院起诉的，人民法院不予受理。

当事人、案外人认为人民法院协助执行要求存在错误的，应当按照民事诉讼法第二百二十五条之规定，向人民法院提出执行异议，人民法院应当受理。

当事人认为工商行政管理机关在协助执行时扩大了范围或者违法采取措施造成其损害，提起行政诉讼的，人民法院应当受理。

19. 人民法院冻结股权、其他投资权益的通知在2014年2月28日之前送达工商行政管理机关、冻结到期日在2014年3月1日以后的，工商行政管理机关应当在2014年11月30日前将冻结信息公示。公示后续行冻结的，按照本通知第11条办理。

冻结到期日在2014年3月1日以后、2014年11月30日前，人民法院送达了续行冻结通知书的，续行冻结有效。工商行政管理机关还应当在2014年11月30日前公示续行冻结信息。

人民法院对股权、其他投资权益的冻结未设定期限的，工商行政管理机关应当在2014年11月30日前将冻结信息公示。从公示之日起满两年，人民法院未续行冻结的，冻结的效力消灭。

各高级人民法院与各省级工商行政管理局可以根据本通知，结合本地实际，制定贯彻实施办法。对执行本通知的情况和工作中遇到的问题，要及时报告最高人民法院、国家工商行政管理总局。

最高人民法院

# 关于部分人民法院冻结、扣划被风险处置证券公司客户证券交易结算资金有关问题的通知

〔2010〕民二他字第21号

**北京市、上海市、江苏省、山东省、湖北省、福建省高级人民法院：**

近日，中国证券监督管理委员会致函我院称，因部分人民法院前期冻结、扣划的客户证券交易结算资金未能及时解冻或退回，导致相应客户证券交易结算资金缺口难以弥补，影响被处置证券公司行政清理工作，请求我院协调有关人民法院解冻或退回客户证券交易结算资金。经研究，现就有关问题通知如下：

一、关于涉及客户证券交易结算资金的冻结与扣划事项，应严格按照《中华人民共和国证券法》、《最高人民法院关于冻结、扣划证券交易结算资金有关问题的通知》（法［2004］239号)、《最高人民法院、最高人民检察院、公安部、中国证券监督管理委员会关于查询、冻结、扣划证券和证券交易结算资金有关问题的通知》（法发［2008］4号)、《最高人民法院关于依法审理和执行被风险处置证券公司相关案件的通知》（法发［2009］35号）的相关规定进行。人民法院在保全、执行措施中违反上述规定冻结、扣划客户证券交易结算资金的，应坚决予以纠正。

二、在证券公司行政处置过程中，按照国家有关政策弥补客户证券交易结算资金缺口是中国证券投资者保护基金有限责任公司（以下简称保护基金公司）的重要职责，被风险处置证券公司的客户证券交易结算资金专用存款账户、结算备付金账户内资金均属于证券交易结算资金，保护基金公司对被风险处置证券公司因违法冻结、扣划的客户证券交易结算资金予以垫付弥补后，取得相应的代位权，其就此主张权利的，人民法院应予支持。被冻结、扣划的客户证券交易结算资金已经解冻并转入管理人帐户的，经保护基金公司申请，相关破产案件审理法院应当监督管理人退回保护基金公司专用账户；

仍处于冻结状态的，由保护基金公司向相关保全法院申请解冻，保全法院应将解冻资金返还保护基金公司专用账户；已经扣划的，由保护基金公司向相关执行法院申请执行回转，执行法院应将退回资金划入保护基金公司专用账户。此外，被冻结、扣划客户证券交易结算资金对应缺口尚未弥补的，由相关行政清理组申请保全或者执行法院解冻或退回。

请各高级法院督促辖区内相关法院遵照执行。

特此通知。

最高人民法院

# 关于执行款物管理工作的规定

法发〔2017〕6号

为规范人民法院对执行款物的管理工作，维护当事人的合法权益，根据《中华人民共和国民事诉讼法》及有关司法解释，参照有关财务管理规定，结合执行工作实际，制定本规定。

**第一条** 本规定所称执行款物，是指执行程序中依法应当由人民法院经管的财物。

**第二条** 执行款物的管理实行执行机构与有关管理部门分工负责、相互配合、相互监督的原则。

**第三条** 财务部门应当对执行款的收付进行逐案登记，并建立明细账。

对于由人民法院保管的查封、扣押物品，应当指定专人或部门负责，逐案登记，妥善保管，任何人不得擅自使用。

执行机构应当指定专人对执行款物的收发情况进行管理，设立台账、逐案登记，并与执行款物管理部门对执行款物的收发情况每月进行核对。

**第四条** 人民法院应当开设执行款专户或在案款专户中设置执行款科目，对执行款实行专项管理、独立核算、专款专付。

人民法院应当采取一案一账号的方式，对执行款进行归集管理，案号、款项、被执行人或交款人应当一一对应。

**第五条** 执行人员应当在执行通知书或有关法律文书中告知人民法院执行款专户或案款专户的开户银行名称、账号、户名，以及交款时应当注明执行案件案号、被执行人姓名或名称、交款人姓名或名称、交款用途等信息。

**第六条** 被执行人可以将执行款直接支付给申请执行人；人民法院也可以将执行款从被执行人账户直接划至申请执行人账户。但有争议或需再分配的执行款，以及人民法院认为确有必要的，应当将执行款划至执行款专户或案款专户。

人民法院通过网络执行查控系统扣划的执行款，应当划至执行款专户或案款专户。

**第七条** 交款人直接到人民法院交付执行款的，执行人员可以会同交款人或由交款人直接到财务部门办理相关手续。

交付现金的，财务部门应当即时向交款人出具收款凭据；交付票据的，财务部门应当即时向交款人出具收取凭证，在款项到账后三日内通知执行人员领取收款凭据。

收到财务部门的收款凭据后，执行人员应当及时通知被执行人或交款人在指定期限内用收取凭证更换收款凭据。被执行人或交款人未在指定期限内办理更换手续或明确拒绝更换的，执行人员应当书面说明情况，连同收款凭据一并附卷。

**第八条** 交款人采用转账汇款方式交付和人民法院采用扣划方式收取执行款的，财务部门应当在款项到账后三日内通知执行人员领取收款凭据。

收到财务部门的收款凭据后，执行人员应当参照本规定第七条第三款规定办理。

**第九条** 执行人员原则上不直接收取现金和票据；确有必要直接收取的，应当不少于两名执行人员在场，即时向交款人出具收取凭证，同时制作收款笔录，由交款人和在场人员签名。

执行人员直接收取现金或者票据的，应当在回院后当日将现金或票据移交财务部门；当日移交确有困难的，应当在回院后一日内移交并说明原因。财务部门应当按照本规定第七条第二款规定办理。

收到财务部门的收款凭据后，执行人员应当按照本规定第七条第三款规定办理。

**第十条** 执行人员应当在收到财务部门执行款到账通知之日起三十日内，完成执行款的核算、执行费用的结算、通知申请执行人领取和执行款发放等工作。

有下列情形之一的，报经执行局局长或主管院领导批准后，可以延缓发放：

（一）需要进行案款分配的；

（二）申请执行人因另案诉讼、执行或涉嫌犯罪等原因导致执行款被保全或冻结的；

（三）申请执行人经通知未领取的；

（四）案件被依法中止或者暂缓执行的；

（五）有其他正当理由需要延缓发放执行款的。

上述情形消失后，执行人员应当在十日内完成执行款的发放。

**第十一条** 人民法院发放执行款，一般应当采取转账方式。

执行款应当发放给申请执行人，确需发放给申请执行人以外的单位或个人的，应当组成合议庭进行审查，但依法应当退还给交款人的除外。

**第十二条** 发放执行款时，执行人员应当填写执行款发放审批表。执行款发放审批表中应当注明执行案件案号、当事人姓名或名称、交款人姓名或名称、交款金额、交款时间、交款方式、收款人姓名或名称、收款人账号、发款金额和方式等情况。报经执行局局长或主管院领导批准后，交由财务部门办理支付手续。

委托他人代为办理领取执行款手续的，应当附特别授权委托书、委托代理人的身份证复印件。委托代理人是律师的，应当附所在律师事务所出具的公函及律师执照复印件。

**第十三条** 申请执行人要求或同意人民法院采取转账方式发放执行款的，执行人员应当持执行款发放审批表及申请执行人出具的本人或本单位接收执行款的账户信息的书面证明，交财务部门办理转账手续。

申请执行人或委托代理人直接到人民法院办理领取执行款手续的，执行人员应当在查验领款人身份证件、授权委托手续后，持执行款发放审批表，会同领款人到财务部门办理支付手续。

**第十四条** 财务部门在办理执行款支付手续时，除应当查验执行款发放审批表，还应当按照有关财务管理规定进行审核。

**第十五条** 发放执行款时，收款人应当出具合法有效的收款凭证。财务部门另有规定的，依照其规定。

**第十六条** 有下列情形之一，不能在规定期限内发放执行款的，人民法院可以将执行款提存：

（一）申请执行人无正当理由拒绝领取的；

（二）申请执行人下落不明的；

（三）申请执行人死亡未确定继承人或者丧失民事行为能力未确定监护人的；

（四）按照申请执行人提供的联系方式无法通知其领取的；

（五）其他不能发放的情形。

**第十七条** 需要提存执行款的，执行人员应当填写执行款提存审批表并附具有提存情形的证明材料。执行款提存审批表中应注明执行案件案号、当事人姓名或名称、交款人姓名或名称、交款金额、交款时间、交款方式、收款人姓名或名称、提存金额、提存原因等情况。报经执行局局长或主管院领导批准后，办理提存手续。

提存费用应当由申请执行人负担，可以从执行款中扣除。

**第十八条** 被执行人将执行依据确定交付、返还的物品（包括票据、证照等）直接交付给申请执行人的，被执行人应当向人民法院出具物品接收证明；没有物品接收证明的，执行人员应当将履行情况记入笔录，经双方当事人签字后附卷。

被执行人将物品交由人民法院转交给申请执行人或由人民法院主持双方当事人进行交接的，执行人员应当将交付情况记入笔录，经双方当事人签字后附卷。

**第十九条** 查封、扣押至人民法院或被执行人、担保人等直接向人民法院交付的物品，执行人员应当立即通知保管部门对物品进行清点、登记，有价证券、金银珠宝、古董等贵重物品应当封存，并办理交接。保管部门接收物品后，应当出具收取凭证。

对于在异地查封、扣押，且不便运输或容易毁损的物品，人民法院可以委托物品所在地人民法院代为保管，代为保管的人民法院应当按照前款规定办理。

**第二十条** 人民法院应当确定专门场所存放本规定第十九条规定的物品。

**第二十一条** 对季节性商品、鲜活、易腐烂变质以及其他不宜长期保存的物品，人民法院可以责令当事人及时处理，将价款交付人民法院；必要时，执行人员可予以变卖，并将价款依照本规定要求交财务部门。

**第二十二条** 人民法院查封、扣押或被执行人交付，且属于执行依据确定交付、返还的物品，执行人员应当自查封、扣押或被执行人交付之日起三十日内，完成执行费用的结算、通知申请执行人领取和发放物品等工作。不属于执行依据确定交付、返还的物品，符合处置条件的，执行人员应当依法启动财产处置程序。

**第二十三条** 人民法院解除对物品的查封、扣押措施的，除指定由被执行人保管的外，应当自解除查封、扣押措施之日起十日内将物品发还给所有人或交付人。

物品在人民法院查封、扣押期间，因自然损耗、折旧所造成的损失，由物品所有人或交付人自行负担，但法律另有规定的除外。

**第二十四条** 符合本规定第十六条规定情形之一的，人民法院可以对物品进行提存。

物品不适于提存或者提存费用过高的，人民法院可以提存拍卖或者变卖该物品所得价款。

**第二十五条** 物品的发放、延缓发放、提存等，除本规定有明确规定外，参照执行款的有关规定办理。

**第二十六条** 执行款物的收发凭证、相关证明材料，应当附卷归档。

**第二十七条** 案件承办人调离执行机构，在移交案件时，必须同时移交执行款物收发凭证及相关材料。执行款物收发情况复杂的，可以在交接时进行审计。执行款物交接不清的，不得办理调离手续。

**第二十八条** 各高级人民法院在实施本规定过程中，结合行政事业单位内部控制建设的要求，以及执行工作实际，可制定具体实施办法。

**第二十九条** 本规定自2017年5月1日起施行。2006年5月18日施行的《最高人民法院关于执行款物管理工作的规定（试行）》（法发〔2006〕11号）同时废止。

# 最高人民法院　最高人民检察院　公安部<br>中国证券监督管理委员会<br>关于查询、冻结、扣划证券和证券交易结算资金有关问题的通知

法发〔2008〕4号

**各省、自治区、直辖市高级人民法院、人民检察院、公安厅（局），解放军军事法院、军事检察院，新疆维吾尔自治区高级人民法院生产建设兵团分院，新疆生产建设兵团人民检察院、公安局：**

为维护正常的证券交易结算秩序，保护公民、法人和其他组织的合法权益，保障执法机关依法执行公务，根据《中华人民共和国刑事诉讼法》、《中华人民共和国民事诉讼法》、《中华人民共和国证券法》等法律以及司法解释的规定，现就人民法院、人民检察院、公安机关查询、冻结、扣划证券和证券交易结算资金的有关问题通知如下：

一、人民法院、人民检察院、公安机关在办理案件过程中，按照法定权限需要通过证券登记结算机构或者证券公司查询、冻结、扣划证券和证券交易结算资金的，证券登记结算机构或者证券公司应当依法予以协助。

二、人民法院要求证券登记结算机构或者证券公司协助查询、冻结、扣划证券和证券交易结算资金，人民检察院、公安机关要求证券登记结算机构或者证券公司协助查询、冻结证券和证券交易结算资金时，有关执法人员应当依法出具相关证件和有效法律文书。

执法人员证件齐全、手续完备的，证券登记结算机构或者证券公司应当签收有关法律文书并协助办理有关事项。

拒绝签收人民法院生效法律文书的，可以留置送达。

三、人民法院、人民检察院、公安机关可以依法向证券登记结算机构查询客户和证券公司的证券账户、证券交收账户和资金交收账户内已完成清算交收程序的余额、余额变动、开户资料等内容。

人民法院、人民检察院、公安机关可依法向证券公司查询客户的证券账户和资金账户、证券交收账户和资金交收账户内的余额、余额变动、证券及资金流向、开户资料等内容。

查询自然人账户的，应当提供自然人姓名和身份证件号码；查询法人账户的，应当提供法人名称和营业执照或者法人注册登记证书号码。

证券登记结算机构或者证券公司应当出具书面查询结果并加盖业务专用章。查询机关对查询结果有疑问时，证券登记结算机构、证券公司在必要时应当进行书面解释并加盖业务专用章。

**四**、人民法院、人民检察院、公安机关按照法定权限冻结、扣划相关证券、资金时，应当明确冻结、扣划证券、资金所在的账户名称、账户号码、冻结期限，所冻结、扣划证券的名称、数量或者资金的数额。扣划时，还应当明确拟划入的账户名称、账号。

冻结证券和交易结算资金时，应当明确冻结的范围是否及于孳息。

本通知规定的以证券登记结算机构名义建立的各类专门清算交收账户不得整体冻结。

**五**、证券登记结算机构依法按照业务规则收取并存放于专门清算交收账户内的下列证券，不得冻结、扣划：

（一）证券登记结算机构设立的证券集中交收账户、专用清偿账户、专用处置帐户内的证券。

（二）证券公司按照业务规则在证券登记结算机构开设的客户证券交收账户、自营证券交收账户和证券处置账户内的证券。

**六**、证券登记结算机构依法按照业务规则收取并存放于专门清算交收账户内的下列资金，不得冻结、扣划：

（一）证券登记结算机构设立的资金集中交收账户、专用清偿账户内的资金。

（二）证券登记结算机构依法收取的证券结算风险基金和结算互保金。

（三）证券登记结算机构在银行开设的结算备付金专用存款账户和新股发行验资专户内的资金，以及证券登记结算机构为新股发行网下申购配售对象开立的网下申购资金账户内的资金；

（四）证券公司在证券登记结算机构开设的客户资金交收账户内的资金。

（五）证券公司在证券登记结算机构开设的自营资金交收账户内最低限额自营结算备付金及根据成交结果确定的应付资金。

**七**、证券登记结算机构依法按照业务规则要求证券公司等结算参与人、投资者或者发行人提供的回购质押券、价差担保物、行权担保物、履约担保物，在交收完成之前，不得冻结、扣划。

**八**、证券公司在银行开立的自营资金账户内的资金可以冻结、扣划。

**九**、在证券公司托管的证券的冻结、扣划，既可以在托管的证券公司办理，也可以在证券登记结算机构办理。不同的执法机关同一交易日分别在证券公司、证券登记结算机构对同一笔证券办理冻结、扣划手续的，证券公司协助办理的为在先冻结、扣划。

冻结、扣划未在证券公司或者其他托管机构托管的证券或者证券公司自营证券的，由证券登记结算机构协助办理。

**十**、证券登记结算机构受理冻结、扣划要求后，应当在受理日对应的交收日交收程序完成后根据交收结果协助冻结、扣划。

证券公司受理冻结、扣划要求后，应当立即停止证券交易，冻结时已经下单但尚未撮合成功的应当采取撤单措施。冻结后，根据成交结果确定的用于交收的应付证券和应付资金可以进行正常交收。在交收程序完成后，对于剩余部分可以扣划。同时，证券公司应当根据成交结果计算出等额的应收资金或者应收证券交由执法机关冻结或者扣划。

**十一**、已被人民法院、人民检察院、公安机关冻结的证券或证券交易结算资金，其他人民法院、人民检察院、公安机关或者同一机关因不同案件可以进行轮候冻结。冻结解除的，登记在先的轮候冻结自动生效。

轮候冻结生效后，协助冻结的证券登记结算机构或者证券公司应当书面通知做出该轮候冻结的机关。

**十二**、冻结证券的期限不得超过二年，冻结交易结算资金的期限不得超过六个月。

需要延长冻结期限的，应当在冻结期限届满前办理续行冻结手续，每次续行冻结的期限不得超过前款规定的期限。

**十三**、不同的人民法院、人民检察院、公安机关对同一笔证券或者交易结算资金要求冻结、扣划或者轮候冻结时，证券登记结算机构或者证券公司应当按照送达协助冻结、扣划通知书的先后顺序办理协助事项。

**十四**、要求冻结、扣划的人民法院、人民检察院、公安机关之间，因冻结、扣划事项发生争议的，要求冻结、扣划的机关应当自行协商解决。协商不成的，由其共同上级机关决定；没有共同上级机关的，由其各自的上级机关协商解决。

在争议解决之前，协助冻结的证券登记结算机构或者证券公司应当按照争议机关所送达法律文书载明的最大标的范围对争议标的进行控制。

**十五**、依法应当予以协助而拒绝协助，或者向当事人通风报信，或者与当事人通谋转移、隐匿财产的，对有关的证券登记结算机构或者证券公司和直接责任人应当依法进行制裁。

**十六**、以前规定与本通知规定内容不一致的，以本通知为准。

**十七**、本通知中所规定的证券登记结算机构，是指中国证券登记结算有限责任公司及其分公司。

**十八**、本通知自2008年3月1日起实施。

# 最高人民法院<br>关于强制执行中不应将企业党组织的党费作为企业财产予以冻结或划拨的通知

法〔2005〕209 号

**各省、自治区、直辖市高级人民法院，解放军军事法院，新疆维吾尔自治区高级人民法院生产建设兵团分院：**

据悉，近一个时期，少数法院在强制执行过程中，将企业党组织的党费账户予以冻结，影响了企业党组织的正常工作。为避免此类情况发生，特通知如下：

企业党组织的党费是企业每个党员按月工资比例向党组织交纳的用于党组织活动的经费。党费由党委组织部门代党委统一管理，单立账户，专款专用，不属于企业的责任财产。因此，在企业作为被执行人时，人民法院不得冻结或划拨该企业党组织的党费，不得用党费偿还该企业的债务。执行中，如果申请执行人提供证据证明企业的资金存入党费账户，并申请人民法院对该项资金予以执行的，人民法院可以对该项资金先行冻结；被执行人提供充分证据证明该项资金属于党费的，人民法院应当解除冻结。

各级人民法院发现执行案件过程中有违反上述规定情形的，应当及时依法纠正。

最高人民法院

# 关于执行旅行社质量保证金问题的通知

法〔2001〕1号

**各省、自治区、直辖市高级人民法院，新疆维吾尔自治区高级人民法院生产建设兵团分院：**

人民法院在执行涉及旅行社的案件时，遇有下列情形而旅行社不承担或无力承担赔偿责任的，可以执行旅行社质量保证金：

（1）旅行社因自身过错未达到合同约定的服务质量标准而造成旅游者的经济权益损失；

（2）旅行社的服务未达到国家或行业规定的标准而造成旅游者的经济权益损失；

（3）旅行社破产后造成旅游者预交旅行费损失；

（4）人民法院判决、裁定及其他生效法律文书认定的旅行社损害旅游者合法权益的情形。

除上述情形之外，不得执行旅行社质量保证金。同时，执行涉及旅行社的经济赔偿案件时，不得从旅游行政管理部门行政经费帐户上划转行政经费资金。

特此通知。

# 最高人民法院<br>关于认真做好网络司法拍卖与网络司法变卖衔接工作的通知

法明传〔2017〕455号

变卖是执行程序财产处置程序的重要组成部分，《最高人民法院关于人民法院网络司法拍卖若干问题的规定》（以下简称《网拍规定》）明确规定通过互联网平台进行变卖的，参照《网拍规定》执行。司法解释实施以来，网络司法拍卖二拍流拍后进行网络司法变卖的，各地法院操作不统一，为规范人民法院网络司法变卖行为，做好网络司法拍卖与网络司法变卖的衔接工作，现通知如下：

一、关于网络司法变卖平台选择的问题。网络司法拍卖二拍流拍后，人民法院采取网络司法变卖方式处置财产的，应当在最高人民法院确定的网络服务提供者名单库中的平台上实施。原则上沿用网拍程序适用的平台，但申请执行人在网拍二拍流拍后10日内书面要求更换到名单库中的其他平台上实施的，执行法院应当准许。

二、关于发布网络司法变卖公告期限的问题。网拍二拍流拍后，人民法院应当于10日内询问申请执行人或其他执行债权人是否接受以物抵债。不接受以物抵债的，人民法院应当于网拍二拍流拍之日起15日内发布网络司法变卖公告。

三、关于网络司法变卖公告期、变卖期的问题。网络司法变卖期为60天，人民法院应当在公告中确定变卖期的开始时间。变卖动产的，应当在变卖期开始7日前公告；变卖不动产或者其他财产权的，应当在变卖期开始15日前公告。变卖公告应当包括但不限于变卖财产、变卖价、变卖期、变卖期开始时间、变卖流程、保证金数额、加价幅度等内容，应当特别提示变卖成交后不交纳尾款的，保证金不予退还。

四、关于变卖价确定的问题。网络司法变卖的变卖价为网络司法拍卖二拍流拍价。各级人民法院应当认真领会《网拍规定》关于确定一拍、二拍起拍价的精神，在评估价（或市场价）基础上按《网络规定》进行降价拍卖。

**五**、关于竞买人资格确定的问题。竞买人交齐变卖价全款后，取得竞买资格。竞买人可以向法院指定的账户交纳，也可以在变卖平台上在线报名并交纳。竞买人向法院指定账户交纳的，人民法院应当及时通过操作系统录入并推送给确定的变卖平台。

**六**、关于网络司法拍卖变卖流程问题。变卖期开始后，取得竞买资格的竞买人即可以出价。自第一次出价开始进入 24 小时竞价程序，其他取得竞买资格的竞买人可在竞价程序内以递增出价方式参与竞买。竞价程序参照《网拍规定》第二十条规定进行，加价幅度参照我院法明传（2017）第 253 号通知要求进行设置。竞价程序内无其他人出价的，变卖财产由第一次出价的竞买人竞得；竞价程序内有其他人出价的，变卖财产由竞价程序结束时最高出价者竞得。变卖成交的，竞价程序结束时变卖期结束。

**七**、关于网络司法变卖结束后相关事宜处理的问题。变卖成交的，由平台以买受人的真实身份自动生成确认书并公示；变卖期内无人出价的，变卖期结束时变卖程序结束，相关财产按相关司法解释和规范性文件依法处置。

**八**、关于变卖成交后买受人不交纳尾款如何处理的问题。经过竞价变卖成交后，买受人反悔不交纳尾款的，从所交纳变卖价款中扣留变卖公告中所确定的保证金不予退还，扣留的保证金参照《网络规定》第二十四条处理，买受人反悔不交纳尾款导致人民法院重新变卖的，原买受人不得再次参与竞买。

**九**、关于未经拍卖直接变卖财产如何处置的问题。未经拍卖直接变卖的财产，按照《最高人民法院关于人民法院民事执行中拍卖、变卖财产的规定》进行变卖。

各高级人民法院应当及时指导辖区内法院认真学习本通知精神，按通知要求开展好网络司法变卖工作。我院已根据上述规则要求各网络服务提供者进行程序改造，同时一并开发内网变卖操作系统，系统具体上线时间及操作手册将另行下发。请各高级人民法院工作中注意收集辖区内法院在实施过程中遇到的问题、提出的意见及建议，及时报告我院。

特此通知

# （四）请示答复

最高人民法院执行局

## 关于人民法院能否在执行程序中以被执行人擅自出租查封房产为由认定该租赁合同无效或解除该租赁合同的答复

〔2009〕执他字第7号

**山东省高级人民法院：**

你院《关于被执行人擅自出租已查封的财产执行程序中人民法院排除执行妨害能否认定该合同无效或解除租赁合同的请示》收悉。经研究，答复如下：

在执行程序中被执行人擅自处分法院的查封物，包括本案中以出租的形式妨害查封效果的行为，执行法院有权以裁定形式执结予以处理。根据最高人民法院《关于人民法院执行中查封、扣押、冻结财产的规定》第26条，被执行人擅自处分查封物，与第三人签订的租赁合同，并不当然无效，只是不得对抗申请执行人。第三人依据租赁合同占有查封物的，人民法院可以解除其占有，但不应当在裁定中直接宣布租赁合同无效或解除租赁合同，而仅应指出租赁合同不能对抗申请执行人。

## 最高人民法院执行工作办公室
# 关于人民法院查封的财产被转卖是否保护善意取得人利益问题的复函

〔1999〕执他字第21号

**河北省高级人民法院：**

你院《关于被执行人转卖法院查封财产第三人善意取得是否应予保护的请示》收悉。经研究，答复如下：

人民法院依法查封的财产被转卖的，对买受人原则上不适用善意取得制度。但鉴于所请示的案件中，有关法院在执行本案时，对液化气铁路罐车的查封手续不够完备，因此在处理时对申请执行人和买受人的利益均应给予照顾，具体可对罐车或其变价款在申请执行人和买受人之间进行公平合理分配。

## 最高人民法院执行工作办公室
# 关于同一法院在不同案件中是否可以对同一财产采取轮候查封、扣押、冻结保全措施问题的答复

〔2005〕执他字第24号

**江苏省高级人民法院：**

你院关于同一法院在不同案件中是否可以对同一财产采取轮候查封、扣押、冻结保全措施的请示收悉。经研究，答复如下：

设立轮候查封、扣押、冻结制度，目的是为了解决多个债权对同一执行标的物受偿的先后顺序问题。因此，根据最高人民法院《关于人民法院民事执行中查封、扣押、冻结财产的规定》第二十八条规定的精神，只要不是同一债权，不论是不是同一个债权人，受理案件的法院是不是同一个法院，都应当允许对已被查封、扣押、冻结的财产进行轮候查封、扣押、冻结；同一法院在不同案件中也可以对同一财产采取轮候查封、扣押、冻结保全措施。

此复

最高人民法院

# 关于查封法院全部处分标的物后轮候查封的效力问题的批复

法函〔2007〕100号

**北京市高级人民法院：**

你院《关于查封法院全部处分标的物后，轮候查封的效力问题的请示》（京高法［2007］208号）收悉。经研究，答复如下：

根据《最高人民法院关于人民法院民事执行中查封、扣押、冻结财产的规定》（法释［2004］15号）第二十八条第一款的规定，轮候查封、扣押、冻结自在先的查封、扣押、冻结解除时自动生效，故人民法院对已查封、扣押、冻结的全部财产进行处分后，该财产上的轮候查封自始未产生查封、扣押、冻结的效力。同时，根据上述司法解释第三十条的规定，人民法院对已查封、扣押、冻结的财产进行拍卖、变卖或抵债的，原查封、扣押、冻结的效力消灭，人民法院无需先行解除该财产上的查封、扣押、冻结，可直接进行处分，有关单位应当协助办理有关财产权证照转移手续。

此复

# 最高人民法院
# 关于产业工会、基层工会是否具备社团法人资格和工会经费集中户可否冻结划拨问题的批复

法复〔1997〕6号

**各省、自治区、直辖市高级人民法院，解放军军事法院：**

山东等省高级人民法院就审判工作中如何认定产业工会、基层工会的社团法人资格和对工会财产、经费查封、扣押、冻结、划拨的问题，向我院请示。经研究，批复如下：

一、根据《中华人民共和国工会法》（以下简称工会法）的规定，产业工会社团法人资格的取得是由工会法直接规定的，依法不需要办理法人登记。基层工会只要符合《中华人民共和国民法通则》（以下简称民法通则）、工会法和《中国工会章程》规定的条件，报上一级工会批准成立，即具有社团法人资格。人民法院在审理案件中，应当严格按照法律规定的社团法人条件，审查基层工会社团法人的法律地位。产业工会、具有社团法人资格的基层工会与建立工会的企业法人是各自独立的法人主体。企业或企业工会对外发生的经济纠纷，各自承担民事责任。上级工会对基层工会是否具备法律规定的社团法人的条件审查不严或不实，应当承担与其过错相应的民事责任。

二、确定产业工会或者基层工会兴办企业的法人资格，原则上以工商登记为准；其上级工会依据有关规定进行审批是必经程序，人民法院不应以此为由冻结、划拨上级工会的经费并替欠债企业清偿债务。产业工会或基层工会投资兴办的具备法人资格的企业，如果投资不足或者抽逃资金的，应当补足投资或者在注册资金不实的范围内承担责任；如果投资全部到位，又无抽逃资金的行为，当企业负债时，应当以企业所有的或者经营管理的财产承担有限责任。

三、根据工会法的规定，工会经费包括工会会员缴纳的会费，建立工会组织的企业事业单位、机关按每月全部职工工资总额的百分之二的比例向工

会拨交的经费，以及工会所属的企业、事业单位上缴的收入和人民政府的补助等。工会经费要按比例逐月向地方各级总工会和全国总工会拨交。工会的经费一经拨交，所有权随之转移。在银行独立开列的“工会经费集中户”，与企业经营资金无关，专门用于工会经费的集中与分配，不能在此帐户开支费用或挪用、转移资金。因此，人民法院在审理案件中，不应将工会经费视为所在企业的财产，在企业欠债的情况下，不应冻结、划拨工会经费及“工会经费集中户”的款项。

此复

# 最高人民法院
# 关于法院冻结财产的户名与账号不符银行能否自行解冻的请示的答复

法经〔1997〕32 号

**江西省高级人民法院：**

你院赣高法研［1996］6 号请示收悉，经研究，答复如下：

人民法院根据当事人申请，对财产采取冻结措施，是我国民事诉讼法赋予人民法院的职权，其他单位、组织和个人均不得加以妨碍。人民法院在完成对财产冻结手续后，银行如发现被冻结的户名与账号不符时，应主动向法院提出存在的问题，由法院更正，而不能自行解冻；如因自行解冻不当造成损失，应视其过错程度承担相应的法律责任。

此复

## 最高人民法院执行办公室
# 关于对案外人未协助法院冻结债权应如何处理问题的复函

〔2002〕执他字第19号

**江苏省高级人民法院：**

你院《关于案外人沛县城镇郝小楼村村委员未协助法院冻结债权应如何处理的请示报告》收悉。经研究，答复如下：

徐州市中级人民法院在诉讼中做出了查封冻结盐城金海岸建筑安装有限公司（下称建筑公司）财产的裁定，并向沛县城镇郝小楼村村委会（下称村委会）发出了冻结建筑公司对村委会的债权的协助执行通知书。当你院〔2001〕苏民终字第154号民事调解书确定建筑公司对村委会的债权时，徐州中院对该债权的冻结尚未逾期，仍然有效，因此村委会不得就该债权向建筑公司支付。如果村委会在收到上述调解书后，擅自向建筑公司支付，致使徐州中院的生效法律文书无法执行，则除可以根据《中华人民共和国民事诉讼法》第一百零二条的规定，对村委会妨害民事诉讼的行为进行处罚外，也可以根据最高人民法院《关于执行工作若干问题的规定（试行）》第四十四条的规定，责令村委会限期追回财产或承担相应的赔偿责任。

# 最高人民法院
# 关于能否要求社保机构协助冻结、扣划被执行人的养老金问题的复函

〔2014〕执他字第22号

**浙江省高级人民法院：**

你院浙高法［2014］29号《关于请求商人力资源和社会保障部废止劳社厅函［2002］27号复函的报告》收悉。经研究，提出如下意见：

一、被执行人应得的养老金应当视为被执行人在第三人处的固定收入，属于其责任财产的范围，依照《中华人民共和国民事诉讼法》第二百四十三条之规定，人民法院有权冻结、扣划。但是，在冻结、扣划前，应当预留被执行人及其所抚养家属必须的生活费用。

二、《中华人民共和国民事诉讼法》第二百四十二条规定："人民法院决定扣押、冻结、划拨、变价财产，应当作出裁定，并发出协助执行通知书，有关单位必须办理。"本院《关于人民法院执行工作若干问题的规定（试行）》第36条也规定："被执行人在有关单位的收入尚未支取的，人民法院应当作出裁定，向该单位发出协助执行通知书，由其协助扣留或提取"。依照前述规定，社会保障机构作为养老金发放机构，有义务协助人民法院冻结、扣划被执行人应得的养老金。

三、在执行被执行人的养老金时，应当注意向社会保障机构做好解释工作，讲清法律规定的精神，取得理解和支持。如其仍拒绝协助的，可以依法制裁。

此复

# 最高人民法院执行工作办公室<br>关于人民法院在强制执行程序中处分被执行人国有资产适用法律问题的请示报告的复函

〔2001〕执他字第13号

陕西省高级人民法院：

你院（2000）陕执请字第09号《关于人民法院在强制执行程序中处分被执行人国有资产适用问题的请示报告》收悉。经研究，答复如下：

国务院发布的《国有资产评估管理办法》（国务院91号令）关于国有资产评估中申请立项及审核确认的规定，确定了对国有资产占用单位在自主交易中进行评估的程序，其委托评估的主体是国有资产的占有企业，在特殊情况下可由国有资产管理部门委托评估。该《办法》对人民法院在执行程序中委托评估作为被执行人的国有企业的资产，并无相应的规定。人民法院在执行中委托评估也无须参照适用该《办法》，而应根据《最高人民法院关于人民法院执行工作若干问题的规定（试行）》第47条的规定办理，即由人民法院自行委托依法成立的资产评估机构进行；对评估机构的评估结论，应由执行法院独立审核确认并据以确定拍卖、变卖的底价。因此，只要执行法院委托了依法成立的评估机构进行评估，并据以判断认为核评估结论不存在重大错误，该评估程序和结果就是合法有效的。故石泉县人民法院在执行中委托评估的执行行为合法，应予以维持。

此复

# 最高人民法院
# 关于人民法院能否提取投保人在保险公司所投的第三人责任险应得的保险赔偿款问题的复函

〔2000〕执他字第15号

**江苏省高级人民法院：**

你院〔1999〕苏法执他字第15号《关于人民法院能否提取投保人在保险公司所投的第三人责任险应得的保险赔偿款的请示》收悉。经研究，答复如下：

人民法院受理此类申请执行案件，如投保人不履行义务时，人民法院可以依据债权人（或受益人）的申请向保险公司发出协助执行通知书，由保险公司依照有关规定理赔，并给付申请执行人；申请执行人对保险公司理赔数额有异议的，可通过诉讼予以解决；如保险公司无正当理由拒绝理赔的，人民法院可依法予以强制执行。

**附：**

## 江苏省高级人民法院
## 关于人民法院能否提取投保人在保险公司所投的第三人责任险应得的保险赔偿款问题的请示

（1999年6月25日　〔1999〕苏法执他字第15号）

**最高人民法院：**

**一、案件主要事实**

近来，我省一些基层法院受理了不少交通事故损害赔偿申请执行案件，因投保人肇事后逃逸躲藏，下落不明，法院在裁定提取投保人在保险公司应得的第三人责任险赔偿款时，保险公司以投保人未索取，无法确定理赔数额为由，拒绝协助提取，造成类似案件无法执行，第三人的合法权益无法实现。

## 二、我院的意见

我院研究认为，根据《保险法》第五十条第一款的规定："保险人对责任保险的被保险人给第三者造成的损害，可以依照法律的规定或者合同的约定，直接向第三者赔偿保险金"，《合同法》第七十三条第一款规定："因债务人怠于行使到期债权，对债权人造成损害的，债权人可以向人民法院请求以自己名义代位行使债务人的债权，但该债权专属于债务人自身的除外"，以及最高法院《关于执行工作若干问题的规定（试行）》第三十六条的规定："被执行人在有关单位的收入尚未支取的人民法院应当作出裁定，向该单位发出协助执行通知书，由其协助扣留或提取"，此类案件在执行过程中，人民法院向保险公司发出协助执行通知书，保险公司应予协助。

现予请示，请批复。

# 最高人民法院
# 关于执行程序中被执行人无偿转让抵押财产人民法院应如何处理的请示的答复

〔2006〕执他字第13号

**山东省级人民法院：**

你院《关于执行程序中被执行人无偿转让抵押财产人民法院应如何处理的请示》收悉。经研究，答复如下：

作为执行标的物的抵押财产在执行程序中被转让的，如果抵押财产已经依法办理了抵押登记，则不论转让行为是有偿还是无偿，也不论是否同通知了抵押债权人，只要抵押权人没有放弃抵押权，人民法院均可以直接对该抵押物进行执行。因此，你院可以直接对被执行人已经设定抵押的财产采取执行措施，必要时，可以将抵押财产的现登记名义人列为被执行人。

此复。

# （五）地方性司法文件

## 上海法院网络司法拍卖实施细则（试行）

（2017 年 2 月 9 日）

为贯彻执行《最高人民法院关于人民法院网络司法拍卖若干问题的规定》（法释〔2016〕18 号，下称“《网络拍卖规定》”），规范上海法院网络司法拍卖工作，制定如下实施细则：

**一、网拍定义**

1. 本细则所称网络司法拍卖，是指本市法院依法通过最高人民法院司法拍卖网络服务提供者名单库（见附件一）确定的网络司法拍卖平台，以网络电子竞价方式公开处置涉案财产的行为。

**二、基本原则**

2. 坚持公开公正。运用网络化手段向社会全程公开司法拍卖整个过程，接受社会监督，增强司法拍卖活动的社会参与度和透明度，进一步规范司法拍卖，维护司法权威，提升司法公信力。

3. 坚持当事人自愿。由申请执行人从最高人民法院确定的司法拍卖网络服务提供者名单库选择网络平台；申请执行人未选择或者多个申请执行人选择不一致时，由人民法院指定。

4. 坚持保护合法权益。进一步规范细化网络司法拍卖操作程序，充分利用互联网平台参与度高、竞价充分的优点，实现变现财产价值的最大化，充分保护债权人、债务人的合法利益。

5. 坚持网拍优先。全市法院以拍卖方式处置涉案财产的，应当优先采用网络司法拍卖方式。法律、行政法规和司法解释规定不宜采用网络拍卖方式的，经分管执行工作院领导审批后可以采用其他方式处置。

6. 坚持统一管理。高级法院成立网络司法拍卖工作领导小组，对全市法院网络司法拍卖工作进行统一管理。网络司法拍卖工作领导小组下设网络司法拍卖工作办公室，履行具体管理和工作职责。

7. 坚持执拍分离。网络司法拍卖过程中，人民法院应当履行的职责由网络司法拍卖办公室和执行局分别承担，实行分工负责。网络司法拍卖相关辅助工作可以委托社会机构或者组织承担。

## 三、职责分工

8. 高级法院网络司法拍卖工作领导小组由分管立案工作的副院长任组长，立案庭、执行局负责人任副组长，监察室、行装处、信息处负责人任组员。网络司法拍卖领导小组负责本市网络司法拍卖政策制定、实施监管等网络司法拍卖管理工作。网络司法拍卖工作领导小组定期召开会议，一般每季度一次。

网络司法拍卖工作办公室（以下简称“网拍办”）设在立案庭。

本市各中级和基层人民法院、专门法院应当建立相应的网络司法拍卖工作领导小组和网拍办，开展网络司法拍卖工作。

9. 网拍办负责网络司法拍卖过程中以下事务：

（1）委托对拍卖标的进行鉴定、检验、评估、审计、仓储、保管、运输等，并送达相关报告；

（2）确定拍卖财产现状等内容；

（3）确定拍卖保留价、保证金的数额及支付方式、税费负担等；

（4）通知当事人和优先购买权人；

（5）制作、发布拍卖公告、特别提示，上传视频、照片，及完成优先竞买代码相关设置；

（6）与网络服务提供者、辅助机构联系，监督在线拍卖活动和辅助工作；

（7）办理拍卖款结算及拍卖财产交付；

（8）其他网络司法拍卖相关事务工作。

10. 执行局负责网络司法拍卖过程中以下事项：

（1）制作拍卖裁定；

（2）确认拍卖标的权利负担、优先购买权人和特别提示内容；

（3）决定暂缓拍卖或裁定中止、撤销拍卖；

（4）制作拍卖成交裁定；

（5）出具财产权证照转移协助执行通知书；

（6）实施房屋迁让等拍卖标的清场；

（7）其他依法应当由执行机构履行的职责。

## 四、操作流程

11. 执行过程中需要以拍卖方式处置财产的，执行局应当制作、送达拍卖裁定书后移交本院网拍办进行委托评估、办理网络司法拍卖等具体事务。网络司法拍卖成交并完成拍卖款结算后，网拍办应当将拍卖成交确认书移交执行局。执行局收到拍卖成交确认书后应当及时制作、送达成交裁定书。网拍办及时办理拍卖财产交付。

12. 网络服务提供者由网拍办组织申请执行人从最高人民法院司法拍卖网络服务提供者名单库中选择；未选择或者多个申请执行人的选择不一致的，由执行法院网拍办报送高级法院网拍办统一从最高人民法院司法拍卖网络服务提供者名单库中随机指定。

13. 高级法院建立全市统一的网络司法拍卖辅助机构名单库（见附件二）。名单库成员应当从具有一定资质等级的社会机构或组织中选定并向社会公示。

网络司法拍卖过程中需要确定辅助机构的，由执行法院网拍办将申请报送高级法院网拍办。高级法院网拍办从辅助机构名册中由电脑配对随机确定后向辅助机构出具委托函。辅助机构持委托函与执行法院网拍办联系，办理具体事项。辅助机构的确定定期公开进行，监察室派员进行现场监督，辅助机构负责人及委派的工作人员可以参加。

## 五、辅助工作

14. 网络司法拍卖过程中，执行法院可以将下列拍卖辅助工作委托辅助机构：

（1）查询拍卖标的产权登记信息；

（2）查询户籍及物业费、公用事业费缴纳情况；

（3）查询拍卖标的涉及的工商、税务等信息；

（4）实地勘察，查明拍卖标的实际占有使用状况、权利负担等；

（5）制作拍卖财产的文字说明及视频或者照片等资料；

（6）展示拍卖财产，接受咨询，引领查看，封存样品等；

（7）拍卖标的鉴定、检验、评估、审计、仓储、保管、运输等；

（8）协助办理拍卖标的交付及产权过户、完税等手续；

（9）其他可以委托的拍卖辅助工作。

15. 辅助机构完成执行法院委托的全部辅助工作的，可以在网络司法拍卖成交后收取相应的辅助工作费用。该费用从拍卖成交款中支付。辅助工作收费标准另行确定。

## 六、底价确定

16. 网络司法拍卖应当对拍卖标的物先行进行价格评估，并确定保留价，拍卖保留价即为起拍价。第一次拍卖起拍价不得低于评估价的百分之七十，第二次起拍价不得低于第一次起拍价的百分之八十。

17. 拍卖标的物为生产资料、生活用品等动产类，且具有下列情况之一的，可不经评估直接进行网络司法拍卖：

（1）价值较低的（一般单件标的价格为10000元以下）；

（2）双方当事人对价值一致认可的。

标的物价格是否属于10000元以下，由网拍办酌定。当事人对价值一致认可应当有书面记录。直接拍卖的保留价以网拍办酌定或当事人一致认可价格为准。

## 七、暂缓拍卖

18. 网络司法拍卖竞价程序结束前，符合下列情形的应当决定暂缓或者裁定中止拍卖：

（1）申请人表示可以延期执行或撤销执行申请的；

（2）被执行人已支付全部执行款的；

（3）据以执行的法律文书被中止执行或撤销的；

（4）人民法院已受理以被执行人为债务人的破产申请的；

（5）人民法院已受理被执行人申请撤销仲裁裁决或不予执行仲裁裁决、公证债权文书的；

（6）案外人对执行标的提出确有理由的异议的；

（7）追索赡养费、扶养费、抚育费案件的权利人死亡的；

（8）应当暂缓或者中止拍卖的其他情形。

19. 执行人员认为需要暂缓或中止拍卖的，应当经执行局长审批同意。网拍办接到暂缓决定或者中止裁定后应当立即通知网络服务提供者停止拍卖，并在网络司法拍卖平台公告原因或者理由。

20. 暂缓、中止原因消失后，需要重新拍卖的，相关辅助工作由原指定的辅助机构继续承担，不再另行确定辅助机构；不再重新拍卖的，执行法院网拍办应当通知辅助机构，同时报高级法院网拍办备案。

## 八、监督考核

21. 网络司法拍卖工作领导小组对网拍办、执行局开展网络司法拍卖工作情况进行指导和监督。监察室对网络司法拍卖全过程进行监督，并及时查处所发现的违纪行为。

22. 网拍办对网络司法拍卖服务提供者进行监督。主要包括：

（1）监督网上拍卖公告、特别提示发布以及拍卖品展示情况；

（2）监督参加拍卖的竞买人资格及保证金预交情况；

（3）监督网络司法拍卖平台在线拍卖过程；

（4）监督网络司法拍卖成交确认书生成和拍卖价款的缴付情况；

（5）其他需要进行监督的事项。

23. 辅助机构有下列情形之一的，暂停或者取消其承担网络司法拍卖辅助工作资格：

（1）单位或单位负责人因违法、违纪，受到行政或刑事处罚的；

（2）无正当理由拒绝接受委托事项，或超期完成委托事项的；

（3）不遵守法院相关规定和要求，不及时整改的；

（4）未通过定期组织的评测的；

（5）其他不适宜作为辅助机构的事项。

被取消辅助工作资格的辅助机构 3 年以内不得入选网络司法拍卖辅助机构名单库。

24. 高级法院定期统一组织对辅助机构工作质量、效率和服务进行评测。评测工作由高级法院网拍办组织实施，各级法院网拍办、执行局共同参与。

## 九、其他

25. 全市法院通过互联网平台以变卖方式处置涉案财产的，参照本细则执行。执行程序中委托拍卖机构通过互联网平台实施网络拍卖的，参照本细则执行。本细则对网络司法拍卖行为没有规定的，适用其他有关司法拍卖的规定。

本细则自下发之日起施行。实施前本院有关网络司法拍卖工作规定与本细则不一致的，以本细则为准。

本细则由高级法院网络司法拍卖工作领导小组负责解释。

# 上海市高级人民法院
# 关于财产保全工作的规定

沪高法（审）〔2014〕3号

## 一　总则

**第一条**　为切实维护当事人的合法权益，进一步依法、规范、及时地开展财产保全工作，根据《中华人民共和国民事诉讼法》等法律和最高人民法院关于查封、扣押、冻结财产的有关规定及司法解释，结合本市法院财产保全工作实际，制定本规则。

**第二条**　本规则所指财产保全，包括诉前财产保全、诉讼财产保全、诉讼后执行前财产保全和非诉财产保全。

## 二　财产保全的申请、审查和裁定

**第三条**　因当事人一方的行为或其他原因，可能使判决或者仲裁裁决难以执行或者造成当事人其他损害，当事人申请或者仲裁机构提交当事人申请的，可以作出财产保全的裁定。

**第四条**　具体行政行为确定的权利人在申请人民法院强制执行前有充分理由认为被执行人可能逃避执行，提出申请的，可以作出财产保全的裁定。

**第五条**　根据申请人在提出认可台湾地区有关法院民事判决时或者在案件受理后作出裁定前的申请，可以作出财产保全的裁定。

**第六条**　国家监察、审计、证券监督管理等行政机关提起财产保全申请的，应当作出财产保全的裁定。

**第七条**　有下列情形之一而当事人没有提出申请的，可以裁定采取财产保全措施：

1. 不采取保全措施可能使国家财产遭受难以弥补的损害的；
2. 双方当事人互相推诿，致争议标的物无人管理，有毁损、灭失可能的；
3. 其他有采取财产保全措施必要的。

**第八条** 当事人申请财产保全，应当符合以下条件：

1. 申请人和被申请人都是本案当事人；

2. 请求保全的财产是当事人争议的财产或者是被申请人的财产；

3. 请求保全的财产价值金额以诉讼或者裁决请求的金额为限；

4. 请求保全的目的是为了判决或者裁决的顺利执行或者是为了避免财产的损失。

**第九条** 利害关系人因情况紧急，不立即申请财产保全将会使其合法财产受到难以弥补的损害的，可以在起诉前或者申请仲裁前向被保全财产所在地、被申请人住所地或者对案件有管辖权的人民法院申请财产保全。

**第十条** 申请诉前财产保全应当符合以下条件：

1. 申请人与被申请人之间存在法律上的权利义务关系；

2. 情况紧急，来不及准备相应的起诉材料的；

3. 请求保全的目的是为了避免其合法财产受到难以弥补的损害。

**第十一条** 收到诉前财产保全申请后，应当按照诉前财产保全的金额并参照民事诉讼法关于级别管辖和专属管辖的规定，决定采取诉前财产保全。

采取诉前财产保全的人民法院受理申请人的起诉后，发现所受理的案件不属于本院管辖的，应当将案件和财产保全申请费一并移送有管辖权的人民法院。案件移送后，诉前财产保全裁定继续有效。

**第十二条** 财产保全申请书的内容应当包括：

1. 申请人与被申请人的基本情况；

2. 请求保全的具体事项、金额和措施；

3. 事实和理由；

4. 财产的证据或线索。

**第十三条** 仲裁机构提请的财产保全，应当提交当事人的申请。

监察、审计、证券监督管理等行政机关提请的财产保全，应当附行政机关的《立案审批表》和《提请保全书》。

当事人的申请或者《提请保全书》的内容参照本规则第十二条规定。

**第十四条** 对于非诉财产保全（行政机关提请的除外）的申请，参照本规则第十一条和第十三条的规定进行审查。

**第十五条** 提供的财产证据或线索应当明确、具体。

申请时已经存在的财产证据或线索，应当一次提供完毕，非申请人主观原因致无法提供的除外。

财产证据或线索为银行存款、存单的，应当提供具体银行名称、账号和银行的确切地址。

财产证据或线索为股票的，应当提供具体的股东账号、资金账号以及证券公司的确切地址。

财产证据或线索为已经登记的不动产、特定动产及其他财产权的，应当提供有关登记机关最近一周内出具的登记资料，资料除了包含所有权人、权证号码、品牌、型号等基本信息外，还应当包含有无抵押权人和司法限制等信息。

**第十六条** 审查保全申请，接受保全申请的法官应当向申请人一次性告知清楚申请财产保全必须符合的条件。

财产保全申请不符合条件的，应当裁定驳回。

**第十七条** 诉前财产保全、非诉财产保全，由立案庭裁定；诉讼财产保全、诉讼后执行前财产保全，由审理该案件的审判庭裁定。

财产保全的执行措施由执行局实施。

**第十八条** 行政机关提出的财产保全，由行政庭裁定并执行，必要时由执行局协助执行。

**第十九条** 诉前财产保全和非诉财产保全案件，编保全字号；诉讼财产保全和诉讼后执行前财产保全案件沿用原审案号。上述裁定移送执行局实施后，由执行局另立保执字号。

**第二十条** 中央及省、自治区、直辖市一级行政机关提请的财产保全，由被申请人或者财产所在地中级人民法院受理；其余地方各级行政机关提请的财产保全，由被申请人或者财产所在地基层人民法院受理。

**第二十一条** 证券监督管理机关申请冻结资金账户、证券账户的，由申请人或者被申请人所在地中级人民法院受理。

**第二十二条** 一审判决后提起上诉，二审人民法院接到报送案件之前当事人有转移、隐匿、出卖或者毁损财产等行为的，一审人民法院可以根据申请或者依照职权采取财产保全措施。

一审人民法院的财产保全裁定，应当及时报送二审人民法院。

**第二十三条** 当事人在二审期间申请财产保全的，由二审人民法院作出裁定并执行。

**第二十四条** 接受诉前财产保全申请后，应当在四十八小时内作出裁定；接受诉讼财产保全申请后，对情况紧急的，应当在四十八小时内作出裁定。

裁定的期限从申请人提供的材料齐全、完毕时开始计算。

**第二十五条** 针对劳动争议案件作出的财产保全裁定中，应当告知当事人在劳动仲裁机构的裁决书或者在人民法院的裁判文书生效后三个月内申请强制执行，逾期不申请的，裁定解除保全措施。

## 三 财产保全的担保

**第二十六条** 申请财产保全除提交书面申请、足额缴纳保全费外，还应当提供可靠担保。

可靠担保是指申请人、申请人的担保人提供了物的担保，或者具有代为清偿债务能力的法人、其他组织或者公民真实、明确地为申请人提供了连带保证。

国家机关、学校、幼儿园、医院以及以公益为目的的事业单位、社会团体、企业法人的分支机构和职能部门等，不能作为担保人提供担保。

**第二十七条** 申请人提供担保应当符合以下要求：

1. 有担保人出具的连带保证担保书；

2. 提供相当于申请保全金额的财产，或者不低于因申请错误可能造成被申请人财产损失金额的现金作为担保。

确定可能造成被申请人财产损失金额有困难的，可以参考下列标准分段累积计算现金担保金额：保全金额在1000万元以下部分按20%计，保全金额在1000万元至一个亿部分按10%计，保全金额在1个亿以上部分按5%计。

**第二十八条** 申请诉前保全，一般应当提供相当于申请保全金额的足额担保。

**第二十九条** 申请人或担保人系社会公众普遍认知的特大型企业或者有足够资产的金融机构的，经审查并认可后，该申请人或者担保人可以本企业的信用作担保。

**第三十条** 担保人系经国家金融管理机关批准设立的具有诉讼担保业务许可的担保公司的，经审查并认可后，该担保人可以本企业的信用作担保。但1件案件提供信用担保的额度不得超过其净资产的30%。

人民法院可以建立名册管理制度对担保公司的诉讼担保活动进行管理。

**第三十一条** 信用担保，应当提供由法定代表人签名并加盖企业法人公章的连带保证担保书、企业法人营业执照副本（留存复印件）、法定代表人身份证明书、最近六个月的资产负债表、损益表以及由其基本账户开户银行或者审计机构出具的资信证明以及《公司法》规定的相关文件材料。

**第三十二条** 实物担保，应当提供担保实物清单、存放地点以及保管人员名单或者仓单等物权凭证。实物价值应当高于申请保全金额，必要时还需提供评估机构对实物价值的评估报告。

**第三十三条** 以已经登记的不动产、特定动产担保的，应当提供登记机关出具的他项权利登记信息和无司法限制等证明文件。

**第三十四条** 以债券、存款单、提单、知识产权权益证书等权利凭证担保的，应当提供债券、存款单、提单、知识产权权益证书等权利凭证原件，由受诉人民法院代为保管。

**第三十五条** 对提供用于担保的财产，应当裁定予以保全。

**第三十六条** 申请人没有提供担保的，可以责令其提供担保。申请人在责令提供担保后三日内仍不提供或者不能提供可靠担保的，应当裁定驳回申请。

**第三十七条** 案件诉讼后执行前，胜诉方当事人申请保全，可以不提供担保。

**第三十八条** 行政机关提请的财产保全，无需提供担保。

**第三十九条** 劳动争议案件的劳动者经济确有困难，或者有证据证明用人单位存在欠薪逃匿可能的，应当减轻或者免除劳动者提供担保的义务。

**第四十条** 申请人主张赡养费、抚养费、抚育费、人身损害赔偿金等，可以减轻或免除其提供担保的义务。

## 四 财产保全的执行

**第四十一条** 裁定采取财产保全的，执行部门自收到裁定后，应当立即开始执行。

**第四十二条** 财产保全的范围限于申请人的请求，并限于当事人争议的财产或者被申请人的财产。

对案外人善意取得的与案件有关的财产，一般不得保全。

**第四十三条** 财产保全采取查封、扣押、冻结或者法律规定的其他方法。

**第四十四条** 人民法院的查封、扣押、冻结没有公示的，其效力不得对抗善意第三人。

**第四十五条** 查封、扣押的效力及于查封、扣押物的从物和天然孳息。

**第四十六条** 查封、扣押、冻结的财产灭失或者毁损的，查封、扣押、冻结的效力及于该财产的替代物、赔偿款，人民法院应当及时作出查封、扣押、冻结该替代物、赔偿款的裁定。

**第四十七条** 采取查封、扣押、冻结措施需要有关单位或者个人协助的，应当制作协助执行通知书，连同裁定书副本一并送达协助执行人。查封、扣押、冻结裁定书和协助执行通知书送达时发生法律效力。

**第四十八条** 被申请人占有的动产、登记在被申请人名下的不动产、特定动产及其他财产权，可以查封、扣押、冻结。

未登记的建筑物和土地使用权，依据土地使用权的审批文件和其他相关证据确定权属。

**第四十九条** 第三人占有的动产或者登记在第三人名下的不动产、特定动产及其他财产权，第三人书面确认该财产属于被申请人的，可以查封、扣押、冻结。

**第五十条** 被申请人与其他人共有的财产，可以查封、扣押、冻结，但应及时通知其他共有人。

共有人协议分割共有财产，并经债权人认可的，可以认定有效。查封、扣押、冻结的效力及于协议分割后被申请人享有份额内的财产；对其他共有人享有份额内的财产的查封、扣押、冻结，应当裁定予以解除。

**第五十一条** 查封、扣押被申请人财产，可以根据财产的市场价格走势、折旧、保管和变现成本以及执行费用等情况适当超标的额，但不得明显超标的额。

被申请人对超标的额有异议的，应当告知所超标的额的测算依据和理由。被申请人仍有异议的，应当征询申请人的意见，必要时可以组织听证、委托评估机构评估。评估费用由被申请人垫付，被申请人拒绝垫付评估费用的，视为放弃异议。

**第五十二条** 发现明显超标的额查封、扣押、冻结的，应当根据被申请人的申请或者依职权及时解除对明显超标的额部分财产的查封、扣押、冻结，但该财产为不可分物的除外。

**第五十三条** 查封、扣押被申请人为自然人的财产中含有住宅性质的不动产的，虽然财产价值已经达到申请保全金额，但申请人为确保能够执行，请求加封一套住宅性质不动产的，可以允许。但申请人应当按照实际要求保全的财产价值提供相应的担保。

**第五十四条** 冻结银行存款，应当出具协助冻结存款通知书，并附生效的裁定书副本。

**第五十五条** 查封、扣押动产的，可以直接控制该项财产。

将查封、扣押的动产交付其他人控制的，应当在该项财产上加贴封条或者采取足以公示查封、扣押的适当方式。

**第五十六条** 查封、扣押季节性商品、鲜活、易腐烂变质以及其他不宜长期保存的物品的，可以责令被申请人及时处理，由人民法院保存价款。必要时人民法院可予以变卖，保存价款。

**第五十七条** 查封、扣押、冻结已登记的不动产、特定动产及其他财产权的，应当采取通知有关登记机关协助执行停止办理该项财产转让、抵押、租赁等登记手续的方式进行登记和公示。未办理登记的，不得对抗已经办理了登记手续的查封、扣押、冻结行为。

**第五十八条** 查封地上建筑物的效力及于该地上建筑物使用范围内的土地使用权，查封土地使用权的效力及于地上建筑物，但土地使用权与地上建筑物的所有权分属被申请人与其他人的除外。

地上建筑物和土地使用权的登记机关不同一的，应当分别办理查封登记。

**第五十九条** 查封公房使用权的，应当通知有关登记机关、公房产权人或者经产权人授权的经营管理者协助执行。

**第六十条** 查封尚未进行权属登记的建筑物和土地使用权的，可以通知有关登记机关协助执行预查封。

查封尚未进行权属登记的建筑物时，还应当通知其管理人或者该建筑物的实际占有人，并在显著位置张贴公告。

土地、房屋权属在预查封期间登记在被申请人名下的，预查封登记自动转为查封登记，预查封转为查封后，查封期限从预查封之日起开始计算。

**第六十一条** 下列房产虽未进行权属登记的，也可以进行预查封：

1. 被申请人为房地产企业，已办理了商品房预售许可证且尚未出售的房屋；

2. 被申请人购买的已由房地产企业办理了房屋权属初始登记的房屋；

3. 被申请人购买的办理了商品房预售合同登记备案手续或者商品房预告登记的房屋。

**第六十二条** 查封、扣押被申请人设定最高额抵押权的抵押物的，应当通知抵押权人。抵押权人受抵押担保的债权数额自收到人民法院通知时不再增加。

虽然没有通知抵押权人，但有证据证明抵押权人知道查封、扣押事实的，受抵押担保的债权数额从其知道该事实时起不再增加。

**第六十三条** 扣押尚未进行权属登记的机动车辆时，应当在扣押清单上记载该机动车的发动机编号。该车辆在扣押期间权利人要求办理权属登记的，应当允许并及时办理相应的扣押登记手续。

**第六十四条** 查封、扣押、冻结第三人为被申请人利益占有的被申请人的财产后，该财产被指定给第三人继续保管的，应当要求第三人协助执行，不得交付给被申请人。

查封、扣押、冻结第三人为自己利益依法占有的被申请人的财产后，第三人可以继续占有和使用该财产，但应当协助人民法院执行，不得交付给被申请人。

查封、扣押、冻结第三人无偿借用的被申请人财产的，不受前款规定的限制。

**第六十五条** 被申请人将其财产出售给第三人，第三人已经支付部分价款并实际占有该财产，但根据合同约定被申请人保留所有权的，可以查封、扣押、冻结。第三人要求继续履行合同的，应当在合理期限内向人民法院交付全部余款后，人民法院裁定解除查封、扣押、冻结。

**第六十六条** 被申请人将其所有的需要办理过户登记的财产出售给第三人，第三人已经支付部分或者全部价款并实际占有该财产，但尚未办理产权过户登记手续的，可以查封、扣押、冻结；第三人已经支付全部价款并实际占有，尚未办理过户登记手续但第三人对此没有过错的，不得查封、扣押、冻结。

**第六十七条** 被申请人的财产不能满足保全请求，但对第三人有到期债权的，可以依申请人的申请裁定该第三人不得对被申请人清偿。该第三人对其到期债务没有异议并要求偿付的，由人民法院提存财物或价款。

**第六十八条** 对被申请人到期应得的收益，可以采取限制其支取的保全措施，通知有关单位协助执行。

**第六十九条** 对抵押物、留置物采取保全措施后，应当告知抵押权人、留置权人。抵押权人、留置权人有优先受偿权。

**第七十条** 对证券经营机构、期货经纪机构等在交易场所的交易席位进行保全，可以采取限制其转让的措施，不应停止交易席位的使用。

**第七十一条** 冻结证券经营机构、期货经纪机构自营账户资金时，不得冻结其他投资者的资金，不得采取查封证券经营机构、期货经纪机构的营业厅、办公室、财务室等影响证券、期货正常交易的保全措施。

**第七十二条** 对于未开设自营账户而进行自营业务的证券经营机构、期货经纪机构，需要冻结其在证券或期货交易所、证券登记结算机构或者异地清算代理机构清算账户内清算资金的，应当依法在请求保全金额范围内予以冻结，保障证券经营机构、期货经纪机构的举证权利，如有证据证明上述账户内的资金是其他投资者的，对其他投资者的资金及时解除冻结。

**第七十三条** 查封、扣押的财产需要保管的，可以指定被申请人保管，不宜由被申请人保管的，人民法院可以自行保管或者委托第三人保管。

指定被申请人保管的财产，如果继续使用对该财产的价值无重大影响的，可以允许被申请人继续使用。由人民法院保管或者委托第三人保管的，保管人都不得使用。

委托第三人保管的，保管费用由申请人垫付。

**第七十四条** 查封、扣押、冻结担保物权人占有的担保财产，一般应当指定该担保物权人为保管人。该财产由人民法院保管的，质权、留置权不因转移占有而消灭。

**第七十五条** 已经查封、扣押、冻结的财产，可以进行轮候查封、扣押、冻结。

对已登记的财产进行轮候查封、扣押、冻结的，应当通知有关登记机关协助进行轮候查封、扣押、冻结登记。对没有登记的财产进行轮候查封、扣押、冻结的，应当制作笔录，并书面通知实施查封、扣押、冻结的人民法院。

**第七十六条** 轮候查封、扣押、冻结的顺序按照人民法院送达协助执行通知书的时间先后进行排序。

查封、扣押、冻结人民法院依法解除查封、扣押、冻结的，排列在先的轮候查封、扣押、冻结自动转为查封、扣押、冻结；查封、扣押、冻结人民法院处理全部财产的，排列在后的轮候查封、扣押、冻结自动失效；查封、扣押、冻结人民法院处理部分财产的，对剩余部分，排列在先的轮候查封、扣押、冻结自动转为查封、扣押、冻结。

轮候查封、扣押、冻结转为查封、扣押、冻结后，查封、扣押、冻结的期限从轮候查封、扣押、冻结之日起开始计算。

**第七十七条** 查封注册商标权、冻结银行存款及其他资金的期限为六个月，查封、扣押动产和冻结股权的期限为一年，查封不动产、冻结其他财产权的期限为二年。应证券监督管理机关申请冻结资金账户、证券账户的期限为三个月。

每次续行查封、扣押、冻结的期限不得超过前款规定的二分之一。

轮候查封、扣押、冻结和预查封的期限适用前款规定。

**第七十八条** 采取财产保全措施后，应当立即向被申请人送达裁定书和查封清单，并及时向申请人送达《保全结果和期限告知书》。

《保全结果和期限告知书》除了告知保全的结果和期限外，还应当明确告知：申请人如需续行保全，须在保全期限届满的十五个工作日之前提出书面申请；否则，视为放弃，期限届满，保全措施自动失效。

**第七十九条** 申请人收到《保全结果和期限告知书》后，认为保全财产的价额不足的，可以在三日内书面提出异议。对申请人提出的异议，应当征询被申请人意见，必要时可以组织听证。

申请人异议成立的，应当继续采取相应的保全措施；申请人异议不成立的，驳回异议。口头驳回的，应当制作笔录。

**第八十条** 下列财产不得保全：

1. 案外人的财产；

2. 第六十五条中第三人提出异议的财产；

3. 企业、社会、政府等筹集的用于保障下岗职工基本生活的专项资金；

4. 社会保险机构开设的社会保险基金账户及资金；

5. 医疗费清欠专项资金；

6. 封闭贷款结算专户资金；

7. 军队、武警部队等保密单位开设的“特种预算存款”、“特种其他存款”和连队账户的存款（军队、武警部队的其他存款除外）；

8. 证券经营机构、期货经纪机构的交易保证金（失去保证金作用的除外）；

9. 法律和司法解释规定的其他不得保全的财产。

## 五　财产保全措施的变更、撤销、解除和续保

**第八十一条**　裁定采取财产保全措施后，除作出财产保全裁定的人民法院、接受案件的受移送人民法院自行解除或其上级人民法院决定解除外，任何单位都不得解除。

**第八十二条**　人民法院裁定诉前财产保全后，申请人应当在三十日内提起诉讼或者申请仲裁。申请人在三十日内起诉或者申请仲裁的，诉前财产保全裁定的效力一般应当维持到生效的法律文书执行时止；三十日内未起诉或者未申请仲裁的，解除财产保全措施。

**第八十三条**　财产保全裁定的效力一般应维持到生效的法律文书执行时止。

**第八十四条**　采取财产保全措施后，被申请人提供了可靠担保的，应当及时裁定予以解除。

**第八十五条**　遇有下列情形之一的，应当及时解除财产保全：

1. 申请人申请解除财产保全的；

2. 申请人申请撤诉并且被人民法院准许的；

3. 被申请人债务已经履行完毕的；

4. 申请人的起诉或者诉讼请求被生效裁判驳回的；

5. 其他应当解除财产保全的情形。

**第八十六条**　变更、解除或撤销财产保全，应当出具裁定书，并及时送达当事人。

解除以登记方式查封、扣押、冻结财产的，应当向登记机关发出协助执行通知书。

**第八十七条**　解除财产保全一般由作出财产保全裁定的法院执行。

一审人民法院作出财产保全裁定，二审人民法院在审理过程中认为需要解除财产保全的，由二审人民法院作出裁定并执行，并及时告知一审人民法院。驳回申请人起诉的，由一审人民法院执行解除财产保全。

**第八十八条** 二审期间申请人对一审人民法院财产保全裁定申请续保的，二审人民法院应当及时告知一审人民法院原审合议庭并转交相关材料，由一审人民法院办理续保手续。

**第八十九条** 距财产保全期限届满不足三十日当事人对一审判决提起上诉的，作出判决的审判庭应当提示申请人是否续保。申请续保的，一审人民法院应当在办妥续保手续后移送二审人民法院。

**第九十条** 对不动产的续封，应当重新制作查封裁定。一般只能续封一次，确有特殊情况需要再续封的，应当经高级人民法院批准。

**第九十一条** 查封、扣押、冻结期限届满，人民法院未办理续保手续的，查封、扣押、冻结的效力消灭。

查封、扣押、冻结的财产已经执行被拍卖、变卖或者抵债的，查封、扣押、冻结的效力消灭。

## 六 已保全担保财产的解除

**第九十二条** 申请人胜诉的法律文书生效后，经申请人书面申请，人民法院应当及时裁定解除对担保财产的保全。

**第九十三条** 申请人部分败诉和全部败诉的法律文书生效后，以及诉前财产保全申请人没有在法定期限内提起诉讼或者申请仲裁，申请人要求解除担保财产保全的，人民法院应当及时向被申请人送达《解除担保财产保全征询意见书》。被申请人书面同意的，应当及时裁定解除对担保财产的保全；被申请人提出异议的，人民法院不得解除担保财产的保全，应当将担保财产保全至损失赔偿诉讼案件执行时或者受理损失赔偿诉讼案件人民法院对申请人的担保财产采取了财产保全措施时止。

《解除担保财产保全征询意见书》的内容应当包括：被申请人可在十日内提出书面异议，如提出异议，须在提出异议之日起的三个月之内提起以申请人为被告的要求其承担保全不当损失赔偿责任的诉讼，否则，视为同意。

**第九十四条** 被申请人下落不明无法直接送达《解除担保财产保全征询意见书》的，适用民事诉讼法公告送达的规定。

**第九十五条** 诉讼财产保全的已保全担保财产解除申请的审查，由审理该案件的审判庭负责；诉前财产保全的已保全担保财产解除申请的审查，由立案庭负责；非诉财产保全的已保全担保财产解除申请的审查，由执行局负责。

## 七 保全费用的负担

**第九十六条** 诉前财产保全和非诉财产保全的申请费由申请人负担。诉讼财产保全申请费的负担，根据诉讼案件的具体情况在裁判时与案件受理费等诉讼费用一并确定。

**第九十七条** 诉讼后执行前财产保全申请费，如果被申请人在法律文书确定的履行期内自动履行全部义务的，由申请人负担；如果被申请人未在法律文书确定的履行期内自动履行全部义务的，由被申请人负担。

**第九十八条** 因申请人提供财产线索错误而发生的实际支出费用，由申请人负担。

## 八 财产保全的救济措施

**第九十九条** 当事人或利害关系人对财产保全裁定不服的，可以申请复议一次。人民法院应当在收到复议申请之日起十五个工作日内作出复议决定。有特殊原因需要延长的，由院长批准，但最长不得超过一个月。裁定正确的，书面或者口头通知驳回申请；裁定不当的，作出新的裁定变更或者撤销原裁定。

当事人或利害关系人认为具体保全措施不当，可以申请复议一次。人民法院应当在收到复议申请之日起十五个工作日内作出复议决定。保全措施并无不当的，书面或者口头通知驳回申请。保全措施确有不当的，作出新的裁定变更或者撤销原保全措施。

复议期间不停止裁定的执行。

口头通知驳回申请的，应当制作笔录。

**第一百条** 针对裁定的复议由作出裁定的审判庭负责；针对具体保全措施的复议由执行局商作出裁定的审判庭负责。

**第一百零一条** 证券监督管理机关申请财产保全案件的申请人对不予受理或者被申请人对冻结的裁定有异议的，可以自收到裁定书之日起七日内向上一级人民法院申请复议。上一级人民法院应当自收到复议申请后的十五日内作出决定。

复议由上一级人民法院行政庭负责，复议期间不停止裁定的执行。

**第一百零二条** 申请财产保全错误造成被申请人损失的，由申请人予以赔偿；行政机关申请财产保全错误造成被申请人损失的，依法承担赔偿责任；人民法院依职权采取财产保全措施错误造成损失的，依照《国家赔偿法》予以赔偿。

**第一百零三条** 审判人员在财产保全过程中有下列情况之一的，可追究其法律责任：

1. 对应予以保全的案件而不保全的；

2. 在采取保全措施过程中故意明显超标的额保全被申请人可分割的财产造成较大损失或者后果严重的；

3. 擅自解除已被保全的财产的；

4. 其他故意或者重大过失行为给当事人或者案外人造成严重损害的。

## 九 涉外财产保全

**第一百零四条** 涉外诉讼财产保全，仅限于当事人的申请，并且提供可靠担保，人民法院不得依职权主动采取。

**第一百零五条** 裁定准许诉前财产保全后，申请人应在三十日内提起诉讼。申请人在三十日内起诉的，诉前财产保全裁定的效力一般应当维持到生效的法律文书执行时止；逾期不起诉的，应当解除财产保全。

**第一百零六条** 涉外仲裁机构提请的财产保全，由被申请人住所地或者财产所在地的中级人民法院裁定。

## 十 附则

**第一百零七条** 本规则适用于本市各级人民法院、铁路运输法院以及海事法院的财产保全。

**第一百零八条** 刑事附带民事诉讼财产保全适用本规则。

**第一百零九条** 证据保全和行为保全，依照《中华人民共和国民事诉讼法》的规定，民事诉讼法没有规定的，可参照本规则。

**第一百一十条** 行政诉讼财产保全，依照《中华人民共和国行政诉讼法》的规定。行政诉讼法没有规定的，可参照本规则。

**第一百一十一条** 海事诉讼财产保全，依照《中华人民共和国海事诉讼特别程序法》的规定。海事诉讼特别程序法没有规定的，可参照本规则。

**第一百一十二条** 本规则由上海市高级人民法院审判委员会负责解释，自印发之日起实施，2002 年颁布的《上海法院关于财产保全工作的若干规定（试行）》同时废止。

# 七、仲裁执行

## （一）法律

### 中华人民共和国仲裁法（节录）

（1994 年 8 月 31 日第八届全国人民代表大会常务委员会第九次会议通过　根据 2009 年 8 月 27 日第十一届全国人民代表大会常务委员会第十次会议《关于修改部分法律的决定》第一次修正　根据 2017 年 9 月 1 日第十二届全国人民代表大会常务委员会第二十九次会议《关于修改〈中华人民共和国法官法〉等八部法律的决定》第二次修正）

#### 第六章　执　行

**第六十二条**　当事人应当履行裁决。一方当事人不履行的，另一方当事人可以依照民事诉讼法的有关规定向人民法院申请执行。受申请的人民法院应当执行。

**第六十三条**　被申请人提出证据证明裁决有民事诉讼法第二百一十三条第二款规定的情形之一的，经人民法院组成合议庭审查核实，裁定不予执行。

**第六十四条**　一方当事人申请执行裁决，另一方当事人申请撤销裁决的，人民法院应当裁定中止执行。

人民法院裁定撤销裁决的，应当裁定终结执行。撤销裁决的申请被裁定驳回的，人民法院应当裁定恢复执行。

# 中华人民共和国劳动争议调解仲裁法（节录）

（2007 年 12 月 29 日第十届全国人民代表大会常务委员会第三十一次会议通过）

**第四十七条** 下列劳动争议，除本法另有规定的外，仲裁裁决为终局裁决，裁决书自作出之日起发生法律效力：

（一）追索劳动报酬、工伤医疗费、经济补偿或者赔偿金，不超过当地月最低工资标准十二个月金额的争议；

（二）因执行国家的劳动标准在工作时间、休息休假、社会保险等方面发生的争议。

**第四十八条** 劳动者对本法第四十七条规定的仲裁裁决不服的，可以自收到仲裁裁决书之日起十五日内向人民法院提起诉讼。

**第四十九条** 用人单位有证据证明本法第四十七条规定的仲裁裁决有下列情形之一，可以自收到仲裁裁决书之日起三十日内向劳动争议仲裁委员会所在地的中级人民法院申请撤销裁决：

（一）适用法律、法规确有错误的；

（二）劳动争议仲裁委员会无管辖权的；

（三）违反法定程序的；

（四）裁决所根据的证据是伪造的；

（五）对方当事人隐瞒了足以影响公正裁决的证据的；

（六）仲裁员在仲裁该案时有索贿受贿、徇私舞弊、枉法裁决行为的。

人民法院经组成合议庭审查核实裁决有前款规定情形之一的，应当裁定撤销。

仲裁裁决被人民法院裁定撤销的，当事人可以自收到裁定书之日起十五日内就该劳动争议事项向人民法院提起诉讼。

**第五十条** 当事人对本法第四十七条规定以外的其他劳动争议案件的仲裁裁决不服的，可以自收到仲裁裁决书之日起十五日内向人民法院提起诉讼；期满不起诉的，裁决书发生法律效力。

**第五十一条** 当事人对发生法律效力的调解书、裁决书，应当依照规定的期限履行。一方当事人逾期不履行的，另一方当事人可以依照民事诉讼法的有关规定向人民法院申请执行。受理申请的人民法院应当依法执行。

# （二）司法解释

## 最高人民法院
## 关于仲裁机构“先予仲裁”裁决或者调解书立案、执行等法律适用问题的批复

法释〔2018〕10 号

**广东省高级人民法院：**

你院《关于“先予仲裁”裁决应否立案执行的请示》（粤高法〔2018〕99 号）收悉。经研究，批复如下：

当事人申请人民法院执行仲裁机构根据仲裁法作出的仲裁裁决或者调解书，人民法院经审查，符合民事诉讼法、仲裁法相关规定的，应当依法及时受理，立案执行。但是，根据仲裁法第二条的规定，仲裁机构可以仲裁的是当事人间已经发生的合同纠纷和其他财产权益纠纷。因此，网络借贷合同当事人申请执行仲裁机构在纠纷发生前作出的仲裁裁决或者调解书的，人民法院应当裁定不予受理；已经受理的，裁定驳回执行申请。

你院请示中提出的下列情形，应当认定为民事诉讼法第二百三十七条第二款第三项规定的“仲裁庭的组成或者仲裁的程序违反法定程序”的情形：

一、仲裁机构未依照仲裁法规定的程序审理纠纷或者主持调解，径行根据网络借贷合同当事人在纠纷发生前签订的和解或者调解协议作出仲裁裁决、仲裁调解书的；

二、仲裁机构在仲裁过程中未保障当事人申请仲裁员回避、提供证据、答辩等仲裁法规定的基本程序权利的。

前款规定情形中，网络借贷合同当事人以约定弃权条款为由，主张仲裁

程序未违反法定程序的，人民法院不予支持。

人民法院办理其他合同纠纷、财产权益纠纷仲裁裁决或者调解书执行案件，适用本批复。

此复。

最高人民法院

# 关于人民法院办理仲裁裁决执行案件若干问题的规定

法释〔2018〕5号

为了规范人民法院办理仲裁裁决执行案件，依法保护当事人、案外人的合法权益，根据《中华人民共和国民事诉讼法》《中华人民共和国仲裁法》等法律规定，结合人民法院执行工作实际，制定本规定。

**第一条** 本规定所称的仲裁裁决执行案件，是指当事人申请人民法院执行仲裁机构依据仲裁法作出的仲裁裁决或者仲裁调解书的案件。

**第二条** 当事人对仲裁机构作出的仲裁裁决或者仲裁调解书申请执行的，由被执行人住所地或者被执行的财产所在地的中级人民法院管辖。

符合下列条件的，经上级人民法院批准，中级人民法院可以参照民事诉讼法第三十八条的规定指定基层人民法院管辖：

（一）执行标的额符合基层人民法院一审民商事案件级别管辖受理范围；

（二）被执行人住所地或者被执行的财产所在地在被指定的基层人民法院辖区内；

被执行人、案外人对仲裁裁决执行案件申请不予执行的，负责执行的中级人民法院应当另行立案审查处理；执行案件已指定基层人民法院管辖的，应当于收到不予执行申请后三日内移送原执行法院另行立案审查处理。

**第三条** 仲裁裁决或者仲裁调解书执行内容具有下列情形之一导致无法执行的，人民法院可以裁定驳回执行申请；导致部分无法执行的，可以裁定驳回该部分的执行申请；导致部分无法执行且该部分与其他部分不可分的，可以裁定驳回执行申请。

（一）权利义务主体不明确；

（二）金钱给付具体数额不明确或者计算方法不明确导致无法计算出具体数额；

（三）交付的特定物不明确或者无法确定；

（四）行为履行的标准、对象、范围不明确；

仲裁裁决或者仲裁调解书仅确定继续履行合同，但对继续履行的权利义务，以及履行的方式、期限等具体内容不明确，导致无法执行的，依照前款规定处理。

**第四条** 对仲裁裁决主文或者仲裁调解书中的文字、计算错误以及仲裁庭已经认定但在裁决主文中遗漏的事项，可以补正或说明的，人民法院应当书面告知仲裁庭补正或说明，或者向仲裁机构调阅仲裁案卷查明。仲裁庭不补正也不说明，且人民法院调阅仲裁案卷后执行内容仍然不明确具体无法执行的，可以裁定驳回执行申请。

**第五条** 申请执行人对人民法院依照本规定第三条、第四条作出的驳回执行申请裁定不服的，可以自裁定送达之日起十日内向上一级人民法院申请复议。

**第六条** 仲裁裁决或者仲裁调解书确定交付的特定物确已毁损或者灭失的，依照《最高人民法院关于适用〈中华人民共和国民事诉讼法〉的解释》第四百九十四条的规定处理。

**第七条** 被执行人申请撤销仲裁裁决并已由人民法院受理的，或者被执行人、案外人对仲裁裁决执行案件提出不予执行申请并提供适当担保的，执行法院应当裁定中止执行。中止执行期间，人民法院应当停止处分性措施，但申请执行人提供充分、有效的担保请求继续执行的除外；执行标的查封、扣押、冻结期限届满前，人民法院可以根据当事人申请或者依职权办理续行查封、扣押、冻结手续。

申请撤销仲裁裁决、不予执行仲裁裁决案件司法审查期间，当事人、案外人申请对已查封、扣押、冻结之外的财产采取保全措施的，负责审查的人民法院参照民事诉讼法第一百条的规定处理。司法审查后仍需继续执行的，保全措施自动转为执行中的查封、扣押、冻结措施；采取保全措施的人民法院与执行法院不一致的，应当将保全手续移送执行法院，保全裁定视为执行法院作出的裁定。

**第八条** 被执行人向人民法院申请不予执行仲裁裁决的，应当在执行通知书送达之日起十五日内提出书面申请；有民事诉讼法第二百三十七条第二款第四、六项规定情形且执行程序尚未终结的，应当自知道或者应当知道有关事实或案件之日起十五日内提出书面申请。

本条前款规定期限届满前，被执行人已向有管辖权的人民法院申请撤销仲裁裁决且已被受理的，自人民法院驳回撤销仲裁裁决申请的裁判文书生效之日起重新计算期限。

**第九条** 案外人向人民法院申请不予执行仲裁裁决或者仲裁调解书的，应当提交申请书以及证明其请求成立的证据材料，并符合下列条件：

（一）有证据证明仲裁案件当事人恶意申请仲裁或者虚假仲裁，损害其合法权益；

（二）案外人主张的合法权益所涉及的执行标的尚未执行终结；

（三）自知道或者应当知道人民法院对该标的采取执行措施之日起三十日内提出。

**第十条** 被执行人申请不予执行仲裁裁决，对同一仲裁裁决的多个不予执行事由应当一并提出。不予执行仲裁裁决申请被裁定驳回后，再次提出申请的，人民法院不予审查，但有新证据证明存在民事诉讼法第二百三十七条第二款第四、六项规定情形的除外。

**第十一条** 人民法院对不予执行仲裁裁决案件应当组成合议庭围绕被执行人申请的事由、案外人的申请进行审查；对被执行人没有申请的事由不予审查，但仲裁裁决可能违背社会公共利益的除外。

被执行人、案外人对仲裁裁决执行案件申请不予执行的，人民法院应当进行询问；被执行人在询问终结前提出其他不予执行事由的，应当一并审查。人民法院审查时，认为必要的，可以要求仲裁庭作出说明，或者向仲裁机构调阅仲裁案卷。

**第十二条** 人民法院对不予执行仲裁裁决案件的审查，应当在立案之日起两个月内审查完毕并作出裁定；有特殊情况需要延长的，经本院院长批准，可以延长一个月。

**第十三条** 下列情形经人民法院审查属实的，应当认定为民事诉讼法第二百三十七条第二款第二项规定的“裁决的事项不属于仲裁协议的范围或者仲裁机构无权仲裁的”情形：

（一）裁决的事项超出仲裁协议约定的范围；

（二）裁决的事项属于依照法律规定或者当事人选择的仲裁规则规定的不可仲裁事项；

（三）裁决内容超出当事人仲裁请求的范围；

（四）作出裁决的仲裁机构非仲裁协议所约定。

**第十四条** 违反仲裁法规定的仲裁程序、当事人选择的仲裁规则或者当事人对仲裁程序的特别约定，可能影响案件公正裁决，经人民法院审查属实的，应当认定为民事诉讼法第二百三十七条第二款第三项规定的“仲裁庭的组成或者仲裁的程序违反法定程序的”情形。

当事人主张未按照仲裁法或仲裁规则规定的方式送达法律文书导致其未能参与仲裁，或者仲裁员根据仲裁法或仲裁规则的规定应当回避而未回避，可能影响公正裁决，经审查属实的，人民法院应当支持；仲裁庭按照仲裁法或仲裁规则以及当事人约定的方式送达仲裁法律文书，当事人主张不符合民事诉讼法有关送达规定的，人民法院不予支持。

适用的仲裁程序或仲裁规则经特别提示，当事人知道或者应当知道法定仲裁程序或选择的仲裁规则未被遵守，但仍然参加或者继续参加仲裁程序且未提出异议，在仲裁裁决作出之后以违反法定程序为由申请不予执行仲裁裁决的，人民法院不予支持。

**第十五条** 符合下列条件的，人民法院应当认定为民事诉讼法第二百三十七条第二款第四项规定的“裁决所根据的证据是伪造的”情形：

（一）该证据已被仲裁裁决采信；

（二）该证据属于认定案件基本事实的主要证据；

（三）该证据经查明确属通过捏造、变造、提供虚假证明等非法方式形成或者获取，违反证据的客观性、关联性、合法性要求。

**第十六条** 符合下列条件的，人民法院应当认定为民事诉讼法第二百三十七条第二款第五项规定的“对方当事人向仲裁机构隐瞒了足以影响公正裁决的证据的”情形：

（一）该证据属于认定案件基本事实的主要证据；

（二）该证据仅为对方当事人掌握，但未向仲裁庭提交；

（三）仲裁过程中知悉存在该证据，且要求对方当事人出示或者请求仲裁庭责令其提交，但对方当事人无正当理由未予出示或者提交。

当事人一方在仲裁过程中隐瞒己方掌握的证据，仲裁裁决作出后以己方所隐瞒的证据足以影响公正裁决为由申请不予执行仲裁裁决的，人民法院不予支持。

**第十七条** 被执行人申请不予执行仲裁调解书或者根据当事人之间的和解协议、调解协议作出的仲裁裁决，人民法院不予支持，但该仲裁调解书或者仲裁裁决违背社会公共利益的除外。

**第十八条** 案外人根据本规定第九条申请不予执行仲裁裁决或者仲裁调解书，符合下列条件的，人民法院应当支持：

（一）案外人系权利或者利益的主体；

（二）案外人主张的权利或者利益合法、真实；

（三）仲裁案件当事人之间存在虚构法律关系，捏造案件事实的情形；

（四）仲裁裁决主文或者仲裁调解书处理当事人民事权利义务的结果部分

或者全部错误，损害案外人合法权益。

**第十九条** 被执行人、案外人对仲裁裁决执行案件逾期申请不予执行的，人民法院应当裁定不予受理；已经受理的，应当裁定驳回不予执行申请。

被执行人、案外人对仲裁裁决执行案件申请不予执行，经审查理由成立的，人民法院应当裁定不予执行；理由不成立的，应当裁定驳回不予执行申请。

**第二十条** 当事人向人民法院申请撤销仲裁裁决被驳回后，又在执行程序中以相同事由提出不予执行申请的，人民法院不予支持；当事人向人民法院申请不予执行被驳回后，又以相同事由申请撤销仲裁裁决的，人民法院不予支持。

在不予执行仲裁裁决案件审查期间，当事人向有管辖权的人民法院提出撤销仲裁裁决申请并被受理的，人民法院应当裁定中止对不予执行申请的审查；仲裁裁决被撤销或者决定重新仲裁的，人民法院应当裁定终结执行，并终结对不予执行申请的审查；撤销仲裁裁决申请被驳回或者申请执行人撤回撤销仲裁裁决申请的，人民法院应当恢复对不予执行申请的审查；被执行人撤回撤销仲裁裁决申请的，人民法院应当裁定终结对不予执行申请的审查，但案外人申请不予执行仲裁裁决的除外。

**第二十一条** 人民法院裁定驳回撤销仲裁裁决申请或者驳回不予执行仲裁裁决、仲裁调解书申请的，执行法院应当恢复执行。

人民法院裁定撤销仲裁裁决或者基于被执行人申请裁定不予执行仲裁裁决，原被执行人申请执行回转或者解除强制执行措施的，人民法院应当支持。原申请执行人对已履行或者被人民法院强制执行的款物申请保全的，人民法院应当依法准许；原申请执行人在人民法院采取保全措施之日起三十日内，未根据双方达成的书面仲裁协议重新申请仲裁或者向人民法院起诉的，人民法院应当裁定解除保全。

人民法院基于案外人申请裁定不予执行仲裁裁决或者仲裁调解书，案外人申请执行回转或者解除强制执行措施的，人民法院应当支持。

**第二十二条** 人民法院裁定不予执行仲裁裁决、驳回或者不予受理不予执行仲裁裁决申请后，当事人对该裁定提出执行异议或者申请复议的，人民法院不予受理。

人民法院裁定不予执行仲裁裁决的，当事人可以根据双方达成的书面仲裁协议重新申请仲裁，也可以向人民法院起诉。

人民法院基于案外人申请裁定不予执行仲裁裁决或者仲裁调解书，当事人不服的，可以自裁定送达之日起十日内向上一级人民法院申请复议；人民法院裁定驳回或者不予受理案外人提出的不予执行仲裁裁决、仲裁调解书申请，案外人不服的，可以自裁定送达之日起十日内向上一级人民法院申请复议。

**第二十三条** 本规定第八条、第九条关于对仲裁裁决执行案件申请不予执行的期限自本规定施行之日起重新计算。

**第二十四条** 本规定自2018年3月1日起施行，本院以前发布的司法解释与本规定不一致的，以本规定为准。

本规定施行前已经执行终结的执行案件，不适用本规定；本规定施行后尚未执行终结的执行案件，适用本规定。

## 最高人民法院
# 关于审理仲裁司法审查案件若干问题的规定

法释〔2017〕22号

为正确审理仲裁司法审查案件，依法保护各方当事人合法权益，根据《中华人民共和国民事诉讼法》《中华人民共和国仲裁法》等法律规定，结合审判实践，制定本规定。

**第一条** 本规定所称仲裁司法审查案件，包括下列案件：

（一）申请确认仲裁协议效力案件；

（二）申请执行我国内地仲裁机构的仲裁裁决案件；

（三）申请撤销我国内地仲裁机构的仲裁裁决案件；

（四）申请认可和执行香港特别行政区、澳门特别行政区、台湾地区仲裁裁决案件；

（五）申请承认和执行外国仲裁裁决案件；

（六）其他仲裁司法审查案件。

**第二条** 申请确认仲裁协议效力的案件，由仲裁协议约定的仲裁机构所在地、仲裁协议签订地、申请人住所地、被申请人住所地的中级人民法院或者专门人民法院管辖。

涉及海事海商纠纷仲裁协议效力的案件，由仲裁协议约定的仲裁机构所在地、仲裁协议签订地、申请人住所地、被申请人住所地的海事法院管辖；上述地点没有海事法院的，由就近的海事法院管辖。

**第三条** 外国仲裁裁决与人民法院审理的案件存在关联，被申请人住所地、被申请人财产所在地均不在我国内地，申请人申请承认外国仲裁裁决的，由受理关联案件的人民法院管辖。受理关联案件的人民法院为基层人民法院的，申请承认外国仲裁裁决的案件应当由该基层人民法院的上一级人民法院管辖。受理关联案件的人民法院是高级人民法院或者最高人民法院的，由上述法院决定自行审查或者指定中级人民法院审查。

外国仲裁裁决与我国内地仲裁机构审理的案件存在关联，被申请人住所地、被申请人财产所在地均不在我国内地，申请人申请承认外国仲裁裁决的，由受理关联案件的仲裁机构所在地的中级人民法院管辖。

**第四条** 申请人向两个以上有管辖权的人民法院提出申请的，由最先立案的人民法院管辖。

**第五条** 申请人向人民法院申请确认仲裁协议效力的，应当提交申请书及仲裁协议正本或者经证明无误的副本。

申请书应当载明下列事项：

（一）申请人或者被申请人为自然人的，应当载明其姓名、性别、出生日期、国籍及住所；为法人或者其他组织的，应当载明其名称、住所以及法定代表人或者代表人的姓名和职务；

（二）仲裁协议的内容；

（三）具体的请求和理由。

当事人提交的外文申请书、仲裁协议及其他文件，应当附有中文译本。

**第六条** 申请人向人民法院申请执行或者撤销我国内地仲裁机构的仲裁裁决、申请承认和执行外国仲裁裁决的，应当提交申请书及裁决书正本或者经证明无误的副本。

申请书应当载明下列事项：

（一）申请人或者被申请人为自然人的，应当载明其姓名、性别、出生日期、国籍及住所；为法人或者其他组织的，应当载明其名称、住所以及法定代表人或者代表人的姓名和职务；

（二）裁决书的主要内容及生效日期；

（三）具体的请求和理由。

当事人提交的外文申请书、裁决书及其他文件，应当附有中文译本。

**第七条** 申请人提交的文件不符合第五条、第六条的规定，经人民法院释明后提交的文件仍然不符合规定的，裁定不予受理。

申请人向对案件不具有管辖权的人民法院提出申请，人民法院应当告知其向有管辖权的人民法院提出申请，申请人仍不变更申请的，裁定不予受理。

申请人对不予受理的裁定不服的，可以提起上诉。

**第八条** 人民法院立案后发现不符合受理条件的，裁定驳回申请。

前款规定的裁定驳回申请的案件，申请人再次申请并符合受理条件的，人民法院应予受理。

当事人对驳回申请的裁定不服的，可以提起上诉。

**第九条** 对于申请人的申请，人民法院应当在七日内审查决定是否受理。

人民法院受理仲裁司法审查案件后，应当在五日内向申请人和被申请人发出通知书，告知其受理情况及相关的权利义务。

**第十条** 人民法院受理仲裁司法审查案件后，被申请人对管辖权有异议的，应当自收到人民法院通知之日起十五日内提出。人民法院对被申请人提出的异议，应当审查并作出裁定。当事人对裁定不服的，可以提起上诉。

在中华人民共和国领域内没有住所的被申请人对人民法院的管辖权有异议的，应当自收到人民法院通知之日起三十日内提出。

**第十一条** 人民法院审查仲裁司法审查案件，应当组成合议庭并询问当事人。

**第十二条** 仲裁协议或者仲裁裁决具有《最高人民法院关于适用〈中华人民共和国涉外民事关系法律适用法〉若干问题的解释（一）》第一条规定情形的，为涉外仲裁协议或者涉外仲裁裁决。

**第十三条** 当事人协议选择确认涉外仲裁协议效力适用的法律，应当作出明确的意思表示，仅约定合同适用的法律，不能作为确认合同中仲裁条款效力适用的法律。

**第十四条** 人民法院根据《中华人民共和国涉外民事关系法律适用法》第十八条的规定，确定确认涉外仲裁协议效力适用的法律时，当事人没有选择适用的法律，适用仲裁机构所在地的法律与适用仲裁地的法律将对仲裁协议的效力作出不同认定的，人民法院应当适用确认仲裁协议有效的法律。

**第十五条** 仲裁协议未约定仲裁机构和仲裁地，但根据仲裁协议约定适用的仲裁规则可以确定仲裁机构或者仲裁地的，应当认定其为《中华人民共和国涉外民事关系法律适用法》第十八条中规定的仲裁机构或者仲裁地。

**第十六条** 人民法院适用《承认及执行外国仲裁裁决公约》审查当事人申请承认和执行外国仲裁裁决案件时，被申请人以仲裁协议无效为由提出抗辩的，人民法院应当依照该公约第五条第一款（甲）项的规定，确定确认仲裁协议效力应当适用的法律。

**第十七条** 人民法院对申请执行我国内地仲裁机构作出的非涉外仲裁裁决案件的审查，适用《中华人民共和国民事诉讼法》第二百三十七条的规定。

人民法院对申请执行我国内地仲裁机构作出的涉外仲裁裁决案件的审查，适用《中华人民共和国民事诉讼法》第二百七十四条的规定。

**第十八条** 《中华人民共和国仲裁法》第五十八条第一款第六项和《中华人民共和国民事诉讼法》第二百三十七条第二款第六项规定的仲裁员在仲裁该案时有索贿受贿，徇私舞弊，枉法裁决行为，是指已经由生效刑事法律文书或者纪律处分决定所确认的行为。

**第十九条** 人民法院受理仲裁司法审查案件后，作出裁定前，申请人请求撤回申请的，裁定准许。

**第二十条** 人民法院在仲裁司法审查案件中作出的裁定，除不予受理、驳回申请、管辖权异议的裁定外，一经送达即发生法律效力。当事人申请复议、提出上诉或者申请再审的，人民法院不予受理，但法律和司法解释另有规定的除外。

**第二十一条** 人民法院受理的申请确认涉及香港特别行政区、澳门特别行政区、台湾地区仲裁协议效力的案件，申请执行或者撤销我国内地仲裁机构作出的涉及香港特别行政区、澳门特别行政区、台湾地区仲裁裁决的案件，参照适用涉外仲裁司法审查案件的规定审查。

**第二十二条** 本规定自 2018 年 1 月 1 日起施行，本院以前发布的司法解释与本规定不一致的，以本规定为准。

最高人民法院

# 关于审理仲裁司法审查案件报核问题的有关规定

法释〔2017〕21号

为正确审理仲裁司法审查案件，统一裁判尺度，依法保护当事人合法权益，保障仲裁发展，根据《中华人民共和国民事诉讼法》《中华人民共和国仲裁法》等法律规定，结合审判实践，制定本规定。

**第一条** 本规定所称仲裁司法审查案件，包括下列案件：

（一）申请确认仲裁协议效力案件；

（二）申请撤销我国内地仲裁机构的仲裁裁决案件；

（三）申请执行我国内地仲裁机构的仲裁裁决案件；

（四）申请认可和执行香港特别行政区、澳门特别行政区、台湾地区仲裁裁决案件；

（五）申请承认和执行外国仲裁裁决案件；

（六）其他仲裁司法审查案件。

**第二条** 各中级人民法院或者专门人民法院办理涉外涉港澳台仲裁司法审查案件，经审查拟认定仲裁协议无效，不予执行或者撤销我国内地仲裁机构的仲裁裁决，不予认可和执行香港特别行政区、澳门特别行政区、台湾地区仲裁裁决，不予承认和执行外国仲裁裁决，应当向本辖区所属高级人民法院报核；高级人民法院经审查拟同意的，应当向最高人民法院报核。待最高人民法院审核后，方可依最高人民法院的审核意见作出裁定。

各中级人民法院或者专门人民法院办理非涉外涉港澳台仲裁司法审查案件，经审查拟认定仲裁协议无效，不予执行或者撤销我国内地仲裁机构的仲裁裁决，应当向本辖区所属高级人民法院报核；待高级人民法院审核后，方可依高级人民法院的审核意见作出裁定。

**第三条** 本规定第二条第二款规定的非涉外涉港澳台仲裁司法审查案件，高级人民法院经审查拟同意中级人民法院或者专门人民法院认定仲裁协议无效，不予执行或者撤销我国内地仲裁机构的仲裁裁决，在下列情形下，应当向最高人民法院报核，待最高人民法院审核后，方可依最高人民法院的审核意见作出裁定：

（一）仲裁司法审查案件当事人住所地跨省级行政区域；

（二）以违背社会公共利益为由不予执行或者撤销我国内地仲裁机构的仲裁裁决。

**第四条** 下级人民法院报请上级人民法院审核的案件，应当将书面报告和案件卷宗材料一并上报。书面报告应当写明审查意见及具体理由。

**第五条** 上级人民法院收到下级人民法院的报核申请后，认为案件相关事实不清的，可以询问当事人或者退回下级人民法院补充查明事实后再报。

**第六条** 上级人民法院应当以复函的形式将审核意见答复下级人民法院。

**第七条** 在民事诉讼案件中，对于人民法院因涉及仲裁协议效力而作出的不予受理、驳回起诉、管辖权异议的裁定，当事人不服提起上诉，第二审人民法院经审查拟认定仲裁协议不成立、无效、失效、内容不明确无法执行的，须按照本规定第二条的规定逐级报核，待上级人民法院审核后，方可依上级人民法院的审核意见作出裁定。

**第八条** 本规定自 2018 年 1 月 1 日起施行，本院以前发布的司法解释与本规定不一致的，以本规定为准。

最高人民法院

# 关于适用《中华人民共和国仲裁法》若干问题的解释

法释〔2006〕7号

根据《中华人民共和国仲裁法》和《中华人民共和国民事诉讼法》等法律规定，对人民法院审理涉及仲裁案件适用法律的若干问题作如下解释：

**第一条** 仲裁法第十六条规定的“其他书面形式”的仲裁协议，包括以合同书、信件和数据电文（包括电报、电传、传真、电子数据交换和电子邮件）等形式达成的请求仲裁的协议。

**第二条** 当事人概括约定仲裁事项为合同争议的，基于合同成立、效力、变更、转让、履行、违约责任、解释、解除等产生的纠纷都可以认定为仲裁事项。

**第三条** 仲裁协议约定的仲裁机构名称不准确，但能够确定具体的仲裁机构的，应当认定选定了仲裁机构。

**第四条** 仲裁协议仅约定纠纷适用的仲裁规则的，视为未约定仲裁机构，但当事人达成补充协议或者按照约定的仲裁规则能够确定仲裁机构的除外。

**第五条** 仲裁协议约定两个以上仲裁机构的，当事人可以协议选择其中的一个仲裁机构申请仲裁；当事人不能就仲裁机构选择达成一致的，仲裁协议无效。

**第六条** 仲裁协议约定由某地的仲裁机构仲裁且该地仅有一个仲裁机构的，该仲裁机构视为约定的仲裁机构。该地有两个以上仲裁机构的，当事人可以协议选择其中的一个仲裁机构申请仲裁；当事人不能就仲裁机构选择达成一致的，仲裁协议无效。

**第七条** 当事人约定争议可以向仲裁机构申请仲裁也可以向人民法院起诉的，仲裁协议无效。但一方向仲裁机构申请仲裁，另一方未在仲裁法第二十条第二款规定期间内提出异议的除外。

**第八条** 当事人订立仲裁协议后合并、分立的，仲裁协议对其权利义务的继受人有效。

当事人订立仲裁协议后死亡的，仲裁协议对承继其仲裁事项中的权利义务的继承人有效。

前两款规定情形，当事人订立仲裁协议时另有约定的除外。

**第九条** 债权债务全部或者部分转让的，仲裁协议对受让人有效，但当事人另有约定、在受让债权债务时受让人明确反对或者不知有单独仲裁协议的除外。

**第十条** 合同成立后未生效或者被撤销的，仲裁协议效力的认定适用仲裁法第十九条第一款的规定。

当事人在订立合同时就争议达成仲裁协议的，合同未成立不影响仲裁协议的效力。

**第十一条** 合同约定解决争议适用其他合同、文件中的有效仲裁条款的，发生合同争议时，当事人应当按照该仲裁条款提请仲裁。

涉外合同应当适用的有关国际条约中有仲裁规定的，发生合同争议时，当事人应当按照国际条约中的仲裁规定提请仲裁。

**第十二条** 当事人向人民法院申请确认仲裁协议效力的案件，由仲裁协议约定的仲裁机构所在地的中级人民法院管辖；仲裁协议约定的仲裁机构不明确的，由仲裁协议签订地或者被申请人住所地的中级人民法院管辖。

申请确认涉外仲裁协议效力的案件，由仲裁协议约定的仲裁机构所在地、仲裁协议签订地、申请人或者被申请人住所地的中级人民法院管辖。

涉及海事海商纠纷仲裁协议效力的案件，由仲裁协议约定的仲裁机构所在地、仲裁协议签订地、申请人或者被申请人住所地的海事法院管辖；上述地点没有海事法院的，由就近的海事法院管辖。

**第十三条** 依照仲裁法第二十条第二款的规定，当事人在仲裁庭首次开庭前没有对仲裁协议的效力提出异议，而后向人民法院申请确认仲裁协议无效的，人民法院不予受理。

仲裁机构对仲裁协议的效力作出决定后，当事人向人民法院申请确认仲裁协议效力或者申请撤销仲裁机构的决定的，人民法院不予受理。

**第十四条** 仲裁法第二十六条规定的“首次开庭”是指答辩期满后人民法院组织的第一次开庭审理，不包括审前程序中的各项活动。

**第十五条** 人民法院审理仲裁协议效力确认案件，应当组成合议庭进行审查，并询问当事人。

**第十六条** 对涉外仲裁协议的效力审查，适用当事人约定的法律；当事人没有约定适用的法律但约定了仲裁地的，适用仲裁地法律；没有约定适用的法律也没有约定仲裁地或者仲裁地约定不明的，适用法院地法律。

**第十七条** 当事人以不属于仲裁法第五十八条或者民事诉讼法第二百六十条规定的事由申请撤销仲裁裁决的，人民法院不予支持。

**第十八条** 仲裁法第五十八条第一款第一项规定的“没有仲裁协议”是指当事人没有达成仲裁协议。仲裁协议被认定无效或者被撤销的，视为没有仲裁协议。

**第十九条** 当事人以仲裁裁决事项超出仲裁协议范围为由申请撤销仲裁裁决，经审查属实的，人民法院应当撤销仲裁裁决中的超裁部分。但超裁部分与其他裁决事项不可分的，人民法院应当撤销仲裁裁决。

**第二十条** 仲裁法第五十八条规定的“违反法定程序”，是指违反仲裁法规定的仲裁程序和当事人选择的仲裁规则可能影响案件正确裁决的情形。

**第二十一条** 当事人申请撤销国内仲裁裁决的案件属于下列情形之一的，人民法院可以依照仲裁法第六十一条的规定通知仲裁庭在一定期限内重新仲裁：

（一）仲裁裁决所根据的证据是伪造的；

（二）对方当事人隐瞒了足以影响公正裁决的证据的。

人民法院应当在通知中说明要求重新仲裁的具体理由。

**第二十二条** 仲裁庭在人民法院指定的期限内开始重新仲裁的，人民法院应当裁定终结撤销程序；未开始重新仲裁的，人民法院应当裁定恢复撤销程序。

**第二十三条** 当事人对重新仲裁裁决不服的，可以在重新仲裁裁决书送达之日起六个月内依据仲裁法第五十八条规定向人民法院申请撤销。

**第二十四条** 当事人申请撤销仲裁裁决的案件，人民法院应当组成合议庭审理，并询问当事人。

**第二十五条** 人民法院受理当事人撤销仲裁裁决的申请后，另一方当事人申请执行同一仲裁裁决的，受理执行申请的人民法院应当在受理后裁定中止执行。

**第二十六条** 当事人向人民法院申请撤销仲裁裁决被驳回后，又在执行程序中以相同理由提出不予执行抗辩的，人民法院不予支持。

**第二十七条** 当事人在仲裁程序中未对仲裁协议的效力提出异议，在仲裁裁决作出后以仲裁协议无效为由主张撤销仲裁裁决或者提出不予执行抗辩的，人民法院不予支持。

当事人在仲裁程序中对仲裁协议的效力提出异议，在仲裁裁决作出后又以此为由主张撤销仲裁裁决或者提出不予执行抗辩，经审查符合仲裁法第五十八条或者民事诉讼法第二百一十七条、第二百六十条规定的，人民法院应予支持。

**第二十八条** 当事人请求不予执行仲裁调解书或者根据当事人之间的和解协议作出的仲裁裁决书的，人民法院不予支持。

**第二十九条** 当事人申请执行仲裁裁决案件，由被执行人住所地或者被执行的财产所在地的中级人民法院管辖。

**第三十条** 根据审理撤销、执行仲裁裁决案件的实际需要，人民法院可以要求仲裁机构作出说明或者向相关仲裁机构调阅仲裁案卷。

人民法院在办理涉及仲裁的案件过程中作出的裁定，可以送相关的仲裁机构。

**第三十一条** 本解释自公布之日起实施。

本院以前发布的司法解释与本解释不一致的，以本解释为准。

# 八、公证执行

## （一）法律

### 中华人民共和国公证法（节录）

（2005年8月28日第十届全国人民代表大会常务委员会第十七次会议通过　根据2015年4月24日第十二届全国人民代表大会常务委员会第十四次会议《关于修改〈中华人民共和国义务教育法〉等五部法律的决定》第一次修正　根据2017年9月1日第十二届全国人民代表大会常务委员会第二十九次会议《关于修改〈中华人民共和国法官法〉等八部法律的决定》第二次修正）

**第三十七条**　对经公证的以给付为内容并载明债务人愿意接受强制执行承诺的债权文书，债务人不履行或者履行不适当的，债权人可以依法向有管辖权的人民法院申请执行。

前款规定的债权文书确有错误的，人民法院裁定不予执行，并将裁定书送达双方当事人和公证机构。

**第三十九条**　当事人、公证事项的利害关系人认为公证书有错误的，可以向出具该公证书的公证机构提出复查。公证书的内容违法或者与事实不符的，公证机构应当撤销该公证书并予以公告，该公证书自始无效；公证书有其他错误的，公证机构应当予以更正。

**第四十条**　当事人、公证事项的利害关系人对公证书的内容有争议的，可以就该争议向人民法院提起民事诉讼。

# （二）司法解释

## 最高人民法院
## 关于公证债权文书执行若干问题的规定

法释〔2018〕18号

为了进一步规范人民法院办理公证债权文书执行案件，确保公证债权文书依法执行，维护当事人、利害关系人的合法权益，根据《中华人民共和国民事诉讼法》《中华人民共和国公证法》等法律规定，结合执行实践，制定本规定。

**第一条** 本规定所称公证债权文书，是指根据公证法第三十七条第一款规定经公证赋予强制执行效力的债权文书。

**第二条** 公证债权文书执行案件，由被执行人住所地或者被执行的财产所在地人民法院管辖。

前款规定案件的级别管辖，参照人民法院受理第一审民商事案件级别管辖的规定确定。

**第三条** 债权人申请执行公证债权文书，除应当提交作为执行依据的公证债权文书等申请执行所需的材料外，还应当提交证明履行情况等内容的执行证书。

**第四条** 债权人申请执行的公证债权文书应当包括公证证词、被证明的债权文书等内容。权利义务主体、给付内容应当在公证证词中列明。

**第五条** 债权人申请执行公证债权文书，有下列情形之一的，人民法院应当裁定不予受理；已经受理的，裁定驳回执行申请：

（一）债权文书属于不得经公证赋予强制执行效力的文书；

（二）公证债权文书未载明债务人接受强制执行的承诺；

（三）公证证词载明的权利义务主体或者给付内容不明确；

（四）债权人未提交执行证书；

（五）其他不符合受理条件的情形。

**第六条** 公证债权文书赋予强制执行效力的范围同时包含主债务和担保债务的，人民法院应当依法予以执行；仅包含主债务的，对担保债务部分的执行申请不予受理；仅包含担保债务的，对主债务部分的执行申请不予受理。

**第七条** 债权人对不予受理、驳回执行申请裁定不服的，可以自裁定送达之日起十日内向上一级人民法院申请复议。

申请复议期满未申请复议，或者复议申请被驳回的，当事人可以就公证债权文书涉及的民事权利义务争议向人民法院提起诉讼。

**第八条** 公证机构决定不予出具执行证书的，当事人可以就公证债权文书涉及的民事权利义务争议直接向人民法院提起诉讼。

**第九条** 申请执行公证债权文书的期间自公证债权文书确定的履行期间的最后一日起计算；分期履行的，自公证债权文书确定的每次履行期间的最后一日起计算。

债权人向公证机构申请出具执行证书的，申请执行时效自债权人提出申请之日起中断。

**第十条** 人民法院在执行实施中，根据公证债权文书并结合申请执行人的申请依法确定给付内容。

**第十一条** 因民间借贷形成的公证债权文书，文书中载明的利率超过人民法院依照法律、司法解释规定应予支持的上限的，对超过的利息部分不纳入执行范围；载明的利率未超过人民法院依照法律、司法解释规定应予支持的上限，被执行人主张实际超过的，可以依照本规定第二十二条第一款规定提起诉讼。

**第十二条** 有下列情形之一的，被执行人可以依照民事诉讼法第二百三十八条第二款规定申请不予执行公证债权文书：

（一）被执行人未到场且未委托代理人到场办理公证的；

（二）无民事行为能力人或者限制民事行为能力人没有监护人代为办理公证的；

（三）公证员为本人、近亲属办理公证，或者办理与本人、近亲属有利害关系的公证的；

（四）公证员办理该项公证有贪污受贿、徇私舞弊行为，已经由生效刑事法律文书等确认的；

（五）其他严重违反法定公证程序的情形。

被执行人以公证债权文书的内容与事实不符或者违反法律强制性规定等实体事由申请不予执行的，人民法院应当告知其依照本规定第二十二条第一款规定提起诉讼。

**第十三条** 被执行人申请不予执行公证债权文书，应当在执行通知书送达之日起十五日内向执行法院提出书面申请，并提交相关证据材料；有本规定第十二条第一款第三项、第四项规定情形且执行程序尚未终结的，应当自知道或者应当知道有关事实之日起十五日内提出。

公证债权文书执行案件被指定执行、提级执行、委托执行后，被执行人申请不予执行的，由提出申请时负责该案件执行的人民法院审查。

**第十四条** 被执行人认为公证债权文书存在本规定第十二条第一款规定的多个不予执行事由的，应当在不予执行案件审查期间一并提出。

不予执行申请被裁定驳回后，同一被执行人再次提出申请的，人民法院不予受理。但有证据证明不予执行事由在不予执行申请被裁定驳回后知道的，可以在执行程序终结前提出。

**第十五条** 人民法院审查不予执行公证债权文书案件，案情复杂、争议较大的，应当进行听证。必要时可以向公证机构调阅公证案卷，要求公证机构作出书面说明，或者通知公证员到庭说明情况。

**第十六条** 人民法院审查不予执行公证债权文书案件，应当在受理之日起六十日内审查完毕并作出裁定；有特殊情况需要延长的，经本院院长批准，可以延长三十日。

**第十七条** 人民法院审查不予执行公证债权文书案件期间，不停止执行。

被执行人提供充分、有效的担保，请求停止相应处分措施的，人民法院可以准许；申请执行人提供充分、有效的担保，请求继续执行的，应当继续执行。

**第十八条** 被执行人依照本规定第十二条第一款规定申请不予执行，人民法院经审查认为理由成立的，裁定不予执行；理由不成立的，裁定驳回不予执行申请。

公证债权文书部分内容具有本规定第十二条第一款规定情形的，人民法院应当裁定对该部分不予执行；应当不予执行部分与其他部分不可分的，裁定对该公证债权文书不予执行。

**第十九条** 人民法院认定执行公证债权文书违背公序良俗的，裁定不予执行。

**第二十条** 公证债权文书被裁定不予执行的，当事人可以就该公证债权文书涉及的民事权利义务争议向人民法院提起诉讼；公证债权文书被裁定部分不予执行的，当事人可以就该部分争议提起诉讼。

当事人对不予执行裁定提出执行异议或者申请复议的，人民法院不予受理。

**第二十一条** 当事人不服驳回不予执行申请裁定的，可以自裁定送达之日起十日内向上一级人民法院申请复议。上一级人民法院应当自收到复议申请之日起三十日内审查。经审查，理由成立的，裁定撤销原裁定，不予执行该公证债权文书；理由不成立的，裁定驳回复议申请。复议期间，不停止执行。

**第二十二条** 有下列情形之一的，债务人可以在执行程序终结前，以债权人为被告，向执行法院提起诉讼，请求不予执行公证债权文书：

（一）公证债权文书载明的民事权利义务关系与事实不符；

（二）经公证的债权文书具有法律规定的无效、可撤销等情形；

（三）公证债权文书载明的债权因清偿、提存、抵销、免除等原因全部或者部分消灭。

债务人提起诉讼，不影响人民法院对公证债权文书的执行。债务人提供充分、有效的担保，请求停止相应处分措施的，人民法院可以准许；债权人提供充分、有效的担保，请求继续执行的，应当继续执行。

**第二十三条** 对债务人依照本规定第二十二条第一款规定提起的诉讼，人民法院经审理认为理由成立的，判决不予执行或者部分不予执行；理由不成立的，判决驳回诉讼请求。

当事人同时就公证债权文书涉及的民事权利义务争议提出诉讼请求的，人民法院可以在判决中一并作出裁判。

**第二十四条** 有下列情形之一的，债权人、利害关系人可以就公证债权文书涉及的民事权利义务争议直接向有管辖权的人民法院提起诉讼：

（一）公证债权文书载明的民事权利义务关系与事实不符；

（二）经公证的债权文书具有法律规定的无效、可撤销等情形。

债权人提起诉讼，诉讼案件受理后又申请执行公证债权文书的，人民法院不予受理。进入执行程序后债权人又提起诉讼的，诉讼案件受理后，人民法院可以裁定终结公证债权文书的执行；债权人请求继续执行其未提出争议部分的，人民法院可以准许。

利害关系人提起诉讼，不影响人民法院对公证债权文书的执行。利害关系人提供充分、有效的担保，请求停止相应处分措施的，人民法院可以准许；债权人提供充分、有效的担保，请求继续执行的，应当继续执行。

**第二十五条** 本规定自2018年10月1日起施行。

本规定施行前最高人民法院公布的司法解释与本规定不一致的，以本规定为准。

## 最高人民法院
# 关于审理涉及公证活动相关民事案件的若干规定

法释〔2014〕6号

为正确审理涉及公证活动相关民事案件，维护当事人的合法权益，根据《中华人民共和国民法通则》《中华人民共和国公证法》《中华人民共和国侵权责任法》《中华人民共和国民事诉讼法》等法律的规定，结合审判实践，制定本规定。

**第一条** 当事人、公证事项的利害关系人依照公证法第四十三条规定向人民法院起诉请求民事赔偿的，应当以公证机构为被告，人民法院应作为侵权责任纠纷案件受理。

**第二条** 当事人、公证事项的利害关系人起诉请求变更、撤销公证书或者确认公证书无效的，人民法院不予受理，告知其依照公证法第三十九条规定可以向出具公证书的公证机构提出复查。

**第三条** 当事人、公证事项的利害关系人对公证书所公证的民事权利义务有争议的，可以依照公证法第四十条规定就该争议向人民法院提起民事诉讼。

当事人、公证事项的利害关系人对具有强制执行效力的公证债权文书的民事权利义务有争议直接向人民法院提起民事诉讼的，人民法院依法不予受理。但是，公证债权文书被人民法院裁定不予执行的除外。

**第四条** 当事人、公证事项的利害关系人提供证据证明公证机构及其公证员在公证活动中具有下列情形之一的，人民法院应当认定公证机构有过错：

（一）为不真实、不合法的事项出具公证书的；

（二）毁损、篡改公证书或者公证档案的；

（三）泄露在执业活动中知悉的商业秘密或者个人隐私的；

（四）违反公证程序、办证规则以及国务院司法行政部门制定的行业规范出具公证书的；

（五）公证机构在公证过程中未尽到充分的审查、核实义务，致使公证书错误或者不真实的；

（六）对存在错误的公证书，经当事人、公证事项的利害关系人申请仍不予纠正或者补正的；

（七）其他违反法律、法规、国务院司法行政部门强制性规定的情形。

**第五条** 当事人提供虚假证明材料申请公证致使公证书错误造成他人损失的，当事人应当承担赔偿责任。公证机构依法尽到审查、核实义务的，不承担赔偿责任；未依法尽到审查、核实义务的，应当承担与其过错相应的补充赔偿责任；明知公证证明的材料虚假或者与当事人恶意串通的，承担连带赔偿责任。

**第六条** 当事人、公证事项的利害关系人明知公证机构所出具的公证书不真实、不合法而仍然使用造成自己损失，请求公证机构承担赔偿责任的，人民法院不予支持。

**第七条** 本规定施行后，涉及公证活动的民事案件尚未终审的，适用本规定；本规定施行前已经终审，当事人申请再审或者按照审判监督程序决定再审的，不适用本规定。

# （三）规范性文件

## 公证程序规则

司法部令第103号

**第三十九条** 具有强制执行效力的债权文书的公证，应当符合下列条件：

（一）债权文书以给付货币、物品或者有价证券为内容；

（二）债权债务关系明确，债权人和债务人对债权文书有关给付内容无疑义；

（三）债权文书中载明当债务人不履行或者不适当履行义务时，债务人愿意接受强制执行的承诺；

（四）《公证法》规定的其他条件。

**第四十四条** 公证书自出具之日起生效。

需要审批的公证事项，审批人的批准日期为公证书的出具日期；不需要审批的公证事项，承办公证员的签发日期为公证书的出具日期；现场监督类公证需要现场宣读公证证词的，宣读日期为公证书的出具日期。

**第五十五条** 债务人不履行或者不适当履行经公证的具有强制执行效力的债权文书的，公证机构可以根据债权人的申请，依照有关规定出具执行证书。执行证书应当在法律规定的执行期限内出具。

执行证书应当载明申请人、被申请执行人、申请执行标的和申请执行的期限。债务人已经履行的部分，应当在申请执行标的中予以扣除。因债务人不履行或者不适当履行而发生的违约金、滞纳金、利息等，可以应债权人的要求列入申请执行标的。